# HANDBUCH DER BAYERISCHEN GESCHICHTE

DRITTER BAND · DRITTER TEILBAND

## GESCHICHTE DER OBERPFALZ UND DES BAYERISCHEN REICHSKREISES BIS ZUM AUSGANG DES 18. JAHRHUNDERTS

# HANDBUCH DER BAYERISCHEN GESCHICHTE

DRITTER BAND, DRITTER TEILBAND

## GESCHICHTE DER OBERPFALZ UND DES BAYERISCHEN REICHSKREISES BIS ZUM AUSGANG DES 18. JAHRHUNDERTS

*Begründet von*

MAX SPINDLER

*In Verbindung mit*

*Dieter Albrecht, Christoph Bauer, Hans Pörnbacher, Alois Schmid, Hans Schmid†, Peter Schmid, Eckart Schremmer und Wilhelm Volkert*

*neu herausgegeben von*

ANDREAS KRAUS

C. H. BECK'SCHE VERLAGSBUCHHANDLUNG
MÜNCHEN

Die Deutsche Bibliothek – CIP-Einheitsaufnahme

*Handbuch der bayerischen Geschichte* / begr. von Max Spindler.
In Verbindung mit Dieter Albrecht . . . neu hrsg. von
Andreas Kraus. – München : Beck.
NE: Spindler, Max [Begr.]; Kraus, Andreas [Hrsg.]
Bd. 3
Teilbd. 3. Geschichte der Oberpfalz und des bayerischen
Reichskreises bis zum Ausgang des 18. Jahrhunderts. –
3., neu bearb. Aufl. – 1995
ISBN 3 406 39453-1

ISBN 3 406 39453 1

Dritte, neu bearbeitete Auflage. 1995
Umschlagentwurf von Wolfgang Taube, München

Satz und Druck: C. H. Beck'sche Buchdruckerei, Nördlingen
Bindung: Großbuchbinderei Monheim
Gedruckt auf säurefreiem,
aus chlorfrei gebleichtem Zellstoff hergestelltem Papier
Printed in Germany

# VORWORT ZUR DRITTEN AUFLAGE

Vor mehr als zwanzig Jahren gab Max Spindler den 3. Band des von ihm begründeten Handbuchs der Bayerischen Geschichte heraus, 1979 wurde eine zweite Auflage notwendig, nunmehr liegt die dritte vor. Daß ein so anspruchsvolles Werk solchen Erfolg aufzuweisen hat, ist für Verlag, Herausgeber und Autoren gleich erfreulich; das Werk im Geiste Max Spindlers fortzuführen ist uns ehrenvolle Verpflichtung.

Der vielfach geäußerte Wunsch nach leichterer Benützbarkeit der einzelnen doch sehr heterogenen Teile des Bandes, aber auch die Nachfrage in den bayerischen Regierungsbezirken nach einem für den jeweiligen Bereich einschlägigen Handbuch trafen sich mit Überlegungen des Verlags, welchem Herstellung und Vertrieb selbständiger Bände in vieler Hinsicht zweckmäßiger erschienen als das Beharren auf der Einheit des Bandes. Jeder der drei Teile des Bandes erhält demnach in dieser Auflage sein eigenes Inhaltsverzeichnis, Abkürzungsverzeichnis und Register, jeder Teilband ist auch eigens zu beziehen.

Die Selbständigkeit der Teilbände gegenüber dem Gesamtwerk kommt auch darin zum Ausdruck, daß auch die Vor- und Frühgeschichte der jeweiligen Großräume vorangestellt ist, d. h. die Darstellung der Voraussetzungen für Siedlung und Raumbeherrschung.

Der 3. Teilband, der die Geschichte der Oberpfalz und des Bayerischen Reichskreises enthält, bedarf einer eigenen Vorstellung. Franken und Schwaben hatten vor 1800 ihre jeweils eigene, vom Herzogtum und Kurfürstentum Bayern unabhängige, wenngleich vielfach mit ihm verbundene historische Entwicklung. Die Oberpfalz dagegen gehörte zum Stammesherzogtum Bayern und bis 1329 zum Herzogtum der Wittelsbacher, dann wieder, wenigstens zum größten Teil, seit 1628, mit den letzten Teilgebieten seit 1777 bzw. 1797. Ihre Geschichte ist nicht von jener der größeren Einheit zu sondern, nach wie vor kann die Geschichte der Oberpfalz also nur im Zusammenhang mit der Geschichte Bayerns verstanden werden; die beiden ersten Bände des Handbuches spiegeln also auch die Geschichte des bayerischen Landes nördlich der Donau. Nur die Grundzüge dieser Geschichte wurden noch einmal in einem eigenen Kapitel dem Band vorausgeschickt; aus dem 2. Band wurde außerdem, da die Kenntnis der wirtschaftlichen Bedeutung der Oberpfalz für die Erkenntnis ihres historischen Ranges unerläßlich ist, das entsprechende Kapitel übernommen, unter Verwendung selbstverständlich der vielfältigen neuen Forschungsergebnisse.

Das eigentümliche Antlitz der Oberpfalz, wie es sich heute darbietet, hat aber Voraussetzungen weit umfassenderen Charakters. In den Jahrhunderten der politischen Trennung vom alten Stammesgebiet vollzieht sich eine Entwicklung, die in ihrer Eigenständigkeit nur verstanden werden kann, wenn die sie bedingenden Voraussetzungen in aller notwendigen Breite dargelegt werden können. Die Verbindung der Oberpfalz mit der Rheinpfalz erfordert die umfassende Einbeziehung auch der pfälzischen Geschichte; das konnte im 2. Band nicht geleistet werden, darf aber als gewichtiges Thema von eigenem Rang den selbständigen Gegenstand eines gesonderten Bandes bilden.

Eigene politische Körper waren jahrhundertelang auch die reichsunmittelbaren Hochstifte, Herrschaften und Klöster im bayerischen Stammesgebiet und die in ihr liegende einzige Reichsstadt, Regensburg. Auch diese Gebilde, die einstmals mit dem Herzogtum zusammen den Bayerischen Reichskreis bildeten, waren vor 1800 ein Stück bayerische Heimat für zahlreiche Menschen, ihre Geschichte darf nicht vernachlässigt werden. Sie bildet den Abschluß dieses 3. Teilbandes.

Es erfüllt Herausgeber und Mitarbeiter mit besonderer Genugtuung, daß diese neue Auflage zum 100. Geburtstag Max Spindlers erscheinen kann, dessen Vermächtnis wir damit in Treue und Dankbarkeit nachkommen.

München, den 1. Juli 1994 *Andreas Kraus*

# INHALT



## A

## DIE POLITISCHE ENTWICKLUNG DER PFALZ, DER OBERPFALZ UND DES FÜRSTENTUMS PFALZ-NEUBURG BIS ZUM 18. JAHRHUNDERT

*IV. Pfälzische Zersplitterung.* Von Wilhelm Volkert



B

DIE INNERE ENTWICKLUNG: STAAT, KIRCHE, WIRTSCHAFT BIS ZUM 18. JAHRHUNDERT

*I. Staat und Kirche.* Von Wilhelm Volkert



*II. Wirtschaft.* Von Eckart Schremmer



*III. Geistiges Leben.* Von Alois Schmid – Hans Pörnbacher – Hans Schmid

# C

# DER BAYERISCHE REICHSKREIS

## I. *Rechtsform und Aufgaben.* Von Wilhelm Volkert



## II. *Die Hochstifte.* Von Dieter Albrecht



## III. *Die Reichsklöster.* Von Andreas Kraus – Dieter Albrecht



## IV. *Die Reichsstadt Regensburg.* Von Peter Schmid

# ABKÜRZUNGEN

| | |
|---|---|
| Abdr. | Abdruck |
| Abh. | Abhandlung(en) |
| Abh. Berlin, Göttingen, Leipzig, Mainz, München, Wien | Abhandlungen der Philosophisch-Historischen Klasse der Akad. d. Wiss. zu – |
| ADB | Allgemeine Deutsche Biographie, hg. von der HK, 56 Bde. mit Registerbd., 1875/1912 |
| Akad. d. Wiss. | Akademie der Wissenschaften |
| AKG | Archiv für Kulturgeschichte |
| AMK | Archiv für mittelrheinische Kirchengeschichte |
| Angermeier | H. Angermeier, Königtum und Landfriede im deutschen Spätmittelalter, 1966 |
| Anm. | Anmerkung(en) |
| Anz. | Anzeiger |
| AO | Archiv für Geschichte und Altertumskunde von Oberfranken |
| AÖG | Archiv für Österreichische Geschichte |
| Arch. | Archiv |
| ARG | Archiv für Reformationsgeschichte |
| AV | Abkürzungsverzeichnis zum Handbuch der bayer. Geschichte |
| AZ | Archivalische Zeitschrift |
| BA | Bezirksamt |
| Baader, Lexikon | K. A. Baader, Lexikon verstorbener Baierischer Schriftsteller des 18. und 19. Jahrhunderts, 2 Bde., 1824/25 |
| Backmund, Chorherrenorden | N. Backmund, Die Chorherrenorden und ihre Stifte in Bayern, 1966 |
| Backmund, Kleinere Orden | N. Backmund, Die kleineren Orden in Bayern und ihre Klöster bis zur Säkularisation, 1974 |
| Bad. Bibliogr. | F. Lautenschlager, Bibliographie der badischen Geschichte, 9 Bde., 1929/84, Bde. III–IX von W. Schulz |
| Bauerreiss | R. Bauerreiss, Kirchengeschichte Bayerns, 7 Bde., 1949/70, I 1958[2] |
| Bayer. Archivinventare | Bayerische Archivinventare, hg. im Auftrag des Generaldirektors der Staatl. Archive Bayerns, 1–44, 1952–1994 |
| Bayer. Geschichtsatlas | Bayerischer Geschichtsatlas, hg. v. M. Spindler, Redaktion G. Diepolder, 1969 |
| BB | Bayerische Bibliothek, hg. v. H. Pörnbacher u. B. Hubensteiner, Bde. I–IV, 1978/92 |
| Beih. | Beiheft |
| Beil. | Beilage |
| Beitr., Beitrr. | Beitrag, Beiträge |
| Beitrr. BK | Beiträge zur Bayerischen Kirchengeschichte (Forts.: ZBKG) |
| Beitrr. WGN | Beiträge zur Wirtschaftsgeschichte Nürnbergs, 2 Bde. (Beitrr. zur Geschichte und Kultur der Stadt Nürnberg 11) 1967 |

BF . . . . . . . . . . . . . . . . . J. F. Böhmer, Regesta Imperii V: 1198–1272, bearb. v. Ficker-Winkelmann, 4 Bde., 1881/1901
BGBR . . . . . . . . . . . . . . . Beiträge zur Geschichte des Bistums Regensburg
BHB . . . . . . . . . . . . . . . . Handbuch der Geschichte der böhmischen Länder, hg. von K. Bosl, 4 Bde., 1967/74
BHVB . . . . . . . . . . . . . . . Bericht des Hist. Vereins f. d. Pflege d. Gesch. d. ehemaligen Fürstbistums Bamberg
Bibl. . . . . . . . . . . . . . . . . Bibliothek
BLF . . . . . . . . . . . . . . . . Blätter des Bayerischen Landesvereins für Familienkunde
BLfD . . . . . . . . . . . . . . . Bayerisches Landesamt für Denkmalpflege
BlldLG . . . . . . . . . . . . . . Blätter für deutsche Landesgeschichte
Bll. f. pfälz. KG . . . . . . . . . Blätter für pfälzische Kirchengeschichte
Bosl, Bayer. Biographie . . . . K. Bosl (Hg.), Bayer. Biographie, 2 Bde., 1983/88
Bosl, Frühformen . . . . . . . K. Bosl, Frühformen der Gesellschaft im mittelalterlichen Europa. Ausgewählte Beiträge zu einer Strukturanalyse der mittelalterlichen Welt, 1964
Bosl, Oberpfalz . . . . . . . . . K. Bosl, Oberpfalz und Oberpfälzer, Geschichte einer Region. Gesammelte Aufsätze, hg. v. K. Ackermann u. E. Laßleben, 1978
Briefe u. Akten . . . . . . . . . Briefe und Akten zur Geschichte des 16. Jhs. mit bes. Rücksicht auf Bayerns Fürstenhaus I–IV, 1873–1919; Briefe und Akten zur Gesch. d. Dreißigjähr. Krieges in den Zeiten des vorwaltenden Einflusses der Wittelsbacher I–XII, 1870–1978; Briefe und Akten zur Geschichte des Dreißigjährigen Krieges NF I, 1. Teil I/II, 1966/70; 2. Teil I/V, 1907–1964, VIII/IX, 1982/86
Buchner, Eichstätt . . . . . . . F. X. Buchner, Das Bistum Eichstätt. Historisch-statistische Beschreibung, 2 Bde., 1938
BWR . . . . . . . . . . . . . . . . J. F. Böhmer, Wittelsbachische Regesten (1180–1340), 1854

Const. . . . . . . . . . . . . . . . Constitutiones et acta publica imperatorum et regum (MGH Legum sectio IV)

D (D) . . . . . . . . . . . . . . . Diplom(ata), DArn. (Diplom Arnulfs), DH. (Diplom Heinrichs), DK. (Diplom Konrads), DLdK. (Diplom Ludwigs d. Kindes), DO. (Diplom Ottos)
DA . . . . . . . . . . . . . . . . . Deutsches Archiv für Erforschung des Mittelalters
Diss. (Masch.) . . . . . . . . . . Dissertation (maschinenschriftlich)
DLL . . . . . . . . . . . . . . . . Deutsches Literatur-Lexikon. Biographisch-bibliographisches Handbuch. Begr. v. W. Kosch, 3. Aufl. 1969 ff.
Dokumente . . . . . . . . . . . Dokumente zur Geschichte von Staat u. Gesellschaft in Bayern. Abt. I: Altbayern vom Frühmittelalter bis 1800, 3 Bde., 1974–1992
Dopsch–Spatzenegger . . . . . H. Dopsch – H. Spatzenegger, Geschichte Salzburgs, 2 Bde. in 8 Teilen, Salzburg 1981/91
DTB . . . . . . . . . . . . . . . . Denkmäler der Tonkunst in Bayern (= Denkmäler Deutscher Tonkunst 2. Folge), veröffentl. durch d. Gesellschaft zur Herausgabe v. Denkmälern d. Tonkunst in Bayern unter Leitung v. A. Sandberger (36 Bde., 1900/31, 2. rev. Aufl. 1962 ff.), NF hg. v. d. Ges. f. Bayer. Musikgeschichte, 1966 ff.
DVjschrLG . . . . . . . . . . . . Deutsche Vierteljahrsschrift für Literaturwissenschaft und Geistesgeschichte

| | |
|---|---|
| DW$^{10}$ | Dahlmann-Waitz, Quellenkunde der deutschen Geschichte. Bibliographie der Quellen und Literatur zur deutschen Geschichte. 10. Aufl. unter Mitwirkung zahlreicher Gelehrter hg. im Max-Planck-Institut für Geschichte von H. Heimpel u. H. Geuss, 7. Bde. u. Lief., 1965–1994 |
| ebd. | ebenda |
| Einzelarbeiten | Einzelarbeiten aus der Kirchengeschichte Bayerns |
| Erg.-Bd., Erg.-Heft(e) | Ergänzungsband, Ergänzungsheft(e) |
| ersch. | erschienen |
| ev(ang). | evangelisch |
| F. | Folge |
| f., ff. | für, folgend(e) |
| Festschr. (FS) | Festschrift |
| FG | Festgabe |
| FGB | Forschungen zur Geschichte Bayerns (vorher: FKLB), 16 Bde., 1893/1908 |
| Forsch. | Forschung(en) |
| Forts. | Fortsetzung |
| FRA | Fontes rerum Austriacarum, Österreichische Geschichtsquellen, hg. von der Historischen Kommission der Österreichischen Akad. d. Wiss. |
| fränk. | fränkisch |
| gedr. | gedruckt |
| Ges. | Gesellschaft |
| Gesch. | Geschichte |
| GG | B. Gebhardt, Handbuch der deutschen Geschichte, 9. neubearbeitete Aufl., hg. von H. Grundmann, 4 Bde. 1970/76 |
| Goeters, KO XIV | Die evangelischen Kirchenordnungen des XVI. Jahrhunderts: XIV (Kurpfalz) bearb. von J. F. G. Goeters, 1969 |
| v. Guttenberg | E. Frhr. v. Guttenberg, Die Territorienbildung am Obermain (BHVB 79) 1927, Nachdruck 1966 |
| v. Guttenberg I | E. Frhr. v. Guttenberg, Das Bistum Bamberg, 1. Teil: Das Hochstift Bamberg (Germania Sacra, 2. Abt., 1. Bd.) 1937 |
| v. Guttenberg, Reg. | Die Regesten der Bischöfe und des Domkapitels von Bamberg, bearb. v. E. Frhr. v. Guttenberg (VGffG, R. 6, Bd. 2, 5 Lfgn.) 1932/1963 |
| v. Guttenberg-Wendehorst II | E. Frhr. v. Guttenberg-A. Wendehorst, Das Bistum Bamberg, 2. Teil: Die Pfarrorganisation (Germania Sacra, 2. Abt., 1. Bd.) 1966 |
| Gymn. | Gymnasium |
| H., He. | Heft, Hefte |
| HA | Historischer Atlas |
| HAB | Historischer Atlas von Bayern |
| Häusser | L. Häusser, Geschichte der rheinischen Pfalz nach ihren politischen, kirchlichen und literarischen Verhältnissen, 2 Bde., 1856, Neudr. 1924 |
| Hausberger | K. Hausberger, Geschichte des Bistums Regensburg, 2 Bde., 1989 |

| | |
|---|---|
| Hausberger–Hubensteiner | K. Hausberger-B. Hubensteiner, Bayerische Kirchengeschichte, 1985; $1987^2$ |
| HB | Handbuch |
| HB I, II | Handbuch der bayerischen Geschichte, I ($1981^2$) und II ($1988^2$) |
| Heidingsfelder | F. Heidingsfelder, Die Regesten der Bischöfe von Eichstätt (VGffG, R. 6, Bd. 1) 1938 |
| Hemmerle, Augustinerklöster | J. Hemmerle, Die Klöster der Augustiner-Eremiten in Bayern (Bayer. Heimatforschung 12) 1958 |
| Hemmerle, Benediktinerklöster | J. Hemmerle, Die Benediktinerklöster in Bayern (Bayer. Heimatforschung 4) 1951; neu bearb.: Germania Benedictina 2, 1970 |
| Hg., hg. | Herausgeber, herausgegeben |
| Hist. Ver. (HV) | Historischer Verein |
| HJb. | Historisches Jahrbuch der Görresgesellschaft |
| HK | Historische Kommission bei der Bayer. Akad. d. Wiss. München |
| HONB | Historisches Ortsnamenbuch von Bayern |
| HRG | Handwörterbuch zur deutschen Rechtsgeschichte, hgg. v. A. Erler-E. Kaufmann, I–IV, 1971–1994 |
| Hs. | Handschrift |
| HStA. | Bayerisches Hauptstaatsarchiv München |
| HV | Historischer Verein |
| HVjschr. | Historische Vierteljahrsschrift |
| HZ | Historische Zeitschrift |
| | |
| Jahresber. | Jahresbericht |
| Janner | F. Janner, Geschichte der Bischöfe von Regensburg, 3 Bde., 1883/86 |
| Jb., Jbb. | Jahrbuch, Jahrbücher |
| Jedin | H. Jedin (Hg.), Handbuch der Kirchengeschichte, IV 1967, V 1970; Sonderausgabe 1985 |
| JffL | Jahrbuch für fränkische Landesforschung |
| Jg., Jgg. | Jahrgang, Jahrgänge |
| Jh. | Jahrhundert(e) |
| JHVD | Jahrbuch des Historischen Vereins Dillingen |
| | |
| Kat. | Katalog |
| kath. | katholisch |
| KBL | Kommission für bayer. Landesgeschichte bei der Bayer. Akad. d. Wiss. |
| KDB | Die Kunstdenkmäler des Königreichs Bayern |
| KG | Kirchengeschichte |
| KO | Kirchenordnung(en) |
| Komm. | Kommission |
| Kosch | W. Kosch, Deutsches Literatur-Lexikon. Biographisches und bibliographisches Handbuch, Bd. 1 ff., 3. Aufl. 1968 ff. |
| Kraus, Hist. Forschung | A. Kraus, Die historische Forschung an der Churbayerischen Akademie der Wissenschaften 1759–1806 (Schriftenreihe 59) 1959 |

| | |
|---|---|
| Kraus, Vernunft u. Gesch. . . | A. Kraus, Vernunft und Geschichte. Die Bedeutung der deutschen Akademien der Wissenschaften für die Entwicklung der Geschichtswissenschaft im späten 18. Jahrhundert, 1963 |
| Krausen, Zisterzienserorden | E. Krausen, Die Klöster des Zisterzienserordens in Bayern (Bayer. Heimatforschung 7) 1953 |
| Lebensbilder Schw. . . . . . . | Lebensbilder aus dem bayerischen Schwaben, hg. v. G. Frhr. v. Pölnitz, fortgeführt v. W. Zorn, A. Layer, J. Bellot u. W. Haberl (Veröffentlichungen d. Schwäb. Forschungsgem. bei der KBL, Reihe 3) |
| LfD . . . . . . . . . . . . . . . . . | Bayerisches Landesamt für Denkmalpflege |
| LG . . . . . . . . . . . . . . . . . | Landesgeschichte |
| Liefg. . . . . . . . . . . . . . . . | Lieferung(en) |
| Lindner . . . . . . . . . . . . . . | P. Lindner, Die Schriftsteller u. die um Wissenschaft u. Kunst verdienten Mitglieder d. Benediktinerordens im heutigen Königreich Bayern vom Jahr 1750 bis zur Gegenwart, 2 Bde., 1880 |
| Lit. . . . . . . . . . . . . . . . . | Literatur |
| Lit. gesch. . . . . . . . . . . . . | Literaturgeschichte |
| Lit.-Lex. . . . . . . . . . . . . . | Literatur-Lexikon, hg. v. W. Killy, bisher 11 Bde., 1988/92 |
| Lkde. . . . . . . . . . . . . . . . | Landeskunde |
| Lkr. . . . . . . . . . . . . . . . . | Landkreis |
| LL . . . . . . . . . . . . . . . . . | Leges |
| LMA (LdM) . . . . . . . . . . | Lexikon des Mittelalters I (1980), II (1983), III (1986), IV (1989), V (1991), VI (1993) |
| LThK . . . . . . . . . . . . . . . | Lexikon für Theologie und Kirche, hg. v. M. Buchberger, 10 Bde., 2. Aufl. mit Reg.-Bd., hg. v. J. Höfer u. K. Rahner 1957/67; 3. Aufl., hg. v. W. Kasper, I 1993 |
| Lünig . . . . . . . . . . . . . . . | J. C. Lünig, Teutsches Reichsarchiv, 24 Bde., Leipzig 1713/22 |
| MA . . . . . . . . . . . . . . . . . | Mittelalter |
| MAO . . . . . . . . . . . . . . . | H. Lieberich, Beiträge zur Rechts-, Verfassungs- und Sozialgeschichte Altbayerns, 37 Hefte, 1940/50 (Erschienen als Mitteilungen für die Archivpflege in Oberbayern, Masch.) |
| MB . . . . . . . . . . . . . . . . . | Monumenta Boica, hg. von der Bayerischen Akademie der Wissenschaften, 1763 ff. |
| MBM . . . . . . . . . . . . . . . | Miscellanea Bavarica Monacensia |
| MfA . . . . . . . . . . . . . . . . | Mitteilungen für die Archivpflege in Bayern |
| MG, MGH . . . . . . . . . . . | Monumenta Germaniae Historica, 1826 ff. |
| MGG . . . . . . . . . . . . . . . | Die Musik in Geschichte und Gegenwart. Allgemeine Enzyklopädie der Musik. Unter Mitarbeit zahlreicher Musikforscher des In- und Auslandes, hg. v. F. Blume, 14 Bde., 1949/68 |
| MGSL . . . . . . . . . . . . . . . | Mitteilungen der Gesellschaft für Salzburger Landeskunde |
| MHF . . . . . . . . . . . . . . . . | Münchener Histor. Forschungen |
| MHStud. . . . . . . . . . . . . . | Münchener Histor. Studien, Abt. Bayer. Geschichte, hg. v. M. Spindler, 1955 ff. |
| MIÖG . . . . . . . . . . . . . . . | Mitteilungen des Instituts für österreichische Geschichtsforschung, s. MÖIG |
| Mitt. . . . . . . . . . . . . . . . . | Mitteilung(en) |
| Mitteis-Lieberich . . . . . . . | H. Mitteis – H. Lieberich, Deutsche Rechtsgeschichte. Ein Studienbuch, $1992^{19}$ |
| Mitt. Pfalz . . . . . . . . . . . | Mitteilungen des Historischen Vereins der Pfalz |

| | |
|---|---|
| MÖIG | Mitteilungen des österreichischen Instituts für Geschichtsforschung (Bde. 39–54, s. MIÖG) |
| Ms. | Manuskript |
| MVGN | Mitteilungen des Vereins für Geschichte der Stadt Nürnberg |
| MW | Monumenta Wittelsbacensia, Urkundenbuch z. Geschichte des Hauses Wittelsbach, hg. v. F. M. Wittmann, 1. Bd. (1204–1292) 1857 (= QE 5), 2. Bd. (1293–1397) 1861 (= QE 6) |
| NA | Neues Archiv der Gesellschaft für ältere deutsche Geschichtskunde (Forts.: DA) |
| Nadler | J. Nadler, Literaturgeschichte der deutschen Stämme und Landschaften, 4 Bde., 1929³ff. |
| NDB | Neue Deutsche Biographie, hg. v. d. HK, 1953ff. |
| Neudr. | Neudruck |
| NF | Neue Folge |
| NK | Neuburger Kollektaneenblatt. Jahresschrift des Heimatvereins (Historischen Vereins) Neuburg a. d. Donau |
| nr(r). | Nummer(n) |
| NS, n. s. | nova series |
| OA | Oberbayerisches Archiv |
| OG | Ostbairische Grenzmarken |
| Opf. | Oberpfalz |
| Pfalzatlas | W. Alter, Pfalzatlas, 1963/91 |
| phil.-hist. Kl. | philosophisch-historische Klasse |
| QE | Quellen und Erörterungen zur bayerischen und deutschen Geschichte |
| QFIAB | Quellen und Forschungen aus italienischen Archiven und Bibliotheken, Zeitschrift des Preußischen bzw. Deutschen Hist. Instituts in Rom |
| R. | Reihe |
| Rall, Hausverträge | H. Rall (Hg.), Wittelsbacher Hausverträge des späten Mittelalters. Die haus- und staatsrechtlichen Urkunden der Wittelsbacher von 1310, 1329, 1392/93, 1410 und 1472 (Schriftenreihe 71) 1987 |
| Rall, Kurbayern | H. Rall, Kurbayern in der letzten Epoche der alten Reichsverfassung 1745–1801 (Schriftenreihe 45) 1952 |
| RB | Regesta Boica |
| Reg. | Regesten, Register |
| Reg. Augsb. | W. Volkert – F. Zoepfl, Die Regesten der Bischöfe und des Domkapitels von Augsburg, I: Von den Anfängen bis 1152 (Veröffentl. d. Schwäb. FG, R. II b) 1985 |
| Reg. Pfalzgr. | Regesten der Pfalzgrafen am Rhein 1214–1508, bearb. von A. Koch und J. Wille, I (– 1400), II, bearb. v. L. Gf. v. Oberndorff und M. Krebs, 1912/39 |
| Reindel | K. Reindel, Die bayerischen Luitpoldinger 893–989. Sammlung und Erläuterung der Quellen (QE NF 11) 1953 |

| | |
|---|---|
| RGG . . . . . . . . . . . . . . . . | Die Religion in Geschichte und Gegenwart, 2. Aufl., hg. von H. Gunkel u. L. Zscharnack, 5 Bde. u. 1 Reg.-Bd. 1927/32, 3. Aufl., hg. v. K. Galling, 6 Bde. u. 1 Reg.-Bd. 1957/65 |
| Rhein. Vjbll. . . . . . . . . . . . | Rheinische Vierteljahrsblätter |
| RI . . . . . . . . . . . . . . . . . | J. F. Böhmer, Regesta Imperii, 12 Bde. 1831–1975, 5 Erg.-Bde. |
| Riezler . . . . . . . . . . . . . . | S. Riezler, Geschichte Baierns, 8 Bde., 1878/1914, I 1927² in 2 Halbbänden, Registerbd. bearb. v. J. Widemann 1932, Neudruck 1964 |
| Rößler-Franz . . . . . . . . . . . | H. Rößler – G. Franz, Sachwörterbuch zur deutschen Geschichte, 1958 |
| RQ . . . . . . . . . . . . . . . . . | Römische Quartalschrift |
| RTA . . . . . . . . . . . . . . . . | Deutsche Reichstagsakten, hg. von der HK, Ältere Reihe 1–17 (1378–1444) 1867/1963; 19/I (1453–54) 1969; 22/I (1468–70) 1973 – Mittlere Reihe 1 (1486) 1989; 3 (1488–90) 1972/73; 5 (1495) 1981; 6 (1496–98) 1979 – Jüngere Reihe 1–4 (1519–24) 1893/1905; 7 (1527–29) 1935; 8 (1529/30) 1970/71; 10 (1532) 1992; Reichsversammlungen 1556–1662, 1. Bd. (1570) 1988 |
| s. . . . . . . . . . . . . . . . . . | siehe |
| SB Berlin, Heidelberg, München . . . . . . . . . . . . | Sitzungsberichte der Philosophisch-Historischen Klasse der Akad. d. Wiss. zu – |
| Sbl. . . . . . . . . . . . . . . . | Sammelblatt |
| Schaab . . . . . . . . . . . . . . | M. Schaab, Geschichte der Kurpfalz, I: Mittelalter, 1988; II: Neuzeit, 1992 |
| Scherzer . . . . . . . . . . . . . | Die Bayerische Ostmark, Land, Volk und Geschichte, hg. von H. Scherzer, 1940, 1943² (unter dem Titel: Gau Bayreuth, Land, Volk und Geschichte) |
| Schottenloher . . . . . . . . . | Bibliographie zur Deutschen Geschichte im Zeitalter der Glaubensspaltung 1517–1585, 7 Bde., I–VI bearb. v. K. Schottenloher, 1956/58², VII (Das Schrifttum von 1938–1960) bearb. v. U. Thürauf, 1966 |
| Schr. . . . . . . . . . . . . . . . | Schrift(en) |
| Schremmer . . . . . . . . . . . | E. Schremmer, Die Wirtschaft Bayerns. Vom hohen Mittelalter bis zum Beginn der Industrialisierung. Bergbau, Gewerbe, Handel, 1970 |
| Schriftenreihe . . . . . . . . . | Schriftenreihe der Kommission für bayerische Landesgeschichte bei der Bayer. Akademie der Wissenschaften |
| Schwarz, Sprache u. Siedlung | E. Schwarz, Sprache und Siedlung in Nordostbayern (Erlanger Beiträge z. Sprach- u. Kunstwiss. 4) 1960 |
| Simon . . . . . . . . . . . . . . . | M. Simon, Evangelische Kirchengeschichte Bayerns, 2 Bde., 1942 (mit Quellenangaben), 1952² (in einem Band ohne Quellenangaben) |
| Simon, HAB . . . . . . . . . . . | M. Simon, Die Evangelische Kirche (HAB, kirchliche Organisation 1. Teil) 1960 |
| Simon, KO . . . . . . . . . . . | Die evangelischen Kirchenordnungen des 16. Jahrhunderts, hg. v. E. Sehling, fortgeführt v. Institut für evang. Kirchenrecht der Evang. Kirche in Deutschland zu Göttingen, XI 1: Franken, bearb. von M. Simon, 1961 |
| Simon, KO XIII . . . . . . . . | Die evangelischen Kirchenordnungen des XVI. Jahrhunderts, XIII: Bayern, III. Teil Altbayern, bearb. von M. Simon, 1966 |
| Slg(n). . . . . . . . . . . . . . . | Sammlung(en) |

| | |
|---|---|
| s. o. | siehe oben |
| Spindler, Aufsätze | M. Spindler, Erbe u. Verpflichtung. Aufsätze u. Vorträge z. bayer. Geschichte, hg. v. A. Kraus, 1968 |
| Spindler, FG | Land u. Reich-Stamm u. Nation. Festgabe f. Max Spindler zum 90. Geburtstag, hg. v. A. Kraus, 3 Bde., 1984 |
| Spindler, FS | Festschrift für Max Spindler zum 75. Geburtstag, hg. v. D. Albrecht, A. Kraus u. K. Reindel, 1969 |
| Spindler, Landesfürstentum | M. Spindler, Die Anfänge des bayerischen Landesfürstentums (Schriftenreihe 26) 1937 |
| SS | Scriptores in Folio (MGH) |
| StA | Staatsarchiv |
| Städtechroniken | Die Chroniken der deutschen Städte vom 14. bis ins 16. Jh., hg. v. d. HK, 37 Bde., 1861 ff., Neudrucke 1961 ff. |
| Stamer | L. Stamer, Kirchengeschichte der Pfalz, 3 Bde., 1936/59 |
| Steichele – Schröder | A. v. Steichele, Das Bistum Augsburg, historisch und statistisch beschrieben. [Ab Bd. VII]: fortges. von A. Schröder, 1861/1932, Bd. IX v. F. Zoepfl 1934/39, Bd. X 1. u. 2. Liefg. 1940 (mehr nicht erschienen) |
| StMBO | Studien und Mitteilungen zur Geschichte des Benediktinerordens und seiner Zweige |
| Stud. | Studien |
| ThQ | Theologische Quartalschrift (ab Jg. 141/1961: Tübinger theologische Quartalschrift) |
| Trad. Prüfening, Regensburg, Reichenbach | Die Traditionen des Klosters Prüfening (QE NF 39/I) 1991; dsgl. des Hochstifts Regensburg und des Klosters St. Emmeram (ebd. 8) 1943; dsgl. des Klosters Reichenbach (ebd. 38/I) 1991 |
| Tyroller, Geneal. Tafeln | F. Tyroller, Genealogie des altbayerischen Hochadels im Hochmittelalter in 51 genealogischen Tafeln, 1962/69 |
| UB | Universitätsbibliothek, Urkundenbuch |
| Univ. | Universität |
| Urk. | Urkunde(n) |
| v. | Vers, von |
| Ver. | Verein |
| Verh. | Verhandlungen |
| Veröffentl. | Veröffentlichungen |
| VF | Vorträge und Forschungen, hg. vom Institut für geschichtliche Landesforschung des Bodenseegebiets in Konstanz, ab Bd. 6 hg. vom Konstanzer Arbeitskreis für mittelalterliche Geschichte, geleitet v. Th. Mayer, 1955 ff. |
| VGffG | Veröffentlichungen der Gesellschaft für fränkische Geschichte |
| VHN | Verhandlungen des Historischen Vereins für Niederbayern |
| VHOR | Verhandlungen des Historischen Vereins für Oberpfalz und Regensburg |
| Vjbll. | Vierteljahrsblätter |
| Vjschr. | Vierteljahr(e)sschrift |

| | |
|---|---|
| VL | Die deutsche Literatur des Mittelalters, Verfasserlexikon, 5 Bde., begr. von W. Stammler, ab Bd. III hg. von K. Langosch, 1933/55, 1978/93[2] |
| VSWG | Vierteljahrsschrift für Sozial- und Wirtschaftsgeschichte |
| WDGBll. | Würzburger Diözesangeschichtsblätter |
| Wendehorst I | A. Wendehorst, Das Bistum Würzburg, Teil 1: Die Bischofsreihe bis 1254 (Germania Sacra NF 1) 1962 |
| WF | Württembergisch Franken |
| WH | W. Wattenbach – R. Holtzmann, Deutschlands Geschichtsquellen im Mittelalter. Die Zeit der Sachsen und Sailer, 3 Bde., Neuausgabe bes. v. F.-J. Schmale, 1967/71 |
| Wiss. | Wissenschaft(en) |
| Wittelsbach I/II/III | Wittelsbach und Bayern (Aufsätze u. Katalog zur Ausstellung) hg. v. H. Glaser, 3 Bde. in 6 Teilen, 1980 |
| Z. | Zeile |
| z. | zu, zur, zum |
| ZBKG | Zeitschrift für bayerische Kirchengeschichte (vorher: Beitrr. BK) |
| ZBLG | Zeitschrift für bayerische Landesgeschichte |
| Zeumer | K. Zeumer, Quellensammlung zur Geschichte der deutschen Reichsverfassung in Mittelalter und Neuzeit, 1926[4] |
| ZGO, ZGORh | Zeitschrift für Geschichte des Oberrheins |
| ZHF | Zeitschrift für Historische Forschung |
| ZHVS | Zeitschrift des Historischen Vereins für Schwaben (und Neuburg) |
| Zoepfl | F. Zoepfl, Das Bistum Augsburg und seine Bischöfe im Mittelalter (und) im Reformationsjahrhundert, 2 Bde., 1955/69 |
| ZRG | Zeitschrift der Savigny-Stiftung für Rechtsgeschichte, Germanistische Abteilung |
| ZRG KA (ZRG, Kan. Abt.) | Zeitschrift der Savigny-Stiftung für Rechtsgeschichte, Kanonistische Abteilung |
| Zschr. | Zeitschrift |
| ZWLG | Zeitschrift für württembergische Landesgeschichte |

# A

# DIE POLITISCHE ENTWICKLUNG DER PFALZ, DER OBERPFALZ UND DES FÜRSTENTUMS PFALZ-NEUBURG BIS ZUM 18. JAHRHUNDERT

# I

# VORAUSSETZUNGEN UND GRUNDLAGEN

## § 1. NAMEN UND BEGRIFFE

Die Belehnung des bayerischen Herzogs aus dem Haus Wittelsbach mit der Pfalzgrafschaft bei Rhein im Jahr 1214 bedeutet für die bayerische Geschichte ein Ereignis besonderer Art: Für sieben Jahrhunderte wird die quer durch Oberdeutschland gehende Schwerlinie von Altbayern an den Oberrhein ein wichtiger Faktor in Bayerns Politik und kulturellem Leben. Wenn auch nur im ersten Jahrhundert und dann wieder im letzten Zeitraum der gemeinsamen bayerisch-pfälzischen Geschichte die beiden Länder unter einem Herrscher der regierenden Dynastie vereinigt waren – von der Belehnung bis zum Vertrag von Pavia (1329) und wieder von dem Regierungsantritt des pfälzischen Kurfürsten Karl Theodor in München (1777) bis 1918 –, so sind doch vom späten Mittelalter bis fast zur Mitte des zwanzigsten Jahrhunderts die Abhängigkeit der beiden Landschaften voneinander und ihr gegenseitiger Einfluß weit stärker, als dies die dynastischen Beziehungen erwarten ließen. Spricht man heute von der *«Pfalz»*, dann denkt man zunächst an das linksrheinische Gebiet, welches nach dem Ende der napoleonischen Epoche im Münchner Vertrag von 1816 Bayern zugesprochen wurde; als «Rheinkreis», seit 1837 mit der amtlichen Bezeichnung «Pfalz», bestand bis 1945 der Regierungsbezirk für das bayerische Gebiet links des Rheins, dessen überwiegenden Teil Territorien bildeten, die bis zum Beginn der Koalitionskriege im letzten Jahrzehnt des achtzehnten Jahrhunderts zur Kurpfalz und zum Herzogtum Zweibrücken unter den Wittelsbachern gehört hatten. Bayerns erster König Max Joseph I. stammte von dort, er war der Erbe des pfalz-bayerischen Kurfürstentums. Die moderne Pfalz stellte eine territoriale Schöpfung des neunzehnten Jahrhunderts dar, die die Tradition der rheinischen Staaten der Wittelsbacher im alten Reich nicht nur im Namen weitertrug, sondern der altüberlieferten, von der Dynastie der Landesherren ausgehenden, vom Volk mit- und weitergetragenen Bindung Ausdruck verlieh.[1]

[1] Vgl. dazu M. Spindler, Die Pfalz in ihrem Verhältnis zum bayer. Staat in d. ersten Hälfte d. 19. Jhs. (FG f. Kronprinz Rupprecht v. Bayern) 1953, 234–254 (wiederabgedruckt: Spindler, Aufsätze 280–300); H. Fenske, Rheinkreis-Pfalz-Westmark. Über den Namen d. Pfalz u. das Selbstverständnis ihrer Bewohner im 19. u. 20. Jh. (Veröffentl. d. Pfälz. Ges. z. Förderung d. Wiss. in Speyer 81) 1990, 211–228. Über die Ausdehnung der Pfalz im 19. Jh. s. W. Winkler, Pfälz. Geschichtsatlas, 1935, Karten 8, 38; vgl. auch

Das deutsche Wort «Pfalz» ist vom lateinischen «palatium» abzuleiten. Mit dem Begriff des «Comes palatinus» (Pfalzgraf) in seiner besonderen Erscheinungsform des rheinischen Pfalzgrafen (s. § 4) war seit dem zwölften Jahrhundert die Herrschaftsausübung im «Palatinatus Rheni» am mittleren Oberrhein verbunden; seit 1214 waren Amt und Herrschaft in Händen der Herzöge von Bayern. Sie führten den Pfalzgrafentitel und den bayerischen Herzogstitel; dabei blieb es auch, als seit dem vierzehnten Jahrhundert die Dynastie in das Haus Pfalz und das Haus Bayern geteilt war.[2] Die Pfälzer Linie des Gesamthauses war im Besitz der Kurwürde; davon leitet sich der Ausdruck *«Kurpfalz»* für das Herrschaftsgebiet der Kurfürsten von der Pfalz ab. Pfälzische Teilherrschaften, wie sie seit dem fünfzehnten Jahrhundert in Erscheinung traten (vgl. § 16), führten den Pfalztitel und dazu als Unterscheidungsmerkmal den Namen der Residenzstadt (z. B. Pfalz-Simmern, Pfalz-Birkenfeld). Am bekanntesten ist die Linie Pfalz-Zweibrücken, aus der die bayerischen Könige des neunzehnten Jahrhunderts stammen. Zweibrücken wurde auch Herzogtum genannt, weil seine Pfalzgrafen den bayerischen Herzogstitel führten; korrekter wäre die Bezeichnung «Fürstentum Zweibrücken».[3]

Neben dem Dynastie- und dem Verfassungsbegriff Pfalz gab es auch den von den humanistischen Historiographen und Kartographen seit dem sechzehnten Jahrhundert eingeführten geographischen Pfalzbegriff. Damit war zunächst die Landschaft um das rechtsrheinische Neckarmündungsgebiet gemeint; dann bezog sich dieser Pfalzbegriff auf die Landschaft zu beiden Seiten des Stromes zwischen Elsaß und Kraichgau (im Süden), dem Hunsrück und Taunus (im Norden), der Mosel (im Westen) und dem mittleren Neckar (im Osten).

Im siebzehnten Jahrhundert bürgerte sich in der pfälzisch-bayerischen Administration der Ausdruck *«Unterpfalz»* für das Kurfürstengebiet am Oberrhein ein; das korrespondiert mit der Bezeichnung Oberpfalz; denn die enge Bindung zwischen Bayern und Pfalz rührt vor allem auch daher, daß ein beträchtlicher Teil Altbayerns nördlich der Donau, den die wittelsbachische Territorialpolitik bis zum frühen vierzehnten Jahrhundert dem bayerischen Herzogtum gewonnen hatte, mit der Pfalzgrafschaft bei Rhein verbunden war und daher die wesentlichen Impulse seiner Entwicklung von dort empfing; *«Oberpfalz»,* der Name für dieses Land, dokumentiert dies bis heute. Mit «Oberpfalz» wird heute der bayerische Regierungsbezirk zwischen dem Donaugebiet um Regensburg und den Südhängen des Fichtelgebirges, zwischen Fränkischem Jura und der böhmischen Grenze bezeichnet. Als diese Benennung in der ersten Hälfte des sechzehnten

Bayer. Geschichtsatlas, Karte 40, Text 108, 115 u. W. Volkert, HB d. bayer. Ämter, Gemeinden u. Gerichte, 1799–1980, 1983, 409f. Zu den Kreisbezeichnungen Pfalz und Oberpfalz seit dem 19. Jh. vgl. W. Volkert, Die bayer. Kreise. Namen u. Einteilung zw. 1808 u. 1838 (Gesellschaftsgesch., Festschr. f. K. Bosl, Bd. II) 1988, 308–323.

[2] H. Probst, Die Pfalz als hist. Begriff, 1984.

[3] L. K. Kinzinger, Fürstentum oder Herzogtum? Gedanken zu einer neuen terminolog. Perspektive d. pfalz-zweibrückischen Landesgesch. (Pfälzer Heimat 40) 1989, 107–114.

Jahrhunderts aufkam,[4] galt sie dem Landstrich, der unter der Botmäßigkeit des Kurfürsten von der Pfalz stand und, weit östlich von der Pfalz am Rhein, auf dem Boden des alten Nordgaus lag. Schon zwei Jahrhunderte lang war dieses Gebiet damals «pfälzisch» und wurde zunächst «das Land der Pfalz zu Bayern» genannt. Es lag geographisch höher als die rheinische Pfalz um Heidelberg; darum bürgerte sich die Bezeichnung «obere Pfalz», «Oberpfalz» ein. Als schließlich zu Beginn des sechzehnten Jahrhunderts ein neues wittelsbachisches Teilfürstentum für die zwei pfälzischen Prinzen Ottheinrich und Philipp geschaffen wurde, erhielt dieses ebenfalls den «Pfalz»-Namen: die *«Junge Pfalz»* oder *«Pfalz-Neuburg»*. Seine territoriale und dynastische Verknüpfung mit der alten Oberpfalz war eng: die neuburgischen Gebiete auf dem Nordgau um Burglengenfeld und Sulzbach lagen in ihrer unmittelbaren Nachbarschaft. Das Neuburger und dann das Sulzbacher Fürstenhaus traten die Erbschaft der pfälzischen Kurlinie an.

Im folgenden ist in erster Linie die *Geschichte* des vom vierzehnten bis zum siebzehnten Jahrhundert *kuroberpfälzischen Gebietes* und des mit der Kurpfalz in engem Zusammenhang stehenden *Fürstentums Pfalz-Neuburg* behandelt. Für die Oberpfalz muß die Entwicklung vor allem «von außen», von der Regierung in Heidelberg, vom kurfürstlichen Hof und besonders auch von der Person des Kurfürsten her geschildert werden, damit die Bedingungen deutlich werden, unter denen man im nordgauischen Land lebte. Daß dabei auch die neben der kurfürstlichen Linie der pfälzischen Wittelsbacher in vielfachen Sonder- und Nebenherrschaften wirkenden anderen pfalzgräflichen Häuser erörtert werden, ergibt sich notwendigerweise aus den zahlreichen Querverbindungen, die durch die Erb-, Besitz- und Rechtsnachfolge auf der Grundlage gegenseitiger Verträge entstanden sind. Vom ausgehenden Hochmittelalter bis in das neunzehnte Jahrhundert war die pfalzbayerische Verflechtung für die Oberpfalz und für Pfalz-Neuburg ein die geschichtliche Entwicklung aufs stärkste prägender Faktor, dessen Auswirkungen in der historischen Forschung und Darstellung Bayerns nicht unberücksichtigt bleiben dürfen.

Zudem bietet sich hier die Möglichkeit, dem Wirken der pfälzischen Kurfürsten aus dem Haus Wittelsbach größere Beachtung zu schenken, als dies vom Standpunkt der Geschichte des altbayerischen Herzogtums aus geschehen kann. Selbstverständlich ist es nicht Aufgabe der folgenden Ausführungen, eine umfassende Darstellung der kurpfälzischen Geschichte vom vierzehnten bis zum siebzehnten Jahrhundert und eine Würdigung der pfälzischen Kurfürsten von der Reichsgeschichte her zu bieten; es soll hier vielmehr versucht werden, den Einfluß herauszuarbeiten, den die kurpfälzische Regierung auf das heute bayerische Gebiet der Oberpfalz und des Fürstentums Neuburg ausübte. Dabei stützt sich

[4] H. Sturm, Was ist «Nordgau»? (Der bayer. Nordgau) 1954, 9ff.; Ders., Der bayer. Nordgau u. d. Oberpfalz (Ausgewählte Vorträge. Bücherei d. Egerländer 41) 1964, 52f.; H. Schneider, Zur Überlieferung d. Begriffes Nordgau (ZBLG 42) 1979, 463–467; H. Schreibmüller, Wie der Name «Oberpfalz» entstand (Von Gesch. u. Volkstum d. Pfalz) 1959, 24ff.

die von Bayern ausgehende Forschung auf die Literatur zur Pfälzer Geschichte, aus deren Fülle vor allem die zusammenfassenden Werke von Ludwig Häusser (1845) und Meinrad Schaab (seit 1988) hervorzuheben sind. Die hier und in vielen Einzelstudien ausgebreitete Forschung über die Geschichte der Pfalzgrafen bei Rhein und der Kurfürsten von der Pfalz untersucht das dynastisch-herrschaftliche, das territoriale, das rechtliche und das soziale Gefüge der pfälzischen Gebiete. Auch das Land der Pfalz in Bayern, die Oberpfalz, findet vielfach Berücksichtigung. Doch eine geschlossene Geschichte dieses Landes zu liefern war nicht das Anliegen der Pfälzer Forscher. Für die Geschichte der Oberpfalz ist immer noch zu beachten das Werk von J. G. Feßmaier, das er um 1800 veröffentlichte. Seither wurden wohl zahlreiche Teilgebiete mehr oder minder gründlich untersucht; größere zusammenfassende Darstellungen gibt es jedoch nicht.

In mehrfacher Hinsicht war die Oberpfalz für ihren Landesherrn von besonderem Interesse. Vom Spätmittelalter an regte sich hier ein auffallend lebendiges und wagemutig unternehmerisches wirtschaftliches Leben, das deutlichen Ausdruck in den vielen Stadt- und Marktgründungen des dreizehnten und vierzehnten Jahrhunderts fand. Zur Blüte der bedeutenderen Städte, besonders von Amberg und Sulzbach, trugen in erster Linie die reichen Bodenschätze bei, deren Ausbeutung und Verarbeitung dem Land zu einer der wichtigsten Positionen im spätmittelalterlichen und frühneuzeitlichen Wirtschaftsleben Europas verhalfen. Auch die geographische Lage der Oberpfalz als Durchgangsland zwischen dem fränkischen und dem böhmischen Raum, zwischen dem Donaugebiet um Regensburg, der oberfränkischen Markgrafschaft und dem Vogtland trug dazu bei, Handel und Wandel, Wirtschaft und Verkehr anzuregen und das Selbstbewußtsein des unternehmungsfreudigen Bürgertums und des Landadels zu steigern. Die energische Art der Bürger und Adligen, besonders in den Zeiten der Reformation, aber auch schon vorher im fünfzehnten Jahrhundert, als sie sich von dem selbstherrlichen Auftreten des Kurfürsten Friedrich I. herausgefordert fühlten, verschaffte dem Land eine eigenständige Position im Verband der kurfürstlichen Staaten; aber es war doch immer Nebenland. Die Hauptregierung lag weitab in Heidelberg oder später im altbayerischen München, deren Herren wohl die Vorteile einer reichen Provinz nicht missen wollten, die aber nicht allzuviel taten, um dem Land in echter Not wirklich beizustehen. Das wird ganz besonders deutlich nach dem Übergang der Oberpfalz an Bayern (1623/28), als die Kriegsschäden das blühende Hammergewerbe schwer getroffen hatten und die kurbayerische Unterstützung zum Wiederaufbau und zum neuen Einsatz der gewerblichen Kräfte des Landes in den folgenden Jahrzehnten ausblieb. Damals bahnte sich die Entwicklung an, die schließlich die Oberpfalz zu einem Land machte, das als konservativ, still und zurückgezogen gilt, dessen reiche, bewegte und weltoffene Geschichte unter der Herrschaft der pfälzischen Kurfürsten man nicht mehr auf den ersten Blick erkennt.

## § 2. DIE BESIEDLUNG DES LANDES ZWISCHEN DONAU, OBERPFÄLZER WALD, FICHTELGEBIRGE UND FRÄNKISCH-OBERPFÄLZISCHEM JURA

HB I §§ 6–8, 9, 14, 15; SCHWARZ, Sprache u. Siedlung; Ders., Die namenkundl. Grundlagen d. Siedlungsgesch. d. Landkreises Regensburg (VHOR 93) 1952, 25–63; W. TORBRÜGGE, Die Landschaften um Regensburg in vor- u. frühgeschichtl. Zeit (Führer zu archäolog. Denkmälern in Deutschland 5) 1984, 28–117; Ders., Bemerkungen z. Vor- u. Frühgesch. v. Amberg u. seinem Umland (Amberg 1034–1984) 1984, 13–23; H. Th. FISCHER, Archäolog. Funde d. röm. Kaiserzeit u. d. Völkerwanderungszeit aus der Oberpfalz (nördl. d. Donau) (VHOR 121) 1981, 349–388; E. Frhr. v. GUTTENBERG, Stammesgrenzen u. Volkstum im Gebiet d. Rednitz u. Altmühl (JffL 8/9) 1943, 1–109; H. DACHS, Der Umfang d. kolonisator. Erschließung d. Oberpfalz bis z. Ausgang d. Agilolfingerzeit (VHOR 86) 1936, 159–178; H. SCHUH, Die Besiedlung d. Oberpfalz im Spiegel d. Ortsnamen (Festschr. f. G. Lang) 1989, 158–184; E. HERRMANN, Frühe Siedlungs- u. Herrschaftsstrukturen in d. mittleren Oberpfalz (VHOR 123) 1983, 7–33; Ders., Zur mittelalterl. Siedlungsgesch. Oberfrankens (JffL 39) 1979, 1–21; M. BACHMANN, Die Verbreitung d. slaw. Siedlungen in Nordbayern, Diss. Erlangen 1925. – Die einschlägigen Bde. des HAB, Teil Altbayern, Reihe I u. II s. in d. Bibliographie; vom HAB, Teil Franken, sind vor allem die Bde. Eichstätt (G. HIRSCHMANN) und Hilpoltstein (W. WIESSNER) heranzuziehen. – HONB, Regierungsbezirk Oberpfalz, Bd. 1: Stadt u. Landkreis Amberg (H. FRANK) 1975; Regierungsbezirk Oberfranken, Bd. 1: Land- u. Stadtkreis Kulmbach (E. Frhr. v. GUTTENBERG) 1952; Bd. 2: Landkreis Pegnitz (J. PFANNER) 1965; Bd. 3: Rehau-Selb (R. HÖLLERICH) 1977. – W.-A. Frhr. v. REITZENSTEIN, Lexikon bayer. Ortsnamen, 1991²; Ders., Ortsnamen mit Windisch/Winden in Bayern (Bll. f. oberdeutsche Namenforsch. 28/29) 1991/92, 3–76.

a) *Die vordeutsche und die deutsche Besiedlung im Frühmittelalter.* Das Land, welches seit dem achten Jahrhundert als Nordgau und seit dem Beginn der Neuzeit als Oberpfalz bezeichnet wurde, war in der prähistorischen Zeit der Hallstatt- und Latène-Epochen von einer Population bewohnt, die der großen Völkerfamilie der Kelten zuzurechnen ist. Archäologische Belege aus dem Naabgebiet lassen beispielhaft erkennen, daß dort Dauersiedlungen bestanden. Der Verkehrsweg aus dem Donau- und Regengebiet über die Grenzgebirge nach Böhmen war bekannt und viel begangen. Entlang der alten Völkerstraße gab es in vorgeschichtlicher Zeit eine dauernd seßhafte Bevölkerung, deren archäologische Spuren sich im Oberpfälzer Jura und im Vilstal ebenso wie im mittleren Naabland finden.[1]

Als die Gebiete südlich der Donau zwischen dem ersten und dem fünften nachchristlichen Jahrhundert von der römischen Besetzung und Herrschaftsent-

[1] HB I 50ff.; H. P. UENZE, Kelten in d. Oberpfalz (Führer z. archäologischen Denkmälern in Deutschland 5) 1984, 158–164; TORBRÜGGE, Landschaften (§ 2) 84ff.; Ders., Von d. Vorzeit bis zum kelt. Radasbona (Schr.reihe d. Univ. Regensburg 1) 1979, 9–20; zum keltischen Namen Regensburgs vgl. J. SCHNETZ, Der kelt. Name Regensburgs (VHOR 86) 1936, 155–158; v. REITZENSTEIN 313–318; vgl. auch die interessanten Beobachtungen v. S. FEDERHOFER, Der Waldname Appel u. d. Ortsnamen Pondorf u. Pollanten – eine Erinnerung an d. Kelten (VHOR 131) 1991, 27–42. Bayer. Geschichtsatlas, Karte 5d, Text 50; S. RIECKHOFF, Faszination Archäologie. Bayern vor den Römern, 1990, 99ff.

faltung geprägt waren,[2] überlagerten im Land nördlich des Stromes germanische Zuwanderer[3] die eingesessene, zahlenmäßig wohl nicht sehr große Bevölkerung. Im fünften Jahrhundert mögen die aus dem Gebiet nördlich der Mittelgebirgsschwelle kommenden Thüringer Einfluß bis zur Donau gehabt haben.[4] Die räumliche Ausdehnung und die Intensität der Thüringer-Herrschaft bleiben ziemlich unklar. Von einer wesentlichen Siedlungsaktivität dieser westgermanischen Völkerschaft im Oberpfälzer Raum kann keine Rede sein. Allenfalls erreichten Streifzüge dieses Stammes auch das Land bis zur Donau und darüber hinaus nach Süden und Südosten. Dieser Thüringer-Einfluß ist für das fünfte und für das frühe sechste Jahrhundert anzunehmen, jedenfalls vor der Zerstörung des Thüringer-Reiches durch die Franken (531). Eine neue Siedlungserschließung des nördlich der Donau gelegenen Landes konnte wohl erst nach diesem Zeitpunkt in Gang kommen.

Zu der Zeit, in der sich von der Wende des fünften zum sechsten Jahrhundert an die Bajuwaren im Land um Regensburg und südlich davon breitmachten,[5] war das Land nördlich des Flusses bis hinauf zum Mittelgebirge von einer dem

[2] Überblick über die umfangreiche Literatur zur römischen Geschichte Bayerns s. HB I 65, 73, 84, 88; H.-J. KELLNER, Die Römer in Bayern, 1978[4]; für Regensburg u. sein Umland vgl. K. DIETZ, U. OSTERHAUS, S. RIECKHOFF-PAULI, K. SPINDLER, Regensburg z. Römerzeit, 1979; A. LIPPOLD, Regensburg 179 n. Chr. – Die Gründung des Lagers der Legio III Italica (Schr.reihe d. Univ. Regensburg 1) 1979, 21–35; zu römerzeitlichen Funden in der Oberpfalz vgl. FISCHER (§ 2) 349–388; Bayer. Geschichtsatlas, Karten 6 u. 7, Text 50–53; vgl. Fundchronik, zuletzt f. 1990, 1993.

[3] Ob die Hermunduren (1. Jh. n. Chr.), die Juthungen (4. Jh.) oder eventl. die Naristen (1./2. Jh.) im Oberpfälzer Raum zu lokalisieren sind, wird kontrovers diskutiert; überzeugende Interpretation der Quellen über die Einordnung dieser germanischen Völkerschaften in das spätantike Siedlungsgefüge der Oberpfalz steht aus. Vgl. dazu HB I 68, 91, 93, 112; TORBRÜGGE, Landschaften (§ 2) 90f.; Ders., Amberg (ebd.) 18. Über germanische Funde seit dem 2. Jahrhundert vgl. FISCHER (ebd.) 351–355; Ders., Römer u. Germanen an d. Donau (Die Bajuwaren, s. Anm. 5) 41ff. (über germanische Zuwanderer aus Böhmen in das Regen-Naab-Altmühlgebiet seit der Zeit um 400); Ders., Römer u. Bajuwaren a. d. Donau, 1988, 33f., 118f.; vgl. dazu auch A. KRAUS (ZBLG 51) 1988, 937–942.

[4] Als Belege für die Thüringer-Herrschaft in der Oberpfalz werden viel genannt die Vita Severini Cap. 27 u. 31 des Eugippius; R. NOLL, Eugippius. Das Leben des hl. Severin (Schr. u. Quellen d. alten Welt 11) 1963, 92, 98, 136 und die Cosmographie des Anonymus v. Ravenna IV 25, 2 (Itineraria Romana II: Ravennatis Anonymi Cosmographia et Guidonis Geographica, hg. v. J. SCHNETZ, 1940, 60f.); J. SCHNETZ, Ravennas Anonymus: Cosmographia. Eine Erdbeschreibung um d. Jahr 700 (Nomina Germanica 10) 1951, 65; vgl. SCHWARZ, Sprache u. Siedlung 12ff.; HB I 106 Anm. 36 (Lit.).

[5] Umfassender Überblick über die ältere Forschung, umsichtige Wertung der vorliegenden vielschichtigen Hypothesen und erschöpfender Literaturbericht dazu in HB I §§ 13–15 (1981); Weiteres bei TORBRÜGGE, Landschaften (§ 2) 91–95, 114f. (bis 1984); vgl. auch W. VOLKERT, Bayern – Anmerkungen zu Staat u. Stamm (BlldLG 121) 1985, 60–63; E. ZÖLLNER, Gesch. Österreichs, 1984, 39ff., 603ff.; H. WOLFRAM, Die Geburt Mitteleuropas. Gesch. Österreichs vor seiner Entstehung 378–907, 1987, 319–325, 328ff.; H. DANNHEIMER – H. DOPSCH (Hgg.), Die Bajuwaren v. Severin bis Tassilo 488–788, 1988; H. C. FAUSSNER, Die staatsrechtl. Genesis Bayerns u. Österreichs. Zur Bajuwarenfrage aus rechtshistor. Sicht (Stud. z. Rechts-, Wirtschafts- u. Kulturgesch. 12) 1988; Typen d. Ethnogenese unter besonderer Berücksichtigung d. Bayern, I (Österr. Akad. d. Wiss., phil.-hist. Kl., Denkschriften 201) 1990; W. MENGHIN, Frühgesch. Bayerns, 1990, 74–79.

Substrat nach keltischen, durch verschiedene germanische und wohl auch slawische Einflüsse überformten Bevölkerung bewohnt.

Die Forschung nimmt an, daß das Land zwar nicht völlig siedlungsleer war, daß es aber doch nur in wenigen Siedlungsinseln («Siedlungskammern») für dauernd erschlossen gewesen sei. Grundlage dieser Ansicht ist die Vorstellung, der «Nordwald» sei ein ziemlich undurchdringlicher Urwald gewesen. Die Kartierung der Waldgebiete läßt aber erkennen, daß sich im Umkreis der Dauersiedlungen mit völlig gerodetem und regelmäßig umgepflügtem Land ziemlich breite Zonen mehr oder minder licht bestockter Laubmischwälder aus Eiche und Buche befanden, in denen die Siedler extensiven Wald-Feldbau betrieben haben.[6] Die Gebiete, in denen Dauersiedlungen möglich waren und auch bestanden haben, sind wohl größer gewesen, als dies die landläufige Vorstellung vom Charakter des «Nordwaldes» signalisiert. Wirklich siedlungsfeindliche und deshalb auch siedlungsleere Zonen waren nur die Grenzgebirge gegen den böhmischen Kessel, die Höhenlagen des Fichtelgebirges, des Steinwaldes und des Juras in einer Höhenlage von mehr als 700 Meter (über NN).

Der wichtigste Beleg für die durchgehende Siedlungskontinuität ist die Überlieferung des alteuropäischen Hydronomie-Systems, das südlich wie nördlich der Donau anzutreffen ist.[7] Die Namen von Donau und Naab, von Chamb, Regen und Vils, von Laber, Main und Eger, vielleicht auch von Altmühl und Sulz, gehen auf indogermanische Wurzeln zurück. Träger dieser Namenüberlieferung war eine Bevölkerung, die zumindest an flußnahen Wohnplätzen dauernd ansässig war. Über deren Niederlassungen führten auch die schon für die vorgeschichtliche Zeit zu erschließenden großräumigen Verkehrswege vom Alpen-Donau-Raum in die Tiefebene nördlich der Mittelgebirge bis zu den Küsten von Nordsee und Ostsee. Die keltisch überformten Flußnamen (Altmühl, Laaber, Chamb) und keltische Ortsnamen[8] (Kallmünz, Radaspona für Regensburg) deuten darauf, daß diese Bevölkerung keltischen Volkstums war. Die Römerherrschaft hat im Gebiet nördlich der Donau wenig Spuren hinterlassen; dasselbe gilt für die Herrschaft der Thüringer.

Die germanischen Bajuwaren, die vom sechsten Jahrhundert an die Geschichte des Süddonaulandes bestimmten, drangen wohl schon bald nach der Ansiedlung in der früher von der römischen Herrschaft erfaßten Landschaft in das Land nördlich der Donau vor und ließen sich dort für dauernd nieder.

Reihengräberfriedhöfe, die in das sechste und siebte Jahrhundert datiert wer-

[6] Vgl. Bayer. Geschichtsatlas, Karte 8a, Text 53f. (H. RUBNER) mit weiterer Lit. Eine genauere Untersuchung der frühmittelalterlichen Bestockungsverhältnisse steht aus.

[7] Zu den Flußnamen vgl. SCHWARZ, Sprache u. Siedlung 12–28; vgl. die Belege bei H. KRAHE, Unsere ältesten Flußnamen, 1964; P. WIESINGER, Antik-roman. Kontinuitäten im Donauraum v. Ober- u. Niederösterreich am Beispiel d. Gewässer-, Berg- u. Siedlungsnamen (Österr. Akad. d. Wiss., phil.-hist. Kl., Denkschriften 201) 1990, 261–328 (darin methodisch wichtiger Forschungsbericht).

[8] Zu den vorrömischen u. vordeutschen Ortsnamen vgl. SCHWARZ, Sprache u. Siedlung 7f., 48; v. REITZENSTEIN (§ 2) 31, 93, 199, 219, 315.

den, geben erste Hinweise auf eine neue Siedlungsbewegung im Land nördlich der Donau; mehrere von ihnen werden als Ortsfriedhöfe aus karolingischer Zeit seit dem achten Jahrhundert bezeichnet; die genauere chronologische Festlegung ist jedoch schwierig.[9] Spätestens seit der zweiten Hälfte des siebten Jahrhunderts ist die bajuwarische Besiedlung des Oberpfälzer Jura archäologisch mit dem Gräberfeld von Lauterhofen belegt.[10] Die Leute kamen von Süden her; zuerst wurden die Talgründe von Altmühl, Sulz, Laaber und Lauterach erschlossen. Die Aufsiedlung hat wohl schon im sechsten Jahrhundert vom Donaugebiet her begonnen.

Die mit Nachrichten seit dem achten Jahrhundert einsetzenden schriftlichen Quellen lassen größere Siedlungsbereiche in der westlichen Oberpfalz um das schon genannte Lauterhofen, im Gebiet der mittleren oder oberen (oberpfälzischen) Vils und in der Gegend von Cham erkennen.[11] Alle diese Orte, deren Erwähnung von der Zufälligkeit der Überlieferung abhängig ist, waren damals schon seit mehreren Generationen kontinuierlich besiedelt. Teilweise mag es sich bei den Siedlern um Leute handeln, die schon zur römischen Zeit in das Land «eingesickert» sind (Cham), teils um solche, die durch Wanderzüge seit dem sechsten Jahrhundert ins Land gekommen sind und zusammen mit der schon ansässigen Bevölkerung zum nördlichen Teil des Bajuwarenvolkes zusammengeschmolzen sind.

Die deutschen Siedler kamen von Süden her; den Hinweis darauf liefern die Bezeichnungen «Nordwald» für Waldgebiete nördlich von Regensburg[12] und «Nordgau» für die geographische Landschaftsbezeichnung dieser Region (s. § 3). Die wenigen Schriftquellen, die über die Besiedlung vor dem achten Jahrhundert Auskunft geben, können durch die Analyse der Ortsnamen ergänzt werden. Ortsnamen, die mit Zugehörigkeitssuffix -ing und einem frühbelegten Personennamen gebildet sind, spiegeln sehr frühe Siedlungsbereiche der Bajuwaren

[9] K. Schwarz, Der frühmittelalterliche Landesausbau in Nordost-Bayern archäologisch gesehen (Ausgrabungen in Deutschland II) 1975, 339ff.; vgl. Torbrügge, Landschaften (§ 2) 62f., 98; Ders., Amberg (§ 2) 20; M. Menke, Die bairisch besiedelten Landschaften im 6. u. 7. Jh. nach den archäolog. Quellen (Die Bajuwaren, s. Anm. 5) 74ff.; G. Diepolder, Grundzüge d. Siedlungsstruktur (ebd.) 168–178.

[10] H. Dannheimer, Lauterhofen im frühen MA (Materialhefte z. bayer. Vorgesch. 22) 1968; Torbrügge, Landschaften (§ 2) 62.

[11] Dachs (§ 2) 161ff.; vgl. für Lauterhofen: MG Cap. I, 127 (s. § 3 Anm. 4); für das Vilsgebiet («Nordfilusa»): Vita Wunibaldi (MG SS 15) 109; A. Bauch, Biographien d. Gründungszeit (Quellen zur Gesch. d. Diözese Eichstätt I) 1962, 146ff.; HAB Amberg I (G. Leingärtner) 3f.; HONB Amberg (H. Frank) 11+; H. Wolfram, Die Gründungsurkunde von Kremsmünster (Mitt. d. Oberösterr. Landesarchivs, Erg.-Bd. 2) 1978, 71 (lokalisiert an der niederbayer. Vils); Torbrügge, Amberg (§ 2) 21; Herrmann, Siedlungs- u. Herrschaftsstrukturen (§ 2) 9f.; für Cham und Chammünster: QE NF 8 nr. 16; W. Torbrügge, Chammünster – Marca ad Champa (Führer zu archäologischen Denkmälern in Deutschland 6) 1984, 180ff., vgl. auch 171ff.; HAB Cham (H. Piendl) 59ff.

[12] 996 wird ein Waldgebiet im Regenknie nördl. von Regensburg als Nordwald bezeichnet (QE NF 8 nr. 256); über die Bezeichnung der nordoberpfälzischen Waldungen im 11./12. Jh. als Nordwald s. HAB Distr. Egranus (H. Sturm) 1f.; HAB Tirschenreuth (H. Sturm) 2.

wider.[13] Sie erscheinen in großer Zahl südlich von Regensburg, nördlich der Stadt im Regental aufwärts bis zum Chamer Becken, in den Tälern von Naab, Laaber und Altmühl jeweils kurz vor der Mündung in die Donau und schließlich in der westlichen und mittleren Oberpfalz um Amberg und östlich davon bis in die Gegend von Nabburg.[14] Hier, wie auch anderwärts, ist es schwierig, die Entstehung der ing-Orte zeitlich zu unterscheiden. Die Gewohnheit dieser Namengebung war vom sechsten bis zum zehnten Jahrhundert lebendig; eine chronologische Differenzierung ist mit Hilfe lautgeschichtlicher Kriterien in manchen Fällen möglich. Es gibt Ortsnamen, die den Primärumlaut aufweisen; dieser trat im allgemeinen vor der Mitte des achten Jahrhunderts ein. Solche Orte, die vor diesem Zeitansatz entstanden sind, finden sich in größerer Zahl in der südlichen und südwestlichen Oberpfalz; Beispiele gibt es aber auch bis hinauf in das Stiftland. Auch ing-Orte lassen sich nach diesem Schema klassifizieren.[15] In der nördlichen Oberpfalz (Naabtal von der Pfreimd-Mündung an aufwärts) fehlen alte ing-Orte. Das gilt auch für die Orte mit dem Namensgrundwort -heim, die in ihrer ältesten Schicht den ing-Orten zeitlich ziemlich nahe stehen. Man schließt dies aus dem frühen Auftreten der heim-Namen und ihrer Verbreitung, liegen sie doch in enger Nachbarschaft zu den ing-Orten in altbesiedeltem Gebiet. Altertümliche Bestimmungsworte (z. B. «tegar» für groß) und die Verbindung mit früh abgegangenen Personennamen deuten auf das hohe Alter der heim-Siedlungen. Wie die ing-Orte sind auch die heim-Siedlungen vor dem zehnten Jahrhundert entstanden.[16]

Auch Ortsnamen mit den Grundworten -hofen oder -hausen wurden Siedlungen beigelegt, die vor der Jahrtausendwende entstanden sind. In starker Massierung treten beide Namentypen in der südwestlichen Oberpfalz auf. Im Siedlungsfeld um Lauterhofen in der westlichen Oberpfalz bei Neumarkt ist eine archäologisch dem siebten Jahrhundert zugewiesene bayerische Bevölkerung seßhaft gewesen. Im Umkreis um diesen großen Herzogs- und Königshof (s. u.) erscheinen viele Ortsnamen dieses Typs; sie sind auf eine frühe Entstehungsphase, die noch dem siebten Jahrhundert angehört, und eine spätere Epoche des achten und neunten Jahrhunderts zu verteilen.[17]

Die erwähnten bajuwarischen Ortsnamentypen, die eine Besiedlung des Landes vor dem zehnten Jahrhundert erkennen lassen, kommen besonders häufig im südlichen Oberpfälzer Raum vor, der nach Norden zu durch eine von Sulzbach

[13] Schwarz, Sprache u. Siedlung 55–60; Schuh (§ 2) 162–169; v. Reitzenstein (ebd.) 16ff.

[14] Dachs (§ 2) 163f. (Regental); HAB Parsberg (M. Jehle) 4f.; HAB Neumarkt (B. Heinloth) 6ff.; HAB Nabburg (E. Müller-Luckner) 16ff.

[15] Schwarz, Sprache u. Siedlung 117ff. (mit Deckblatt 7).

[16] Schwarz, Sprache u. Siedlung 64–74; HONB Amberg (H. Frank) 12+; Schuh (§ 2) 169ff.

[17] Schwarz, Sprache u. Siedlung 80–87 (mit Deckblatt 3); HAB Parsberg (M. Jehle) 6ff.; HAB Neumarkt (B. Heinloth) 8ff.; für Lauterhofen vgl. Anm. 10.

im Westen über Nabburg nach Furth im Wald im Osten reichende Linie begrenzt ist.[18]

Das Land nördlich davon war jedoch auch vor der Zeit um 1000 nicht unbesiedelt; dies belegen schriftliche Quellen aus dem zehnten Jahrhundert. Im Gebiet des Flusses Luhe wird für 905 Grundbesitz erwähnt, den der König verschenkte; Nabburg wird erstmals 929 genannt, bestand aber als fester Burgort sicher schon im achten Jahrhundert; das Gebiet von Floß und Luhe wird schließlich um die Mitte des zehnten Jahrhunderts (948/49) genannt, als dort bei Ungarneinfällen bayerisch/königliche Aufgebote und ungarische Heerhaufen gegeneinander kämpften.[19] Besonders diese Nachricht läßt erschließen, daß im Land eine größere Population gewesen sein muß; denn sonst wäre dort nichts zu holen gewesen, so daß das weite Vordringen der Ungarn nach Norden ziemlich unverständlich bliebe. Im Flußgebiet der oberen Naab ist auch der schon im Jahr 863 erwähnte Ort Naabwinden zu suchen.[20]

Bis zur Mitte des elften Jahrhunderts sind in der nördlichen Oberpfalz (nördlich der Linie Sulzbach – Nabburg – Furth im Wald) nur etwa dreißig Orte in Urkunden oder Chroniken erwähnt; zum Teil hängt das sicher mit Problemen der Überlieferungsgeschichte zusammen.[21] Die Siedlungsdichte war sicher größer, als dies die geringe Belegdichte erwarten läßt. Hinweise darauf liefert vor allem die Analyse der Ortsnamen, wobei besonders die nichtdeutschen, vor allem die slawischen Namen zu beachten sind.

b) *Die slawische Besiedlung*. Das Land, in dem frühmittelalterliche deutsche Siedlungsspuren dünn sind oder fehlen, war von Slawen besiedelt. Dies ergibt sich aus vielen Gewässernamen rechts und links der Naab, die häufig mit gleichlautenden Ortsnamen korrespondieren (z. B. Döllnitz, Gleiritsch, Flernitz, Schirnitz, Girnitz, Creußen und Krögnitz); im Flußgebiet der Eger und Wondreb gelten als slawische Gewässernamen die Röslau, Kössain, Veisnitz und Oschwitz, die Techleub, Lausnitz und Stabnitz, die Tirschnitz und der Schlatteinbach.[22] Bemerkenswert ist, daß es sich hier häufig um kleine Gewässer handelt; die Namen des größeren Flußsystems hatten die Slawen bei ihrer Einwande-

[18] Schuh (§ 2) 174f.; Reindel nr. 39; E. Herrmann, Slawisch-german. Beziehungen im südostdeutschen Raum v. d. Spätantike bis z. Ungarnsturm (Veröff. d. Collegium Carolinum 17) 1965, 190f.

[19] Luhe 905: MG DD Ludwig d. Kind nr. 42; HAB Vohenstrauß (D. Bernd) 4f.; Erstnennung Nabburgs in d. ersten Hälfte des 10. Jhs.: HAB Nabburg (E. Müller-Luckner) 22f.; Floß/Luhe (948): HB I 292; A. Schuster, 1000 Jahre Floß, 1976, 15ff.; HAB Neustadt a. d. Waldnaab (H. Sturm) 6f.; Schwarz, Sprache u. Siedlung 109, 219; K. Rothenberger, Markt Luhe, 1989, 31–39.

[20] Schenkung Ludwigs des Deutschen an Niederalteich (MG DD Ludwig d. Deutsche nr. 109); zur Lokalisierung vgl. S. Herzberg-Fränkel (MIÖG, Erg.-Bd. 10) 1915, 93; Schwarz, Sprache u. Siedlung 195, 355 (im nördlichen Teil der Oberpfalz); Bachmann (§ 2) 13 (östl. d. Naab bei Trefnitz); Herrmann (Anm. 18) 124f.

[21] Vgl. dazu Dachs (§ 2) 160f.; Zusammenstellung der bis 1050 genannten Orte s. bei Schwarz, Sprache u. Siedlung 104–116.

[22] Zu den slaw. Gewässernamen vgl. Schwarz, Sprache u. Siedlg. 318–324 (m. Deckbl. 12).

rung schon vorgefunden und übernommen. Die eingehende Untersuchung slawischer Komponenten in oberpfälzischen Ortsnamen[23] und die kartographische Auswertung bestätigen das in großen Zügen durch die Analyse der Gewässernamen gewonnene Bild: Die slawischen Namen treten im östlichen Oberpfälzer Raum von der böhmischen Grenze bis über das Naabbecken nach Westen ausgreifend und nördlich der Linie von Eschenbach i. d. OPf. bis Neustadt a. d. Waldnaab im ganzen Nordoberpfälzer Gebiet und darüber hinaus im oberfränkischen Main- und Regnitzland gehäuft auf. Belege für slawische Siedlungen aus dem mittleren und unteren Naabtal bis in den Raum von Burglengenfeld und Kallmünz[24] lassen die südliche Ausdehnung und das slawische Siedelgebiet im Oberpfälzer Wald erkennen.[25] Philologische Beobachtungen der lautgeschichtlichen Entwicklung slawischer Namen, die deutsche Siedler übernommen haben, lassen erschließen, daß die Begegnung und Namensübertragung vor der zweiten Hälfte des achten Jahrhunderts stattgefunden hat.[26] Man nimmt daher mit gutem Grund an, daß seit dem siebten (vielleicht auch schon seit dem ausgehenden sechsten) Jahrhundert Leute alttschechischer Sprache über das böhmische Grenzgebirge herübergekommen sind und sich im westlichen Oberpfälzer Wald, im Naabtal und noch darüber nach Westen hinaus für dauernd ansässig gemacht haben.

Im Norden und Nordwesten der Oberpfalz, im Obermaingebiet und im oberfränkischen Regnitzland sind Slawen nachweisbar, die zur obersorbischen Sprachgruppe gehörten; es handelt sich um Zuwanderer aus der ziemlich geschlossenen Population der westlichen Sorben im Vogtland, in Sachsen und in Thüringen östlich der Saale.[27]

In der westlichen Oberpfalz, besonders im Gebiet um Neumarkt i. d. OPf. und Parsberg (vereinzelt auch in den Kreisen Amberg, Schwandorf und Regensburg)

[23] BACHMANN (§ 2) 38–50; SCHWARZ, Sprache u. Siedlung 324–336, 356–362, 374ff. (kritische Stellungnahme zur älteren Forschung, insbesondere zur «Erlanger historischen Schule» v. GUTTENBERGS; in deren Tradition steht K. BOSL, BlldLG 97, 1961, 394–409 bei der Rezension von SCHWARZ, Sprache u. Siedlung. Die von BOSL reklamierte Klärung der mit der Slawen-Siedlung zusammenhängenden Fragen von Herrschaft u. Verfassung der slawischen Siedler steht noch aus; SCHWARZ hat sie als primär philologisch arbeitender Ortsnamenforscher nicht leisten können u. wollen). Weitere Lit. s. HB I 151 Anm. 108 u. 109; dazu noch SCHUH (§ 2) 178–183; V. TOVORNIK, Die Slawen (Die Bajuwaren, s. Anm. 5) 126f.; E. EICHLER, Probleme d. Auswertung slawischer Orts- u. Flußnamen in Nordostbayern (AO 65) 1985, 291–297.

[24] H. SCHNEIDER, Die Oberpfalz im frühen Wittelsbacher Landesstaat (Festschr. f. G. Lang) 1989, 188–192.

[25] HAB Roding (I. SCHMITZ-PESCH) 7–10; HAB Neunburg (W. NUTZINGER) 8ff.; HAB Waldmünchen (E. MAGES) 5ff.; HAB Vohenstrauß (D. BERND) 4.

[26] In diesem Zusammenhang wird der Ortsname Perschen (unweit Nabburg) häufig genannt. Er geht auf eine erschlossene altslawische Wurzel Berzjane («Leute am Ufer») zurück; das Wort hat die Entwicklung zur germanischen Tenuis im Anlaut schon und die im Tschechischen eingetretene Liquiden-Umstellung des r nicht mitgemacht. Daraus ergibt sich die chronologische Einreihung zur Mitte des 8. Jhs.; vgl. SCHWARZ, Sprache u. Siedlung 179, 185; BACHMANN (§ 2) 43; HAB Nabburg (E. MÜLLER-LUCKNER) 15f.

[27] SCHWARZ, Sprache u. Siedlung 195ff., 365ff.; HAB Distr. Egranus (H. STURM) 13f.; v. REITZENSTEIN (§ 2) 231, 309.

gibt es Ortsnamen mit dem Grundwort -winden. Sie treten auch in Oberfranken, Mittelfranken und Unterfranken auf, wo sonst Ortsnamen mit slawischen Bestandteilen kaum vorkommen[28] und bezeichnen Ansiedlungen nichtdeutscher, slawischer Leute, die von der benachbarten deutschen Bevölkerung wegen der fremden Sprache «Wenden» (Winden) genannt wurden. Bei diesen Orten dürfte es sich um herrschaftlich gesteuerte Ausbausiedlungen handeln, deren Siedler slawischer Herkunft waren. Möglicherweise sind viele solcher Siedlungen unter dem Einfluß der fränkisch-karolingischen Herrschaft von Slawen angelegt und ausgebaut worden, die durch Kriegsgefangenschaft oder auf andere Weise in persönliche Unfreiheit geraten waren.

Aus dem neunten und zehnten Jahrhundert sind einige schriftliche Quellenbelege über slawische Einwohner in der Oberpfalz überliefert. Die «Naabwinden» waren wohl slawische Bewohner im mittleren oder oberen Naabgebiet; sie wurden namengebend für einen Ort.[29] Die Wortbildung erinnert an die Main- und Regnitzwinden, die im neunten Jahrhundert für das mittlere und nordöstliche Oberfranken belegt sind; ihr Siedlungsgebiet wird als «Terra Sclavorum» bezeichnet.[30] Noch bei der Gründung Bambergs 1007 wird die slawische Population des neuen Sprengels erwähnt; sie mag auch den nordwestlichen Teil der Oberpfalz betroffen haben, der von der Diözese Eichstätt abgetrennt und dem neuen Bischofssitz zugeteilt wurde. Als Besitzer einer Hube königlichen Obereigentums an der Luhe wird 905 der Slawe Gruonkin erwähnt;[31] zur gleichen Zeit erscheint ein Slawe Maurus als Gutsbesitzer in Pfatter (südlich der Donau).[32]

Zum Jahr 896 werden im Ort Pösing im Regental freie Slawen erwähnt; sie saßen auf Gütern, die König Arnulf der Kirche in Roding schenkte.[33] Es handelt sich dabei um persönlich freie Leute, die in dinglicher Abhängigkeit vom König (und dann von der Kirche) Güter bewirtschafteten. Für die Slawen galten offensichtlich dieselben Rechtsverhältnisse, wie sie zwischen den deutschen Hintersassen und ihren Herren bestanden. Nicht viel anders werden die Rechtsverhältnisse des slawischen Bauern («wandalicus colonus») gewesen sein, der mit einem Waldgut bei Stefling am Regen im «Nordwald» vom Burggrafen Papo von Regensburg dem Kloster St. Emmeram geschenkt wurde.[34]

[28] Bachmann (§ 2) 50–58; Schwarz, Sprache u. Siedlung 336–356; v. Reitzenstein (§ 2) 23, 89, 104, 415f.; Ders., Windisch/Winden (§ 2) 4ff., 16–20 u. ö.

[29] Zu 863; vgl. Anm. 20.

[30] MG DD Ludwig d. Fr. nr. 40; MG DD Ludwig d. D. nr. 42; MG DD Arnulf nr. 68; vgl. v. Guttenberg I 30–34 (auch über das «Slawenmotiv» der Gründung des Bistums Bamberg, das v. Guttenberg nur bedingt gelten lassen will; vgl. dazu Schwarz, Sprache u. Siedlung 380ff.); v. Guttenberg-Wendehorst II 14ff., 18, 91, 97, 151; Schwarz, Sprache u. Siedlung 357f.; Herrmann, Siedlungs- u. Herrschaftsstrukturen (§ 2) 18; Ders., Zur Assimilierung d. Slawen in Ostfranken im Hochmittelalter (AO 48) 1968, 100.

[31] S. Anm. 19.

[32] QE NF 8 nr. 170; Herrmann (Anm. 18) 190f.

[33] MG DD Arnulf nr. 145; Herrmann (Anm. 18) 180f.; Schwarz, Sprache u. Siedlung 346; HAB Roding (I. Schmitz-Pesch) 9ff.

[34] QE NF 8 nr. 256 zu ca. 996; vgl. Schwarz, Sprache u. Siedlung 342, 349.

Seit dem elften Jahrhundert verschwinden die Belege für Slawen im nordgauischen Gebiet. Die durch eigene Sprache, durch Lebensformen und Sitten speziell definierte, von der deutschen Population unterscheidbare Existenz der Slawen ist nun nicht mehr speziell erkennbar. Über die Art und Weise, wie diese Assimilation vor sich gegangen ist, fehlen Quellen aus dem Oberpfälzer Bereich. Wahrscheinlich hat mit der Intensivierung der Binnenkolonisation seit dem zwölften Jahrhundert die deutschsprachige Population zugenommen, gegenüber dem slawischen Element ein starkes Übergewicht bekommen, was dazu führte, daß die tschechischen oder sorbischen Sprachelemente und Lebensgewohnheiten zur Seite gerückt und schließlich ganz zum Verschwinden gebracht worden sind.[35]

c) *Die Intensivierung der deutschen Besiedlung durch die Binnenkolonisation.* Der gesamte Oberpfälzer Raum war seit vorgeschichtlicher Zeit besiedelt, soweit die Bestockungsverhältnisse der Waldlandschaft und die von der Höhenlage abhängigen klimatischen Verhältnisse Ackerbau und Viehhaltung zuließen, wodurch den Siedlern auf Dauer der notwendige Lebensunterhalt gesichert war. Von den altbesiedelten Orten aus wurden wohl schon nach wenigen Generationen neue Siedlungen in unbesiedelten, durch Rodungsarbeit nun bewohnbar gemachten Gemarkungsteilen angelegt. Diese kleinräumige Binnenrodung wird in der Forschung meist als «Ausbauzeit nach der ersten Landnahme» bezeichnet. Kennzeichen dieser vor der Jahrtausendwende angesetzten Siedlungserschließung sind die Ortsnamen mit den Grundworten -heim, -hofen, -dorf und -stetten. Die Erweiterung der landwirtschaftlich genutzten Flächen war nur dann notwendig und möglich, wenn die Bevölkerungszahl zugenommen hat. Das war offensichtlich bis in das Hochmittelalter der Fall, wie aus der Siedlungserschließung des Landes abzulesen ist.

Im zwölften und dreizehnten Jahrhundert erreichte die Siedlungsbewegung mit der Neuanlage vieler Orte einen weiteren Höhepunkt. Diese Phase der Siedlungsgeschichte wird als Epoche der Binnenkolonisation durch Rodung bezeichnet, weil Orte mit typischen Rodungsnamen diese großräumige Erweiterung des bewirtschafteten und dauernd besiedelten Gebietes erkennen lassen.[36]

Im gesamten Oberpfälzer Raum gibt es Hunderte von Ortsnamen mit dem Grundwort -reut und einem Personennamen oder einer allgemeinen Bezeichnung (Appellativum) als Bestimmungswort. Die Personennamen kennzeichnen häufig den Auftraggeber, Grundherrn oder Herrschaftsinhaber oder auch den Siedlungsunternehmer oder einen herausgehobenen Ansiedler. Durch Appellative wird oft auf besondere örtliche Verhältnisse Bezug genommen. Philologische Gründe erlauben die Annahme, daß die Rodungsnamen später anzusetzen sind als die besprochenen Ortsnamen der frühen Landnahme- und Ausbauphase.[37] Für

[35] Vgl. dazu Herrmann, Assimilierung (Anm. 30) 87–110.

[36] W. Emmerich, Das mittelalterl. Siedelwerk (Scherzer) 285–290; Schuh (§ 2) 175–178; HONB Amberg (H. Frank) 12$^{+}$ff.; v. Reitzenstein (§ 2) 59f., 213, 264 (Bayreuth, Konnersreuth, Neualbenreuth).

[37] Schwarz, Sprache u. Siedlung 129–139.

das auf die Rodung hinweisende Ortsnamengrundwort gibt es in der Oberpfalz mehrere Lautungen, die jedoch auf dieselbe sprachliche Grundbedeutung zurückgehen. Im Bayerischen und im Oberpfälzer Wald (Landkreise Cham und Schwandorf – östlich der Naab –) tritt die Namensform -ried (oder -rieth) auf;[38] auch im Regensburger Umland nördlich der Donau kommen solche Ortsnamen vor. In der mittleren Oberpfalz (vom Landkreis Neumarkt i. d. OPf. im Westen über den Amberger Raum bis in das Gebiet von Weiden) tritt die Form -richt als Ortsnamengrundwort auf; sie ist wahrscheinlich erst in spätmittelalterlicher Zeit unter dem Einfluß der landesfürstlichen Kanzleien fixiert worden.[39] Nördlich davon schließen sich die -reut-Namen an, in besonders großer Zahl in den Landkreisen Neustadt a. d. Waldnaab und Tirschenreuth. Alle diese Namensformen gehen zurück auf die althochdeutsche Sprachform riuti für «gerodetes, gereutetes (d. h. von Bäumen und Wurzelstöcken frei geräumtes) Land im Waldgebiet.»

In der östlichen und nördlichen Oberpfalz und im angrenzenden Egerland kommen viele Ortsnamen mit dem Grundwort -grün («nach Rodung grün bewachsener Boden») vor; sie dominieren im nördlichen Oberfranken und jenseits der Mittelgebirgsschwelle im bayerischen und sächsischen Vogtland.[40] Es handelt sich um eine in der Kolonisationsphase seit dem zwölften Jahrhundert aufkommende Mode der Namengebung für neu angelegte Orte im Ausbauland. Etwa um dieselbe Zeit entstehen die Siedlungen mit genetivischen Ortsnamen, die vielfach in der westlichen und nordwestlichen Oberpfalz anzutreffen sind. Sie bestehen allein aus dem Bestimmungswort im Genetiv, wobei das Grundwort weggefallen ist (z. B. Siegras bei Vilseck entstand aus Sigehartsruit). Als Grundwort kann man in vielen Fällen eine Rodungsbezeichnung erschließen.[41]

Ohne Zweifel hat die Siedlungsverdichtung in den Altsiedelgebieten und die Rodungsbewegung in den von deutschsprachigen Siedlern im Frühmittelalter wenig erfaßten Land seit der Jahrtausendwende zur Anlage vieler neuer Orte und zur Erweiterung der landwirtschaftlich genutzten Dorfgemarkungen geführt. Dies ergibt sich aus der Analyse der Ortsnamen; dadurch kann auch in groben Umrissen eine absolute chronologische Einordnung erschlossen werden, die die Altsiedlungsphase auf das siebte und frühe achte Jahrhundert, die frühe Ausbauphase auf das achte und neunte Jahrhundert und die binnenkolonisatorische Rodungsepoche in die hochmittelalterliche Zeit vom späteren zehnten zum dreizehnten Jahrhundert anzusetzen erlaubt. Zu bedenken ist, daß der kleinräumige Landesausbau innerhalb einzelner Dorfmarkungen in allen Siedlungsphasen stattgefunden hat; bei entsprechender Konstellation der Bevölkerung wurden solche Neusiedlungen auch wieder aufgelassen («sie wurden öde, fielen wüst»). Zahlrei-

[38] Vgl. dazu auch HAB Roding (I. Schmitz-Pesch) 13 ff.; HAB Waldmünchen (E. Mages) 8 ff.; HAB Neunburg vorm Wald (W. Nutzinger) 10 ff.; HAB Vohenstrauß (D. Bernd) 6.

[39] Schwarz, Sprache u. Siedlung 133 f.; HAB Neumarkt (B. Heinloth) 10; HAB Nabburg (E. Müller-Luckner) 20.

[40] Schwarz, Sprache u. Siedlung 135 ff.; HAB Waldmünchen (E. Mages) 10.

[41] K. Puchner, Die genetiv. Ortsnamen d. Oberpfalz (JffL 20) 1960, 287–292; Schwarz, Sprache u. Siedlung 140–143.

che kleine Orte gingen im vierzehnten und fünfzehnten Jahrhundert wieder ein, wobei gelegentlich auch die davon betroffenen Fluren wieder vom Wald überwachsen wurden.[42]

Die Ausdehnung der Siedelgebiete setzt ein erhebliches Anwachsen der Bevölkerung voraus; nähere Angaben über Zahl und Herkunft der Neusiedler fehlen. Sie kamen offensichtlich aus der engeren Umgebung, wenn Rodungen das Altsiedelland erweiterten.[43]

Der Raum nördlich der Donau bis zum Egerland ist von Süden her aus dem bayerischen Sprachraum erschlossen worden; das belegt die bayerische Mundart (nordbaierischer Dialekt).[44] Merkmale des sogenannten ostfränkischen Dialekts treten im westlichen Vorfeld der Oberpfalz auf. Prägend dafür sind die städtischen Zentren Nürnberg und Bayreuth, wobei die territoriale Zugehörigkeit seit der frühen Neuzeit eine wesentliche Rolle spielt. Ein Rückschluß auf hochmittelalterliche Sprachgrenzen ist nicht ohne weiteres möglich.

Für die Erschließung des Landes von Süden her spricht auch die Zugehörigkeit zur Kirchenorganisation der Diözese Regensburg. Bis auf kleinere Teile im Altmühl-, Sulz-, Lauterach- und Pegnitzgebiet, welche der Diözese Eichstätt unterstanden und seit dem elften Jahrhundert teilweise dem Sprengel Bamberg zugeteilt wurden, gehörten Nordgau und Oberpfalz zum Bistum Regensburg. Die geistliche Jurisdiktion des Bischofs reichte bis zum Fichtelgebirge und schloß auch das Egerland ein.[45] Bis zur Errichtung des Bischofssitzes in Prag 973 hat der Regensburger Oberhirte auch in Böhmen episkopale Funktionen wahrgenommen.[46] Außerdem ist der Name «Nordgau», der seit dem achten Jahrhundert belegt ist und sich immer auf Gebiete nördlich der Donau bezieht, ein deutlicher Hinweis auf die Siedlungserschließung vom bayerischen Kernraum südlich der Donau aus. Nordgau ist eine Landschaftsbezeichnung, die seit den frühesten Belegen im achten Jahrhundert zunächst am Grenzraum der Diözesen Regensburg und Eichstätt im Donau-, Altmühl- und Lauterachgebiet hängt; bis zur Mitte des elften Jahrhunderts gibt es zahlreiche Belege für die Ausdehnung des Nordgaus bis zum Fichtelgebirge im Norden und dem Pegnitz-Regnitz-Gebiet bei Nürnberg und Fürth im Westen (s. § 3). Der südöstliche Teil der späteren Oberpfalz, das Vorland Regensburgs entlang des unteren Regens, rechnete zum

[42] Die sogenannte Wüstungsbewegung ist für den Bereich Amberg im Detail untersucht; G. Leingärtner, Die Wüstungsbewegungen im Landgericht Amberg (MHStud. 3) 1956 (nach Vorarbeiten von A. Dollacker); HAB Amberg I (G. Leingärtner) 26ff.; HONB Amberg (H. Frank) 17⁺f.; vgl. auch HAB Waldmünchen (E. Mages) 9f.; HAB Tirschenreuth (H. Sturm) bes. 241–245; HAB Roding (I. Schmitz-Pesch) 19, 40f. – D. J. Manske, Zur Frage d. Höhensiedlungen im südöstl. Oberpfälzer Wald (Mitt. d. Geogr. Ges. München 53) 1968, 307–337.

[43] Vgl. H. Aubin – W. Zorn (Hgg.), HB d. deutschen Wirtschaftsgesch., I 1971, 169–173.

[44] HB IV 709ff., 723ff., 729ff.; Schwarz, Sprache u. Siedlung 404–417.

[45] Hausberger I 156ff.; HAB Distr. Egranus (H. Sturm) 15, 94; HAB Tirschenreuth (H. Sturm) 5.

[46] P. Mai, Regensburg als Ausgangspunkt d. Christianisierung Böhmens (Schriftenreihe d. Regensburger Osteuropainst. 1) 1973, 9–21; F. Prinz, Böhmen im mittelalterl. Europa, 1984, 62–89; Hausberger I 53–58.

Donaugau. Die herrschaftliche Erschließung des Landes gewinnt deutlichere Konturen seit der späten Karolinger-Zeit. Das geht offensichtlich mit der intensiveren Siedlungserschließung Hand in Hand, wobei eindeutig die deutschsprachigen Siedler die Oberhand gewinnen. Es liegt nahe, diese Entwicklung mit der Herrschaftsausübung großer Dynastensippen in Zusammenhang zu bringen. Die Grafen von Schweinfurt und die Babenberger, die Grafen von Sulzbach-Kastl-Habsberg und die Diepoldinger-Rapotonen waren führend an der Organisation und Durchführung der Siedlungserschließung des Landes beteiligt;[47] im 12. Jahrhundert haben die dynastischen Klostergründungen in Kastl, Ensdorf, Weißenohe, Michelfeld, Reichenbach und Walderbach, Speinshart und Waldsassen zur weiteren Erschließung des Landes beigetragen.[48] Durch die Intensivierung der Herrschaftsausübung und wohl auch durch technische Überlegenheit im Landbau und im Rodungswerk sowie durch den Ausbau der Kirchenorganisation von Regensburg und Bamberg aus haben die Bayern und Ostfranken das slawische (tschechische und sorbische) Volkstum zurückgedrängt, so daß sich seine Spuren nur mehr in Namen von Orten, Fluren und Gewässern, oft durch Eindeutschung überformt, erhalten haben.[49] Vom zwölften Jahrhundert an kann im Nordgau-Gebiet von einem eigentlich slawischen Leben, was Sprache und Sachkultur anlangt, keine Rede mehr sein. In den nun massenhaft auftretenden Rodungssiedlungen haben auch slawische Leute gelebt; sie wurden an die deutsche (bayerische und ostfränkische) Bevölkerung assimiliert.[50]

## § 3. DIE HERRSCHAFTLICHE ORGANISATION IM NORDGAU VOM 8. BIS ZUM SPÄTEN 12. JAHRHUNDERT

Reindel; v. Guttenberg, Reg.; Heidingsfelder; Trad. Prüfening; Trad. Reichenbach; M. Doeberl, Regesten u. Urkunden z. Gesch. der Dipoldinger Markgrafen auf dem Nordgau (Progr. Ludwigsgymn. München 1892/93) 1893. – HB I 149ff., 307f.; Bayer. Geschichtsatlas; Tyroller, Genealogie; M. Doeberl, Die Markgrafschaft u. d. Markgrafen auf d. bayer. Nordgau (Progr. Ludwigsgymn. München 1893/94) 1894; v. Guttenberg; E. Frhr. v. Guttenberg, Die polit. Mächte d. MA, 8. bis 14. Jh. (Die Bayer. Ostmark, hg. v. H. Scherzer) 1940, 1943[2] (unter dem Titel: Gau Bayreuth) 214–275; Dachs (§ 2); Bosl; K. Bosl, Das Nordgaukloster Kastl (VHOR 89) 1939, 3–186; Ders., Die Markengründungen Kaiser Heinrichs III. auf bayer.-österreich. Boden (ZBLG 14) 1943/44, 177–247; Ders., Nordgau u. Oberpfalz als Reichsländer u. Territorialstaaten (Die Oberpfalz 64) 1976, 161–171; A. Kraus, Marginalien z. ältesten Gesch. d. bayer. Nordgaus (JffL 34/35) 1975, 163–184; Ders., Bayern u. d. Nordgau (VHOR 116) 1976, 175–178; Ders., Amberg u. d. bayer. Nordgau im 11. Jh. (Amberg 1034–1984) 1984, 25–34; H. Schneider, Die Oberpfalz im frühen Wittelsbacher Landesstaat (Festschr. f. G. Lang) 1989, 185–212; W. Störmer, Zum Adel d. mittelalterl. Oberpfalz (ebd.) 213–221; Herrmann, Siedlungs- u. Herrschaftsstrukturen (§ 2); R. Endres, Franken u. d. Oberpfalz (AO 71) 1991, 119–130. – Die Oberpfalz-Bände des HAB s. in d. Bibliographie.

[47] Vgl. HAB Distr. Egranus (H. Sturm) 13f.; u. § 3.
[48] Vgl. § 19 Anm. 7.
[49] Vgl. bes. Schwarz, Sprache u. Siedlung 374ff.
[50] Vgl. Herrmann, Ass. (Anm. 30) 87–110.

a) *Der Nordgau im achten und neunten Jahrhundert.* Die herrschaftliche Struktur des Landes nördlich der Donau im Abschnitt zwischen Neuburg an der Donau, Ingolstadt und Regensburg für die Zeit vor dem achten Jahrhundert liegt im Dunkeln. Einzelheiten über die Bedeutung des Reiches der Thüringer für dieses Gebiet fehlen ebenso[1] wie über den Stamm der ziemlich sagenhaften Naristen, die mit der Oberpfalz wohl gar nichts zu tun haben, wenngleich dies mancherlei Forschungshypothesen glaubhaft machen wollen.[2]

Archäologische Quellen lassen erkennen, daß im siebten Jahrhundert im genannten Gebiet bis zum Ursprung des Flüßchens Lauterach um Lauterhofen bei Neumarkt in der Oberpfalz eine Bevölkerung seßhaft war, die den Bajuwaren zuzurechnen ist.[3] Ob und allenfalls in welcher Weise die bayerischen Agilolfinger-Herzöge hier herrschaftliche Ansprüche realisieren konnten, bleibt offen.

Schriftquellen des frühen neunten Jahrhunderts überliefern, daß der Nordgau im achten Jahrhundert zum bayerischen Herzogtum gehörte. Das geht aus der Verfügung Kaiser Karls von 806 hervor; er hatte für den Fall seines Todes seinen Söhnen Karl, Pippin und Ludwig Teile seines Reiches zugedacht.[4] Pippin sollte Bayern erhalten, wie es einst Herzog Tassilo innegehabt hatte, mit Ausnahme der Königshöfe Ingolstadt und Lauterhofen, die zum Nordgau gehörten; sie hatte Tassilo von Karl nach Benefizialrecht besessen. Den Nordgau, ausdrücklich als Teil Bayerns bezeichnet, sollte der Sohn Karl erhalten, dem auch der nördlich der Donau gelegene Teil Alamanniens zukam. Die Verfügung trat nicht in Kraft, da die beiden Söhne vor dem Vater starben; sie zeigt aber, daß der Nordgau zum Herrschaftsgebiet gehörte, das nach der Entmachtung des Herzogs Tassilo 788 unter die fränkische Botmäßigkeit gekommen war, und daß für die im Nordgau gelegenen Herrschaftskomplexe Ingolstadt[5] und Lauterhofen ein besonderes Leiherechtsverhältnis[6] zwischen König und Herzog bestanden hatte.

Der Ingolstadt-Lauterhofen-Bereich des bayerischen Nordgaus dürfte vor der Mitte des achten Jahrhunderts von den fränkischen Hausmeiern besetzt und damit dem Herzogtum entfremdet worden sein. Als dann wenig später in Eichstätt Bonifatius auf Betreiben der Franken Karlmann und Pippin den Bischofssitz organisierte, dem dann auch in den folgenden Jahren die genauer umschriebene Diözese zuwuchs, kam dazu auch ein Teil des Nordgaus, der zunächst zur Diöze-

[1] Vgl. § 2 Anm. 4; H. Patze – W. Schlesinger (Hgg.), Gesch. Thüringens, I: Grundlagen u. frühes MA (Mitteldt. Forsch. 48/I) 1968, 321, 430.

[2] Torbrügge, Landschaften (§ 2) 90f., 114.

[3] Dannheimer, Lauterhofen (§ 2 Anm. 10); HAB Neumarkt (B. Heinloth) 9f.

[4] Divisio regnorum: MG Capit. I nr. 45; GG I 183f.; HAB Neumarkt (B. Heinloth) 11f.

[5] Herrmann, Siedlungs- und Herrschaftsstrukturen( § 2) 12 Anm. 29 äußert Zweifel an der Lokalisierung der «villa Ingoldestat» in Ingolstadt a. d. Donau; seiner Meinung nach könnte man auch an Ungelstetten, ein wenig bedeutendes Dorf bei Altdorf (Lkr. Nürnberger Land) denken. Zur Frühgeschichte v. Ingolstadt a. d. Donau vgl. HAB Ingolstadt (H. Freilinger) 6ff.; S. Hofmann, Die Anfänge Ingolstadts als Stadt (ZBLG 55) 1992, 13ff. (Lit.).

[6] Die rechtl. Natur dieses Leiheverhältnisses bedarf noch genauerer Klärung; vgl. Faussner (§ 2 Anm. 5) 75.

se Regensburg rechnete; das war wohl der durch die Königshöfe Lauterhofen und Ingolstadt umschriebene Teil des bayerischen Nordgaus.[7]

Die Benefizialleihe der beiden Gutskomplexe, die als fränkische Königshöfe bezeichnet werden, an den bayerischen Herzog Tassilo III. hat vielleicht 781 in Worms stattgefunden.[8] Der Rest des Nordgaus gehörte zum bayerischen Herzogtum und ging mit diesem 788 an den fränkischen König Karl über. Die rechtliche Sonderstellung des westlichen Teils (Lauterhofen-Ingolstadt) ist offensichtlich aus der verkehrsgeographischen und strategisch-herrschaftlichen Situation zu erklären; denn Lauterhofen lag an dem Verkehrsweg vom fränkischen Nordwesten über Regensburg in den slawisch-awarischen Südosten und Ingolstadt beherrschte einen wichtigen Donauübergang, der in den zentralen Raum der bayerischen Herzogsherrschaft südlich der Donau führte. Das besondere Interesse der fränkischen Hausmeier und Könige seit Karl Martell galt dieser Einfallspforte nach Bayern; die sich daraus ergebende Sonderstellung blieb auch nach Karls des Großen Tod bestehen.

In der Thron- und Erbfolgeordnung Ludwigs des Frommen von 817 (Ordinatio imperii) erhielt der jüngere Sohn Ludwig der Deutsche Bayern als Teilreich zugewiesen; darin wohnten auch Karantanen, Böhmen, Awaren, Slawen («im östlichen Teil Bayerns»). Zu besonderen Dienstleistungen für den König waren die Herrenhöfe (villae dominicales) Lauterhofen und Ingolstadt verpflichtet, die – wie ausdrücklich betont wird – im Nordgau lagen und somit auch zu Bayern gehörten.[9]

Die Karolinger-Herrschaft im westlichen Teil des Nordgaus im frühen neunten Jahrhundert wird schlaglichtartig durch das Capitulare von Diedenhofen aus dem Jahr 805 beleuchtet. Es gehört in den Zusammenhang der Feldzüge Karls des Großen und seiner Söhne gegen die slawischen Völkerschaften an der Elbe und in Böhmen in den Jahren 805 und 806. Es bestimmte, daß der Handel mit den Slawen (insbesondere der Waffenhandel) nicht über einen bestimmten Bereich hinausgehen dürfe und bezeichnete zur Kontrolle des Warenverkehrs Orte, die an einer Linie von der unteren Elbe (Bardowick) bis zur Donau (Lorsch) aufgereiht waren.[10] In der fränkisch-bayerischen Übergangszone, zu der auch der Nordgau gehörte, werden dabei genannt: Hallstadt (bei Bamberg), Forchheim an der Reg-

[7] Die ältere Forschung, vor allem DACHS (§ 2) 167–171, setzte das Ausgreifen der fränkischen Hausmeier in den Eichstätter Raum in die 720er Jahre. Dies wird von KRAUS, Marginalien (§ 3) 168ff.; Ders., Der hl. Willibald von Eichstätt: Person, Zeit, Werk (Der hl. Willibald – Klosterbischof oder Bistumsgründer) 1990, 16–28 mit guten Gründen auf die Zeit von etwa 741 an verlegt. Zur Entstehungsgeschichte von Kloster und Bistum vgl. zuletzt St. WEINFURTER, Das Bistum Willibalds im Dienst des Königs (ZBLG 50) 1987, 3–40; sowie Ders. (Der hl. Willibald) 256; F. EIGLER (ebd.) 223ff.; ferner HB I 163; Bayer. Geschichtsatlas, Karten 14, 17b, 26/27, Text 70, 75, 89f.

[8] HB I 174.

[9] Ordinatio imperii: MG Capit. I nr. 136; HB I 259; KRAUS, Marginalien (§ 3) 166; HERRMANN, Siedlungs- und Herrschaftsstrukturen (§ 2) 12; WOLFRAM (§ 2 Anm. 5) 193ff.

[10] MG Cap. I nr. 44; DACHS (§ 2) 166f.; E. HERRMANN, Das Diedenhofer Capitulare Karls des Großen (Oberpfälzer Heimat 6) 1961, 15–22; HB I 256f., 377, 379 (Lit.).

nitz, Premberg an der Naab (bei Burglengenfeld) und Regensburg. Diese Linie folgte einem alten Straßenzug, der aus dem ostfränkischen Gebiet über das Regnitz-Pegnitz-Land und den oberpfälzisch-fränkischen Jura zwischen Hersbruck und Lauterhofen zum Naabtal führte und von dort aus nach Osten über das Regen- und Chambtal durch die Grenzgebirge nach Böhmen sowie in einem anderen Zweig Richtung Süden nach Regensburg führte.[11] Die Aufsicht in diesem Abschnitt führte der Graf Audulf (gest. ca. 818), der wie sein Vorgänger Graf Gerold (788–799) zur obersten Schicht der karolingischen Beauftragten in Bayern nach der Ausschaltung des Agilolfinger-Herzogs gehörte.[12]

Die Wirksamkeit fränkischer Adeliger, die mit dem Bann des Grafen ausgestattet waren, ist im Nordgau in Quellen der frühen Karolinger-Zeit nicht belegt. Ebenso fehlen Nachrichten über die Organisation im südöstlichen Teil, im Raum um Cham. Das Regental von Regensburg bis Cham und weiter bis zum Übergang nach Böhmen, hatte nicht zum Nordgau gehört.[13]

Das Land um Cham weist frühe Siedlungen der Bajuwaren auf (s. § 2); dort ist auch schon in der ersten Hälfte des achten Jahrhunderts ausdrücklich die Verfügung des bayerischen Herzogs Odilo zugunsten eines Filialklosters der Regensburger Abtei St. Emmeram im Ort Chammünster belegt.[14] Sei es, daß die Furth-Chamer-Einfallspforte von Böhmen tatsächlich schon beim Eindringen germanischer Völkerschaften aus Böhmen begangen war und daß dort auch germanische Siedler zurückgeblieben sind, sei es, daß möglicherweise über den Stallwanger Sattel von Straubing her oder über das Regental von Regensburg aus eine Rücksiedlung stattgefunden hatte, sicher ist jedenfalls, daß entlang dem alten Verkehrsweg von Böhmen in die Donauländer bereits im Frühmittelalter Bajuwaren unter herzoglicher Herrschaft ansässig waren.

788 war die Selbständigkeit Bayerns als Herzogtum mit der Beseitigung der Agilolfinger-Dynastie durch Karl den Großen untergegangen; nicht mehr der Herzog repräsentierte letztlich die öffentliche Ordnung, sondern Grafen, Präfekten und Königsboten (comites, praefecti, missi) wirkten im Land, dazu allein durch die königliche Ernennung qualifiziert. Dieses System galt auch für das Land nördlich der Donau, den Nordgau.[15]

[11] P. Schmid, Regensburg. Die Stadt d. Könige u. Herzöge im MA (Regensburger Hist. Forsch. 6) 1977, 13 ff., 17, 20, 27; z. Ermittlung d. Altstraßen vgl. D. J. Manske, Zur Frage d. Altstraßen in d. Opf. (Schriftenreihe d. Bergbau- u. Industriemuseums Ostbayern 12/I) 1987, 71–81 (mit weiterer Lit.).

[12] Über die karolingischen Präfekten vgl. HB I 258 ff., 366, 377; M. Mitterauer, Karoling. Markgrafen im Südosten. Fränk. Reichsaristokratie u. bayer. Stammesadel im österr. Raum (AÖG 123) 1963, 2 f., 7–10.

[13] Beleg zu 1007, daß Nittenau am Regen im Donaugau liegt (v. Guttenberg, Reg. nr. 42); HAB Roding (I. Schmitz-Pesch) 23 ff., 30. Vgl. aber auch die Nordgau-Nennung von Schierstadt (Stadtamhof) gegenüber Regensburg zu 981 (MG DD Otto II. nr. 247); s. dazu auch A. Schmid, Untersuchungen zu Gau, Grafschaft u. Vogtei im Vorderen Bayer. Wald (Festschr. f. A. Kraus) 1992, 123–127.

[14] QE NF 8 nr. 16; Dachs (§ 2) 161 ff.; zur Lokalisierung s. HAB Cham (M. Piendl) 1, 59–62; zum Namen vgl. v. Reitzenstein (§ 2) 93.

[15] Vgl. HB I 250 ff., 353 ff.

Regensburg war im neunten Jahrhundert einer der wichtigsten Plätze in der karolingischen Herrschaft über Bayern;[16] das Regen-, Naab-, Vils- und Altmühlland, teils als Donaugau, teils als Nordgau bezeichnet, können als Hinterland und Versorgungsbasis der Stadt gelten, die aus agilolfingischer Tradition heraus Vorort des Landes blieb, auch wenn in kirchlicher Hinsicht Salzburg als Sitz des bayerischen Metropoliten (seit 799) der Donaustadt den Rang ablief. Die südlichen und südöstlichen Teile Bayerns waren als Marken unter der Leitung von Markgrafen organisiert. Das war bei dem östlichen Grenzgebiet gegen Böhmen, dem Nordgau, nicht der Fall.[17] Hier wirkten die auch im übrigen Bayern als Stellvertreter des Königs auftretenden Grafen als herrschaftliche Funktionsträger. Sie waren aus dem im Land begüterten Hochadel genommen und standen in enger Beziehung zum Karolinger-Haus, wie dies besonders deutlich in der Person des Grafen Ernst sichtbar wird.[18] Seine Tochter war mit dem Karolinger Karlmann (Sohn Ludwigs des Deutschen) vermählt; er selbst führte Aufgebote nach Böhmen; im Nordgau war er begütert. Er stammte wohl aus einem fränkischen Geschlecht, wirkte aber vor allem im karolingischen Regnum Bavariae; in ihm stellt sich die herrschaftliche Einheit in Bayern und im Nordgau dar. Sein Nachfolger war der Graf Engildeo,[19] der außer im Nordgau auch im Donaugau und in Regensburg in grafschaftlichen Funktionen nachgewiesen ist. Seine Sippe gehörte zum bayerischen Hochadel des neunten Jahrhunderts; sie war vor allem im Freisinger Raum begütert. In Regensburg hatte Engildeo auch Vogteirechte inne. Nordgau-Orte, in denen Engildeo Grafenrechte ausübte, lagen im Ingolstädter Donaugebiet, im Altmühltal und auf dem Oberpfälzer Jura in der sog. Westermannmark (s. u.). 895 entsetzte König Arnulf den Grafen Engildeo seiner Ämter; [20] an seine Stelle trat Graf Luitpold, der Älteste der Luitpoldinger, jener Familie, die für die Konsolidierung der Herzogsherrschaft in Bayern im ausgehenden neunten Jahrhundert und im zehnten Jahrhundert die allergrößte Bedeutung hatte.

Luitpold wurde als Markgraf (marchio) bezeichnet;[21] das ist abgeleitet von seinen Funktionen in den Grenzgrafschaften in Karantanien. Als Graf ist er im Donaugau und im Nordgau nachgewiesen.[22] Zu diesem gehören Orte im mittleren Naabland (Luhe) und im Gebiet der Pegnitz (Ottensoos und Sendelbach) sowie solche in den schon genannten Gegenden um die Altmühl und im Ober-

[16] Schmid (Anm. 11) 64ff., 141ff., 259, 275 u. ö.

[17] Die Abhandlung von M. Doeberl, Markgrafschaft (§ 3), und die Regestensammlung desselben Verfassers behalten wegen der Quellenbelege ihren Wert, wenn auch die verfassungsgeschichtliche Deutung überholt ist; vgl. die Belege bei Bosl, Markengründungen (§ 3) 189ff.

[18] Mitterauer (Anm. 12) 89, 132, 137, 153ff.; Doeberl, Markgrafschaft (§ 3) 3f.; HB I 271 Anm. 177.

[19] MG DD Arnulf nr. 52, 132; Reindel nr. 2; Kraus, Marginalien (§ 3) 176f.; Mitterauer (Anm. 12) 169f., 174f.

[20] Schmid (Anm. 11) 259f.; Wolfram (§ 2 Anm. 5) 201.

[21] Reindel nrr. 7–9, 30, 39; HB I 277ff., 381; Mitterauer (Anm. 12) 167; NDB 15, 508.

[22] MG DD Ludwig d. Kind nrr. 19, 42; QE NF 8 nr. 177; Reindel nrr. 7, 12, 18, 28, 39.

pfälzer Jura. Unter Luitpold, wie auch vorher schon unter Graf Engildeo, erscheinen einige Orte im Oberpfälzer Jura mit der Bezeichnung «Westermanngau, Westermannmark».[23] Möglicherweise handelt es sich bei diesem als Gau bezeichneten Grenzgebiet um einen Teil des Nordgaus, der im achten Jahrhundert im Zusammenhang mit der Errichtung des Bistums Eichstätt als westlicher Teil des eigentlichen Nordgaus diese besondere Bezeichnung erhielt.[24]

Die Wirksamkeit des Grafen Engildeo erstreckte sich auf Orte, die in verschiedenen Gauen lagen. Diese Feststellung gilt auch für den Grafen Luitpold und dessen Sohn Arnulf.[25] Es kommt auch vor, daß zwei Grafen in der Ausübung ihrer Grafenherrschaft (comitatus) im selben Gau lokalisiert werden.[26] Dabei ist zu bedenken, daß mit dem Ausdruck Gau (pagus) Gebiete höchst unterschiedlicher Ausdehnung bezeichnet wurden;[27] es konnten damit Dorfmarkungen, das Wirtschaftsgebiet eines ausgedehnten Herrnhofes (villa), ein kleinräumiger Siedlungsbezirk (wie Westermanngau, Sulzgau, Kelsgau) oder auch ein weit ausgedehntes Landschaftsgebiet gemeint sein. Einzelne dieser Gaubezeichnungen, besonders die kleineren, mag auch ein herrschaftliches Element kennzeichnen. Es geht aber sicher nicht an, bei jeder Gaubezeichnung einen herrschaftlich-organisatorischen Inhalt anzunehmen und bei der kombinierten Nennung von «Gau» und «Grafschaft» ein Bezugssystem zu Königsgut und damit in Verbindung stehender Königsherrschaft herzustellen. Mit «Gau» wird ein flächenmäßig-landschaftlicher Begriff eingeführt; «Grafschaft» betrifft ein personenbezogenes Herrschaftssystem. Die Begriffe liegen auf verschiedenen Ebenen. «Grafschaft» (comitatus) ist funktional als Ausübung von gräflicher Kompetenz gegenüber Leuten, die der betreffenden Grafenherrschaft unterworfen waren, zu verstehen; wegen des primär personen- und familienmäßigen Bezugssystems der gräflichen Herrschaftsausübung ist eine größere Räume umfassende Aufteilung in Grafschaftsbezirke nicht rekonstruierbar. Dies gilt auch für den Nordgau, der weder (wie die ältere Forschung annahm) eine karolingische Markgrafschaft («Böhmenmark») gewesen ist,[28] noch als ausschließlich karolingische und ostfränkisch-deutsche Herrschaftsorganisation des Königtums betrachtet werden darf.[29]

b) *Die räumliche Entwicklung der Landschaftsbezeichnung Nordgau.* Die frühesten Belege für den Nordgau beziehen sich auf das Gebiet nördlich der Donau um die

[23] QE NF 8 nr. 153 (889/891); Reindel nr. 25 (901); MG DD Ludwig d. Kind nr. 11.

[24] Dachs (§ 2) 169; vgl. auch HB I 381 Anm. 11. HAB Parsberg (M. Jehle) 13, 16 sieht in dem Westermanngau (-mark) einen zum Schutz der Verkehrswege nach Regensburg eingerichteten Grundherrschaftsverband.

[25] Vgl. die bei Kraus, Marginalien (§ 3) 176–182 zusammengestellten Belege.

[26] Ebd. 177 Anm. 70.

[27] Vgl. dazu eingehend Schmid (Anm. 11) 193–204 (mit kritischer Würdigung der vorangehenden Lit.).

[28] So Doeberl, Markgrafschaft (§ 3) 2ff.; richtiggestellt von Dachs (§ 2) 173 Anm. 67; vgl. auch Anm. 17. – Über die Grafen und deren mögliche Abhängigkeit vom Herzog oder vom König während der agilolfingischen Epoche vgl. HB I 238ff. (mit weiterer Lit.).

[29] So Bosl, Nordgau u. Oberpfalz (§ 3); dagegen Kraus, Bayern u. d. Nordgau (§ 3). Vgl. HAB Neumarkt (B. Heinloth) 11ff.

Flußtäler von Altmühl, Sulz und Lauterach; das Land war frühzeitig ziemlich dicht von einer den Bajuwaren zuzurechnenden Population besiedelt. Dort hat im Zusammenhang mit der Einrichtung des Bistums Eichstätt der fränkische Herrschaftseinfluß dominiert. Aus dem karolingischen neunten und dem frühen zehnten Jahrhundert stammen die Belege für die Ausdehnung des Nordgaus bis zur Pegnitz im Norden und bis zur Luhe im Osten.[30] Aus dem mittleren und späten zehnten Jahrhundert gibt es Nordgau-Nennungen von Orten im Altmühl-, Pegnitz-, Vils- und Naabland.[31]

Eine sehr dichte Überlieferung für die Nordgaulokalisierung bringen die Beurkundungen der Güterausstattung des 1007 errichteten Bistums Bamberg. In Urkunden über königliche Schenkungen an die Bischofskirche erscheinen nun Nordgau-Orte im Donau-Altmühl-Gebiet,[32] im Parsberger Jura,[33] in der mittleren Oberpfalz und im östlichen Naabland,[34] im Pegnitz- und Regnitzland[35] und im Fränkischen Jura samt dem östlichen Vorland.[36] Schließlich rechnet 1061 auch das Waldgebiet zwischen der Hohen Matze und der Kösseine im südlichen Fichtelgebirge zum Nordgau.[37]

Die Landschaftsbezeichnung Nordgau greift im Zeitraum vom achten bis zum elften Jahrhundert von Süden nach Norden aus dem Donau-Altmühl-Raum bis zum Südrand des Mittelgebirges aus. Das hängt mit der Intensivierung der Herrschaftsausübung zusammen, die seit dem zehnten Jahrhundert eingetreten ist. Das mag im Zusammenhang damit stehen, daß die Luitpoldinger in der Herrschaft auf dem Nordgau von den Grafen von Schweinfurt abgelöst worden sind.

c) *Adels- und Königsherrschaft im Nordgau vom zehnten bis zum zwölften Jahrhundert.* An der Wirksamkeit des Bayern-Herzogs im Nordgau ist bis zum Tod Arnulfs (937) nicht zu zweifeln. Als König Otto I. dessen Sohn Eberhard maßregelte (938), scheint hier eine Veränderung eingetreten zu sein. Wahrscheinlich hat damals schon der ostfränkische Dynast Berthold wesentlichen Einfluß zumindest auf die nördlichen Teile jenes Gebiets erlangt.[38] Berthold gehörte zu der Sippe,

[30] Vgl. die Belege bei Kraus, Marginalien (§ 3) 174f.; Reindel nrr. 28, 39.

[31] MG DD Konrad I. nr. 4; MG DD Otto I. nr. 219; Reindel nr. 81; QE NF 8 nrr. 217, 267; Heidingsfelder nr. 120; MG DD Otto II. nr. 141, zur Lokalisierung vgl. HAB Neumarkt (B. Heinloth) 13. Vgl. auch Kraus, Marginalien (§ 3) 183f.

[32] Bergen b. Neuburg a. d. Donau (v. Guttenberg, Reg. nr. 57); Pförring b. Ingolstadt (ebd. nr. 70); Beilngries (ebd. nr. 41), alle Belege zu 1007.

[33] Hohenschambach u. Machendorf (ebd. nrr. 40, 89) zu 1007.

[34] Lintach bei Amberg zu 1011 (ebd. nr. 96); Schwarzenfeld zu 1015 (ebd. nr. 121); Wenigrötz bei Neunburg vorm Wald u. a. zu 1017 (ebd. nr. 136); Amberg zu 1034 (ebd. nr. 207); Wurz zu 1069 (ebd. nr. 405).

[35] Fürth zu 1007 u. 1062 (ebd. nr. 69, 335); Hersbruck, Vorra u. a. zu 1011 u. 1057 (ebd. nrr. 97, 283); Forst zw. Schwabach u. Pegnitz zu 1021 (ebd. nr. 171).

[36] Velden, Reinbach, Kemnath zu 1009 (ebd. nr. 88).

[37] MG DD Heinrich IV. nr. 69.

[38] Reindel nr. 93; MG DD Otto I. nr. 219; HB I 387; HB III/1 53f. Aus Reindel nr. 120 (zu 976 u. 1028) ergibt sich, daß damals oder wenig später Güter im Nordgau der Luitpoldinger-Sippe weggenommen wurden; sie dienten später zur Fundierung des Klosters Bergen bei Neuburg a. d. Donau. Das Zentrum dieses Besitzes war Hersbruck (Heidingsfelder nr. 436).

die seit dem späten zehnten Jahrhundert nach ihrem wichtigen Besitzkomplex Schweinfurt benannt wird, die wahrscheinlich von den ostfränkischen Popponen (älteren Babenbergern) abstammt und wohl auch mit den Luitpoldingern verwandt war.[39] Nach Bertholds Tod (980) folgte ihm im Allodial-, Leihe- und Amtsbesitz (darunter wohl auch Grafenrechte im nördlichen Nordgau) sein Sohn Heinrich von Schweinfurt. Dessen Onkel (Bruder des Vaters) Luitpold hatte 976 die Mark Österreich erhalten; er ist der Stammvater der österreichischen Babenberger.[40] Im letzten Jahrzehnt des zehnten Jahrhunderts hatte Heinrich von Schweinfurt Auseinandersetzungen mit den Bischöfen von Würzburg,[41] bald darauf auch mit Herzog Heinrich IV. von Bayern, der 1002 König Otto III. als König Heinrich II. nachfolgte. Über die Besetzung des bayerischen Herzogtums, auf das Heinrich von Schweinfurt sich nach einer Zusage des Königskandidaten Heinrich Hoffnung gemacht hatte, kam es zum Streit, in dem Heinrich von Schweinfurt Bundesgenossen bei den österreichischen Verwandten, bei Bruno, dem Bruder König Heinrichs II., und bei Boleslav Chrobry von Böhmen fand. Der Aufstand brach jedoch schnell zusammen, als König Heinrich II. 1003 von Regensburg aus durch den Nordgau gegen Heinrich von Schweinfurt vorrückte und dessen Besitz in Ammerthal wegnahm.[42] In den Grafenfunktionen im Nordgau erscheint bereits 1003 als Nachfolger der Graf Udalschalk.[43] Wie in Ostfranken so haben auch im Nordgau die Schweinfurter Grafen Güter eingebüßt. Für die von König Heinrich II. alsbald eingeleitete Errichtung des Bistums in Bamberg ist offensichtlich die Einschränkung der Besitz- und Machtstellung des Schweinfurter Grafenhauses in Franken und im Nordgau eine wichtige Voraussetzung gewesen.[44]

In südlichen und westlichen Nordgau-Orten (Hohenschambach, Pförring, Fürth, Beilngries und Bergen) tritt 1007 ein Graf Berengar auf, von dem (nur wegen der Namensgleichheit) die späteren Grafen von Sulzbach abgeleitet werden.[45] Heinrich von Schweinfurt versöhnte sich mit dem König und erhielt Teile

[39] R. Endres, Die Rolle d. Grafen v. Schweinfurt in d. Besiedlung Nordostbayerns (JffL 32) 1972, bes. 4–7; A. Fuchs, Schweinfurt. Die Entwicklung einer fränk. Villula z. Reichsstadt (Mainfränk. Studien 2) 1972, 10ff.; HAB Nabburg (E. Müller-Luckner) 23ff.

[40] HB I 305f.; E. Zöllner, Gesch. Österreichs, 1984$^7$, 61ff., 608; H. C. Faussner, Zur Frühzeit d. Babenberger in Bayern u. Herkunft d. Wittelsbacher (Stud. z. Rechts-, Wirtschafts- u. Kulturgesch. 15) 1990, 9–36, der Berthold den Arnulfingern zuordnet.

[41] Wendehorst I 72, 78. Thietmar v. Merseburg, Chronicon IV 20 (Ausgabe s. Anm. 42) 137 erwähnt in diesem Zusammenhang Lindenlohe bei Schwandorf als Ort des Heinrich v. Babenberg.

[42] HB I 308f.; Zusammenstellung der Quellen: Reg. Augsb. I nr. 217f. Wichtigste Quelle ist das Chronicon Thietmars v. Merseburg (Ausgewählte Quellen z. deutschen Gesch. des MA 9) 1966, 206ff., 226–235, 244.

[43] MG DD Heinrich II. nrr. 56 u. 61; Schmid (Anm. 11) 130.

[44] Vgl. v. Guttenberg, Reg. nr. 17; HAB Mellrichstadt (H. Wagner) 66ff. Es bedarf näherer Untersuchung, welche Zusammenhänge zwischen den Bamberger Ausstattungsgütern im Nordgau und den Besitzungen der jüngeren Babenberger (Schweinfurter) bestanden.

[45] MG DD Heinrich II. nrr. 144, 151, 152, 159, 164; v. Guttenberg, Polit. Mächte (§ 3) 231; Bosl, Kastl (§ 3) 9ff.; Kraus (Anm. 60) 198, 201.

seiner Besitzungen und seiner Ämter wieder;[46] jedenfalls erscheint er vor und nach dem Aufstand von 1003/04 in zahlreichen Orten vom Regensburger Umland im Süden[47] über den Oberpfälzer Jura bis in das Pegnitzgebiet und das Land um Kemnath[48] zwischen 981 und 1017. Später übte sein Sohn Otto Grafenfunktionen im Nordgau aus.[49] Mit ihm starb das Geschlecht in der männlichen Linie aus; die Grafenfunktionen im Nordgau übte zwischen 1043 und 1069 sein Schwiegersohn Heinrich von Hildrizhausen.[50] Neben ihm und dem 1017 verstorbenen Grafen Heinrich von Schweinfurt trat im Nordgau zwischen 1021 und 1025 sowie zwischen 1079 und 1091 jeweils ein Graf Heinrich auf, der mit den genannten nicht identisch sein kann.[51]

Die Bedeutung der Grafen von Schweinfurt für die dichtere Siedlungserschließung und für die Herrschaftsintensivierung des Nordgaus in seiner ganzen Ausdehnung, besonders aber im mittleren und nördlichen Teil des Naab-Wondreb-Gebietes, ist sehr hoch anzuschlagen; sie beginnt sicher schon im zehnten Jahrhundert.[52] Es dürfte aber nicht möglich sein, größere, flächenmäßig geschlossene Besitz- und damit Herrschaftskomplexe der Grafensippen zu rekonstruieren; denn bis über das elfte Jahrhundert herauf erfaßten die Ordnungsfunktionen des dynastischen Herrschaftssystems die Personenverbände der Adelsklientelen, die im Gegensatz zur späteren territorial angelegten Friedensordnung gebietsmäßig nicht umschreibbar sind.[53]

Neben den Grafen von Schweinfurt hatten im Nordgau noch weitere Geschlechter Einfluß; deren genealogische Zuordnung gelingt jedoch bis weit in das elfte Jahrhundert herauf nicht durchgehend. Die genannten Grafen hatten Beziehungen vor allem zu den großen altbayerischen Familien.

Das Königshaus der Liudolfinger, welches mit Heinrich II. 1024 ausstarb, hatte in Bayern und dem dazugehörigen Nordgau umfangreiche Besitzungen, die zum

[46] Thietmar v. Merseburg, Chronicon (Anm. 42) 258, 261.

[47] MG DD Otto II. nrr. 247, 295, 296; Otto III. nr. 351; vgl. Schmid (Anm. 11) 122.

[48] MG DD Heinrich II. nrr. 28, 203, 204, 233, 234, 334, 365; vgl. Kraus, Amberg (§ 3) 29f.

[49] MG DD Konrad II. nr. 207; vgl. Kraus, Amberg (§ 3) 25; MG DD Heinrich III. nr. 385 (verunechtet).

[50] Bei Böblingen (Baden-Württemberg); Belege: MG DD Heinrich III. nrr. 104, 113, 306, 320, 321, 333; Heinrich IV. nrr. 26, 69, 89, 226; Heidingsfelder nr. 217; vgl. auch HB I 328; v. Guttenberg, Polit. Mächte (§ 3) 239; HAB Distr. Egranus (H. Sturm) 15f.

[51] MG DD Heinrich II. nr. 458; Konrad II. nr. 11; Heinrich IV. nrr. 317, 418.

[52] HAB Tirschenreuth (H. Sturm) 3f.; HAB Neustadt a.d. Waldnaab – Weiden (H. Sturm) 8–13.

[53] Bei den urkundlichen Nennungen des 10. und 11. Jhs. für «comes» und für «comitatus» ist stets zu bedenken, daß es sich hier um Belege für die Ausübung von Grafenherrschaft und Grafenfunktionen an bestimmten Orten handelt, wobei nicht ohne weiteres auf gebietsmäßige Grafschaftsbezirke geschlossen werden darf. Doeberl, Markgrafen (§ 3) passim und v. Guttenberg, Polit. Mächte 229 (§ 3) (und nach ihnen andere) wollen ein gebietsmäßig abgegrenztes Grafschaftsnetz rekonstruieren; dies kann wegen des auch noch im 11. und 12. Jh. herrschenden Personalitätsprinzips der Herrschaftsordnung nicht gelingen. H. Schneider, Grafschaft u. Landgericht auf dem Nordgau (Forsch. z. bayer. Gesch., hg. v. D. Albrecht – D. Götschmann) 1993, 15–38 macht auf territ. Parallelen zwischen Grafschaften u. Landgerichten auf dem Nordgau aufmerksam.

größeren Teil an die Reichskirche übertragen wurden; dies zeigen die Ausstattung von Bamberg durch Heinrich II. oder der Augsburger Bischofskirche durch Bischof Bruno, den Bruder Heinrichs II.[54]

Zum Liudolfinger-Gut im Nordgau, das auf luitpoldingischen Vorbesitz zurückging, kamen möglicherweise auch Besitzkomplexe von den Grafen von Schweinfurt (jüngere Babenberger), die dann vom König an Bamberg übertragen worden sind. Im einzelnen sind die Besitz- und Herrschaftsfolgen in den Nordgau-Gütern nicht rekonstruiert; über die adelige Führungsschicht ist wenig Konkretes bekannt. Die Bedeutung des Königtums nahm zu, um so mehr als die Könige aus dem salischen Haus das Herzogtum Bayern meist durch Leute der eigenen Dynastie verwalteten. Das gilt besonders für König Heinrich III., der vom Vater Konrad II. das Herzogtum übernahm und auch als König jahrelang selbst beherrschte (1027–1042, 1047–1049). Auf ihn geht die besondere Organisationsform der Markgrafschaften Cham und Nabburg zurück, die wahrscheinlich auch gewisse Funktionen in der Grenzsicherung gegen Böhmen hatten, in erster Linie aber doch der konzentrierten Verwaltung der vom Königtum abhängigen Ämter und des Königsgutes dienen sollten.[55]

Der Bezug der Markenorganisation auf die Verwaltung des Königsgutes macht es unmöglich, genaue topographische Grenzen zu ziehen. Der Graf Heinrich von Hildrizhausen, dessen Tätigkeit für den Nordgau ebenso wie für die Mark Nabburg belegt ist, kam 1078 ums Leben; in seinen Funktionen erscheint bald danach der Graf Diepold. Seine Familie stammte aus dem schwäbischen Donau-Lech-Gebiet; sie erlangte Besitz um Vohburg an der Donau (1099). Im frühen zwölften Jahrhundert waren die Diepoldinger[56] die einflußreichsten Dynasten im Land um den Regen bei Cham, in den Tälern um Naab und Wondreb und im Egerland. Die Gründung der Klöster Reichenbach am Regen (1118) und Waldsassen (1133) durch Diepold III. lassen das neue, religiös überformte Moment dynastischer Herrschafts- und Siedlungspolitik deutlich erkennen.[57] Die Aktivität im Stiftland, in Eger und im Egerland wurden nach dem Tod Diepolds III. (1146) durch die Staufer entscheidend eingeschränkt, die dort ihre eigene hausmachtpolitische Linie verfolgten.[58] Die Machtbasis der Familie wurde vor allem auf die Gegend zwischen Nabburg und Cham beschränkt.

[54] Zu Bamberg s. v. GUTTENBERG I 52f.; zu Bischof Bruno vgl. Reg. Augsb. I nrr. 261, 263.

[55] MG DD Heinrich III. nrr. 363, 385 (verunechtet); Heinrich IV. nrr. 38, 69, 389. Vgl. HB I 315f., 418f., 436; BOSL, Markengründungen (§ 3) 196–226; HAB Cham (M. PIENDL) 3f.; HAB Roding (I. SCHMITZ-PESCH) 96ff.; HAB Waldmünchen (E. MAGES) 12; HAB Neunburg (W. NUTZINGER) 25–34; HAB Nabburg (E. MÜLLER-LUCKNER) 28.

[56] Trad. Reichenbach (C. BAUMANN) 53⁺–62⁺ (mit der älteren Literatur); vgl. HB I 329, 418f.; HAB Ingolstadt (H. FREILINGER) 21–24.

[57] Zu Reichenbach: Trad. Reichenbach (C. BAUMANN) 62⁺–67⁺, nrr. 1, 4; J. KLOSE, Reichenbach a. Regen (VHOR 109) 1969, 8ff.; H. STURM, Die Propstei Hohenstein d. Klosters Reichenbach am Regen (VHOR 106) 1966, 121–140; zu Waldsassen: HAB Tirschenreuth (H. STURM) 18f.

[58] J. P. NIEDERKORN, Der Übergang d. Egerlandes an d. Staufer (ZBLG 54) 1991, 613–622; HAB Distr. Egranus (H. STURM) 32–40.

Mit den Diepoldingern verschwägert waren die Grafen von Hohenburg; sie übertrugen ihr Stammgut um das Lauterachtal an die Regensburger Bischofskirche. Andere, besonders die ihnen aus dem Diepoldinger-Vermögen überkommenen Güter im mittleren Nordgau gingen nach dem Aussterben der Hohenburg-Familie an die Bayern-Herzöge.[59]

Um die im westlichen Nordgau gelegenen Burgen Sulzbach, Kastl und Habsberg gruppierten sich Besitzungen und Herrschaftsbereiche einer Dynastensippe, die seit dem späteren elften Jahrhundert auch den Grafentitel führte.[60] Die direkte Abstammung von dem im frühen elften Jahrhundert genannten Grafen Berengar im westlichen Nordgau ist nicht nachweisbar. Der Grafentitel rührt nicht von einer älteren, königsbezogenen Grafenstellung her; er ist vielmehr aus ihrer Position als Dynasten mit großem Grundbesitz und volkreichen Hintersassenverbänden im mittleren und nördlichen Nordgau zu erklären. Sie waren mit den führenden Geschlechtern des elften und zwölften Jahrhunderts versippt; ihr Hauskloster wurde das um 1103 gegründete Hirsauer Reformkloster Kastl.[61] Sie waren im Besitz Bamberger und Regensburger Vogteigüter und hatten Allodien von Ammerthal, Creußen und Thurndorf im Westen bis nach Parkstein, Floß und Tirschenreuth im Osten und Norden des Nordgaus; als ihre Erben erscheinen im späten zwölften Jahrhundert die Staufer[62] und die Grafen von Hirschberg (s. u.). Der Besitz des Geschlechts zeigt beim Tode des letzten männlichen Vertreters des Hauses, des Grafen Gebhard III. (1188), die Struktur der hochmittelalterlichen Adelsherrschaft mit ihren personenbezogenen, gebietsmäßig nicht geschlossenen Einflußzonen.

Zum Sulzbacher Verwandtschaftskreis gehörte auch die im zwölften und frühen dreizehnten Jahrhundert durch mehrere Generationen zu verfolgende Sippe der Grafen von Velburg, die im Oberpfälzer Jura u. a. Bamberger Vogteigüter besaßen.[63] 1217 ging ihr Besitz an die Bayern über.

In enger Nachbarschaft zu Velburg lag das Gut der Herren von Lutzmannstein, die ebenfalls im zwölften Jahrhundert auftraten; wahrscheinlich gehörten sie zum Familienkreis der Herren von Prunn und Laaber. Beerbt wurden sie im späteren dreizehnten Jahrhundert von den bayerischen Herzögen.[64]

Zu den Grafen, die ein Amt der ottonischen Zeit des zehnten Jahrhunderts

[59] HAB Parsberg (M. Jehle) 47f.; HB I 416, 420; vgl. § 6 Anm. 3, 8.

[60] A. Kraus, Die Grafschaft Sulzbach (JffL 52) 1992, 195-207 (mit erschöpfendem Literaturbericht); als Quellensammlung noch gut brauchbar: J. Moritz, Stammreihe u. Gesch. d. Grafen v. Sulzbach (Abh. München I, 1 u. 2) 1833. Vgl. auch HB I 419f.; HAB Sulzbach (M. Piendl) 3ff.

[61] Bosl, Kastl 3–186; HAB Neumarkt (B. Heinloth) 116ff.; HB I 478.

[62] Über die Nachfolge der Staufer in Besitzungen der Sulzbacher vgl. MG DD Friedrich I. nr. 989 (1189 I 17f. Berchtesgaden) und RI V nr. 672 (1212); s. dazu auch Moritz (Anm. 60) 236f.; W. Brugger-H. Dopsch-P. F. Kramml, Gesch. v. Berchtesgaden I, 1991, 280; HAB Vohenstrauß (D. Bernd) 33ff.; HAB Neustadt a. d. Waldnaab-Weiden (H. Sturm) 16ff.; HAB Tirschenreuth (H. Sturm) 55; HAB Amberg I (G. Leingärtner) 10.

[63] HAB Parsberg (M. Jehle) 42–47; Tyroller, Genealogie 150, 158; vgl. § 6 Anm. 4.

[64] HAB Parsberg (M. Jehle) 25ff.; Tyroller, Genealogie 446; vgl. § 6 Anm. 9.

innehatten, sind auch die Burggrafen von Regensburg zu rechnen.[65] Burggraf Burchard war Ostmarkgraf (bis 976); sein Nachfolger in Regensburg wurde Papo, der auch als Graf im Donaugau bekannt ist. Burggrafen- und Grafenamt blieben in der Familie bis zu deren Erlöschen im Mannesstamm im späten zwölften Jahrhundert. Ein Besitzschwerpunkt lag im Regental; dort errichtete der Burggraf Otto I. das Zisterzienserkloster Walderbach (1143).[66] Von diesem Landbezirk nördlich von Regensburg führte eine Linie der Familie den Titel eines Landgrafen von Stefling, der nach dem Aussterben der Familie (1196) an die nun Landgrafen genannten Leuchtenberger überging.[67] Die Burggrafenlinie der Familie besaß neben dem Regensburger Besitz auch noch umfangreiches Gut im unteren Altmühltal in und bei Riedenburg. Wie die meisten Landgrafengüter gingen auch die Burggrafenbesitzungen nach 1196 auf dem Erbweg an die Bayern-Herzöge über.[68] Auch die Geschichte dieser Dynastensippe läßt die Entwicklung eines Adelsgeschlechts, welches wichtige Ämter erhielt, zu einem hochmittelalterlichen Dynastengeschlecht mit großem Allod- und Lehenbesitz erkennen, wobei von einer gebietsmäßigen Geschlossenheit nicht die Rede sein kann.

Zum Dynastenadel des Nordgaus gehörten auch die Herren von Hopfenohe, die auch Waldeck bei Kemnath, Güter um Amberg, die Burg Lengenfeld an der Naab und einen größeren Besitzkomplex um Pettendorf vor Regensburg besaßen. Sie starben wohl um 1115 im Mannesstamm aus; ihr umfangreiches Patrimonium ist hauptsächlich erst aus dem Gut der Erben zu rekonstruieren; das waren die Scheyern-Wittelsbach, die 1121 das Kloster Ensdorf als Vermächtnis des verstorbenen Friedrich von Lengenfeld stifteten, und die Leuchtenberg, die in den Waldecker Besitz einrückten.[69] Die weite Streuung ihres Besitzes und das Konnubium mit hochrangigen Familien zeigen an, daß sie zur adeligen Führungsschicht des elften Jahrhunderts gehörten. Als Inhaber von Grafenämtern der ottonischen Zeit werden sie nicht genannt.

In der südlich von Nabburg gelegenen Herrschaft Altendorf sind Adelige nachgewiesen, die auch im altbayerischen Leonsberg wie im mittelfränkischen Stirn (bei Weißenburg) Besitz hatten.[70] Heinrich von Altendorf war mit einer Grafentochter von Sulzbach vermählt; er hatte die Vogtei über das Kloster St. Emmeram in Regensburg inne. 1183 ist er mit dem Titel Graf erwähnt. Wohl aus Sulzbacher Besitz stammen die Herrschaften Schwarzenburg[71] und Neustadt an

[65] M. Mayer, Gesch. d. Burggrafen v. Regensburg, Diss. München 1883; vgl. A. Schmid (Anm. 13) 143 ff.; P. Schmid (Anm. 11) 155–158, 161, 260 f., 265, 455; HB I 416 f.; vgl. § 6 Anm. 2.

[66] HAB Roding (I. Schmitz-Pesch) 81–94; Krausen, Zisterzienserorden 97 ff.

[67] A. Kraus, Die Landgrafen v. Leuchtenberg (Die Oberpfalz 64) 1976, 132.

[68] HB II 20; vgl. auch Trad. Prüfening (A. Schwarz) nrr. 19, 51 u. ö.

[69] Vgl. HAB Vohenstrauß (D. Bernd) 19; HAB Kemnath (H. Sturm) 7; HAB Amberg I (G. Leingärtner) 13; HAB Nabburg (E. Müller-Luckner) 41, 47; H. Wanderwitz, Studien z. nordgauischen Adel im Hochmittelalter (VHOR 133) 1993, 30–50.

[70] Trad. Reichenbach (C. Baumann) nrr. 4, 39; HAB Nabburg (E. Müller-Luckner) 38 ff.

[71] HAB Waldmünchen (E. Mages) 18 f.

der Waldnaab. In der Mitte des dreizehnten Jahrhunderts mußten sich die Grafen von Altendorf von ihrem nordgauischen Besitz trennen.

Im südwestlichen Nordgau trat seit der zweiten Hälfte des elften Jahrhunderts eine gräfliche Familie in Erscheinung, die die Eichstätter Hochvogtei innehatte; sie stammte aus der Freisinger Gegend.[72] Im Altmühltal reichten die Besitzungen von Grögling, Beilngries und der Burg Hirschberg bis Greding und Thalmässing. Im Sulztal lag ihr Hauskloster Plankstetten (gegründet 1138),[73] auf den Jurahöhen der ehemalige Fiskus Tangrintel mit dem Mittelpunkt Hemau. Sie waren mit den Grafen von Sulzbach verwandt, so daß den Hirschbergern (wie sie nach der Burg über Beilngries genannt wurden) 1188 beim Aussterben dieses Geschlechts eine bedeutende Erbschaft um das obere Lauterachtal zwischen Lauterhofen, Kastl und Sulzbach zufiel. Im frühen vierzehnten Jahrhundert starb die Sippe aus; das Erbe ging zum größeren Teil an den Bischof von Eichstätt. Besitz und Herrschaftsrechte, die die Hirschberg aus dem Sulzbacher Erbe besessen hatten, fielen an den oberbayerischen Herzog.[74]

Im zwölften Jahrhundert wird die herrschaftliche Erschließung des Nordgaus dadurch deutlicher erkennbar, daß nun zahlreiche Geschlechter des Adels («Edelfreie») der Gewohnheit folgen, ihrem Personennamen den Namen ihrer Stammburg oder eines wichtigen Besitzortes anzufügen. In Altenparkstein und Pfreimd sind solche Familien nachweisbar; im westlichen Jura reihen sich die Burgen der Herren von Stein (Wolfstein, Hilpoltstein, Altmannstein, Lutzmannstein), der Herren von Laaber, der Hohenfelser, Lupburger und Helfenberger. Sie standen häufig in Lehens- oder Dienstbeziehungen oder anderen Abhängigkeitsverhältnissen zu den großen Geschlechtern, die den Grafentitel führten. Einige von ihnen gehörten auch zu Ministerialenverbänden der Grafen.[75]

Die intensive Landeserschließung durch Siedlung wurde durch die Familien und besonders durch die Ministerialenverbände der Dynasten vorangetrieben.[76] Dienstleute der Markgrafen von Cham-Vohburg saßen auf den Markgrafenburgen in der Chamer Senke und betätigten sich als Rodungs- und Siedlungsunternehmer im nördlichen Nordgau, für den erstmals 1135 die Landesbezeichnung «Regio Egire» nachgewiesen ist.[77] Die Vohburger Hausklöster Reichenbach am Regen (Gründung und Güterausstattung seit 1118) und Waldsassen (1135) haben davon in erster Linie profitiert; das Stiftland um Waldsassen, das Fichtelgebirgsbecken von der Egerquelle an und das Egerer Becken mit dem Mittelpunkt der

[72] P. Fried, Die Herkunft d. Grafen v. Hirschberg (ZBLG 28) 1965, 82–98; HB I 415.

[73] HAB Eichstätt (G. Hirschmann) 23; Germania Benedictina II, 1970, 223–228.

[74] HB II 566, 606; HAB Neumarkt (B. Heinloth) 22 ff.; HAB Parsberg (M. Jehle) 107; HAB Eichstätt (G. Hirschmann) 24 f.; vgl. § 6 Anm. 13.

[75] Vgl. v. Guttenberg 265–271; Ders., Polit. Mächte (§ 3) 247 ff.; HAB Neumarkt (B. Heinloth) 75 f.; HAB Parsberg (M. Jehle) 45 f., 48 f., 54 f., 58; HAB Hilpoltstein (W. Wiessner) 57; HAB Vohenstrauß (D. Bernd) 22; Bosl 55.

[76] Vgl. vor allem L. Throner, Die Diepoldinger u. ihre Ministerialität, Diss. Masch. München 1943.

[77] Trad. Reichenbach (C. Baumann) nr. 4; vgl. HAB Distr. Egranus (H. Sturm) 17–27; HAB Tirschenreuth (H. Sturm) 8 ff.

Burg in Eger wurden im elften und zwölften Jahrhundert durch viele neu angelegte Orte, welche der Initiative und dem Organisationsgeschick der ministerialischen Dienstleute ihre Entstehung und Entwicklung verdankten, dichter, als dies vorher der Fall war, besiedelt.[78]

Die Bedeutung der Diepoldinger als Besitz- und Herrschaftsträger in der nordgauischen Landschaft des Hochmittelalters ist sehr hoch anzuschlagen. Es erstaunt daher nicht, daß andere, nach Erweiterung des Herrschaftseinflusses strebende Sippen mit ihnen in Konkurrenz traten und in ihre Besitzbereiche einzudringen versuchten. Erfolgreich waren dabei die Staufer. Nach dem Tod des Markgrafen Diepold III. (1146) hat König Konrad III. die Eger-Region seinem Haus zugespielt, wobei die Söhne des Verstorbenen offensichtlich übergangen wurden. Welche rechtlichen Konstruktionen dieses Vorgehen ermöglichten, wird von der Forschung kontrovers diskutiert.[79] Sicher ist, daß die Staufer diesen Besitz von Land und Leuten, Burgen und Ministerialen zur Mehrung ihres eigenen dynastischen Vermögens an sich brachten. 1154 ist der Komplex in Händen des schwäbischen Herzogs Friedrich IV.; nach dessen Tod ging er an den Hauserben, Kaiser Friedrich I., über.[80] Von da an wurde die Herrschaft «nomine imperii» ausgeübt; die Beamten, Landrichter und Forstmeister erscheinen als Beamte mit königlicher Vollmacht, die Ministerialen waren Reichsministerialen. Für diese Personengruppe war dies eine erwünschte Standeserhöhung, wuchsen sie doch dadurch zu höherem Rang, als ihn die dynastischen Ministerialen genossen.

Die rücksichtslos eigensüchtige Hausmachtpolitik[81] des Staufer-Kaisers Friedrich I. ist vor allem auch gegenüber dem Haus Sulzbach zu erkennen. Gebhard II. von Sulzbach hatte 1146 von König Konrad III. die Markgrafenposition des verstorbenen Diepoldingers erhalten und den Titel einige Jahre geführt.[82] Seit 1149 erscheint er aber nur mehr als Graf.

Zu Lebzeiten des Sulzbacher Grafen Gebhard III. fädelte Friedrich I. den Plan ein, wichtige Lehen der Bamberger Bischofskirche, die die Grafen von Sulzbach

[78] Bosl 133ff.; zur Herrschaftsdifferenzierung vgl. auch W. Volkert, Land an d. Grenze (Festschr. f. G. Lang) 1989, 354–367. Zu den Flurformen der Rodungsorte vgl. H.-J. Nitz, Mittelalterl. Raumerschließung in d. westl. regio Egere als Teil d. hist. Nordwaldes (Oberpfälzer Heimat 35) 1991, 29–45.

[79] Niederkorn (Anm. 58) 613–622 mit Bericht über die ältere Lit.

[80] HAB Tirschenreuth (H. Sturm) 22; HAB Distr. Egranus (H. Sturm) 33.

[81] Doeberl, Markgrafschaft (§ 3) 79–90 charakterisiert die staufischen Erwerbungen von Nürnberg bis zum Vogtland als «staufische Hausmachtpolitik», wertet sie aber doch positiv als nüchtern-praktische Königspolitik im Interesse des Reiches; v. Guttenberg, Polit. Mächte (§ 3) 260–264 möchte als Ziel der staufischen Territorialpolitik erkennen, ein zusammenhängendes Königsgebiet vom Herzogtum Schwaben bis nach Mitteldeutschland zu errichten; die Bildung staufischer Territorien sei aber nach verheißungsvollen Ansätzen nach Friedrichs I. Tod steckengeblieben. Bosl 620–623 sieht in der staufischen Staatsplanung, die sich u. a. in der Königslandpolitik darstelle, die große innerstaatliche Leistung der deutschen Könige in der Epoche der Salier und Staufer, wodurch das Königtum als die zentrale Spitze der politischen Lebensordnung des Volkes in Erscheinung trete.

[82] MG DD Konrad III. nrr. 150, 153, 204; vgl. Doeberl, Reg. nrr. 77–79; Ders., Markgrafschaft (§ 3) 83.

besaßen, an sein Haus zu bringen; Lehensleute der Bamberger Kirche sollten nach dem Grafen von Sulzbach die Kaiser-Söhne werden.[83] 1188 starb das Haus Sulzbach in der männlichen Linie aus; die Bamberger Lehen gingen an die Staufer, die auch Sulzbacher Allodialbesitz im mittleren Nordgau von den Töchtern des verstorbenen Grafen erwarben.[84] Seit dem Königtum des Staufers Konrad III. waren die staufischen Befugnisse in Ostfranken mit dem Zentrum der Burg Nürnberg zu königlichen geworden.[85] Konrads Sohn Friedrich von Rothenburg war gleichermaßen in Franken wie im Egerland Sachwalter der Dynastie; Kaiser Friedrich I. fügte als sein Erbe seit 1167 dazu die Sulzbacher Besitzungen im Nordgau. Im nördlich angrenzenden Pleißenland und dem Bezirk um Altenburg saßen die Staufer ebenfalls; dort, in Eger und in Nürnberg entstanden im zwölften Jahrhundert eindrucksvolle Palast- und Fortifikationsbauten der Staufer, die die Herrschaft nachhaltig darstellten. Dynastische Adelsherrschaft des zum Königtum aufgestiegenen Geschlechts, Befugnisse, die aus dem Königsrecht abgeleitet waren, Besitz und Rechte aus Erbe von anderen Adelsgeschlechtern und schließlich Königsgüter aus dem Saliererbe ermöglichten den Staufern im zwölften Jahrhundert in extensiver Weise ihre Herrschaft auszudehnen. Diese von der Staufer-Dynastie im zwölften Jahrhundert erreichte Position prägte in entscheidender Weise die Besitz- und Herrschaftsstruktur des Nordgaus. Mit dem Ende der Staufer im dreizehnten Jahrhundert setzte ein neuer Schub der Besitzumschichtung ein; dadurch wurden vor allem die Bayern-Herzöge begünstigt.

[83] MG DD Friedrich I. nrr. 624, 625; HAB Amberg I (G. Leingärtner) 10; HAB Sulzbach (M. Piendl) 5; Bosl 161 f.

[84] Vgl. die Belege in Anm. 62.

[85] F.-J. Schmale (HB III/1) 108 mit weiterer Lit.; HAB Nürnberg-Fürth (H. H. Hofmann) 23.

II

# DIE RHEINISCHE PFALZGRAFSCHAFT BIS ZUM ENDE DES 13. JAHRHUNDERTS

## § 4. DAS PFALZGRAFENAMT UND DIE PFALZGRAFSCHAFT BEI RHEIN BIS ZUM ENDE DES 12. JAHRHUNDERTS

Schaab I 15–63, 220ff.; Pfalzatlas, Text 396–401; R. Gerstner, Die Gesch. d. lothring. u. rhein. Pfalzgrafschaft v. ihren Anfängen bis z. Ausbildung d. Kurterritoriums Pfalz (Rhein. Archiv 40) 1941; G. Droege, Pfalzgrafschaft, Grafschaften u. allodiale Herrschaften zw. Maas u. Rhein in salisch-staufischer Zeit (Rhein. Vjbll. 26) 1961, 1–21; H. Werle, Staufische Hausmachtpolitik am Rhein im 12. Jh. (ZGO 110, NF 71) 1962, 241–370; H. Büttner, Staufische Territorialpolitik im 12. Jh. (WF 47, NF 37) 1963, 5–27; H. Werle, Pfgf. Konrad v. Staufen (Pfälzer Lebensbilder 2) 1970, 7–31; HA v. Baden-Württ., 1972, Karte VI 3.

Im merowingisch-karolingischen Reich war der *Pfalzgraf* Hofbeamter, dessen wichtigste Funktion seine Tätigkeit im Hofgericht bildete. Während dieses Amt in Italien bis in die Zeit Kaiser Heinrichs II. fortdauerte, erhielt es sich in Deutschland nicht über das neunte Jahrhundert. Der Aufgabenkreis der seit Otto I. erscheinenden Pfalzgrafen von Lothringen, Sachsen, Schwaben, Bayern und Kärnten hat wenig Ähnlichkeit mit dem der karolingischen Pfalzgrafen, sondern zeigt eher Parallelen mit dem Amt der karolingischen Königsboten. In der ottonischen Zeit hatten sie die königlichen Interessen gegenüber der Selbständigkeit der Stammesherzöge zu wahren.[1] Weder die Comites palatini von Schwaben noch die von Bayern gelangten durch diese Stellung zu bedeutendem Einfluß. Das bayerische Pfalzgrafenamt, seit 1120 in den Händen der Wittelsbacher, ging 1180, als Pfalzgraf Otto VI. mit dem bayerischen Herzogtum belehnt wurde, auf die jüngere Linie der Familie über, deren letzter, Otto VIII., 1209 starb. Aber auch unter den nachfolgenden Pfalzgrafen aus dem Hause Ortenburg erlangte das bayerische Amt keine besondere Bedeutung; es erlosch um die Mitte des dreizehnten Jahrhunderts. Die Pfalzgrafen von Kärnten konnten sich ebensowenig der Landes- und Lehenshoheit der Herzöge entziehen; sie hielten lediglich gewis-

[1] GG I⁹ 763 f.; Conrad, Rechtsgesch. I 140, 352; H. E. Meyer, Die Pfalzgrafen d. Merowinger u. Karolinger (ZRG 42) 1921, 380–463; M. Lintzel, Der Ursprung d. deutschen Pfalzgrafschaften (ebd. 49) 1929, 233–263; G. W. Sante, Über Pfalzen in d. frühen deutschen Gesch. (BlldLG 105) 1969, 1–7; H. Schreibmüller, Der Begriff «Pfalz» im Wandel d. Jahrhunderte (Von Gesch. u. Volkstum d. Pfalz) 1959, 9–13; Ders., Pfalzen u. Pfalzgrafen im Wandel d. Zeiten (Neuburg, die Junge Pfalz u. ihre Fürsten) 1955, 99–110.

se Ehrenvorrechte fest. Das Amt des sächsischen Pfalzgrafen schließlich war seit dem späteren zwölften Jahrhundert mit der Landgrafschaft Thüringen verbunden, ging dann an die Wettiner über und wurde 1422 mit dem sächsischen Herzogtum vereinigt. Das davon schon früh abgespaltene pfalzgräfliche Gericht gelangte ebenfalls an die Herzöge von Sachsen, wodurch vermutlich der Grund zum sächsischen Reichsvikariat (bestätigt in der Goldenen Bulle von 1356) gelegt wurde. Einzig dem *lothringischen Pfalzgrafen* gelang es, das pfalzgräfliche Amt mit einem bedeutenden Territorium zu verbinden und schließlich als Pfalzgraf bei Rhein die vornehmste Stelle unter den weltlichen Reichsfürsten einzunehmen. Ausgangspunkt dieser Entwicklung war in ottonischer Zeit wohl die Aufgabe, den Rhein als Verkehrsweg und die königlichen Interessen im Rheingebiet zu sichern. Die Inhaber des Amtes gehörten dem Hochadel an, hatten Allodialbesitz und erlangten Grafschaften zu beiden Seiten des Stromes. Sie stiegen zu herzogsgleicher Stellung auf. Diesseits und jenseits des Stromes besaßen sie Eigengüter und übten Grafenrechte aus.[2] Der Einflußbereich der ältesten lothringischen Pfalzgrafen aus dem Haus der Ezzonen[3] lag am Niederrhein. Aus dieser Sippe stammte Pfalzgraf Hermann (gest. 996); er hatte zwei Söhne. Der ältere, Erenfried (genannt Ezzo), war Pfalzgraf bis 1034. Nach ihm besaß der Sohn seines Bruders Hezelin, Heinrich, das Amt bis 1060. Man nennt diesen Familienzweig die Hezeliniden, unter deren Herrschaft die für die ganze folgende Epoche maßgebende Entwicklung einsetzte: der Schwerpunkt der Pfalzgrafschaft verlagerte sich nach Süden, zunächst in das Gebiet der mittleren Mosel. Pfalzgraf Heinrich I. (gest. 1060) erhielt um 1045 das Amt von König Heinrich III. offensichtlich deshalb, weil der König gegen den Herzog Gottfried II. von Oberlothringen einen ergebenen Gegenspieler nötig hatte. In der Auseinandersetzung mit dem Erzstift Köln, das einen erheblichen Teil des alten Ezzonenbesitzes hatte erwerben können, vermochte sich der lothringische Pfalzgraf am Niederrhein nicht zu halten; der Verlust des Michaelsberges, auf dem später (1064) das Kloster Siegburg errichtet wurde, zeigt dies beispielhaft an.[4] Der Eigenbesitz des Pfalzgrafen Heinrich von Laach (1085–1095) lag am Mittelrhein und an der Mosel. Er war Gründer der Abtei Maria-Laach. Mit der Witwe seines Vorgängers, des Pfalzgrafen Hermann (1064–1085) vermählt, adoptierte er deren Sohn aus erster Ehe,

[2] D. Flach, Untersuchungen z. Verfassung u. Verwaltung d. Aachener Reichsgutes v. d. Karlingerzeit bis z. Mitte d. 14. Jhs. (Veröff. des Max-Planck-Inst. f. Gesch. 46) 1976, bes. 322f. (mit ält. Lit.).

[3] E. Kimpen, Ezzonen u. Hezzeliniden in d. rhein. Pfalzgrafschaft (MIÖG Erg.-Bd. 12) 1933, 1–91 (s. dazu auch E. Klebel, Zur Abstammung d. Hohenstaufen, ZGO 102, NF 63, 1954, 165); E. Kimpen, Die ezzonische Verwandtschaft d. rhein. Pfalzgrafen (Coburg mitten im Reich I) 1956, 184–216; U. Lewald, Die Ezzonen. Das Schicksal eines rhein. Fürstengeschlechtes (Rhein. Vjbll. 43) 1979, 120–168; E. Wisplinghof, Zur Reihenfolge d. lothring. Pfalzgrafen am Ende d. 11. Jhs. (Rhein. Vjbll. 28) 1963, 290–293; vgl. auch WH I 643f.

[4] Gerstner (§ 4) 32–37; NDB 8, 380f. – Über Siegburg vgl. F. W. Oediger, Regesten d. Erzbischöfe v. Köln I (Publik. d. Ges. f. Rhein. Geschichtskunde 21) 1961, nrr. 961, 1060; E. Wisplinghoff, Urkk. Stadt u. Abtei Siegburg I, 1964, nrr. 3, 8.

Siegfried von Ballenstädt, der ihm im Pfalzgrafenamt nachfolgte (1099–1113).[5] Den Königen Heinrich IV. und Heinrich V. gelang es im späteren elften und beginnenden zwölften Jahrhundert, den Amtscharakter der Pfalzgrafenwürde zu wahren und ihren Einfluß bei der Besetzung dieser Stelle geltend zu machen. Die Einsetzung des Pfalzgrafen Gottfried von Calw (gest. 1133) durch Heinrich V. 1113 gegen den Widerstand der Erben des Vorgängers Siegfried von Ballenstädt zeigt deutlich die Einflußmöglichkeiten des Kaisers auf die rheinische Pfalzgrafschaft.[6]

Die Belehnung des Grafen Hermann von Stahleck[7] mit der Pfalzgrafschaft durch König Konrad III. 1142 war ein weiterer wichtiger Schritt hin zur Festigung der pfalzgräflichen Position am Oberrhein; im Gebiet zwischen Rhein, Mosel und Nahe lagen Hermanns rheinische Besitzzentren. Er verfügte dazu über umfangreiches Hausgut am Main und in Ostfranken. Während seiner Amtszeit bürgerte sich der Titel «rheinischer Pfalzgraf» (Comes palatinus Rheni) endgültig ein;[8] er wurde schon seit 1131 gelegentlich verwendet, wenn es notwendig war, den Pfalzgrafen von anderen, in den sächsischen, bayerischen und schwäbischen Stammesgebieten wirkenden Pfalzgrafen zu unterscheiden. Der Bezug auf den Rhein (de Reno oder Rheni) ist wohl dadurch zu erklären, daß die Anknüpfung an das Herzogtum Lothringen im zwölften Jahrhundert nicht mehr aktuell und die Verbindung mit einem fränkischen Herzogtum nicht möglich war, weil dieses in seiner alten Bedeutung bereits im zehnten Jahrhundert untergegangen war. Pfalzgraf Hermann, der mit Gertrud, der Schwester König Konrads III., verheiratet war, starb 1156, ohne Kinder zu hinterlassen. Sein Nachfolger in der Pfalzgrafenwürde wurde *Konrad von Staufen,*[9] der Halbbruder Friedrich Barbarossas. Konrads Wirken als Pfalzgraf bildet einen bedeutenden Markstein in der Entwicklung der Pfalz zum Territorium. Er vereinte mit dem von Hermann von Stahleck ererbten Besitz staufisch-schwäbisches Gut und solches am Mittelrhein aus dem salischen Erbe,[10] welches ihm sein kaiserlicher Bruder zuge-

[5] H. Renn, Die Luxemburger in d. lothring. Pfalzgrafschaft (Rhein. Vjbll. 11) 1941, 102–118; P. Volk, Der Stifter v. Maria-Laach aus d. Hause Luxemburg-Salm (Revue Bénédictine 36) 1924, 255–267; NDB 8, 381. Der Titel Comes palatinus Reni, den er in der Stiftungsurkunde von Maria-Laach von 1093 (H. Beyer, UB ... d. mittelrhein. Territorien I, 1860, nr. 388) führt, wurde ihm wohl erst im 13. Jh. beigelegt (vgl. Anm. 8).

[6] Gerstner (§ 4) 58–68; NDB 6, 665f.

[7] L. Baumgärtner, Hermann v. Stahleck, Pfalzgraf bei Rhein, 1142–1156, Diss. Leipzig 1877; NDB 8, 640.

[8] Schaab I 29, 32, 34.

[9] Pfalzatlas, Text 111–116, Karte nr. 52; H. Werle, Staufische Hausmachtpolitik 310ff.; Ders., Die Aufgaben u. d. Bedeutung d. Pfalzgrafschaft bei Rhein in d. stauf. Hausmachtpolitik (Mitt. Pfalz 57) 1952, 137–153; F. K. Becker, Alzey, Bacharach u. Heidelberg (Jb. z. Gesch. v. Stadt u. Lkr. Kaiserslautern 12/13) 1974/75, 69–83 (vor allem über Pfgf. Konrad u. dessen oberrheinische Herrschaftszentren); Ders., Alzey u. d. Anfänge d. Kurpfalz (Pfälzer Heimat 38) 1987, 99–107; Th. Karst, Das kurpfälz. Oberamt Neustadt (Veröffentl. z. Gesch. v. Stadt u. Kreis Neustadt a. H. I) 1960, 5ff., 48; Fabricius (§ 16 Anm. 28) 6, 29ˣ, 190.

[10] Pfalzatlas, Text 105–110, Karte nr. 51; H. Werle, Das Erbe d. salischen Hauses, Diss. Masch. Mainz 1952; St. Weinfurter, Herrschaftslegitimation u. Königsautorität im Wandel: Die Salier u. ihr Dom zu Speyer (Die Salier u. d. Reich I) 1991, 62–73.

teilt hatte. *Das pfalzgräfliche Einflußgebiet* reichte vom nördlichen Elsaß über den Speyer- und Wormsgau sowie die Güter an der Nahe bis nach Bacharach, das mit der Burg Stahleck häufiger Aufenthaltsort der Pfalzgrafen war. Winzingen, Haardt, Wolfsburg, Oppau, Wachenheim, Friesenheim und besonders Alzey wurden zu Kristallisationspunkten pfalzgräflicher Territorialpolitik. Auch im Rhein-Neckar-Gebiet konnte Pfalzgraf Konrad die Grundlagen für die spätere Landesherrschaft der Pfalzgrafschaft legen. Die Vogteien über das Hochstift Worms und das Kloster Lorsch boten ihm wichtige Herrschaftstitel, dazu kamen die vogtähnlichen Rechte über Kloster Schönau (seit etwa 1180).[11] Auch die Anfänge der späteren pfälzischen Residenzstadt Heidelberg gehen auf Konrad zurück, der dieses Gebiet am unteren Neckar als Wormser Kirchenlehen besaß.[12]

Die Anknüpfung an die salische Tradition und die Verwandtschaft mit der regierenden Dynastie verhalfen Konrad von Staufen zu Ansehen und Einfluß, so daß er in die Rolle des ersten weltlichen Reichsfürsten hineinwachsen konnte; unter ihm vollendet sich der *Wandel des Pfalzgrafen vom königlichen Amtsträger zum Territorialherrn*. Das Einvernehmen zwischen Konrad und seinem Halbbruder Kaiser Friedrich I. war in Fragen der Reichspolitik im allgemeinen gut. In der oberrheinischen Territorialpolitik indes fand der Pfalzgraf wenig Unterstützung beim Kaiser, der in den Auseinandersetzungen zwischen der Pfalzgrafschaft und den Erzbischöfen von Köln und Trier entsprechend der Linie seiner Reichskirchenpolitik die geistlichen Fürsten unterstützte.[13] Der Streit zwischen Konrad und dem Kölner Erzbischof Rainald v. Dassel um die Burg Rheineck ist hierfür ebenso bezeichnend wie die Kämpfe mit Trier um die Vormachtstellung an der Mosel. Der Schwerpunkt von Konrads Tätigkeit verlagerte sich darum in den Raum von der Nahe bis zum unteren Neckar. Die kaiserlichen Maßnahmen zur Förderung der Reichsministerialen[14] wirkten dem Ausbau eines Landes für den Pfalzgrafen entgegen und erschwerten die Errichtung einer staufischen Sekundogenitur am Oberrhein.

Die stärkste Spannung zwischen dem Kaiser und dem Pfalzgrafen aus dem staufischen Haus entstand 1194, als sich Konrads einzige *Tochter Agnes* mit Heinrich von Braunschweig, dem Sohn Heinrichs des Löwen, verlobte. Den Welfen

[11] H. U. Berendes, Die Bischöfe v. Worms u. ihr Hochstift im 12. Jh., Diss. Köln 1984, 97–126, 138.

[12] H. Büttner, Das Bistum Worms u. d. Neckarraum während d. Früh- u. Hochmittelalters (AMK 10) 1958, 33; H. Werle, Studien z. Wormser u. Speyerer Hochstiftsvogtei im 12. Jh. (Bll. f. pfälz. KG 21) 1954, 80–89; M. Schaab, Die Diözese Worms im MA (Freiburger Diözesan-Archiv 86) 1966, 149, 158, 177; Ders., Die Entstehung d. pfälz. Territoriums am unteren Neckar u. d. Anfänge d. Stadt Heidelberg (ZGO 106, NF 67) 1958, 233–276; Deutsches Städtebuch (s. Bibliogr. A. 2) IV, 2a, 72; M. Schaab, Die Zisterzienserabtei Schönau im Odenwald (Heidelberger Veröffentl. z. Landesgesch. u. Landeskunde 8) 1963; Kreisbeschreibung Heidelberg-Mannheim (§ 15 Anm. 24) I 893; II 20f.

[13] Vgl. dazu, vor allem zu den territorialen Auswirkungen, E. Brinken, Die Politik Konrads v. Staufen in d. Tradition d. Rhein. Pfalzgrafschaft (Rhein. Archiv 92) 1974.

[14] Zur Ministerialenpolitik Friedrichs I. im Pfälzer Raum vgl. H. Schreibmüller, Pfälzer Reichsministerialen (Beil. z. Jahresber. d. Hum. Gymnasiums Kaiserslautern) 1909/1911; Bosl 144ff., 217ff.

war dadurch die Anwartschaft auf die Pfalzgrafschaft eröffnet. Der Plan zu diesem für das weitere Schicksal der Pfalz bedeutungsvollen Ehebündnis war zunächst von Heinrich VI., der seinem 1190 auf dem Kreuzzug in Kleinasien ums Leben gekommenen Vater als Reichsoberhaupt gefolgt war, gutgeheißen worden als Beitrag zur Aussöhnung zwischen Staufern und Welfen. Als Heinrich VI. jedoch bald nach seinem Regierungsantritt um das normannische Erbe seiner Gemahlin in Süditalien kämpfte und dabei vom Welfen Heinrich im Stich gelassen wurde, der sich der antistaufischen Opposition in Deutschland anschloß, wollten sich weder der Kaiser noch Pfalzgraf Konrad zu der Ehe zwischen Agnes und Heinrich von Braunschweig verstehen. Erst die Gefangennahme des englischen Königs Richard Löwenherz und die eindeutige Parteinahme Philipps von Frankreich für den Kaiser ließen die außenpolitische Rückendeckung der deutschen Gegenpartei zusammenbrechen, so daß sich die Welfen mit Heinrich VI. aussöhnten. Nun fand auch die Ehe zwischen Agnes und Heinrich von Braunschweig allgemein Billigung. 1195, nach dem Tode Konrads von Staufen, wurde der *Welfe Heinrich I.* (1195/96 bis ca. 1211) mit der Pfalzgrafschaft belehnt.[15] Bis zum Tod Heinrichs VI. 1197 hielt der Pfalzgraf zum Kaiser, schloß sich aber in der Doppelwahl von 1198 seinem Bruder Otto IV. an. Im Verlauf der Auseinandersetzung zwischen Philipp von Schwaben und Otto IV. schwenkte er 1204 auf die staufische Seite über, als nach dem Zusammenbruch der englischen Festlandsstellung, die der stärkste Rückhalt des welfischen Königtums gewesen war, die Anhängerschaft Ottos IV. zusammenschmolz. Zudem hatte König Philipp dem Pfalzgrafen mit dem Entzug des Reichslehens gedroht. Erst nach dem plötzlichen Tod Philipps 1208 kehrte auch Pfalzgraf Heinrich mit der staufischen Partei im Reich auf die Seite Ottos IV. zurück, der nun allgemein anerkannt wurde.

In der Zeit der Wende vom zwölften zum dreizehnten Jahrhundert erreicht die für die weitere pfälzische Geschichte äußerst wichtige verfassungsgeschichtliche *Entwicklung des Kurrechts des Pfalzgrafen bei Rhein*[16] ihren Abschluß. Der 1207 als «summus in electione imperatoris» bezeichnete Pfalzgraf erscheint seit der Doppelwahl von 1198 stets in der Reihe der zur Königswahl notwendigen fürstlichen Wähler, aus deren Reihen jetzt allein das Kurkolleg besetzt werden konnte. Einen schlüssigen Nachweis darüber zu führen, warum gerade die drei rheinischen Erzbischöfe, der Pfalzgraf bei Rhein, der Herzog von Sachsen, der Markgraf von Brandenburg und der böhmische König allein berechtigt waren, den deutschen König zu wählen, gelang noch nicht. Die schon im dreizehnten Jahrhundert

[15] L. v. HEINEMANN, Heinrich v. Braunschweig, Pfalzgraf bei Rhein, 1882; NDB 8, 381ff.

[16] Vgl. HB II 106ff., 548f.; M. KRAMMER, Quellen z. Gesch. d. deutschen Königswahl u. d. Kurfürstenkollegs, I 1925²; H. MITTEIS, Die deutsche Königswahl u. ihre Rechtsgrundlagen bis z. Goldenen Bulle, 1944² (Nachdr. 1965); C. C. BAILEY, The formation of the German College of Electory in the mid-thirteenth Century, Toronto 1949; M. LINTZEL, Die Entstehung d. Kurfürstenkollegs (Ber. über d. Verh. d. sächs. Akad. d. Wiss. zu Leipzig, Phil.-Hist. Kl. 99, 2) 1952; K. HAMPE, Gesch. Konradins v. Hohenstaufen, hg. v. H. Kämpf, 1942³, 387ff. Neuere Lit. s. MITTEIS-LIEBERICH 136–145.

aufkommende Erzämtertheorie, wonach die Ausübung der bei besonders feierlichen Gelegenheiten am königlichen Hof notwendigen Ehrendienste deren Inhabern den Zugang zum Kurkolleg verschafft hätte, ist nicht vollständig überzeugend. Die Ausbildung bedeutenderer weltlicher und geistlicher Landesherrschaften und das tatsächliche Machtpotential der vornehmsten Reichsfürsten waren wohl die wichtigsten Voraussetzungen für die Zugehörigkeit zum Kreis der «Monopolwähler». Beim Pfalzgrafen dürfte speziell noch dessen Rolle im Reichshofgericht, besonders seine Position als «Königsrichter», ausschlaggebend gewesen sein.[17]

## § 5. DIE PFALZGRAFEN AUS DEM HAUSE WITTELSBACH IM 13. UND FRÜHEN 14. JAHRHUNDERT

Reg. Pfalzgr. I, nrr. 1–2038, 6505–6585; II, nrr. 6272–6359; BWR 7–75; HÄUSSER I 68–154; RIEZLER II 42–391; A. GERLICH, Die rhein. Pfalzgrafen in d. frühen Wittelsbacherzeit (Wittelsbach I/1) 1980, 201–222; SCHAAB I 60–78; S. HOFMANN, Urkundenwesen, Kanzlei u. Regierungssystem d. Herzöge v. Bayern u. Pfalzgrafen bei Rhein v. 1180 bzw. 1214 bis 1255 bzw. 1294 (MHStud., Abt. Geschichtl. Hilfswiss. 3) 1967; A. SPRINKART, Kanzlei, Rat u. Urkundenwesen d. Pfalzgrafen bei Rhein u. Herzöge v. Bayern 1294 bis 1314 (1317) (Forsch. z. Kaiser- u. Papstgesch. d. MA. Beihefte z. J. F. BÖHMER, Regesta Imperii 4) 1986; E. KLAFKI, Die kurpfälz. Erbhofämter. Mit einem Überblick über d. bayer. Erbhofämter unter d. wittelsbach. Herzögen bis z. Trennung d. Pfalz v. Bayern 1329 (Veröffentl. d. Komm. f. geschichtl. Lkde. in Baden-Württ. B 35) 1966.

Der welfische Pfalzgraf Heinrich I. übertrug wohl zu Beginn des Jahres 1212 die rheinischen Besitzungen auf seinen Sohn Heinrich II., um selbst freie Hand zur Verteidigung der welfischen Erblande zu haben, da die Auseinandersetzungen zwischen seinem Bruder, Kaiser Otto IV., und dem Staufer Friedrich II. bei dessen Erscheinen in Deutschland der Entscheidung entgegengingen. Pfalzgraf Heinrich II. starb bereits 1214, nachdem er auf die staufische Seite übergetreten war und damit der Partei seines Oheims schweren Schaden getan hatte. Seine jüngere Schwester Agnes war, möglicherweise auf Initiative Friedrichs II., mit dem noch unmündigen Sohn Herzog Ludwigs I. von Bayern, Otto II., verlobt. Der Wittelsbacher Otto konnte darum Ansprüche auf den rheinischen Besitz der Welfen erheben, weil Heinrich II. keine Kinder hinterlassen hatte. Zwar war diese Anwartschaft durch die Rechte von Agnes' Schwester Irmengard, vermählt mit Markgraf Hermann V. von Baden, geschmälert; doch durch die von Friedrich II. ausgesprochene Belehnung Herzog Ludwigs von Bayern mit der vakanten Pfalzgrafschaft (wahrscheinlich im Oktober 1214)[1] gewannen die Wittelsba-

[17] J. WEIZSÄCKER, Der Pfalzgraf als Richter über d. König (Abh. Göttingen 33) 1886; J. BÄRMANN, Erzkanzler u. Pfalzgraf. Zur Verfassungsgesch. d. höchsten Reichsämter, 1964.

[1] S. HB II 28ff.; E. WINKELMANN, Jbb. d. Deutschen Gesch., Philipp v. Schwaben u. Otto IV. v. Braunschweig II, 1878, 510ff.; RIEZLER II 45; Reg. Pfalzgr. I, nr. 1; RI V 1, nrr. 748a, 749; MW 1, nr. 6; vgl. BÜTTNER (§ 4 Anm. 12) 36ff.; Wittelsbach I/2 85f.

cher die ungleich bessere Position im Erbstreit als das markgräflich badische Haus. Jedenfalls gelang es *Ludwig I.* (1183–1231), als Vormund über seinen Sohn und dessen Verlobte die Pfalzgrafschaft bei Rhein nach Land- und Lehenrecht in Besitz zu nehmen.

Die *Belehnung des bayerischen Herzogs mit der Pfalzgrafschaft bei Rhein* bedeutet einen für die gesamte weitere Entwicklung Bayerns und der Pfalz äußerst wichtigen Einschnitt. Das den Wittelsbachern zugefallene Pfalzgrafenamt erhöhte ihr politisches Gewicht in den Auseinandersetzungen des dreizehnten Jahrhunderts, ließ sie zur Kurwürde aufsteigen (was den bayerischen Herzögen versagt blieb) und brachte ihnen einen erheblichen Gewinn von Gebieten, die große Möglichkeiten für das Wirken eines aktiven und zielbewußten Landesherrn boten, um neben dem Land des bayerischen Herzogtums auch ein Territorium am Rhein aufzubauen. Für Bayern war die Verbindung des regierenden Hauses mit der Pfalzgrafschaft von weittragender Bedeutung: sie hatte vom dreizehnten bis zum neunzehnten Jahrhundert eine gewisse Westorientierung zur Folge, die die Aktivität der bayerischen Landesherrn auch hinüber an den Rhein lenkte. Nicht minder bedeutungsvoll war sie für die Pfalz am Rhein, besonders als diese seit den Landesteilungen von 1255 und 1329 jeweils mit einem altbayerischen Teilfürstentum zusammen unter einer Linie des wittelsbachischen Hauses verbunden war. Die Koppelung der Pfalz am Rhein mit einem Teil des alten Nordgaues, der späteren Oberpfalz, hatte weiter zur Folge, daß die Pfalzgrafen in starkem Maße mit den politischen Plänen der Nachbarn im Königreich Böhmen zu rechnen hatten, wie dies ganz besonders in der zweiten Hälfte des vierzehnten Jahrhunderts oder etwa am Vorabend des Dreißigjährigen Krieges deutlich wurde.

Obwohl sich in der Stauferzeit der *Charakter des Pfalzgrafenamtes* wesentlich gewandelt hatte, indem aus dem hohen königlichen Hofbeamten ein mächtiger Territorialfürst geworden war, so blieb doch in verschiedenen seiner Funktionen die Erinnerung an das Reichsamt lebendig. Der Pfalzgraf besaß das Erzamt des Truchsessen, er fand als bedeutendster weltlicher Fürst des Mittelrheingebietes Eingang in das Kurkolleg und hatte eine hervorragende Stellung im Hofgericht. Die Goldene Bulle von 1356 schließlich bestätigte seinen Rang als Reichsvikar in den Landen fränkischen Rechts für die Zeit der Thronvakanzen.[2] Diese letztere Funktion wurde in den Jahrhunderten bis zum Ende des alten Reiches zum wichtigsten und auch einträglichsten Amt des Pfalzgrafen.

Die *Schwerpunkte des wittelsbachischen Besitzes* am Rhein, den nun Herzog *Otto II.* (1231–1253) nach seiner Wehrhaftmachung 1228 vom Vater übernahm,[3] lagen um Bacharach und Stahleck, im Nahegebiet bei Alzey und beiderseits des Ober-

[2] Über die spätere Entwicklung des Vikariatsrechts vgl. W. Hermkes, Das Reichsvikariat in Deutschland (Stud. u. Quellen z. Gesch. d. deutschen Verfassungsrechts A 2) 1968; z. Goldenen Bulle v. 1356 s. u. § 8 mit Anm. 11; zur Kurfürstenwürde s. auch P. Hoffmann, Die bildl. Darstellungen d. Kurfürstenkollegiums v. den Anfängen bis z. Ende d. Hl. Röm. Reiches (13.–18. Jh.) (Bonner hist. Forsch. 47) 1982, bes. 38 ff., 103 f.

[3] Reg. Pfalzgr. I, nrr. 330–334.

rheins im Raum um Neustadt an der Haardt und im Lobdengau. In letzterem Gebiet, dem Rhein-Neckar-Winkel, gelang es dem ersten wittelsbachischen Pfalzgrafen, die schon von dem Staufer Konrad begründete Position wesentlich auszubauen, wobei sich der Besitz der Wormser Kirchenlehen (Heidelberg und Grafschaft im Stalbühl bei Ladenburg) als besonders wichtig erwies; wenn es auch im Lauf des dreizehnten Jahrhunderts zu Auseinandersetzungen zwischen dem Wormser Bischof und den Inhabern der Pfalzgrafschaft kam (1259/61 Streit zwischen Bischof Eberhard und Pfalzgraf Ludwig II. um Neustadt), so blieb doch die Wittelsbacher Position gegenüber dem Hochstift Worms unangefochten.[4]

In den bis zur Mitte des dreizehnten Jahrhunderts dauernden *Auseinandersetzungen mit den Erzbischöfen von Köln und Trier* konnte Otto II. zwar Stahlberg und Fürstenberg erwerben, mußte dabei aber auf die vielumstrittene Burg Thurandt an der Mosel verzichten. Die Trierer Hochvogtei hatte bereits der welfische Pfalzgraf Heinrich I. aufgeben müssen; der pfalzgräfliche Einfluß im gesamten Moselbereich ging damit ganz erheblich zurück.[5] Streit mit dem benachbarten Erzstift Mainz entzündete sich am Besitz des Klosters Lorsch, dessen Reform dem Erzbischof Siegfried III. übertragen wurde. Pfalzgraf Otto II. sah darin eine wesentliche Beeinträchtigung seiner Vogtrechte. Die Auseinandersetzung um die alte Reichsabtei spiegelt beispielhaft die Bemühungen der Mainzer Erzbischöfe um den Ausbau ihres weltlichen Machtbereichs zwischen Rhein, Odenwald und unterem Main wider. Gegenüber der Pfalz konnte zwar Erzbischof Siegfried III. im Ausgleich über Lorsch (1247) den wichtigeren Teil der Klosterbesitzungen und -rechte für das Erzstift gewinnen, während Otto II. auf die weniger bedeutenden Vogtrechte beschränkt blieb; aufs Ganze gesehen gelang es den Erzbischöfen jedoch nicht, im südlichen und westlichen Vorfeld ihrer Residenz ein geschlossenes Territorium aufzubauen.[6] Bis in das fünfzehnte Jahrhundert dauerten die Kämpfe mit der Pfalz hier an.

Für die gesamte weitere Entwicklung der pfälzisch-oberpfälzischen Geschichte ist die enge *Bindung* des Hauses Wittelsbach *an die Staufer* um die Mitte des dreizehnten Jahrhunderts von größter Bedeutung geworden. Nachdem Herzog

[4] Ebd. nr. 203; SCHAAB, Pfälz. Territorium (§ 4 Anm. 12) 249ff.; vgl. die Übersicht über den pfälzischen Besitz im Lobdengau in der Urkunde Ludwigs II. von 1288 (MW 1, nr. 171). Über das Verhältnis zwischen den Pfalzgrafen und den Bischöfen von Worms vgl. G. SCHWERTL, Die Beziehungen d. Herzöge v. Bayern u. Pfalzgrafen bei Rhein z. Kirche (1180–1294) (Miscellanea Bavarica Monacensia 9) 1968, 235–241.

[5] Vgl. dazu auch H. WERLE, Die rhein. Pfalzgrafen als Obervögte d. Erzstiftes Trier im 11. u. 12. Jh. (Trierisches Jb. 8) 1957, 5–14; Pfalzatlas, Text 399. Zur Auseinandersetzung um die Burg Thurandt (Turon), die dem Pfalzgrafen verlorenging (wenn auch 1329 noch Ansprüche erhoben wurden), vgl. R. HOLBACH, Die Regierungszeit d. Trierer Erzbischofs Arnold (II.) v. Isenburg (Rhein. Vjbll. 47) 1983, 23, 36f.

[6] C. WILL, Regesten z. Gesch. d. Mainzer Erzbischöfe, II 1886, 215, 217, 295; Reg. Pfalzgr. I, nr. 530; SCHWERTL (s. Anm. 4) 217–226, 434–437; GERLICH, Rhein. Kurfürsten (Festschr. Bärmann 2) 1967, 46f.; G. W. SANTE, Siegfried III. v. Eppstein 1230–1249 (Nass. Lebensbilder I) 1940, 17–32.

Otto II. wenig Festigkeit in seiner Haltung gegenüber Kaiser Friedrich II. gezeigt hatte, hielt er in seinen späteren Jahren, besonders nach der Trennung von dem päpstlichen Agitator Albert Behaim,[7] unbeirrt auf der kaiserlichen Seite aus. Besiegelt wurde dieses Bündnis durch die Ehe seiner Tochter Elisabeth mit dem Kaisersohn Konrad, dem Thronfolger (1246).[8] Damit eröffnete sich für die Pfalzgrafen und bayerischen Herzöge die Möglichkeit, umfangreiche Güter nach dem Tod des letzten Staufers zu erwerben (s. § 6). Als sich in jenen Jahren die rheinischen Erzbischöfe in das päpstliche Lager begaben und an Stelle Friedrichs II. den thüringischen Landgrafen Heinrich Raspe zum deutschen König wählten, unterstützte Otto von der Pfalz stets den Staufer. Ebenso konnte Konrad IV. immer mit der Hilfe seines Schwiegervaters rechnen, wie auch dessen Sohn Ludwig II. (1253–1294) zum angestammten Herrscherhaus hielt. Konrad IV. bestimmte *Ludwig II. von Bayern* zum Reichsverweser für die Zeit seines Italienzuges und bestellte ihn zum Vormund seines Sohnes.[9] Ludwig und sein jüngerer Bruder Heinrich übernahmen nach ihres Vaters Tod 1253 das Herzogtum zu gemeinsamer Regierung, die sie aber schon zwei Jahre später wieder aufgaben. Bei der Teilung von 1255 erhielt Ludwig die Pfalzgrafschaft, den westlichen Teil des bayerischen Herzogtums mit dem größeren Teil der Besitzungen auf dem Nordgau, vornehmlich dessen westliche und südliche Teile. Zum Landesteil Heinrichs von Niederbayern, zu dessen Mittelpunkt Landshut wurde, kamen die östlichen Teile mit Cham, Eschlkam, Waldmünchen, Schneeberg und Pfreimd samt den Rechten in Regensburg.[10]

Nachdem Konradin schon 1263 Herzog Ludwig zum Erben all seines Besitzes für den Fall seines kinderlosen Todes eingesetzt hatte, erneuerte er diese Erbeinsetzung vor dem Aufbruch nach Italien 1266, diesmal auch zugunsten Herzog Heinrichs von Landshut; die Erklärung seines letzten Willens vor der Enthauptung in Neapel (1268) bestätigte ebenfalls die Erbrechte der bayerischen Herzöge.[11] Das umfangreiche Gut, das nun nach dem Ende der staufischen Dynastie teils als Pfand von Reichs wegen, teils durch die Anordnung der letztwilligen Verfügungen in die Hand der bayerischen Herzogsbrüder gekommen war, teilten die beiden ein Jahr nach Konradins Tod.[12] Ludwig II. erhielt den Löwenan-

[7] Vgl. HB II 39ff.; NDB 2, 1.

[8] Zur Eheschließung vgl. B. Huesmann, Die Familienpolitik d. bayer. Herzöge v. Otto I. bis auf Ludwig d. Bayern (1180–1347), Diss. München 1940, 7f.

[9] Über das Verhältnis Herzog Ludwigs zu Konradin vgl. HB II 76–83; Hampe-Kämpf (s. § 4 Anm. 16) 50ff., 209, 401f., 439 u. ö.; F. Geldner, Konradin u. d. alte deutsche Königtum – Opfer d. hohenstaufischen Italienpolitik (ZBLG 32) 1969, 505–524; Ders., Konradin, das Opfer eines großen Traumes, 1970.

[10] Die Teilungsurkunde ist nicht erhalten; zeitgenössische Nachricht bei Hermann v. Niederalteich, Annales zu 1255, hg. v. Ph. Jaffé (MG SS 17) 1861, 397; s. HB II 72ff., 540f.; über die bayer. Urbare, die den Umfang der Teilherzogtümer erkennen lassen, s. HB II 557f.; vgl. auch 72ff. u. 541f. sowie § 18 Anm. 2; entsprechende Aufzeichnungen für die Pfalz fehlen.

[11] MW 1, nrr. 80, 90; Staufisches Erbe (§ 6) nrr. 23, 28; das 3. Testament Konradins von 1268 s. Wirtembergisches UB VI, 1894, nr. 2029; RI V 2, nr. 4859.

[12] MW 1, nr. 99; Staufisches Erbe (§ 6) nr. 32.

teil, wie dies seinem stärkeren Einsatz für die Sache Konradins entsprach. Diesen erheblichen Besitzzuwachs zu sichern und Rückforderungen von seiten des Reiches auszuschließen, war eines der wesentlichen Ziele Ludwigs; seine Haltung in der Königsfrage, die sich nach dem Tode von Richard von Cornwallis (1272) besonders dringend stellte, wurde dadurch entscheidend beeinflußt. Er verfolgte wohl kurze Zeit zusammen mit Erzbischof Werner von Mainz den Plan, selbst die Königskrone zu erlangen, doch fiel die Wahl, wesentlich entschieden durch das Wahlbündnis der rheinischen Erzbischöfe, denen sich auch der Pfalzgraf anschloß, auf den Grafen Rudolf von Habsburg; Ludwig vollzog 1273 durch die «electio per unum» die Wahl.[13] Die Eheschließung des Pfalzgrafen mit Rudolfs Tochter Mechthild am Tag der Königskrönung besiegelte die freundschaftliche Übereinstimmung zwischen König Rudolf und dem pfälzischen Kurfürsten,[14] die Ludwigs gesamte Politik bis zum Tod des Habsburgers bestimmte. Besonders deutlich schien dies in der von Rudolf von Habsburg eingeleiteten Landfriedensregelung auf, der der Pfalzgraf in Bayern, in Ostfranken, am Lechrain und im Mittelrheingebiet stets seine volle Unterstützung lieh.[15] 1274 erhielt Herzog Ludwig II. für die umfangreichen Erwerbungen aus dem staufischen Erbe die königliche Bestätigung durch Rudolf, der dann auch die Zustimmungen («Willebriefe») der Kurfürsten folgten;[16] Heinrich XIII. hatte als Folge seiner gegensätzlichen Haltung zu Rudolf große Schwierigkeiten, die nordgauischen Reichs- und Staufergüter zu behaupten, die dann schließlich noch im dreizehnten Jahrhundert zum Teil verloren gingen.

Herzog Ludwigs Augenmerk galt in erster Linie dem *Ausbau* und der *inneren Konsolidierung seiner bayerisch-pfälzisch-oberpfälzischen Herrschaftsbereiche;* in der Oberpfalz und auch im Land am Mittelrhein erreichte er dabei Bedeutendes. Auf der Grundlage der übernommenen pfalzgräflichen Güter und Rechtstitel und verschiedener Erwerbungen in der ersten Hälfte des dreizehnten Jahrhunderts führte er die herrschaftliche Erschließung der Kurpfalz fort. Rechtsgrundlagen für die Erweiterung der Besitz- und Einflußbereiche waren königliche Belehnungen oder Schenkungen (z. B. Güter und Rechte in Wachenheim, Heimbach, Bingen, Neckargemünd, Friesenheim, Neustadt, Wolfsburg, Winzingen)[17] oder Belehnungen durch rheinische Bischöfe (z. B. Wersau, Hockenheim, Trechtingshausen, Wiesloch)[18] oder Ankäufe von benachbarten Adligen (z. B. Braunshorn von den Wildenberg, Merklingen von den Zweibrücken, Kaub von den Falkenstein, Wiesloch von den Weinsberg, Meckenheim von den Hohenfels, Lichtenau und Nußloch von den Lichtenauern).[19] Eine bemerkenswerte Form der Einbezie-

[13] HB II 88ff. Die Quellen s. in Const. III, nrr. 1–11; RI VI 1, S. 1–7.

[14] Huesmann (s. o. Anm. 8) 14, 40f.

[15] A. Gerlich, Stud. z. Landfriedenspolitik König Rudolfs v. Habsburg, 1963; Angermeier 63ff.; HB II 98ff.

[16] MW 1, nr. 113; RI VI 1, nr. 116; Staufisches Erbe (§ 6) nr. 33f.

[17] Reg. Pfalzgr. I, nrr. 929, 1138, 1186; RI VI 1, nrr. 198, 2494.

[18] Reg. Pfalzgr. I, nrr. 1141, 1213f.

[19] Ebd. nrr. 890, 966, 991, 999, 1154, 1207. Über die seit der zweiten Hälfte des 12. Jhs. in Erscheinung tretende pfalzgräfliche Ministerialität im Odenwald, Neckargebiet und Kraichgau s. M. Schaab, Die Ministerialität

hung des Adels in die Macht- und Interessensphäre der Pfalzgrafschaft gewann unter Ludwig II. verstärkt Wirkung: der Abschluß von Verträgen, durch die sich hochadlige Standesgenossen des Wittelsbachers und auch Angehörige des Ministerialenadels zum Dienst in pfalzgräflichen Burgen verpflichteten. So wurde «Burgmann» in Kaub Graf Adolf von Nassau, in Stromberg Graf Johann von Sponheim, in Neustadt Graf Walrab von Zweibrücken, in Lindenfels der Schenk von Erbach, in Fürstenberg Ulrich von Stein, in Kaub Wilhelm von Katzenelnbogen.[20] Vor allem in den Gebieten der späteren Oberämter Heidelberg (besonders in den Zenten Schriesheim und Kirchheim), Lindenfels und Neustadt erreichte Ludwig eine starke Verdichtung der Besitzgrundlage. Die bei den Erbauseinandersetzungen von 1214 an die Markgrafen von Baden abgetretenen Besitzungen konnten wieder zurückgewonnen werden. Von sehr erheblicher finanzieller Bedeutung erwies sich besonders der Ankauf von Kaub (1277/89) mit dem ertragreichen Rheinzoll; dort wurde später (1327) mitten im Strom der Pfalzgrafenstein als Zollburg errichtet. Mit der 1290 gewonnenen Herrschaft Reichenstein war dies die Grundlage für das spätere Oberamt Bacharach.[21]

Wie Ludwig II. zu den engsten Parteigängern Rudolfs von Habsburg gehörte, der ihm freie Hand beim Ausbau der rheinischen Besitzposition gelassen hatte, war er auch gewillt, nach dessen Tod (1291) den Habsburger Albrecht zum König zu wählen,[22] wie es dem Vermächtnis des verstorbenen Königs entsprach. Doch konnte er dem geschlossenen Widerstand der anderen Kurfürsten nicht trotzen und stimmte daher der Wahl des Grafen Adolf von Nassau zu, ohne dabei Wesentliches für die Pfalzgrafschaft zu gewinnen.[23] An diesen schloß sich besonders eng *Ludwigs ältester Sohn Rudolf I.* (1294–1319) an; er vermählte sich mit dessen Tochter Mechthild. Seinem Schwiegervater versprach er, bei einer eventuellen Landesteilung mit seinem Bruder Ludwig stets den Teil zu behalten, bei dem sich die Pfalz befinde und bei der nächsten Königswahl das Kurrecht nur im Sinne Adolfs zu üben. Die finanziellen Bestimmungen des Ehevertrages verschafften Adolf Einfluß auf verschiedene in pfälzischer Hand befindliche Reichspfandgüter und gewährten ihm die «Öffnung» nicht allein rheinischer, sondern auch bayerischer und schwäbischer fester Plätze des wittelsbachischen Hauses. Politisch und administrativ kam diese Heiratsabmachung der Unterwerfung des schon zwanzigjährigen Pfalzgrafen unter die Vormundschaft König Adolfs gleich.[24] Bis zu des Königs Absetzung durch die anderen Kurfürsten und der

d. Kirchen, d. Pfalzgrafen, d. Reiches u. d. Adels am unteren Neckar u. im Kraichgau (Ministerialität im Pfälzer Raum, hg. v. F. L. Wagner) 1975, 95–121.

[20] Reg. Pfalzgr. I, nrr. 1159, 1163, 1241, 1253, 1303.

[21] Pfalzatlas 401, 409, 415f., 419, 421f.; vgl. HÄUSSER I 99f. – Eine genauere Untersuchung der Wirksamkeit der Wittelsbacher in der Rheinpfalz im 13. Jh. fehlt; sie ist dringend geboten.

[22] Vgl. HB II 110ff.; S. HAIDER, Schriftl. Wahlversprechungen römisch-deutscher Könige im 13. Jh. (MIÖG 76) 1968, 153f.

[23] Zur Wahl Adolfs bes. F. BAETHGEN, Zur Gesch. d. Wahl Adolfs v. Nassau (DA 12) 1956, 536–543 (ebenso Schriften d. MGH 17) 1960, 192–201.

[24] RI VI 2, nrr. 385f.; MW 2, nr. 195;

entscheidenden Schlacht bei Göllheim (1298),[25] in der Rudolf selbst eine Abteilung von Adolfs Heer zusammen mit seinem Vetter Otto III. anführte, hielt er treu auf dessen Seite aus. Bei der Tagung zu Mainz (Juni 1298), auf der fünf Kurfürsten unter Führung des Erzbischofs Gerhard von Mainz, den König für abgesetzt erklärten, war Pfalzgraf Rudolf als Parteigänger Adolfs selbstverständlich nicht anwesend. *Der jüngere Pfalzgraf, Ludwig,* versuchte, im Kreis der Kurfürsten mitzureden, indem er die pfälzische Stimme dem Kurfürsten Albrecht von Sachsen zur Ausübung übertrug. Eine wesentliche Wirkung konnte dies damals nicht haben.[26] Ludwig hatte sich rechtzeitig auf die Seite Albrechts von Habsburg begeben[27] und verlangte nach dessen Wahl zum König entsprechenden Einfluß auf die Regierung von Pfalz und Bayern, wovon ihn sein Bruder Rudolf bis dahin ausgeschlossen hatte. Die fast immer schwelenden Gegensätze zwischen den Brüdern verhinderten meist ein gemeinsames Vorgehen (einig waren sie sich 1313 im Kampf gegen Österreich); sie steigerten sich dann anläßlich der nach dem Tod König Heinrichs VII. anstehenden Königswahl derart, daß der von der luxemburgischen Partei aufgestellte Kandidat Herzog Ludwig von Bayern nicht mit der Kurstimme seines Bruders, des pfälzischen Kurfürsten Rudolf, rechnen konnte, der vielmehr für die Wahl Friedrichs des Schönen von Österreich eintrat.[28] Ludwigs Bemühungen um die Königskrone wirkten sich ungünstig für das Pfälzer Territorium aus; Pfälzer Besitzungen und Zollrechte in Weinheim, Laudenbach, Hemsbach, Lindenfels, Fürstenberg, Rheinböllen, Lahnstein und Alzey kamen als Pfand für die Leistungen der Mainzer Kirche zugunsten der Königswahl Ludwigs an Erzbischof Peter; Balduin von Trier und sein Bruder Johann von Böhmen erhielten aus demselben Grund Pfandstücke in Bacharach, Stahlberg, Stahleck und Braunshorn. Zur selben Zeit mußten auch die Pfälzer Pläne, das Lorscher Erbe – Streitobjekt mit Mainz seit der ersten Hälfte des dreizehnten Jahrhunderts – in das Territorium einzubauen, aufgegeben werden, ebenso auch der Versuch, die Schenken von Erbach im Odenwald unter pfälzische Landeshoheit zu bringen; die Befugnisse von Kurpfalz blieben auf lehensherrliche Rechte beschränkt.[29]

H. Patze, Erzbischof Gerhard II. v. Mainz u. König Adolf v. Nassau (Hess. Jb. f. Landesgesch. 13) 1963, 101, 107–111, 117; Gerlich (Wittelsbach I/1) 212f.

[25] RI VI 2, nr. 1002 (Quellen z. Schlacht bei Göllheim).

[26] Über die von Albrecht von Österreich geführte Opposition gegen König Adolf und die Kriegszüge am Oberrhein vgl. F. Trautz, Studien z. Gesch. u. Würdigung König Adolfs v. Nassau (Geschichtl. Lkde. 2) 1965, 27ff.; die Quellen vollständig in RI VI 2, ab nr. 960; ebd. nrr. 987 u. 990 über den Versuch Ludwigs IV. v. Bayern, die Kur auszuüben.

[27] A. Hessel, Jbb. d. Deutschen Reiches unter König Albrecht I. v. Habsburg, 1931, 55ff.; A. Gerlich, Königtum, rhein. Kurfürsten u. Grafen in d. Zeit Albrechts I. v. Habsburg (Festschr. L. Petry 2) 1969, 25–88.

[28] Const. V (Wahlakten); C. Mühling, Die Gesch. d. Doppelwahl 1314, Diss. Leipzig 1882; F. Bock, Reichsidee u. Nationalstaaten vom Untergang d. alten Reiches bis z. Kündigung d. deutsch-engl. Bündnisses im Jahre 1341, 1943, 155f., 496; zum Verhältnis d. Brüder Rudolf u. Ludwig vgl. H. D. Homann, Kurkolleg u. Königtum im Thronstreit v. 1314–1330 (MBM 56) 1974, 50–54, 118ff., 165–172; HB II 150ff.

[29] Reg. Pfalzgr. I, nrr. 1899, 1900, 1912, 1923, 1924, 1928, 1949, 1950 (Mainz), 1927 u. II, nr. 6343 (Trier); zur Auseinandersetzung

Der unglückselige Dualismus zwischen den wittelsbachischen Brüdern endete erst mit dem *Münchner Vertrag von 1317*,[30] mit dem Ludwig seinen älteren Bruder völlig aus den Regierungsgeschäften verdrängte, so daß dieser bis zu seinem Tod (1319) keine nennenswerte politische Rolle mehr spielen konnte.

## § 6. DIE TERRITORIALPOLITIK DER WITTELSBACHER AUF DEM NORDGAU IM 13. JAHRHUNDERT

Tyroller, Geneal. Tafeln 45–524; Bayer. Geschichtsatlas, Karte 18/19a; Spindler, Landesfürstentum; v. Guttenberg, Polit. Mächte (§ 3) 259–267; P. Wittmann, Chronolog. Darstellung d. v. d. Pfalzgrafen u. Herzogen aus d. Wittelsbachischen Stamme vor d. Vertrage v. Pavia auf d. Nordgau gemachten Erwerbungen (Abh. München V 2) 1849; Staufisches Erbe im bayer. Herzogtum. Katalog d. Bayer. Hauptstaatsarch. z. Konradin-Ausstellung, 1968. – Vgl. § 3c.

Für die Geschichte der pfälzisch-oberpfälzischen Verflechtung seit dem späten Mittelalter sind die Bemühungen und die Erfolge der wittelsbachischen Pfalzgrafen und Herzöge im dreizehnten Jahrhundert um den Ausbau eines zusammenhängenden Herrschaftsbereiches auf dem Gebiet des alten Nordgaues von größter Bedeutung. Seit dem zwölften Jahrhundert konnten sie in weiten Teilen des nordgauischen Gebietes Fuß fassen und reichen Besitz erwerben. In dem mit der Landschaftsbezeichnung Nordgau weiträumig umschriebenen Land sind seit dem zehnten und elften Jahrhundert Dynastengeschlechter als Besitzer ausgedehnter Ländereien und volkreicher Personenverbände nachgewiesen. Sie gehörten zur selben Adelsschicht, hatten Grafenfunktionen (comitatus) inne und verwalteten Vogteigüter kirchlicher Institutionen. Sie standen durch verwandtschaftliche und erbrechtliche Beziehungen in Verbindung.

Die wichtigsten Familien im Nordgau waren die zur Babenberger Sippe gehörenden Grafen von Schweinfurt, die Grafen von Sulzbach-Kastl-Habsberg, die Burggrafen von Regensburg aus der Paponen-Sippe, die nach den Besitzzentren Hopfenohe-Lengenfeld-Pettendorf genannte Familie und der unter dem Leitnamen der Rapotonen-Diepoldinger zusammengefaßte Familienverband.

Hier setzte im elften Jahrhundert eine große Besitzumschichtung ein, wobei offensichtlich auch die Aktivierung königlicher Rechte und Besitztitel unter den Salier-Königen, besonders Heinrich III., eine Rolle spielte. Als Besitz- und Rechtsnachfolger der Schweinfurter erscheinen einerseits die Grafen von Sulzbach, andererseits die Diepoldinger. In verschiedene Besitzungen beider Sippen drängten sich im zwölften Jahrhundert die Staufer hinein. Die Vogteien über die Bamberger Ausstattungsgüter, die im Nordgau vielfach auf Besitzungen der Luitpoldinger oder der Babenberger zurückgehen, verschafften den Sulzbachern

um Lorsch und Erbach s. E. Kleberger, Territorialgesch. d. hinteren Odenwaldes (Quellen u. Forsch. z. hess. Gesch. 19) 1958, 65–72; vgl. auch Kreisbeschreibung Heidelberg-Mannheim (§ 15 Anm. 24) I 222 ff.

[30] MW 2, nr. 255; s. auch 256 ff.; Const. V, nr. 392 ff.

und später den Staufern erhebliche Wirkungsmöglichkeiten für die Konsolidierung der Herrschaftsrechte.

Seit der ersten Hälfte des zwölften Jahrhunderts faßten auch die Scheyern-Wittelsbach im Nordgau Fuß. Sie haben umfangreiche Allodialgüter, Lehensrechte, Grafen- und Vogtfunktionen und damit insgesamt Herrschaft über Land und Leute von anderen Familien des Dynastenadels erworben; sie haben damit die Grundlagen für die spätmittelalterliche Herrschaftsentwicklung gelegt. Die Wittelsbacher, seit 1180 bayerische Herzöge, wurden im Gebiet nördlich der Regensburger Donau zu *Baumeistern moderner Staatlichkeit.*

Ausgangspunkt für diese Entwicklung war das zu Beginn des zwölften Jahrhunderts aus der Erbschaft der Grafen von Hopfenohe-Lengenfeld-Pettendorf erworbene Gut, auf das Otto IV. von Wittelsbach durch seine Gemahlin Heilika Ansprüche hatte.[1] Die Besitzungen lagen in und um Amberg, im Schwandorfer, Burglengenfelder und Pettendorfer Raum. Einen bedeutenden Teil des Hopfenoher Erbes, besonders in der nördlichen Oberpfalz hatten die Grafen von Waldeck-Leuchtenberg an sich ziehen können. Die Gründung des Klosters Ensdorf durch Otto von Wittelsbach im Zusammenwirken mit Bischof Otto von Bamberg, die in Erfüllung des letzten Willens von Friedrich von Lengenfeld geschah, zeigt den Einfluß- und Besitzbereich der Wittelsbacher in der ersten Hälfte des zwölften Jahrhunderts in der mittleren Oberpfalz (1121). Nachdem die Wittelsbacher die bayerische Herzogswürde erlangt hatten, glückten ihnen einige weitere bedeutende Erwerbungen im Nordgau: Grafschaftliche Rechte vor allem im Regengebiet und Güter um Riedenburg erwarben sie in den achtziger Jahren des zwölften Jahrhunderts aus der Erbschaft der Regensburger Burggrafen vom Geschlecht der Paponen.[2] Die Mark Cham zog Ludwig I. 1204 beim Aussterben der älteren Linie der Diepoldinger[3] für das Herzogtum ein, während der jüngere Zweig dieser Familie sich nur die alten Stammgüter um Nabburg erhalten konnte. Den Allodialbesitz der Grafen von Velburg[4] erwarb Ludwig nach Ulrichs von Velburg Tod (1217). Um die Mitte des Jahrhunderts gelang der Erwerb der restlichen diepoldingischen Güter um Nabburg, als deren letzte Inhaber in staufischen Diensten in Süditalien umkamen.[5]

Den größten Macht- und *Besitzzuwachs* im Land nördlich der Donau erhielten

[1] Riezler I 2, 202, 553, 589; v. Guttenberg, Polit. Mächte (§ 3) 247, 252; Ders., I 131; Hemmerle, Benediktinerklöster 90f.; A. Schmid, Das Dominikanerinnenkloster Pettendorf (Regensburger Almanach 21) 1988, 125–134; vgl. § 3 Anm. 69.

[2] Spindler, Landesfürstentum 14; HAB Regensburg I (D. Schmid) 10, 57f.; D. Schmid, Die Ausbildung d. wittelsb. Landesherrschaft im Raum Regensburg (VHOR 124) 1984, 313–332; HAB Roding (I. Schmitz-Pesch) 74ff.

[3] NDB 3, 653; HAB Cham (M. Piendl) 4; Trad. Reichenbach (QE NF 38/I) 73⁺ff.; HAB Roding (I. Schmitz-Pesch) 99.

[4] Spindler, Landesfürstentum 45; K. A. Muffat, Die Grafen v. Velburg u. Klamm (Gelehrte Anzeigen d. bayer. Akad. d. Wiss. 37) 1853, 593–599; HAB Parsberg (M. Jehle) 44, 232.

[5] A. Scherl, Verfassung u. Verwaltung d. Stadt Nabburg bis z. Ausgang d. 16. Jhs. (VHOR 96) 1955, 104; HAB Nabburg (E. Müller-Luckner) 53.

die bayerischen Herzöge *durch den Niedergang der Staufer.*[6] Bereits 1251 hatte König Konrad IV. die Reichsburgen Floß und Parkstein an Herzog Otto II. von Bayern verpfändet; sein Sohn Konradin setzte seine Oheime Ludwig und Heinrich von Bayern zu Erben ein.[7] Diese 1269 angefallene Erbschaft umfaßte im wesentlichen Floß, Parkstein, Weiden und Adelnburg (für Herzog Heinrich), Amberg, Hohenstein, die Vogtei Vilseck, Auerbach, Plech, Hersbruck, Neuhaus, Neumarkt, Berngau (für Herzog Ludwig). Diese Güter waren zum größeren Teil aus dem Erbe der Grafen von Sulzbach staufisch geworden (1188); zum Teil handelte es sich um Bamberger Kirchenlehen, mit denen die Bischöfe fortan die bayerischen Herzöge belehnten. Die Vogtei Vilseck war davon jedoch ausgenommen, so daß sie noch Jahrhunderte lang dem Bischof von Bamberg unmittelbar unterstand. Weitere bambergische Lehen konnten sich die bayerischen Herzöge nach dem Tod des Markgrafen Berthold von *Hohenburg-Nabburg* aus dem jüngeren Zweig der Diepoldinger aneignen.[8] Ebenso wurden um diese Zeit das Eigengut der *Lutzman von Stein* und deren Lehen, die sie von Bamberg besessen hatten, bayerisch.[9] Als äußerst wichtig erwies sich der Kauf großen Besitztums von den *Herren von Altendorf,*[10] der zu Ende der sechziger Jahre des dreizehnten Jahrhunderts anzusetzen ist. Altendorf selbst und grafschaftliche Rechte im Schwarzachgebiet sind hier besonders zu nennen. Ein Teil des umfangreichen Altendorfer Gebietes war seit der ersten Hälfte des dreizehnten Jahrhunderts in Händen der *Grafen Ortenburg-Murach* beziehungsweise von Truhendingen, von denen Ludwig II. die Herrschaften Neunburg und Neustadt-Altenstadt erwarb. Um die gleiche Zeit etwa kam auch die Herrschaft *Störnstein* in wittelsbachischen Besitz. Waren durch das staufische Erbe Teile des ehemaligen sulzbachischen Gutes an den Herzog gekommen, so gelang es, mit dem Ankauf von Ortenburg-Muracher Gütern um Schwandorf, Nabburg, Lengenfeld, Amberg und Hirschau 1271/72 weitere Gebiete, die früher den Grafen von Sulzbach gehört hatten, zu erwerben.[11] Ein anderer wichtiger Kauf glückte Herzog Ludwig II. 1282 mit der Übernahme der aus dem Erbe der Landgrafen von Stefling stammenden Rechte des Landgerichts und des Geleites im Nordgau von den *Landgrafen von Leuchtenberg,* die um diese Zeit auch einen großen Besitzkomplex

[6] S. HB II 76–83; s. § 5 Anm. 9–11; Staufisches Erbe; MW 1, nrr. 47, 80, 90f., 113; Riezler II 126–132; Dannenbauer 15ff. Zum Staufer-Erbe auf dem Nordgau vgl. vor allem HAB Neustadt a. d. Waldnaab-Weiden (H. Sturm) 23–27.

[7] Vgl. § 5 Anm. 11 u. 12.

[8] MW 1, nrr. 97f., 223; Spindler, Landesfürstentum 67; vgl. W. Volkert, Hohenburg auf d. Nordgau (Die Oberpfalz 50) 1962, 160f.; HAB Amberg I (G. Leingärtner) 12f.

[9] MW 1, nrr. 93, 98, 102; HAB Parsberg (M. Jehle) 273ff.

[10] F. Tyroller, Die Herren u. Grafen v. Altendorf u. Leonberg (ZBLG 14) 1943/44, 63–127; HAB Waldmünchen (E. Mages) 18f.; zu den Ortenburg-Murach vgl. HAB Vohenstrauß (D. Bernd) 29, 33, 39–47, 60ff.; HAB Neunburg vorm Wald (W. Nutzinger) 56ff.

[11] Vgl. die Aufzählung des Besitzes zwischen Naab, Vils und Ehenbach in MW 1, nr. 101. Ebd. nr. 103 Verkauf von Murach 1272; HAB Amberg I (G. Leingärtner) 13, 137; zu Störnstein s. HAB Neustadt a. d. Waldnaab-Weiden (H. Sturm) 117; HAB Nabburg (E. Müller-Luckner) 35ff., 53–58.

im Nordwesten des Nordgaues, um Waldeck, an die Wittelsbacher veräußerten.[12] Den krönenden Abschluß der wittelsbachischen Erwerbungen auf dem Nordgau brachte der Anfall des Erbes der *Grafen von Hirschberg* (1305). Zwar ging der Löwenanteil des südwestlich gelegenen Gutes im Altmühlgebiet an den Bischof von Eichstätt, doch bedeutete der Erwerb der landgerichtlichen Rechte von Hirschberg und besonders der umfangreichen Besitzungen, die zum Teil aus dem Besitz der Grafen von Grögling (z. B. Eggersberg), zum Teil aus sulzbachischem Erbgut stammten (Sulzbach, Werdenstein, Pfaffenhofen, Ammerthal, Hirschau, Lauterhofen), zum weiteren Teil als Lehen vom Reich (Rosenberg) beziehungsweise vom Bischof von Bamberg (Hemau, Forst Tangrintel) galten,[13] einen wesentlichen Machtzuwachs.

Die *herzoglich bayerischen Urbare*[14] aus dem dreizehnten und frühen vierzehnten Jahrhundert zeigen deutlich die Erweiterung des wittelsbachischen Bereiches. Während das älteste Urbar (ca. 1231–1234) den Besitz in den Ämtern Cham (mit Miltach), Radling, Eschlkam, Regenstauf, Pettendorf, Schwarzach, Schwandorf, Velburg und Riedenburg aufführt, folgen im zweiten Urbar (um 1285) der wesentlich vergrößerte Besitz in den Ämtern Berngau, «Paern» (bei Neumarkt in der Oberpfalz), Wetterfeld, Schmidmühlen, Neunburg vorm Wald, Auerbach, Altendorf, Nabburg, Amberg, Hahnbach, Vogtei Vilseck, Eschenbach-Frankenberg, Thurndorf, Eslarn und Waidhaus sowie die zu den Burgen Grünsberg, Lauf, Hilpoltstein, Lutzmannstein, Nittenau, Störnstein, Altenstadt-Neustadt, Murach und Waldeck gehörigen Güter. Im niederbayerischen Urbar (ca. 1301/09) erscheinen die zum Teilherzogtum Heinrichs XIII. von Landshut gehörigen Güter auf dem Nordgau um Cham, Eschlkam, Waldmünchen, Parkstein und Floß. Aus dem Güterverzeichnis von 1326 läßt sich der hauptsächlich aus dem Hirschbergischen Erbe stammende Besitzzuwachs erschließen (Hemau, Eggersberg, Holnstein, Sulzbach, Rosenberg, Pfaffenhofen und Trostberg). Hier erscheint auch der 1291 vom oberbayerischen Herzog erworbene Komplex um die Burg Altmannstein erstmals.[15]

Von dem bedeutenden Besitzkomplex, den die Wittelsbacher in der nördlichen Oberpfalz in der zweiten Hälfte des dreizehnten Jahrhunderts erhalten hatten, ging der größere Teil auf die früher staufischen Güter zurück, die durch die

[12] Wagner, Leuchtenberg (§ 38 Anm. 7) I 54ff.; MW 1, nr. 145; HAB Kemnath (H. Sturm) 10–16.

[13] Über die Grafen von Hirschberg s. HB I 415f. (Lit.); HAB Sulzbach (M. Piendl) 5; HAB Neumarkt (B. Heinloth) 23–30; HAB Ingolstadt (H. Freilinger) 25ff.; HAB Eichstätt (G. Hirschmann) 21f., 24f.; HAB Parsberg (M. Jehle) 107; H. Dachs, Hemau «auf dem Tangrintel» (VHOR 90) 1940, 125–162; H. O. Müller, Das «kaiserliche Landgericht d. vormaligen Grafschaft Hirschberg» (Deutschrechtl. Beitrr. VII 3) 1911; vgl. dazu auch Deeg, Heideck (§ 17 Anm. 5) 143. Zu den Verhandlungen über die Hirschberger Erbgüter mit dem Kloster Kastl s. Reg. Pfalzgr. I, nr. 6339a u. Erben, Register (§ 18 Anm. 2) 120f., 126ff.

[14] Zur Überlieferung der Urbare vgl. § 18 Anm. 2.

[15] Vgl. Dollinger-Stark, Die Grafen u. Reichsherren zu Abensberg (VHN 14) 1869, 45ff.; MW 1, nr. 178; NDB 1, 17; Tyroller, Geneal. Tafeln 291–297; HAB Ingolstadt (H. Freilinger) 19.

Herrschaftsmittelpunkte Parkstein, Weiden und Floß (im Norden), sowie Neumarkt in der Oberpfalz (im Westen) umschrieben sind. Vorbesitzer waren hier wie dort die Grafen von Sulzbach gewesen.[16] Möglicherweise ist es diese gemeinsame Herkunft gewesen, die *das Königtum* veranlaßte, alte, auf die Staufer zurückgehende Rechte des Reiches immer wieder geltend zu machen, um die Geschlossenheit des herzoglichen Territoriums zu sprengen. Das Land um Neumarkt stand mit dem Reichsgut um Nürnberg in engerem Kontakt; um die Wende vom dreizehnten zum vierzehnten Jahrhundert setzte König Albrecht nochmals die Herrschaft des Reiches hier durch. Nach seinem Tod kamen die Wittelsbacher wieder in den Besitz dieses Gebietes, das weiterhin als Reichspfand galt. Erst 1521 wurde dieser Status offiziell aufgehoben; die Eingliederung in das kurpfälzische Territorium war längst endgültig geworden.[17] Verworrener gestalteten sich die Besitzverhältnisse von Parkstein-Weiden-Floß.[18] Bei der Aufteilung der nach dem Tod des letzten Staufers den bayerischen Herzögen verbliebenen Güter wurde dieser Besitz Heinrich XIII. von Bayern-Landshut zugewiesen, kam dann nach Revindikationsversuchen unter Rudolf von Habsburg und verschiedenen Verpfändungen durch die Könige Albrecht, Heinrich VII. und Kaiser Ludwig IV. schließlich an die Krone Böhmen; Karl IV. verfügte 1353/60 die Inkorporation in das neuböhmische Gebiet. Zu Beginn des fünfzehnten Jahrhunderts schließlich kam Herzog Ludwig von Ingolstadt in Besitz von Parkstein und Weiden,[19] den er aber im sogenannten bayerischen Krieg der Jahre 1420–1422 verlor (s. Bd. II 256f.) und erst 1438/41 wenigstens zum Teil wieder erhalten konnte. Das in diesen Jahren entstandene Kondominium Parkstein-Weiden bildete bis in das achtzehnte Jahrhundert die Ursache ständiger Reibereien zwischen den pfälzischen und bayerischen Wittelsbachern.[20]

Wie es im späten dreizehnten Jahrhundert nicht gelang, dieses Gebiet fest in den Oberpfälzer Herrschaftsbereich einzugliedern, so war dies noch viel weniger mit dem nördlich angrenzenden, ebenfalls staufischen *Stiftland-Egerland* der Fall. Das vornehmlich von den Diepoldingern[21] an die Staufer übergegangene spätere Reichsland gewann zwei Mittelpunkte: Waldsassen und Eger. Das Zisterzienserkloster *Waldsassen* kam nach dem Untergang des Kaiserhauses für kurze Zeit unter przemislidische Schutzherrschaft und blieb bis zum Anbruch des fünfzehnten Jahrhunderts in enger Verbindung zum böhmischen Königshaus, bis es Pfalzgraf Johann gelang, in die Position des Schutzherrn einzudringen (§ 16 Anm. 5). War damit der Grund gelegt zur Eingliederung des Stiftlandes in die Kurober-

[16] Vgl. HB I 419f.; II 82, 565; HAB Neustadt a.d. Waldnaab-Weiden (H. STURM) 8–28; HAB Neumarkt (B. HEINLOTH) 31ff.; Bayer. Geschichtsatlas, Karte 18/19, Text 76f.

[17] HAB Neumarkt (B. HEINLOTH) 52f.

[18] Die Quellen sind zusammengestellt bei H. WAGNER, Reg. z. Gesch. d. Stadt Weiden (Der obere Naabgau 3) 1936; vgl. VOLKERT, Urbare (§ 18 Anm. 2) 26f.; HAB Neustadt a.d. Waldnaab – Weiden (H. STURM) 27–36.

[19] WAGNER (Anm. 18) nrr. 153, 158, 172, 175.

[20] Vgl. § 16 Anm. 3; § 17 Anm. 47; Bayer. Geschichtsatlas, Karte 20/21, Text 77f.

[21] Vgl. § 3 Anm. 57; HB I 418f.; HAB Tirschenreuth (H. STURM) 21ff.; HAB Districtus Egranus (Ders.) 27ff., 33ff.

pfalz, so ging das eigentliche *Egerland*, das auf den östlichen Teil des staufischen Bezirkes um die Stadt Eger beschränkt blieb, aus der engeren Verbindung zum Reich auf dem Pfandweg durch Kaiser Ludwig an das Königreich Böhmen über (1322).[22] Der von den Staufern von verschiedenen Vorbesitzern erworbene und zusammengeschlossene Reichsgutsbezirk zwischen Nürnberg und Eger zerfiel nach Konradins Tod völlig. Bayern beziehungsweise Pfalz traten das Erbe nur teilweise an; Böhmen erhielt einen beträchtlichen Anteil; um einen weiteren Teil stritten generationenlang die Pfälzer, die Bayern und Nürnbergs Burggrafen zum Schaden einer kontinuierlichen und großräumigen Herrschaftsentwicklung. Auch dies trug dazu bei, daß der nördliche Teil des alten Nordgaus in die verhältnismäßig unbedeutende Position eines Nebenlandes gewiesen wurde.

Im ersten Jahrzehnt des vierzehnten Jahrhunderts war *die größte Einheitlichkeit* hinsichtlich der territorialen Gliederung des nordgauischen Gebietes erreicht. Aus Dynastenerbe und staufischen Gütern hatten die bayerischen Herzöge eine verhältnismäßig starke Besitzkonzentration zustande gebracht, die die Grundlage bot für das starke Interesse am Nordgau, welches bei Kaiser Ludwig als bayerischem Landesherrn in der Zeit vor dem Vertrag von Pavia ganz deutlich zu erkennen ist. Städten und Märkten galt seine Förderung, wie aus Urkunden seiner Kanzlei für Amberg, Neumarkt, Nabburg, Neunburg vorm Wald, Sulzbach, Cham, Kastl und Altmannstein hervorgeht.[23] Enge Beziehungen hatte er zum oberpfälzischen Adel, von dem zahlreiche Familien schon 1321/22 bei den Vorbereitungen zum Waffengang zwischen Ludwig IV. und Friedrich von Österreich sich eindeutig für ersteren und damit gegen die Söhne des Pfalzgrafen Rudolf, die mit ihrer Mutter Mechthild habsburgisch gesinnt waren, entschieden hatten. Die Paulsdorfer, Zenger, Muracher, Schenk von Reicheneck, die adligen Herren von Taxöldern, Warberg, Meischendorf, die von Krondorf, Hillstett, Pettendorf und Katzdorf, die Kürn, Ärbe und Eglofsreuth bekannten sich durch Dienst- und Treueerklärungen zur Partei Ludwigs.[24] Der umfangreiche herzogliche Grundbesitz im Nordgau wurde in vielen Fällen zur Besoldung der im Dienst Ludwigs stehenden Ritter herangezogen; eine umfassende Aufnahme dieser Rechtsverhältnisse und der in landesherrlicher Hand verbliebenen Güter zeigt das Urbar von 1326 und das offensichtlich damit in Zusammenhang angelegte Register der Pfand- und Lehensurkunden.[25]

Die *Teilung des Nordgaus* 1329 (s. § 7) und die im weiteren Verlauf des vierzehnten Jahrhunderts vor allem unter dem Einfluß Karls IV. einsetzende territorialpo-

[22] S. HB I 427; II 162; H. STURM, Eger I, 1951, 73f., 79f., 84–97; II, 1952, 162–165; Ders., BHB II, 1971, 46ff.; HAB Tirschenreuth (Ders.) 21ff.; HAB Districtus Egranus (Ders.) 40ff., 70ff.

[23] Vgl. HB II 588; W. VOLKERT, Amberg u. Ludwig d. Bayer (ZBLG 43) 1980, 29–44; SCHERL (Anm. 5) 119, 135f., 237f., 254; Reg. Pfalzgr. I, nrr. 1836f., 1842, 1862, 1936.

[24] S. RIEZLER, Urkunden z. bair. u. deutschen Gesch. aus d. Jahren 1256–1343 (Forsch. z. deutschen Gesch. 20) 1880, 245f.; ERBEN, Register (§ 18 Anm. 2) 144ff.; Reg. Pfalzgr. I, nrr. 1975, 6581.

[25] MB 36 I, 537–650 (vgl. § 18 Anm. 2); ERBEN, Register (§ 18 Anm. 2).

litische Entwicklung (s. §§ 8 und 10), dann die mannigfachen Gebietsaufteilungen unter der Herrschaft der bayerischen und pfälzischen Zweige der Wittelsbacher im späten vierzehnten und im fünfzehnten Jahrhundert ließen die Anfänge staatlicher Entwicklung nicht ausreifen, sondern führten zu einem vielfältigen Neben- und Übereinander territorialer Gebilde, die die geschichtliche Entwicklung im oberpfälzischen Raum für die nächsten Jahrhunderte prägten.

Zu Anfang des vierzehnten Jahrhunderts bestanden neben den ausgedehnten Räumen wittelsbachischen Besitzes in den Händen der Münchner Linie und dem wesentlich kleineren Anteil des Herzogtums Bayern-Landshut nur mehr kleine Territoriengebilde der Hochstifte Regensburg, Eichstätt und Bamberg, der Landgrafen von Leuchtenberg, der Burggrafen von Nürnberg und einer Anzahl adliger Geschlechter im Oberpfälzer Jura, die sich die Unabhängigkeit von den bayerischen Herzögen erhalten konnten und auf dieser Grundlage später zum Teil zur Reichsunmittelbarkeit aufstiegen (s. § 38).

III

# PFALZ UND OBERPFALZ BIS ZUM TOD KÖNIG RUPRECHTS

## § 7. DER HAUSVERTRAG VON PAVIA 1329

HB II 159–177, 542; SCHAAB I 91f.; RALL, Hausverträge; Wittelsbach I/2, 235f.; HÄUSSER I 152ff.; RIEZLER II 387ff.; Dokumente I/2, 60, 124ff.; K.-F. KRIEGER, Bayer.-Pfälz. Unionsbestrebungen v. Hausvertrag v. Pavia (1329) bis z. wittelsbach. Hausunion 1724 (Zschr. f. hist. Forsch. 4) 1977, 385–413; H.-D. HEIMANN, Hausordnung u. Staatsbildung (Quellen u. Forsch. a. d. Geb. d. Gesch. NF 16) 1993, 93–127.

Die Uneinigkeit der wittelsbachischen Brüder Rudolf I. und Ludwig IV., der Söhne Pfalzgraf Ludwigs II., ist die Ursache für die im Hausvertrag von Pavia 1329 endgültig durchgeführte Trennung des Herzogtums Bayern von der Pfalzgrafschaft bei Rhein. Schon 1294, als sich Rudolf mit Mechthild, der Tochter König Adolfs von Nassau, verlobte, versprach er, bei einer möglichen Landesteilung auf alle Fälle pfälzischer Landsherr bleiben zu wollen.[1] War diese Bestimmung auch in erster Linie des Kurrechts wegen gedacht, das seine Begründung an der Pfalzgrafschaft eher als am Herzogtum Bayern fand und auf das der König durch seinen künftigen Schwiegersohn Einfluß gewinnen wollte, so kündigte sich doch bereits hier die Tendenz an, die schließlich den Nachkommen Rudolfs die Pfälzer Lande mit der Kurwürde sichern sollte. Die Auseinandersetzungen zwischen den Brüdern Rudolf und Ludwig, die schon bald nach des letzteren Mündigerklärung (1301) einsetzten, erreichten ihren Höhepunkt bei der nach dem Tod König Heinrichs VII. 1314 anstehenden Königswahl, wo Rudolf als pfälzischer Kurfürst für Friedrich den Schönen von Österreich stimmte, während Ludwig als Kandidat der luxemburgischen Partei zum König gewählt wurde.[2] Die stets habsburgfreundliche, aber glücklose Politik Rudolfs, die ihn in den folgenden Jahren nichts gegen seinen erfolgreicheren Bruder ausrichten ließ (1317 mußte er sich zum Verzicht auf die Regierung entschließen),[3] öffnete keine günstigen Aussichten darauf, daß die Söhne des 1319 verstorbenen Pfalzgrafen, Adolf, Rudolf II. und Ruprecht I., bald zu einer selbständigen Herrschaft gelangen würden.

Die sich 1322 nach dem Sieg Ludwigs über seinen Rivalen, Friedrich von Österreich, anbahnende Aussöhnung zwischen Bayern und Habsburg und der

[1] RI VI 2, nrr. 385f.

[2] HB II 152f.; RIEZLER II 306f.; HÄUSSER I 143f.; BOCK (§ 5 Anm. 28) 153–160, 496; A. HUBER, Das Verhältnis Ludwigs des Bayern zu den Erzkanzlern v. Mainz, Köln u. Trier (1314–1347) (MHStud., Abt. Geschichtl. Hilfswiss. 21) 1983, 15–31.

[3] MW 2, nrr. 255ff.

Tod der Witwe Rudolfs I., Mechthild (1322), der unversöhnlichen Gegnerin Ludwigs, ließen eine Annäherung der feindlichen Verwandten möglich erscheinen. 1326 einigten sich Ludwig und seine Neffen über die Anerkennung eines Schiedsspruches, den Friedrich und Leopold von Österreich über die Teilung ihrer Länder, «also daz die Pfallentz ein teil sei und Bayern daz ander teil», fällen sollten; die Teilung sollte ein Kollegium von zwölf Schätzleuten (je vier aus Oberbayern, dem Nordgau und der Pfalz, die zur Hälfte von König Ludwig, zur anderen Hälfte von den jungen Pfalzgrafen benannt waren) vorbereiten.[4] Die Haltung der Söhne Rudolfs I. gegenüber ihrem Oheim, dem König, war nicht einheitlich. Während nach Adolfs Tod (1327) Rudolf II. sich stets in der engeren Umgebung König Ludwigs aufhielt und durch gütliche Verhandlungen zum Ziel kommen wollte,[5] dachte der energische jüngere Bruder, Ruprecht I., an den Kampf mit den Waffen um das väterliche Erbe. Anläßlich seiner Verlobung mit Beatrix, der Tochter Herzog Stephans I. von Niederbayern, schloß er mit deren Bruder Heinrich XIV. ein Bündnis gegen König Ludwig und gegen Rudolf II. Ebenso versicherte er sich der päpstlichen Dispens Johanns XXII. zu dieser Verwandtenehe, wobei der gemeinsame Kampf gegen Ludwig betont wurde. Zur gleichen Zeit hatte der Papst den König zum Ketzer erklärt und ihm die Pfalzgrafschaft abgesprochen.[6] Als Ludwig auf dem Rückweg von Rom, wo er von dem eigens dazu eingesetzten Gegenpapst Nikolaus V. zum Kaiser gekrönt worden war, allenthalben erkennen mußte, daß sein Kampf gegen das avignonesische Papsttum in Italien nicht erfolgreich enden werde, mochte es ihm geraten erscheinen, im Hinblick auf die möglicherweise um Ruprecht I. entstehende deutsche Fürstenopposition den Ausgleich in der eigenen Familie zu suchen. So kam es schließlich im August 1329 zu *Pavia* nach Verhandlungen mit Rudolf II. zum *Vertrag* zwischen dem Kaiser und den beiden Brüdern, in den deren Neffe, Ruprecht II., der Sohn des verstorbenen Herzogs Adolf, ebenfalls mit aufgenommen wurde.[7]

Diese für die bayerische Geschichte äußerst folgenreiche Vereinbarung schuf *zwei* voneinander unabhängige *Fürstentümer*: Die *Pfalz am Rhein* und das *Herzogtum Oberbayern,* wobei das Vitzumamt Lengenfeld, unter dem der nordgauische Altbesitz und die Erwerbungen des dreizehnten Jahrhunderts (s. § 6) verwaltungsmäßig organisiert waren, ohne Rücksicht auf die vorwittelsbachische Zugehörigkeit zwischen beiden Linien aufgeteilt wurde. Das der rudolfinischen Linie zugeteilte *Land am Rhein und auf dem Nordgau* wurde in den von den Vertragspartnern ausgestellten Urkunden durch die Angabe folgender Orte um-

[4] Reg. Pfalzgr. I, nrr. 2022f., 2032; E. Winkelmann, Acta imperii inedita secculi XIII. et XIV., II, 1885, nr. 490; Rall, Hausverträge 163–166.

[5] Vgl. die Verhandlungen zu Rom im April 1328; MW 2, nr. 271; Rall, Hausverträge 170–174.

[6] Reg. Pfalzgr. I, nrr. 2036, 2402–2405; Bock (§ 5 Anm. 28) 249f.

[7] Paralleldruck d. drei Ausfertigungen d. Pfalzgrafen Rudolf II. u. Ruprecht I. (auch für Ruprecht II.) u. d. zwei Ausfertigungen Kaiser Ludwigs s. Rall, Hausverträge 81–101; 68f. Nachweis d. Überlieferung u. d. älteren Editionen.

schrieben: Burg und Stadt Kaub mit dem Pfalzgrafenstein (Rhein-Lahn-Kreis),[8] Stahleck, Stahlberg, die Täler Bacharach und Diebach, Steeg, Mannbach, Ober- und Niedertrechtingshausen, Heimbach, Reichenstein, Fürstenberg und die Pfalz Turon (Kreis Mainz-Bingen), Markt Rheinböllen und Braunshorn (Rhein-Hunsrück-Kreis), Stromberg (Kreis Bad Kreuznach), Alzey und Weinheim (Kreis Alzey-Worms), Neustadt (kreisfreie Stadt), Wachenheim, Winzingen, Wolfsburg, Elmstein (Kreis Bad Dürkheim), Erbach (Odenwald-Kreis), Lindenfels (Kreis Bergstraße), Harpfenburg, Wiesloch, Steinsberg, Wersau und Hilsbach (Rhein-Neckar-Kreis), Rheinhausen (kreisfreie Stadt Mannheim), Heidelberg (kreisfreie Stadt), Obrigheim und Landes-Ehr (Neckar-Odenwald-Kreis) und Oggersheim (kreisfreie Stadt Ludwigshafen). *Auf dem Nordgau:* Hiltpoltstein (Lkr. Forchheim), Lauf, Hohenstein, Hartenstein, Hersbruck, Velden und Grünsberg (Lkr. Nürnberger Land), Pegnitz, Plech, Frankenberg (Lkr. Bayreuth), Thurndorf, Pressath, Eschenbach, Neustadt a. d. Waldnaab, Störnstein, Burgtreswitz, Waldau, Floß, Parkstein, Vohenstrauß und Luhe (Lkr. Neustadt a. d. Waldnaab), Kemnath, Waldeck und Erbendorf (Lkr. Tirschenreuth), Amberg (kreisfreie Stadt), Auerbach, Neidstein, Werdenstein, Pfaffenhofen, Sulzbach, Rosenberg, Hirschau (Lkr. Amberg-Sulzbach), Nabburg, Obermurach, Oberviechtach, Neunburg vorm Wald, Nittenau, Stefling, Schwarzeneck (Lkr. Schwandorf), Wetterfeld, Roding, Regenpeilstein, Sengersberg (Lkr. Cham), Neumarkt, Berngau, Lauterhofen, Heinzburg und Berg (Lkr. Neumarkt i. d. OPf.), Meckenhausen (Lkr. Roth) und Weiden (kreisfreie Stadt).

*Die bei Altbayern verbliebenen Teile* der Nordgaus umfaßten die Orte, Burgen und Städte Schwandorf und Burglengenfeld (Lkr. Schwandorf), Kallmünz, Regenstauf, Hemau, Viehhausen (Lkr. Regensburg), Weichs, Vorstadt von Regensburg, den Wörth in der Donau bei Regensburg (kreisfreie Stadt Regensburg), Velburg, Lutzmannstein und Holnstein (Lkr. Neumarkt i. d. OPf.), Riedenburg, Tachenstein und Eggersberg (Lkr. Kelheim), Schmidmühlen (Lkr. Amberg-Sulzbach) und Altmannstein (Lkr. Eichstätt). Schließlich wurden in dem Vertrag noch die Rechtsverhältnisse über *Güter in Franken* geregelt (zu Colmberg, Wassertrüdingen, Crailsheim, Honhardt, Burg Lohr, Stopfenheim und Lehrberg) und die Einlösungsrechte der Besitzungen in der Wachau erwähnt.

Über die *Ausübung des Kurrechtes* einigte man sich in der Weise, daß bei der Wahl des nächsten römischen Königs die Pfalzgrafen wahlberechtigt sein sollten, in Zukunft dann die Kur zwischen Bayern und Pfalz alterniere. Die mit dem Landgericht »der Grafschaft zu Hirschberg« zusammenhängenden Rechte wurden ausschließlich dem altbayerischen Teil zugewiesen, während das ehemals den Landgrafen von Leuchtenberg gehörige Landgericht in Burglengenfeld entsprechend der territorialen Aufteilung zwischen Bayern und Pfalz geteilt wurde.

[8] Die Namen in Klammern geben die modernen Verwaltungsbezirke an, zu denen die vorangehenden Orte gehören.

Darum entstand in den folgenden Jahren das *Landgericht Amberg*[9] als Abspaltung vom Lengenfelder Landgericht.

Der nun pfälzisch gewordene Teil des Nordgaues bildete die Grundlage für die Entwicklung der «Oberpfalz»,[10] der auf Jahrhunderte hinaus das Schicksal beschieden war, Nebenland eines weitab liegenden Fürstentums, der Rheinpfalz, zu sein. Im oberpfälzischen Raum entstanden administrative Zentren, wie Amberg, Sulzbach, Neumarkt, Weiden oder Vohenstrauß; zeitweilig bestanden dort auch Fürsten- oder Statthalterresidenzen. Der 1329 altbayerisch gebliebene Teil war Nebenland ferner Regierungen, zunächst von München, dann von Neuburg an der Donau.

## § 8. KURPFALZ UND DAS «NEUBÖHMISCHE TERRITORIUM»

SCHAAB I 91–100; E. BOCK, Kurfürst Ruprecht I. v. d. Pfalz 1309–1390 (Saarpfälz. Lebensbilder I) 1938, 27–44; A. D. PALMER, Ruprecht I. v. d. Pfalz u. d. Deutsche Reich unter König Wenzel, Diss. Masch. Straßburg 1945; L. v. WINTERFELD, Die kurrhein. Bündnisse bis zum Jahr 1386, Diss. Göttingen 1912; Th. LINDNER, Karl IV. u. d. Wittelsbacher (MIÖG 12) 1891, 64–100; H. RÖHRENBECK, Karl IV. u. d. Pfalzgrafen bei Rhein (BlldLG 114) 1978, 613–643; Quellen und Literatur zur Zeit Karls IV. s. BHB I 384–387; grundlegend: F. SEIBT, Karl IV., 1978; Ders. (Hg.), Kaiser Karl IV., Staatsmann u. Mäzen, 1978; H. STOOB, Kaiser Karl IV. u. seine Zeit, 1990; HOFMANN (§ 10); HB II 223 ff.; GG I[9] 563 ff.

Die Pfalzgrafen *Rudolf II.* (1329–1353) und *Ruprecht I.* (1329–1390) hielten sich zunächst in ihrer gemeinsamen Regierung eng an Kaiser Ludwig, dessen Partei sie in den Auseinandersetzungen mit dem avignonesischen Papsttum stärkten. Dies zeigt ihre Mitwirkung an den Landfriedensbemühungen von 1331/32,[1] ihre Ablehnung der gegen Ludwig gerichteten Pläne Johanns von Böhmen[2] und die Teilnahme an den Kurfürstentagen von Lahnstein und Rhens 1338. Dort schlossen sich die Kurfürsten zum gemeinsamen Handeln in Fragen des Reiches zusammen und erklärten, daß der von der Mehrheit gewählte König zur Ausübung der Reichsrechte keiner päpstlichen oder sonstigen Approbation bedürfe. Auch die über die Rhenser Beschlüsse hinausgehenden Verlautbarungen der Reichstage von Frankfurt und Koblenz im August und September 1338 fanden die Billigung der Pfalzgrafen, die damit fest in der Front des Reiches gegen Avignon standen.[3]

[9] J. v. FINK, Beitr. z. Gesch. d. ehem. Landgerichte Hirschberg, Sulzbach u. Amberg (VHOR 4) 1837, 53 f.; MÜLLER (§ 6 Anm. 13) 214.

[10] Die Bezeichnung *«obere Pfalz»* kommt seit dem zweiten Jahrzehnt des 16. Jahrhunderts vor (s. § 1 Anm. 4).

[1] Reg. Pfalzgr. I, nrr. 2109 f., 2132, 6361. J. SCHWALM, Der Landfrieden in Deutschland unter Ludwig d. Bayern, 1889, 59; ANGERMEIER 164 f.

[2] Reg. Pfalzgr. I, nrr. 2152, 2156; BOCK (§ 5 Anm. 28) 317 ff.

[3] Reg. Pfalzgr. I, nrr. 2182 ff.; E. E. STENGEL, Nova Alamanniae I, 1921, nr. 545, 556 f.; Ders., Avignon u. Rhens (Quellen u. Forschungen z. Verfassungsgesch. d. Deutschen Reiches in MA u. Neuzeit VI 1) 1930, Kap. 4; H. PRÖSSLER, Rhens, d. Kurfürsten u. d. deutsche Königswahl (Annalen d. Hist. Ver. f. d. Niederrhein 165) 1963, 232 ff.

Für das pfälzische Territorium brachte *das Jahr 1338* eine bemerkenswerte Entwicklung: vermutlich auf Betreiben des jungen Ruprecht II. waren die Brüder Rudolf II. und Ruprecht I. übereingekommen, ihren Besitz zu teilen, wobei das Fürstentum des letzteren auch für Ruprecht II. bestimmt war.[4] Jede Partei sicherte sich einen Landkomplex am Rhein und auf dem Nordgau. Rudolf II., der in Neustadt an der Haardt Residenz nahm, trat in den folgenden Jahren mehr und mehr hinter seinem aktiveren Bruder zurück. Die gemeinsame Regierung der beiden Ruprechte währte bis zum Tod Rudolfs II. (1353); dann drang Ruprecht II. auf die Zuweisung eines eigenen Fürstentums, wie es ihm aus der Erbschaft seines Vaters Adolf zustand.[5] Sein Oheim Ruprecht I. gewährte ihm diese Bitte, behielt sich selbst aber den wesentlichen Teil der Erbschaft Rudolfs II. vor; die Führung der pfälzischen Politik lag eindeutig in seiner Hand.

Über die *Ausübung des Kurrechtes* einigten sich die pfälzischen und die bayerischen Wittelsbacher 1338 im Sinne der Abmachungen des Hausvertrages von Pavia (alternierende Ausübung) und führten für die beiden pfälzischen Linien eine Regelung nach der Art des Seniorates ein.[6] Bei der nach Kaiser Ludwigs Tod (1347) drängenden Nachfolgefrage im Reich stand Ruprecht I. als Inhaber der pfälzischen Kurstimme auf seiten des wittelsbachischen Kandidaten Günther von Schwarzburg, der ein Königtum der Luxemburger verhindern sollte. Die wankelmütige Haltung Rudolfs II., der sich wenige Wochen nach der Wahl Günthers auf die Seite Karls IV. schlug, diesem seine Tochter verlobte und durch seine Stellungnahme den allgemeinen Abfall von dem Schwarzburger einleitete, veranlaßte schließlich auch Ruprecht, auf die böhmische Seite überzutreten, als 1349 der Stern Günthers endgültig im Sinken war.[7] Pfalzgraf Rudolf erhielt damals die Reichslandvogteien im Elsaß und im Speyergau; letztere blieb bis zum Ende des 15. Jahrhunderts in pfälzischer Hand.[8]

Der enge Anschluß der Pfalzgrafen an Karl IV. erhielt bald eine für die Geschichte der Oberpfalz höchst bedeutsame Aktualität. Der ursprüngliche *Plan Karls,* sich durch die Ehe mit Rudolfs II. einziger Tochter wichtige Erbrechte auf dessen Besitz zu sichern, schlug fehl, da diese vor ihrem Vater starb. Rudolf war aber bei seinem Schwiegervater stark verschuldet; nach seinem Tod (1353) forderte Karl IV. die Darlehen von Ruprecht I. zurück. Außerdem hatte der König noch erhebliche Forderungen an die Pfalzgrafen, die aus einer Ruprecht II.

[4] Winkelmann (§ 7 Anm. 4) II, nr. 1145. Vgl. J. G. Fessmaier, Versuch einer pragmat. Gesch. d. obern Pfalz, seit sie Oberpfalz heißt, I, 1799, 26ff. – Für kurze Zeit erhielt Ruprecht II. von 1338 an einen eigenen Landesanteil (s. Reg. Pfalzgr. I, nr. 2782). Um 1340 legten Ruprecht I. und Ruprecht II. ihre Gebiete wieder zusammen; in der Teilungsurkunde von 1353 heißt es, daß die beiden Pfalzgrafen die Verluste teilen sollten von dem Tag an, da sie vor 14 Jahren ihren Besitz zusammengeworfen hätten. Nach K. A. Muffat, Bavaria II 1, 1863, 433 wird verschiedentlich die Ansicht vertreten, daß die getrennte Regierung bis 1347 gedauert habe. Vgl. Heimann (§ 7) 129–146.

[5] Reg. Pfalzgr. I, nrr. 2782, 2784, 6743.

[6] Ebd. nrr. 2188ff., 2209, 2233, 2235f., 2253; MW 2, nr. 301; Winkelmann (§ 7 Anm. 4) II, nr. 1146.

[7] Häusser I 160ff.; Riezler III 11ff.; Werunsky II 1, 151ff.; BHB I 390.

[8] E. Hillenbrand, Karl IV. u. d. Oberrhein (ZGO 126, NF 87) 1978, 61–66.

gewährten Unterstützung herrührten. Der junge Pfalzgraf war nämlich 1348 in die Gefangenschaft Herzog Rudolfs I. von Sachsen-Wittenberg geraten, als er seinem Vetter Ludwig V., dem Markgrafen von Brandenburg, zu Hilfe gezogen war, um den sogenannten Falschen Waldemar zu bekämpfen, der Ludwigs Herrschaft in der Mark bedrohte.[9] Rudolf I. von Sachsen besaß aus verwandtschaftlichen Gründen Ansprüche auf Brandenburg und war stets antiwittelsbachisch eingestellt. Er schloß sich darum dem angeblichen Askanier Waldemar in der Hoffnung an, die bayerische Herrschaft über die Mark Brandenburg dadurch beseitigen und selbst dort Einfluß gewinnen zu können. Ruprecht war aus dieser Gefangenschaft nur durch ein erhebliches Lösegeld zu befreien, das Karl IV. 1353 vorstreckte. Auf Grund dieser Forderung und der dem verstorbenen Rudolf II. gewährten Darlehen ließ sich der König im Sommer und Herbst 1353 von den beiden Pfalzgrafen folgenden *Besitz auf dem Nordgau verpfänden:*[10] Thurndorf, Eschenbach, Neustadt, Störnstein (Lkr. Neustadt a. d. Waldnaab), Auerbach, Hirschau, Sulzbach, Rosenberg, Neidstein, Lichtenegg, Hauseck, Rupprechtstein, Werdenstein (Lkr. Amberg-Sulzbach), Frankenberg, Pegnitz, Plech (Lkr. Bayreuth), Hiltpoltstein (Lkr. Forchheim), Lauf, Hersbruck, Hohenstein, Lichtenstein, Reicheneck, Hartenstein, Velden (Lkr. Nürnberger Land).

1353 konnten sich die beiden Pfälzer noch das Rückkaufsrecht vorbehalten; aber spätestens zwei Jahre danach mußten sie *die wahren Absichten des Luxemburgers* erkennen: anläßlich seiner Kaiserkrönung zu Rom 1355 erklärte Karl IV. alle neu erworbenen, seinem Stammland benachbarten Orte als für immer mit der Krone Böhmen vereinigt (s. § 10). Er wollte auf diese Weise ein unveräußerliches und durch keinerlei Einwirkungsmöglichkeiten eines Dritten gestörtes luxemburgisches Territorium im westlichen Vorfeld Böhmens bilden, um die Verbindung mit den Reichsstädten Nürnberg und Frankfurt sowie den Weg zu seinen Hausmachtgütern im Westen des Reiches zu sichern. Das nun entstandene *«Neuböhmen»* beeinträchtigte den pfälzischen Einflußbereich ganz wesentlich. Wenn auch die Luxemburger noch im vierzehnten Jahrhundert diese vorgeschobene Position weitgehend wieder aufgaben, so war doch durch diese Maßnahmen Karls IV. ein noch Jahrhunderte lang wirkender Unruhefaktor in die territoriale Gliederung des oberpfälzischen Raumes gekommen (s. § 16).

Einen gewissen Gewinn, der zwar diese großen Landverluste nicht aufwiegen konnte, bedeutete für Ruprecht I. der *endgültige Erwerb der Kurfürstenwürde* für das pfalzgräfliche Haus, wie dies die *Goldene Bulle von 1356* festlegte.[11] Bereits 1354

[9] HB II 207ff.; J. Schultze, Die Mark Brandenburg II, 1961, 81 (vgl. auch NDB 1, 415f.); E. Müller-Mertens, Die Unterwerfung Berlins 1346 u. d. Haltung d. märkischen Städte im wittelsbachisch-luxemburg. Thronstreit (Zschr. f. Geschichtswiss. 8) 1960, 90ff.

[10] Die in Klammer stehenden Namen geben die modernen Verwaltungsbezirke der vorangehenden Orte an. – Reg. Pfalzgr. I, nrr. 2752–2756, 2759ff., 4937, 4939; II, 6409–6413, 6416, 6418, 6429f.; K. Wild, Baiern u. Böhmen (VHOR 88) 1938, 97ff.; F. X. Lommer, Die böhmischen Lehen in d. Oberpfalz I (Progr. Amberg) 1907, 15f.

[11] Die Goldene Bulle Kaiser Karls IV. v. Jahre 1356 (MGH, Fontes iuris Germanici antiqui 11) 1972, hg. v. W. D. Fritz; HB II

hatte der König dies dem Pfalzgrafen in Aussicht gestellt. Die aus den Verträgen von 1329 und 1338 abzuleitenden Rechte der altbayerischen Herzöge auf die Kurwürde waren übergangen worden. Bedenkt man die Bestimmungen der Goldenen Bulle über die Unteilbarkeit der kurfürstlichen Territorien und über die Erblichkeit der Würde nach dem Recht der Primogenitur, dann ist es fast selbstverständlich, daß eine Kompromißlösung nach der Art der Gesetze unter Kaiser Ludwig mit der zwischen Pfalz und Bayern wechselnden Ausübung des Wahlrechts in dem grundlegenden Verfassungswerk von 1356 keinen Raum haben konnte, zumal die Kurfürsten zu enger Mitwirkung in der Reichsverwaltung in Zusammenarbeit mit dem König verpflichtet wurden. Die schon nach der Anschauung des dreizehnten Jahrhunderts primär an Amt und Land des Pfalzgrafen bei Rhein gekoppelte Kurwürde konnte darum zur Zeit Karls IV. gar nicht mehr an die bayerische Linie des wittelsbachischen Hauses gelangen. Das zwischen König Karl und Pfalzgraf Ruprecht I. schon seit längerer Zeit bestehende gute Einvernehmen, vor allem auch in Gebietsfragen, hat die endgültige Fixierung des pfälzischen Kurrechtes entscheidend begünstigt.[12]

Das gute Einvernehmen zwischen Pfalz und dem Haus Luxemburg bildet das Leitmotiv der Regierungszeit *Ruprechts I.* (1353–1390),[13] der für die Zugeständnisse an den König in der Oberpfalz freie Hand beim Ausbau seines rheinischen Territoriums erhielt. Bei der Wahl König Wenzels (1376) konnte Ruprecht I. beträchtlichen Lohn für seine Stellungnahme zugunsten des Kaisersohnes ernten; er erhielt die *Reichspfandschaften* im Ingelheimer Grund als äußerst wertvollen Zugewinn zur Pfalz. Auch das *Reichsvikariat* bei kaiserlichen Italienzügen wurde ihm bei dieser Gelegenheit bestätigt. An der Unterstützung des luxemburgischen Hauses hielt der Kurfürst auch nach Karls IV. Tod fest, als König Wenzel auf seinem ersten Reichstag zu Frankfurt mit den drei geistlichen Kurfürsten und dem Pfalzgrafen den Bund zur Anerkennung des römischen Papstes Urban VI. schloß; bis zu seinem Tod blieb er stets in der Obödienz Roms gegenüber Clemens VII. in Avignon.[14]

Die innenpolitische Auseinandersetzung dieser Jahre fand ihren wichtigsten Ausdruck im *Gegensatz zwischen den Fürsten und den Städten*. Wie der König bemühte sich auch Ruprecht, durch Landfriedensgesetze zur Sicherung der öffentlichen Ordnung beizutragen. Bedeutendster Erfolg in diesem Bestreben war die sogenannte *Heidelberger Stallung (1384)*, die die Spannungen zwischen dem

548f.; K. Zeumer, Die Goldene Bulle Kaiser Karls IV. (Quellen u. Forsch. z. Verfassungsgesch. d. Deutschen Reiches in MA u. Neuzeit II 1) 1908, 155ff.; (ebd. II 2) 1908, nrr. 9, 17, 21; E. L. Petersen, Stud. z. Goldenen Bulle v. 1356 (DA 22) 1966, 227–253; U. Eisenhardt, Die Rechtswirkungen der in d. Goldenen Bulle genannten privilegia de non evocando et appellando (ZRG 86) 1969, 75–96; Reg. Pfalzgr. I, nrr. 2804, 2806f., 2900f., 2934, 2993.

[12] B.-U. Hergemöller, Fürsten, Herren u. Städte zu Nürnberg 1355/56. Die Entstehung d. Goldenen Bulle Karls IV. (Städteforschung A 13) 1983, 52–57, 73f.

[13] Bock (§ 8) 27–44; Palmer, Ruprecht I. (§ 8).

[14] RTA 1, nr. 129; H. Weigel, Männer um König Wenzel (DA 5) 1942, 112–189; A. Gerlich, Die Anfänge d. großen abendländ. Schismas u. d. Mainzer Bistumsstreit (Hessisches Jb. f. Landesgesch. 6) 1956, 25–76.

Rheinischen und Schwäbischen Städtebund und dem fürstlichen Bund ausglich. 1387 wurden diese Abmachungen in Mergentheim erneuert.[15] Auf die Dauer war der Gegensatz zwischen Fürsten und Städten jedoch nicht zu beseitigen. Er entwickelte sich besonders im Südwesten des Reiches in unmittelbarer Nachbarschaft der Kurpfalz im Konflikt zwischen Eberhard von Württemberg und dem Schwäbischen Städtebund. Die beiden Pfalzgrafen zogen dem Württemberger zu Hilfe und waren an den Siegen über die städtischen Aufgebote bei *Döffingen* und *Alzey* (1388) maßgeblich beteiligt.[16] Dem auf diese Erschöpfungskriege schließlich folgenden *Reichslandfrieden von Eger* schlossen sich auch die Pfalzgrafen an.

Die größte politische Leistung Ruprechts I. während seiner langen Regierungszeit war der *Ausbau des rheinischen Territoriums* auf den von dem staufischen Pfalzgrafen Konrad I. und dem Wittelsbacher Ludwig II. gelegten Grundlagen. Als geistiger Mittelpunkt dieses Gebietes entstand in den letzten Jahren seines Lebens die *Universität Heidelberg* (1386).[17] Den Anstoß zur Gründung gab der Ausbruch des großen Schismas von 1378, das den deutschen Studierenden den Zugang zur Pariser Universität verschloß, seit Karl V. von Frankreich 1379 die Anerkennung Papst Clemens' VII. von der Sorbonne gefordert und erhalten hatte, während König und Fürsten in Deutschland überwiegend an Urban VI. in Rom festhielten. Unter der Leitung des Marsilius von Inghen, der aus Paris gekommen war, und des Wormser Dompropstes Konrad von Gelnhausen wurde Heidelberg neben Prag und Wien zum Sammelplatz der durch das Schisma aus Paris vertriebenen Gelehrten und Studenten. Wesentlichen Einfluß auf die Entwicklung im ersten Jahrzehnt hatte auch die Verbindung zur Prager Hochschule; von dort erhielt die Neugründung Zuzug. Als Folge der Forderungen der böhmischen Universitätsnation nach Bevorzugung bei der Vergabe von Kollegsitzen und den sich daraus ergebenden Vorlesungssperren und Exkommunikationen zogen vierundzwanzig Magister und Bakalare der Theologie von Prag nach Heidelberg, wo sie der neuen Hohen Schule mit das Gepräge gaben.

Kurfürst *Ruprecht II.* (1390–1398) stand lange Jahre ganz im Schatten seines

[15] RTA 1, nr. 246, 324; ANGERMEIER 282ff.; H. WEIGEL, König Wenzels persönl. Politik. Reich u. Hausmacht 1384–1389 (DA 7) 1944, 133–199; D. HINNESCHIEDT, König Wenzel, Kurfürst Ruprecht I. u. d. Ständekampf in Südwestdeutschland (ZGO 52, NF 13) 1898, 197–254; vgl. dazu auch L. SCHNURRER, Rothenburg im schwäb. Städtebund (Jb. f. Gesch. d. oberdeutschen Reichsstädte, Eßlinger Stud. 15) 1969, 20ff.

[16] Reg. Pfalzgr. I, nrr. 4788, 4798, 4801, 5172ff.; RTA 2, nrr. 71ff.; Reg. Pfalzgr. I, nr. 4848.

[17] G. RITTER, Die Heidelberger Universität, I: Das Mittelalter (1386–1508), 1936; Semper apertus. Sechshundert Jahre Ruprecht-Karls-Universität Heidelberg 1386–1986, I: Mittelalter u. frühe Neuzeit 1386–1803, 1985; E. WOLGAST, Die Univ. Heidelberg 1386–1986, 1986; H. WEISERT, Die Verfassung d. Univ. Heidelberg. Überblick 1386–1952 (Abh. Heidelberg 1974/2) 1974; SCHAAB I 120ff.; E. WINKELMANN, UB d. Univ. Heidelberg, I–II, 1886; TOEPKE-HINTZELMANN, Die Matrikel d. Univ. Heidelberg, 7 Bde., 1884/1916; H. KRABUSCH, Das Archiv d. Univ. Heidelberg (Heidelberger Jbb. 3) 1959, 15–47. Über das Verhältnis zur Universität Prag s. BHB I 454f. (vgl. auch § 12 Anm. 7). Weitere Lit.: Bad. Bibliogr. nrr. 16365–16636, 22437–22462, 41225–41252, 51564. Allgemeine Literatur zur Universitätsgeschichte s. HB II 919.

Oheims, bis er nach dessen Tod die Regierung übernehmen konnte.[18] Wie dieser hielt er anfangs zu König Wenzel. Je mehr jedoch dessen Autorität im Reich abnahm, um so selbstbewußter traten die Kurfürsten auf. Als Wenzel 1394 in die Gefangenschaft seines Vetters Jobst von Mähren und der böhmischen Barone gekommen war, konnte Ruprecht kraft seines Pfalzgrafenamtes als Reichsvikar intervenieren und Wenzel befreien. Die Wende in der Haltung der Kurfürsten zeigt sich deutlich im *Oppenheimer Vertrag* (1396)[19] zwischen Kurpfalz und dem Grafen Johann von Nassau, der sich der pfälzischen Unterstützung bei seinem Bemühen um den Mainzer Erzstuhl versicherte und gleichzeitig seine Hilfe für die Pläne der Pfälzer versprach. Schon damals planten wohl Ruprecht II. und sein Sohn den Griff nach der Königskrone und wollten dazu auch den wichtigsten geistlichen Kurfürsten gewinnen. Die Aktionen der rheinischen Kurfürsten gegen Wenzel verdichteten sich 1397 auf der Fürstenversammlung in Frankfurt mit der Forderung, einen Hauptmann zur Wahrung der königlichen Rechte im Reiche einzusetzen. Ruprecht II. konnte an diesen Verhandlungen nicht mehr teilnehmen; während der Tagung starb er (Januar 1398) in Heidelberg.

## § 9. DIE TERRITORIALE ENTWICKLUNG VON PFALZ UND OBERPFALZ IM 14. JAHRHUNDERT

Pfalzatlas, Karten nrr. 54, 62–65, Text 393ff., 970ff.; Bayer. Geschichtsatlas, Karte 20/21, Text 77–81; K.-H. Spiess, Lehnsrecht, Lehnspolitik u. Lehnsverwaltung d. Pfalzgrafen bei Rhein im Spätmittelalter (Geschichtl. Lkde. 18) 1978; Ders., Lehnsbuch v. 1401 (§ 11); Schaab I 104–117; A. Gerlich, Internat. Systembildung zw. Mittelrhein u. Saar in d. zweiten Hälfte d. 14. Jhs. (BlldLG 111) 1975, 123–129; P. Moraw, Die kurfürstl. Politik d. Pfalzgrafen im Spätmittelalter (Jb. f. westdeutsche LG 9) 1983, 75–97.

Während unter der Regierungszeit der feindlichen Brüder Rudolf I. (1294–1317) und Ludwig IV. (1294–1329) wenig für den *Ausbau der rheinischen Gebiete* getan wurde (zu nennen wäre etwa der Erwerb der leiningischen Lehen in Oggersheim 1323), setzten bald nach dem Hausvertrag von Pavia die Bemühungen der Pfalzgrafen um die weitere gebietsmäßige Konsolidierung ihres Staates ein. Neckargemünd, Eberbach, Mosbach, Sinsheim (1329/30), die Landvogtei im Speyergau sowie Besitz und Rechte in Trifels, Neukastel, Germersheim, Annweiler, Guttenberg, Falkenburg, Wegelnburg, Haßloch, Böhl und Iggelheim (1330/31) kamen als Reichspfandschaften in pfälzischen Besitz. Seit den 1340er Jahren war auch Dilsberg endgültig in kurpfälzischer Hand. Die wesentlichen Grundlagen für die späteren kurpfälzischen Oberämter Bretten (1335/49), Otzberg und Umstadt (1390) und Ladenburg (1370/86) wurden durch Erwerbungen während des vierzehnten Jahrhunderts gelegt. Das vierzehnte Jahrhundert war die *große Zeit*

[18] A. Gerlich, Habsburg-Luxemburg-Wittelsbach im Kampf um d. deutsche Königskrone, 1960.

[19] E. Sthamer, Beitr. z. Kritik d. Deutschen Reichstagsakten im Anfang d. 15. Jhs. (NA 35) 1909, 195–200.

*der Ausdehnung* des kurpfälzischen Einflusses nach Osten und Süden über die bereits seit längerer Zeit im Besitz der Pfalzgrafen befindlichen Bereiche um den unteren Neckar hinaus.[1] Im Kraichgau und im Raum um Mosbach waren die pfälzischen Wittelsbacher besonders an der Kontrolle der wichtigen, ostwärts führenden Straßen wegen der Verbindung zu den «oberpfälzischen» Gebieten interessiert. Im fünfzehnten und sechzehnten Jahrhundert lassen sich die Bemühungen um die Fixierung der Geleitsrechte verfolgen auf den Straßen von Heidelberg und Sinsheim nach Mosbach, Wimpfen und Heilbronn.[2] Große Bedeutung für die Entwicklung der Pfalz auf dem linken Rheinufer hatten der Erwerb von Simmern[3] auf dem Hunsrück aus der Erbschaft der Raugrafen (1359) und die Lehensauftragung von Zweibrücken[4] durch die dortigen Grafen. Für die Stellungnahme anläßlich der Wahl König Wenzels (1375/76) ließ sich Ruprecht I. umfangreiche Reichsgutkomplexe im sogenannten Ingelheimer Grund,[5] um Oppenheim, Gaudernheim[6] und Kaiserslautern verpfänden; letzteres Reichsland war schon 1357 erstmals in Pfandbesitz des Pfalzgrafen gekommen.[7] Eine sehr wichtige Rolle bei diesem Erwerb vielfältiger Grundbesitzungen und heterogener Rechte spielten die vom Reich und von anderen Territorialgewalten erlangten Pfandschaften, die vielfach ursprünglich als Kaufverträge mit einer Rückkaufklausel erscheinen. Vor allem die Stellung der Pfalzgrafen als Kurfürsten ermöglichte es ihnen, bei den Königswahlen von 1347/48 und 1375, Reichspfandschaften zu gewinnen. Andererseits überließen die Pfalzgrafen viele, zum

[1] Über die pfälzische Territorialentwicklung vgl. die in der Bibliographie (A. 2. u. 3.) genannten Werke: Pfalzatlas, WIDDER, HÖLZLE, WINKLER, WAGNER (Rhein-Maingebiet); C. SCHÜTZE, Die Territorialpolitik d. Pfalzgrafen im 14. Jh., Diss. Masch. Heidelberg 1955; M. SCHAAB, Die Festigung d. pfälz. Territorialmacht im 14. Jh. (VF 14) 1971, 171–197; G. F. BÖHN, Beitr. z. Territorialgesch. d. Landkreises Alzey (Mainzer Abh. z. mittleren u. neueren Gesch. 1) 1958; S. SCHMIDT, Territorialstaat u. Gemeinde im kurpfälz. Oberamt Alzey (Geschichtl. Lkde. 38) 1992; R. LENZ, Kellerei u. Unteramt Dilsberg (Veröffentl. d. Komm. f. geschichtl. Lkde. in Baden-Württ. B, 115) 1989; H. SCHWARZMAIER, Gesch. d. Stadt Eberbach a. Neckar bis z. Einführung d. Reformation 1556, 1986.

[2] M. SCHAAB, Straßen u. Geleitswesen zw. Rhein, Neckar u. Schwarzwald im MA u. in d. frühen Neuzeit (Jbb. f. Statistik u. Lkde. v. Baden-Württ. 4) 1959, 54–75; J. F. KASTNER, Das ehem. kurpfälz. Oberamt u. badische Bezirksamt Bretten (Brettener Jb. f. Kultur u. Gesch.) 1967, 181–195.

[3] Vgl. Pfalzatlas, Karten nrr. 62-65, Text 423 f., 427 f. sowie W. FABRICIUS, Das pfälz. Oberamt Simmern (Westdeutsche Zschr. f. Gesch. u. Kunst 28) 1909, 70–130.

[4] H.-W. HERRMANN, Die Grafschaft Zweibrücken (Geschichtl. Lkde. d. Saarlandes 2) 1977, 316–322; PÖHLMANN-DOLL, Regesten d. Grafen v. Zweibrücken (Veröffentl. d. Pfälz. Ges. z. Förderung d. Wiss. 42) 1962, nr. 928 f.; C. PÖHLMANN, Gesch. d. Grafen v. Zweibrücken aus d. Zweibrücker Linie (Schriftenreihe 30) 1938.

[5] L. PETRY, Der Ingelheimer Grund v. Ausgang des 14. bis z. Mitte d. 19. Jhs. (Ingelheim am Rhein. Forsch. u. Stud. z. Gesch. Ingelheims, hg. v. J. Autenrieth) 1964, 201–274.

[6] W. REIFENBERG, Die kurpfälz. Reichspfandschaft Oppenheim, Gaudernheim, Ingelheim 1375–1648, Diss. Mainz 1968; F. REUTER, Kurmainz, Kurpfalz u. d. Reichsstädte im Spätmittelalter (Mitt.-Bl. z. rheinhess. Lkde. 14) 1965, 202–207.

[7] Reg. Pfalzgr. I, nrr. 3049, 3285, 3695, 4104 f.; A. DOLL, Die geschichtl. Entwicklung d. Landkreises Kaiserslautern (Schriften z. Gesch. v. Stadt- u. Landkreis Kaiserslautern 2) 1960, 53.

Teil auch bedeutende Pfandobjekte vor allem an mittelrheinische Adlige, von denen verschiedene, wie die Sickingen, Landschad, Hirschhorn, Helmstatt oder Lindenfels, Ämter in der kurpfälzischen Verwaltung innehatten (Viztumamt Heidelberg, Neustadt oder Amberg; Pfleg- und Hofämter). Durch die Pfanderträge wurden die Ämter finanziert; diese Rechtsform bildete eine wesentliche Grundlage für die Anfänge und den Aufbau der spätmittelalterlichen Amtsorganisation.[8]

*Ruprecht I.* gebührt das überwiegende Verdienst an diesem beträchtlichen Ausbau der Rheinpfalz, mit dem die *staatliche Festigung im Innern* des Landes Hand in Hand ging. Um diese Zeit setzt auch die Entwicklung ein, die für die kurpfälzischen Gebiete rechts des Rheins *Heidelberg,* für die linksrheinischen *Neustadt* (an der Weinstraße) zu besonderen Mittelpunkten der Gebietsorganisation werden ließ. Für letztere Stadt ist dies besonders in der wohl noch in das vierzehnte Jahrhundert fallenden Errichtung eines *Oberhofes* deutlich zu erkennen, dessen jurisdiktionelle Tätigkeit eine Vielzahl pfälzischer Orte, dann aber auch solche benachbarter Herrschaften (Leiningen, Zweibrücken, Kurmainz, Hochstift Speyer) erfaßte.[9] Der *Ingelheimer Oberhof,* dessen Bedeutung über das im unmittelbaren pfälzischen Pfandbesitz befindliche «Ingelheimer Reich» hinausreichte und dessen Grundlage wohl in einem alten Reichsvogteigericht zu suchen ist, hatte noch im fünfzehnten Jahrhundert beträchtliche rechtsberatende Funktionen. Sein Einfluß ging um 1500 zurück, wobei auch die Organisierung des *Heidelberger Hofgerichts* als oberste kurfürstliche Gerichtsinstanz zur Zeit Kurfürst Friedrichs I. eine Rolle gespielt haben mag.[10]

Wohl bemühten sich Ruprecht I. und sein Neffe *Ruprecht II.* im gleichen Sinn auch in dem «oberen Land zu Bayern», der *Oberpfalz,* und konnten dort auch einigen Besitz erwerben. Aber dies wog gegenüber dem großen Verlust der Abtretungen an Karl IV. verhältnismäßig gering (s. § 8). Immerhin gelang es

[8] S. dazu vor allem G. LANDWEHR, Die Bedeutung d. Reichs- u. Territorialpfandschaften f. d. Ausbau d. kurpfälz. Territoriums (Mitt. Pfalz 66) 1968, 155–196; für die rechtsrheinischen Gebiete ist auch zu vgl. M. SCHAAB, Die Königsleute in d. rechtsrhein. Teilen d. Kurpfalz (ZGO 111, NF 72) 1963, 121–175; vgl. auch A. SCHÄFER, Waren d. Grafen v. Eberstein d. Gründer d. Stadt Neuenburg a. d. Enz oder d. ehem. Stadt Neuburg am Rhein? (ZGO 112, NF 73) 1964, 83 f. – Für die Oberpfalz fehlen entsprechende Untersuchungen.

[9] A. ERLER, Der Oberhof zu Neustadt a. d. Weinstraße I (Frankfurter Beitrr., rechts- u. wirtschaftswissenschaftl. Reihe 23) 1968, 4, 8–13; II (ebd. 24) 1971; ferner K. BENDER, Die Hofgerichtsordnung Kurfürst Philipps (1476–1508) f. d. Pfalzgrafschaft bei Rhein, Diss. Mainz 1967; P. SPIESS, Die Stadtordnung Philipps d. Aufrichtigen f. Neustadt aus d. Jahre 1493 (Mitt. Pfalz 66) 1968, 197–305. – Zur Territorialentwicklung im Oberamt Neustadt s. Th. KARST, Das kurpfälz. Oberamt Neustadt a. d. Haardt (Veröffentl. z. Gesch. v. Stadt u. Kreis Neustadt a. d. Weinstraße I) 1960; Ders., Die Oberschultheißerei Oggersheim. Pfalzgräfl.-kurpfälz. Territorialpolitik u. Verwaltung im Gebiet v. Stadt u. Kreis Ludwigshafen (Pfälz. Familien- u. Wappenkunde, Beih. 5) 1968.

[10] S. § 12 Anm. 28; A. ERLER, Der Ingelheimer Oberhof (Ingelheim am Rhein, hg. v. J. Autenrieth) 1964, 174–200; G. GUDIAN, Der Oberhof Ingelheim (ZRG 81) 1964, 267–297. Grundlegend: H. LOERSCH, Der Ingelheimer Oberhof, 1885; A. ERLER, Die älteren Urteile d. Ingelheimer Oberhofes, I–IV, 1952/63.

ihnen, vor allem auf Kosten ihrer altbayerischen Vettern, im Lauf des vierzehnten Jahrhunderts *folgende Orte* meist als *Pfand* in ihren Besitz zu bringen: Rieden und Vogtei über Ensdorf (1336), Hemau (um 1350), Burglengenfeld und Kallmünz (um 1358), Velburg (1360), Schmidmühlen, Cham und Eschlkam[11] (1352 für den Verzicht auf die niederbayerische Erbschaft), Haimburg (1388). Vom nordgauischen Adel brachten sie Bruck (1345 von Ulrich Satzenhofer), Hohenfels (1375/83 von den Hohenfelsern), Tännesberg (1394 von den Paulsdorfern), Helfenberg (1372/80 von den Schenk von Reicheneck und den Ehrenfelsern), Altdorf (1393 von Swantibor von Pommern) unter ihre Botmäßigkeit. Bei verschiedenen dieser Orte war es jedoch Karl IV. gelungen, sich vor dem Erwerb durch die Pfalzgrafen lehensherrliche Rechte zu sichern, was für die folgende Entwicklung zu erheblichen Komplikationen führen sollte.[12] Während der Regierungszeit Kurfürst Ruprechts I. setzten die Bemühungen um die Bildung des sogenannten *Kurpräzipuums* ein; ein im einzelnen beschriebener Landesteil am Rhein und in Bayern sollte stets unter der Herrschaft des die Kurwürde besitzenden Pfalzgrafen stehen und immer unveräußerlich bleiben. Der Pfälzische Teil wurde erstmals 1368 genauer beschrieben. Zehn Jahre später folgte eine Vereinbarung zwischen dem Kurfürsten, seinem Neffen Ruprecht II. und dessen Sohn über die in der Pfalz und in der Oberpfalz zum Kuranteil gehörigen Orte. Parallel zu den Bestrebungen, einen unveräußerlichen Landesteil des Kurstaates zu bilden, gehen die Versuche, die *Erbfolge* nach dem Recht der Erstgeburt einzuführen. So ließ sich Ruprecht I. 1374 von seinem Großneffen Ruprecht III. versprechen, seinen Erbteil stets ungeteilt dem ältesten Sohn weiterzugeben. Die *«Constitutio Rupertina»* von 1395 erklärte schließlich die pfälzischen Gesamtlande für vererbbar nach dem Recht der Primogenitur, wobei die nachgeborenen Söhne mit kleineren, unter der kurfürstlichen Lehenshoheit stehenden Gebieten und deren Renten abgefunden werden sollten.[13] Ein bestimmter Gebietsteil, dessen Abgrenzung sich an die Verträge von 1368 und 1378 anlehnte, mußte stets für den Inhaber der Kurwürde vorbehalten bleiben. Die «Constitutio» wurde zwar nicht in der vorgesehenen Form ausgefertigt und hat auch nicht unbestrittene Rechtskraft erlangt, ebensowenig wie man sich an die Übereinkunft von 1374

[11] HAB Cham (M. Piendl) 5f.

[12] Wild (§ 8 Anm. 10) 118f. (Tännesberg), 128f. (Haimburg u. Hohenfels), 140f. (Helfenberg); HAB Parsberg (M. Jehle) 293, 314ff.

[13] Vereinbarung von 1368: Reg. Pfalzgr. I, nr. 3790; von 1374: ebd. nr. 5733; von 1378: ebd. nr. 4230ff.; von 1395: ebd. nr. 5611. Vgl. Fessmaier (§ 8 Anm. 4) I 47ff.; Häusser I 210ff.; Schaab I 104; H. Krause, Kaiserrecht u. Rezeption (Abh. Heidelberg, Phil.-hist. Kl. 1952/I) 1952, 84f. Über die Vorschriften der Goldenen Bulle zur Primogenitur- und Unteilbarkeitsfrage s. Zeumer (§ 8 Anm. 11) 42ff. Über die letztwillige Verfügung Kurfürst Ruprechts II. v. 1395 u. deren Zusammenhang mit der Constitutio Rupertina vgl. A. Gerlich, Seelenheil u. Territorium (Spindler, FG I) 1984, 395–414; zum Problemkreis «Erbrecht u. Herrschaft» im 14. u. 15. Jh. vgl. K.-H. Spiess, Erbteilung, dynast. Räson u. transpersonale Herrschaftsvorstellung. Die Pfalzgrafen bei Rhein u. d. Pfalz im späten MA (Veröffentl. d. Pfälz. Ges. z. Förderung d. Wiss. in Speyer 81) 1990, 159–181. Zur Überlieferung und Interpretation der Bestimmungen von 1368, 1374, 1378 und 1395 vgl. Heimann (§ 7) 248–267.

hielt; dies zeigte sich schon 1410 bei der großen pfälzischen Landesteilung (s. § 12). Die Konstitution stellt jedoch den äußerst bemerkenswerten Versuch dar, den Gedanken der Unteilbarkeit des Staates zu verwirklichen und weitere Landesteilungen zu verhindern.

## § 10. AUSBAU UND NIEDERGANG «NEUBÖHMENS»

HB II 223ff.; H. H. Hofmann, Karl IV. u. d. polit. Landbrücke v. Prag nach Frankfurt (Zw. Frankfurt u. Prag, hg. v. Collegium Carolinum) 1963, 51–74; Ders., «Böhmisch Lehen vom Reich». Karl IV. u. d. deutschen Lehen d. Krone Böhmens (Bohemia, Jb. des Coll. Carolinum 2) 1961, 112–124; Volkert (§ 16 Anm. 21); Wild (§ 8 Anm. 10) 90–166; K. A. Muffat, Über d. Größe u. Schicksale d. Entschädigungen, welche d. Hause Wittelsbach f. d. Abtretung d. Mark Brandenburg v. d. Kaiser Karl IV. verschrieben worden sind (Abh. München 10) 1867, 699–761; Lommer (§ 8 Anm. 10) I; H. Sturm (Seibt, Hg. s. § 8) 208–219; L. Bobková, Nordbayern in den territor. Plänen Karls IV. (VHOR 131) 1991, 281–286.

Der von den Pfalzgrafen 1353 an den König übergegangene Besitzkomplex wurde zum Ausgangspunkt einer großangelegten Erwerbspolitik Karls IV. mit dem Ziel, die Landverbindung der Rhein-Main-Gebiete und Ostfrankens mit Böhmen besser auszubauen und ein abgerundetes Territorium im westlichen Vorfeld der luxemburgischen Hausmacht in Böhmen zu errichten. Die alten, schon im frühen vierzehnten Jahrhundert an Böhmen verpfändeten Reichslehen Floß, Parkstein und Weiden überführte Karl IV. in böhmisches Eigentum (1353/60). Von den Landgrafen von Leuchtenberg erreichte er die Lehensauftragung von Pleystein, Reichenstein, Schönsee, Stierberg, Betzenstein und Pegnitz. Bärnau erlangte der König vom Kloster Waldsassen (1354); der Ort war besonders wegen seiner verkehrsgeographischen Lage am Übergang nach Tachau in Böhmen wichtig. Der Erwerb vielfältiger Rechte (Eigentum, Lehensauftragung, Öffnungsrecht von Burgen, Pfandschaft) vom oberpfälzisch-altbayerischen Adel gelang Karl in den 1350er und 1360er Jahren. An wichtigeren Orten sind hier zu nennen: Wildenfels und Strahlenfels (von den Wildensteinern), Sulzbürg (Wolfsteiner), Reicheneck (Hohenlohe), Spies (Berg), Helfenberg (Ehrenfelser), Eberstein und Ebersberg (Steinauer), Waldthurn und Schellenberg (Waldthurner), Tännesberg (Paulsdorfer), Rothenstadt (Zenger), Dietersdorf, Berg, Bach, Trebsenreuth (Satzenhofer), Adelnburg (Auer), Wernberg (Nothaft), Rupprechtsreuth (Regeldorfer), Ullersricht und Wendersreuth (Pressather), Hardeck, Alt- und Neualbenreuth, Schachten, Gosel, Mugel (Weidenberger), Breitenstein (Breitensteiner), Haimburg (Heimberger und Breitensteiner), Hohenfels (Hohenfelser), Wildenau (Wildenauer). Velden, Rechte um Pegnitz, Auerbach und im Veldensteiner Forst erwarb Karl vom Hochstift Bamberg, den Rothenberg von den Burggrafen von Nürnberg.[1]

[1] Einzelbelege s. bei Wild (§ 8 Anm. 10); HAB Lauf-Hersbruck (Schwemmer-Voit), Neumarkt (B. Heinloth), Sulzbach (M. Piendl), Parsberg (M. Jehle), Neustadt a. d. Waldnaab-Weiden (H. Sturm) u. Vohenstrauß (D. Bernd); F. Schnelbögl, Lauf-

Die Urkunde von 1355 über die Inkorporation der neu erworbenen Länder in die «Krone Böhmen» gibt das *Programm für den staatlichen Ausbau des Territoriums*[2] auf der räumlichen Grundlage der in dem Dokument genannten Eigen- und Lehengüter, die durch Kauf oder durch Lehenauftragung unter Karls IV. Botmäßigkeit gekommen waren. Jede Herrschaft eines fremden Herrn über Untertanen in diesem Gebiet wurde verboten, jede Vorladung vor ausländische Gerichte untersagt; für Appellationen waren allein königliche Gerichte zuständig. Unter dem Begriff der «Corona regni Bohemiae» ist vor allem die luxemburgische Herrschaft zu verstehen, die durch die Würde des böhmischen Königtums überhöht war. Unter der Krone Böhmens sollten die um das Stammland liegenden und durch verschiedenerlei rechtliche Bindungen dem Herrscher verpflichteten Herrschaften an das luxemburgische Haus angeschlossen werden. Besonders ließ sich der Kaiser die Förderung von Handel und Gewerbe durch Rechtsverleihungen beziehungsweise -bestätigungen für die Städte und Märkte Sulzbach,[3] Auerbach, Lauf,[4] Pegnitz, Velden, Eschenbach in der Oberpfalz, Amberg, Allersberg, Neustadt am Kulm, Eschenau, Bärnau, Neustadt an der Waldnaab angelegen sein. Den planmäßigen staatlichen Ausbau des Landes, die Einteilung in Amtsbezirke und die Maßnahmen zur Sicherung des Verkehrs von Ostfranken nach Böhmen zeigt deutlich das in jenen Jahren angelegte *neuböhmische Salbuch,*[5] ein hervorragendes Dokument für die Bestrebungen Karls IV.

Schnaittach, 1941, 46; G. Voit, Die Wildensteiner (Altnürnberger Landschaft. Mitt. 13, Sonderheft) 1964; Schwemmer, Breitenstein (s. Bibliogr. C. 2f.); Ders., Veldenstein (ebd.); J. Bischoff, Die Gründung d. Altstadt Erlangen als Stützpunktstadt Karls IV. (ZBLG 32) 1969, 104–130. Vgl. die Karte bei Hofmann, Landbrücke (§ 10), außerdem E. Rühl, Kulturkunde d. Pegnitztales u. seiner Nachbargebiete (Schriftenreihe d. Altnürnberger Landschaft 5) 1961.

[2] Regesta diplomatica necnon epistolaria Bohemiae et Moraviae VI, 3, 1954, nrr. 2, 3 (kurfürstl. Willebriefe nrr. 192, 195, 227, 228); vgl. auch J. C. Lünig, Codex Germaniae dipl. I, 1732, 1135–1147; RI VIII nr. 2019, S. 556, nrr. 252f.; über die Zustimmung d. Kurfürsten vgl. Hergemöller (§ 8 Anm. 12) 145–149. Zu den einzelnen Orten s. H. Sanmann-v. Bülow, Die Inkorporationen Karls IV. Ein Beitr. z. Gesch. d. Staatseinheitsgedankens im späteren MA, 1942; BHB I 403ff.; H. Liermann, Franken u. Böhmen, 1939, 72ff.; W. Schneider, Neuböhmen, Jur. Diss. Masch. Erlangen 1949; Mayerhofer (§ 16 Anm. 20) 11ff., Beilagen 34ff.; R. Klier, Tschechische Dienstmannen auf d. Burgen d. Luxemburger in Neuböhmen? (Altnürnberger Landschaft. Mitt. 12) 1963, 1–14; H. Sturm, Sulzbach (Oberpfälzer Heimat 14) 1970, 48ff.; J. Staber, Die Oberpfalz u. Niederbayern im Kulturprogramm Kaiser Karls IV. (VHOR 109) 1969, 51–62.

[3] F. Schnelbögl, Kaiser Karl IV. oder d. hl. Wenzel (Oberpfälzer Heimat 6) 1961, 33–38 über die Verehrung des böhmischen Nationalheiligen Wenzel in Sulzbach.

[4] Der Ausbau u. d. Schmuck d. Burg in Lauf a. d. Pegnitz m. d. Wappen d. gesamten böhmischen Hofstaates ist in d. Jahre 1357/62 zu setzen; s. Kraft-Schwemmer, Kaiser Karls IV. Burg u. Wappensaal zu Lauf (Schriftenreihe d. Altnürnberger Landschaft 7) 1960; R. Klier, Neues über d. Wappen d. Laufer Schlosses (Altnürnberger Landschaft. Mitt. 11) 1962, 59–63; KDB Lkr. Lauf a. d. Pegnitz, 1966, 204–238; A. Zelenka, Der Wappenfries aus d. Wappensaal zu Lauf, 1976; D. Menclová, Hrad Lauf (Umění 33) 1985, 293–315; V. Růžek, Česká galérie na hradě Laufu u Norimberka z roku 1361 (Die böhm. Wappengallerie auf d. Burg Lauf bei Nürnberg aus d. Jahre 1361) (Sborník Archivních Prací 38) 1988, 37–311 (306–311 dt. Resumé).

[5] F. Schnelbögl, Das «Böhmische Salbüchlein» K. Karls IV. (Veröffentl. Coll. Carolinum 27) 1973; W. Schultheiss, Kaiser

Die wohlüberlegte Anlage Neuböhmens und die besondere Fürsorge des Kaisers für dieses Land ließen nicht erwarten, daß Karl schon verhältnismäßig bald wieder den Rückzug aus seinen Neuerwerbungen antreten werde, wie dies tatsächlich im *Vertrag von Fürstenwalde* 1373 dokumentiert wurde.[6] Der Grundgedanke von Karls Territorialpolitik war die Ausdehnung seines Hausgutes in Böhmen nach allen Seiten hin, der Erwerb einer weiteren Kurstimme, die mit der Mark Brandenburg verbunden war, und die Zerstörung der durch Kaiser Ludwig aufgebauten ausgedehnten wittelsbachischen Position in Norddeutschland. Die Möglichkeit dazu bot sich, als seit 1363 eine tiefgreifende Verstimmung zwischen den brandenburgischen und altbayerischen Wittelsbachern wegen der Erbschaft von Oberbayern-Tirol entstand.[7] Dies führte zum Anschluß der Brandenburger Ludwig VI. und Otto V. an die Luxemburger; sie schlossen zunächst einen Erbvertrag zugunsten von Karls Sohn Wenzel; schließlich überließ dann Otto V. 1365 sein Land für sechs Jahre Karl IV. zur Verwaltung. Seit 1371 ging der Kaiser daran, den unfähigen Markgrafen Otto, der sich inzwischen an seinen gegen Karl IV. opponierenden Halbbruder Stephan II. angeschlossen hatte, mit Gewalt aus Brandenburg zu verdrängen, was ihm schließlich im Sommer 1373 gegen den Widerstand des märkischen Adels und der bayerischen Wittelsbacher gelang.

Zur Ausdehnung seines Einflußbereiches nach Norden mögen Karl IV. auch *verkehrs- und handelspolitische Überlegungen* veranlaßt haben, wie sie in seinem Vorschlag an die Venetianer aufscheinen, den Handel nach Flandern nicht mehr über den Brenner und Oberdeutschland zu leiten, sondern über Prag, Moldau und Elbe abwärts über Hamburg nach Brügge zu führen.[8] Wenn diese Motive bei dem Erwerb Brandenburgs auch nicht überschätzt werden dürfen, so ist doch sicher, daß der Kaiser in jenen Jahren mit besonderem Nachdruck die Einbeziehung Böhmens in das große Fernhandelsnetz betrieb und besonders mit der Hanse und ihrer führenden Stadt Lübeck Beziehungen anknüpfte und pflegte. Wie der Ausbau «Neuböhmens» in den 1350er Jahren von verkehrs- und handelspolitischen Gesichtspunkten zur Förderung des böhmischen Ost-West-Handels beeinflußt war, so mochte bei dem Erwerb von Brandenburg – womit Verluste an Herrschaftsrechten im westlichen Vorfeld Böhmens verbunden wa-

Karl IV. u. d. Reichsstadt Nürnberg (MVGN 52) 1963/64, 42–53; E. Herrmann, Karl IV. u. Nordostbayern (VHOR 118) 1978, 173–187.

[6] A. F. Riedel, Codex dipl. Brandenburgensis II 3, nrr. 1138f.; RI VIII, S. 433 nrr. 5219a, 5220, 5222f.

[7] HB II 213f.; Riezler III 67ff., 97ff.; Schultze (§ 8 Anm. 9) II 136ff., 155–160.

[8] O. Stolz, Ein venetianisch-böhmisch-belgisches Verkehrsprojekt Kaiser Karls IV. (Mitt. d. Ver. f. Gesch. d. Deutschen in Böhmen 52) 1914, 413–422; H. Reincke, Machtpolitik u. Weltwirtschaftspläne Kaiser Karls IV. (Hansische Gesch.bll. 29) 1924, 78–116; U. Dirlmeier, Mittelalterl. Hoheitsträger im wirtschaftl. Wettbewerb (VSWG Beih. 51) 1966, 170–179. Zur politischen Situation Brandenburgs zw. d. Hanse u. dem Kaiser um 1370 s. auch H. Stoob, Kaiser Karl IV. u. d. Ostseeraum (Hansische Gesch. bll. 88 I) 1970, 196–210; R. Schmidt, Brandenburg u. Pommern in d. Politik Kaiser Karls IV. (Seibt, Hg., s. § 8) 203–208; G. Heinrich, Karl IV. u. d. Mark Brandenburg (BlldLG 114) 1978, 407–432.

ren – der Gedanke, den von Venedig ausgehenden Süd-Nord-Handel über luxemburgisch kontrollierte Gebiete zu leiten, eine Rolle spielen, wenngleich hier die starke Sperrstellung Habsburgs mit seinem wichtigen Stapelplatz Wien kaum zu umgehen war. Dieser neuen politischen Konzeption verdanken die Wittelsbacher den *Rückerwerb* eines guten Teiles der zwei Jahrzehnte vorher verlorenen oberpfälzischen Gebiete. *Markgraf Otto V.* erhielt für die Mark Brandenburg eine größere Geldentschädigung, wofür ihm die südliche Hälfte Neuböhmens mit den Städten Lauf, Hersbruck, Sulzbach, Hirschau, Floß u. a. verpfändet wurde. Die Aufsicht über den noch unter böhmischer Botmäßigkeit verbleibenden nördlichen Teil übte der Landrichter von Auerbach aus.

Otto V., der abgesetzte brandenburgische Markgraf,[9] hielt bis zu seinem Tod (1379) engen Kontakt mit seinen altbayerischen Neffen Stephan III., Friedrich und Johann, die ihn auch beerbten. 1393, ein Jahr nachdem sie ihren bayerischen Besitz geteilt hatten, setzten sie sich auch über die ehemals böhmischen Besitzungen auf dem Nordgau auseinander. Stephan III. (Bayern-Ingolstadt) erhielt davon zwei Drittel (Lauf, Hersbruck, Hirschau, Floß, Vohenstrauß u. a.), Johann (Bayern-München) den Rest mit Sulzbach und Umgebung.[10] Den Münchner Teil und einigen Besitz von Bayern-Ingolstadt auf dem Nordgau erwarb der pfälzische Kurfürst Ruprecht III. in den letzten Jahren des vierzehnten Jahrhunderts,[11] mußte dabei aber den altbayerischen Herzögen ein Rückkaufrecht einräumen. Mit dessen Hilfe gelang es in der Mitte des fünfzehnten Jahrhunderts dem Münchner Herzog, wieder auf dem Nordgau Fuß zu fassen (s. § 16 Anm. 22). All dies Hin und Her um die böhmische Pfandschaft – die Krone Böhmens hatte die Gebiete ja nicht zu Eigentum, sondern nur als Pfand für die Entschädigungssumme an Otto V. beziehungsweise dessen Erben übergeben – leistete der territorialen Zersplitterung im oberpfälzischen Raum während des späteren Mittelalters starken Vorschub und tat einer stetigen politischen Entwicklung Abbruch.

## § 11. RUPRECHT III., KURFÜRST VON DER PFALZ UND DEUTSCHER KÖNIG (1398–1410)

Reg. Pfalzgr. I, nrr. 5727–6504, 6795–6823; II; K.-H. Spiess, Das älteste Lehnsbuch d. Pfalzgrafen bei Rhein vom Jahr 1401 (Veröffentl. d. Komm. f. geschichtl. Lkde. in Baden-Württ. A 30) 1981; Ders., Lehnsrecht (§ 9); RTA 3–6. Häusser I 212–260; C. Höfler, Ruprecht v. d. Pfalz, 1861; Schaab I 123–144; A. Gerlich, König Ruprecht v. d. Pfalz (1352–1410) (Pfälzer Lebensbilder 4) 1987, 9–60; E. Reck, Reichs- u. Territorialpolitik Ruprechts v. d. Pfalz (1400–1410), Diss. Masch. Heidelberg 1950; E. Schubert, Probleme d. Königsherrschaft im spätmittelalterl. Reich. Das Beispiel Ruprechts v. d. Pfalz (1400–1410) (VF 32) 1987, 135–184; K. Colberg, Briefsammlung aus d. Zeit König Ruprechts (Festschr. H. Heimpel II) 1972, 540–590; P. Moraw, Beamtentum u. Rat König Ruprechts (ZGO 116, NF 77) 1968, 59–126; Ders., Kanzlei u.

[9] A. Neuhaus, Otto V. v. Wittelsbach, Markgraf v. Brandenburg, Diss. München 1908.

[10] Rall, Hausverträge 213–216.

[11] Reg. Pfalzgr. I, nrr. 5820f., 6802; II, nrr. 45, 73; HAB Sulzbach (M. Piendl) 8; vgl. auch HAB Vohenstrauß (D. Bernd) 83f.

Kanzleipersonal König Ruprechts (Arch. f. Diplomatik 15) 1969, 428–531; J. SANDER, Der Adel am Hof König Ruprechts (1400–1410) (Jb. f. westdt. Landesgesch. 11) 1985, 97–120; H. HEIMPEL, Die Vener v. Gmünd u. Straßburg 1162–1447 (Veröffentl. d. Max-Planck-Inst. f. Gesch. 52/I) 1982, 165–328; Bad. Bibliogr. nrr. 5147–5177, 20029, 38854–38859.

Die Anfänge der gegen Wenzel gerichteten Kurfürstenopposition im Reich, die im tiefen Mißtrauen der rheinischen Fürsten gegen das Hausmachtkönigtum der Luxemburger im Osten des Reiches wurzelte, reichen in die Regierungszeit Kurfürst Ruprechts II. zurück. Nach dessen Tod (1398) ging die Entwicklung rasch voran, da die allgemeine Unzufriedenheit mit dem König, besonders wegen seines Verhaltens in der Reichspolitik in Italien, zunahm, das auf kirchlicher wie weltlicher Seite abgelehnt und mißbilligt wurde. Das Unternehmen Wenzels, auf dem Frankfurter Reichstag 1398 den Landfrieden der mittelrheinischen Gebiete zu ordnen, veranlaßte die Kurfürsten unter Vorantritt von Kurpfalz, in einem Gegenentwurf die Forderung nach einem Landfriedenshauptmann mit besonderen Vollmachten zu erheben, wodurch die Landfriedensgesetzgebung zu einem Instrument kurfürstlicher Politik gemacht werden sollte.[1]

Eine weitere Entfremdung zwischen *Ruprecht III.* und König Wenzel brachte dessen Reise zu König Karl VI. von Frankreich 1398, da Ruprecht fürchtete, Wenzel werde sich den französischen Absichten in der Schismafrage anschließen.[2] Zeugnis der Haltung des Pfälzers gegen den König ist die in das Jahr 1398 fallende Erneuerung seines Vasallitätsvertrags mit König Richard II. von England.[3] Die Aktionen zur Neubesetzung des Königsthrones verdichteten sich auf dem Bopparder Kurfürstentag (1399), wo die Kurfürsten ein gemeinsames Vorgehen gegen den König vorbereiteten und schließlich im Herbst dieses Jahres ein förmliches Bündnis schlossen.[4] Zwar mißlang der Versuch, den römischen Papst Bonifaz IX. zu aktiver Unterstützung gegen Wenzel zu gewinnen; doch hinderte dies die drei rheinischen geistlichen Kurfürsten und den Pfalzgrafen nicht, König Wenzel vorzuladen, damit er sich über die gegen ihn vorgebrachten Klagen rechtfertige (Lahnstein Juni 1400). Da Wenzel ausblieb, leiteten die Kurfürsten aus ihrer Fähigkeit, den König zu wählen, das Recht zur Absetzung ab, weil er die Rechte des Reiches allen Mahnungen zum Trotz nicht entsprechend gewahrt habe. Am 20. August 1400 verkündete Erzbischof Johann von Mainz das Absetzungsurteil; am folgenden Tag wählten die drei geistlichen Kurfürsten mit ihren Stimmen und dem vom Pfalzgrafen übertragenen Votum Ruprecht III. zum deutschen König.[5] Er mußte sich verpflichten, die Kirchenfrage nach dem Rat seiner geistlichen Wähler zu regeln und die alten Reichsrechte in Brabant und Mailand zu wahren – Aufgaben, an denen er alsbald scheitern sollte.

Auf dem wenig glücklichen *Italienzug* (1401/02)[6] konnte Ruprecht weder die

[1] RTA 3, nr. 10f.

[2] GERLICH (§ 8 Anm. 18) 219ff.

[3] Reg. Pfalzgr. I, nrr. 5850, 5852, 5893.

[4] GERLICH (§ 8 Anm. 18) 264ff., 274ff.

[5] RTA 3, nrr. 204ff.; GERLICH (§ 8 Anm. 18) 346f.

[6] A. WINKELMANN, Der Romzug Ruprechts v. d. Pfalz, 1892; F. TRAUTZ, Die Reichsgewalt in Italien im Spätmittelalter (Heidelberger Jbb. 7) 1963, 72f.; STRAUB (§ 16 Anm. 2) 29ff.

Macht Galeazzo Viscontis in Mailand brechen, dessen Förderung Wenzel zum besonderen Vorwurf gemacht worden war, noch die vergangenen kaiserlichen Rechte wiederbeleben. Auch unterstütze ihn der römische Papst, in dessen Obödienz Ruprecht stets verharrte, nicht wesentlich, sondern versuchte vielmehr, die königliche Politik so sehr von den päpstlichen Absichten abhängig zu machen, daß Ruprecht nicht auf die kurialen Pläne eingehen konnte.[7]

Die Lage im Reich veränderte sich bald zuungunsten des Königs, da der «Königsmacher» Johann von Mainz keineswegs die von Ruprecht angestrebte Aktivierung der königlichen Rechte dulden wollte. Zahlreiche Fürsten und Städte wandten sich der königsfeindlichen Partei zu, wie dies der *Marbacher Bund von 1405* zeigte[8] (Mitglieder: Erzbischof von Mainz, Markgraf Bernhard von Baden, Graf Eberhard III. von Württemberg, die Reichsstädte Straßburg, Ulm, Memmingen und fünfzehn andere). Ziel der Vereinigung sollte die Landfriedenswahrung sein; es ist aber nicht zu verkennen, daß die Spitze des Bündnisses gegen den König gerichtet war. Die Reichsstände wollten ihr Einungsrecht wahren. Das Verhältnis Ruprechts zu den Erzbischöfen, voran wieder Johann von Mainz, wurde durch die Frage des *kirchlichen Schismas* schwer belastet. Seit der Mitte des ersten Jahrzehnts im fünfzehnten Jahrhundert zeigte sich in der seit 1378 gespaltenen Kirche eine bedeutsame Entwicklung, als im römischen und im avignonesischen Kardinalskollegium starke Gruppen für die konziliare Theorie eintraten, die das Recht zur Berufung eines über dem Papst stehenden Konzils für sich in Anspruch nahmen. 1408 einigten sich die beiden Gruppen und luden zu einem *Konzil* nach *Pisa* ein (1409), wo nach dem Verzicht der Päpste Gregor XII. (Rom) und Benedikt XIII. (Avignon) der Weg zu einheitlicher Neuwahl freigemacht werden sollte. Weil aber keiner der beiden zum Rücktritt bereit war, hatte die Kirche nach der Wahl Alexanders V. in Pisa einen dritten Oberhirten.

Da das politische Interesse Frankreichs und die Unterstützung seines Königs von vorneherein dem Pisaner Konzil und dem dort zu wählenden Papst galten, erklärte sich Ruprecht mit der Versammlung und deren Wahl nicht einverstanden, weil er als König vom römischen Papst approbiert worden war und weil die Theologen der Heidelberger Universität zu dessen Gunsten Stellung genommen hatten.[9] Der neue Papst Alexander fand jedoch in Deutschland in weiten Kreisen Anerkennung, besonders bei den luxemburgischen Gegnern Ruprechts, aber auch beim Erzbischof von Mainz, der ganz auf die französische Linie einzuschwenken sich anschickte. Der König ging deshalb daran, im Verein mit den Herzögen von Braunschweig und dem Landgrafen von Hessen gegen Johann von Mainz zu Felde zu ziehen, als er am 18. Mai 1410 plötzlich zu Oppenheim

[7] J. Weizsäcker, Die Urkunden d. Approbation König Ruprechts (Abh. Berlin 1889).

[8] RTA 5, nr. 489; E. Friedländer, Zur Gesch. d. Marbacher Bundes, Diss. Halle 1893.

[9] RTA 6, nrr. 292ff., 296f.; R. Kötzschke, Ruprecht v. d. Pfalz u. d. Konzil v. Pisa, Diss. Jena 1889; Ritter (§ 8 Anm. 17) 281ff.; zur Kirchenspaltung und ihrer Auswirkung in der Diözese Regensburg vgl. Herrmann (§ 19 Anm. 2).

starb[10] und dadurch der Notwendigkeit enthoben wurde, sich in der immer schwieriger werdenden Situation des Königtums zu behaupten, wozu ihm bei aller persönlicher Ehrenhaftigkeit und allem guten Willen der Blick für die größeren politischen Zusammenhänge und die Mittel für die Realisierung königlicher Macht fehlten. Wohl fand Ruprecht Kapitalgeber, deren Darlehen und deren wirtschaftliche Unterstützung es ihm ermöglichten, bei dem längst völlig unzureichend gewordenen Reichssteueraufkommen Mittel für größere politische Aktionen zu gewinnen, doch reichten diese zusammen mit den verfügbaren Einkünften des pfälzischen Territoriums nicht aus, um auf die Dauer erfolgreich im Sinne des Königtums operieren zu können. Vom reichsstädtischen Bürgertum zeigten sich besonders Nürnbergs Kaufmannskreise für Ruprechts Anliegen aufgeschlossen, was vor allem durch deren Interessen am oberpfälzischen Eisengewerbe zu erklären war.[11]

*Ruprechts Bedeutung* für den weiteren Gang der oberpfälzischen Geschichte liegt vor allem darin, daß es in den ersten Jahren seines Königtums gelang, den böhmischen Einfluß, der auch nach dem Fürstenwalder Vertrag von 1373 noch recht beträchtlich war, fast ganz zurückzudrängen. Unmittelbar nach der Wahl im August 1400 griffen die pfälzischen Aufgebote die «neuböhmischen» Gebiete an und konnten noch im Lauf dieses Jahres «das Land vor dem Wald» unter ihre Kontrolle bringen.[12] Die Einsetzung Heinrich Nothafts von Wernberg zum pfälzischen Hauptmann der Herrschaften Auerbach, Eschenbach in der Oberpfalz, Hirschau, Sulzbach, Vilseck, Kemnath, Wildenau, Wildenreuth, Wernberg, Nabburg, Neunburg und Cham im März 1401 sowie zahlreiche Beurkundungen für bisher «neuböhmische» Orte zeigen, wie gering Wenzels Einfluß in der Oberpfalz nur mehr war.[13] Der abgesetzte König hatte versucht, den Landgrafen Johann I. von Leuchtenberg zu intensiver Abwehr der Pfälzer zu veranlassen; doch bereits anfangs 1401 ging der Landgraf auf Ruprechts Seite über. Im Sommer dieses Jahres kam es zu einem Waffenstillstand; aber die in Waldmünchen angesetzten Verhandlungen der beiderseitigen Bevollmächtigten führten zu keinem dauernden Friedensschluß.[14]

[10] Reg. Pfalzgr. II, nr. 5255; A. Schmidt, Leichenpredigt auf König Ruprecht v. d. Pfalz gehalten im Dome zu Würzburg am 9. Juni 1410 v. Winand v. Steeg (WDGBll. 14/15) 1952, 337–342. Über Winand v. Steeg vgl. A. Schmidt-H. Heimpel, Winand v. Steeg (1371–1453), ein mittelrhein. Gelehrter u. Künstler u. d. Bilderhandschrift über Zollfreiheit d. Bacharacher Pfarrweins auf d. Rhein 1426 (Abh. München NF 81) 1977; L. v. Wilckens, Buchmalerei um 1410–40 in Heidelberg u. in d. Kurpfalz (Anzeiger d. German. Nationalmus. 1980) 30–47.

[11] O. Schmidt, Die Reichseinnahmen Ruprechts v. d. Pfalz, Diss. Leipzig 1912; W. Sehring, Die finanziellen Leistungen d. Reichsstädte unter Ruprecht v. d. Pfalz, Diss. Greifswald 1916; W. Zorn, Anmerkungen z. Reichspolitik u. Wirtschaftskraft z. Zt. König Ruprechts v. d. Pfalz (Festschr. J. Spörl) 1965, 486–490; P. Moraw, Deutsches Königtum u. bürgerliche Geldwirtschaft um 1400 (VSWG 55) 1969, 289–328; W. v. Stromer, Oberdeutsche Hochfinanz 1350–1450, 1970, 205–218.

[12] RTA 4, nrr. 123, 171; Reg. Pfalzgr. II, nrr. 216, 6679; Riezler III 190ff.

[13] Reg. Pfalzgr. II, nrr. 704, 492f., 705, 1534, 2566, 4132; Moraw, Beamtentum (§ 11) 101.

[14] Wagner, Leuchtenberg (§ 38 Anm. 7) II 226ff.; RTA 4, nrr. 338ff., 392.

Die militärischen Operationen und die Verwaltungsorganisation 1400/01 hatten die Grundlagen für Ruprechts weitere Unternehmungen gegen Böhmen 1402 gelegt. Immer wieder von Versuchen zu Friedensverhandlungen unterbrochen, dauerten die Kämpfe bis Ruprechts Tod 1410. Das Verhalten der Leuchtenberger, Johanns I. und seines Enkels Johanns III., belebte die starren Fronten, als sie 1405/07 von des Königs Seite auf die böhmische wechselten, dann aber wieder zur Partei des Wittelsbachers zurückkehrten.[15]

Das *Ergebnis der Königszeit Ruprechts für die Oberpfalz* war, daß die «neuböhmische» Episode nahezu völlig liquidiert werden konnte. Von einigen kleineren Herrschaften abgesehen (z. B. Neustadt-Störnstein),[16] war das ganze oberpfälzische Gebiet wieder unter wittelsbachischer Herrschaft, zum Teil jedoch nur als Pfand der Münchner Herzöge, in pfälzischer Hand. Allerdings bestanden noch bis herauf zum Anbruch des neunzehnten Jahrhunderts bedeutende Möglichkeiten für böhmische Einmischungen durch die im vierzehnten Jahrhundert begründeten lehenherrlichen Rechte der Krone Böhmens und durch die Rücklösungsklauseln des Fürstenwalder Vertrags (1373), die besonders im späteren fünfzehnten Jahrhundert zu Schwierigkeiten für die Herrschaft der Pfalzgrafen führen sollten.

Im *kurpfälzischen Territorium* setzte König Ruprecht die von seinem Oheim Ruprecht I. mit viel Erfolg eingeleitete Politik zur Festigung und zum Ausbau des Gebietsstandes vor allem dadurch fort, daß er die Pfandbeträge der bereits in kurpfälzischer Hand befindlichen Reichsgüter um Oppenheim und Ingelheim wesentlich erhöhte, um eine spätere Auslösung von Seiten des Reiches zu erschweren. Seinem ältesten Sohn Ludwig verschaffte er die Reichslandvogteien im Elsaß und in der Ortenau; die elsässischen Herrschaften Lützelstein und Barr konnte er wenigstens zum Teil gewinnen.[17] Für den abschließenden Ausbau der Kurpfalz unter Kurfürst Friedrich I. in der zweiten Hälfte des fünfzehnten Jahrhunderts waren bereits jetzt die wesentlichen gebietsmäßigen Voraussetzungen geschaffen.

[15] Reg. Pfalzgr. II, nrr. 2281, 2299f., 2304f., 2382f., 2463, 4101, 4632–4637, 4859; RTA 5, nrr. 250, 319f., 322, 468; RTA 6, S. 14, nr. 276; Wagner, Leuchtenberg (§ 38 Anm. 7) II 246, 255ff.; Moraw, Beamtentum (§ 11) 103f.

[16] Volkert, Neustadt a. d. Waldnaab (§ 38 Anm. 16) 179f.

[17] Pfalzatlas 410f., 423f.; Reck (§ 11) u. Reifenberg (§ 9 Anm. 6).

# IV

# PFÄLZISCHE ZERSPLITTERUNG

## § 12. DIE PFÄLZER KURFÜRSTEN UND DIE OBERPFALZ BIS ZUM LANDSHUTER ERBFOLGEKRIEG (1503/05)

RTA 7–17, 19, 22; RTA, Mittlere Reihe 1 I u. II, 3 I u. II, 5 I/1,2 u. II, 6; SCHAAB I 145–219; H. J. COHN, The Government of the Rhine Palatinate in the fifteenth Century, Oxford 1965; W. EBERHARD, Ludwig III., Kurfürst v. d. Pfalz, u. d. Reich 1410–1427, 1896; Chr. Frhr. v. BRANDENSTEIN, Urkundenwesen u. Kanzlei, Rat u. Regierungssystem d. Pfälzer Kurfürsten Ludwig III. (1410–1436) (Veröffentl. d. Max-Planck-Inst. f. Gesch. 71) 1983; Quellen z. Gesch. Friedrichs d. Siegreichen (hg. v. d. HK): I. Des Matthias von Kemnat Chronik Friedrichs I., Eikhart Artzts Chronik von Weißenburg, hg. v. C. HOFMANN; Regesten z. Gesch. Friedrichs I., v. K. MENZEL (QE 2) 1862; II. Michel Beheims Reimchronik. Eikhart Artzt vom Weißenburger Krieg, hg. v. C. HOFMANN (QE 3) 1863; vgl. dazu M. GOTTSCHALK, Geschichtsschreibung im Umkreis Friedrichs I. des Siegreichen v. d. Pfalz u. Albrechts IV. des Weisen v. Bayern-München, Diss. München 1989; G. HERTZOG, Friedrich I. der Siegreiche (Mitt. Pfalz 37/38) 1918, 89–128; F. ERNST, Kurfürst Friedrich I., der Siegreiche, v. d. Pfalz 1425–1476 (Saarpfälz. Lebensbilder I) 1938, 45–59; E. ZIEHEN, Mittelrhein u. Reich im Zeitalter d. Reichsreform 1356–1504, 2 Bde., 1934/37; B. ROLF, Kurpfalz, Südwestdeutschland u. das Reich 1449–1476. Die Politik des Pfalzgrafen u. Kurfürsten Friedrich des Siegreichen, Diss. Heidelberg 1978; U. MÜLLER, Die politischen Beziehungen zw. d. Kurpfalz u. d. Grafschaft Wirtemberg im 15. Jh., Diss. Tübingen 1970; M. BACKES, Das literarische Leben am kurpfälz. Hof zu Heidelberg im 15. Jh. (Hermaea NF 68) 1992; B. STUDT, Fürstenhof u. Gesch. (Norm u. Struktur 2) 1992 (über den pfälz. Hofhistoriographen Matthias v. Kemnat). Vgl. auch Bad. Bibliogr. nrr. 5183–5246, 17631, 20030–20036, 38860–38865; NDB 15, 409–412 (Ludwig III. u. Ludwig IV.); NDB 5, 526ff. (Friedrich I.); Pfalzatlas, Karte nr. 55, Text 981ff., Karte nr. 140, Text 1838–1846.

König Ruprecht ordnete in seinem Testament von 1410 an, daß die Pfalz geteilt werden solle, damit jeder seiner vier Söhne ein eigenes Fürstentum erhalte. Das Gesetz Pfalzgraf Ruprechts II. von 1395 (s. § 9 Anm. 13), das die Unteilbarkeit der Pfalzgrafschaft gewährleisten sollte, fand nur insoweit Beachtung, als die Kurwürde allein auf den ältesten Sohn Ludwig III. überging, der dazu noch das sogenannte Kurpräzipuum als Vorausanteil vor den Brüdern erlangte. Bereits im Herbst 1410 beendeten die mit der Teilung beauftragten Kommissare ihre Arbeit; es waren damit vier voneinander unabhängige Fürstentümer, die lediglich durch die Absprache gegenseitiger Erbfolge zusammengehalten wurden, entstanden.[1] *Ludwig III.* (1410–1436) erhielt als der älteste der Söhne das Kurfürstentum mit

[1] Testament König Ruprechts: Reg. Pfalzgr. II, nr. 6254. Teilungsurkunde: RALL, Hausverträge 242–263; SCHAAB I 145–148; HEIMANN (§ 7) 269–286.

Heidelberg; sein oberpfälzischer Anteil ist durch die Ämter Amberg, Kemnath, Waldeck, Nabburg, Murach, Helfenberg, Heinzburg und Rieden umschrieben. (Über die 1410 entstandenen anderen pfälzischen Fürstentümer s. § 16).

Ludwig war schon zu Lebzeiten seines Vaters zu politischen Aufgaben herangezogen worden (Reichsvikar während des Italienzuges 1401/02); durch seine Heirat mit der englischen Prinzessin Blanca, der Tochter König Heinrichs IV., spielte er eine wichtige Rolle im außenpolitischen Konzept seines Vaters.[2] In der Nachfolgefrage im Reich nach Ruprechts Tod versuchte die Partei um den Erzbischof von Köln, den englischen König für die römische Königskrone zu interessieren, da «keiner von Ruprechts Söhnen oder sonst ein Fürst in Deutschland zum König tauglich sei». Heinrich von England ging jedoch auf dieses Angebot nicht ein. In den nun folgenden Streitigkeiten um den Königsthron stand Ludwig als Inhaber der pfälzischen Kurstimme, die er erfolgreich gegen die Ansprüche Herzog Stephans von Bayern-Ingolstadt verteidigte, auf der Seite des Luxemburgers Sigmund von Ungarn, der nach dem Tod des mit den Kurstimmen von Mainz, Köln, Böhmen und Brandenburg gewählten Jobst von Mähren (gest. am 18. Januar 1411) allgemeine Anerkennung (auch des 1400 abgesetzten Königs Wenzel) finden konnte.[3] Ludwig wirkte bis zum Erscheinen Sigmunds im Reich (1414) als Reichsvikar in den Ländern fränkischen Rechts[4] und erhielt die von König Ruprecht für die Pfalz erteilten Privilegien bestätigt.

Auf dem *Konzil von Konstanz* war der Pfalzgraf in den Jahren 1415–1417 während der Abwesenheit des Königs Protektor der Versammlung. Seine Mitwirkung bei der Urteilsvollstreckung an Johann Hus (6. Juli 1415)[5] oder sein Bemühen um die Wiederherstellung der Ruhe nach der Flucht Papst Johanns XXIII.[6] dürften aus seiner, einer gewissen eifernden Religiosität nicht abgeneigten Persönlichkeit und seinem Interesse für die drängenden Fragen und Probleme der Kirchenversammlung zu erklären sein, wenn er hier auch in erster Linie nur

[2] W. Holtzmann, Die englische Heirat Pfalzgraf Ludwigs III. (ZGO 82, NF 43) 1930, 1–38; H. Schreibmüller, Krankheit u. Tod d. Kurprinzessin Blanka aus England, 1409 (Von Gesch. u. Volkstum d. Pfalz) 1959, 99–102. Vgl. auch H. Rall, Die ältesten erhaltenen Urkunden über Kleinodien, d. durch Heirat in d. Wittelsbacher Haus kamen (MfA 11) 1965, 7f.; Kat. d. Schatzkammer München, 1970, 49.

[3] J. Leuscher, Zur Wahlpolitik im Jahre 1410 (DA 11) 1954/55, 506–553; Heimpel, Vener (§ 11) II 637–690, 1117ff.; Riezler III 216 (besonders über die Ansprüche Stephans von Ingolstadt); BHB I 492; HB II 250.

[4] RTA 7, nrr. 1–5, 30; Eberhard (§ 12) 23f.

[5] Vgl. die zusammenfassende Darstellung über Hus von F. Seibt in BHB I 494–512 mit erschöpfendem Literaturbericht; F. Machilek, Hus in Konstanz (Zschr. f. Religions- u. Geistesgesch. 18) 1966, 163–170; Ders., Hus – Hussiten (Theolog. Realenzyklopädie 15) 1986, 710–735. Zum Konzil: W. Brandmüller, Das Konzil v. Konstanz 1414–1418, I, 1991; HB II 240, 698f. (Lit.). Über den Tod v. Hus: Brandmüller I 351ff.; Chronik d. Konstanzer Konzils v. U. v. Richental, hg. v. M: R. Buck (Bibl. d. litt. Ver. Stuttgart 158) 1882, 79ff.; (vgl. dazu auch Louise Ropes Loomis, The Council of Constance, hg. v. J. H. Mundy u. K. M. Woody, New York u. London 1961, 132ff.); Bericht des Peter von Mladoniowitz (Slavische Geschichtsschreiber 3, hg. v. J. Bujnoch) 1963, 253f.; F. Haffner, Pfalzgraf Ludwig III. u. d. Konzil v. Konstanz 1414–1418 (Kurpfalz 14) 1964, 14f.

[6] Flucht Johanns XXIII.: H. Finke, Acta Concilii Constantiensis III, 1926, nrr. 107ff.; Brandmüller (Anm. 5) I 226ff.

organisatorisch wirkte. Möglicherweise mag seine Haltung im Prozeß von Johann Hus durch die an der kurpfälzischen Universität in Heidelberg lebendige Ablehnung der für Hus grundlegenden Wiclifschen Lehren geprägt gewesen sein, die zu Anfang des fünfzehnten Jahrhunderts zu scharfen Spannungen zwischen den Hochschulen in Prag und Heidelberg geführt hatte.[7] Deutlicher wurde jedoch seine Haltung in der «causa unionis», deren Lösung die kirchliche Einheit wiederherstellen sollte. Wie sein Vater war Ludwig ein treuer Anhänger der römischen Obödienz gewesen, setzte sich aber um der Einheit willen auf dem Konzil persönlich für den Rücktritt Gregors XII. von Rom ein, um «via cessionis» ein allgemein anerkanntes Oberhaupt der Kirche zu erhalten.[8]

Das anfänglich gute Einvernehmen zwischen Pfalzgraf und König trübte sich während der beiden letzten Jahre des Konzils mehr und mehr; die Frage der in pfälzischer Hand befindlichen Reichspfandschaften und verschiedene Darlehensforderungen gaben viel Stoff zu Streit, so daß sich Ludwig vom Konzil zurückzog und schließlich Anschluß an die rheinische Kurfürstenopposition suchte, die nach einem ersten Zusammenschluß von 1417 ihren Höhepunkt im Binger Kurverein von 1424 fand. Die Kurfürsten forderten mehr Einfluß auf die Reichsregierung. Anlaß dazu bot in erster Linie die Böhmen- und Hussitenpolitik des Königs.[9]

Gegen Ende der 1420er Jahre nahmen Ludwigs Energie und sein Einfluß auf die Reichspolitik merklich ab, vermutlich wegen seines schlechten Gesundheitszustandes; von der merkwürdigen Pilgerfahrt in das Heilige Land 1426/27 kehrte er unheilbar krank zurück.[10] Für den territorialen Ausbau der Kurpfalz hatte er durch die Erweiterung des Einflusses in den benachbarten Reichsvogteien und durch verschiedene Erwerbungen, vor allem im Raum um Heidelberg und Alzey, Wichtiges geleistet.[11] Hilfe bei den Regierungsgeschäften fand er bei seinem Bruder *Otto*; für die *Oberpfalz* bestellte er Herzog Heinrich von Landshut zum Statthalter. In mehr oder minder starken Spannungen lebte er mit seinen Brüdern Stephan (von Simmern-Zweibrücken) und Johann (von Neumarkt-Neunburg),

[7] F. M. Bartoš, Praha a Heidelberk v Kostnici (Jihočeský sbornik historický 19) 1950, 6–9; Ritter (§ 8 Anm. 17) 293 ff., 352–360.

[8] Rücktritt Gregors XII.: Finke, Acta (Anm. 6) III nrr. 307 ff.; H. Zimmermann, Papstabsetzungen des MA, 1968, 279 ff.; Lobrede v. Theoderich von Münster auf Ludwig: C. J. v. Hefele, Conciliengesch. VII, 1874, 183. Vgl. auch Eberhard (§ 12) 55 ff.; zum Konzil v. Konstanz vgl. auch Heimpel, Vener (§ 11) I 329–380.

[9] Th. Lindner, Zur deutschen Gesch. im 15. Jh., II: Der Binger Kurverein (MIÖG 13) 1892, 394–413; RTA 8, nrr. 294 f.; Chr. Mathies, Kurfürstenbund u. Königtum in d. Zeit d. Hussitenkriege (Abh. z. mittelrhein. KG 32) 1978, 137 ff.

[10] Johannes v. Frankfurt, Itinerarius. Die Pilgerfahrt des Pfalzgrafen Ludwig III. ins Heilige Land 1426/27, hg. v. M. L. Bulst-Thiele (Editiones Heidelbergenses 22) 1986, 30–61; vgl. dazu Ritter (§ 8 Anm. 17) 290 f., 517; N. Adler, Des Magister Johannes v. Frankfurt Beschreibung seiner Palästinafahrt m. d. Pfalzgrafen Ludwig III. 1426–1427 (Das Heilige Land 86) 1954, 1–10.

[11] Vgl. § 11 Anm. 17; Fabricius (§ 16 Anm. 28) VI 36+ ff.; J. G. Widder, Versuch einer vollständ. geograph.-hist. Beschreibung d. kurfürstl. Pfalz am Rhein, bes. I u. III, 1786/88. – Chr. Häutle, Die Oberpfalz u. ihre Regenten in d. Jahren 1404–1448 (VHOR 27) 1871, 1–124.

wofür die Erbschaft von Sponheim (s. § 16c) und die Frage der Vormundschaft über den Kurprinzen Stoff gaben. Pfalzgraf Johann fühlte sich dadurch benachteiligt, daß er nur die durch das Kurpräzipuum verkleinerte Oberpfalz erhalten hatte; außerdem war er über die Passivität Ludwigs bei der Bekämpfung der Hussiten (s. HB II 271) verärgert. Diese Spannungen veranlaßten den Kurfürsten bereits 1413, in seinem ersten Testament den jüngeren Bruder Otto von Mosbach zum Vormund über den Kurprinzen einzusetzen.[12]

*Ludwig IV.* (1436–1449) war beim Tod des Vaters erst dreizehn Jahre alt. Bis 1442 führte darum Pfalzgraf Otto die Vormundschaft. Bei der Wahl Albrechts II. zum König (1438) nahm er die kurfürstlichen Rechte tatkräftig wahr; ferner galt sein Bemühen der Sicherung des Landfriedens.[13] Auf dem Konzil von Basel entwickelte er beträchtliche Aktivität bei der Festlegung der sogenannten Kurfürstlichen Neutralität[14] im Streit zwischen dem Konzil und Papst Eugen, der Basel verlassen hatte und in Ferrara eine ihm genehme Kirchenversammlung weiterführte. Die Neutralitätserklärung, ursprünglich nur für wenige Monate gedacht, bildete auf Jahre hinaus die Richtschnur für die Politik der Kurfürsten, an die sich auch Ludwig IV. hielt. Die durch die sogenannte Mainzer Akzeptation von 1439 durch den Kaiser und die deutschen Metropoliten im Einvernehmen mit den Kurfürsten als für sie und ihre weltlichen und kirchlichen Jurisdiktionsbereiche für verbindlich erklärten Dekrete des Baseler Konzils sollten die Verhandlungen mit der Kirchenversammlung günstig beeinflussen, um im Kirchenstreit vermitteln zu können und gleichzeitig die Kirchenreform weiter vorantreiben zu können.[15] Das drohende Schisma konnten die Kurfürsten durch diese Politik aber nicht aufhalten. Das Pfälzer Kurhaus neigte der Reformpartei zu, die 1439 den Herzog Amadeus VIII. von Savoyen als Felix V. zum Papst gewählt hatte. 1445 heiratete Kurfürst Ludwig dessen Tochter Margarete.[16]

Verdienste um die Sicherheit ihrer Lande und der angrenzenden Gebiete, besonders des Elsaß, erwarben sich Otto I. und Ludwig IV. im *Abwehrkampf gegen* die französischen Söldnerscharen der sogenannten *Armagnaken*. Die im Krieg Frankreichs gegen Burgund und England stehenden Truppen fanden nach Beendigung der Feindseligkeiten nicht mehr den Weg zurück in ein geordnetes Leben und beunruhigten mit Duldung der französischen Krone die Westgrenze des Reiches, besonders als König Friedrich III. ihre Hilfe im Kampf gegen die Eidgenossen in Anspruch nahm. 1439 hatte Pfalzgraf Otto die elsässischen Städte bei

[12] Eberhard (§ 12) 101 ff.; F. v. Weech, Pfälzer Reg. u. Urk. (ZGO 22) 1869, 361, 366–376; Häutle (Anm. 11) 15. – Schon 1422 hatte Ludwig für die Zeit seines Zuges nach Polen Pfalzgraf Otto von Mosbach zum Statthalter der Oberpfalz bestellt (Häutle 23).

[13] RTA 13, S. 35 u. nrr. 102, 104, 111.

[14] RTA 13, nrr. 130, 144; A. Bachmann, Die deutschen Könige u. d. kurfürstl. Neutralität 1438–1447 (AÖG 75) 1889, bes. 19 ff.; G. Weber, Die selbständige Vermittlungspolitik d. Kurfürsten 1437/38 (Hist. Studien 127) 1915.

[15] H. Hürten, Die Mainzer Akzeptation v. 1439 (AMK 11) 1959, 42–75.

[16] E. Cornaz, Le mariage palatin de Marguerite de Savoie (1445–1449) (Mém. et documents publ. par la Société d'histoire de la Suisse Romande 2. sér., tom. 15) Lausanne, 1932. Über Amadeus vgl. LThK I 413; I³ 481.

der Abwehr der Horden unterstützt; Kurfürst Ludwig nahm die militärischen Vorbereitungen energisch in die Hand, als im Sommer 1444 Verhandlungen über den Abzug der Söldner nicht zum gewünschten Ergebnis führten. Schließlich wurde er zum Reichshauptmann gegen die Armagnaken bestellt. Als solcher war er an der Abwendung dieser Landplage im Frühjahr 1445 maßgeblich beteiligt.[17] Für die innere Sicherheit seiner oberpfälzischen Gebiete sorgte Ludwig zusammen mit König Christoph, dem Sohn des Pfalzgrafen Johann von Neumarkt-Neunburg (s. § 16a), Herzog Albrecht von München und Bischof Friedrich von Regensburg. 1443 räumte er seinem Bruder Friedrich für acht Jahre erheblichen Einfluß auf die Regierung der Pfalzgrafschaft ein.[18] Noch vor Ablauf dieser Frist starb Ludwig IV. (1449) und hinterließ einen einjährigen Sohn, *Philipp,* für den zunächst *Friedrich* die Vormundschaft führte.

Die schweren Unruhen, die gleich nach Ludwigs Tod die Fehde mit den Lützelsteinern und den Lichtenbergern brachte, in deren Gefolge auch der Pfalzgraf von Veldenz gegen den Kurfürsten vorging, mochten Friedrich I. veranlaßt haben, seine nach außen hin verhältnismäßig schwache Stellung als Vormund des Kurfürsten dadurch zu festigen, daß er sich selbst den Kurhut aneignete. Als Rechtsform, in der dies geschehen konnte, um die Rechte Philipps zu wahren, wurde die dem römischen Recht entlehnte Form der «Arrogatio» gewählt: Friedrich nahm Philipp an Kindes statt an, brachte sein persönliches Erbteil in die Kurpfalz ein, verzichtete auf alle Erbansprüche seiner eigenen Nachkommen, ja sogar auf eine standesgemäße Ehe und wurde dafür zum lebenslänglichen Herrscher der Kurpfalz, zum Kurfürsten, erhoben;[19] damit sollten weitere Teilungen vermieden werden. Die Zustimmung von Philipps Mutter, Margarete von Savoyen, des pfälzischen Adels, der Bischöfe von Speyer und Worms und anderer benachbarter Reichsstände erlangte Friedrich unschwer. Der *oberpfälzische Landesteil* unter Führung der Stadt Amberg wollte jedoch die Arrogation nicht anerkennen; dort berief man sich auf die dem jungen Philipp geleisteten Eide. Erst das militärische Eingreifen Friedrichs und seines oberpfälzischen Statthalters, Emicho von Leiningen, unterwarf 1454 die widerspenstigen Bürger.[20]

Während Friedrich in den folgenden Jahren die Anerkennung der anderen Kurfürsten und die Approbation Papst Nikolaus' V. erlangte, konnte er Kaiser Friedrich III. nicht für sein Vorgehen gewinnen. Diese Weigerung des Kaisers beeinflußte die politische Haltung Friedrichs stark und brachte schwere Gegensätze zwischen Pfalz und Habsburg. Die tatsächliche Ausübung der kurfürstlichen Macht durch Friedrich I. konnte der Kaiser jedoch nicht verhindern.

[17] RTA 14, nrr. 154–157; 17, S. 251 u. nrr. 248–259, 219.

[18] RTA 17, S. 233ff.

[19] QE 2, 226ff., 231f.; COHN (§ 12) 27–36; I. MOST, Der Reichslandfriede vom 20. Aug. 1467 (Syntagma Friburgense. Festschr. f. H. Aubin) 1956, 230–233; GOTTSCHALK (§ 12) 54–58; vgl. auch Anm. 26.

[20] QE 2, 249; F. v. LÖWENTHAL, Gesch. v. d. Ursprung d. Stadt Amberg, 1801, 243f.; A. DOLLACKER, Der Amberger Aufruhr v. 1453 u. seine Folgen, 1929. Vgl. auch Zusatz zur Chronik des Andreas von Regensburg (QE NF I) 1903, 710f.

In den ersten Jahren seiner Regierung galten Friedrichs Bemühungen in erster Linie dem *Ausbau seines pfälzischen Territoriums.* In der Fehde mit den Grafen von Lützelstein (1452) und in der Auseinandersetzung mit der pfälzischen Nebenlinie von Zweibrücken-Veldenz konnte er wesentliche Besitzungen und Rechte erwerben beziehungsweise sichern und die territoriale Position der Kurpfalz in das Vogesengebiet vorschieben.[21] Mit seinem bedeutendsten Nachbarn, dem Erzbischof Diether von Mainz, fand er sich in der vielerörterten Frage der Reichsreform und der Finanzierung der Türkenabwehr zusammen. Bei dem Bemühen, 1456 einen Reichstag zustande zu bringen, spielte bei Mainz und Pfalz möglicherweise auch der Gedanke mit, dem Kaiser in der Person Kurfürst Friedrichs I. einen römischen König an die Seite zu setzen.[22]

Über territorialen Fragen im Gebiet der Bergstraße zerbrach jedoch 1458 die pfälzisch-mainzische Freundschaft; die beiden Gegenspieler wurden nun in die große Parteibildung im süddeutschen Raum hineingezogen, die durch die *Politik des Markgrafen Albrecht Achilles* von Brandenburg-Ansbach entstand.[23] Mit Unterstützung des Kaisers wollte dieser das «kaiserliche» Landgericht Nürnberg auf Kosten der Rechte seiner fürstlichen Nachbarn ausdehnen. Mainz, Pfalz-Zweibrücken-Veldenz, Baden und Württemberg standen auf seiten Albrechts, während Kurfürst Friedrich zusammen mit Pfalzgraf Otto von Mosbach, Herzog Ludwig von Bayern-Landshut und den fränkischen Hochstiften Würzburg und Bamberg die Gegenpartei bildete. In dem Treffen von *Pfeddersheim*[24] (1460) siegte der Pfälzer Kurfürst über das Aufgebot Erzbischof Diethers, der damit aus dem Kreis der Anhänger Markgraf Albrechts ausschied. Diether von Mainz suchte nun den Ausgleich mit Kurpfalz, um hier Unterstützung in seinen Auseinandersetzungen mit Papst Pius II. zu gewinnen, wobei er wesentliche Zugeständnisse territorialer Art an der Bergstraße machen mußte. Als Diether vom Papst abgesetzt und an seiner Stelle Adolf von Nassau zum Erzbischof bestellt wurde, entbrannte die «Mainzer Stiftsfehde»; dazu lebten gleichzeitig die Kämpfe zwischen Albrecht von Ansbach und Ludwig von Landshut wieder auf, so daß 1462 ganz Süddeutschland in kriegerische Auseinandersetzungen verwickelt war. Die

[21] Pfalzatlas 411f.; D. FISCHER, Le comté de Petite-Pierre sous la domination de la maison Palatine (Revue d'Alsace 8) 1879, 215–228, 395–408; (9) 1880, 95–122, 454–479. Vgl. auch QE 2, 241, 392. Das Reichsland Elsaß-Lothringen III, 1903, 604f.; HERRMANN, Herzogtum Pfalz-Zweibrücken (§ 16 Anm. 26) 359–363 (1553 ging die Grafschaft Lützelstein an Pfalz-Zweibrücken, 1566 an Pfalz-Veldenz über). Zum Ausgriff in die Vogesen vgl. H. W. HERRMANN, Territoriale Verbindungen u. Verflechtungen zw. dem oberrhein. u. lothring. Raum im SpätMA (Jb. f. westdt. Landesgesch. 1) 1975, 161ff.

[22] K. MENZEL, Friedrich d. Siegreiche nach seinen Beziehungen zum Reich u. z. Reichsreform in d. Jahren 1454–1464, Diss. München 1861; ZIEHEN (§ 12) I 63.

[23] Über den Markgrafenkrieg vgl. HB II 298–305; E. W. KANTER, Markgraf Albrecht Achilles v. Brandenburg, Burggraf v. Nürnberg, 1911; weitere Lit.: NDB 1, 162.

[24] QE 2, 339; A. CAPPEL, Vor 500 Jahren Übergabe Pfeddersheims an Kurpfalz (Pfälz. Familien- u. Wappenkunde 5) 1965, 129–135; REUTER (§ 9 Anm. 6) 202–207. Zur Parteinahme pfälz. Adelsgeschlechter auf seiten Friedrichs v. d. Pfalz vgl. K. ANDERMANN, Ritter – Edelknechte – Amtleute (Pfälzer Heimat 36) 1985, 1–8.

für Friedrich und Ludwig siegreichen Gefechte bei *Seckenheim* und *Giengen* (1462) brachten für die Pfalz beträchtlichen Landgewinn, der noch vergrößert wurde, als Friedrich I. schließlich den neuen Erzbischof Adolf von Mainz anerkannte. Dieser bestätigte ihm die Verpfändungen seines Vorgängers.[25]

Obwohl sich in den folgenden Jahren das Verhältnis zwischen Kurfürst und Kaiser besser gestaltete, konnte sich Friedrich III. nicht entschließen, die pfälzische Arrogation anzuerkennen. Seit 1470 schließlich steigerten sich die Spannungen derartig, daß der Kurfürst 1474 durch das Urteil des Königsgerichts der Reichsacht verfiel, weil er sich seit der „Arrogation" die kurfürstlichen Herrschaftsrechte widerrechtlich angemaßt und durch sein Verhalten in der elsässischen Landvogtei und in der Fehde mit dem Pfalzgrafen Ludwig von Veldenz den Landfrieden gebrochen habe. Eine Exekution des Urteils war jedoch nicht möglich; Friedrich I. blieb bis zu seinem Tod (1476) im Besitz der Kurpfalz.[26] Im *Veldenzer Streit* und schon kurz vorher in der *Kölner Fehde* (1468/69) – dort war Kurfürst Friedrichs Bruder, Erzbischof Ruprecht, mit der Stadt Köln und anderen Gläubigern in Streit wegen der Stiftseinkünfte verwickelt gewesen – kam der Kurfürst in enge Beziehungen zu Burgund. Das zunächst freundschaftliche Verhältnis zwischen Friedrich von der Pfalz und Karl dem Kühnen von Burgund kühlte sich jedoch merklich ab, als Karl durch seine militärische Intervention im Kölner Streit in den Reichskrieg gegen Kaiser Friedrich III. verwickelt wurde, in dem Kurfürst Friedrich neutral blieb. Den Niedergang Karls, dessen Tod in der Schlacht bei Nancy (1477), den Zerfall der burgundischen Macht und deren Übergang an Habsburg erlebte Friedrich I. nicht mehr; er war 1476 gestorben.[27]

Wie wenigen seiner Vorgänger war es Friedrich gelungen, das Gebiet der Pfalz am Rhein abzurunden und den *inneren Ausbau* zu festigen; hier ist vor allem die formelle Konstituierung des Heidelberger Hofgerichts auf der Grundlage der überlieferten kurfürstlichen obersten Jurisdiktion durch den Erlaß einer, jetzt allerdings verlorenen, *Hofgerichtsordnung* bemerkenswert.[28] Den Umkreis des

[25] R. Lossen, Staat u. Kirche in d. Pfalz im Ausgang d. MA (Vorreformationsgeschichtl. Forsch. 3) 1907, 33ff.; Lit. über Diether von Isenburg s. NDB 3, 658; über Adolf von Nassau ebd. 1, 84. – K. R. Glaser, Friedrich d. Siegreiche v. d. Pfalz u. d. Schlacht b. Seckenheim, 1890; A. Erler, Mittelalterl. Rechtsgutachten z. Mainzer Stiftsfehde 1459–1464 (Schriften d. wissenschaftl. Ges. an d. Joh. Wolfg. Goethe-Univ. Frankfurt, Geisteswissenschaftl. Reihe 4) 1964, 10f.; über die Besitzbestätigungen s. QE 2, 399ff., 410, 412 (z. B. Bensheim, Heppenheim, Lorsch, Starkenburg. S. auch HB d. Hist. Stätten Deutschlands, IV. Hessen, 1967, 39, 198, 287, 389); F. Koob, Die Starkenburg (900 Jahre Starkenburg. Veröffentl. z. Gesch. d. Stadt Heppenheim 2) 1965, 50ff. (1623 wurde das kurpfälzische Oberamt Starkenburg wieder von Kurmainz zurückgelöst); Pfalzatlas 425.

[26] K.-F. Krieger, Der Prozeß gegen Pfalzgraf Friedrich d. Siegreichen auf d. Augsburger Reichstag v. J. 1474 (ZHF 12) 1985, 257–286.

[27] H. Grüneisen, Die westl. Reichsstände in d. Auseinandersetzung zw. d. Reich, Burgund u. Frankreich bis 1473 (Rhein. Vjbll. 26) 1961, 22–77.

[28] Vgl. Pfalzatlas 401f.; Cohn (§ 12) 202ff.; Press, Calvinismus (§ 13) 78ff.; K. Bender, Die Hofgerichtsordnungen Kurfürst Philipps (1476–1508) f. die Pfalzgrafschaft bei Rhein, Diss. Mainz 1967; B.-R. Kern, Die Gerichtsordnungen d. Kurpfälzer Landrechts v. 1582 (Tübinger Habil.-Schr.) 1988, 353–365; Ders., Die Appellation in Kurpfälzer u. ver-

pfälzischen Territoriums beschreibt die Urkunde von 1472, in der der Kurfürst anläßlich seiner morganatischen Eheschließung mit Clara Dett (Tott) nähere Bestimmungen zu deren Versorgung traf.[29] Die Konsolidierung der kurpfälzischen Gebietsherrschaft zur Zeit des Kurfürsten Friedrich I. wird deutlich sichtbar durch den Vergleich dieses Dokuments mit der Gebietsbeschreibung in der Teilungsurkunde von 1410. Erwähnt werden auch *oberpfälzische* Güter, die Friedrich bei seiner Erhebung zum Kurfürsten in das Kurpräzipuum eingebracht hatte, nachdem sie ihm vorher von seinem Bruder, Kurfürst Ludwig, zur alleinigen Verwaltung übergeben worden waren. Von den innenpolitischen Maßnahmen ist besonders das Eingreifen in den Lehrbetrieb der *Heidelberger Universität* zu erwähnen, deren Artistenfakultät schwer unter den Streitigkeiten zwischen den Nominalisten (Vertreter der Lehren William Ockhams; via moderna) und den Realisten (im Sinne Thomas' von Aquino; via antiqua) litt. Als die Kommission, die den «Wegestreit» klären sollte, noch tagte, diktierte Friedrich I. 1452 ein neues Universitätsstatut,[30] das den streitenden Parteien Toleranz gebot mit der Anordnung, in der Artistenfakultät dürfe all das gelehrt werden, was die Kirche nicht verbiete. Der Charakter der Universität als landesherrlicher Hochschule war dadurch erneut bekräftigt, um so mehr als der Kurfürst auch organisatorische Fragen des Pfründenwesens und der Zusammensetzung des Universitätsrates gründlich regelte.

Nach Friedrichs I. Tod (1476) konnte sein Adoptivsohn *Philipp* unangefochten die Nachfolge antreten. Er war ganz unter dem Einfluß seines Oheims aufgewachsen; diesem war es jedoch nicht geglückt, seine Heiratspläne für den Neffen durchzusetzen. Zunächst war an eine Verbindung mit der Katzenelnbogischen Erbtochter[31] – dadurch wäre der rechtsrheinische Besitz der Kurpfalz ganz we-

wandten Rechtsquellen d. 15. Jhs. (ZRG 106) 1989, 115–142.

[29] Text: RALL, Hausverträge 311–317, 325ff.; vgl. SCHAAB I 176; N. FEESER, Friedrich d. Siegreiche (Progr. Neuburg a. d. Donau) 1880, 132ff.; HÄUSSER I 396ff. Der zweite Sohn aus dieser morganatischen Ehe, Ludwig, ist der Stammvater des Hauses Löwenstein; zur Genealogie s. D. SCHWENNICKE (Hg.), Europ. Stammtafeln (NF 5) 1988, Tafel 65–72. Vgl. ferner S. O. KIENITZ, Die Fürstl. Löwenstein-Wertheimischen Territorien u. ihre Entwicklung (Jb. d. Hist. Ver. Alt-Wertheim 1919) 33–104; A. FRIESE, Entwicklungsgesch. d. Grafschaft Wertheim im hohen u. späten MA (Wertheimer Jb. 1960) 1963, 19–23; HAB Marktheidenfeld (W. STÖRMER) 62ff.; Bad. Bibliogr. nrr. 6716–6739, 20158–20176, 38155, 38864, 38968–38976, 39301. – Bei den oberpfälzischen Gütern handelt es sich um Vilseck (von 1442–1505 von Bamberg an Kurpfalz verpfändet; J. KOPF, Die Vogtei u. d. bambergische Amt Vilseck, VHOR 81, 1931, 72ff.), Pressath, Hahnbach, Oberviechtach und die Vogtei über das Kloster Kastl (s. HÄUTLE 81, s. Anm. 11; LÜNIG V 597ff.). Zu Löwenstein s. Pfalzatlas 419f.

[30] RITTER (§ 8 Anm. 17) 372–390. Das Statut s. bei WINKELMANN (§ 8 Anm. 17) I, nr. 109; QE 2, 234ff.; WEISERT (§ 8 Anm. 17) 46ff.

[31] K. E. DEMANDT, Regesten d. Grafen v. Katzenelnbogen (Veröffentl. d. Hist. Komm. f. Nassau 11) 1954, nrr. 4944, 5462; Ders., Die letzten Katzenelnbogener Grafen u. d. Kampf um ihr Erbe (Nassauische Annalen 66) 1955, 108f., 120f.; Ders., Die Grafschaft Katzenelnbogen u. ihre Bedeutung f. d. Landgrafschaft Hessen (Rhein. Vjbll. 29) 1964, 73–105; Ders., Die Grafen v. Katzenelnbogen u. ihr Erbe (Hess. Jb. f. Landesgesch. 29) 1979, 1–35.

sentlich ausgeweitet worden – und dann sogar an eine Ehe mit Maria von Burgund gedacht. Philipp war jedoch für keinen dieser Pläne zu gewinnen. So stimmte Friedrich I. schließlich der Heirat des Kurprinzen mit *Margarete von Bayern-Landshut* zu, die 1474 mit großem Pomp in Amberg gefeiert wurde.[32]

Das anfänglich gute Verhältnis zum kaiserlichen Hof wurde voller Spannungen, als Philipp durch den Pensionsvertrag von 1492 sich mit Karl VIII. von Frankreich verbündete und damit in der beginnenden habsburgisch-französischen Auseinandersetzung Stellung bezog. Auch mit seinen mittelrheinischen Nachbarn, besonders dem Erzbischof Berthold von Mainz wußte er sich nicht zu vertragen; territoriale Streitigkeiten (Bingen 1491) und Fragen der Reichsreform, deren Vorkämpfer Berthold war, gaben Anlaß zu Auseinandersetzungen. So zeigte sich die diplomatische Ausgangsposition für das Kurfürstentum keineswegs günstig, als man im letzten Jahrzehnt des fünfzehnten Jahrhunderts zur großen *Auseinandersetzung zwischen den wittelsbachischen Häusern* von Bayern-München und Pfalz um das Erbe des Herzogtums Bayern-Landshut rüstete. Wohl war es Philipp gelungen, seinen Einfluß in der Oberpfalz durch den Erwerb der Gebiete von Pfalz-Neumarkt-Neunburg (seit 1448 in Händen der Pfalz-Mosbacher) ganz wesentlich auszudehnen; aber diese größere Machtgrundlage konnte den Ausgang des *Landshuter Krieges* nicht zum Guten wenden.

Trotz mancher familiärer Streite hatte Philipp mit Herzog Georg dem Reichen von Landshut, dessen Schwester seine Gemahlin war, ein gutes Verhältnis gefunden. Sein Sohn Ruprecht vermählte sich mit Georgs Tochter Elisabeth. Georg, der keine direkten männlichen Erben hatte, setzte den Schwiegersohn testamentarisch zum Nachfolger ein, obwohl er damit die Erbansprüche der Münchner Linie überging,[33] die sich der Unterstützung Kaiser Maximilians versicherte. Gleich nach Georgs Tod (1503) belehnte Maximilian Herzog Albrecht von München mit den Landshuter Reichslehen. Die von Philipp von der Pfalz erwartete Unterstützung von seiten des französischen Hofes blieb aus. Auf dem Höhepunkt der pfälzischen Krise im Herbst 1504 schlossen der Kaiser und König Ludwig XII. von Frankreich den Waffenstillstand von Blois, so daß die kurfürst-

[32] M. Buchner, Quellen z. Amberger Hochzeit v. 1474 (AKG 6) 1908, 385–438; Ders., Die Amberger Hochzeit (ZGO 64, NF 25) 1910, 584–604; (ebd. 65, NF 26) 1911, 95–127. – Zum Hofleben im allgemeinen vgl. auch G. Pietzsch, Quellen u. Forsch. z. Gesch. d. Musik am kurpfälz. Hof zu Heidelberg bis 1622 (Mainzer Akad. d. Wissensch. u. Lit., Abh. d. geistes- und sozialwissensch. Klasse 1963 nr. 6) 1963 (s. dazu auch ZGO 112, NF 73, 1964, 560–563); Ders., Fürsten u. fürstl. Musiker im mittelalterl. Köln (Beitr. z. Rhein. Musikgesch. 66) 1966.

[33] Teilungsvertrag v. 1392: Rall, Hausverträge 192–197; Testament Georgs des Reichen: F. v. Krenner, Baier. Landtagshandlungen v. 1429–1513, 14, 1805, 63–85; Riezler III 570–636; R. Stauber, Der letzte Kanzler des Herzogtums Bayern-Landshut (ZBLG 54) 1991, 357–361; Ziehen (§ 12) II 692–745. Quelle für die Kriegsereignisse im Pfälzischen: J. Trithemius, Belli Bavarici ... historia (M. Freher, Rer. Germ. SS III, 1717) 111–136; St. Ehses, Quellen u. Lit. z. Gesch. d. bayr.-pfälzischen oder Landshuter Erbfolgekrieges 1504–1509, Diss. Würzburg 1880, 12–16 (vgl. dazu Riezler III 596f.); R. Schäffer, Ein bäuerl. Spottvers auf König Maximilian I. aus d. Landshuter Erbfolgekrieg (1505) (ZBLG 43) 1980, 497–500; Bad. Bibliogr. nrr. 2670a–2681, 38710; HB II 318–321; Dokumente I 2, 180 nr. 134.

liche Familie in der großen Auseinandersetzung völlig isoliert stand. Ruprecht und Elisabeth bemühten sich um die Hilfe der niederbayerischen Landstände und besetzten die wichtigsten Plätze Landshut, Dingolfing, Moosburg. Darauf wurde über sie und all ihre Parteigänger die Reichsacht verhängt.[34] Die Mobilisierung der antipfälzischen Kräfte (Württemberg, Hessen, Pfalz-Veldenz, die fränkischen Brandenburger, die Reichsstadt Nürnberg und der Schwäbische Bund) war überwältigend. Trotzdem konnte sich Ruprecht im niederbayerischen Gebiet behaupten und zudem eine Streitmacht böhmischer Söldner anwerben. Die pfälzischen Gebiete litten außerordentlich unter den Angriffen Ulrichs von Württemberg (Maulbronn, Bretten, Besigheim und verschiedene löwensteinische Orte), Alexanders von Veldenz (kurpfälzische Teile der Grafschaft Sponheim) und Wilhelms von Hessen (kurpfälzische Besitzungen im Odenwald und an der Bergstraße, die linksrheinischen Ämter Alzey und Oppenheim). Große kriegerische Erfolge errangen die Angreifer zwar nicht, doch litt das flache Land unter den Verheerungen der Kriegszüge so stark, daß weite Teile der Kurpfalz verödet lagen.[35]

Die *entscheidende Wendung* im sogenannten bayerischen Krieg brachte der plötzliche *Tod Pfalzgraf Ruprechts* (Herbst 1504); wenig später starb seine Witwe Elisabeth. Sie hinterließen die beiden minderjährigen Prinzen Ottheinrich und Philipp, über die Friedrich, der Bruder des verstorbenen Ruprecht, die Vormundschaft führte. Zudem unterlagen im September 1504 die auf pfälzischer Seite kämpfenden Böhmen einem kaiserlichen Aufgebot bei Wenzenbach in der Nähe von Regensburg.[36] Kurfürst Philipp überblickte den schlechten Stand seiner Sache völlig und suchte darum durch Vermittlung des Markgrafen Christoph von Baden[37] beim Kaiser um Schlichtung des Streites nach. Maximilian, der sich beträchtlichen Gewinn für seine Bemühungen in der wittelsbachischen Fehde erwartete, brachte schließlich im Frühjahr 1505 die allgemeine Anerkennung des Gebotes zuwege, daß die Streitsache auf dem nach *Köln* einberufenen *Reichstag* entschieden werde. Dort wurde im Sommer 1505 vereinbart, auf Kosten der Streitparteien vornehmlich aus Bestandteilen des früheren Herzogtums Landshut ein Fürstentum für die beiden Pfalzgrafen Ottheinrich und Philipp zu bilden (s. § 17), *das Fürstentum Pfalz-Neuburg*. Aber auch Bayern-München und Kurpfalz hatten Gebiete abzutreten: München mußte auf seine Besitzungen nördlich der Donau im alten Viztumamt Lengenfeld (Burglengenfeld) verzichten. Kurpfalz mußte das Amt Velden und den Anteil am Amt Lauf sowie Altdorf an Nürnberg abtreten; vom früher Landshutischen Herzogtum gingen die Bezirke Hersbruck,

[34] Achterklärung Ruprechts: A. F. Öfele, Rer. Boic. SS II, 1768, 409f.; H. Starflinger, Die Ächtung d. Kurfürsten Philipps d. Aufrichtigen v. d. Pfalz (Altbayer. Monatsschrift 4) 1903/04, 175–178.

[35] Zu den Kriegsvorbereitungen in der Kurpfalz s. F. v. Weech, Das Reisbuch anno 1504 (ZGO 26) 1874, 137–264; F. K. Barth, Der bair.-pfälzische Erbfolgekrieg im Fürstenbergischen u. in d. Ortenau 1504 (Die Ortenau 18) 1931, 8–51.

[36] R. Ebneth, Wenzenbach, 1982, 71–115.

[37] F. Wielandt, Markgraf Christoph I. v. Baden 1475–1515 u. d. badische Territorium (ZGO 85, NF 46) 1933, bes. 545ff.; NDB 3, 243.

Reicheneck, Lichtenstein und der Laufer Anteil an die Reichsstadt über; der ebenfalls an Nürnberg abgetretene Hohenstein war im Besitz der Münchener Linie Bayerns gewesen. Die Reichsstadt hatte während des Krieges auch das pfälzische Amt Haimburg, das Kloster Gnadenberg und die Hofmark Deinschwang besetzt, Markgraf Georg von Ansbach Stadt und Richteramt Freystadt. Diese letzteren westoberpfälzischen Orte gab Nürnberg im endgültigen Friedensschluß wieder heraus, wodurch dann endlich die Ruhe nach dem Erbfolgekrieg hergestellt war.[38] Im Pfälzischen waren besonders die Abtretungen an Württemberg von größerer Bedeutung, sie umfaßten Rechte und Besitzungen in Weinsberg, Maulbronn, Neuenstadt am Kocher, Möckmühl und Besigheim,[39] ferner die Landeshoheit über die Grafschaft Löwenstein. An Habsburg gingen die Reichslandvogtei im Elsaß, die Anteile an der Reichsvogtei Ortenau und das Amt Geroldseck verloren. Schlimmer noch war, daß die Finanzquellen des aufs äußerste erschöpften Landes nahezu versiegten.

Der Erbfolgekrieg hatte die Existenz der Kurpfalz bedroht und ihren blühenden Wohlstand vernichtet. Dazu kam noch, daß das geistige Leben des Landes, das an der *Universität Heidelberg* in der zweiten Hälfte des fünfzehnten Jahrhunderts einen bedeutenden Aufschwung genommen hatte,[40] verödete. Schon unter Kurfürst Friedrich I., dem Förderer der «Hofpoeten» Matthias von Kemnath und Michel Beheim,[41] finden sich die ersten Anfänge des auf italienische Anregungen zurückgehenden *Frühhumanismus*. Peter Luder und Pietro Antonio sind die Vertreter dieser Richtung in Heidelberg. Unter der speziellen Förderung Kurfürst

[38] Zum Kriegsverlauf im Gebiet zwischen Nürnberg und der Oberpfalz s. G. Voit, Zwei Schadenslisten aus d. baier. Erbfolgekrieg 1504/05 (MVGN 65) 1978, 172–211; zur Entstehung des Nürnberger Landgebiets s. Dannenbauer 181–190; G. Hirschmann, Das Landgebiet der ehemaligen Reichsstadt Nürnberg (Familiengeschichtl. Wegweiser 17) 1951; W. Wüllner, Das Landgebiet d. Reichsstadt Nürnberg (Altnürnberger Landschaft. Mitt. 19, Sonderheft) 1970; HAB Lauf-Hersbruck (G. Voit) 28; HAB Nürnberg-Fürth (H.H. Hofmann) 30f.; HAB Neumarkt (B. Heinloth) 226ff.; W. Schwemmer, Das Territorium d. Reichsstadt Nürnberg (Jb. d. hist. Ver. f. Mfr. 89) 1977/81, 91–100. – Die Korrespondenz des Nürnberger Rates anläßlich des Kölner Reichstages s. in Willibald Pirckheimers Briefwechsel I (Veröffentl. d. Komm. z. Erforschung d. Gesch. d. Reformation u. Gegenreformation. Humanistenbriefe IV, hg. v. E. Reicke) 1940, nrr. 65–82. Vgl. auch K. Goldmann, Pfalzgraf Friedrich II., Reichsstatthalter Kaiser Karls V. u. d. Nürnberger Fastnacht v. 1522 (MVGN 49) 1959, 177–184 (zu den Verhandlungen über die Gebietsabtretungen an die Reichsstadt Nürnberg).

[39] Chr. F. Stälin, Wirtemb. Gesch., IV 1873 (Neudr. 1971) 70; K. Weller, Württembergische Gesch., 1989[10], 96; Pfalzatlas 409f., 414, 419–422, 427; HB d. Hist. Stätten Deutschlands, VI. Baden-Württ. 1965, 65, 434, 445, 473, 738.

[40] Ritter (§ 8 Anm. 17) 452–490. Über Johann Kämmerer v. Dalberg, kurpfälz. Kanzler u. Bischof v. Worms s. Schaab, Diözese Worms (§ 4 Anm. 12) 211–217 u. NDB 3, 488; C. Jeudy – L. Schuba, Erhard Knab u. d. Heidelberger Univ. im Spiegel v. Handschriften u. Akteneinträgen (QFIAB 61) 1981, 60–108 (Knab, gest. 1480, war Ordinarius f. Medizin u. zeitweilig Rektor d. Universität Heidelberg).

[41] Die Werke Kemnaths und Beheims s.o. § 12; L. Litzenburger, Matthias v. Kemnat, Hofkaplan Friedrichs d. Siegreichen v.d. Pfalz (1460–1476) (AMK 14) 1962, 454–458; VL III 299–303, V 761 (Kemnath), I 185–189, V 78 (Behaim).

Philipps, der in diesen Bestrebungen sehr wesentlich von seinem Kanzler, dem Bischof von Worms, Johann Kämmerer von Dalberg, unterstützt wurde, nahm die humanistische Bewegung immer weiteren Umfang an. Konrad Celtis[42] gründete unter Dalbergs Protektorat die Sodalitas litteraria Rhenana, eine Gesellschaft, deren Mitglieder sich ernsthaft um eine neue wissenschaftliche Betrachtungsweise bemühten, um die spätscholastische Systematik zu überwinden. Hier wirkte der Einfluß von Rudolf Agricola weiter, der 1484/85 Vorlesungen in Heidelberg hielt. Auch Johannes Trithemius von Sponheim und Johannes Reuchlin gehörten zum Kreis um Dalberg. Aber nach Dalbergs Tod (1503) und den Verwüstungen des Krieges entwickelten sich diese hoffnungsvollen Anfänge nicht mehr weiter. Das Geistesleben Heidelbergs erstickte.

## § 13. DER AUSKLANG DER HEIDELBERGER KURLINIE (1508–1559)

Schaab II 13–34; L. Petry, Schwerpunktbildung am Mittelrhein im 16. Jh. (Arch. f. hess. Gesch. u. Altertumskunde NF 25) 1955, 1–26; M. Steinmetz, Die Politik d. Kurpfalz unter Ludwig V. (1508–1544). I. Die Grundlagen. Die Zeit vor der Reformation, Diss. Masch. Freiburg im Br. 1942; V. Press, Bayerns wittelsbach. Gegenspieler – Die Heidelberger Kurfürsten 1505–1685 (Wittelsbach II/1) 1980, 24–39; Ders., Calvinismus u. Territorialstaat (Kieler hist. Stud. 7) 1970; Ders., Grundlagen d. Kurpfälz. Herrschaft i. d. Oberpfalz 1499–1621 (VHOR 117) 1977, 31–67; A. P. Luttenberger, Glaubenseinheit u. Reichsfriede. Konzeptionen u. Wege konfessionsneutraler Reichspolitik 1530–1552 (Kurpfalz, Jülich, Kurbrandenburg) (Schriftenreihe d. HK 20) 1982; NDB 15, 412f. (Ludwig V.); NDB 5, 528ff. (Friedrich II.). – H. Th. Leodius, Annalium de vita et rebus gestis ill. principis Friderici II., 1624 (Übersetzung v. E. v. Bülow, 2 Bde., 1849); Bad. Bibliogr. nrr. 5252–5310, 20040–20049, 37743, 38866–38872, 43484. Lit. über Ottheinrich s. Anm. 23 u. § 17 Anm. 7.

Als nach Kurfürst Philipps Tod dessen Sohn *Ludwig V.* (1508–1544) die Regierung der Kurpfalz übernahm, war das Kurfürstentum durch den Landshuter Erbfolgekrieg geschwächt, das Finanzwesen zerrüttet, der territoriale Bestand geschmälert; zudem mußten die schwierigen Fragen des Friedensschlusses, der die Bildung des neuen Fürstentums Pfalz-Neuburg gebracht hatte, erst im einzelnen geklärt werden. 1508/09 gelang es, im *Konstanzer und Ingolstädter Vertrag* die zwischen Kurpfalz, Pfalz-Neuburg, dem Kaiser und Bayern noch bestehenden Streitigkeiten zu schlichten und die Grundlagen für die friedliche Weiterentwicklung zu legen. Auch mit Bayern gestalteten sich die Beziehungen wieder wesentlich freundlicher, als 1511 die Ehe zwischen Ludwig und Herzog Albrechts IV. Tochter Sibille geschlossen wurde. Das Testament Philipps hatte vorgesehen, daß neben Ludwig auch der nächstälteste Sohn, Pfalzgraf Friedrich, an der Regierung teilnehmen sollte, falls es die Brüder nicht vorzögen, ihre Lande zu teilen. Zum Vorteil für die weitere Entwicklung von Kurpfalz verzichtete Friedrich auf die Herausgabe eines eigenen Landesanteiles und übertrug die Ausübung seiner

[42] Für Konrad Celtis vgl. HB II 863 (Lit.).

Regierungsrechte dem älteren Bruder. Gleichwohl behielt er auf diesen stets wesentlichen Einfluß und brachte seine politische Grundeinstellung, die positive Haltung gegenüber dem Haus Habsburg, zur Geltung. Dies zeigte sich besonders im letzten Lebensjahr Kaiser Maximilians I., als dieser die *Nachfolgefrage im Reich* zugunsten seines Enkels Karl regeln wollte.[1] Kurfürst Ludwig war hier zunächst keineswegs habsburgisch gesinnt, hatte ihm der Kaiser doch noch immer die Erteilung der Reichslehen verweigert, und dazu empfand er den Verlust der Reichslandvogteien Hagenau und Ortenau, den der Erbfolgekrieg gebracht hatte, sehr schwer. Franz I. von Frankreich konnte daher zunächst auf den pfälzischen Kurfürsten rechnen, als er sich mit dem Gedanken einer Kandidatur für die Königswahl trug. Doch gelang es Maximilian nach längerem Bemühen im Sommer 1518, den Pfalzgrafen Friedrich und schließlich auch den Kurfürsten zum Besuch des Reichstags von Augsburg zu gewinnen, wo sich die Kurfürsten (mit Ausnahme von Trier und Sachsen) zur Wahl des Habsburgers Karl bereit erklärten. Neben einer beträchtlichen Geldentschädigung für die verlorenen Landvogteien, einer jährlichen Pension und Zollverleihungen erhielt Ludwig die langersehnte Übertragung der Reichslehen. Wenn auch nach Maximilians Tod die Aktivität des französischen Königs die Kurfürsten von der Wahl Karls abbringen wollte, so blieb Ludwig von der Pfalz doch letztlich auf österreichischer Seite und wählte am 28. Juni 1519 Karl zum römischen König. Die wenige Tage darauf von Karl V. den Kurfürsten gegebene Wahlverschreibung bildete die Grundlage für die Mitregierung der Stände im Reichsregiment, in dem 1521/23 Pfalzgraf Friedrich zu Nürnberg und 1528 in Speyer als Statthalter wirkte.[2] Nun wurde auch der kurrheinische Reichskreis formiert, zu dem neben Kurpfalz die drei rheinischen geistlichen Kurfürsten und einige kleinere Reichsgrafen gehörten. Der pfälzische Kurfürst bestellte den Kreisobristen.[3]

Das in jenen Jahren drängende Problem im Innern der Kurpfalz war der Ausgleich zwischen dem landesherrlichen Bestreben nach abschließendem Ausbau des Territoriums und den Absichten der die unmittelbare Stellung unter Kaiser und Reich anstrebenden *Ritterschaft,* mit deren Besitz das Gebiet der Kurpfalz durchsetzt war. In der Person *Franz von Sickingens*[4] fanden die Ritter ihren bedeu-

[1] RTA, Jüngere Reihe I 23–29, 84 ff., 100 f.; K. Brandi, Die Wahl Karls V. (Nachr. v. d. Ges. d. Wiss. z. Göttingen, phil.-hist. Kl. 1925) 1926, 109–133; Ders., Kaiser Karl V., I, 1959⁵, 82 ff.; II, 1941, 100 ff. Über das Reichsregiment vgl. RTA, Jüngere Reihe III u. IV; Wülcker-Virck, Des kursächs. Rathes Hans v. d. Planitz Berichte aus dem Reichsregiment in Nürnberg 1521–1523, 1899, LXXXVIII ff.; Goldmann (§ 12 Anm. 38) 177–184; L. Reimer, Reichstag, Reichsregiment u. reformator. Predigt in Speyer 1526–1529 (Bll. f. pfälz. KG 34) 1967, 205; Ausstell.-Kat. «Albrecht Dürer», Germ. Nat.-Museum Nürnberg 1971, nrr. 268 f.

[2] Über die Problematik d. vom kurfürstlichen Egoismus diktierten Wahlkapitulation v. 1519, des Reichsregiments u. d. Pläne z. Reichsreform vgl. die eingehende Analyse von H. Angermeier, Die Reichsreform 1410–1555, 1984, 230–250.

[3] W. Dotzauer, Die deutschen Reichskreise in d. Verfassung d. alten Reiches u. ihr Eigenleben (1500–1806), 1989, 80–105.

[4] Von d. umfangreichen Sickingen-Literatur sind folgende neuere Arbeiten zu nennen, die ihrerseits die ältere Lit. nachweisen: H. H. Kehrer, Die Familie v. Sickingen u. d. deutschen Fürsten (ZGO 127, NF 88) 1979, 71–158; (ZGO 129, NF 90) 1981, 82–188;

tendsten Vorkämpfer, dessen Abneigung ebenso der wachsenden Macht der Fürsten wie dem wirtschaftlichen Potential der Städte galt. Als er sein Ziel, in fürstlichen Rang aufzusteigen, auf Kosten des Erzbischofs von Trier erreichen wollte, sah sich der Kurfürst mit dem Landgrafen von Hessen zum Eingreifen veranlaßt (1522/23) und belagerte Sickingen in seiner Burg Nanstein bei Landstuhl, wo dieser einer bei den Kämpfen erlittenen Verletzung erlag. Der Besitz des Ritters wurde zwischen Mainz, Pfalz und Hessen aufgeteilt; erst in der Mitte des sechzehnten Jahrhunderts erhielten Franzens Söhne das Stammgut wieder zurück. Auf die Dauer gelang es den pfälzischen Kurfürsten jedoch nicht, den Adel, besonders den in der Ortenau und im Kraichgau, in die Landsässigkeit zu bringen; die Geschlechter konnten meist zur Reichsritterschaft aufsteigen. Kurze Zeit nach der Niederwerfung der Sickingischen Fehde erschütterten die *Unruhen des Bauernkrieges*[5] die Kurpfalz und einige Randgebiete der Oberpfalz. Die allgemein im südwestdeutschen Raum herrschende Gärung kam im kurpfälzischen Bereich zuerst im Kraichgau zum Ausbruch, wo der sich zusammenrottende Bauernhaufen in radikaler Form die Forderungen der «Zwölf Artikel» verwirklichen und eine Bauernrepublik aufrichten wollte. In der linksrheinischen Pfalz waren besonders die reichen bäuerlichen Gebiete um Alzey, in der Haardt und der Rheinebene die Zentren der Erhebung. Den Bauern und Kleinbürgern gelang es, Neustadt zu besetzen und den Kurfürsten zu Verhandlungen zu bewegen, mit denen dieser weiteren Exzessen zuvorkommen wollte. Ludwig V. brach jedoch die Verhandlungen ab, besonders auch deshalb, weil ein von ihm angefordertes Gutachten Melanchthons die Ziele der Aufrührer verwarf und Unterdrückung mit Gewalt forderte. Zunächst zerstreute der Kurfürst die Kraichgauer Bauern, wandte sich dann mit den Truppen des Schwäbischen Bundes unter Georg Truchseß von Waldburg gegen die fränkischen Bauernhaufen und rückte schließlich vor Neustadt an der Haardt. Bei Pfeddersheim mußten die Bauern kapitulieren;[6] damit waren die letzten Kämpfe des Bauernkrieges in Westdeutschland abgeschlossen.

V. Press, Franz v. Sickingen (Ausstellungskat. Ulrich v. Hutten, hg. v. P. Laub) 1988, 293–305; K. Andermann, Verzeichnisse Sikkinger Archivalien aus den Jahren 1523 u. 1543 (Jb. f. westdt. Landesgesch. 15) 1989, 85–103. Vgl. auch Schottenloher nrr. 20010–20068, 49329–49339a, 58243–58254; Fabricius (§ 16 Anm. 28) 2, 449; 6, 71ff. – Zur Problematik der Reichsritterschaft vgl. V. Press, Reichsritterschaften (Deutsche Verwaltungsgesch. I) 1983, 679–689 (Lit.); Ders., Götz v. Berlichingen (ca. 1480–1562) – vom «Raubritter» zum Reichsritter (ZWLG 40) 1982, 305–326.

[5] A. Stern, Regesten z. Gesch. d. Bauernkrieges, vornehmlich in d. Pfalz (ZGO 23) 1870, 179–201; G. Franz, Quellen z. Gesch. d. Bauernkrieges (Ausgew. Quellen z. Gesch. d. Neuzeit 2) 1963, nrr. 44, 144ff.; Ders., Der Deutsche Bauernkrieg, 1977[11], 222–227; K. Hofmann, Das pfälz. Amt Boxberg z. Zeit d. Bauernaufstandes 1525 (ZGO 97, NF 58) 1949, 467–497; E. Heuser, Der Bauernkrieg 1525 in d. Pfalz rechts u. links d. Rheins, 1925; Pfalzatlas, Karte nr. 106, Text 1379–1397; H. Buszello – P. Blickle – R. Endres (Hgg.), Der deutsche Bauernkrieg, 1984, bes. 90–96, 186ff.

[6] R. Kilian, Die Pfeddersheimer Bauernschlacht vom 23. u. 24. Juni 1525 (Pfälz. Familien- u. Wappenkunde 5) 1965, 147f.

Auf die westlichen Teile der Kuroberpfalz hatte die im Hochstift Eichstätt ausgebrochene Unruhe übergegriffen.[7] Im *Obermässinger Bauernhaufen* waren neben hochstiftischen auch zahlreiche pfälzische Untertanen. Pfalzgraf Friedrich schlug diese Erhebung nieder. In wesentlich anderer Form verlief der Aufstand im Stiftland *Waldsassen*. Hier unterstützte Pfalzgraf Friedrich die sich gegen die geistliche Herrschaft erhebenden Untertanen, um seinen Einfluß auf die immer noch um ihre Reichsunmittelbarkeit ringende Abtei zu verstärken (s. § 39).

Waren Ludwigs V. Haltung in den innenpolitischen Fragen über die Stellung der Ritterschaft und der Bauern eindeutig und seine Maßnahmen energisch, so zeigte derselbe Fürst in dem seine Zeit beherrschenden *religiösen Problem* eine uneinheitliche, schwankende und unklare Stellungnahme.[8] Auf der Grundlage der humanistischen Tradition der Heidelberger Universität hatten die Lehren Luthers schon in den frühen zwanziger Jahren des sechzehnten Jahrhunderts in der Kurpfalz Prediger und Hörer gefunden. Vor 1525 waren Vertreter der neuen Lehre als Hofprediger in der Umgebung des Kurfürsten und seines Bruders Friedrich tätig: Wenceslaus Strauß, Johann Gayling und Martin Butzer.[9] Ausschlaggebend für Ludwig war seine Abneigung gegen Rom, ohne daß eine besondere innere Anteilnahme für die Anliegen Luthers zu beobachten wäre. Nach dem Bauernkrieg war er persönlich weniger bereit, von der katholischen Lehre und dem katholischen Kultus abzugehen, als dies vorher der Fall gewesen war. Damals mußte auch der lutherisch gesinnte Prediger Gailling den Hof verlassen. Andererseits wollte Ludwig aber auch den Ausschließlichkeitsanspruch der römischen Kirche nicht anerkennen, so daß, gefördert durch lutherisch gesinnte Amtleute, der fakultative Genuß des Abendmahles unter beiderlei Gestalt im kurpfälzischen Territorium gestattet wurde.[10] Die Einstellung des Kurfürsten zu den Glaubensfragen war vorwiegend von politischen Bedingungen geleitet, wo-

[7] S. Englert, Der Mässinger Bauernhaufe, 1895; HAB Tirschenreuth (H. Sturm) 94 ff.; G. Franz, Der deutsche Bauernkrieg, Aktenbd., 1935, 348 ff.; Ders., Quellen (Anm. 5) 361.

[8] G. Bossert, Beitr. z. badisch-pfälz. Reformationsgesch. (ZGO 56–59, NF 17–20) 1902–1905; W. Müller, Die Stellung d. Kurpfalz z. luther. Bewegung v. 1517–1525 (Heidelberger Abh. z. mittl. u. neueren Gesch. 68) 1937; Stamer II 279–329; Goeters, KO XIV 7–11; K.-H. Zur Mühlen, Die Heidelberger Disputation Martin Luthers v. 26. April 1518 (Semper apertus; s. § 8 Anm. 17) 188–212; H. Scheible, Die Univ. Heidelberg u. Luthers Disputation (ZGO 131, NF 92) 1983, 309–329.

[9] Müller (s. Anm. 8) 126–129; R. Raubenheimer, Martin Bucer u. seine humanist. Speyerer Freunde (Bll. f. pfälz. KG 32) 1965, 1–52; A. Seitz, Martin Bucer als Hofkaplan bei Pfgr. Friedrich II. (19. Jahresber. d. hist. Ver. f. Neumarkt i. d. OPf.) 1990, 28–32; M. Greschat, Martin Bucer, 1990, 51 f., 75; über Butzer im allgemeinen vgl. H. Bornkamm, Martin Bucers Bedeutung f. d. europ. Reformationsgesch. (Schr. d. Ver. f. Reformationsgesch. 169) 1952; R. Stupperich, Bibliographia Bucerana (ebd.); weitere Lit. Schottenloher nrr. 53 067–53 134. Über Johann Gayling vgl. ADB 8, 447; Schottenloher nrr. 6929 ff., 54 739 ff.

[10] A. Ph. Brück, Die «Vorreformation» in d. Kurpfalz (AMK 17) 1965, 27–37; W. Henss, Frühe Spuren d. Reformation in Kurpfalz (1518–1528/29) (Bll. f. Pfälzer KG u. relig. Volkskde. 50) 1983, 5–42; vgl. auch H. Rössler, Eine neue Quelle z. Brettener Reformationsgesch. (ZGO 111, NF 72) 1963, 303 ff.; G. Urban, Bretten unter Kurfürst Ott-Heinrich, der d. Reformation in Kurpfalz einführte (Brettener Jb.) 1967, 101–115.

bei er in erster Linie unter dem Einfluß seines Bruders Friedrich eine kaiserfreundliche Richtung einzuhalten bemüht war. Um jedoch ein zu starkes Übergewicht der habsburgischen Macht in Burgund und am Niederrhein zu verhindern, schloß Kurpfalz 1532 mit Hessen und den geistlichen Staaten Mainz, Trier und Würzburg die *«Rheinische Einigung»,* wobei in diesem Fall die konfessionellen Differenzen hinter den politischen Erwägungen zurückstanden; die augenblicklich überwiegende Abneigung gegen Habsburg führte die Partner der Einigung zusammen.[11] Im ganzen dominierte jedoch in Ludwigs Wesen das Bestreben zur Vermittlung zwischen den sich mit zunehmender Härte voneinander absondernden Parteien im Reich. In seinem oberpfälzischen Landesteil gestattete er auf Drängen der Landstände die Anstellung evangelischer Prädikanten und die «communio sub utraque, wie es jeder mit seinem gewissen und der obrigkeit vereinbaren könne».[12] Bis zu seinem Tod (1544) blieb der Kurfürst persönlich der alten Kirche treu.

Ludwigs V. jüngerer Bruder *Friedrich II.* (1544–1556) hatte vor Antritt der Regierung als Kurfürst ein unruhiges Leben geführt. Soweit ihm seine Reisen durch ganz Europa Zeit ließen, wirkte er als *Statthalter in der Kuroberpfalz.* Im Familienvertrag von 1524 sicherte er sich die Nachfolge in der Kurwürde, wenn Ludwig keine direkten Erben hinterlassen sollte, wobei Ottheinrich, der der nächste Erbberechtigte war, übergangen wurde.[13] Durch seine zahlreichen *Heiratsprojekte* hielt Friedrich die hohe Gesellschaft in Atem und erregte dabei verschiedentlich Karls V. Unwillen, so besonders 1517, als er sich mit Eleonore, Karls Schwester, die dem portugiesischen König Manuel bestimmt war, verloben wollte. Seine Agitation für Karls Wahl 1518/19 brachte ihm wieder die kaiserliche Gnade. 1530, als die Wahl Ferdinands zum König anstand, suchte die habsburgische Partei die pfälzische Familie auf ihrer Seite zu halten, indem sie für eine günstige Vermählung Friedrichs mit der Markgräfin Maria, der Erbin von Montferrat, zu wirken vorgab. Aber auch dieser Plan zerschlug sich ebenso wie der, den Pfalzgrafen mit Isabeau von Navarra zu vermählen (1532).[14] Schließlich vermählte sich Friedrich dann mit *Dorothea,* der Tochter des aus den drei nordischen Königreichen vertriebenen *Königs Christian II.,* dessen Gemahlin Isabella eine Schwester Karls V. war.[15] Die Habsburger wollten für die dänische Prinzes-

[11] F. EYMELT, Die rhein. Einigung d. Jahres 1532 in d. Reichs- u. Landesgesch. (Rhein. Archiv 62) 1967; F. PETRI, Die rhein. Einigung d. Jahres 1532 u. ihr Verhältnis zu Habsburg (Geschichtl. Lkde. 5/1) 1968, 97–108.

[12] GÖTZ, Religiöse Bewegung (§ 15) 26ff.; W. BREITENBACH, Die Besetzung d. kuroberpfälz. Pfarreien z. Zeit d. Pfalzgrafen u. Kurfürsten Friedrich II., Jur. Diss. Erlangen 1922.

[13] M. WEIGEL, Pfalzgraf Wolfgang d. Ä. (ZGO 94, NF 55) 1942, 358–381; (Pfalzgraf Wolfgang, der jüngere Bruder Friedrichs II., war von 1544–1551 Statthalter in der Oberpfalz; in diesem Amt folgte ihm der Pfalzgraf Wolfgang von Zweibrücken, s. § 16 Anm. 39); M. J. NEUDEGGER, Kanzlei-, Raths- u. Gerichtsordnung d. Kurfürsten Friedrich II. d. Weisen v. d. Pfalz als Regierender zu Amberg vom Jahre 1525, 1887.

[14] BRANDI (Anm. 1) II 90; A. HASENCLEVER, Das Heiratsprojekt Pfalzgraf Friedrichs m. d. Erbin Maria v. Montferrat 1530, m. d. Prinzessin Isabeau v. Navarra 1532 (ZGO 87, NF 48) 1935, 359–383.

[15] Ders., Die habsburg. Politik u. d. Vermählung Friedrichs m. Dorothea v. Däne-

sin einen Gemahl gewinnen, der als dänischer Kronprätendent aufgestellt werden konnte. Kaiser und Pfalzgrafen waren sich über die zur Verwirklichung dieses Zieles einzuschlagenden Wege nicht einig; als sich schließlich auch die dänische Geistlichkeit und der Adel gegen Dorothea und ihren Gemahl aussprachen, sanken die Aussichten des Pfälzers auf ein Minimum. Friedrich gab die Pläne zu dieser Rangerhöhung nicht auf, so daß bis in die Jahre des Schmalkaldischen Krieges die nordische Angelegenheit eine wesentliche Bedingung für Friedrichs Handeln darstellte, auch als er schon Kurfürst von der Pfalz war.

*In der Pfalz* drängte die *Frage der Reformation* auf eine eindeutige Entscheidung. Friedrich gab zunächst ebensowenig wie sein verstorbener Bruder klare Weisungen für oder gegen die neue Lehre, wenn er auch die allenthalben im Lande eingeführte Form der evangelischen Gottesdienstfeier mit Predigt und Abendmahl duldete. Maßgeblich dürfte der Einfluß seiner Gemahlin Dorothea und der seines Neffen Ottheinrich gewesen sein, dessen Domizil in Heidelberg und Weinheim Mittelpunkt evangelischen Lebens war, als sich der Kurfürst durch die persönliche Teilnahme am Abendmahl «unter beiderlei Gestalt» (1543 in Neumarkt in der Oberpfalz und 1545 in Heidelberg) und durch den Erlaß einer Kirchenordnung, die nach dem Vorbild der Neuburger Ordnung Ottheinrichs von 1543 (s. § 17 Anm. 10) gestaltet war, eindeutig als Anhänger der Reformation nach der Augsburgischen Konfession zeigte.[16]

Der schon seit der oberpfälzischen Statthalterschaft Friedrichs sehr einflußreiche Kanzler Hartmanni hat neben der politischen Entscheidung (Sympathie für die Schmalkaldener) auch die konfessionelle Entwicklung wesentlich geprägt.[17] Zu einer klaren politischen Stellungnahme war der unentschlossene und von den wechselnden Einflüssen seiner Umgebung abhängige Kurfürst nicht fähig. Einerseits knüpfte er Verhandlungen mit den Fürsten des *Schmalkaldischen Bundes* an, wollte es aber andererseits auch nicht völlig mit dem Kaiser verderben. Ohne selbst Mitglied des Bundes zu sein, schickte Friedrich, wohl auf Betreiben Herzog Ulrichs von Württemberg, ein kleines Kontingent zum Bundesheer in den Feldzug an der Donau gegen den Kaiser und zog sich damit dessen schwere Ungnade zu. Da die Gefahr drohte, der Kaiser könne das pfalzgräfliche Kurrecht auf die bayerische Linie der Wittelsbacher übertragen, wozu er sich eben erst im Regensburger Geheimvertrag mit Herzog Wilhelm IV. unter gewissen Bedingungen verpflichtet hatte, mußte Friedrich nach dem Fehlschlag der Schmalkaldener im Herbst 1546 unbedingt die Aussöhnung mit dem Kaiser suchen. Nach

mark 1535 (ebd. 75, NF 36) 1921, 259–294; Ders., Zur Gesch. d. Kurfürstinwitwe Dorothea v. d. Pfalz 1520–1580 (ebd. 83, NF 44) 1931, 425–458; R. Raubenheimer, Dorothea v. Dänemark (Mitt. Pfalz 55) 1957, 89–116.

[16] Bossert (Anm. 8) 59, NF 20, 56ff.; A. Hasenclever, Die kurpfälz. Politik in d. Zeiten d. Schmalkaldischen Krieges Januar 1546 bis Januar 1547 (Heidelberger Abh. z. mittleren u. neueren Gesch. 10) 1905; H. Rott, Friedrich II. v. d. Pfalz u. d. Reformation (ebd. 4) 1904; Goeters, KO XIV 11–22; Kirchenordnung v. 1546: ebd. nr. 3; Rott 132–142 (vgl. dazu Hasenclever 52ff.).

[17] Über Hartmanni vgl. NDB 8, 5f.; Press, Calvinismus (§ 13) 182.

einer persönlichen Demütigung ließ Karl V. dem Pfalzgrafen die Kurwürde und nahm ihn wieder in Gnaden auf.[18]

Das auf dem von Friedrich besuchten Augsburger Reichstag 1547/48 erlassene *Interim* – es enthielt vorwiegend katholische Lehren, gestand aber bis zu einem Konzil den Laienkelch und die Priesterehe zu – sollte auf Geheiß des Kurfürsten in Pfalz und Oberpfalz durchgeführt werden. Doch ging man dabei ohne Strenge vor, was besonders auf die Haltung vieler Beamten zurückzuführen war. Zu energischem Durchgreifen konnte sich Friedrich weder hier noch in den folgenden Jahren entschließen, sondern er versuchte, eine *mittlere,* nach allen Seiten *neutrale Haltung* einzunehmen. Er bekannte sich zum Passauer Vertrag von 1552, der seinem Neffen Ottheinrich das Neuburger Fürstentum zurückgab, und schloß sich auch unter Einfluß von Herzog Christoph von Württemberg dem Bund der Fürsten von Heidelberg an.[19]

In den letzten Jahren Friedrichs II. lebten in der Kurpfalz die Formen evangelischer Lehre und evangelischen Gottesdienstes wieder auf; das Abendmahl und die Anstellung von Predigern wurde den Gemeinden gestattet.[20] Auf dem *Reichstag von Augsburg 1555* vertrat der Kurfürst die Sache der Protestanten und forderte Gewissensfreiheit und Freistellung der Reformation. Obwohl über seine persönliche Haltung nun keine Zweifel mehr bestanden, kam es in den pfälzischen Gebieten nicht mehr zu einer durchgreifenden Ordnung und Organisation des Kirchenwesens. Diese Aufgabe konnte erst Friedrichs Nachfolger Ottheinrich in Angriff nehmen.

Kurfürst *Ottheinrich* (1556–1559) war regierender Fürst in Pfalz-Neuburg gewesen, jenem eigens für ihn und seinen Bruder Philipp geschaffenen Fürstentum (s. § 17). Die wenigen Jahre seiner Regierung in Kurpfalz sind von großer Bedeutung; denn jetzt wurden unter der persönlichen Initiative des neuen Kurfürsten die in vielfache Sonderentwicklungen auseinanderströmende Reformation durch das landesherrliche Kirchenregiment zusammengefaßt und in geordnete Bahnen geleitet. Kurze Zeit nach dem Regierungsantritt erließ Ottheinrich die *kurpfälzische Kirchenordnung,*[21] die sich an die Neuburger Ordnung von 1554 anschloß.

[18] Hasenclever (Anm. 16) 147; Luttenberger (§ 13) 386ff.

[19] Briefe u. Akten z. Gesch. d. 16. Jhs. IV, 1896, nrr. 77, 87; Brandi (Anm. 1) I 534ff.; II 398; Riezler IV 458ff.; HB II 373ff. Vgl. auch u. 127.

[20] Vgl. W. Seeling, Die Einführung d. Reformation in Kaiserslautern (Bll. f. pfälz. KG 34) 1967, 256–268.

[21] Über Ottheinrichs reformatorische Tätigkeit s. Simon, KO XIII 25–30; Goeters, KO XIV 22–34; Kirchenordnung v. 1556: ebd. nr. 7; ebd. 23ff. über die Abhängigkeit der kurpfälzischen von der württembergischen u. der Neuburger Ordnung. Hausszier, Die Kirchenordnungen v. 1556 in d. Kurpfalz u. in d. Markgrafschaft Baden-Durlach (Veröffentl. d. Ver. f. KG in d. evang. Landeskirche Badens 16) 1956; B. Kurze, Kurfürst Ottheinrich, Politik u. Religion in d. Pfalz 1556–1559 (Schr. d. Ver. f. Reformationsgesch. 174, Jg. 62) 1956; weitere Lit. u. § 17 Anm. 7. Über Michael Diller s. NDB 3, 1957, 719; RGG II 196; G. Biundo, Bericht u. Bedenken über d. erste kurpfälz. Kirchenvisitation im J. 1556 (Jb. d. Hess. kirchengeschichtl. Vereinigung 10) 1959, 1–41; zur Visitation s. auch Goeters, KO XIV nrr. 18ff. (S. 31f.); F. Kantzenbach, Johannes Brenz (WF 46, NF 36) 1962, 63–99; zu Brenz s. auch BlldLG 102, 1966, 332 u. Schottenloher nrr. 52867–52877.

Verfasser war der Hofprediger Michael Diller, dem die von Johann Brenz bearbeitete württembergische Kirchenordnung zum Vorbild diente. Die im gleichen Jahr beginnende Kirchenvisitation leitete die Ordnung der im argen liegenden kirchlichen Verhältnisse ein. Ebenso galt die Fürsorge des Kurfürsten der *Universität Heidelberg,* die von da an immer mehr den Charakter einer landesfürstlich-protestantischen Hochschule annahm (Statuten von 1558)[22]. Ottheinrich, der den Augsburger Religionsfrieden für sich nicht als bindend ansah, suchte eine einheitliche Front der Fürsten, die sich zur Augsburger Konfession bekannten, herzustellen, wobei sein Kampf besonders dem «Reservatum ecclesiasticum» der geistlichen Reichsfürsten galt, weil er dadurch den Sieg der neuen Lehre gefährdet sah. Daß er hier nicht zum Ziel kam, lag einerseits an den schweren Dogmenstreitigkeiten zwischen Flacius Illyricus und Melanchthon, die das protestantische Lager auch politisch spalteten, und andererseits an dem diplomatischen Geschick König Ferdinands.

Die nach der Abdankung Karls V. notwendige Regelung der Nachfolge, um die sich König Ferdinand bemühte, konnte Ottheinrich zwar nicht verhindern; er wußte aber sehr zum Ärger Habsburgs zwei Jahre lang die Kaiserkrönung zu verschleppen. Berühmter als durch seine politischen Taten wurde der Kurfürst durch sein viele Bereiche des Geisteslebens, der bildenden Kunst und der Musik umspannendes *Mäzenatentum,* das monumentalen Ausdruck in den nach ihm benannten Teilen der Schlösser in Heidelberg und Neuburg an der Donau fand.[23]

[22] L. Mugdan, Die Reformierung d. Universität (Ottheinrich. Sonderbd. d. Ruperto-Carola) 1956, 207–222; Weisert (§ 8 Anm. 17) 58–62; E. Wadle, Ottheinrichs Universitätsreform u. die Jurist. Fakultät (Semper apertus; § 8 Anm. 17) 290–313.

[23] H. Rott, Ottheinrich u. d. Kunst (Mitt. z. Gesch. d. Heidelberger Schlosses 5) 1905, 1–232; Ders., Zu d. Kunstbestrebungen d. Pfalzgrafen Ott Heinrich (ebd. 6) 1912, 192–240; H. Graf, Das Eindringen d. Renaissance in d. Baukunst d. Pfalz (Pfälzer Heimat 6) 1955, 50f.; W. Paatz, Ottheinrich u. d. Kunst (Ruperto-Carola 8, Bd. 20) 1956, 30–46; ferner die Beiträge in der von G. Poensgen hg. Ottheinrich-Gedenkschrift (Sonderbd. d. Ruperto-Carola) 1956; v. R. Gaettens, Das Bildnis d. Pfalzgrafen u. Kurfürsten Ottheinrich im Spiegel d. Medaille u. Großplastik 62–85; K. Schottenloher, Pfalzgraf Ottheinrich u. d. Buch (Reformationsgeschichtl. Stud. u. Texte 50/51) 1927; W. Koch, Pfalzgraf Ottheinrich, Kurfürst v. d. Pfalz, als Bücherliebhaber (Pfälzer Heimat 7) 1956, 93–97; R. Klauser, Der Freund u. Sammler v. Büchern (Sonderbd. d. Ruperto-Carola) 1956, 118–140; K. Rossmann, Der Ottheinrichsbau (ebd.) 261–273; G. F. Hartlaub, Zur Symbolik d. Skulpturenschmuckes am Ottheinrichsbau (Wallraf-Richartz-Jb. 14) 1952, 165–181; A. Horn, Die Bauten in Neuburg a. d. Donau u. Grünau (Sonderbd. d. Ruperto-Carola) 1956, 86–104; H. Stierhof, Ottheinrich als Bauherr (NK 129) 1976, 7–12; E. Burmeister, Das Jagdschloß Grünau (ebd.) 13–52; vgl. dazu P. Heiss (ebd.) 53–83; J. Petersohn, Albrecht v. Preußen u. Ottheinrich v. d. Pfalz. Ein vergleichender Beitr. z. deutschen Fürstenkultur u. Bibliotheksgesch. d. Renaissance (AKG 39) 1957, 323–360; A. Layer, Pfalzgraf Ottheinrich u. d. Musik (Arch. f. Musikwiss. 15) 1958, 258–275; Ottheinrich als Bibliophile: E. Krausen, Exlibris u. Supralibros als Eigentumszeichen an Archiv- u. Registraturgut (MfA 7) 1961, 36f.; A. Stemper, Der Prudentia-Teppich d. Pfalzgrafen Ottheinrich im Kurpfälz. Museum zu Heidelberg (Heidelberger Jbb. 2) 1958, 68–95; S. Rösch, Die genealog. Wandteppiche Ottheinrichs v. d. Pfalz (Festschr. Verein Herold) 1969, 119–136; B. Thomas, Der Wiener Ottheinrich-Harnisch v. Koloman Colman (Zschr. f. hist. Waffen- u. Kostümkunde NF 6) 1937/38, 116–123; A. v. Reitzenstein, Der Ringlersche Harnisch d. Pfalzgrafen Ottheinrich (Anz. d. German.

## § 14. KURPFALZ ZWISCHEN LUTHERTUM UND CALVINISMUS (1559–1623)

Schaab II 35–80; Stamer III 1, 13–55, 140–145; R. Lossen, Die Glaubensspaltung in d. Kurpfalz (Freiburger Diözesan-Arch. NF 18) 1917, 208–310 (1930²); F. Merkel, Gesch. d. evang. Bekenntnisses in Baden v. d. Reformation bis z. Union (Veröffentl. d. Ver. f. KG in d. evang. Landeskirche Badens 20) 1960; G. A. Benrath, Die geschichtl. Voraussetzungen d. pfälz. Kirchenvereinigung (Bll. f. pfälz. KG 36) 1969, 5–32; Schindling-Ziegler (§ 17) V, 1993, 8–49 (Lit.); M. Schaab, Obrigkeitl. Calvinismus u. Genfer Gemeindemodell (Veröffentl. d. Komm. f. geschichtl. Lkde. in Baden-Württ. B 127) 1993, 34–86; C.-P. Clasen, The Palatinate in European History 1559–1660, Oxford 1963; Ders., The Palatinate in European History 1555–1618, Oxford 1966; Press, Calvinismus (§ 13); W. Henss, Zwischen Orthodoxie u. Irenik. Zur Eigenart d. Reformation in d. rhein. Kurpfalz unter d. Kurfürsten Ottheinrich u. Friedrich III. (ZGO 132, NF 93) 1984, 153–212; D. Raff, Die Pfalz als Refugium (Heidelberger Jbb. 30) 1986, 105–122. – A. Kluckhohn, Briefe Friedrichs d. Frommen, Kurfürsten v. d. Pfalz, 2 Bde., 1868/72; Ders., Friedrich d. Fromme, 1559–1576, 1879. – J. J. Lipowsky, Friedrich V., 1824. – F. H. Schubert, Ludwig Camerarius 1573–1651 (MHStud., Abt. Neuere Gesch. 1) 1955; Bad. Bibliogr. nrr. 5311–5360a, 5411–5840a, 9601–9771, 20050–20059, 39288–39298; Schottenloher nrr. 32112–32152, 32236–32243, 32364a–32411; NDB 5, 530ff. (Friedrich III.); NDB 15, 414f. (Ludwig VI.); NDB 10, 510–513 (Johann Casimir); NDB 5, 532–536 (Friedrich IV. u. Friedrich V.). – Über die Entwicklung der Bekenntnisbildung, für deren Darstellung die Zustände in der Kurpfalz und in der Oberpfalz vielfach besonders instruktiv sind, vgl. GG II⁹ 118ff., 204ff.; ferner E. W. Zeeden, Die Entstehung d. Konfessionen. Grundlagen u. Formen d. Konfessionsbldg. im Zeitalter d. Glaubenskämpfe, 1965; Pfalzatlas, Text 825ff., Karte nr. 74.

Als Kurfürst Ottheinrich 1559 starb, erlosch die Heidelberger Linie des pfälzischen Kurfürstenhauses im Mannesstamm. Es folgte nun der regierende Pfalzgraf von Pfalz-Simmern, Friedrich, der unter Ottheinrich bereits als Statthalter in der Oberpfalz gewirkt hatte. *Friedrich III.* (1559–1576) zählte seit den 1530er Jahren zu den Anhängern der Reformation. Bei seinem Regierungsantritt fand er eine lebhafte, in zänkische Streitereien ausartende Diskussion dogmatischer Fragen in der Kurpfalz vor, die sich besonders an der Lehre über das Abendmahl entzündet hatte. Die Kirchenordnung Ottheinrichs war hier nicht eindeutig genug. In den zwischen dem lutherisch gesinnten Generalsuperintendenten Heßhusius und dem Calvin-Anhänger Klebitz entbrannten Auseinandersetzungen hielt der Kurfürst zunächst eine vermittelnde Linie im Sinne Melanchthons, kam aber dann nach eigenen theologischen Studien, wobei er außer von den geistlichen Beratern vor allem vom Großhofmeister Graf Eberhard von Erbach und von dessen Bruder, dem Grafen Georg, sowie von dem mehr im Hintergrund wirkenden Protonotar Dr. Christoph Ehem beeinflußt war, zu einer der reformierten Lehre sehr nahestehenden Überzeugung,[1] nachdem auf dem Naumburger

Nationalmuseums) 1964, 44–56; weitere Lit. zur Medaillen-, Bildnis-, Bücher- u. Waffenkunde Ottheinrichs s. Schottenloher nrr. 61687–61713; zum Heidelberger Schloß s. Bad. Bibliogr. nrr. 27660–27685, 44686–44702; zu Neuburg Bibliographie d. Kunst in Bayern (s. HB I 674) II, nrr. 26370–26383; vor allem KDB Neuburg 158–183, 191–236.

[1] Zum Ganzen: Goeters, KO XIV 34–60. – Press, Calvinismus (§ 13) 220ff. betont gegenüber d. älteren Forschung Friedrichs Abhängigkeit in religiösen Fragen von seinen Ratgebern, da «es mit der Selbständigkeit seines theologischen Denkens nicht sehr weit her gewesen zu sein scheint»; Ders., Stadt u. territoriale Konfessionsbildung (Städtefor-

Fürstentag (1561) die versuchte Einigung über die lutherische Dogmatik nicht gefunden werden konnte. Die strenge Richtung unter Johann Friedrich II. von Sachsen vermochte mit den milder gesinnten Lutheranern (besonders Kurfürst August von Sachsen unter dem Einfluß Melanchthons) keine Übereinstimmung zu finden. Friedrich III. kam zu der persönlichen Überzeugung, daß die Abendmahlslehre der Augsburger Konfession nicht der Hl. Schrift entspreche, und schloß sich den Lehren an, die in Heidelberg Pierre Bouquin, Caspar Olevian und Zacharias Ursinus,[2] entschiedene Anhänger Calvins, vertraten.

Der Kurfürst erzwang die *Einführung der reformierten Lehren,* entfernte äußerst rigoros alle religiösen Bilder aus den Kirchen[3] und betrieb die Auflösung der noch bestehenden Klöster; bereits um 1550 waren unter Kurfürst Friedrich II. verschiedene, unter der kurpfälzischen Landes- oder Vogtherrschaft stehende geistliche Gemeinschaften, in denen von einem klösterlichen Leben nicht mehr die Rede sein konnte, säkularisiert worden, doch waren diese noch im Einverständnis mit der Kurie getroffenen Maßnahmen frei von dem unter Friedrich III. einsetzenden kämpferischen Reformationseifer.[4] Neben den Theologen war besonders der aus der Schweiz stammende Mediziner Thomas Erastus, als Arzt und Kirchenrat enger Vertrauter Friedrichs III., wesentlich an der Überführung der Kurpfalz zur reformierten Lehre und am Aufbau der neuen kirchlichen Organisation beteiligt.[5] Die für das Kurfürstentum fortan geltenden reformierten Dog-

schungen, R. A. 10) 1980, 254–265 weist auf die Verbindungen hin, die zwischen den kurfürstlichen Räten und den reformatorischen Reichs- u. Landstädten bestanden. Über Christoph Ehem vgl. u. Anm. 24. – A. Kluckhohn, Wie ist Kurfürst Friedrich III. v. d. Pfalz Calvinist geworden? (Münch. hist. Jb. 1866) 421–520; G. A. Benrath, Die Eigenart d. pfälz. Reformation u. d. Vorgesch. d. Heidelberger Katechismus (Heidelberger Jbb. 7) 1963, 13–32; Ders., Der sog. Calvinismus i. d. Pf. (Bll. f. pfälz. KG 37/38 I) 1970/71, 267 ff.; J. Merz, Calvinismus im Territorialstaat? (ZBLG 57) 1994, 45–68; Schottenloher nrr. 8338–8356, 9819 f., 55027–55030 (Heßhusius u. Klebitz).

[2] Schottenloher nrr. 1475 ff., 16614–16623, 21603–21613; H. Schlosser, Caspar Olevianus 1536–1587 (Nassauische Lebensbilder 1) 1940, 67–73; Schottenloher nrr. 57273 ff., 58609 ff. (Bouquin, Olevian, Ursinus); G. A. Benrath, Briefe d. Heidelberger Theologen Zacharias Ursinus (1534–1583) (Heidelberger Jbb. 8) 1964, 93–141; Ders., Zacharias Ursinus (Bll. f. Pfälz. KG 37/38 I) 1970/71, 202–215.

[3] H. Rott, Kirchen- u. Bildersturm bei d. Einführung d. Reformation in d. Pfalz (Neues Arch. f. d. Gesch. d. Stadt Heidelberg u. d. rhein. Pfalz 6) 1905, 229–254; Goeters, KO XIV, nr. 36; die Grundlagen dazu stammen bereits aus der Zeit Ottheinrichs, ebd. nr. 20 f.

[4] M. Schaab, Territorialstaat u. Kirchengut bis z. 30jähr. Krieg (ZGO 138, NF 99) 1990, 241–258; Th. Karst, Pfälz. Klöster im Zeitalter d. Reformation (Mitt. Pfalz 62) 1964, 36–58; vgl. auch P. Moraw, Das Stift St. Philipp zu Zell in d. Pfalz (Heidelberger Veröffentl. z. Landesgesch. u. Lkde. 9) 1964; Pfalzatlas, Text 19–31, Karte nr. 71. Friedrich II. verfügte zwischen 1550 und 1556 über die linksrheinischen Klöster und Stifte Zell, Lambrecht, Münsterdreisen, Alzey (Antoniter u. Augustiner-Eremiten), Weidas, Daimbach, Germersheim, Waldböckelheim; Friedrich III. hob seit 1560 auf Klingenmünster, Limburg, Schönfeld, Neuhausen, Neustadt a. d. Weinstraße, Alzey (Stift St. Nikolaus), Hördt, Frankenthal, Fischbach, Otterberg, Eußerthal, Mauchenheim, Heilsbruck, Kaiserslautern, Gommersheim, Enkenbach, Hochheim, Liebenau.

[5] R. Wesel-Roth, Thomas Erastus (Veröffentl. d. Ver. f. KG in d. ev. Landeskirche Badens 15) 1954; NDB 4, 560.

men waren in dem schon vor dem Bildersturm und vor der Durchsetzung der reformierten Lehre unter persönlicher Mitwirkung Friedrichs bearbeiteten *Heidelberger Katechismus* (1563)[6] niedergelegt worden, der im selben Jahr wie die neue Kirchenordnung erschien.[7] Ohne die letzte Konsequenz der calvinischen Anschauungen (wobei auf die ausdrückliche Behandlung der Prädestinationslehre verzichtet ist) zu ziehen, grenzt sich der Heidelberger Katechismus besonders in der Sakramentenlehre deutlich vom Katholizismus und vom lutherischen Bekenntnis ab. Im Unterschied zur Genfer Kirchenordnung von 1561, die als wesentliches Verfassungselement die Schlüsselgewalt der sich selbst regierenden Gemeinde betonte, hielt die kurpfälzische Ordnung von 1563 an der Organisation der obrigkeitlichen Behördenkirche fest. Der starke Widerstand, den der Kurfürst mit diesem Übergang von der lutherischen zur calvinisch beeinflußten Lehre in seinen Ländern fand – man sträubte sich besonders gegen die Feier des Abendmahles mit dem Brotbrechen –, wurde in der Pfalz mit aller Schärfe gebrochen. In der *Oberpfalz* allerdings gelang es Friedrich III. nicht, seinen Willen völlig durchzusetzen. Besonderen Widerstand leisteten hier die Landstände, auf die der Kurfürst am Landtag von 1563 wegen der Übernahme großer landesfürstlicher Schulden in der Religionsfrage Rücksicht nehmen mußte, obwohl er der Meinung war, daß die Entscheidung dieses Problems allein Sache des Landesfürsten sei. Erst seit 1566/67 verschärfte Friedrich III. die Maßnahmen zur Durchführung der reformierten Kultusformen, ohne dabei aber vollen Erfolg zu haben.[8] Die starke Verstimmung, die der Kurfürst mit diesen Maßnahmen beim Kaiser und zahlreichen Reichsständen, besonders den lutherischen (Johann Friedrich II. und Johann Wilhelm von Sachsen-Weimar, seinen Schwiegersöhnen, Christoph von Württemberg, Wolfgang von Zweibrücken-Neuburg und Philipp von Hessen),[9] hervorrief, bekam er auf dem Reichstag zu Augsburg 1566 zu

[6] Die Verfasserschaft ist umstritten; Vorarbeiten stammen von Ursinus. W. Hollweg, Neue Untersuchungen z. Gesch. u. Lehre d. Heidelberger Katechismus (Beitrr. z. Gesch. u. Lehre d. reformierten Kirche 13) 1961, 9–85, 124–152 schließt Olevian als Autor aus, für den sich Benrath, Vorgesch. (Anm. 1) 23 entscheiden möchte, ähnlich auch W. Henss, Der zeitgeschichtl. Hintergrund d. Heidelberger Katechismus im Spiegel d. Heidelberger Sammlungen (Bll. f. Pfälz. KG 33) 1966, 5; nach Goeters, KO XIV 41 wurde die Redaktion von einer Theologen- und Kirchenräte-Kommission unter Vorsitz und sachlicher Mitwirkung Friedrichs III. auf der Grundlage des Katechismus-Entwurfes von Ursinus vorgenommen; A. Lang, Der Heidelberger Katechismus (Schr. d. Ver. f. Reformationsgesch. 113) 1913; Bad. Bibliogr. nrr. 9640–9663, 20568, 39294; L. Coenen (Hg.), HB zum Heidelberger Katechismus, 1963; Schottenloher nrr. 38532a–38572a, 38889b (Kirchenordnung 1563).

[7] Kirchenordnung mit Heidelberger Katechismus von 1563: Goeters, KO XIV nr. 31; E. W. Zeeden, Calvinistische Elemente in d. kurpfälz. Kirchenordnung v. 1563 (Festschr. E. Wolf) 1962, 183–216 (Nachdruck in Tübinger Beitrr. z. Geschichtsforsch. 15, 1985, 286–313); P. Münch, Zucht u. Ordnung. Reformierte Kirchenverfassungen im 16. u. 17. Jh. (Nassau-Dillenburg, Kurpfalz, Hessen-Kassel) (ebd. 3) 1978, 99–109.

[8] Vgl. dazu Köhle (§ 18 Anm. 9) 121 ff., 148 ff.

[9] Vgl. dazu W. Kühn, Ein undatiertes Gutachten d. Johann Pistorius-Niddanus über d. Heidelberger Katechismus (Jb. d. Hess. Kirchengeschichtl. Vereinigung 11) 1960, 105–118. Über die Beziehungen zu den sächsischen Ernestinern vgl. A. Götz, Elisabeth, Herzogin zu Sachsen, geb. Pfalzgräfin bei

spüren,[10] wo der Kaiser ernsthaft erwog, dem Pfälzer den Schutz des Augsburger Religionsfriedens zu entziehen; denn dieser beziehe sich nur auf die Anhänger der Confessio Augustana. Die standhafte Haltung Friedrichs und das Unbehagen der evangelischen Reichsstände, den Kaiser gegen Kurpfalz zu unterstützen, verhinderte die Durchführung dieses Planes. Am Speyerer Reichstag von 1570 wurden die konfessionellen Fragen offiziell gar nicht mehr diskutiert; Kaiser Maximilian II. neigte unter dem Einfluß seines Beraters Lazarus von Schwendi aus politischen Gründen zu einer verhältnismäßig toleranten Einstellung.[11] So hatte Friedrich III. erreicht, daß die Reformierten de facto am Augsburger Religionsfrieden teilnahmen, was de jure erst der Westfälische Friede 1648 brachte. Die eindeutige konfessionelle Haltung Friedrichs III. führte ihn politisch auf die Seite der in Frankreich um ihre Existenz ringenden *Hugenotten* und der schwer bedrängten evangelischen Niederländer. Er meinte, durch sein Eintreten die reine Lehre vor der Vernichtung durch das gemeinsame spanisch-päpstliche Vorgehen schützen zu müssen. Johann Casimir, Friedrichs streng calvinisch gesinnter Sohn, zog den Hugenotten 1567/68 und 1575/76 zu Hilfe; auch Pfalzgraf Wolfgang von Zweibrücken-Neuburg wurde beim gleichen Unternehmen vom Kurfürsten unterstützt.[12]

Friedrichs *innenpolitische Maßnahmen* standen je länger um so mehr unter dem konfessionell calvinischen Gesichtspunkt. Niederländische und französische Glaubensflüchtlinge fanden im kurfürstlichen Territorium Aufnahme; in Frankenthal und Heidelberg erlangten die französisch-reformierten Gemeinden größere Bedeutung, zu Ende des Jahrhunderts entstanden Niederlassungen auch in Pfalz-Zweibrücken. Die kurfürstliche Landesuniversität Heidelberg wurde zu einer internationalen protestantischen Hochburg.[13] Doch fand sich allenthalben,

Rhein, d. Mutter d. Herzogs Johann Casimir (Jb. d. Coburger Landesstiftung) 1963, 13–88; G. Heyl, Die Kindheit Herzog Johann Casimirs (ebd.) 1964, 13–58; M. Kuhn, Die Politik Pfalz-Lauterns 1570–1590 im Spiegel einer pfälz.-sächs. Eheverbindung (Jb. z. Gesch. v. Stadt u. Lkr. Kaiserslautern) 1963/64, 35–45.

[10] W. Hollweg, Der Augsburger Reichstag v. 1566 u. seine Bedeutung f. d. Entstehung d. Reformierten Kirche u. ihres Bekenntnisses (Beitrr. z. Gesch. u. Lehre d. Reformierten Kirche 17) 1964; zur kirchenrechtsgeschichtl. Problematik vgl. M. Heckel, Parität (ZRG 80, Kan. Abt. 49) 1963, 362ff.; Ders., Reichsrecht u. «Zweite Reformation»: Theolog.-jurist. Probleme d. reformierten Konfessionalisierung (Schr. des Ver. f. Reformationsgesch. 195) 1986, 19ff., 39ff. (zu 1648); V. Press, Die «Zweite Reformation» in d. Kurpfalz (ebd.) 104–129.

[11] RTA, Reichsversammlungen 1556–1662. Der Reichstag zu Speyer 1570, bearb. v. M. Lanzinner, 1988, 962–980 nrr. 385f.; H. Becker, Der Speyerer Reichstag v. 1570, Diss. Mainz 1969, 23ff., 52–57. Vgl. dazu auch M. Lanzinner, Friedenssicherung u. Zentralisierung d. Reichsgewalt. Ein Reformversuch auf d. Reichstag zu Speyer 1570 (ZHF 12) 1985, 287–310.

[12] W. Platzhoff, Gesch. d. europ. Staatensystems 1559–1660, 1928, 52–56; B. Vogler, Le rôle des electeurs palatins dans les guerres de religion en France, 1559–1592 (Cahiers d'histoire) Lyon 1965, 51–85; deutsch in Bll. f. pfälz. KG 37/38 I, 1970/71, 235–266; A. Wirsching, Konfessionalisierung d. Außenpolitik: Die Kurpfalz u. d. Beginn d. franz. Religionskriege (1559–1562) (HJb. 106) 1986, 333–360 (legt die konfessionellen Wurzeln der Außenpolitik Friedrichs III. in den Anfangsjahren von dessen Regierung frei).

[13] Clasen, 1555–1618 (§ 14) 35–39; Ch. J. Burchill, Die Univ. zu Heidelberg u. d. «fromme» Kurfürst (Semper apertus; § 8 Anm. 17) 231–254; R. van Roosbroek, Die niederländ. Glaubensflüchtlinge in Deutsch-

besonders stark in den Kreisen des Adels, lebhafte Abneigung gegen die vor allem in Religionsfragen ans Absolutistische gemahnende Regierung des Kurfürsten, wie dies besonders die zur Regelung der Kirchendisziplin erlassene Kirchenzuchtordnung von 1570 zeigt.[14] Dies gab die Grundlage für die Regierung des seinem Vater so wenig ähnlichen Kurfürsten *Ludwig VI.* (1576–1583), der schon als Kurprinz keinen Zweifel an seiner streng lutherischen Einstellung hatte aufkommen lassen. Bereits 1577 verfügte er die Entlassung zahlreicher reformierter Prediger und höherer Beamter.[15] Die neue Kirchenordnung griff auf jene Ottheinrichs von 1556 zurück, welche in der Oberpfalz allen Bemühungen Kurfürst Friedrichs III. zum Trotz nicht außer acht gelassen worden war.[16]

Ludwig VI. regierte seit 1564 als *Statthalter der Oberpfalz,* als der Übergang des Vaters zum Calvinismus beendet war und in der Kurpfalz die Unterdrückung der lutherischen Lehre in vollem Umfang in Gang kam. Die anticalvinischen Kreise, besonders unter den adligen und bürgerlichen Landständen der Oberpfalz, fanden stets Rückhalt bei ihrem Statthalter. Der jüngere Sohn Friedrichs III., *Johann Casimir,* war dem Vater in den religiösen Fragen treu ergeben. Daraus erwuchsen starke Spannungen zwischen ihm und Ludwig, die sich nach des alten Kurfürsten Tod steigerten. Zu Auseinandersetzungen bot außerdem die Durchführung von Friedrichs III. Testament[17] reichlichen Anlaß, weil darin Johann Casimir ein eigenes Deputatfürstentum in der Kurpfalz mit einigen oberpfälzischen Ämtern (Neunburg vorm Wald, Schwarzenburg, Rötz, Waldmünchen und Burgtreswitz) zugesprochen war. 1578 wurden diese Streitigkeiten vorläufig geschlichtet; Johann Casimir bezog das Fürstentum Pfalz-Lautern.[18] Um dem an der Heidelberger Universität wieder einziehenden Luthertum Widerstand leisten zu können, richtete er in Neustadt an der Haardt das *«Casimirianum»* als Ausbildungsstätte reformierter Theologen ein.[19]

land u. d. Anfänge d. Stadt Frankenthal (Bll. f. pfälz. KG 30) 1963, 2–28.

[14] Vgl. Wesel-Roth (Anm. 5) 50–64; E. W. Zeeden, Die kurpfälz. reformierte Zuchtordnung v. 1570 (Festschr. O. Vasella) 1964, 286–300; Goeters, KO XIV nrr. 44 u. 45; Press, Calvinismus (§ 13) 246ff.; R. C. Walton, Der Streit zw. Thomas Erastus u. Caspar Olevian über d. Kirchenzucht in d. Kurpfalz in seiner Bedeutung f. die internat. reformierte Bewegung (Monatshefte f. evangel. KG 37/38) 1988/89, 205–246 (betont den Einfluß des presbyterial-synodalen Systems der Kirchenlehre von Genf). – Zu der schwer greifbaren Rezeption der reformatorischen Lehren durch das Landvolk vgl. B. Vogler, Die Entstehung d. prot. Volksfrömmigkeit in d. rhein. Pfalz zw. 1555 u. 1619 (ARG 72) 1981, 158–196.

[15] Press, Calvinismus (§ 13) 276f. Über die Fluktuation in den Kirchenämtern vgl. M.-A. Cramer, Herkunft u. Verbleib d. luth. Pfarrer in d. Kurpfalz unter d. Regierung Kurfürst Ludwigs VI. (1576–1583) (Bll. f. württ. KG 79) 1979, 153–168.

[16] Goeters, KO XIV 60–71; Kirchenordnung von 1577: ebd. nr. 60.

[17] A. Kluckhohn, Das Testament Friedrichs d. Frommen (Abh. München 12, III) 1873, 41–104; Press, Calvinismus (§ 13) 269ff.

[18] 1582 erhielt Johann Casimir für Lautern Sitz und Stimme auf dem Reichstag; nach seinem Tod (1592) fiel das Fürstentum an Kurpfalz zurück. 1610 wurde es als Bestandteil des Territoriums der sogenannten jüngeren Linie Simmern unter Pfalzgraf Ludwig Philipp nochmals selbständig (§ 16c). Über Johann Casimirs streng reformierte kirchliche Haltung (vgl. Kirchenordnung von 1576/77) s. Goeters, KO XIV 71ff. u. nr. 78; Press, Calvinismus (§ 13) 299–322.

[19] P. Moraw, Das Casimirianum in Neustadt (1578–1584) (Veröffentl. z. Gesch. v.

Um diese Zeit spielte die *Stellungnahme Ludwigs VI. zur Konkordienformel* eine große Rolle. Mit dieser jüngsten der evangelischen Bekenntnisschriften, die wesentlich durch die Tätigkeit des württembergischen Superintendenten J. Andreae zustande kam (1580), sollten die Streitigkeiten zwischen den «Gnesiolutheranern», die am Urwortlaut der Augsburger Konfession festhielten, und den «Philippisten», die nach Melanchthonscher Auffassung eine Entwicklung der Lehrbegriffe anerkannten, beendigt werden. Obwohl sich zahlreiche evangelische Reichsstände der Formel anschlossen, darunter schließlich auch Kurfürst Ludwig VI., wurde sie doch nicht zur allgemein anerkannten Lehrschrift der Protestanten, sondern blieb auf die lutherisch gesinnten Reichsstände und deren Länder beschränkt.[20]

Ludwigs *politische Haltung* war in erster Linie von der Abneigung gegen den Kaiser, aber auch gegen Kursachsen geprägt. In dem jene Jahre beherrschenden Streit um das Erzstift Köln – Erzbischof Gebhard Truchseß von Waldburg fiel vom Katholizismus ab – wollte der Kurfürst ursprünglich Gebhard unterstützen, konnte sich aber dann doch nicht zu tatkräftiger Hilfe entschließen, ebensowenig wie die anderen lutherischen Reichsstände, und versuchte schließlich seinen zum Eingreifen entschlossenen Bruder Johann Casimir, der im Übertritt des Kölners zur reformierten Lehre eine bedeutende Stärkung dieser Partei im Reich erhoffte, von militärischen Aktionen abzuhalten. Dessen wenig glückliches Operieren am Niederrhein half Gebhard von Waldburg nichts;[21] außerdem sah sich Johann Casimir 1583 veranlaßt, die Kampfhandlungen abzubrechen, weil Kurfürst Ludwig plötzlich gestorben war[22] und der Lauterer Pfalzgraf die Vormundschaft über den minderjährigen Sohn Friedrich IV. (1583–1610) übernehmen wollte.

*Johann Casimir,*[23] der von seinem kleinen Fürstentum aus versucht hatte, in der

Stadt u. Kreis Neustadt a. d. Weinstraße 3) 1963, 27–39; Neustadt u. die Kurpfalz. Die Univ. Heidelberg u. ihre Beziehungen zur linksrhein. Pfalz (Ausstellungskat.) 1986 (über die reformiert-calvinische «Gegenuniversität» in Neustadt zur Zeit Johann Casimirs); T. Karst, Pfgf. Johann Casimir u. die Neustädter (Mitt. Pfalz 76) 1978, 129–146.

[20] Simon 332–335; Press, Calvinismus (§ 13) 287ff.; Th. Pressel, Kurfürst Ludwig v. d. Pfalz u. d. Konkordienformel (Zschr. f. hist. Theologie 31) 1867, 1–112, 268–318, 445–470, 473–605. Die Bekenntnisschriften d. evang.-luth. Kirche, 1986[10], XXXII – XLIV, 735–1135, 1219–1225; H. Gürsching, Jakob Andreae u. seine Zeit (Bll. f. Württ. KG 54) 1954, 123–156; Merkel (§ 14) 79ff.; G. Müller, Das Konkordienbuch v. 1580 (ZBKG 49) 1980, 161–178.

[21] B. Zierenberg, Pfalzgraf Johann Kasimir u. seine Beziehungen zum Kölnischen Krieg, Diss. Münster/Westf. 1918; G. v. Lojewski, Bayerns Weg nach Köln (Bonner hist. Forsch. 21) 1962, bes. 346ff.

[22] J. Rest, Die Leichenfeier d. Kurfürsten Ludwig VI. v. d. Pfalz (ZGO 75, NF 36) 1921, 341–349.

[23] NDB 10, 510–513; Tagebuch des Pfalzgrafen Johann Casimir, hg. v. L. Häusser (QE 8) 1860, 363–414; F. v. Bezold, Briefe d. Pfalzgrafen Johann Casimir m. verwandten Schriftstücken, 3 Bde., 1882/1903; Press, Calvinismus (§ 13) 299–368; D. Cunz, Die Regentschaft d. Pfalzgrafen Johann Casimir in d. Kurpfalz 1583–1592, Diss. Frankfurt a. Main 1934; K. Baumann, Pfalzgraf Johann Kasimir als Politiker u. Landesherr (Kaiserslautern 1276–1951) 1951, 55–65; L. Petry, Pfalzgraf Johann Casimir 1543–1592 (Pfälzer Lebensbilder 1) 1964, 43–66; M. Kuhn, Pfalzgraf Johann Casimir v. Pfalz-Lautern 1576–1583 (Schr. z. Gesch. v. Stadt u. Lkr. Kaiserslautern 3) 1961; Bad. Bibliogr. nrr. 5361–5400, 20051, 38881–38884; Schottenloher nrr. 32176a–32222.

europäischen Politik zwischen den großen Mächten Spanien, Frankreich, England, den Generalstaaten und Österreich eine Rolle zu spielen, dabei aber seine realen Möglichkeiten weit überspannte,[24] wollte nun von der größeren Basis der kurpfälzischen Vormundschaftsregierung aus seinen Einfluß im Konzert der Mächte verstärken. Ludwig VI. hatte versucht, durch die Bestellung von evangelischen Mitvormündern neben dem calvinischen Johann Casimir die konfessionelle Kontinuität seiner lutherischen Regierung zu sichern. Diese Bestimmung konnte aber nicht verhindern, daß Johann Casimir als Administrator der Kurpfalz allein über die Vormundschaftsregierung bestimmte. Er hatte bald die streng lutherisch gesinnten Mitvormünder Ludwig von Württemberg, Ludwig von Hessen und Georg Friedrich von Brandenburg ausgeschaltet, die Erziehung des Kurprinzen übernommen und schließlich veranlaßt, daß dieser 1587 öffentlich das reformierte Glaubensbekenntnis ablegte. Wie in der Kurpfalz[25] wurde nun in der *Oberpfalz* der *reformierte Kultus* eingeführt.

Die *außenpolitischen Unternehmungen Johann Casimirs* als Kuradministrator waren nicht weniger weitgespannt als die Pläne, denen er als Pfalzgraf von Lautern nachhing; sie sollten der Unterstützung der Hugenotten und des französischen Thronerben Heinrichs III. von Navarra dienen, verliefen aber unglücklich.[26] Im Reich zeigte er durch sein Bestreben, eine Union der Protestanten zustande zu bringen, Weitblick und Sinn für politische Notwendigkeiten. Aber bald nach den ersten Verhandlungen in Torgau 1591 starb er (Januar 1592) und kurz darauf auch Kurfürst Christian von Sachsen. Damit hatte der Bund seine beiden wesentlichen Leiter verloren; er löste sich auf, ehe der Kreis dieses von lutherischen und reformierten Reichsständen gebildeten Bündnisses zum Kampf gegen die Gegenreformation richtig ausgebaut worden war.

Die Lage für die Reformierten war nun deshalb besonders kritisch, weil Kurpfalz als angesehenster Reichsstand ohne tatkräftigen und weitblickenden Regenten war und außerdem nach dem Tod des sächsischen Kurfürsten Christian I. die Reaktion der Lutheraner scharf gegen alle Reformierten und gegen die Anhänger Melanchthonscher Lehren vorging. Der jugendliche Kurfürst *Friedrich IV.* konn-

[24] P. Krüger, Die Beziehungen d. Rhein. Pfalz zu Westeuropa 1576–1582. Die europ. Beziehungen d. Pfalzgrafen Johann Casimir 1576–1582, Diss. München 1964; über Johann Casimirs Berater Peter Beutterich und Christoph v. Ehem vgl. NDB 2, 202 u. 4, 342.

[25] Goeters, KO XIV 73–82; F. Krebs, Eine Kirchenordnung d. Pfalzgrafen Johann Casimir (1587) (Bll. f. pfälz. KG 36) 1969, 118f. – Über die Konfessionsverteilung in den linksrheinischen Gebieten von Kurpfalz, Pfalz-Lautern und Pfalz-Zweibrücken in den letzten beiden Jahrzehnten des 16. Jahrhunderts vgl. Pfalzatlas, Karte nr. 74, Text 825f. Die vielschichtige Entwicklung des Konfessionsbewußtseins der Bevölkerung war von kirchenorganisatorischen, herrschaftlichen und nachbarschaftlichen Bedingungen abhängig. Dazu und zur Forschungsproblematik vgl. B. Vogler, Vie religieuse en pays rhénan dans la seconde moitié du 16e siècle (1556–1619) (Thèse Lille) 1974; Ders., Die Ausbildung des Konfessionsbewußtseins in den pfälz. Territorien zw. 1555 u. 1619 (Reformationsgeschichtl. Stud. u. Texte, Suppl. Bd. 2) 1976, 281–288 (Resumé). – Über reformierte Glaubensflüchtlinge in den pfälz. Gebieten vgl. auch D. Raff, Die Pfalz als Refugium (Heidelberger Jbb. 30) 1986, 105–122.

[26] M. Brandt, Johann Kasimir u. d. pfälz. Politik in d. Jahren 1588–1592, Diss. Heidelberg 1909.

te sich aber immerhin unter dem Einfluß der Grafen Johann von Nassau und Ludwig von Sayn-Wittgenstein, die das gemeinsame Interesse an der Erhaltung des Calvinismus in Kurpfalz verband, im Sinne Johann Casimirs an der Spitze der Reformierten behaupten. Alle Versuche der lutherischen Partei (besonders Württemberg, Brandenburg-Ansbach, Hessen-Darmstadt), Friedrich an die von seinem Vater testamentarisch festgelegte Konfession zu binden, scheiterten. Mit Hilfe einer tüchtigen Beamtenschaft gelang es dem jungen Kurfürsten bald, die im Land schwelende Unruhe, von der besonders die *Oberpfalz* betroffen war, niederzuhalten.[27] An eine offizielle Duldung nichtreformierter kirchlicher Lehre war nun nicht mehr zu denken; der Kurfürst hatte die feste Absicht, die überlieferte Konfession in all seinen Landen zu erhalten. Zur einheitlichen Gestaltung besonders der Gottesdienst-Agende in der Rheinpfalz, der Oberpfalz und in dem 1598 erworbenen Fürstentum Simmern (s. § 16c), wo die reformierte Lehre inzwischen eingeführt worden war, erging 1601 eine *Neufassung der Kirchenordnung Friedrichs III.* von 1563,[28] die vor allem auch dem 1593/94 eingeführten sogenannten Institutionswerk, einer allgemeinen religiösen Volksbelehrung, Rechnung trug. In den um die Kurpfalz liegenden Gebieten versuchte die Regierung des neuen Kurfürsten, das Verhältnis zu den Reichsrittern zu entspannen, das während der Administrationszeit Johann Casimirs durch die Mediatisierungsbestrebungen der pfälzischen Verwaltung recht verhärtet worden war.[29]

Seit 1595 hatte *Fürst Christian I. von Anhalt-Bernburg,*[30] das *Statthalteramt in Amberg* inne. Er verstand es, die wichtigsten Fäden der gesamten kurpfälzischen Politik in die Hand zu bekommen und einen im Sinne Kurfürst Friedrichs III. und Johann Casimirs angelegten Kurs zu steuern. Von dem wenig bedeutenden Kurfürsten gingen kaum politische Pläne und keine Initiative zu deren Verwirklichung aus.[31] Das Bemühen Christians galt dem Aufbau einer antikatholischen Blockpolitik im Reich, womit auch in der Außenpolitik die Gegnerschaft gegen

[27] K. Wolf, Die Sicherung d. reformierten Bekenntnisses in d. Kurpfalz nach d. Tode Johann Casimirs (ZGO 87, NF 48) 1935, 384–425; Goeters, KO XIV 82–89; F. v. Weech, Das Tage- u. Ausgabenbuch Friedrichs IV. v. d. Pfalz (ZGO 33) 1880, 201–295; E. Otto, Beitr. z. Gesch. d. Heidelberger Hofes z. Z. d. Kurfürsten Friedrich IV. (Hist. Vjschr. 4) 1901, 33–56; K. Wolf, Von d. Einführung d. allg. Wehrpflicht in Kurpfalz um 1600 (ZGO 89, NF 50) 1937, 638–704; Ders., Zur Gesch. d. Kurfürsten Friedrich IV. v. d. Pfalz (ebd. 92, NF 53) 1940, 275–314. Über die Rolle der sog. wetterauischen Grafen v. Nassau-Dillenburg, Solms-Braunfeld und -Hungen und Sayn-Wittgenstein vgl. auch V. Press, Graf Otto v. Solms-Hungen u. d. Gründung d. Stadt Mannheim (Mannheimer Hefte 1975) 9–23; Ders., Graf Johann VI. v. Nassau-Dillenburg 1580–1606 (Jb. f. westdt. LG 7) 1981, 119ff.

[28] Goeters, KO XIV nr. 96; vgl. Sturm, Reichard v. Simmern (§ 16 Anm. 30) 187; Lkr. Simmern (§ 16 Anm. 26) 111; F. Hepp, Religion u. Herrschaft in d. Kurpfalz um 1600, Diss. Päd. Hochschule Heidelberg 1992.

[29] Press, Calvinismus (§ 13) 385ff.

[30] ADB 4, 145; NDB 3, 221; Press, Calvinismus (§ 13) 399ff., 418f.; Clasen, 1555–1618 (§ 14) 21–26; H. G. Uflacker, Christian I. v. Anhalt u. Peter Wok v. Rosenberg, Diss. München 1926; J. Krebs, Christian v. Anhalt u. d. kurpfälz. Politik am Beginn d. 30jähr. Krieges, 1872; Schubert, Camerarius (§ 14) 36ff.; Ders., Die pfälz. Exilregierung im Dreißigjähr. Krieg (ZGO 102, NF 63) 1954, 578ff.; Muth (§ 18 Anm. 6).

[31] Zur Charakterisierung Friedrichs IV. s. Press, Calvinismus (§ 13) 457ff.

Habsburg Hand in Hand ging (Vertrag mit den Generalstaaten 1605). Das 1608 unter dem Direktorat von Kurpfalz zustandegekommene Bündnis der evangelischen Reichsstände, die *«Union» von Auhausen,* zeigte Kurpfalz an der Spitze der gegen die katholischen Aktionen gerichteten Kräfte.[32] Zugleich aber sollte der Wirkungsbereich der pfälzischen Politik im Kreis der europäischen Mächte weiter ausgebaut werden. Aber die in der Regierungszeit Friedrichs IV. eingeleitete Linie führte unter dessen Sohn *Friedrich V.* (1610–1632) nahe an die Vernichtung des Kurfürstentums der Pfalz.[33]

Von 1610–1614 führte Pfalzgraf Johann II. von Zweibrücken die Vormundschaft (Administration) über Friedrich, Leiter der Politik blieb weiter Christian von Anhalt. Die Rechtsstellung des «Administrators» wurde von dem Neuburger Pfalzgrafen Philipp Ludwig angefochten, der eigentlich der Nächstberechtigte zu diesem Amt gewesen wäre. Da Philipp Ludwig im Gegensatz zu seinem Zweibrücker Bruder als orthodoxer Lutheraner galt, nahm Friedrichs IV. Regierung an, er werde während der Zeit der Vormundschaft erneut den Konfessionswechsel in Kurpfalz betreiben. In den Verhandlungen über das Testament Friedrichs IV. seit 1602 wurden daher die Rechte des Neuburgers zugunsten der von Zweibrücken übergangen.[34] Nach Eintritt des Erbfalles (1610) ließ es der Pfalzgraf von Neuburg jedoch bei Protesten, einer Klage am Reichskammergericht und der Verbreitung wütender Flugschriften bewenden. Zur gleichen Zeit machte Bayern Ansprüche auf Recht und Würde des Kurfürsten geltend, die im Auftrag Maximilians I. der bayerische Rat Christoph Gewold literarisch erhob. In diesem zunächst noch akademisch anmutenden Streit um Kurwürde und Reichsvikariat scheint schon das im dritten Jahrzehnt des siebzehnten Jahrhunderts für Kurpfalz lebensbedrohend werdende Motiv altbayerisch-pfälzischer Rivalität auf.[35]

Zunächst gab die *Jülich-Klevische Erbfolgesache* (§ 17 sowie HB II § 61) Gelegenheit zur Kraftprobe zwischen den Streitparteien; der Erbschaftsstreit war nach dem Tod des letzten Herzogs Johann Wilhelm (1609) in ein akutes Stadium getreten. Die in der Union zusammengeschlossenen Kräfte garantierten den protestantischen Erbberechtigten Pfalz-Neuburg und Brandenburg die von diesen durchgeführte gemeinsame Besitzergreifung und die Zurückweisung der Ansprüche Habsburgs, hinter denen die Liga und auch Spanien standen. Als jedoch der Protektor der Evangelischen, König Heinrich IV. von Frankreich, 1610 er-

[32] Briefe u. Akten I nr. 596 (Zusammenstellung d. wichtigeren Unionsakten 1591–1608); M. RITTER, Gesch. d. deutschen Union, 2 Bde., 1867/73.

[33] Über Friedrich V. vgl. NDB 5, 534; A. GINDELY, Friedrich V. v. d. Pfalz, d. ehem. Winterkönig v. Böhmen seit d. Regensburger Deputationstag v. Jahre 1622 bis zu seinem Tode (Abh. d. böhm. Ges. d. Wiss. 6, F. 12) 1884; J. G. WEISS, Beitrr. z. Beurteilung d. Kurfürsten Friedrich V. v. d. Pfalz (ZGO 85, NF 46) 1933, 385–422; SCHUBERT, Camerarius (§ 14); Ders., Exilregierung (Anm. 30); umfangreiche Bibliographie: Bad. Bibliogr. nrr. 5443–5840a, 20055 ff., 38886–38889.

[34] PRESS, Calvinismus (§ 13) 422 ff.; zur Administration u. zur Abwehr d. Neuburger Ansprüche darauf s. ebd. 479 ff.

[35] I. BEZZEL, Marquard Frehers «Origines Palatinae» u. d. Streit um d. Pfälz. Kurwürde (Mitt. Pfalz 62) 1964, 59–65.

mordet wurde und damit eine wichtige Rückendeckung wegfiel und als schließlich Wolfgang Wilhelm von Pfalz-Neuburg auf die Seite Bayerns (d. h. der Liga) überschwenkte, kam es nicht zu der in der Luft liegenden großen Auseinandersetzung, sondern zu dem *Kompromißvertrag von Xanten* (1614), in dem Brandenburg und Neuburg die Verwaltung des reichen Erbes teilten.

Als wichtigsten Bundesgenossen gewann Kurpfalz 1612/13 England[36] (Defensivvertrag und Eheschließung Friedrichs V. mit Prinzessin Elisabeth). Der Weg der kurpfälzischen Politik zum Ausbau einer bedeutenden Stellung des Kurfürstentums wies in den folgenden Jahren in das Königreich *Böhmen* (s. HB II §§ 62, 63). Schon bald nach dem Reichstag von 1613, der, ähnlich wie der von 1608, durch die unnachgiebige Haltung von Kurpfalz in den konfessionellen Fragen gesprengt worden war, knüpfte Christian von Anhalt Beziehungen zu den österreichischen und böhmischen Ständen an in der Absicht, die Nachfolge des Erzherzogs Ferdinand von Steiermark nach Kaiser Matthias in Böhmen wie im Reich zu hintertreiben.

In Böhmen wurde Ferdinand zwar 1617 zum König gewählt; weil es jedoch nicht gelang, die tiefen Unstimmigkeiten ständischer und konfessioneller Natur mit dem böhmischen Adel zu beseitigen, erklärte ihn 1619 der böhmische Generallandtag für abgesetzt und wählte an seiner Stelle das Haupt der Union, *Kurfürst Friedrich V.* von der Pfalz, zum *König von Böhmen*. Im Herbst 1619 zog Friedrich in Prag ein, wurde gekrönt und nahm dort Residenz.[37] Der Ausgang dieses Abenteuers konnte nicht zweifelhaft sein, als sich herausstellte, daß Ferdinand Rückhalt an der Liga, deren treibende Kraft, Maximilian von Bayern, sich reichen Gewinn aus dem Besitz der Pfalz erhoffte, fand und daß sich die Union nicht zu tatkräftiger Hilfe für Friedrich aufraffen konnte. Auch an den verbündeten Generalstaaten und an England fand der neue böhmische König keine Unterstützung. Deshalb hatten es kaiserliche und ligistische Truppen nicht allzu schwer, am *Weißen Berg bei Prag* (s. HB II 428) das böhmisch-pfälzische Heer zu stellen und zu schlagen (November 1620). Mit seinen böhmischen Untertanen hatte Friedrich vorher schon wegen der Bevorzugung der Reformierten vor den

[36] K. Th. Heigel, Die Hochzeit Friedrichs V. v. d. Pfalz (Neue hist. Vorträge u. Aufsätze) 1883, 65–79; A. Chroust, Die Hochzeit d. Winterkönigs (1613) (Aufsätze u. Vorträge) 1939, 128–144. Über Elisabeth s. Bad. Bibliogr. nrr. 5804–5840a, 38891, 38893; NDB 4, 447; über die Kinder vgl. H. R. Trevor-Roper, Ruprecht «der Cavalier» (ZBLG 44) 1981, 241–256; M. Ashley, Rupert of the Rhine, London 1976; R. Pillorget, Die Kinder Friedrichs V. v. d. Pfalz in Frankreich: Philipp, Eduard u. Luise-Hollandine, Äbtissin v. Maubuisson (ZBLG 44) 1981, 257–268.

[37] Zur böhmischen Königswahl und zur Situation der Kurpfalz während des 30jähr. Krieges vgl. Schaab II 109–123; ferner J. G. Weiss, Die Vorgesch. d. böhm. Abenteuers Friedrichs V. v. d. Pfalz (ZGO 92, NF 53) 1940, 383–492; A. Tecke, Die kurpfälz. Politik u. d. Ausbruch d. Dreißigjähr. Krieges, Diss. Hamburg 1931; H. Weigel, Franken, Kurpfalz u. d. böhm. Aufstand 1618–1620. I. Die Politik d. Kurpfalz u. d. ev. Stände Frankens Mai 1618 – März 1619, 1932; K. Wolf, Graf Johann d. M. v. Nassau-Siegen u. d. Kurpfälz. Krieg, 1619–1621 (Nassauische Annalen 73) 1962, 116–128; E. Weiss, Die Unterstützung Friedrich V. v. d. Pfalz durch Jakob I. u. Karl I. v. England im 30jähr. Krieg (1618–1632), 1966.

Lutheranern und besonders wegen des unter Mitwirkung des pfälzischen Hofpredigers Abraham Scultetus durchgeführten Bildersturms im Veitsdom zu Prag, wegen seiner gewaltsamen Versuche zur Einführung calvinischer Kultformen und wegen der geplanten Besetzung der Pfarreien mit reformierten Predigern heftige Auseinandersetzungen gehabt.[38]

In kurzer Zeit war Friedrichs Herrschaft in Prag zusammengebrochen. Er mußte mit seinen Helfern fliehen; im Januar 1621 wurde die Reichsacht über ihn verhängt.[39] Friedrich V. veranlaßte darauf im Frühjahr 1621 den Söldnerführer *Ernst von Mansfeld,* neue Truppen zu sammeln, die dieser aus Böhmen in die nördliche Oberpfalz beorderte und mit ihnen ein befestigtes Lager an der Grenze bei Waidhaus bezog, das zunächst vergeblich von Tilly berannt wurde. Wesentliche militärische Erfolge hatte das Mansfeldsche Heer nicht, noch weniger jedoch das oberpfälzische Reiter- und Fußtruppenaufgebot, welches 1619–1621 in wenig disziplinierter Weise unter Waffen gestanden war.[40] Als Maximilian von Straubing her gegen Cham vorrückte, die Stadt nach kurzer Belagerung einnahm, dirigierte Mansfeld seine Truppen nach Westen, um an den Rhein zu kommen, so daß sich Tillys und Maximilians Truppen nach der Besetzung von Neunburg vorm Wald im Naabtal vereinigen konnten, Amberg und schließlich auch Neumarkt erreichten.[41] Damit war die tatsächliche *Herrschaft der Kurpfalz über die Oberpfalz beendet:* Auf Anweisung des Kaisers leisteten die Stände Maximilian von Bayern als kaiserlichem Kommissär die Huldigung; als bayerischer Statthalter zog in Amberg Graf Johann Christoph von Preysing auf.[42]

Für das weitere Schicksal der kurpfälzischen Lande in Bayern wurden die Verhandlungen um die dem geächteten Friedrich V. aberkannte Kurwürde und um die Entschädigung der Kriegskosten Maximilians I. von ausschlaggebender Bedeutung. Rang und Amt des Kurfürsten waren dem bayerischen Herzog vom Kaiser bereits vor Beginn der militärischen Operationen in der Oberpfalz im Sommer 1621 bindend zugesagt worden; unter gewissen einschränkenden Bedingungen hat man dies 1623 veröffentlicht.[43] Besondere Unterstützung fanden

[38] G. A. Benrath, Die Selbstbiogr. d. Heidelberger Theologen u. Hofpredigers Abraham Scultetus, 1566–1624 (Veröffentl. d. Ver. f. KG in d. ev. Landeskirche in Baden 24) 1966, 80–83; Ders., Abraham Scultetus (Pfälzer Lebensbilder 2) 1970, 97–116; J. Hemmerle, Die calvin. Reformation in Böhmen (Stifter-Jb. 8) 1964, 243–276.

[39] Briefe u. Akten NF I 2, nr. 17; N. Mout, Der Winterkönig im Exil. Friedrich V. v. d. Pfalz u. d. niederländ. Generalstaaten 1621–1632 (ZHF 15) 1988, 157–272.

[40] J. Dollacker, Das Ende d. kurpfälz. Herrschaft in d. oberen Pfalz 1618–1621, 1918; Ders., Das Aufgebot d. oberpfälz. Ausschusses 1619–1621 (VHOR 85) 1935, 250–271.

[41] K. Frhr. v. Reitzenstein, Der Feldzug d. Jahres 1621 m. d. Besitzergreifung d. Oberpfalz (Supplementheft zum Jb. d. militär. Ges. München) 1885/87; J. Staber, Die Eroberung d. Oberpfalz im Jahre 1621. Nach d. Tagebuch d. Johann Christoph v. Preysing (VHOR 104) 1964, 165–221; Riezler V 197–203; HB II 429 ff.; Die Oberpfalz wird bayerisch (Ausstellungskataloge d. Staatl. Archive Bayerns 10; mit Beitrr. v. K. O. Ambronn u. A. Fuchs) 1978. – Über Mansfeld vgl. F. Stieve, Ernst v. Mansfeld (SB München) 1890; ADB 20, 222–232; NDB 16, 80 f.

[42] Staber (s. Anm. 41) 207; über Preysing als Statthalter: J. Sturm, Johann Christoph v. Preysing, 1923, 82–90.

[43] 1621: Briefe u. Akten NF I 2, nr. 123;

Bayerns Absichten bei der Kurie; langwierige, aber nicht besonders ernst zu nehmende Querelen dagegen brachte Pfalzgraf Wolfgang Wilhelm von Neuburg vor, der auf die nähere Verwandtschaft seines Hauses mit dem geächteten Kurfürsten aus der Linie Simmern pochte.[44]

1628 erklärte Kaiser Ferdinand II. die *Erblichkeit der Belehnung mit der Kur für das Haus Bayern;* dazu erhielt Maximilian die *Oberpfalz* endgültig als *Entschädigung für die Kriegskosten,* nachdem bereits 1623 das Gebiet als Pfand für die bayerischen Forderungen eingesetzt worden war.[45] Vom ehemals kurpfälzischen Gebiet waren schon vorher (1625) Stadt und Amt Cham an Bayern gegeben worden, weil es sich hier um alte bayerische, seit dem vierzehnten Jahrhundert an Kurpfalz verpfändete Besitzungen handelte; die aus dem Kondominium Parkstein-Weiden stammenden pfälzischen Rechte sowie das Amt Pleystein im Oberpfälzer Wald waren als Entschädigung an Pfalz-Neuburg beziehungsweise an Herzog Albrecht VI. gekommen.[46] Die böhmischen Lehen in der Oberpfalz, die Gebiete und Besitzungen, über die die pfälzischen Wittelsbacher bisher die Lehenshoheit der Krone Böhmens hatten anerkennen müssen, hielt der Kaiser noch zurück; erst 1631 verstand sich die habsburgische Verwaltung zur Belehnung Bayerns mit diesem großen Guts- und Rechtskomplex in der Oberpfalz.[47] Mit dem Kaufvertrag von 1628 erhielt Bayern außerdem noch die Pfalz, soweit sie rechts des Rheins gelegen war. Bereits 1621 war Tilly von der Oberpfalz aus dorthin gezogen, während spanische Truppen links des Rheins einrückten; in diesen Gebieten versuchte die spanische Besatzung den katholischen Kultus wieder einzuführen.[48] Ende 1622 war mit Heidelberg die ganze rechtsrheinische Pfalz in Händen der Liga-Truppen.[49] Das kaiserliche und bayerische Kriegskommissariat wurde 1623 in eine von München abhängige provisorische Regierung unter dem Statthalter Heinrich von Metternich überführt, der sich um die Organisation der Verwal-

1623: ebd. NF II 1, nr. 18, vgl. auch nrr. 107, 127, 199; D. Albrecht, Die auswärtige Politik Maximilians v. Bayern 1618–1635 (Schriftenreihe d. HK 6) 1962, 69, 83; zur Vorgeschichte und zur folgenden Entwicklung vgl. A. Kraus, Maximilian I. Bayerns großer Kurfürst, 1990, 102ff., 125ff., 162ff.

[44] D. Albrecht, Der hl. Stuhl u. d. Kurübertragung v. 1623 (QFIAB 34) 1954, 236–249; Ders., Die deutsche Politik Papst Gregors XV. (Schriftenreihe 53) 1956, 101ff.; I. Bezzel, Wolfgang Wilhelm v. Pfalz-Neuburg u. d. pfälz. Kur (NK 112) 1959, 3–20; über Wolfgang Wilhelm s. § 17. J. Steiner, Die pfälz. Kurwürde während d. Dreißigjähr. Krieges (1618–1648) (Veröffentl. d. pfälz. Ges. z. Förderung d. Wiss. 76) 1985 (auch über die Neuburger Ansprüche und über die Restitution der Kurpfalz auf der neuen, achten, Kurstimme 1648).

[45] Verpfändung 1623: Briefe u. Akten NF II 1, nr. 48; 1628: ebd. NF II 4, nr. 32; Text: Lünig V 700ff. (= pars spec. I, 700ff.); Riezler V 313ff.; zum Ganzen: HB II 429–434; Dokumente I 3, nrr. 238–242, 272f. u. S. 111f.

[46] Cham: Briefe u. Akten NF II 1, 443; II 2, nr. 25; HAB Cham (M. Piendl) 7. Parkstein-Weiden: HAB Neustadt a. d. Waldnaab – Weiden (H. Sturm) 39f., 74ff.; Pleystein: W. Volkert, Pleystein (Oberpfälzer Heimat 4) 1959, 64. Über das Gemeinschaftsamt s. auch § 17 Anm. 47.

[47] Lommer (§ 8 Anm. 10) I 81f.; Riezler V 319f.

[48] A. Egler, Die Spanier in d. linksrhein. Pfalz 1620–1632. Invasion, Verwaltung, Rekatholisierung (Quellen u. Abh. z. mittelrhein. KG 13) 1971.

[49] Pfalzatlas, Karten nrr. 107 u. 108, Text 1398–1413. Weitere Lit. s. Bad. Bibliogr. nrr. 3170a–3211, 38742–38745.

tung bemühte und die Rekatholisiserung der Bevölkerung einleitete. Nach der endgültigen Kurübertragung von 1628 wurden diese Maßnahmen verstärkt weitergeführt; die Heidelberger Regierung galt nun als bayerische Mittelbehörde. Bis zum Erscheinen der Schweden am Rhein (1631/32) blieb die Kurpfalz rechts des Rheins in bayerischer Hand; als letzten Stützpunkt mußte der bayerische Statthalter 1633 Heidelberg räumen.[50]

Auf Ersuchen Papst Gregors XV. ließ Maximilian von Bayern dem Vatikan eine fürstliche Gabe auf Kosten der Pfalz 1622/23 überreichen: die Handschriften und Bücher der kurfürstlichen Bibliothek Heidelberg, die seitdem den Bestand *«Palatina»* der vatikanischen Bibliothek in Rom bilden. Die mehrfach unternommenen Versuche der Pfalz, die Sammlungen wieder zurückzubekommen, blieben erfolglos. Erst 1816 wurde ein Teil (die deutschen Handschriften) zurückgegeben.[51]

Der Besitz der Kurwürde und der pfälzischen Länder stand bei den Friedensverhandlungen in Münster und Osnabrück seit 1643 nochmals zur Diskussion. Wäre in der Pfalzfrage die von Schweden und den Protestanten geforderte Wiederherstellung der Besitz- und Rechtsverhältnisse von 1618 verwirklicht worden, so hätte Bayern das von der Pfalz Erworbene herausgeben müssen. Maximilian I. trat dafür ein, den Pfälzer Prätendenten Karl Ludwig, den Sohn des geächteten Friedrichs V., in eine neuzuschaffende achte Kurwürde einzuweisen; diesem sollte auch die untere Pfalz überlassen werden, wenn nur Bayern die Oberpfalz (mit der Grafschaft Cham) und die erste weltliche Kurstimme des Pfälzers behalten könne. Diese Regelung fand schließlich Eingang in das Friedensinstrument von Münster (IPM § 11); außerdem erreichte Maximilian, daß die Anordnung des Normaljahres 1624 für den Konfessionsstand in seinen Erwerbungsgebieten nicht Geltung haben sollte, so daß die Gegenreformation in der Oberpfalz nicht rückgängig gemacht werden mußte.[52]

Eine dreihundertjährige Geschichte der Gebiete auf dem alten Nordgau, die seit dem Vertrag von Pavia 1329 zur Kurpfalz gehört hatten, war damit zu Ende. Die *Kuroberpfalz,* die von der engen Verbindung mit dem Kurfürstentum am Rhein den Namen bekommen hatte und diesen auch weiter als Provinzbezeichnung

[50] Nach der Rückeroberung der rechtsrheinischen Pfalz durch kaiserliche und bayerische Truppen 1634/35 wurde dort nochmals eine kurbayerische Verwaltung aufgebaut, deren Statthalter Heinrich v. Metternich die «bayer. Unterpfalz» 1649 im Vollzug des Westfälischen Friedens an den restituierten pfälzischen Kurfürsten Karl Ludwig übergab. Eingehende Untersuchung der bayer. Zeit der «Unterpfalz» bei F. MAIER, Die bayer. Unterpfalz im Dreißigjähr. Krieg. Besetzung, Verwaltung u. Rekatholisierung d. rechtsrhein. Pfalz durch Bayern 1621 bis 1649, Diss. München 1990; vgl. auch V. PRESS, Kurfürst Maximilian I. v. Bayern, die Jesuiten u. die Univ. Heidelberg im Dreißigjähr. Krieg 1622–1649 (Semper apertus; § 8 Anm. 17) 314–370.

[51] E. MITTLER (Hg.), Bibliotheca Palatina (Ausstellungskat. d. Univ. Heidelberg) 1986, 2 Bde.; vgl. HB II 430. – Ältere Lit. s. Bad. Bibliogr., nrr. 17874–17916, 22731 f., 34011, 41712 f.

[52] F. DICKMANN, Der Westfäl. Frieden, 1985[5], 377 ff., 398 ff.; STEINER (Anm. 44); HB II 452–456 mit Lit.; dazu noch A. KRAUS, Frankreich u. d. Pfalzfrage auf d. Westfäl. Friedenskongreß (ZBLG 53) 1990, 681–696.

beibehielt, wurde der *wichtigste Erwerb Bayerns in neuerer Zeit.* Die vom neuen Kurfürsten eingeleiteten Maßnahmen, besonders die *Rückführung zum Katholizismus*[53] prägten das Land und seine weitere Entwicklung ganz entscheidend. Indes, die große Zeit der Oberpfalz war vorüber; die schweren Schäden, die der Dreißigjährige Krieg dem Territorium, besonders seinem wirtschaftlichen Gefüge,[54] brachte, wurden unter bayerischer Herrschaft im siebzehnten und achtzehnten Jahrhundert nicht beseitigt. Wohl blieb dem Land im Rahmen der altbayerischen Staatsorganisation eine gewisse Sonderstellung erhalten, mit eigener Regierung und eigenem Statthalter und wenigstens zeitweilig noch eigenem Gesetz;[55] aber all dies kann nicht darüber hinwegtäuschen, daß es nun mit dem unter kurfürstlich-pfälzischer Herrschaft erreichten Wohlstand vorüber war.

## § 15. DIE AUSWIRKUNGEN DER REFORMATION AUF DIE KUROBERPFALZ

Simon, KO XIII; Goeters, KO XIV; Weigel-Wopper-Ammon, Ambergisches Pfarrerbuch, 1967. – J. B. Götz, Die religiöse Bewegung in d. Oberpfalz v. 1520–1560 (Erläuterungen u. Erg. zu Janssens Gesch. d. deutschen Volkes X, 1.2) 1914; Ders., Die erste Einführung d. Kalvinismus in d. Oberpfalz 1559–1576 (Reformationsgeschichtl. Stud. u. Texte 60) 1933 (vgl. Besprechung v. M. Weigel, ZBLG 8, 1935, 101–108); Ders., Die religiösen Wirren in d. Oberpfalz 1576–1620 (Reformationsgeschichtl. Stud. u. Texte 66) 1937; Schindling-Ziegler (§ 17) I 8–49; V. Press, Das evang. Amberg zw. Reformation u. Gegenreformation (Amberg 1034–1984) 1984, 119–136; Simon; Ders., HAB; R. Dollinger, Das Evangelium in d. Oberpfalz, 1952. – Lit. zur Frage der Konfessionsbildung vgl. § 14.

Als *Ottheinrich* 1556 die Herrschaft als Kurfürst von der Pfalz antrat, wurde auch in der Oberpfalz der katholische Kultus endgültig verboten. Schon seit den zwanziger Jahren des sechzehnten Jahrhunderts hatte im kurpfälzischen Landesteil *die lutherische Lehre* Eingang gefunden, zunächst in den Städten Weiden, Cham, Neunburg, Neumarkt und Amberg,[1] deren Bürgerschaften sich um die

[53] Zur Gegenreformation in d. Oberpfalz s. § 15 Anm. 23 und HB II 714ff. Für die pfälzischen Gebiete s. M. Schaab, Die Wiederherstellung d. Katholizismus in d. Kurpfalz im 17. u. 18. Jh. (ZGO 114, NF 75) 1966, 148, 153f., 170ff.

[54] S. § 21 b).

[55] Vgl. § 18; HB II 651f., 1243f.; J. v. Destouches, Statist. Beschreibung d. OPf., III, 1809, 56–65; H. Sturm, Die Gebietsgliederung im Reg.-Bez. Oberpfalz seit Beginn d. 19. Jhs. (Oberpfälzer Heimat 13) 1969, 23ff.

[1] M. Simon, Der Lebensgang d. ersten ev. Predigers in d. Oberpfalz, Joh. Freysleben (ZBKG 29) 1960, 25–32; G. Kolde, Die Anfänge d. Reformation zu Weiden i. d. Opf. (Beitrr. BK 20) 1914, 1–28, 167–197, 207–229; H. Hofmann, Die Michaelskirche. Weidens Stadtkirche im Sturm d. Zeiten (Weidener heimatkundl. Arbeiten 5) 1961. – J. Brunner, Gesch. d. Stadt Cham, 1919, 59ff. – K. Ried, Das Religionswesen d. Stadt Neumarkt im 16. u. 17. Jh. (13. Jahresber. d. Hist. Ver. Neumarkt i. d. Opf.) 1934/38, 38–50; Ders., Neumarkt i. d. Opf., 1960, 16ff.; M. Weigel, Zur Reformationsgesch. d. Stadt Neumarkt (ZBKG 14) 1939, 202–206. – Ders., Andreas Hügel u. d. Einführung d. Reformation in Amberg, 1938; Ders., Verzeichnis d. Geistlichen u. Präzeptoren d. Stadt Amberg während ihrer ev. Zeit 1538–1628 (Bll. f. fränk. Familienkunde 16) 1938, 1–26; K. Ramge, Das gottesdienstl. u. kulturell-sittl. Leben d. alten luther. Amberg 1538–1626/28, 1938 (vgl. ZBKG 14, 1939, 109–114); M. Weigel, Die Beziehungen d. Diako-

Genehmigung des evangelischen Abendmahles und die Anstellung von Prädikanten bemüht hatten. Von den Klöstern, die sich in der ersten Hälfte des Jahrhunderts in trauriger Lage befanden, war kein sehr wesentlicher Widerstand zu erwarten, wenn auch nicht an allen Orten die Verhältnisse so zerrüttet waren, wie in Ensdorf, wo bereits 1524/25 anstelle des Abtes ein Administrator aufgestellt werden mußte und wo zwei Jahrzehnte später nicht mehr von einem geistlichen Leben die Rede sein konnte. Die wenig eindeutige Haltung Friedrichs II. als Statthalter, seine stete Rücksichtnahme auf die politische Lage bei konfessionellen Entscheidungen und besonders sein Eintreten für das Interim 1548 verwirrten die religiöse Situation in der Oberpfalz. Er selbst hatte um diese Zeit schon durch die Teilnahme am Abendmahl sein Eintreten für die Lehre Luthers bekundet. Die oberpfälzischen Statthalter Pfalzgraf Wolfgang d. Ä. (1544–1551; jüngerer Bruder Friedrichs II.) und Wolfgang von Zweibrücken (1551–1556) förderten die neue Lehre, besonders in der Frage der Anstellung von Prädikanten, ohne aber eine grundlegende *Neuordnung des Kirchenwesens* herbeiführen zu können.[2]

Diese Aufgabe nahm nun Ottheinrich in Angriff, der sein Pfalz-Neuburger Fürstentum seit 1542 dem Luthertum zugeführt hatte. 1556 erließ der Kurfürst die Kirchenordnung und befahl eine allgemeine Visitation, die im folgenden Jahr stattfand. Gleichzeitig wurden alle katholischen Kultgegenstände und Bilder aus den Kirchen entfernt; noch ging man bei diesem Bildersturm verhältnismäßig schonend vor.[3] Im Landesteil, der der Kurfürstinwitwe Dorothea als Wittum zugewiesen war, konnte Ottheinrich die Durchführung letzterer Maßnahme nicht erzwingen, weil Dorothea einen Bildersturm im Sinne Karlstadts fürchtete und verhindern wollte.[4]

Die Mehrzahl der oberpfälzischen *Klöster* nahm um diese Zeit die evangelische Kirchenordnung an; lediglich Waldsassen und die Frauenkonvente Seligenporten und Gnadenberg hielten länger am Hergebrachten fest. Die beiden letzteren bestanden noch nach der formellen Aufhebung der Klöster durch Friedrich III. 1562/63.[5] Zur Vermögensverwaltung wurden Klosterrichter als Amtleute einge-

nus M. Sebastian Fröschel in Wittenberg zu seiner Vaterstadt Amberg (ZBKG 14) 1939, 1–13; G. Blössner, Die Stadt Amberg in ihrer kirchl. Vergangenheit, 1954; Press, Amberg (§ 15) 119.

[2] Kluckhohn, Briefe Friedrichs d. Fr. (§ 14) I, LVIIf.; vgl. auch § 16 Anm. 35.

[3] Vgl. O. Schmidt, Zur Gesch. d. Martinskirche Amberg (Oberpfälzer Heimat 8) 1963, 86f.

[4] Hasenclever, Kurfürstinwitwe Dorothea (§ 13 Anm. 15) 431f., 438, 442ff.; W. Volkert, Gerichtsverhältnisse im Pflegamt Hohenfels vom 15. bis zum 18. Jh. (VHOR 100) 1959, 149–173. – Das Wittum umfaßte die Ämter Neumarkt, Wolfstein, Haimburg, Pfaffenhofen, Holnstein, Hohenfels, Freystadt und die Klöster Gnadenberg und Seligenporten.

[5] Vgl. B. Appel, Anna v. Kuedorf, Äbtissin v. Seligenporten (1549/76) (100 Jahre Lkr. Schwabach) 1964, 404–417; K. Ackermann, Die Klöster d. „Oberen Pfalz“ am Vorabend ihrer ersten Säkularisation 1556 (Festschr. f. A. Kraus) 1992, 245–258. – Überreste aus den Bibliotheken d. oberpfälz. Klöster Ensdorf, Michelfeld, Reichenbach, Weißenohe, Speinshart, Walderbach u. Waldsassen sind möglicherweise in der Provinzialbibliothek Amberg überliefert; vgl. W. Lipp – H. Giess, Staatl. Bibliothek (Provinzialbibliothek) Amberg u. ihr Erbe aus den opf. Klosterbibliotheken, 1991.

setzt. Ferner bestellte der Kurfürst Administratoren, die die Vertretung auf den Landtagen wahrnahmen.

Die drei Jahre der Regierung Ottheinrichs reichten nicht hin, um die verworrenen kirchlichen Verhältnisse völlig zu klären.[6] Als der ursprünglich lutherische Kurfürst *Friedrich III.* (1559–1576) seit 1563 mit Entschiedenheit die reformierte Lehre einführen wollte, stieß er in der Oberpfalz allenthalben auf Widerstand. Das Land zeigte keinerlei Neigung für die calvinisch beeinflußten Dogmen und Zeremonien und fand dabei auch Unterstützung im benachbarten Regensburg.[7] In den der Kurfürstinwitwe Dorothea zugewiesenen sogenannten Wittumsämtern blieb bis zum Tode der Inhaberin (1580) das Luthertum erhalten. Auch im Stiftland Waldsassen, das unter dem lutherischen Administrator Pfalzgraf Richard von Simmern stand, wurden die kurfürstlichen Befehle zunächst nicht ausgeführt. Bis zu Richards Amtsniederlegung (1569) blieb es bei der ursprünglich eingeführten evangelischen Lehre.[8]

Das Haupthindernis zur Realisierung der Pläne Friedrichs III. in der Oberpfalz war die eindeutig lutherische Gesinnung seines ältesten Sohnes *Ludwig,* des *Statthalters in Amberg* (1564–1576). Gleich ihm hielten weite Kreise des landsässigen Adels wenig von der Hinwendung zur reformierten Lehre; einer der engsten Berater Ludwigs, der letzte Abt des Klosters Speinshart, Johann Georg von Gleißenthal, zeigte sowohl in der Landschaftsverwaltung wie auch in der landesherrlichen Administration eindeutig seine Haltung im Sinne lutherischer Lehren.[9] Auf den Landtagen von 1563 und 1566 verlangte der Kurfürst die radikale Durchführung des Bilderverbotes und die *Einführung der calvinischen Zeremonien* beim Abendmahl (Brotbrechen); er hob die Kirchenordnung Ottheinrichs auf und wollte an deren Stelle die pfälzische von 1563 angewendet wissen. Durch die Entlassung lutherischer und die Anstellung reformierter Prädikanten suchte er der von ihm vertretenen Lehre zum Durchbruch zu verhelfen. Die lutherischen Geistlichen Ambergs wurden 1566 aus ihren Ämtern entfernt. Der Heranbildung eines entsprechend geschulten Nachwuchses sollte die Einrichtung des Pädagogiums in Amberg[10] dienen, da sich die in den aufgehobenen Klöstern eingerichteten Schulen nicht bewährt hatten.

Die Durchführung der kirchlichen Anordnungen war weitgehend von der jeweiligen Persönlichkeit der kurfürstlichen Beamten und der bekenntnismäßigen

[6] M. Weigel, Beitr. z. Gesch. d. Lebens u. Wirkens d. Hieronymus Rauscher (ZBKG 13) 1938, 151–175.

[7] K. Simbeck, Kurfürst Friedrich III. u. d. Nabburger (ebd.) 46–54; F. Roth, Michael Schwaigers Amberger «Chronika» u. d. deshalb v. Kurfürst Friedrich III. gegen ihn geführte Prozeß (VHOR 79) 1929, 3–63; M. Dollinger, Das luther. Regensburg u. Kurfürst Friedrich III. v. d. Pfalz (ZBKG 25) 1956, 51–54.

[8] Sturm (§ 16 Anm. 30) 34–56.

[9] Vgl. über Gleißenthal NDB 6, 452.

[10] M. Weigel, Beitr. zu einer Gesch. d. kurfürstl. Pädagogiums in Amberg (ZBKG 14) 1939, 206–223; F. Roth, Dr. Georg Agricola Ambergensis (Einzelarbeiten 5) 1927; E. Herrmann, Georg Agricola Ambergensis (Die Oberpfalz 51) 1963, 195–198, 232ff., 251–254; E. Müller-Luckner – R. A. Müller, Hochschulpläne u. Hochschulwesen in d. Oberpfalz (Festschr. f. G. Lang) 1989, 368–371; Press, Amberg (§ 15) 123.

Haltung des Pfarrers abhängig, so daß während dieser Jahre äußerst unklare Verhältnisse entstanden, die es im Einzelfall oft sehr schwer machen, die konfessionelle Haltung einzelner Gemeinden zu erkennen. Im allgemeinen konnten sich die calvinisch eingestellten Geistlichen in den unter landesherrlichem Patronat stehenden Pfarreien niederlassen, während die unter Patronat des Adels stehenden Pfründen in stärkerem Maße von lutherisch Gesinnten besetzt waren. Die Bevölkerung hielt hier wie dort wenig vom reformierten Dogma. Der letzte große Plan Friedrichs III. zur Vollendung seiner Absichten war die Durchführung einer großen Visitation, bei der alle Geistlichen und Beamten das Handgelübde auf die Einhaltung der reformierten Zeremonien leisten sollten. In verschiedenen Ämtern (Wittumsämter, Gemeinschaftsamt Parkstein-Weiden) konnte die Visitation überhaupt nicht durchgeführt werden, in den übrigen war der Erfolg gering.

Die von dem Lutheraner *Ludwig VI.* (1576–1583) im Gegensatz zur Regierung seines Vaters angeordneten Maßnahmen zur Wiederherstellung der evangelischen Lehre trafen in erster Linie die reformierten Geistlichen, die, soweit sie nicht das Bekenntnis wechselten, auswandern mußten. Das Amberger Pädagogium wurde 1576 geschlossen und im folgenden Jahr als evangelische Erziehungsanstalt wieder eröffnet.

Im gleichen Jahr wurde für des Kurfürsten jüngeren Bruder, den calvinisch eingestellten *Pfalzgrafen Johann Casimir,* ein Deputatfürstentum mit den Ämtern Rötz, Waldmünchen, Neunburg vorm Wald und Burgtreswitz errichtet, wo im Gegensatz zur übrigen Kuroberpfalz das reformierte Kirchenwesen bestehen blieb.[11] 1580, als die Kurfürstinwitwe Dorothea gestorben war, vertauschte Johann Casimir diese Ämter gegen einen Teil des sogenannten Wittums, wo nun der Calvinismus eingeführt wurde, während der Kurfürst in den von Johann Casimir übernommenen Ämtern das Luthertum herzustellen bemüht war. Die Geistlichen wurden meist ausgetauscht. Nun war der *Höhepunkt der konfessionellen Verwirrung* in der Oberpfalz erreicht.

Die *Generalvisitation Ludwigs VI.* (1579–1583) sollte den abschließenden Überblick über die Wiedereinführung der lutherischen Lehre bringen.[12] Sie zeigte sehr deutlich auf, wie sehr die religiösen und kirchlichen Verhältnisse zerrüttet waren und wie wenig Klarheit die Regierungszeit des Kurfürsten gebracht hatte. Die Folgerungen aus den Ergebnissen der Visitation zu ziehen, war Ludwig VI. nicht mehr imstande. Er starb 1583, ohne daß es ihm gelungen wäre, eine ruhige Weiterentwicklung des von ihm Eingeleiteten zu sichern. Denn sein Bruder Johann Casimir ergriff den Bestimmungen in Ludwigs Testament zum Trotz allein die Vormundschaftsregierung über den minderjährigen *Friedrich IV.* und

[11] KUHN (§ 14 Anm. 23) 6, 52–61.

[12] J. B. GÖTZ, Die große oberpfälz. Landesvisitation unter d. Kurfürsten Ludwig VI. (VHOR 85) 1935, 148–244; (ebd. 86) 1936, 277–362; W. GOLDINGER, Der kurpfälz. Rat Wolf Haller (ca. 1525–1591) (Kurtrier. Jb. 21) 1981, 137–145; Visitationsordnung: SIMON, KO XIII nr. II 7; Protokoll: Dokumente I 3 nr. 89.

leitete dessen Erziehung in die Bahnen des reformierten Bekenntnisses, was für die Untertanen einen neuen Wechsel der Konfession bedeutete. Wieder setzte ein Austausch mißliebiger Pfarrer ein;[13] lutherische Beamte, besonders der Amberger Regierung, wurden entfernt. Den äußerst gereizten Ton in den Auseinandersetzungen zwischen den Angehörigen der verschiedenen Konfessionen suchte Johann Casimir durch das *«Mandatum de non calumniando»* (1584)[14] zu mildern, was jedoch nicht vollständig gelang. Viele evangelische Geistliche wollten sich auf diesen Erlaß nicht festlegen.

Die Calviner verlangten die Beseitigung der Schriften Luthers (besonders seines Katechismus), die Abschaffung der Privatabsolution bei der Beichte, des Exorzismus bei der Taufe, das Verbot der Nottaufe, die Entfernung aller noch in den Kirchen vorhandenen Bilder und Gemälde,[15] die restlose Abwürdigung aller katholischen Feiertage; auch sollte bei der Austeilung des Abendmahles kein Kelch mehr benutzt werden. In den späteren Jahren Friedrichs IV. und Friedrichs V. wurde die Verwendung von Oblaten bei der Kommunion verboten und an deren Stelle die «fractio panis» gefordert. Johann Casimir bemühte sich um die Einführung einer Versammlung der Geistlichen im sogenannten Conventus classicus (seit 1589) zur Belehrung der Pfarrer und eines monatlichen Buß- und Bettages.[16]

Während der Vormundschaftsregierung (1583–1592) kam es aus konfessionellen Gründen zu ernsten Spannungen zwischen der Stadt Neumarkt und der Regierung, die dann nach dem Regierungsantritt Friedrichs IV. auf andere oberpfälzische Städte übergriffen und besonders in Tirschenreuth, Nabburg und Amberg zu schwersten Differenzen zwischen dem Bürgertum und dem Kurfürsten führten.[17] Mit harten Maßnahmen griff der Landesherr durch, um die renitenten Bürger zu Paaren zu treiben; dabei wurden alle lutherischen Prediger entfernt, die städtischen Freiheiten beschnitten und die Aufsichtsbefugnisse der Regierung erweitert. Neben einer neuen Generalvisitation aller Pfarreien nach dem Vorbild der in der Heidelberger Pfalz durchgeführten religiösen Inspizierung[18] plante Friedrich IV., eine große Volksbelehrung, das sogenannte *Institutionswerk,*[19] durchzuführen, um die geringen religiösen Kenntnisse der Bevölkerung zu bes-

[13] Vgl. dazu auch M. SIMON, Die vier Amtsentlassungen d. Martin Schalling (ZBKG 33) 1964, 180f.; A. ECKERT, Martin Schalling (ebd. 38) 1969, 204–242; K. KÖHLE, Regierung u. Landstände d. Oberpfalz in d. Zeit d. Administrators Johann Casimir (1583–1592) (Festschr. K. Bosl I) 1988, 458–470.

[14] SIMON, KO XIII nr. II 10.

[15] J. DETTENTHALER, Eine altniederländ. Madonnentafel in Amberg (VHOR 99) 1958, 207–219.

[16] GOETERS, KO XIV 81 u. nr. 85; GÖTZ, Wirren (§ 15) 162f., 166f.

[17] RIED (Anm. 1) 33f.; J. BRUNNER, Die Ermordung d. kurfürstl. Stiftshauptmanns Valentin Winsheim zu Tirschenreuth am 24. Febr. 1592 (VHOR 80) 1930, 173–199; Ders., Gesch. d. Stadt Tirschenreuth, 1933, 52 bis 66; SCHERL (§ 6 Anm. 5) 230–233; GÖTZ, Wirren (§ 15) 201–229; M. WEIGEL, Der oberpfälz. Zweig d. Gelehrten-Familie Salmuth (ZBKG 19) 1950, 127–175; PRESS, Amberg (§ 15) 126f.

[18] G. A. BENRATH, Das kirchl. Leben Heidelbergs in d. Jahren 1593 bis 1595 (Heidelberger Jbb. 10) 1966, 49–82.

[19] SIMON, KO XIII nr. II 15.

sern und die Grundlage für die Durchsetzung der reformierten Lehre zu schaffen. Die niemals volkstümlich gewordene Institution erzielte je nach dem Nachdruck, mit dem sich die einzelnen Geistlichen dafür einsetzten, recht unterschiedliche Erfolge; beim Regierungsantritt *Friedrichs V.* wurde diese calvinische Art der Volksbelehrung kaum mehr durchgeführt. Der neue Landesherr ließ 1615/16 wieder eine Generalvisitation aller Gemeinden vornehmen, um die Reste des Katholizismus und das noch lebendige Luthertum zu beseitigen.[20] Auch der Fortbildung der Geistlichkeit und ihrer Beeinflussung im Sinne der immer noch nicht völlig durchgedrungenen reformierten Lehren sollte der in der Rheinpfalz übliche, für die Oberpfalz 1615 wieder durch einen neuen Erlaß vorgeschriebene «Conventus classicus», eine regelmäßige Zusammenkunft der Pfarrer, dienen.[21]

Friedrich IV. hatte Vorsorge getroffen, daß nach seinem Tod die Vormundschaft durch den reformierten Pfalzgrafen Johann II. von Zweibrücken ausgeübt wurde und nicht durch den lutherischen Fürsten Philipp Ludwig von Neuburg. Auf diese Weise wurde ein neuer Konfessionswechsel, den die Herrschaft des Neuburgers gebracht hätte, vermieden. Friedrich V. versuchte mit Nachdruck die Formen des calvinischen Kultus durchzusetzen, wofür besonders die «fractio panis» beim Abendmahl das umstrittene äußere Kennzeichen war, wollten die Lutheraner doch an der Austeilung von Oblaten festhalten. Gegen den an vielen Orten geübten passiven Widerstand des Volkes waren Lehren und Formen des Calvinismus pfälzischer Prägung nicht voll zu realisieren.

Als nach der Schlacht am Weißen Berg bayerische Truppen die Oberpfalz besetzten (1621), traten zunächst keine Änderungen ein. Der Amberger calvinische Kirchenrat amtierte weiter und forderte, als 1623 die ersten *gegenreformatorischen Bestrebungen Bayerns* zu erkennen waren, die Pfarrer auf, sich scharfer Polemik gegen die Katholiken zu enthalten. Das Institutionswerk war bis dahin schon eingestellt worden. Die Maßnahmen zur Absetzung der reformierten Geistlichen begannen 1625 im Amt Cham und wurden in den folgenden Jahren im ganzen bisher kurpfälzischen Territorium durchgeführt. Mit der Begründung, daß ihre Konfession im Religionsfrieden nicht zugelassen sei, wurden sie zur Auswanderung veranlaßt. Der größere Teil der adligen Familien zog den Abzug einem Konfessionswechsel vor.[22] Nach dem Übergang der Landeshoheit auf Kurbayern vollendete der neue Kurfürst die Gegenreformation[23] und führte sie in so konsequenter Weise durch, daß eine Wiederherstellung der Zustände des Normaljahres

[20] Götz, Wirren (§ 15) 265, 285ff., 298, 334f.

[21] Goeters, KO XIV nr. 110; Simon, KO XIII 279.

[22] Vgl. dazu vor allem A. Sperl, Der oberpfälz. Adel u. d. Gegenreformation (Vjschr. f. Wappen-, Siegel- u. Familienkunde 28) 1900, 339–487.

[23] W. Ziegler, Die Rekatholisierung d. Oberpfalz (Wittelsbach II/1) 436–447; Ph. Schertl, Die Amberger Jesuiten im ersten Dezennium ihres Wirkens (1621–1632), I. (VHOR 102) 1962, 101–194; II. (ebd. 103) 1963, 257–350; W. Gegenfurtner, Jesuiten in d. Oberpfalz. Ihr Wirken u. ihr Beitr. z. Rekatholisierung in d. oberpfälz. Landen (1621–1650) (BGBR 11) 1977, 71–220; A. Fuchs, Die Durchführung d. Gegenreformation in d. Oberpfalz (§ 14 Anm. 41) 49–60; vgl. HB II 714ff.

von 1624 (damals war die Kuroberpfalz noch nicht katholisch gewesen) für die Oberpfalz und die Grafschaft Cham durch den Münsterer Friedensvertrag von 1648 (IPM § 11) nicht mehr vorstellbar war; in der Rheinpfalz verfuhr man unter demselben Vorzeichen mit umgekehrtem Effekt: nach der Besetzung von 1621/22 war dort als Konfessionsstand des Jahres 1624 der katholische Kultus die offizielle Lehre; nach der Restitution der Simmerschen Linie des Hauses Wittelsbach blieb das reformierte Bekenntnis die Landesreligion. Es bestand fortan der Zustand des Jahres 1618 weiter.[24]

Die von der Schweiz ausgehende Bewegung der *Wiedertäufer,* die man als eine Sammlung aller mit der Reformation Unzufriedenen bezeichnen kann, fand im Gegensatz zur Kurpfalz, wo sich schon in den 1520er Jahren verschiedene Täufergruppen bildeten, in der Oberpfalz kaum Anhänger.[25] Durch ihren eigenen Kirchenbegriff mit der Forderung der Erwachsenentaufe, durch die Ablehnung jeder staatlichen Obrigkeit für ihre Gemeinschaft, durch die Verweigerung des Eides und jeder Gewaltanwendung (besonders im Waffendienst) kamen sie in stärksten Gegensatz zu den geistlichen und weltlichen Autoritäten. In der Kurpfalz hielten sich trotz immer wieder eingeleiteter Unterdrückungsmaßnahmen (Mandate Ottheinrichs 1558 und Friedrichs III. 1563 und 1568; Polizeiordnungen Ludwigs VI. 1583 und Friedrichs IV. 1598) kleine Gruppen bis zum Dreißigjährigen Krieg. In der Oberpfalz war schon in der Visitation von 1579/83 festgestellt worden, daß nur mehr ganz vereinzelte Täuferanhänger vorhanden seien. Es wurde aber doch in die Landesordnung von 1598/99 die Anweisung an die Geistlichkeit und die Beamtenschaft aufgenommen, scharfes Augenmerk auf eventuell zuwandernde täuferische Sektierer zu haben.

In der Reichsstadt Regensburg[26] hatten sich früh Wiedertäufer eingefunden, die bereits 1527 vom Rat ausgewiesen wurden. Um diese Zeit dürften auch einige Gruppen in Pfalz-Neuburg[27] entstanden sein, die zunächst unter der scharfen Strafandrohung des von Ottheinrich veröffentlichten kaiserlichen Mandates von 1528 standen, dann aber durch eine verhältnismäßig milde Politik des Landesherrn für die rechte Lehre gewonnen werden sollten; in den letzten Lebensjahren Ottheinrichs wurden die im Höchstädter Gericht ansässigen aus dem Fürstentum vertrieben, da sie an ihrer Überzeugung festhielten.[28] Für die zweite Hälfte des sechzehnten Jahrhunderts fehlen genauere Angaben über das Auftreten von Wiedertäufern in Pfalz-Neuburg.

[24] Vgl. HB II 455f. u. o. § 14 Anm. 52; Simon, KO XIII 281; Kreisbeschreibung Heidelberg-Mannheim I, 1966, 286, 292.

[25] E. F. P. Güss, Die kurpfälz. Regierung u. d. Täufertum bis zum Dreißigjähr. Krieg (Veröffentl. d. Komm. f. geschichtl. Lkde. in Baden-Württ. B 12) 1960; Simon 194; Götz, Wirren (§ 15) 85; Oberpfälzische Landesordnung, I. Polizeiordnung Art. 23, 1598/99.

[26] Quellen z. Gesch. d. Täufer V (Bayern 2. Abt.), hg. v. K. Schornbaum, 1951. Vgl. auch Mennonitisches Lexikon 3, 1958, 443 (Regensburg); H. J. Hillerbrand, Ein Täuferbekenntnis aus d. 16. Jh. (ARG 50) 1959, 40–50.

[27] Weber-Heider (§ 17 Anm. 10) 52ff.; bereits 1530 sollen dreißig Wiedertäufer aus Lauingen ausgewiesen worden sein; G. Rückert, Die Pfarrei Lauingen u. ihre Seelsorger (Alt-Lauingen 3) 1908, 66.

[28] M. Weigel, Schwenckfelder u. Wiedertäufer im Herzogtum Pfalz-Neuburg im Jahre 1558 (ZBKG 8) 1933, 232f.

## § 16. DIE PFÄLZISCHEN NEBENLINIEN SEIT DEM 15. JAHRHUNDERT

a) *Pfalz-Neumarkt-Neunburg.* Die Landesteilung von 1410, die im Testament König Ruprechts angeordnet war, wies *Johann,* dem zweiten Sohn Ruprechts, die oberpfälzischen Besitzungen zu (mit Ausnahme der zum Kurpräzipuum gehörigen Teile). Bereits zu Lebzeiten des Vaters war er zum *Statthalter der Oberpfalz* bestellt worden (1404), hatte jedoch dieses Amt mit dem Tod des Königs aufgeben müssen. Die Regelung von 1410 befriedigte Johanns Ehrgeiz keineswegs; sie bildete stets Konfliktstoff mit dem älteren Bruder, Kurfürst Ludwig III. Wegen einiger in der Teilungsurkunde übersehener Fragen (Zugehörigkeit von Burgtreswitz, Vogtei über Kastl) einigten sich die Brüder 1411 und 1417, doch war dadurch Johanns Mißtrauen gegen den Kurfürsten keineswegs beseitigt.[1] Sein Anschluß an König Sigmund, dessen Verhältnis zu Ludwig III. sich inzwischen merklich abgekühlt hatte, ist in erster Linie daraus zu erklären, daß sich Johann vom Bruder benachteiligt fühlte. Auch faßte der Pfalzgraf damals den Plan, anstelle von Ludwigs Sohn die Kurwürde zu erlangen.

In den folgenden Jahren wurde Johann jedoch stark in die Auseinandersetzungen zwischen Herzog Ludwig von Bayern-Ingolstadt, dem Markgrafen Friedrich von Brandenburg und den Münchner Herzögen hineingezogen,[2] so daß der Gegensatz zum Kurfürsten demgegenüber in den Hintergrund trat. Ludwig von Ingolstadt machte bei Johann große Forderungen geltend, die auf Dienstleistungen für König Ruprecht zurückgingen. Es waren ihm dafür ursprünglich die Orte Sulzbach, Rosenberg, Poppberg und Hirschau verpfändet worden, die nun Johann innehatte. Dieser griff deshalb auf Seite Friedrichs von Brandenburg in den Kampf gegen Ludwig ein, nahm dem Ingolstädter Floß, Parkstein, Weiden, Betzenstein, Hilpoltstein, Lichtenstein, Lauf und Freystadt ab und konnte schließlich bei der Teilung der Eroberungen mit Markgraf Friedrich (1427) einen Teil der Beute ganz, einen anderen Teil (Floß, Parkstein, Weiden) in Gemeinschaft mit Friedrich behalten.[3] Von den Landgrafen von Leuchtenberg gewann Johann Pleystein, Stierberg und Rechte über Betzenstein, die er sich als Sicherheit für Darlehen verpfänden ließ.[4] Weiter gelang es ihm, während der Streitigkeiten

[1] Über Johann und seinen Landesteil vgl. Rall, Hausverträge 224f., 250ff.; Häutle (§ 12 Anm. 11) 1–124; Schaab I 150f.; HAB Neunburg vorm Wald (W. Nutzinger) 100ff.; Wüst (Anm. 19) 190–201; zur Wirksamkeit vor 1410 vgl. Reg. Pfalzgr. II, bes. nrr. 3525, 4128.

[2] S. HB II 256f.; Riezler III 244ff., 254ff.; Ch. Häutle, Archival. Beitr. z. Gesch. Herzog Ludwigs d. Bärtigen v. Bayern-Ingolstadt u. seiner Zeit (OA 28) 1868/69, 209ff., 275f. – Die Abrechnung zwischen Ludwig von Ingolstadt und König Ruprecht über frühere Dienstleistungen hatte 1406 stattgefunden. Ludwig war damals zum Ärger des Pfalzgrafen Johann in den Pfandbesitz von Sulzbach, Hersbruck, Schnaittach und Rothenberg gekommen (Th. Straub, Herzog Ludwig d. Bärtige v. Bayern-Ingolstadt u. seine Beziehungen zu Frankreich in d. Zeit v. 1391–1415, MHStud. 7, 1965, 63, 195f.).

[3] Wagner (§ 6 Anm. 18) nrr. 194, 212; s. § 17 Anm. 47.

[4] Wagner, Leuchtenberg (§ 38 Anm. 7) III 25f., 39, 43; HAB Vohenstrauß (D. Bernd) 87.

um die Abtwahl in Waldsassen 1414 die Schutzherrschaft über die als reichsfrei geltende Abtei zu übernehmen. Damit wurde die Entwicklung eingeleitet, die Waldsassen im sechzehnten Jahrhundert völlig der pfälzischen Landeshoheit unterwarf (s. § 38).[5]

In den Jahren, da sich diese familiären Streitigkeiten unter den wittelsbachischen Vettern abspielten, bahnten sich die für die Oberpfalz wie für die anderen an Böhmen grenzenden Länder folgenschweren Auseinandersetzungen mit den *Hussiten* (vgl. HB II § 36) an. 1419 hatte von der Prager Neustadt aus die religiös fundierte Revolution ihren Ausgang genommen; nach König Wenzels Tod (August 1419) und der Weigerung der tschechischen Aufständischen, König Sigmund zu huldigen, war die innerböhmische Auseinandersetzung mit Waffengewalt unvermeidbar.[6] König Sigmunds Versuche, mit Hilfe von Aufgeboten der Reichsstände, darunter auch solchen aus Pfalzgraf Johanns Land, die Ruhe wieder herzustellen, blieben erfolglos: der von Papst Martin V. 1420 ausgerufene Kreuzzug gegen Böhmen[7] vermochte das Land nicht zu befrieden. Als seit 1426 die radikalen Taboriten in dem Priester Prokop einen bedeutenden militärischen Führer gefunden hatten, wurde die Bewegung über Böhmen hinaus offensiv; jetzt belästigten die Raub- und Brandzüge vor allem Pfalzgraf Johanns Lande. Fast jedes Jahr litten die unmittelbar an der Grenze liegenden Gegenden,[8] wobei nur die Städte einigermaßen dem Ansturm widerstehen konnten (1426 Waldmünchen, 1428 Cham, 1430 Pleystein). Bei den Bemühungen des Reiches, ein großes Heer zum «Kreuzzug gegen die Ketzer» zu mobilisieren, wirkte auch Pfalzgraf Johann in Verein mit dem Markgrafen Friedrich von Brandenburg, der 1422 von Sigmund mit der Führung des Reichsaufgebots betraut worden war, mit. In diesem Jahr bemühten sich Friedrich und Johann, die vom Nürnberger Reichstag zur Finanzierung militärischer Unternehmungen beschlossenen Geldsteuern einzutreiben. 1426 wurde Johann zum Hauptmann über alle in seinem Land zusammengezogenen Aufgebote bestellt.[9] Die gelegentlichen Erfolge im Grenzschutz, im sogenannten täglichen Krieg, waren jedoch durch die vernichtenden Niederlagen der nach Böhmen vorgedrungenen größeren deutschen Heere zunichte gemacht: 1427 Niederlage bei Mies, 1431 bei Taus. Je weniger es gelang, größere Aufgebote durch Reichssteuern zu finanzieren, um so mehr sahen sich die unmittelbar bedrohten Fürsten auf lokale Abwehr und gegenseitige Unterstützung angewiesen. Pfalzgraf Johann verbündete sich 1429 mit den

[5] HAB Tirschenreuth (H. STURM) 85ff.

[6] Vgl. den zusammenfassenden Überblick mit erschöpfender Bibliographie von F. SEIBT, BHB I 512–531; für die Hussitenkriege immer noch wichtig F. v. BEZOLD, König Sigmund u. d. Reichskriege gegen d. Hussiten, 3 Bde., 1872/78; für Bayern vgl. RIEZLER III 280–289; HB II 271ff.; vgl. § 12 Anm. 5.

[7] Text der Bulle bei F. PALACKÝ, Urkundl. Beitr. z. Gesch. d. Hussitenkrieges vom Jahre 1419 an, I, 1873, 17–20.

[8] A. WEISSTHANNER, Der Kampf um d. böhm.-bayer. Grenze v. Furth bis Eisenstein (VHOR 89) 1939, bes. 195ff.; HAB Neunburg vorm Wald (W. NUTZINGER) 122f.; HAB Waldmünchen (E. MAGES) 34, 46.

[9] RTA 8, S. 106ff. u. nrr. 155, 158, 198, 228, 390, 394.

Münchner Herzögen Ernst und Wilhelm, wobei auch an eine Ausdehnung des Bundes auf die südostdeutschen Fürsten, Herren und Städte gedacht war.[10] Hier wie bei den folgenden Verhandlungen ging es in erster Linie nur mehr um die Bereitstellung von Truppen zum Grenzschutz.

Die letzte große Anstrengung der Deutschen brachte 1431 ein bedeutendes Heer zustande, zu dem Johann neben 50 Glefen[11] auch schweres Kriegsmaterial (Büchsen) zu stellen hatte; doch endete dieses Unternehmen in der Flucht der Deutschen bei der Annäherung der Tschechen vor *Taus*. Schon vorher hatte sich Johann gemeinsam mit Friedrich von Brandenburg für eine vermittelnde Haltung und für die Aufnahme von Verhandlungen eingesetzt (*Böheimsteiner Vertrag* 1430).[12] Dies wurde zwar zunächst allgemein abgelehnt; es kam aber dann doch zu Verhandlungen mit den Hussitenführern auf dem Konzil von Basel (1432/33). Inzwischen mußte das Oberpfälzer Land weiter vor den drohenden Einfällen zittern. Im September 1433 zog eine Hussitenabteilung durch die Gegend des Schwarzachtales bis vor Nabburg, um für das unter Verpflegungsschwierigkeiten leidende Belagerungsheer von Pilsen Nachschub zu besorgen. Als diese Schar schon wieder auf dem Rückweg war, gelang es einem schnell zusammengezogenen Aufgebot unter der Führung des Waldmünchner Pflegers Hintschik Pflug von Rabenstein, in der Gegend von *Hiltersried* die Eindringlinge zu zersprengen (21. September 1433).[13] Noch im selben Jahr befürchtete man einen neuen Angriff der Hussiten auf Cham.[14] Doch kam es zu keiner wesentlichen Bedrohung der Oberpfalz und Bayerns, da 1434 nach der letzten Auseinandersetzung zwischen den radikalen und den gemäßigten Kräften des Hussitentums die Einheit auf dem böhmischen Landtag zu Frieden und Ausgleich mit König Sigmund wieder gefunden und die unmittelbare Gefährdung der Nachbarschaft gewichen

[10] Ebd. 9, S. 223 u. nrr. 273f., 319, 363, 371; RB XIII 163.

[11] Unter Glefe (von lat. gladius über provençal. glaive abzuleiten) verstand man die kleinste taktische Reitereinheit, die mindestens aus einem schwergepanzerten Lanzenreiter, einem leichter gepanzerten Armbrustschützen und einem Knecht bestand; die Reichsmatrikeln der 1. Hälfte des 15. Jhs. gaben die Aufgebote der Fürsten in Glefen an. So mußten die Herzöge Ernst u. Wilhelm v. Bayern-München, Ludwig von Bayern-Ingolstadt u. Heinrich v. Bayern-Landshut je 120 Glefen, Johann von Pfalz-Neumarkt 50, Otto von Pfalz-Mosbach 25 und Stephan von Pfalz-Simmern-Zweibrücken 20 Glefen stellen. J. Würdinger, Kriegsgesch. v. Bayern, Franken, Pfalz u. Schwaben v. 1347 bis 1506, I, 1868, 155; II, 1868, 284, 357f.; RTA 4 nr. 387, 8 nr. 148, 9 nr. 403f.; Lieberich (MAO) 1088ff.; H. Conrad, Gesch. d. deutschen Wehrverfassung I, 1939, 130f. Zur sprachlichen Ableitung s. H. Fischer, Schwäb. Wörterbuch III, 1911, 682f.

[12] Bezold (Anm. 6) III 46ff.; RTA 9, S. 372f.; 10, S. 554ff. u. nr. 363; zum Vertrag v. Böheimstein u. zu seiner Vorgeschichte vgl. auch G. Schlesinger, Die Hussiten in Franken (Die Plassenburg 34) 1974, 84ff.

[13] K. Winkler, Die Schlacht bei Hiltersried 1433, 1939, 34ff., 55–58. Vgl. auch R. Meckl, Krit. Anmerkungen z. Schlacht v. Hiltersried (Die Oberpfalz 52) 1964, 273–276; F. M. Bartoš, Husitská revoluce, II. Vláda bratrstev a jeji pád 1426–1437 (Česeké dějiny II, 8) 1966, 153; Johann nahm an d. Schlacht nicht teil; vgl. auch J. Mayer, Die Grabstätte d. Pfalzgrafen Johann (VHOR 14) 1850, 281–340; G. Neckermann, Die Grabstätte d. Pfalzgrafen Johann (ebd. 55) 1903, 173–184; H. Wagner, Beitr. z. Gesch. d. Hussitenniederlage bei Hiltersried 1433 (ebd. 75) 1925, 119–125. Vgl. auch HB II 273 u. HAB Waldmünchen (E. Mages) 34.

[14] RTA 11, S. 185f.

war. Die Kampfhandlungen von Hiltersried bildeten den Schluß der hussitischen Bedrängnis der Oberpfalz.

In welchem Umfang *hussitische Lehren in der Oberpfalz* um sich griffen, ist noch nicht im einzelnen genauer festgestellt. Hus selbst berichtet in einem Brief, daß er auf der Reise nach Konstanz in Bärnau, Neustadt an der Waldnaab, Weiden, Hirschau, Sulzbach, Hersbruck und Lauf außerordentlich freundlich aufgenommen worden sei und bei Diskussionen und Predigten viel Verständnis für seine Überzeugung gefunden habe; auch von Hieronymus von Prag wird Ähnliches überliefert.[15] In Regensburg[16] wurde 1421 eine kleine Gruppe von Anhängern Hus' ausgerottet. Als Durchzugsgebiet hussitischer Wanderprediger (wie Bartholomäus Rautenstock) kommen die nördliche Oberpfalz und das Stiftland in Frage (Kemnath, Tirschenreuth). Dieselbe Bedeutung wie im Aischgrund oder in Bamberg erlangten die Hussiten hier offensichtlich jedoch nicht.[17]

Als Kurfürst Ludwig III. 1436 starb, ließen sich Johanns Pläne, die Nachfolge in der Kurwürde anzutreten, nicht realisieren. Für den Erben *Ludwig IV.* amtierte zunächst Pfalzgraf Otto als Vormund, wie dies der letztwilligen Verfügung Ludwigs III. entsprach. Johann von Neumarkt erhielt die Statthalterschaft für die kurfürstlichen Gebiete in der Oberpfalz, die er bis zu Ludwigs IV. Volljährigkeit 1442 ausübte. Schon im folgenden Jahr starb Johann und wurde von seinem Sohn Christoph (1443–1448) beerbt. *Christoph* regierte seit 1440/42 die nordischen Königreiche Dänemark, Schweden und Norwegen, die seit dem Vertrag von Kalmar (1389) uniert waren.[18] Seine Mutter Katharina, Tochter des Herzogs

[15] Zu dem von Petrus v. Mladoniowitz überlieferten Hus-Brief s. V. Novotný, M. J. Husi Korespondence a dokumenty, 1920, nr. 93; J. Bujnoch, Hus in Konstanz. Der Bericht d. Peter v. Mladoniowitz (Slav. Geschichtsschreiber 3) 1963, 60; überliefert ist der Brief auch von dem deutschböhmischen Protestanten Zacharias Theobald aus Schlaggenwald aus dem frühen 17. Jahrhundert, vgl. R. Klier, Mag. Zacharias Theobald, d. Verfasser d. Hussitenkrieges (MVGN 49) 1959, 246–273; ferner B. Bredow-Lassleben, Anhänger d. Lehre Hus' in d. Oberpfalz (Die Oberpfalz 41) 1953, 44f.

[16] Staber (§ 19 Anm. 2) 80f.; R. Niederländer, Die «chronica Husitarum» des Andreas v. Regensburg als eine wesentliche Quelle f. d. Gesch. d. Hussiten (Festgabe J. Spörl) 1964, 83–88; insgesamt s. BHB I 525, 531ff.

[17] H. Haupt, Die religiösen Sekten in Franken vor d. Reformation, 1882; H. Köpstein, Zu d. Auswirkungen d. hussitischen revolutionären Bewegung in Franken (Aus 500 Jahren deutsch-tschechoslowak. Gesch.) 1958, 11–40; F. Seibt, Hus u. d. Hussiten in d. tschechischen wissenschaftl. Lit. seit 1945 (Zschr. f. Ostforschung 7) 1958, bes. 582ff., 589f.; Schlesinger (Anm. 12) 103ff.; F. Beyschlag, Zur kirchl. Gesch. d. Würzburger Diözese im 15. Jh. (Beitrr. BK 15) 1909, 84–87; dazu: Ders., Zur Gesch. d. Hussitenbewegung in Franken (ZBKG 2) 1927, 47; BHB I 532.

[18] J. E. Olesen, Christoffer af Bayerns breve 1440–1448 vedrø rende hans bayerske stamhertugdemme. Die Briefe (Urkunden) Christoffers v. Bayern 1440–1448 über sein bayer. Stammesherzogtum, København 1986; Ders., Christopher of Bavaria, King of Denmark, Norway and Sweden (1440–1448) (Kieler hist. Stud. 34) 1990, 109–136; A. Kromnow, Christoph, König v. Dänemark, Norwegen u. Schweden (ZBLG 44) 1981, 201–210; K. Zernak, Probleme d. Königtums in Nordosteuropa im Zeitalter d. Union v. Kalmar (1397–1521) (VF 32) 1987, 408f., 412f., 418; zur Thronfolge Christophs vgl. A. Wolf, Prinzipien d. Thronfolge in Europa um 1400 (VF 32) 1987, 238f.; über seine Wirksamkeit in den nordischen Königreichen s. N. Skyum-Nielsen, Aerkekonge

Wratislaw VII. von Pommern, war eine Schwester des Königs Erich XIII. (VII.), dessen Abdankung die Stände der drei Reiche erzwungen hatten; sie beriefen an seine Stelle den Sohn seiner Schwester, Christoph «aus Bayern», als Reichsverweser. Für die nordische Geschichte ist Christophs Regierungszeit besonders deswegen wichtig, weil hier das enge Zusammengehen zwischen Königtum und Episkopat einsetzte, die beide ihren Machtbereich auf Kosten der Klöster und des niederen Klerus wesentlich erweiterten. Christoph, der Bayer, wie er im Norden hieß, erhielt bei der Krönung durch den Erzbischof Hans Laxmand von Lund den Titel «Archirex», um seiner Herrscherwürde über mehrere Königreiche Ausdruck zu verleihen und die bedeutende Stellung der Herrscherfamilie zu dokumentieren. Zu einem weiteren Ausbau der wittelsbachischen Position in den skandinavischen Reichen kam es jedoch nicht, da Christoph bereits 1448 im Alter von dreißig Jahren starb. In seinen oberpfälzischen Erblanden hatte er sich zunächst durch einheimische Adlige (Hans v. Parsberg, Martin v. Wildenstein) vertreten lassen. 1447 wurde Pfalzgraf Otto zum «Viztum in Bayern» für drei Jahre bestellt.

Christophs Erbe in der Oberpfalz ging an die beiden nichtkurfürstlichen Linien von Simmern und von Mosbach über, die gegen den Kurfürsten Ludwig IV. zusammenstanden. Sie konnten die Nachfolge allein antreten. Stephan von Simmern veräußerte alsbald seinen Anteil an Otto von Mosbach, der nun die Pfalz-Neumarkt-Neunburger Lande allein übernahm.

b) *Pfalz-Mosbach.* Das Fürstentum entstand 1410 für den jüngsten Sohn Ruprechts, *Otto I.* (1410–1461); es bestand aus dem Güterkomplex am mittleren Neckar und im Odenwald (Oberamt Mosbach mit den Städten Mosbach und Sinsheim).[19] Als Vormund seines kurfürstlichen Neffen Ludwig IV. wirkte Pfalzgraf Otto in der Reichspolitik, vornehmlich in Landfriedenssachen und beim Kampf gegen die Armagnaken. 1448 trat er gegen den Widerspruch von Kurpfalz die Erbschaft König Christophs im Fürstentum Neumarkt-Neunburg an und löste die Ansprüche seines Bruders Stephan von Simmern ab. In der zweiten Hälfte des fünfzehnten Jahrhunderts spielten Otto I. und sein gleichnamiger Sohn, *Otto II.,* in der Geschichte der Oberpfalz eine erhebliche Rolle; ihre territorialpolitischen Maßnahmen im nordgauischen Raum waren allerdings nicht besonders glücklich. Herzog Albrecht III. von Bayern-München gelang es in den 1450er Jahren, mit Hilfe Heinrichs des Reichen von Landshut den Großteil der seit der zweiten Hälfte des vierzehnten Jahrhunderts an Pfalz verpfändeten,

og ærkebiskof (Scandia 23) Stockholm-Kopenhagen-Oslo 1955/56, 1–101; J. Andersson, Schwed. Gesch., 1950, 122–126 (übers. v. A. v. Brandt); Carlson-Rosen, Svensk Historia I, 1962; Gerhardt-Hubatsch, Norwegische Gesch., 1963², 141 f.; vgl. auch NDB 3, 245.

[19] G. Wüst, Pfalz-Mosbach (1410–1499), Gesch. einer pfälz. Seitenlinie d. 15. Jhs. unter bes. Berücksichtigung d. Territorialpolitik, Diss. Heidelberg 1976, 24–181; Schaab I 152–160; H. Schwarzmaier, Gesch. d. Stadt Eberbach a. Neckar bis z. Einführung d. Reformation 1556, 1986, 153–180. Zur Landesteilung v. 1410 vgl. Rall, Hausverträge 227, 254 ff.; Pfalzatlas, Text 420 f.

jetzt im Besitz Ottos befindlichen Orte im alten Viztumamt Burglengenfeld und um Sulzbach auszulösen (Hemau, Burglengenfeld, Schwandorf u. a.).[20] Der pfälzische Einflußbereich in der südlichen Oberpfalz wurde dadurch wesentlich zurückgedrängt.

Auch für die weitere *Entwicklung der böhmischen Lehen* in der Oberpfalz ist Ottos II. Regierung (1461–1499) wichtig. In Böhmen hatte nach dem Tode König Albrechts II. (1439) der aus dem böhmischen Hochadel stammende Georg von Podiebrad[21] – er war Exponent der utraquistischen Richtung – die tatsächliche Macht mit dem Amt des «Gubernators» anstelle von Albrechts Sohn Ladislaus Postumus erringen und schließlich auch bei König Friedrich III. (1450) Anerkennung finden können. 1452 wurde Georg Verweser des Königreichs, 1458 wählten ihn die böhmischen Stände nach dem Tode von Ladislaus Postumus zum König von Böhmen. Bereits im folgenden Jahr ging er daran, die in der Oberpfalz liegenden Herrschaften und Rechte, die einst Karl IV. zum Teil für den Kaufpreis der Mark Brandenburg an die Wittelsbacher verpfändet hatte, wieder für Böhmen zu gewinnen.[22] Besonders umstritten waren die von Ruprecht von der Pfalz im Thronstreit mit Wenzel von Böhmen zurückeroberten Gebiete, die zum größeren Teil der Herzog von Bayern-Landshut aus der Erbschaft Ludwigs von Ingolstadt besaß; einige waren an Bayern-München gekommen; vor allem aber wurde Pfalzgraf Otto II. als Inhaber des Erbes von Johann von Neumarkt Ziel der Aktivität König Georgs von Böhmen. Schließlich mußte Otto 1465 die böhmische Lehenshoheit über eine Reihe von Orten, auf die die Krone Böhmen seit dem vierzehnten Jahrhundert Rechte anmelden konnte, anerkennen (Hartenstein, Thurndorf, Auerbach, Eschenbach in der Oberpfalz, Hollenberg, Tännesberg, Hohenfels, Rothenberg, Stierberg, Betzenstein, Strahlenfels, Bärnau, Haimburg, Freystadt und Holnstein).[23] Die durch die böhmische Lehensoberhoheit veranlaßte materielle Einbuße der Pfalzgrafen war nicht allzu groß. Bis zur endgültigen Beseitigung dieser Lehen im Jahre 1805 hatte die böhmische Krone dadurch jedoch immer einen Vorwand zur Einmischung in oberpfälzische Belange.

Von Ottos II. *Erwerbungen* im Oberpfälzer Raum ist besonders Wolfstein bei Neumarkt zu nennen, das er von den Herren von Wolfstein übernahm, die nun

[20] Riezler III 354ff.; D. Mayerhofer, Die Verfassung u. Verwaltung d. Stadt Sulzbach bis z. Ausgang d. 16. Jhs., Diss. Masch. Erlangen 1957, 19; HAB Sulzbach (M. Piendl) 8; Ch. Häutle, Die letztwilligen Verfügungen Herzog Ottos I. d. Mosbachers (VHOR 23) 1865, 189–209; Wüst (Anm. 19) 202ff.

[21] A. Bachmann, Böhmen u. seine Nachbarländer unter König Georg v. Podiebrad 1458–1461, Prag 1878; grundlegend über Georg v. Podiebrad: F. G. Heyman, George of Bohemia. King of Heretics, Princeton 1965; vgl. auch I. Matison, Der «Hussitenkönig» Georg v. Poděbrad in seiner Zeit (Veröffentl. d. Coll. Carol. 16) 1964, 23–30; BHB I 537–554; W. Volkert, Die böhm. Thronlehen in d. Oberpfalz (Die Oberpfalz 48) 1960, 145–151.

[22] Wild (§ 8 Anm. 10) 140; Volkert (Anm. 21) 148; Bayer. Geschichtsatlas, Karten 20 u. 21, Text 80.

[23] Die Lehensurk. s. bei Lommer (§ 8 Anm. 10) I 49ff.; z. Vorgesch. vgl. Muffat (§ 10) 747ff.; Riezler III 390, 393; HB II 293ff.; F. Palacký, Urkundl. Beitrr. z. Gesch. Böhmens u. seiner Nachbarländer im Zeitalter Georgs v. Podiebrad (FRA II. Abt., 20) 1860, nrr. 156, 198, 199; Wüst (Anm. 19) 204–225 (auch zum Folgenden).

ihren Sitz in Sulzbürg einrichteten und dort schließlich zur Reichsunmittelbarkeit aufsteigen konnten (s. § 38). Unter oberpfälzischer Landeshoheit blieb der Rothenberg (Lkr. Nürnberger Land), den Otto an eine Anzahl fränkischer Adliger verkaufte, die dort die sogenannte Ganerbschaft (Gemeinschaft zur gesamten Hand) einrichteten.[24] Otto, der unvermählt war, schloß bereits 1490 einen Vertrag mit Kurfürst Philipp zur Regelung der Erbfolge, der dem Kurfürsten das Eigentum am Fürstentum Neumarkt-Mosbach übertrug. Nach seinem Tod (1499) trat Kurpfalz auch in dessen Besitz ein.[25]

c) *Pfalz-Simmern-Zweibrücken.* König Ruprechts dritter Sohn *Stephan* (1410–1456) erhielt 1410 den linksrheinischen Landesteil um Simmern und dazu das Lösungsrecht für das an Lothringen verpfändete Zweibrücken.[26] 1416 gelang die Auslösung, die eine wichtige Vergrößerung des Territoriums brachte. Zu den weiteren bedeutenden Erwerbungen Stephans zählte insbesondere der Gewinn der Grafschaft Veldenz[27] durch seine Heirat mit Anna, der Erbtochter des letzten Veldenzer Grafen Friedrich III. Mit diesem hatte Stephan 1444 vereinbart, daß der nachgeborene Sohn Ludwig I. (1444/59–1489) die Veldenzischen Lande samt Zweibrücken als eigenes Fürstentum erhalten, während für den älteren, den Pfalzgrafen Friedrich (1444/59–1480), Pfalz-Simmern und der Anteil an der Grafschaft Sponheim aus der Veldenzischen Erbschaft bestimmt sein solle.

Für die Beziehungen der Pfalzgrafen von Simmern zu *Sponheim*[28] ist folgende

[24] M. Schütz, Die Ganerbschaft vom Rothenberg, Diss. Erlangen 1924; F. Schnelbögl, Lauf-Schnaittach, 1940; HAB Lauf-Hersbruck (W. Schwemmer-G. Voit) 11, 26f.

[25] Wüst (Anm. 19) 239–242; Schaab I 159f.

[26] H.-W. Herrmann, Das Herzogtum Pfalz-Zweibrücken (Geschichtl. Lkde. d. Saarlandes 2) 1977, 344–375 (zur Vorgesch. vgl. § 9 Anm. 4); zum Landesteil des Pfalzgrafen Stephan s. Rall, Hausverträge 225f., 252f.; vgl. ferner H. Ammerich, Landesherr u. Landesverwaltung. Beitr. z. Regierung v. Pfalz-Zweibrücken am Ende d. alten Reiches (Veröffentl. d. Komm. f. Saarländ. LG u. Volksforsch. 11) 1981; K. Baumann, Das Herzogtum Pfalz-Zweibrücken (Ausgew. Aufsätze) 1984, 45–64; C. Pöhlmann, Herzog Stephan v. Zweibrücken-Simmern u. d. Baseler Konzil (Bll. f. pfälz. KG 9) 1933, 65–78; Ders., Die kurpfälz. u. lothring. Zwischenregierung in Zweibrücken (1385–1416) (Mitt. Pfalz 45) 1927, 25–36; W. Fabricius, Das pfälz. Oberamt Simmern (Westdeutsche Zschr. f. Gesch. u. Kunst 28) 1909, 70–130; Landkreis Simmern (Heimatführer d. deutschen Landkreise 2) 1967, 54–57; Pfalzatlas, Karte nr. 66, Text 1213–1224.

[27] H.-W. Herrmann, Die Grafschaft Veldenz (Geschichtl. Lkde. d. Saarlandes 2) 1977, 332–337; K. E. Wild, Veldenz, die alte Grafschaft u. d. wittelsbach. Fürstentum (Mitt. Heimatkunde Birkenfeld, Sonderh. 43) 1982, 9–22; Fabricius (Anm. 28) 2, 409f., 438f.; 6, 71+–80+; Ders., Die Grafschaft Veldenz (Mitt. Pfalz 33) 1913, 1–91; (ebd. 36) 1916, 1–48; Th. Gümbel, Gesch. d. Fürstentums Pfalz-Veldenz, 1900. Erbvertrag von 1444: Lünig VIII 24–30; Pfalzatlas, Text 426. – Die Fürstentümer Simmern, Lautern, Veldenz und Zweibrücken gehörten zum oberrheinischen Reichskreis. Die Stimmen auf den Kreistagen führte zeitweilig (dem Erbgang entsprechend) auch Kurpfalz; vgl. W. Dotzauer, Die deutschen Reichskreise in d. Verfassung d. alten Reiches u. ihr Eigenleben (1500–1806), 1989, 237–263 (Lit.).

[28] H.-W. Herrmann, Die Grafschaft Sponheim (Geschichtl. Lkde. d. Saarlandes 2) 1977, 338–343; J. Mötsch, Genealogie d. Grafen v. Sponheim (Jb. f. westdt. LG 13) 1987, 63–179; Ders., Regesten d. Archivs d. Grafen v. Sponheim 1065–1437, 5 Tle. (Veröffentl. d. Landesarchivverwaltung Rheinland-Pfalz 41–45) 1987–1991; Quellennachweise zum Sponheim-Erbe s. auch bei Rall,

Vorgeschichte wichtig: Ausgangspunkt für die verworrenen Sponheimer Verhältnisse seit dem fünfzehnten Jahrhundert ist eine um 1235 anzusetzende Besitzteilung, in deren Vollzug die sogenannte vordere Grafschaft (Sponheim-Kreuznach) und die sogenannte hintere Grafschaft (Sponheim-Starkenburg) entstanden waren. Die Kreuznacher Linie erlosch 1414; vier Fünftel dieses Gebietes kamen an die Sponheim-Starkenburger, ein Fünftel an Kurfürst Ludwig III. von der Pfalz (1417), der auf dem Weg über die Witwe seines Bruders Ruprecht Erbansprüche geltend machen konnte. Der letzte Starkenburger, Graf Johann V., verpfändete 1422 ein weiteres Fünftel der vorderen Grafschaft an den Pfälzer Kurfürsten, und dieser erhob bei Johanns Tod (1437) Ansprüche auf ein drittes Fünftel, so daß für die Testamentserben, Markgraf Jakob I. von Baden und Graf Friedrich von Veldenz, neben der ganzen hinteren Grafschaft nur zwei Fünftel der vorderen zur Verfügung standen. 1440 kam schließlich über die vordere Grafschaft eine Einigung zustande, nach der Kurpfalz zwei Fünftel, Baden und Veldenz je drei Zehntel erhielten. 1444 bekam Pfalz-Simmern diesen Veldenzer Anteil. Die hintere Grafschaft ging in die Gemeinherrschaft von Baden und Pfalz-Simmern über. – Von den weiteren Schicksalen der sponheimischen Güter sei noch erwähnt, daß Kurfürst Friedrich I. von der Pfalz in der Mainzer Stiftsfehde den Markgrafen Karl von Baden gefangennahm (Schlacht bei Seckenheim) und sich beim Loskauf dessen Dreizehntelanteil an der vorderen Grafschaft verpfänden ließ. Erst 1508 kam dieser wieder an Baden zurück. Im folgenden Jahr ging ein Fünftel aus dem kurpfälzischen Besitz an die gemeinsame Herrschaft von Simmern und Baden über. 1559 erhielt die Linie Pfalz-Zweibrücken den Simmernschen Anteil an der hinteren Grafschaft; die Rechte an der vorderen Grafschaft gelangten an die Kurfürsten aus dem Hause Simmern. Nach manchem weiterem Handel mit den Sponheimer Anteilen wurde schließlich 1708 die vordere Grafschaft zwischen Kurpfalz und Baden geteilt, wobei das Amt Kreuznach endgültig an Pfalz kam. Die Gemeinherrschaft über die hintere Grafschaft lösten Baden und Pfalz-Zweibrücken 1776 auf.

Der Simmernsche Pfalzgraf *Johann II.* (1509–1557) war als Nachfolger des Kurpfälzers Friedrich II. kaiserlicher Statthalter im Reichsregiment zu Nürnberg und stand von 1536–1539 als Kammerrichter dem Reichskammergericht vor.[29] Sein

Hausverträge 327ff. Zur territorialen Entwicklung seit dem 15. Jh. vgl. W. Fabricius, Geschichtl. Atlas d. Rheinprovinz, 2, 1894/96, 436–440; 6, 1914 91⁺–98⁺, 1–152; W. Dotzauer, Die vordere Grafschaft Sponheim als pfälzisch-badisches Kondominium 1437–1707/08. Die Entwicklung z. kurpfälz. Oberamt Kreuznach unter bes. Berücksichtigung d. badischen Kondominatsfaktors, Diss. Mainz 1963; Ders., Das sponheimische Landgericht im 17. u. 18. Jh. (Mitt.bl. z. rheinhess. Lkde. 15) 1966, 287–291; Pfalzatlas, Text 424f. Vgl. auch Wild (Anm. 27) 23–55.

[29] G. Kentenich, Herzog Hans vom Hunsrück (Trierische Chronik NF 16) 1920, 66ff.; Wülcker-Virk (§ 13 Anm. 1) CXLVIff.; R. Smend, Das Reichskammerger. (Quellen u. Stud. z. Verfassungsgesch. d. Deutschen Reiches im MA u. in d. Neuzeit IV 3) 1911, 245ff.; H. Raab, Sabine v. Simmern, Gemahlin d. Grafen Egmont (ZBLG 44) 1981, 233–240 (Sabine war eine Tochter Johanns II. v. Pfalz-Simmern). Z. Reformation in Simmern vgl. auch G. Engelbert, Die reformator. u. gegenreformator. Kräfte auf d. Hunsrück (Rhein. Vjbll. 28) 1963, 231–249.

ältester Sohn *Friedrich* heiratete 1537 Maria von Brandenburg-Kulmbach, eine Tochter des Markgrafen Johann Casimir, unter deren Einfluß er sich der Reformation näherte, dies aber zunächst aus Rücksicht auf seinen streng katholisch gesinnten Vater nicht öffentlich bekanntzugeben wagte. Diese Rücksicht fiel erst, als er während des Schmalkaldischen Krieges Statthalter des Markgrafen Albrecht Alcibiades im Bayreuther Fürstentum war. 1556–1557 übertrug Kurfürst Ottheinrich dem Pfalzgrafen Friedrich die Statthalterschaft über die Kuroberpfalz, womit er dokumentierte, daß dieser der Erbe der Kurpfalz sei. 1559 folgte Friedrich, der seit einiger Zeit auch das Fürstentum Simmern regierte und es zur lutherischen Lehre geführt hatte, Ottheinrich auf dem Kurstuhl nach. Simmern überließ er seinem Bruder *Georg* (1559–1569). Mit dem Tod von dessen Bruder *Richard* (1598) erlosch die Linie Simmern; das Fürstentum wurde mit Kurpfalz vereinigt.

Pfalzgraf Richard[30] hatte als Administrator des Stifts Waldsassen in der oberpfälzischen Reformationsgeschichte eine Rolle gespielt; er setzte sich dort ebenso wie in Simmern für die Erhaltung des Luthertums gegen die reformierten Neigungen seines Bruders Friedrich ein. Im siebzehnten Jahrhundert gab es nochmals eine pfälzische Nebenlinie im Fürstentum Simmern, als 1611 Kurfürst Friedrich V. entsprechend dem Testament seines Vaters für seinen jüngeren Bruder Ludwig Philipp die Ämter Simmern, Kaiserslautern, Böckelheim sowie die vordere Grafschaft Sponheim (Kreuznach) aus dem kurfürstlichen Gebiet ausgliederte. 1674 fielen diese Gebiete wieder an Kurpfalz zurück.[31]

Für die Pfalzgrafen von *Zweibrücken* wurde das Erbe von *Veldenz* zum wichtigsten Bezugspunkt im politischen Getriebe des fünfzehnten Jahrhundert. Veldenz war Lehen der Bischofskirche von Verdun;[32] der größere Teil der Grafschaftsbesitzungen unterstand Trierer Hochgerichtsbarkeit; schließlich waren die alten Grafen Lehensleute von Kurpfalz gewesen. Pfalzgraf *Ludwig* (1459–1489) suchte Anlehnung bei Herzog Philipp von Burgund. In verschiedenen Auseinandersetzungen mit Kurfürst Friedrich I. mußte er jedoch territoriale Verluste hinnehmen.[33]

Unter *Ludwig II.* (1514–1532) fand durch das Wirken von Johann Schwebel[34] die Reformation Eingang in Zweibrücken; der Pfalzgraf trat im religiösen Leben

[30] H. G. Sturm, Pfalzgraf Reichard v. Simmern (1521–1598), Diss. Mainz 1968; A. Ph. Brück, Pfalzgraf Reichart v. Simmern als Kandidat für d. Mainzer Erzstuhl 1555 (Bll. f. pfälz. KG 21) 1954, 2–11; ältere Lit. s. Schottenloher nrr. 32328–32333.

[31] Pfalzatlas, Text 402, 416ff., 423ff.; W. Ludt, Von den Herzögen d. jüngeren Simmernschen Linie (Jb. z. Gesch. v. Stadt u. Lkr. Kaiserslautern) 1961/62, 88–104; ADB 19, 580f.; Press, Calvinismus (§ 13) 501ff.

[32] P. E. Hübinger, Der Streit d. Verduner Bischofs Wilhelm v. Heraucourt mit d. Pfalzgrafen Ludwig u. Alexander v. Zweibrücken um d. Grafschaft Veldenz 1489–1508 (Elsaß-Lothringisches Jb. 20) 1942, 95–123; G. F. Böhn, Pfalz-Veldenz u. d. Trierer Bischofswahl d. Jahres 1456 (AMK 21) 1969, 89–103.

[33] Herrmann (Anm. 26) 351; Cohn (§ 12) 49ff.

[34] F. Jung, Johann Schwebel, d. Reformator v. Zweibrücken, 1910; Schottenloher nrr. 19549–19559.

nicht aktiv hervor. Für Ludwigs Sohn *Wolfgang* (1532–1569)[35] führte sein Onkel Ruprecht die Vormundschaft, der 1543 ein selbständiges Fürstentum in den Ämtern Veldenz-Lauterecken erhielt. Diese Zweibrückener Nebenlinie bestand bis 1694. Zeitweilig waren davon nochmals die Fürstentümer Pfalz-Lützelstein (1592–1611 unter Pfalzgraf Johann August) und Pfalz-Guttenberg (1592–1654 unter Pfalzgraf Georg Johann II.) abgetrennt.[36] Über der Erbteilung von Veldenz entstand nach 1694 ein langwieriger Streit zwischen Kurpfalz, Pfalz-Sulzbach und Pfalz-Birkenfeld, der erst 1733 durch einen Vergleich beendet wurde (Veldenz-Lauterecken kam an Kurpfalz, Guttenberg und die Hälfte von Lützelstein an Birkenfeld, die andere Hälfte von Lützelstein an Sulzbach).

Schon unter der Vormundschaftsregierung Wolfgangs und dann auch unter seiner selbständigen Herrschaft geschah in Zweibrücken einiges zur Konsolidierung des Staatsgefüges, wie dies in den Gerichtsordnungen von 1536 und 1568 Ausdruck fand, die für die Gerichtsverhältnisse der westpfälzischen Gebiete bis in das achtzehnte Jahrhundert von Bedeutung blieben.[37] Die Reformation wurde unter ihm durch die Zweibrückener Kirchenordnung von 1557 im Sinne der lutherischen Lehre konsolidiert;[38] er leitete die Aufhebung der Klöster Disibodenberg, Hornbach, Wörschweiler und Offenbach am Glan seit 1556 ein.[39] Politisch stand Wolfgang von Zweibrücken meist in enger Verbindung mit den pfälzischen Kurfürsten, besonders mit Ottheinrich, dem er bedeutende Darlehen gewährte. 1551–1556 war er *Statthalter der Oberpfalz;* 1553 trat ihm Ottheinrich die Verwaltung des Fürstentums Neuburg ab. Als dieser 1556 Kurfürst geworden war, überließ er Wolfgang das gesamte Neuburger Territorium, so daß Wolfgangs Familie eng mit dem bayerisch-oberpfälzischen Land verwuchs.

[35] J. Ney, Pfalzgraf Wolfgang (Schriften d. Ver. f. Reformationsgesch. 106/107) 1912, 1–124; Schottenloher nrr. 32338–32365, 61718f. Vgl. E. Jäger–L. Zögner, Tilemann Stella (1525–1589), Landesaufnahme d. Ämter Zweibrücken u. Kirkel d. Herzogtums Pfalz-Zweibrücken 1564 (Quellen z. Gesch. d. deutschen Kartographie 6) 1989; s. R. Oehme, Die Entwicklung d. Kartographie Süddeutschlands in d. Renaissancezeit (Die Renaissance im dt. Südwesten I) 1986, 70–80 u. die in § 17 Anm. 13 u. 15 gen. Lit.

[36] Schottenloher nrr. 32153–32168, 32334f.; Pfalzatlas, Text 411f.; HB d. Hist. Stätten Deutschlands, V. Rheinland-Pfalz u. Saarland, 1965, 110f. (Guttenberg), 177f. (Lauterecken), 271f. (Remigiusberg), 343ff. (Veldenz); J. J. Kunz, Die Politik d. Pfalzgrafen Georg Hans (1544–1592), Graf zu Veldenz, Diss. Bonn 1912; über Georg Johann s. auch NDB 6, 221ff.; Press, Calvinismus (§ 13) 358.

[37] Vgl. L. Eid, Der Hof- u. Staatsdienst im ehem. Herzogtum Pfalz-Zweibrücken v. 1444–1604 (Mitt. Pfalz 21) 1897; E. F. Schmidt, Dienerbuch des Hzgt. Zweibrükken 1724 (Schrr. z. Bevölkerungsgesch. d. pfälz. Lande 4) 1969; W. Koch, Zweibrücker Gerichtsordnungen in ihrer hist. Entwicklung (Mitt. Pfalz 66) 1968, 306–325; F. Haffner, Adelheid v. Dürkheim. Hofmeisterin in Zweibrücken um 1500 (Pfälzer Heimat 18) 1967, 48–51.

[38] W. Koch, Die Vorgesch. d. Zweibrükker Kirchenordnung v. 1557 (Bll. f. pfälz. KG 24) 1957, 75–105; Ders., Die Gründung d. Zweibrücker Landesschule zu Hornbach u. d. Anfänge d. Zweibrücker Konsistorialverfassung (ebd. 26) 1959, 2–19; Ders., Johann Marbach in seiner Bedeutung f. d. pfälz. Kirchengesch. (ebd. 29) 1962, 119–129; Simon, KO XIII 31.

[39] Pfalzatlas, Text 19–31, Karte nr. 71; J. Polke, Die Aufhebung d. Klosters Disibodenberg in d. Reformationszeit (Bll. f. pfälz. KG 54) 1987, 211–240.

*Wolfgangs Söhne* teilten den väterlichen Besitz;[40] dabei erhielt der älteste, Philipp Ludwig, Neuburg, Johann das Fürstentum Zweibrücken und Karl Birkenfeld. *Johann I.* von Zweibrücken (1569–1604) führte das Zweibrücker Land zum reformierten Glauben; sein Sohn *Johann II.* (1604–1635) achtete streng auf die Einhaltung des Heidelberger Katechismus, der in Pfalz-Zweibrücken vor allem unter Mitwirkung der Generalsuperintendenten Pantaleon Candidus (1571–1608) und Michael Philipp Beuther (1608–1616) eingeführt worden war.[41] Von dem bis 1681 bestehenden Fürstentum Zweibrücken wurden 1611 nochmals Pfalz-Landsberg[42] und Pfalz-Kleeburg abgeteilt.

Aus der *Kleeburger Linie* stammen die von 1654–1718 in Schweden regierenden Könige *Karl X. Gustav* (1654–1660), *Karl XI.* (1660–1697) und *Karl XII.* (1697–1718).[43] Des ersteren Vater, Johann Casimir (1611–1652), war mit Katharina, der Tochter Karls IX. von Schweden, vermählt. Ihr Sohn Karl kämpfte als schwedischer General im Dreißigjährigen Krieg, wurde 1649 zum schwedischen Thronfolger gewählt und 1654 nach dem Verzicht von Königin Christine, seiner Stiefkusine, zum König gekrönt. Karl XI. übernahm 1681 Zweibrücken und Lands-

[40] W. Koch, Die Entstehung d. Testamentes Herzog Wolfgangs v. Pfalz-Zweibrücken u. sein Entwurf v. Kanzler Dr. Ulrich Sitzinger (Mitt. Pfalz 63) 1965, 95–129; über Sitzinger vgl. auch W. Koch, Das Testament d. Zweibrücker Kanzlers Dr. Ulrich Sitzinger (ebd. 64) 1966, 55–74.

[41] Über die Stellung Johanns II. als Administrator in Kurpfalz vgl. § 14 Anm. 34. – Zum Konfessionswechsel in Pfalz-Zweibrükken s. W.-U. Deetjen, Das Ende d. Entente cordiale zw. den Bruderkirchen u. Bruderdynastien Pfalz-Zweibrücken – Württemberg u. Pfalz-Neuburg (Bll. f. württemb. KG 82) 1982, 38–217 u. Schaab, Calvinismus (§ 14) 40ff. Zur vorherigen lutherischen Phase vgl. G. Bork, Die Kirchenordnung v. Pfalz-Zweibrücken (Neuburg) v. 1570 (Monatshefte f. Evang. KG d. Rheinlandes 4) 1955, 161–184; zur Zweibrücker Kirchengeschichte im 16. und frühen 17. Jahrhundert vgl. auch Ammerich, Landesherr (Anm. 26) 95–103 u. die v. G. Biundo veröffentlichten Kirchenvisitationsprotokolle der Ämter Bergzabern (Bll. f. pfälz. KG 18 u. 22), Guttenberg (ebd. 22 u. 25), Kirrberg (ebd. 24), Lichtenberg (ebd. 18 u. 23), Meisenheim-Landsberg (ebd. 18, 22, 24 u. 25), Neukastel (ebd. 18, 21, 23 u. 25) u. Zweibrücken (ebd. 23); s. auch R. Fendler, Pfalz-Zweibrückische Kirchenvisitation v. 1605 in d. Südpfalz (Mitt. Pfalz 64) 1966, 75–143; über P. Candidus (Weiß), der mit Pfalzgraf Wolfgang von der Oberpfalz nach Zweibrücken gekommen war, s. Schottenloher nrr. 2598–2602, 53425ff.; M. Lang, Pantaleon Candidus (1540–1608) (Bll. f. pfälz. KG 55) 1988, 35–40; zu Beuther s. O. Jung, Michael Philipp Beuther, Generalsuperintendent im Herzogtum Zweibrücken (Veröffentl. d. Ver. f. pfälz. KG 5) 1954; W. Koch, Die Entwicklung d. Presbyteramtes u. d. Kirchenzucht im Herzogtum Pfalz-Zweibrücken v. d. Reformation bis z. 19. Jh. (ebd. 30) 1963, 40–67.

[42] F. L. Arnold, Die Zweibrücken-Landsberger Linie (Pfälzer Heimat 17) 1966, 50ff.

[43] Zur Topographie v. Pfalz-Kleeburg vgl. Pfalzatlas, Text 411; Reichsland Elsaß-Lothringen III, 1903, 519f. Über Johann Casimir und dessen in Schweden regierende Nachkommen s. NDB 10, 515f.; A. Kromnow, Die schwed. Könige aus d. Hause Wittelsbach (ZBLG 44) 1981, 329–344. Über die Bedeutung der drei pfälzischen Vasa für die nordische Geschichte s. HB d. Europ. Gesch. (§ 17 Anm. 26) IV 512–525 (Lit.); Andersson (Anm. 18) 238–293; O. Heintz, König Karl XII. v. Schweden, I², II, III, 1958; J.-P. Findeisen, Karl XII. v. Schweden, 1992; K. Th. v. Heigel, Die Wittelsbacher in Schweden (Neue hist. Vorträge u. Aufsätze) 1883, 1–43; A. Becker, Stockholm u. Zweibrücken, 1950; K. Th. v. Heigel, Das Projekt einer wittelsbachischen Hausunion unter schwed. Protectorat 1667–1697 (SB München 1882/II) 1882, 51–113; S. E. Bring, Bibliografisk handbok till Sveriges historia, Stockholm 1934, 435–472; K. Schottenloher, Die Bayern in d. Fremde (Schriftenreihe 44) 1950, 213f.

berg; die Territorien waren allerdings im Zuge der Reunionspolitik von französischen Truppen besetzt. Erst nach der Rückgabe durch den Frieden von Rijswijk (1697) konnten dort schwedische Statthalter wirken.[44] Nach Karls XII. Tod ging der schwedische Besitz in der Pfalz an Gustav Samuel Leopold von Kleeburg über, der 1696 zum Katholizismus zurückgekehrt war. Er starb 1731.[45]

d) *Pfalz-Birkenfeld*. Als letzter Zweig des Zweibrückener Hauses ist schließlich das 1569 errichtete Fürstentum Pfalz-Birkenfeld[46] des Pfalzgrafen Karl zu nennen. Als Sonderherrschaften davon bestanden neben Birkenfeld (1569–1671) noch Bischweiler (seit 1630) und Gelnhausen[47] (1681–1799). Die Pfalzgrafen von Bischweiler erbten schließlich Birkenfeld (1671) und vergrößerten durch die Übernahme von Zweibrücken (1731) ihre schmale Besitzbasis beträchtlich. Erster Fürst Zweibrückens aus der Linie Birkenfeld war *Christian III.*, seit 1717 Herr von Birkenfeld-Bischweiler-Rappoltstein; sein Sohn *Christian IV.* (1735–1775), persönlich und politisch bedeutender als der Vater, stand zeit seines Lebens in engstem Kontakt mit dem französischen Hof, in dessen politischen Plänen er als wittelsbachischer Erbprätendent viel zu bedeuten hatte.[48] Für Zweibrücken brachte Christians IV. Zeit einen beträchtlichen Aufschwung, vor allem in kultureller Hinsicht: Theater, Musik und bildende Kunst, die Förderung wissenschaftlicher Arbeiten (Klassiker-Editionen, Hofhistoriographie) waren dem Landesherrn echte Anliegen. Auf wirtschaftlichem Gebiet allerdings mußten die im Stil der Zeit eingeleiteten merkantilistischen Versuche (Gründung einer Porzellanmanufaktur) an dem geringen Potential des Fürstentums scheitern.[49] In die

[44] L. K. Kinzinger, Schweden u. Pfalz-Zweibrücken. Probleme einer gegenseitigen Integration. Das Fürstentum Pfalz-Zweibrücken unter schwed. Fremdherrschaft (1681–1719), Diss. Saarbrücken 1988.

[45] Über Gustav Samuel Leopold vgl. NDB 7, 334ff.; Ammerich, Landesherr (Anm. 26) 132–148; Herrmann, Zweibrükken (Anm. 26) 369f.; K. Baumann, Die Lebensgesch. d. Luise Dorothea Hoffmann aus Saarbrücken (1700–1745) (Ausgew. Aufsätze) 1984, 121–138 (morganatische Gemahlin Gustav Samuel Leopolds).

[46] O. Conrad, Die Territorialgesch. des LK Birkenfeld (Heimatchronik d. LK Birkenfeld, hg. v. K. Becker) 1961, 38–59; Heyen-Zimmer, Wappenbuch d. LK Birkenfeld (Veröffentl. d. Landesarchivverwaltung Rheinland-Pfalz 6) 1966, 13–19; K. E. Wild, Die Pfalz-Birkenfelder Linie d. Hauses Wittelsbach (Heimatkalender d. LK Birkenfeld) 1966, 51–61; Ders. (Anm. 27) 73–83; H. P. Brandt (Hg.), Birkenfeld (Mitt. Heimatkde. Birkenfeld, Sonderh. 42) 1982, 25ff. Für Bischweiler vgl. Das Reichsland Elsaß-Lothringen III, 1903, 98f.

[47] K. Schreiber, 800 Jahre Stadt Gelnhausen (Zsch. f. hess. Gesch. u. Lkde. 80) 1969, 31; Hist. Stätten Hessen (§ 12 Anm. 25) 156ff.; Wild (Anm. 27) 121–129.

[48] Ammerich, Landesherr (Anm. 26) 148–170; Herrmann, Zweibrücken (Anm. 26) 370–375; Wild (Anm. 27) 85–100; zur Konsolidierung der Zweibrückener Linie in Händen der Pfalzgrafen von Birkenfeld s. Schaab II 241–244; K. Baumann, Herzog Christian IV. v. Pfalz-Zweibrücken (Saarpfälzer Lebensbilder 1) 1938, 103ff.; Adalbert v. Bayern, Der Herzog u. d. Tänzerin, Die merkwürdige Gesch. Christians IV. v. Pfalz-Zweibrücken u. seiner Familie, 1966; W. Weber, Zu den Schloßbauten d. 18. Jhs. im Hzgt. Zweibrükken (Saarheimat 12) 1968, 217–222; weitere Lit.: NDB 3, 229f. Über die Beziehungen zu Frankreich vgl. H. Ammerich, Die Grenzverhandlungen zw. Frankreich u. Pfalz-Zweibrücken in d. zweiten Hälfte d. 18. Jhs. (Mitt. Pfalz 77) 1979, 231–252.

[49] Zur Wirtschaftspolitik vgl. P. Schichtel, Das Recht d. zünftigen Handwerks im Hzgt. Pfalz-Zweibrücken während des 18. Jhs. (Schriften z. Rechtsgesch. 37) 1986.

von München und Mannheim zur Klärung der drängenden Erbfolgefrage in den wittelsbachischen Kurfürstentümern eingeleiteten Verhandlungen wurde Zweibrücken nicht eingeschaltet. Max III. Joseph und besonders Karl Theodor von der Pfalz fürchteten, daß die engen Bindungen Christians IV. an Versailles dort die wittelsbachischen Pläne zur Unzeit hätten bekannt werden lassen.[50]

Das *bayerisch-pfälzische Vertragswerk von 1766/71* führte über die älteren Abmachungen insoferne hinaus, als jetzt außer der gegenseitigen Hilfs- und Unterstützungszusicherung auch ausdrücklich die wechselseitige Erbfolge beurkundet war; Christian von Zweibrücken und – da er selbst keine ebenbürtigen Kinder hatte – seine beiden Neffen Karl August und Max Joseph erscheinen als die eigentlich Begünstigten dieser erneuerten Hausunion. Nach Christians IV. plötzlichem Tod (1775) trat an dessen Stelle in Zweibrücken sein Neffe *Karl August,* der bisher zeitweilig in Neuburg an der Donau residiert hatte;[51] er setzte die frankreichfreundliche Haltung Christians hinsichtlich der Subsidienpolitik fort, wechselte aber den größeren Teil der einflußreichen Ratgeber aus. Vor allem durch das Verhandlungsgeschick des neuen Zweibrücker leitenden Beamten Christian von Hofenfels kam 1777 der Abschluß eines *Familien- und Erbvertrages zwischen Kurpfalz und Zweibrücken* zustande, der die Nachfolge des letzteren Hauses im kurpfalz-bayerischen Gesamtstaat vorbereitete.[52] Der Teschener Friede erkannte Karl August ausdrücklich als nächsterbberechtigten Agnaten nach Karl Theodor an, wiewohl letzterer mit seinen Verwandten aus Zweibrücken keineswegs auf besonders freundschaftlichem Fuß stand. Daß die 1778 zwischen Joseph II. und Karl Theodor betriebenen Pläne um den Austausch der bayerischen Gebiete des Hauses Wittelsbach scheiterten, ging mit auf die von Hofenfels beeinflußte Haltung Karl Augusts zurück.[53] Der 1784 wieder von Habsburg eingeleitete Tauschhandel war vor allem durch die chronischen Finanzschwierigkeiten im Fürstentum Zweibrücken veranlaßt; man hoffte in Wien, die unbedingt notwendige Zustimmung Karl Augusts durch finanzielle Abfindungen erkaufen zu können; diese Rechnung ging jedoch nicht auf, einerseits, weil die Angebote Josephs II. nicht den Erwartungen Karl Augusts entsprachen, zum andern, weil der Herzog durch die Verhandlungsführung persönlich verärgert war, so daß es

[50] S. HB II 1210; D. Strauven, Die wittelsbachischen Familienverträge 1761–1779, Diss. Köln 1969.

[51] Über ihn vgl. NDB 11, 258ff.; K. Baumann, Herzog Karl August II. v. Pfalz-Zweibrücken (Ausgew. Aufsätze) 1984, 139–163; Wild (Anm. 27) 101–120; Strauven (Anm. 50) 237.

[52] Vgl. dazu H. Mittelberger, Johann Christian v. Hofenfels, 1744–1787 (MHF I, 8) 1934, 13ff.

[53] HB II 1215–1224; J. G. Schoesser, Das Haus Pfalz-Zweibrücken im bayer. Erbfolgestreit bis z. Ausbruch d. Krieges (OA 56) 1912, 130–172; (ebd. 57) 1913, 196–223; A. Unzer, Der Herzog v. Zweibrücken u. d. Sendung d. Grafen Goertz, Januar-April 1778 (MIÖG 18) 1897, 401–492; K. Th. v. Heigel, Beziehungen d. Herzöge Karl August u. Max Joseph v. Zweibrücken zu Preußen (HVjschr. 3) 1900, 27–48; K. O. Frhr. v. Aretin, Kurfürst Karl Theodor (1778–1799) u. d. bayer. Tauschprojekt (ZBLG 25) 1962, 745–800; Ders., Heiliges römisches Reich 1776–1806, I, 1967, 114ff.; E. Weis, Pfalz-Bayern, Zweibrücken u. d. Franz. Revolution (Beihefte d. Francia 12) 1983, 118–131.

Hofenfels, dem Gegner solcher Veränderungen, nicht schwer fiel, seinen Herrn zum Abbruch der Verhandlungen zu veranlassen. Damit war der Anfang vom Ende der Tauschprojekte eingeleitet. Karl August von Zweibrücken starb 1795 in Mannheim, seinem Exil vor den im Herbst 1793 in die linksrheinischen Gebiete eingerückten französischen Truppen; dort, später in Heidelberg und dann in Ansbach bereitete sich sein Bruder und Nachfolger *Max Joseph* (1756–1825) auf den Antritt des Erbes Karl Theodors vor;[54] 1799 übernahm er als Erbe aus der Zweibrücker Linie den gesamten kurpfalz-bayerischen Länder- und Staatsverband.[55]

## § 17. DAS FÜRSTENTUM PFALZ-NEUBURG UND SEINE NEBENLINIEN VOM 16. BIS ZUM 18. JAHRHUNDERT

SIMON, KO XIII; WEIGEL-WOPPER-AMMON, Neuburgisches Pfarrerbuch, 1967. – 475 Jahre Fürstentum Pfalz-Neuburg (Ausstellung im Schloß Grünau. Katalog) 1980 (darin: G. NEBINGER, Das Fürstentum Neuburg u. sein Territorium, 9–42; R. H. SEITZ, Reformation u. Gegenreformation im Fürstentum Pfalz-Neuburg, 43–66); V. PRESS, Fürstentum u. Fürstenhaus Pfalz-Neuburg (Festschr. f. G. Lang) 1989, 255–278; H. RALL, Pfalz-Neuburg u. seine Fürsten (NK 109) 1955, 5–52; Neuburg, d. Junge Pfalz u. ihre Fürsten (Festschr. hg. v. J. Heider) 1955; A. SCHINDLING–W. ZIEGLER (Hgg.), Die Territorien d. Reichs im Zeitalter d. Reformation u. Konfessionalisierung I, 1989, 44–55; M. CRAMER-FÜRTIG, Landesherrl. u. landständische Herrschaftsausübung im Fürstentum Pfalz-Neuburg in d. ersten Hälfte des 16. Jh. (Schriftenreihe 105) 1994; H. SCHMIDT, Das Haus Pfalz-Neuburg in d. europ. Politik d. 17. Jhs. (Etudes d' hist. europ. Mélanges offerts à R. et S. Pillorget) 1990, 113–134; K. MAYR, Pfalz-Neuburg u. d. Königreich Neapel im 17. und 18. Jh. (Schriftenreihe 34) 1939; zur Topographie s. Bibliographie A. 2. – O. RIEDER, Die pfalzneuburgische Landschaft (NK 64) 1900, 9–283; (ebd. 65) 1901, 1–136; (ebd. 66/67) 1902/03, 3–223. Vgl. auch KDB Neuburg a. d. Donau, bes. Einleitung 1–65.

Der Schiedsspruch Kaiser Maximilians vom 30. Juli 1505, der den Streit[1] zwischen der pfälzischen und der altbayerischen Partei der Wittelsbacher beendete, bestimmte, daß *Ottheinrich* und *Philipp*, die Söhne Ruprechts von der Pfalz und Elisabeths von Landshut, ein Fürstentum mit dem jährlichen Ertrag von 24000 fl. erhalten sollten;[2] es war vornehmlich aus dem Besitz des verstorbenen Herzogs Georg von Landshut nördlich der Donau (mit Ausnahme von Ingolstadt) zu bilden. Gegebenenfalls konnten auch Bezirke des Herzogtums Oberbayern und auf dem Nordgau zu dem neuen Territorium geschlagen werden,

[54] H. RALL, Pfalzbayerns Probleme im Urteil d. Zweibrücker Reformer (ZBLG 18) 1955, 408–434. – Über die von Montgelas damals formulierten Reformgedanken vgl. E. WEIS, Montgelas' innenpolit. Reformprogramm. Das Ansbacher Mémoire für d. Herzog vom 30. 9. 1796 (ZBLG 33) 1970, 219–256; Ders., Montgelas 1759–1799. Zw. Revolution u. Reform, 1971, Kap. 20.

[55] HB II 1233 ff. u. IV 3–10.

[1] Zur Vorgeschichte vgl. HB II 318 f., 625 u. o. §§ 12 u. 13.

[2] Text des Kölner Spruches v. 30. 7. 1505: KRENNER, Baier. Landtags-Handlungen in d. Jahren 1429–1513, XV, 1805, 111–134; d. Akten d. folgenden Verhandlungen s. ebd. 134–301, 324–337; XVI, 1805, 55–74, 174–231; XVII, 1805, 223–333. Dokumente I 2, 184 ff. nr. 138.

wenn die ehemals niederbayerischen Gebiete nicht die entsprechenden Einkünfte abwerfen sollten.[3] Die Verwirklichung des Kölner Spruches zog sich einige Jahre hin; nach Verhandlungen in Enns (1506) und Konstanz (1508 und 1509) brachte schließlich der Ingolstädter Vertrag (1509) die Klärung der meisten Streitfragen. Das neue *Fürstentum Pfalz-Neuburg,* die *Jung-Pfalz,* bestand danach aus dem Landesteil an der Donau (Landvogtämter Neuburg und Höchstädt, Landgericht Graisbach), der vordem landshutisch gewesen war und aus dem ingolstädtischen Erbe stammte, dazu kamen die Ämter Allersberg, Heideck und Hilpoltstein (vorher landshutisch) und das Gebiet auf dem Nordgau[4] (Landgericht Burglengenfeld mit den Pflegämtern Schwandorf und Regenstauf, die Pflegämter Hemau und Velburg, das Landrichteramt Sulzbach, diese wurden von Bayern-München abgetrennt. Das Amt Laaber und der Hälfteanteil von Parkstein-Weiden-Floß und Vohenstrauß hatten vorher zu Landshut gehört).[5]

Wesentliche *Erwerbungen in späterer Zeit* waren die Herrschaften Ehrenfels-Beratzhausen (1568), Lupburg (1572), Breitenegg (zur Hälfte, 1592), Pleystein (1626) und die zweite Hälfte von Parkstein-Weiden (1623/52). Die Herrschaft Velburg erhielt 1507 der Feldhauptmann Jörg Wispeck vom Pfalzgrafen Friedrich als Lehen. Die Landeshoheit war deshalb bis zum Aussterben des Geschlechts (1574) umstritten. Vorübergehend waren aus dem Neuburger Verband gelöst Allersberg, Heideck und Hilpoltstein (1542–1578/85 an die Reichsstadt Nürnberg verpfändet) und der Anteil am Gemeinschaftsamt Parkstein-Weiden (1546–1553 an Kurpfalz verkauft). Die langen Bemühungen des Klosters Kaisheim um Anerkennung der Reichsunmittelbarkeit und damit der Exemption von Pfalz-Neuburg waren 1656 für das Stift erfolgreich, als Neuburg die Reichsunmittelbarkeit anerkannte.[6]

[3] Zur Wertermittlung u. zu den Finanzverhandlungen vgl. H. Rankl, Staatshaushalt, Stände u. «Gemeiner Nutzen» in Bayern 1500–1516 (Studien z. bayer. Verfassungs- u. Sozialgesch. 7) 1976, 10–15, 77–134.

[4] Vgl. H. Schneider, Zur Überlieferung d. Begriffes Nordgau (ZBLG 42) 1979, 463–467 sowie o. § 3b).

[5] Die territoriale Entwicklung des Fürstentums in d. Entstehungsphase untersucht eingehend Cramer-Fürtig (§ 17); vgl. auch Heider-Nebinger, Die pfalz-neuburgischen Ämter u. Gerichte an d. oberen Donau (Festschr. 1955) 129–135; Nebinger-Zoepfl, Gericht u. Verwaltung im Gebiet d. Land- u. Stadtkreises Dillingen vor 1800 (JHVD 54) 1952, 2–58; R. H. Seitz, Von d. Grafschaft Dillingen zum Landgericht Höchstädt (ebd. 67/68) 1966, 34–56; J. Heider, Landvogtamt u. Landgericht Neuburg a. d. Donau, m. Amt Reichertshofen (NK 113) 1960, 5–49; H. Schreibmüller, Die ehem. pfalzneuburg. Ämter Allersberg, Heideck u. Hilpoltstein (Festschr. Neuburg) 121–137; D. Deeg, Die Herrschaft d. Herren v. Heideck (Freie Schriftenfolge d. Ges. f. Familienforsch. in Franken 18) 1968, 120–128 (Übergang v. Heideck an Bayern-Landshut); A. Scherl, Pfalz-Neuburg in d. Oberpfalz (Festschr. Neuburg) 137–148; HAB Sulzbach (M. Piendl) 8 ff.

[6] HAB Neustadt a. d. Waldnaab-Weiden (H. Sturm) 69, 105 ff.; HAB Parsberg (M. Jehle) 186 ff. (Ehrenfels), 213–220 (Lupburg), 351 (Breitenegg), 253–268 (Velburg); H. Reindel-Schedl, Die Herren v. Wispeck (MGSL 122) 1982, 274 ff.; HAB Hilpoltstein (W. Wiessner) 176 f. (Allersberg, Heideck, Hilpoltstein); Volkert, Pleystein (§ 14 Anm. 46) 61–65; K. Huber, Die Zisterzienserabtei Kaisheim im Kampf um Immunität, Reichsunmittelbarkeit u. Souveränität, Diss. Erlangen 1928, 86 ff. (über den Vergleich von 1656); vgl. § 19 Anm. 9.

Die selbständige Regierung der Fürsten *Ottheinrich*[7] und *Philipp* begann 1522, als sie aus der Vormundschaft des Pfalzgrafen Friedrich entlassen wurden. *Ottheinrichs* überaus großzügige Förderung aller künstlerischen Bestrebungen, seine Sammelleidenschaft und die Freude an kostspieliger Hofhaltung ließen ihn die wirtschaftlichen Möglichkeiten seines Fürstentums weit überspannen. Seine Bemühungen zur Aufbesserung der darniederliegenden Finanzen blieben erfolglos; sein Versuch, die auf das Mitgiftversprechen König Kasimirs IV. von Polen anläßlich der Landshuter Hochzeit (1475) zwischen Herzog Georg von Bayern und der Polin Hedwig zurückgehenden Forderungen an den Königshof in Krakau zu realisieren, brachten trotz einer Reise Ottheinrichs nach Krakau und der diplomatischen Unterstützung durch Herzog Albrecht von Preußen keinen Gewinn.[8] 1544 mußte er wegen übergroßer Schuldenlast die Verwaltung der jungen Pfalz den Landständen überlassen, die sich der Schuldentilgung annahmen.[9]

Kurz vorher (1542) hatte Ottheinrich die *Reformation* offiziell eingeführt. In der Entwicklung seiner persönlichen Glaubensüberzeugung waren wohl das Erlebnis des Regensburger Religionsgespräches von 1541 und die Bekanntschaft sowie der Briefwechsel mit Martin Butzer von ausschlaggebender Bedeutung geworden. Die Einführung der Lehre Luthers und der Erlaß der ersten Neuburger Kirchenordnung (1543) waren wesentlich von dem Nürnberger Reformator Andreas Osiander beeinflußt.[10]

[7] A. v. Reitzenstein, Ottheinrich v. d. Pfalz, 1939,; B. Kurze, Pfalzgraf Ottheinrich (Lebensbilder Schw. 3) 1954, 244–268; H. Ammon, Wo ist Kurfürst Ottheinrich v. d. Pfalz geboren, 1962 (weist Amberg als Geburtsort nach); Bad. Bibliogr. nrr. 5284–5310, 20040–20049, 37743, 38867–38872, 43448; Schottenloher nrr. 32260–32306; Pfälz. Bibliogr., Berichtsjahr 1956, 138f.; A. Layer, Drei Ottheinrich-Gedenkjahre (Schwäb. Bll. f. Volksbildung u. Heimatpflege 11) 1960, 75–78; J. Dobmeier, Pfalzgraf Philipp d. Streitbare, Diss. München 1914.

[8] Petersohn (§ 13 Anm. 23) 329ff.

[9] O. Geiger, Zur Finanzlage d. Herzogtums Neuburg im 16. Jh. (NK 73) 1909, 87–94; R. H. Seitz, Staats- u. Klostergutsverkäufe zur Tilgung d. pfalz-neuburg. Landesschulden in d. Jahren 1544–1557 (NK 133) 1980, 61–79.

[10] Weber-Heider, Die Reformation im Fürstentum Pfalz-Neuburg unter Pfalzgraf u. Kurfürst Ottheinrich 1542–1559 (NK 110) 1959, 5–95, 112–116; G. Seebass, Das reformatorische Werk d. Andreas Osiander (Einzelarbeiten 44) 1967, 205, 243–246; G. B. Winkler, Das Regensburger Religionsgespräch 1541 (Schriftenreihe d. Univ. Regensburg 3) 1980, 9–24. Neuburgische Kirchenordnung v. 1543: Simon, KO XIII nr. I 2, 3; v. 1554: ebd. nr. I 5; f. die KO v. 1543 ist d. Text in d. Osiander-Gesamtsausgabe (hg. v. G. Müller – G. Seebass:) 7, 1988, 576ff. heranzuziehen; s. auch M. Cramer-Fürtig, Andreas Osianders Entwurf d. Pfalz-Neuburger Kirchenordnung v. 1543 (Forsch. z. bayer. Gesch., hg. v. D. Albrecht – D. Götschmann) 1993, 57–98. Vgl. auch M. Simon, Wann fand d. erste evangel. Gottesdienst in Sulzbach statt? (ZBKG 27) 1958, 1–6; Schottenloher nrr. 16668–16767, 57288–57292. Vgl. auch G. Hirschmann, Die zweite Nürnberger Kirchenvisitation 1560/61 (ZBKG 32) 1963, 111–132 (über Hilpoltstein, Heideck, Allersberg); K. Schornbaum, Die Kirchenvisitation im Amt Heideck 1586 u. Superintendent Dr. Jakob Schopper (ebd. 21) 1952, 151–164; W. Kugler, Die Kirchenvisitationen in d. Superintendentur Monheim v. d. Reformation bis z. Gegenreformation (ebd. 33) 1964, 34–66; Ders., Kleine Beitrr. z. pfalz-neuburg. Kirchengesch. (ebd. 33) 1964, 185–190; R. Dollinger, Regensburg u. Neuburg in ev. Zeit (ZBKG 30) 1961, 184–206; Zoepfl II 122, 214; R. Riedinger, Der typolog. Gehalt d. Fresken in d. Schloßkapelle z. Neuburg a. d. Donau (1543) (ZBLG 38) 1975, 900–944.

Nach der Finanzkatastrophe von 1544 zog sich der Fürst nach Heidelberg (später Weinheim) zurück und mußte dort aus der Ferne miterleben, wie sein Land im Schmalkaldischen Krieg von den kaiserlichen Truppen besetzt wurde und wie der Statthalter des Kaisers Zorn von Pullach ein scharfes Besatzungsregime führte. Das Territorium Ottheinrichs, der als Anhänger der Schmalkaldener galt, wurde zur katholischen Lehre zurückgeführt. Erst nach der Fürstenverschwörung im Frühjahr 1552 konnte sich Ottheinrich wieder in den Besitz des Fürstentums setzen; im Passauer Vertrag (1552) erhielt es der Pfalzgraf zurück und stellte das Luthertum wieder her, wobei er sich von dem württembergischen Reformator Johannes Brenz beraten ließ.[11] Seine Tätigkeit für Neuburg näherte sich damals schon ihrem Ende; denn bereits 1553 überließ er es an den Zweibrükker Pfalzgrafen Wolfgang und trat es ihm 1557 endgültig ab, als er nach des Kurfürsten Friedrich II. Tod Erbe der Kurpfalz geworden war.[12]

*Wolfgang*[13] (1557–1569) stand gleich seinem Vorgänger auf der streng lutherischen Seite, wie etwa Herzog Christoph von Württemberg; die lutherische Zweibrücker Kirchenordnung (1557) wurde auch in Neuburg 1560 publiziert. Der Pfalzgraf wandte sich scharf gegen die Lehre der Schweizer Reformierten, die unter seinem kurfürstlichen Vetter, Friedrich III., nach Ottheinrichs Tod so wesentlichen Einfluß auf die Kurpfalz gewann. Seine hausväterlich sorgsame innenpolitische Linie steht in merkwürdigem Kontrast zu dem fast krankhaft anmutenden Versuch, in der großen Politik persönlich Einfluß und Ruhm zu gewinnen. Nachdem er in allen möglichen fremden Diensten (so 1565 spanische, 1566 kaiserliche Dienstverträge) gestanden war, schien sich 1568 die große Gelegenheit zu bedeutenden kriegerischen Leistungen abzuzeichnen, als die französischen Hugenotten unter Heinrich von Navarra, dem Prinzen Condé und Coligny an deutschen Höfen Hilfe im Religionskrieg gegen den französischen König suchten. Wolfgang versöhnte sich sogar mit seinem alten Gegner, dem Kurfürsten Friedrich III., da dieser die Verbindungen zu den calvinistischen Kreisen Frankreichs herstellen konnte. Friedrich beteiligte sich mit einem größeren Darlehen gegen die Verpfändung von Wolfgangs Anteilen an der hinteren Grafschaft Sponheim und den oberpfälzischen Ämtern Parkstein und Weiden an der Finanzierung des Kriegszuges. So ging der Pfalzgraf an der Spitze eines stattlichen Heeres nach Frankreich, erwarb auch einige Erfolge, war aber persönlich den Strapazen des Feldzuges nicht gewachsen. Unmittelbar nach der Vereinigung mit den Truppen Colignys starb er 1569 und hinterließ seinen Ländern erhebliche

[11] SIMON, KO XIII 25ff.; M. HENKER, Johannes Brenz u. d. Entwicklung d. Neuburgischen Kirchenwesens zw. 1553 u. 1560 (NK 133) 1980, 106–140.

[12] G. REIPRICH, Ottheinrichs Testament f. d. Fürstentum Pfalz-Neuburg v. 1556 (NK 133) 1980, 80–105.

[13] B. KURZE, Pfalzgraf Wolfgang (Lebensbilder Schw. 6) 1958, 292–322; SCHOTTENLOHER nrr. 32338–32365. Vgl. auch § 16 Anm. 35, 37; W. KOCH, Die Kriegskosten Herzog Wolfgangs v. Zweibrücken u. ihre Regulierung (Mitt. Pfalz 59) 1961, 76–105; über die Religionspolitik: SIMON, KO XIII 31f.; nr. I, 14 (KO v. 1560); zum Schulwesen: A. SCHINDLING, Humanist. Reform u. fürstl. Schulpolitik in Hornbach u. Lauingen (NK 133) 1980, 141–186.

Schulden, die er für die Ausrüstung der Truppen und auf dem Feldzug im Interesse der Hugenotten-Partei gemacht hatte.

Wolfgangs Testament trennte die junge Pfalz vom Herzogtum Zweibrücken; in Neuburg trat der älteste Sohn, *Philipp Ludwig* (1569–1614),[14] die Regierung an, der seinen beiden jüngeren Brüdern Deputatfürstentümer anweisen mußte. Es gelang ihm mit Hilfe der Landstände, das Fürstentum vor dem finanziellen Ruin zu retten. Ein großartiges Denkmal seiner sorgsamen Herrschaft ist die von ihm angeordnete umfassende kartographische Aufnahme des Fürstentums, deren Durchführung der Regenstaufer Pfarrer Christoph Vogel hervorragend meisterte.[15] Auf dem Boden des strengen Luthertums stehend kam er in scharfen Gegensatz zu Kurpfalz, wie dies besonders im Streit um die Vormundschaft Friedrichs V. deutlich wurde. Philipp Ludwig brachte das reformatorische Werk im Fürstentum Neuburg zum Abschluß durch den Erlaß der sogenannten Generalartikel über die äußere Ordnung der Neuburger Kirche und den Ausbau des landesherrlichen Konsistoriums.[16]

Er war mit Anna, der Tochter Wilhelms V. von Jülich-Kleve-Berg vermählt und verschaffte dadurch seinem Haus die *Anwartschaft auf die niederrheinischen Herzogtümer.*[17] Als Annas Bruder, Johann Wilhelm, 1609 kinderlos starb, trat der von allen Interessenten lange erwartete Erbfall ein; neben Pfalz-Neuburg und

[14] W. HAUSER, Pfalz-Neuburg u. dessen Herzog Philipp Ludwig (1547–1614) (JHVD 79) 1977, 132–156; Ders., Pfalzgraf Philipp Ludwig v. Neuburg 1547–1614 (Lebensbilder Schw. 13) 1986, 61–89; E. KOSSOL, Die Reichspolitik d. Pfalzgrafen Philipp Ludwig v. Neuburg (1547–1614) (Schriftenreihe HK 14) 1976; A. SPERL, Pfalzgraf Philipp Ludwig v. Neuburg, sein Sohn Wolfgang Wilhelm u. die Jesuiten (Schrr. d. Ver. f. Reformationsgesch. 48) 1895; R. H. SEITZ, Dekorationsentwürfe Hans Thonauers d. Ä. zur Hochzeit Pfalzgraf Philipp Ludwigs v. 1574 (NK 133) 1980, 222–232; vgl. SCHOTTENLOHER nrr. 32324–32327.

[15] A. SCHERL, Die pfalz-neuburgische Landesaufnahme unter Philipp Ludwig (AZ 56) 1960, 84–105 (Nachdruck im NK 120, 1967, 30–56); J. HEIDER, Das Fürstentum Pfalz-Neuburg u. seine Bedeutung f. d. deutsche Kartographie (NK 120) 1967, 27–29; Ders., Karte d. Landvogtamtes Neuburg a. d. Donau u. d. Neuburgischen Pflegamts Reichertshofen v. Seefridt-Stang (ebd. 120) 1967, 57–87 (m. Kartenbeilage); E. KRAUSEN, Die handgezeichneten Karten im Bayer. Hauptstaatsarchiv sowie in d. Staatsarchiven Amberg u. Neuburg a. d. Donau bis 1650 (Bayer. Archivinventare 37) 1973, 81–97 nrr. 273–298. Gleichzeitig wurden auch die ländl. Rechtsverhältnisse systematisch ermittelt; s. P. FRIED (Hg.), Die ländl. Rechtsquellen aus d. pfalz-neuburg. Ämtern Höchstadt, Neuburg, Monheim u. Reichertshofen v. 1585 (Veröffentl. d. Schwäb. FG, R. 5b, 1) 1983.

[16] SIMON, KO XIII nr. I, 20 (Generalartikel v. 1576) u. I, 21 (Konsistorialordnung v. 1576); A. FUCHS, Die Predigt d. D. Jakob Heilbronner anläßlich d. Hundertjahrfeier d. Fürstentums Pfalz-Neuburg 1605 (NK 133) 1980, 11–60. – Über die kirchliche Lage im Deputatfürstentum Vohenstrauß des Pfalzgrafen Friedrich s. F. LIPPERT, Kirchenvisitation 1586 im Fürstentum Vohenstrauß (Beitrr. BK 4) 1898, 164–185.

[17] H. SCHMIDT, Pfalz-Neuburgs Sprung zum Niederrhein. Wolfgang Wilhelm v. Pfalz-Neuburg u. d. Jülich-Klevische Erbfolgestreit (Wittelsbach II/1) 1980, 77–89; G. v. RODEN, Die Länder Jülich u. Berg unter pfalz-neuburgischer u. pfalz-bayer. Herrschaft (Festschr. 1955) 43–82; vgl. auch FABRICIUS (§ 16 Anm. 28) 2, 227–333; 6, 592–630; zur topographischen Übersicht vgl. J. NIESSEN, Geschichtl. Handatlas d. deutschen Länder am Rhein, Mittel- u. Niederrhein, 1950, 32. Über die neuere Literatur vgl. die Düsseldorfer Bibliographie im Düsseldorfer Jb. von Bd. 49, 1959, an.

Kurbrandenburg waren der Pfalzgraf von Zweibrücken und die sächsischen Ernestiner die Erbprätendenten. Johann Sigismund von Brandenburg bestellte seinen Bruder Ernst zum Administrator der Herzogtümer und ließ die niederrheinischen Territorien gegen Neuburgs Protest besetzen. Durch Vermittlung des Landgrafen Moritz von Hessen einigten sich Markgraf Ernst von Brandenburg und Wolfgang Wilhelm von Neuburg, des regierenden Pfalzgrafen Sohn, als Vertreter der sogenannten possedierenden Fürsten im Dortmunder Vergleich zur gemeinsamen Führung der Regierung in den Erbländern[18] bis zur endgültigen Entscheidung über die Erbfrage. Kaiser Rudolf II. versagte dieser Regelung die Zustimmung und sandte seinen Neffen, den Erzherzog Leopold als kaiserlichen Administrator in die Jülicher Länder; dieser besetzte die Festung Jülich, aus der er von Brandenburg und Neuburg erst mit Hilfe der Union, Frankreichs, Englands sowie der Generalstaaten vertrieben wurde. Die gemeinsame Gegnerschaft gegen den Kaiser führte die Verbündeten zusammen, die unter allen Umständen verhindern wollten, daß sich das Haus Habsburg in den niederrheinischen Herzogtümern festsetzen konnte. Die im Dortmunder Vergleich (1609) und in dem diesen erläuternden Vertrag von Schwäbisch-Hall (1610)[19] gezeigte Übereinstimmung zwischen Brandenburg und Pfalz-Neuburg konnte nicht lange bestehen bleiben; vor allem wegen des Übertritts Johann Sigismunds von Brandenburg zur reformierten und Wolfgang Wilhelms von Neuburg zur katholischen Lehre (1613/14) verstärkten sich die religionspolitischen Spannungen; die gemeinsame Regierung in Düsseldorf löste sich schließlich auf. Der Neuburger hatte durch seinen engen Anschluß an Maximilian von Bayern die Unterstützung der Liga, aber auch des Kaisers gefunden. Für Brandenburg traten die niederländischen Generalstaaten auf den Plan und besetzten 1614 die befestigte Stadt Jülich, woge-

[18] B. Roberg, Zur Quellenlage u. Historiographie d. Jülich-klevischen Erbfolgestreites (Annalen d. histor. Ver. f. d. Niederrhein 179) 1977, 114–135; F. Reindl, Der Anfang d. Streites über d. Jülicher Erbfolge vom Tod d. letzten Jülicher Herzogs bis zum Dortmunder Vertrag, Diss. Zürich 1886; H. Becker, Das Verhältnis d. Jülicher Erbprätendenten Georg Wilhelm v. Brandenburg u. Wolfgang Wilhelm v. Neuburg zueinander bis zum Xantener Vertrag (1612–1614) (Beitrr. z. Gesch. d. Niederrheins 25) 1912, 1–56; A. Müller, Der Jülich-Clevesche Erbfolgestreit im Jahre 1614 (FGB 8) 1900, 20–105; H. J. Roggendorf, Die Politik d. Pfalzgrafen v. Neuburg im Jülich-Klevischen Erbfolgestreit (Düsseldorfer Jb. 53) 1968, 1–211; H. Kühn-Steinhausen, Nochmals d. Jülich-Klevische Erbfolgestreit (ebd. 48) 1956, 38–46; Kossol (Anm. 14) 214ff.; W. Hauser, Der Lauinger Vergleich v. 1622 (NK 135) 1982/83, 137–163 (über die Ansprüche des Mkgf. Karl v. Burgau, Gemahls d. Sibylle v. Jülich). – Vgl. auch HB II 418ff. – Zur allgemeinen Entwicklung, besonders im Hinblick auf die Konfessionsbildung im klevischen Bereich s. D. Coenen, Die kath. Kirche am Niederrhein v. d. Reformation bis z. Beginn d. 18. Jhs. (Reformationsgeschichtl. Stud. u. Texte 93) 1967, 81–90.

[19] Diese und die im folgenden genannten Verträge s. bei Lünig V, 3, 69–255; Th. v. Moerner, Kurbrandenburgs Staatsverträge v. 1601 bis 1700, 1867 (Neudr. 1965) nrr. 12, 15, 30, 44, 70, 163, 204. – Die Akten der Verhandlungen in den Jahren 1607–1613 s. Briefe u. Akten I–III, VII–XI. – Zur Entwicklung d. Verwaltung in Jülich u. Berg unter d. Herrschaft d. Pfalzgrafen v. Neuburg s. G. Droege, Die Territorien am Mittel- u. Niederrhein (Deutsche Verwaltungsgesch. I) 1983, 690f. (Lit.), 709–712; zur reformierten Lehre in Brandenburg s. R. v. Thadden, Die Fortsetzung d. «Reformationswerks» in Brandenburg-Preußen (Schrr. d. Ver. f. Reformationsgesch. 195) 1986, 233–250.

gen Wolfgang Wilhelm spanische Truppen unter Spinolas Kommando zum Einmarsch in bedeutende Gebiete der Herzogtümer gewinnen konnte. Da die Beteiligten und besonders auch die Generalstaaten, England und Frankreich eine große kriegerische Auseinandersetzung im Reich scheuten, kam es im Herbst 1614 zu Verhandlungen, die zu einer tatsächlichen *Teilung des Jülichschen Erbes* zwischen Pfalz-Neuburg und Kurbrandenburg führten *(Vertrag von Xanten 1614)*. Jülich und Berg mit der Hauptstadt Düsseldorf kamen zum Anteil Wolfgang Wilhelms; Kleve und Mark fielen an Brandenburg. Die Grafschaft Ravensberg und die Herrschaft Ravenstein (an der Maas) wurden zeitweilig gemeinsam verwaltet; Ravensberg war seit 1647 brandenburgisch, Ravenstein seit 1670 neuburgisch. Fortan hielten die Partner daran fest, daß jeder von ihnen das ganze Erbe beanspruche und sahen im Xantener Vergleich nur eine vorläufige Regelung. Da im Westfälischen Frieden als Normaljahr der Religionszugehörigkeit 1624 festgesetzt worden war, kam es weiterhin zu tiefgreifenden Auseinandersetzungen, die schließlich nach mannigfachen Verhandlungen durch den Hauptvergleich von Kleve (1666) im Sinne der Teilung von 1614 und durch den Religionsvergleich von Köln an der Spree (1672) geschlichtet wurden. Neuburg oblag der Schutz der Katholiken, Brandenburg der der Evangelischen in den Gesamtländern.

Der *Übertritt Wolfgang Wilhelms*[20] *zur katholischen Kirche* mag neben der primär sicher ausschlaggebenden religiösen Überzeugung des Fürsten auch in der politischen Situation der Zeit begründet sein; Wolfgang Wilhelm hatte sich 1613 mit Magdalena, der Schwester des Führers der Liga, Maximilian von Bayern, vermählt. Weitreichend waren die Auswirkungen dieses Schrittes für die unter Wolfgang Wilhelms Botmäßigkeit stehenden Lande. Zunächst räumte der Pfalzgraf den Katholiken in Neuburg Gleichberechtigung ein (1615), hob dann aber zwei Jahre später die Parität entgegen der Zusage an die Landstände auf und erklärte allein den katholischen Kultus für zugelassen. In den folgenden Jahren ließ er die katholische Lehre zum Teil gewaltsam wieder durchsetzen, was in manchen Orten (z. B. Lauingen) eine nicht unbeträchtliche Abwanderung zur Folge hatte.[21] Auch in Jülich und Berg drängte er den Protestantismus zurück. In

[20] B. FRIES-KURZE, Pfalzgraf Wolfgang Wilhelm (Lebensbilder Schw. 8) 1961, 198–227; F. ZOEPFL, Ein Tagebuch d. Pfalzgrafen Wolfgang Wilhelm v. Pfalz-Neuburg aus d. Jahren 1593–1601 (JHVD 37–39/40) 1924–1926/27; H. KÜHN-STEINHAUSEN, Pfalz-Neuburg u. d. Kurie, Diss. München 1936; J. BREITENBACH, Aktenstücke z. Gesch. d. Pfalzgrafen Wolfgang Wilhelm v. Neuburg, 1896; Ders., Eine Reise d. Pfalzgrafen Wolfgang Wilhelm 1600/1601 (NK 60) 1896, 38–102; F. KUCH, Die Politik d. Pfalzgrafen Wolfgang Wilhelm 1632–1636 (Beitrr. z. Gesch. d. Niederrheins 12) 1897; H. KÜHN-STEINHAUSEN, Die Korrespondenz Wolfgang Wilhelms v. Pfalz-Neuburg m. d. röm. Kurie (Publ. d. Ges. f. rhein. Geschichtskunde 48) 1937; I. BEZZEL, Wolfgang Wilhelm u. d. pfälz. Kur (NK 112) 1959, 3–20; H. v. ASTEN, Wolfgang Wilhelm u. Philipp Wilhelm v. Pfalz-Neuburg u. d. Aufbau d. Montangewerbes in d. Herzogtümern Jülich u. Berg (1614–1679) (Annalen d. Hist. Ver. f. d. Niederrhein 161) 1959, 146–231.

[21] Zur Gegenreformation in Neuburg vgl. im allgemeinen: Dokumente I 3, nrr. 178, 187; SIMON 389ff.; Ders., HAB 123f.; Ders., KO XIII, 37ff.; R. KUHN, Peter Paul Rubens: Das große «Jüngste Gericht» f. d. Jesuitenkirche in Neuburg a. d. Donau (Spindler, FG II) 1984, 91–105; ferner M. SIMON, Ein Klagelied aus d. pfalz-neuburg. Gegenreformation

den von Neuburg in gewissem Umfang selbständigen Fürstentümern seiner Brüder konnte sich die evangelische Lehre zunächst noch behaupten. Erst 1626/27 führte Wolfgang Wilhelm dort energisch die Gegenreformation durch.

Die *politische Linie des Neuburger Pfalzgrafen* im großen Krieg war auf die Erhaltung der Neutralität gerichtet, was ihm besonders im Hinblick auf die immer noch nicht völlig geklärte juristische Position in den niederrheinischen Herzogtümern wichtig erschien.[22] Es gelang ihm aber trotz erheblicher taktischer Bemühungen und großer diplomatischer Aktivität nicht, sein Land von den Drangsalen des Krieges freizuhalten; es hatte vielmehr unter den Durchzügen und Besatzungen beider Parteien zu leiden. Die Besetzung Neuburgs durch die Schweden 1633/34 brachte die zwangsweise Rückführung zur evangelischen Lehre. Aber gleich nach dem Abzug der Schweden nach der Schlacht bei Nördlingen folgte wieder die Rekatholisierung. Die mangelnde Machtgrundlage und die Abneigung gegen militärische Engagements ließen Wolfgang Wilhelm hier ebensowenig wie in der Frage der pfälzischen Kur, auf die er sich nach der Ächtung des Winterkönigs Hoffnungen machte, zu Erfolgen kommen. Sein Verhandeln nach allen Seiten brachte ihn schließlich bei jeder Partei in Mißkredit.

Wolfgang Wilhelms letzte Lebensjahre waren durch Spannungen mit seinem erbberechtigten Sohn Philipp Wilhelm getrübt, der über den Kopf des Vaters sich mit seinem Sulzbacher Vetter über die konfessionellen Streitigkeiten einigte und auch zu den jülich-bergischen Ständen ein besseres Verhältnis fand. Nachdem *Philipp Wilhelm*[23] (1653–1690) die Erbschaft angetreten hatte, gelang es ihm nach langen Verhandlungen, 1666 mit Brandenburg zu einer endgültigen Vereinbarung über das niederrheinische Erbe zu kommen. Von der Einigung mit Brandenburg versprach er sich wohl auch eine Unterstützung seiner Pläne zum Erwerb der polnischen Königskrone, auf die er aus seiner Heirat mit Anna Katharina, der Tochter König Sigismunds III. von Polen, eine Anwartschaft ableitete. Er konnte sich aber dort bei der Vakanz des Thrones 1668/69 gegen den Kandidaten des polnischen Adels, Michael Wiśniowiecki, nicht durchsetzen.

Philipp Wilhelm hatte besonderes Geschick, seiner Dynastie durch die *Heiraten* seiner Kinder weitgespannten Einfluß zu verschaffen; die Söhne suchten Frauen

(ZBKG 33) 1964, 191–197; W. Hauser, Die Rekatholisierung Lauingens unter Pfalzgraf Wolfgang Wilhelm (JHVD 81) 1979, 233–252; R. H. Seitz, Die Exulanten d. pfalz-neuburg. Stadt Lauingen a. d. Donau (ZBKG 27) 1958, 141–150. – Zur konfessionellen Lage in Jülich u. Berg vgl. Schindling-Ziegler (§ 17) III, 1991, 101 ff.

[22] Vgl. R. Leffers, Die Neutralitätspolitik d. Pfalzgrafen Wolfgang Wilhelm als Herzog v. Jülich-Berg in d. Zeit v. 1636 bis 1643 (Bergische Forsch. 8) 1971.

[23] O. Krebs, Beitrr. z. Politik d. Pfalzgrafen Wolfgang Wilhelm u. Philipp Wilhelm v. Neuburg in d. Jahren 1630–1660 (ZHVS 13) 1887, 49–88; H. Schmidt, Philipp Wilhelm von Pfalz-Neuburg (1615–1690) als Gestalt d. dt. u. europ. Politik des 17. Jhs., I, 1973; K. Jaitner, Die Konfessionspolitik d. Pfgf. Philipp Wilhelm v. Neuburg in Jülich-Berg 1647–1679, 1973; Ch. Boutant, L'Europe au grand Tournant des Années 1680. La Succession palatine, 1985; über das polnische Projekt vgl. auch M. Strich, Das Kurhaus Bayern im Zeitalter Ludwigs XIV. u. d. europ. Mächte, 1. Herzog Maximilian Philipp v. Bayern (1638–1705) (Schriftenreihe 13) 1933, 88 ff.; Bad. Bibliogr. nrr. 6135–6146, 38890; Adalbert v. Bayern, Das Ende d. Habsburger in Spanien, II: Maria Anna v. Neuburg, 1929.

aus den Häusern Habsburg, Toscana, Sachsen-Lauenburg und den polnisch-litauischen Familien Radziwill und Lubomirsky; die älteste Tochter Eleonore war mit Kaiser Leopold I. vermählt. Auch in die regierenden Familien von Portugal, Spanien, Parma-Piacenza und Polen heirateten Neuburgerinnen ein. Eleonores Einfluß am Wiener Hof verstärkte die pfälzisch-habsburgische Zusammenarbeit wesentlich. Auch bei der Besetzung der Kurerzstifte Mainz und Trier und der Hochstifte Breslau und Worms mit dem Neuburger Prinzen Franz Ludwig, sowie des Bischofstuhles von Augsburg mit Alexander Sigismund von Neuburg ließen Philipp Wilhelm und seine Söhne die durch das ganze Reich gehenden Beziehungen der Neuburger Dynastie spielen.[24]

Einen wesentlichen Einschnitt in der Geschichte der jungen Pfalz bedeutete der *Tod des Kurfürsten Karl von der Pfalz* (1685), der gegen die Zusicherung der freien Religionsausübung für Evangelische und Reformierte im Kurfürstentum den Neuburger Pfalzgrafen *Philipp Wilhelm* zum *Nachfolger* bestimmt hatte. In den wenigen Jahren, in denen dieser den Kurhut trug, hatte er sich gegen die *französischen Ansprüche auf die Kurlande* zu wehren, die Ludwig XIV. erhob. Charlotte, die Schwester Karls von der Pfalz, war mit Philipp von Orleans vermählt. Daraus leitete Frankreich die Ansprüche auf das Allodialerbe des Hauses Simmern, dessen letzter der verstorbene Kurfürst war, ab. Dazu hatte Philipp Wilhelm das Erbe mit der Hypothek der französischen Reunionspolitik übernommen. Im Vollzug letztlich der unklar formulierten Bestimmungen des Westfälischen Friedensvertrages hatte *Ludwig XIV.* seit dem Frieden von Nijmegen die sogenannten Reunionskammern einrichten lassen, die ermittelten, welche Gebiete jemals mit den an Frankreich abgetretenen Territorien in Verbindung gestanden waren. Durch militärische Besetzung, die nur zum Teil durch Kammerurteile gedeckt waren, wurden die Grafschaft Veldenz, mit den als zugehörig bezeichneten Anteilen am sponheimischen Kondominat, das kurpfälzische Oberamt Germersheim neben Zweibrücken von Frankreich in die Reunionen einbezogen.[25] Mit ein

[24] H. SCHMIDT, Zur Vorgesch. d. Heirat Kaiser Leopolds I. mit Eleonore Magdalena Theresia v. Pfalz-Neuburg (ZBLG 45) 1982, 299–330; M. DALL'ACQUA, Dorothea Sophia v. Pfalz-Neuburg, Gemahlin d. Prinzen Odoardo Farnese u. d. Herzogs Francesco Farnese v. Parma (ZBLG 44) 1981, 303–316; H. SCHMIDT, Die Königinnen v. Spanien u. Portugal aus d. Hause Pfalz-Neuburg (ZBLG 44) 1981, 345–365; R. REINHARDT, Zur Reichskirchenpolitik d. Pfalz-Neuburger Dynastie (HJb. 84) 1964, 118–128; J. KUMOR, Wolfgang Georg Friedrich Franz v. Pfalz-Neuburg (1659–1683) als Kandidat d. Breslauer Bischofswahl 1682 (Archiv f. schles. KG 39) 1981, 157–164; K. JAITNER, Reichskirchenpolitik u. Rombeziehungen Philipp Wilhelms v. Pfalz-Neuburg v. 1662–1690 (Ann. hist. Ver. Niederrhein 178) 1976, 91–144.

[25] Zur Bedeutung des Hauses Neuburg für die Kurpfalz vgl. SCHAAB II 145–180; zur französischen Einwirkung auf die kurpfälz. Gebiete vgl. M. O. PIQUET-MARCHAL, La Chambre de réunion de Metz, Paris 1969; H.-W. HERRMANN, Die Religionspolitik König Ludwigs XIV. in d. eroberten linksrhein. Reichsgebieten (Bll. f. pfälz. KG 52) 1985, 17–144; Ders., Das Kgr. Frankreich: Die Reunionen (Geschichtl. Lkde. d. Saarlandes 2) 1977, 444–459; F. TEXTOR, Die franz. Saarprovinz (Rhein. Vjbll. 10) 1940, 1–76; Pfalzatlas, Karte nr. 60, Text 58–61; J. WYSOCKI, Frankreich u. Kurpfalz v. 1680–1688 (Geschichtl. Lkde. 2) 1965, 46–108; Ders., Die deutsch-franz. Grenze zw. dem Elsaß u. d. Südpfalz (Veröffentl. d. Akad. f. Raumforsch. 48) 1969, 75–86.

Grund, die Orleansschen Ansprüche hochzuspielen, war das Bestreben, die besetzten Reunionsgebiete für immer in Frankreichs Herrschaftsgebiet einzugliedern, worüber auch schon französisch-pfälzische Unterhandlungen über Geldentschädigungen eingeleitet worden waren. Der Vormarsch der Truppen Ludwigs XIV. über den Rhein (1688) führte zur Bildung der Allianz gegen Frankreich (Kaiser, Generalstaaten, England, Spanien und Savoyen) und zur Erklärung des Reichskrieges. Dies veranlaßte Ludwig XIV. zwar zunächst zum Rückzug, wobei Kurpfalz wie auch andere rheinische Gebiete schwer verheert wurden,[26] hinderte ihn aber nicht, in den folgenden Jahren nochmals über den Rhein vorzudringen. Im Feldzug von 1693 wurde die Stadt Heidelberg vollständig zerstört, das Schloß wurde gesprengt.[27]

Philipp Wilhelms Sohn *Johann Wilhelm*[28] (1690–1716) – er hatte bereits seit 1679 die Verwaltung von Jülich und Berg inne – übernahm die schwere Aufgabe des Wiederaufbaus des nach dem Vertrag von Rijswijk (1697)[29] endlich befriedeten Pfälzer Landes. Da Frankreich zur Herausgabe der Reunionen, soweit sie nicht im Elsaß lagen, bereit war, wurde der Territorialbestand des Kurfürstentums durch den Friedensschluß gesichert. Innenpolitisch ergaben sich durch den Vertrag starke konfessionelle Spannungen, weil zum Teil auf Betreiben von Kurpfalz von französischer Seite die Vertragsbestimmung (sogenannte Rijswijker Klausel) durchgesetzt worden war, daß in den Orten, in denen während der französischen Besetzung der katholische Kultus wieder hergestellt worden war, dieser Status quo erhalten bleiben solle. 1698 ließ Johann Wilhelm ein weitgehendes Simultaneum zugunsten der katholischen Gemeinden am reformierten Kirchengut einführen. Für die Beendigung der daraus sich ergebenden langwierigen Streitigkei-

[26] Pfalzatlas, Karte nr. 109, Text 1414–1429; vgl. K. v. RAUMER, Die Zerstörung d. Pfalz v. 1689 im Zusammenhang d. franz. Rheinpolitik, 1982[2] (vgl. dazu GG II[9], 284 Anm. 2); E. WEISS (HB d. Europ. Gesch. IV, hg. v. F. Wagner) 1968, 203ff.; H. RUTZENHÖFER, Die kurpfälz. Oberamtsstadt Oppenheim nach d. Zerstörung 1689 (Bll. f. pfälz. KG 34) 1967, 332ff.; Kreisbeschreibung Heidelberg-Mannheim I, 1966, 358f.; H. MUSALL – A. SCHEUERBRANDT, Die Kriege im Zeitalter Ludwigs XIV. u. ihre Auswirkungen auf d. Siedlungs-, Bevölkerungs- u. Wirtschaftsstruktur d. Oberrheinlande (Heidelberger geograph. Arbeiten 40) 1974, 357–378; M. SCHAAB, Die Pfalz u. Frankreich zw. Westfälischem Frieden u. Wittelsbacher Hausunion (1649–1724) (Romanica et Comparatistica 14) 1990, 21–53 (in diesem Band weitere Beitrr. über Liselotte v. d. Pfalz). Über sie vgl. auch P. C. HARTMANN, Zwei Wittelsbacher Prinzessinnen am Hof Ludwigs XIV.: Maria Anna Christina v. Bayern u. Elisabeth Charlotte v. d. Pfalz (ZBLG 44) 1981, 269–289; A. LEBIGRE, Liselotte v. d. Pfalz, 1988. Zeitgenössische Schriften über d. Zerstörung d. Pfalz u. die umfangreiche ältere Lit. s. Bad. Bibliogr. I 280–289, 38769f.; III 80f. sowie DW[10] Abschn. 314 nrr. 239–260.

[27] R. VETTER, Heidelberg deleta. Heidelbergs zweite Zerstörung im Orléansschen Krieg u. d. franz. Kampagne v. 1693 (Schriftenreihe des Stadtarch. Heidelberg 1) 1989.

[28] H. KÜHN-STEINHAUSEN, Johann Wilhelm v. d. Pfalz, Herzog v. Jülich-Berg (1658–1716), 1958; M. BRAUBACH, Johann Wilhelm, Kurfürst v. d. Pfalz, Herzog v. Jülich-Berg, 1658–1716 (Rhein. Lebensbilder 1) 1961, 83–101; K. MÜLLER, Kurfürst Johann Wilhelm u. d. europ. Politik seiner Zeit (Düsseldorfer Jb. 60) 1986, 1–23; Bad. Bibliogr. nrr. 6147–6174b, 20083–20086, 38903f.

[29] Vertragstext: LÜNIG I 1069–1095; vgl. HÄUSSER II 803; HB d. europ. Gesch. IV (Anm. 26) 31; SCHAAB II 153ff.

ten wurde durch die *kurpfälzische Religionsdeklaration von 1705* die Grundlage geschaffen; den drei im Reich zugelassenen Konfessionen wurde volle Gewissensfreiheit zugesichert, dazu wurden nähere Bestimmungen über die Regelung der kirchlichen Vermögensverhältnisse getroffen.[30]

Eng verbunden war Johann Wilhelm mit den rheinischen Provinzen, die sein großartiges *Mäzenatentum* in erster Linie zu spüren bekamen, wie dies die große Kunstsammlung der Düsseldorfer Galerie symbolisiert.[31] Das Interesse für seine neuburgisch-oberpfälzischen Lande erwachte erst wieder während des *Spanischen Erbfolgekrieges,* als er auf der Seite Österreichs gegen die französisch-bayerische Koalition zu Felde zog und nach deren Niederlage 1708 die Kurstimme des geächteten Max Emanuel von Bayern und damit die bayerische Oberpfalz samt dem Chamer Gebiet erhielt.[32] Im Frieden von Rastatt (1714) mußte er diese Territorien jedoch wieder herausgeben, ohne daß er dafür die bei den Verhandlungen geforderten erheblichen Entschädigungen – man sprach sogar von einem neu zu errichtenden Königreich Sardinien – erhalten hätte.

Weder Johann Wilhelm noch sein ihm folgender Bruder *Karl Philipp* (1716–1742) bedeuten viel für die weitere Entwicklung Neuburgs.[33] Wie des ersteren

[30] A. HANS, Die kurpfälz. Religionsdeklaration v. 1705 (Quellen u. Abh. z. mittelrhein. Kirchengesch. 18) 1973, 365–374 Text d. Deklaration; E. NELLESSEN, Zur Gesch. d. Jesuitenmission in den Hzgt. Jülich u. Berg (Annalen d. Hist. Ver. f. d. Niederrhein 171) 1969, 175–199; E. E. LEIDNER, Die Entwicklung d. kath. Religionsverhältnisse in d. Kurpfalz v. d. Reunionen bis z. Kirchenteilung, Diss. München 1930; D. BECK, Die kirchl. Simultanverhältnisse in d. Rheinprovinz unter bes. Berücksichtigung d. Ryswicker Friedens (Theolog. Arbeiten aus d. Rhein. wissenschaftl. Predigerver. 3. F., I) 1934; K. ROSENDORN, Die rhein. Simultankirchen bis z. Beginn d. 18. Jhs. (Quellen u. Abh. z. mittelrhein. KG 3) 1958; SCHAAB, Katholizismus (§ 14 Anm. 53); P. WARMBRUNN, Simultaneen in d. Pfalz (Jb. f. westdt. LG 14) 1988, 97–122; vgl. auch Th. LAUTER, Die Entstehung d. kirchl. Simultaneen, 1894, 69–78. Über die während der französischen Besetzung vor allem in der Südpfalz entstandenen katholischen Gemeinden und ihre Eingliederung in das Konfessionsgefüge der Kurpfalz vgl. H. ARNOLD, Versuch einer Bevölkerungs- u. Sozialgesch. d. Landauer Gebietes unter bes. Berücksichtigung d. sozialen Grundschicht (Mitt. Pfalz 63) 1965, 168ff.

[31] Th. LEVIN, Beitrr. z. Gesch. d. Kunstbestrebungen in d. Hause Pfalz-Neuburg, I–III (Beitrr. z. Gesch. d. Niederrheins 19, 20, 23) 1904/05, 1911; L. PETERS, Unbekannte Nachrichten z. Architektur-, Kunst- u. Kulturgesch. d. Länder Kurfürst Johann Wilhelms v. Pfalz-Neuburg (Rhein. Vjbll. 42) 1978, 209–239; E. ALBERTS, Die ehem. Düsseldorfer Gemäldegalerie, 1961; W.-D. DUBE, Alte Pinakothek München, o. J. [1969], 42–47; K. LANKHEIT, Florentiner Bronzearbeiten f. Kurfürst Johann Wilhelm v. d. Pfalz (Münchener Jb. d. bildenden Kunst 7) 1956, 185–210.

[32] F. FELDMEIER, Die Ächtung d. Kurfürsten Max Emanuel v. Bayern u. d. Übertragung d. Oberpfalz m. d. Kur an Kurpfalz (1702–1708) (OA 58) 1914, 145–269; G. W. SANTE, Die kurpfälz. Politik d. Kurfürsten Johann Wilhelm vornehml. im Span. Erbfolgekrieg 1690–1716 (HJb. 44) 1924, 19–64; Ders., Die kurpfälz. Politik Johann Wilhelms u. d. Friedensschlüsse zu Utrecht, Rastatt u. Baden (1711–1716) (Zschr. d. Bergischen Geschichtsver. 54) 1923/24, 1–51; vgl. zu den kurpfälz. Ansprüchen auf die Oberpfalz u. Cham auch J. WIERCIMOK, Die Territorialerwerbungen d. Reichsstadt Nürnberg im Span. Erbfolgekrieg, Diss. Masch. Erlangen 1959, 66–80.

[33] H. SCHMIDT, Kurfürst Karl Philipp v. d. Pfalz als Reichsfürst (Forsch. z. Gesch. Mannheims u. d. Pfalz, NF 2) 1963; A. ROSENLEHNER, Kurfürst Karl Philipp v. d. Pfalz u. d. Jülichsche Frage 1725–1729, 1906; F. WALTER, Karl Philipp als Statthalter v. Tirol (Mannheimer Geschichtsbll. 29) 1928, 28–46; H. RABE,

Liebe Düsseldorf gegolten hatte, so war Karl Philipp mit Mannheim[34] und Schwetzingen verbunden, wo er seit 1720 residierte. Die Degradierung Heidelbergs, das seitdem nur mehr die «Zweite Hauptstadt» der Kurpfalz war, ist vor allem durch die schwere Verstimmung des Kurfürsten zu erklären, die die seit 1719 wegen nichtiger Anlässe entstandenen Religionsstreitigkeiten zwischen dem katholischen Landesherrn und den reformierten Gemeinden, an ihrer Spitze der kurpfälzische Kirchenrat als eine weitgehend unabhängige Behörde, verursacht hatten. Durch die Einschaltung der evangelischen Reichsstände, besonders Preußens und England-Hannovers, führten diese Streitigkeiten zu einer allgemeinen Krise der Reichsverfassung in den Jahren bis 1724. Ursache der innerpfälzischen Unruhen war weniger eifernde Religiosität des Kurfürsten als vielmehr das Bestreben des absoluten Herrschers, der Karl Philipp war, die Selbstherrlichkeit der Behörden, besonders des recht unabhängigen Kirchenrats, und die Einmischung anderer Reichsstände in sein Territorium abzuwehren. Die Übersiedlung des Hofes nach *Mannheim,* wo die Möglichkeit zur Errichtung einer weitläufigen Schloßanlage und einer dem Stil der Zeit angepaßten Residenz gegeben war, entsprach zudem dem Lebensgefühl und der Lebensform des absoluten Fürsten, der die Enge Heidelbergs auch aus diesen Gründen gerne verließ.

Für den seit nahezu einem Jahrhundert wieder katholischen Landesteil Neuburg hatten diese Angelegenheiten wenig Bedeutung. Unter Karl Philipp bahnte sich die Vereinigung der wittelsbachischen Gebiete dadurch an, daß er einerseits enge Verbindung mit der nachfolgeberechtigten Linie Sulzbach hielt und andererseits auf gute Beziehungen zu Altbayern bedacht war. Der Abschluß der *Familienunion von 1724*[35] zeigt dies ebenso wie die Unterstützung der Königspläne Karl Albrechts. So sollte nach Karl Philipps Tod (1742) vom oberpfälzischen Sulzbach aus der *dynastisch-staatliche Konzentrationsprozeß* beginnen, durch den bis zum Ende des achtzehnten Jahrhunderts der gesamte kurpfalz-bayerische Staat heranwuchs.

Vor der Schilderung des Ausklangs der pfälzisch-oberpfälzischen Entwicklung im achtzehnten Jahrhundert ist ein Blick auf die *Geschichte der neuburgischen Teilfürstentümer* zu werfen, dessen jüngstes das Erbe der im Jahr 1505 entstandenen jungen Pfalz antrat. Schon im sechzehnten Jahrhundert setzte die Zersplitterung der Neuburger Gebiete ein, als nach dem Tod des Pfalzgrafen Wolfgang 1569

Pfälz. Reichs- u. Außenpolitik am Vorabend d. Österr. Erbfolgekriegs 1740–1742 (Mainzer Abh. z. mittl. u. neueren Gesch. 6) 1961; Bad. Bibliogr. nrr. 6175–6216, 20088f., 38905, 47237.

[34] F. Walter, Mannheim in Gesch. u. Gegenwart I, 1907, 402ff.; H. Friedmann, Alt-Mannheim im Wandel seiner Physiognomie, Struktur u. Funktionen, 1606–1965 (Forsch. z. deutschen Lkde. 168) 1968, bes. 26ff.; J. Frhr. v. Kruedener, Die Bevölkerung Mannheims (ZGO 116, NF 77) 1968, 291–347; Kreisbeschr. Heidelberg-Mannheim III, 1970, 36.

[35] Vgl. HB II 517; K. Th. v. Heigel, Die Wittelsbachische Hausunion vom 15. Mai 1724 (SB München) 1891; Schmidt (Anm. 33) 150ff.; Krieger (§ 7) 386, 404ff.; M. Henker, Die Jülich-bergische Frage in d. Wittelsbacher Hausunion v. 1724 (ZBLG 37) 1974, 871–877; P. C. Hartmann, Geld als Instrument europ. Machtpolitik (Stud. z. bayer. Verf.- und Sozialgesch. 8) 1978, 71ff.

dessen ältester Sohn Philipp Ludwig nur das Fürstentum Pfalz-Neuburg übernahm, der zweitgeborene Johann mit Zweibrücken, dem eigentlichen Stammland der Familie, abgefunden wurde und für die beiden anderen Söhne im oberpfälzischen Raum Deputatherrschaften entstanden:[36] Otto Heinrich (1569–1604) erhielt Sulzbach, Hilpoltstein und Allersberg, Friedrich (1569–1597) den Neuburger Anteil von Parkstein-Weiden mit Vohenstrauß.[37] Die Landeshoheit über diese Gebiete blieb dem Neuburger Pfalzgrafen, der nach dem Tod der Brüder die Herrschaften wieder mit Neuburg vereinigte. Nach dem Tod Philipp Ludwigs von Neuburg (1614) mußte dessen Nachfolger Wolfgang Wilhelm seinen jüngeren Brüdern die Gebiete Sulzbach mit Floß und dem Anteil an Parkstein-Weiden (für Pfalzgraf August; gestorben 1632) und Hilpoltstein (für Johann Friedrich; gestorben 1644) überlassen.[38] Da die Landeshoheit dem Neuburger Fürsten vorbehalten blieb, konnte dieser 1627/28 unter Leitung des Vizekanzlers Simon von Labricq gegen den lebhaften Protest Augusts und Johann Friedrichs die Gegenreformation durchführen. Diese beiden blieben der lutherischen Lehre treu und erhielten für ihren Hof das Recht des Hausgottesdienstes, ebenso wie ihre verwitwete Mutter, die in Höchstädt an der Donau residierte.[39] Als Johann Friedrich 1644 kinderlos starb, ging sein Gebiet wieder an Neuburg über.

Die umstrittene Religionspolitik Wolfgang Wilhelms im Sulzbacher Bereich spielte eine erhebliche Rolle bei den Friedensverhandlungen in Osnabrück, wo sich die evangelischen Stände auf Betreiben des Pfalzgrafen August dafür einsetzten, daß die konfessionellen Verhältnisse des Normaljahres 1624 (d. h. erneute Einführung der lutherischen Lehre) wieder hergestellt würden. Trotz heftiger

[36] Testament Wolfgangs: Pfalz-Neuburgische Provinzialbll. 2, 1805, 193–347; vgl. Ney (§ 16 Anm. 35) 97–106; E. Wimmer, Zur Lebensbeschreibung d. Pfalzgrafen Otto Heinrich v. Sulzbach (1569–1604) (NK 48) 1884, 151–158.

[37] HAB Vohenstrauß (D. Bernd) 135; Th. Weiss, Die Friedrichsburg zu Vohenstrauß (Oberpfälzer Heimat 30) 1986, 159–171.

[38] Zur Verwaltungstopographie vgl. H. Sturm, Das wittelsbach. Herzogtum Sulzbach (Weidner Heimatkundl. Arbeiten 17) 1980 (unter Berücksichtigung der einschlägigen Bde. des HAB); Beitrr. z. Gesch. d. Residenzstadt im 17. und 18. Jh. s. 400 Jahre Residenz Sulzbach. Die Wittelsbacher in Pfalz-Sulzbach, 1982; noch immer brauchbar: G. Chr. Gack, Gesch. d. Herzogtums Sulzbach, 1847; G. Lindermayer, Akten z. Gesch. d. Pfalzgrafen Wolfgang Wilhelm v. Neuburg u. seiner Brüder August v. Sulzbach u. Johann Friedrich v. Hilpoltstein (NK 69) 1905, 1–29; R. Höllerer, August v. Sulzbach 1615–1632, Diss. Erlangen 1930; R. H. Seitz, Die pfalz-hilpoltstein. Hofdiener 1615–1644 (Bll. f. fränk. Familienkunde 9) 1970, 394–418; V. Liedke, Hilpoltsteiner Amtsdienerbuch 1615–1644 (BLF 23) 1960, 293–300.

[39] Simon 398 ff.; A. Sperl, Gesch. d. Gegenreformation in d. Pfalz-Sulzbachischen u. Hilpoltsteinischen Landen, Diss. Erlangen 1890; F. Griessbach, Die Gegenreformation in d. Stadt Sulzbach 1628 (ZBKG 3) 1928, 129–184; Ph. Frhr. v. Brand, Ein Sulzbacher in d. Gegenreformation (Oberpfälzer Heimat 12) 1968, 110–122 (vgl. dazu auch Ders., Neidstein, ebd. 9, 1964, 49–63 u. Ders., Burg u. Schloß Neidstein u. ihre Bewohner 1050 bis z. Gegenwart, Weidner heimatkundl. Arbeiten 15, 1971); F. Griessbach, Die Gegenreformation im hilpoltstein. Gebiet 1628 (ZBKG 13) 1938, 194–215; Ders., Die Gegenreformation in d. sulzbach. Ämtern 1628 (ebd. 15–16) 1940/41; HAB Sulzbach 13–16; über den Konfessionsstand im Fürstentum des Pfalzgrafen August vor der Gegenreformation vgl. R. Dollinger, Eine oberpfälz. Kirchenvisitation vor d. dreißigjähr. Krieg (ZBKG 18) 1949, 98–109.

Bemühungen der schwedischen Unterhändler wurde die Sulzbacher Angelegenheit nicht in das Friedensinstrument aufgenommen; denn Wolfgang Wilhelm, unterstützt von den katholischen Reichsständen, beharrte darauf, daß er als Inhaber der Landeshoheit in dem umstrittenen Territorium die katholische Religionsausübung der Untertanen dulden müsse und darum nicht zum Verbot der katholischen Lehre veranlaßt werden könne. Obwohl der Text des Friedensvertrags von 1648 keine eindeutige rechtliche Grundlage für eine Restitution der evangelischen Konfession bot, veranlaßte Pfalzgraf *Christian August von Sulzbach* (1632–1708) die von den vorsitzenden Fürsten des fränkischen Reichskreises 1649 durchgeführte Absetzung der katholischen Geistlichen und die Rückführung der Gemeinden zur evangelischen Lehre.[40]

Die Proteste Neuburgs dagegen bauten darauf auf, daß das «jus reformandi» Bestandteil der Landeshoheit sei und daß das von Sulzbach ins Feld geführte «nudum factum possessionis» keinen hinreichenden Rechtsgrund für die Maßnahmen Christian Augusts darstelle. Die Verhandlungen vor dem Exekutionskonvent in Nürnberg[41] (1649/50) führten zu einem Kompromiß, der schließlich 1652 im *Kölner Vergleich* zwischen Christian August von Sulzbach und Philipp Wilhelm, dem Sohn des alternden Wolfgang Wilhelm von Neuburg, beurkundet wurde. Gegen Zugeständnisse politischer Art (u. a. Verzicht Neuburgs auf Appellationen aus dem Sulzbacher Gebiet) räumte Christian August den Angehörigen der katholischen Konfession das Miteigentum an allen Kirchen und Pfründen des Fürstentums ein, die für die Zukunft zu gemeinsamem Gebrauch der beiden Konfessionen bestimmt waren (Simultaneum religionis exercitium). Schwierigkeiten bei der Durchführung des Simultaneums gab es vornehmlich im Gemeinschaftsamt Parkstein-Weiden, wo neben neuburgischen und sulzbachischen auch kurpfälzische und kurbayerische Rechte zu berücksichtigen waren.[42]

Der Kölner Vergleich war ein wesentlicher Schritt zur vollen *Selbständigkeit des Fürstentums Sulzbach*. Die Unabhängigkeit von Neuburg erreichte Christian August schließlich nach seiner persönlichen Konversion[43] zur katholischen Lehre im

[40] F. Dickmann, Der Westfäl. Frieden, 1985[5], bes. 348ff., 366, 404f., 460ff.; G. Pfeiffer, Sulzbach in d. deutschen Gesch., 1965, 9–14; Simon, HAB 124.

[41] J. G. Meiern, Acta pacis executionis oder Nürnberger Friedens-Executions-Handlungen, 2 Bde., 1736/38; vgl. dazu auch A. Ernstberger, Ausklang d. Westfäl. Friedens am Nürnberger Reichskonvent 1648–1650 (ZBLG 31) 1968, 259–285 (Listen d. Anwesenden); A. Oschmann, Der Nürnberger Exekutionstag 1649–1650 (Schriftenreihe d. Vereinig. z. Erforsch. d. Neueren Gesch. 17) 1991, 211, 308f., 347, 424f.

[42] [J. St. Tretzel], Aktenmäßige Gesch. d. Cölnischen Vergleichs u. d. darauf eingeführten Simultaneums im Herzogtum Sulzbach, Leipzig 1797, 205–225 (Kölner Vergleich 1652), 233–241 (Neuburger Vergleich 1656); Th. Lauter, Vorgesch. u. Einführung d. Kölnischen Vergleichs v. 1652 (VHOR 46) 1894, 21–182; Ders. (Anm. 30); G. Neckermann, Gesch. d. Simultaneum Religionis Exercitium im vorm. Herzogtum Sulzbach, 1897; H. Hoffmann, Tobias Clausnitzer u. d. Einführung d. Simultaneums im Gemeinschaftsamt Parkstein-Weiden (ZBKG 29) 1960, 186–218; Dokumente I 3, nr. 363.

[43] K. Brunner, Der Konfessionswechsel d. Pfalzgrafen Christian August v. Sulzbach (Beitrr. BK 6) 1900, 133–139; H. Rall, Das geistige u. polit. Ringen d. Pfgf. Christian

sogenannten *Neuburger Hauptvergleich* von 1656, in dem Philipp Wilhelm auf die Landeshoheit über Sulzbach verzichtete und versprach, sich dafür einzusetzen, daß Christian August Sitz und Stimme im Fürstenkolleg des Reichstags erhalte. Diese Bestimmung wurde jedoch nie verwirklicht, so daß die eigene Vertretung am Reichstag dem an sich reichsunmittelbaren Fürstentum fehlte.

*Christian August* (1632–1708) hatte starke persönliche Interessen für Fragen theologischer und theosophischer Art und zog namhafte Kenner dieser Wissenschaftszweige an seine Residenz. Die pfalzgräflichen geheimen Räte Franz von Gise, Franz Mercurius von Helmont und Johann Abraham Pömer sind hier zu nennen, die alle an Bedeutung von dem Hofrat und späteren *Kanzler Johann Christian Knorr von Rosenroth* übertroffen wurden.[44] Knorr war ein hervorragender Kenner orientalischer Sprachen und der jüdischen Mystik der Kabbala. Die von ihm herausgegebene und in Sulzbach gedruckte «Cabbala denudata» (1677/78) brachte Übersetzungen der kabbalistischen Hauptwerke ins Lateinische und galt lange als bedeutendste Veröffentlichung dieser Art. Der Pfalzgraf hatte für den Protestanten Abraham Lichtenthaler und den israelitischen Drucker Isaak Kohen ben Jehuda Jüdel Druckprivilegien erteilt. Diese beiden Offizinen erreichten hauptsächlich im achtzehnten Jahrhundert einen weit über den süddeutschen Raum besonders nach Österreich, Böhmen und Polen ausstrahlenden Einfluß auf dem Gebiet volkstümlicher religiöser Erbauungs- und Belehrungsliteratur und machten sich einen hervorragenden Namen mit der Veröffentlichung wissenschaftlicher Werke, beispielhaft dafür sind die Kabbala-Ausgabe und die Editionen des Zochars und des Talmuds.

Unter Christian August erhielten *Juden* Niederlassungsgenehmigungen für Sulzbach (1666) und Floß (1684). Nach Sulzbach zogen Juden aus Wien, als dort nach den Verfolgungen 1670 zahlreiche Israeliten auswanderten. Die Flosser Gemeinde ging darauf zurück, daß Fürst Ferdinand August von Lobkowitz die Juden aus seiner Reichsherrschaft Neustadt-Störnstein vertrieb und daß sich Neustädter Israeliten in Floß ansiedelten.[45]

August bis z. Gründung d. Fürstentums Pfalz-Sulzbach 1656 (MHStud. 10) 1982, 213–240; Ders., Christian August v. Pfalz-Sulzbach als regierender Herzog (1656–1708) u. als Familienvater (Spindler, FG II) 1984, 181–194.

[44] K. Salecker, Christian Knorr v. Rosenroth (1636–1689) (Palaestra 178) 1931; H. Grassl, Der Sulzbacher Musenhof (Barock u. Aufklärung, hg. v. H. Schindler) 1972, 9–21; Ders., Aufbruch z. Romantik. Bayerns Beitr. z. deutschen Geistesgesch. 1765–1785, 1968, 6f., 102–114; H. Wiedemann, Das Sulzbacher Geistesleben unter Herzog Christian August (Sulzbach in d. dt. Gesch.) 1965, 17–35; Christian Knorr v. Rosenroth. Dichter u. Gelehrter am Sulzbacher Musenhof (hg. v. Literaturarchiv u. d. Stadt Sulzbach-Rosenberg) 1989; NDB 12, 223–226. – Vgl. § 23 Anm. 48–50 u. § 24 Anm. 76–79.

[45] M. Weinberg, Gesch. d. Juden in d. Oberpfalz. V. Herzogtum Sulzbach, 1927; Ders., Die hebräischen Druckereien in Sulzbach (Jb. d. Jüdisch-Literar. Ges. 1) 1903, 19–202 (auch separat 1904); Verbesserungen u. Ergänzungen ebd. 15, 1923, 125–155 u. ebd. 21, 1930, 319–370 u. in d. Mitt. d. Soncino-Ges. 1931, nrr. 7–10 u. 1932, nr. 1; A. Kreiner, Sulzbach als weltberühmter Druckort im 17., 18. u. 19. Jh. (Sulzbacher Heimatbll. 9) 1934, nr. 1 (s. auch Die Oberpfalz 42, 1954, 33–36); M. N. Rosenfeld, Jüdischer Buchdruck am Beispiel d. Sulzbacher Druckerei

Pfalzgraf *Theodor von Sulzbach* (1708–1732), der Sohn Christian Augusts, kam in den letzten Jahren seiner Regierung in beträchtliche Schwierigkeiten mit Kaiser Karl VI., als Munitionslieferungen sulzbachischer Eisenhämmer, die für das Wiener Zeughaus bestimmt waren, auf nicht ganz geklärte Weise an die Türken gelangten. Der Pfalzgraf hatte sich in die Reichsstadt Dinkelsbühl zurückziehen müssen, um dort den Ausgang der kaiserlichen Untersuchung abzuwarten, durch die er rehabilitiert wurde; er starb aber vor der Heimkehr in seine Residenz.[46] Innerhalb seines Territoriums hatte er durch den Erwerb der neuburgischen Hälfte an dem *Gemeinschaftsamt Parkstein-Weiden* (1714) die Quelle langwieriger Streitigkeiten um die Verwaltung dieses Kondominats beseitigen können.

Ausgangspunkt der komplizierten Geschichte dieses staatsrechtlichen Gebildes ist der *Streit des Ingolstädter Herzog Ludwig VII.*, in dessen Hand die Ämter Parkstein-Weiden und Floß zu Beginn des fünfzehnten Jahrhunderts waren, mit dem Markgrafen Friedrich von Brandenburg und dem Pfalzgrafen Johann von Neumarkt im Jahre 1421.[47] Die beiden letzteren hatten auf seiten der Münchener Herzöge in die Kämpfe zwischen diesen und Ludwig von Ingolstadt eingegriffen und erklärten die dabei erworbenen Ämter 1427 zu gemeinschaftlichem Eigentum. Der markgräfliche Anteil gelangte bereits 1438/41 wieder an Ingolstadt zurück und kam 1445 mit dem Ingolstädter Erbe an Bayern-Landshut. 1505 wurde er dem Fürstentum Pfalz-Neuburg zugeteilt. Das Kondominat bestand fortan aus einem kurpfälzischen Anteil (Anteil des Pfalzgrafen Johann) und aus einem pfalz-neuburgischen. Der letztere ging im siebzehnten Jahrhundert an Pfalz-Sulzbach, der kurpfälzische 1623 an Wolfgang Wilhelm von Neuburg über; in diesen wurde Kurpfalz 1648 wieder restituiert, trat aber 1652 den Anteil an Neuburg ab. Weil die dafür angesetzte Entschädigung nicht voll bezahlt wurde, blieben Kurpfalz immer noch gewisse Pfandrechte erhalten. Nach 1685 waren die kurpfälzischen mit denen von Neuburg zusammengefallen; endgültige Klarheit war aber dadurch noch nicht erreicht. Erst der sogenannte *Reluitionsrezeß von 1714* sicherte durch den Übergang der Neuburger Rechte an Sulzbach die endgültige Beseitigung der verworrenen Verhältnisse.

Der letzte Regent des selbständigen Sulzbacher Fürstentums war Pfalzgraf *Karl Theodor,* der noch minderjährig 1733 seinem Vater Johann Christian (1732–1733) unter der Vormundschaft des pfälzischen Kurfürsten Karl Philipp[48] folgte. Zu

(Gesch. u. Kultur d. Juden in Bayern. Aufsätze) 1988, 237–244; R. Höpfinger, Die Judengemeinde in Floß (1684–1942) (Regensburger hist. Forsch. 14) 1992.

[46] K. Reichlin v. Meldegg, Herzog Theodor Eustach v. Sulzbach (Bayerland 21) 1910, 243–245, 258f., 269–272; I. Soffietti, Anna Christina Luise v. Sulzbach, die erste Gemahlin d. Königs Karl Emanuel III. v. Sardinien (ZBLG 44) 1981, 317–327 (Anna Christina Luise war die Tochter des Pfalzgrafen Theodor).

[47] S. § 6 Anm. 20; § 16 Anm. 3; A. Schuster, Verfassungsgesch. d. Stadt Weiden i. d. Oberpfalz im MA u. in d. ersten Jahrhunderten d. Neuzeit (VHOR 92) 1951, 76f., 114f., 155; HAB Neustadt a. d. Waldnaab – Weiden (H. Sturm) 38–94.

[48] Vgl. Anm. 33. Über Johann Christian und seine Gemahlin Eleonora Philippina s. J. Gottschalk, Hedwigskloster u. Hedwigskirche in Sulzbach/OPf. (Archiv f. schles. KG 38) 1980, 205–213.

dessen Erben bestimmt, wurde er in Mannheim erzogen und übernahm schließlich 1741 selbständig die Regierung Sulzbachs. Schon im folgenden Jahr trat er die Nachfolge im Kurfürstentum an, als Karl Philipp starb. Seitdem waren Neuburg und Sulzbach wieder mit der Kurpfalz vereinigt und wurden von Mannheim aus als Nebenländer regiert, wobei sie eine gewisse Sonderstellung innerhalb der pfälzischen Verwaltungsorganisation genossen. Besonders bei Neuburg wirkte dies noch bis zum Ende des Jahrhunderts weiter, weil dort die landschaftliche Verfassung erhalten blieb.

Karl Theodor[49] stand als pfälzischer Kurfürst wie sein Vorgänger auf seiten des altbayerischen Kurfürsten Karl Albrecht, wie sich dies aus der Wittelsbachischen Hausunion von 1724 ergab. Der Liquidierung des wittelsbachischen Kaisertums Karls VII. durch dessen Sohn Max III. Joseph (Friede zu Füssen 1745) stand Karl Theodor zunächst äußerst zurückhaltend gegenüber. Er konnte sich nicht dazu verstehen, die Wahl Franz' von Lothringen, des Gemahls von Maria Theresia, zu unterstützen. Das Verhältnis zu Bayern gestaltete sich gleichwohl freundlich, wie die 1746 erneuerte Hausunion zeigte. Durch diesen dynastischen Familienvertrag sollte der über die Kurpfalz wirkende politische Einfluß auf Bayern verstärkt werden.[50] Karl Theodors Beziehungen zu Habsburg blieben kühl; die außenpolitische Linie war durch die Subsidienverträge mit Frankreich geprägt. Schließlich führten diese Verbindungen dazu, daß die Pfalz im Siebenjährigen Krieg auf österreichisch-französischer Seite stand und ein Kontingent zur Reichsarmee gegen Preußen schickte. Bedeutenderes als auf dem engen Feld der Außenpolitik leistete Karl Theodor auf kulturellem Gebiet, wie dies die Gründung der Mannheimer Akademien der bildenden Künste (1757) und der Wissenschaften (1763), der «Deutschen Gesellschaft» (1775), des Graphischen Kabinetts (1758) und der Antikensammlung (1767), die Förderung des Hoftheaters unter Dalberg und Iffland sowie der Hofkapelle dokumentierten.[51]

[49] Es ist hier nicht möglich, die Bedeutung Karl Theodors für die Kurpfalz zu schildern; vgl. dazu vor allem Schaab II 181–210 sowie St. Mörz, Aufgeklärter Absolutismus in d. Kurpfalz während d. Mannheimer Regierungsjahre d. Kurfürsten Karl Theodor (1742–1777) (Veröffentl. d. Komm. f. geschichtl. Lkde. in Baden-Württ. B 120) 1991. Über sein Verhältnis zu Max III. Joseph von Bayern und sein Wirken in den seit 1777 vereinigten Kurfürstentümern s. HB II 1198–1283; über die Beziehungen zu dem nachfolgeberechtigten Haus Zweibrücken s. § 16 Anm. 50; über die Außenpolitik s. bes. H. Weber, Die Politik d. Kurfürsten Karl Theodor v. d. Pfalz während d. österr. Erbfolgekrieges, 1742–1748 (Bonner hist. Forsch. 6) 1956; M. Olbrich, Die Politik d. Kurfürsten Karl Theodor v. d. Pfalz zw. d. Kriegen 1748–1756 (ebd. 27) 1966; W. G. Rödel, Frankreich, Kurpfalz, Kurmainz u. d. Frage d. Röm. Königswahl 1753–1755 (Ancien Régime. Aufklärung u. Revolution 12) 1987, 509–548. Ältere Lit.: Bad. Bibliogr. nrr. 6217–6379, 20090–20097, 35018ff., 38907–38910, 46221; NDB 11, 252–258.

[50] A. Schmid, Max III. Joseph u. d. europ. Mächte. Die Außenpolitik d. Kurfürstentums Bayern v. 1745–1765, 1987, 200–209; Ders., Staatsverträge d. Kurfürstentums Bayern 1745–1764 (Schriftenreihe 96) 1991, 50–58.

[51] F. Schnabel, Die kulturelle Bedeutung d. Carl-Theodor-Zeit (Mannheimer Geschichtsbll. 25) 1924, 236–252 (Nachdruck: Abh. u. Vortr. 1914–1965, 1970, 63–80); W. Wegner, Kurfürst Carl Theodor v. d. Pfalz als Kunstsammler (Schr. d. Ges. d. Freunde Mannheims u. d. ehem. Kurpfalz 9) 1960; P. Fuchs, Wissenschaftspflege in d. Pfalz unter Kurfürst Karl Theodor (Pfälzer

Mit der *Vereinigung der pfalz-bayerischen Staaten seit 1777* kamen auch die Gebietsteile um Neuburg und Sulzbach wieder in den Verband eines größeren staatlichen Organismus. Es bahnte sich die Überwindung der Duodezwirtschaft an, die dem Raum zwischen Donau und Fichtelgebirge, Fränkischem Jura und Oberpfälzer Wald eine bewegte und aufs Ganze gesehen wenig glückliche Geschichte in der Zeitspanne vom vierzehnten bis zum achtzehnten Jahrhundert gebracht hatte. Die Konzentrationsbewegung, die sich hier unter der Herrschaft der pfälzischen Kurfürsten im späten Mittelalter und zu Beginn des sechzehnten Jahrhunderts angebahnt hatte, war durch den Ausbau des Fürstentums Neuburg und seiner Nebenländer und besonders durch den Übergang des kurpfälzischen Territoriums an Kurbayern gehemmt worden. Die Energien des Landes mußten sich in kleinstaatlichen Querelen verzehren; das Gebiet fand in den Jahrhunderten der Neuzeit nur in seltenen Fällen Landesherren, deren Interessen mit den Bedürfnissen des Landes und seiner Bewohner sich berührten. Der oberpfälzische Raum war Jahrhunderte lang «Provinz» auswärtiger Regierungen.

Heimat 17) 1966, 19–26; Ders., Palatinatus Illustratus. Die hist. Forsch. an d. kurpfälz. Akad. d. Wiss. (Forsch. z. Gesch. Mannheims u. d. Pfalz 1) 1963; vgl. dazu R. Rürup, Die deutsche Geschichtswissenschaft im 18. Jh. (ZGO 113, NF 74) 1965, 244–251; A. Kistner, Die Pflege d. Naturwissenschaften in Mannheim z. Z. Karl Theodors (Gesch. d. kurpfälz. Akad. d. Wiss. in Mannheim 1) 1930; E. Liebler, Die kurpfälz. Deutsche Ges. in Mannheim, Diss. Masch. Freiburg i. Br. 1921; S. Pflicht, Kurfürst Carl Theodor v. d. Pfalz u. seine Bedeutung f. die Entwicklung des deutschen Theaters, 1976; Chr. Hess, Presse u. Publizistik in d. Kurpfalz in d. zweiten Hälfte d. 18. Jhs. (Europ. Hochschulschriften R. 3, Bd. 322) 1987.

B

# DIE INNERE ENTWICKLUNG: STAAT, KIRCHE, WIRTSCHAFT BIS ZUM 18. JAHRHUNDERT

# I

# STAAT UND KIRCHE

## § 18. DIE STAATLICHE ORGANISATION

Seit dem frühen dreizehnten Jahrhundert, als es den Wittelsbachern gelungen war, am Oberrhein Fuß zu fassen und als sie etwa gleichzeitig ihre Besitzzone und ihren rechtlichen und machtpolitischen Einflußbereich im alten Nordgau mächtig ausdehnen konnten, läßt sich eine für die Ausbildung des Territorialstaates wichtige Entwicklungslinie verfolgen: Der Aufbau von zentralen Verwaltungseinrichtungen und die Organisation von lokalen Gerichts- und Amtssprengeln. Die herzogliche Kanzlei, die neben dem landesfürstlichen Rat als Ausgangspunkt für die Entwicklung einer differenzierten Zentralverwaltung gelten kann, ist in ihren Anfängen seit der ersten Hälfte des dreizehnten Jahrhunderts bei der Pfalzgrafschaft bei Rhein zu erkennen. Die Pfalzgrafen des vierzehnten Jahrhunderts haben ebenso wie König Ruprecht und dessen Nachfolger im fünfzehnten Jahrhundert mit Hilfe der allmählich behördenmäßig organisierten Kanzlei, des Rates, der Kammer und des Hofgerichts die Fürstenherrschaft intensiviert.[1] Unbestreitbar sind für den Ausbau der Ämterorganisation die Lage und die Verteilung des grundherrschaftlichen Besitzes von großer Wichtigkeit, wie dies die herzoglichen Urbare aus dem dreizehnten und beginnenden vierzehnten Jahrhundert auch für den nordgauischen Raum zeigen.[2] Wie hier der Erwerb der landgerichtlichen Rechte (besonders von den Sulzbachern, den Leuchtenbergern und den Hirschbergern), so wurde für die Kurpfalz der Antritt der *Zentherrschaft*

[1] Vgl. HB II 611f. sowie die in d. Bibliographie (C.3.) zitierten Arbeiten v. S. Hofmann, A. Sprinkart, P. Moraw, Chr. Frhr. v. Brandenstein, A. Heidelberger.

[2] Für die oberpfälzische Geschichte sind folgende herzogliche Urbare wichtig: ältestes Urbar (ca. 1231–1234) QE NF 37 (I. Heeg-Engelhart); oberbayer. Urbar, nördlich der Donau (um 1285), MB 36, 1, 337–424; niederbayer. Urbar, Viztumamt Straubing (ca. 1301/09), MB 36, 1, 429–535; ebenso (1311/12), MB 36, 2, 213–356; Pfandbuch, Viztumamt Straubing (1318), MB 36, 2, 387–460; Urbar des Viztumamtes Burglengenfeld (1326), MB 36, 1, 537–650 (vgl. dazu auch W. Erben, Ein oberpfälz. Register aus d. Zeit Kaiser Ludwigs d. Bayern, 1908); Pfandbuch, Viztumamt Straubing (1339), MB 36, 2, 460–498. Vgl. W. Volkert, Die älteren bayer. Herzogsurbare (Bll. f. oberdeutsche Namenforschung 7) 1966, 1–32 (Lit.); HB II 557f.; Stauf. Erbe (§ 6) 13, 26f.; L. Schnurrer, Urkundenwesen, Kanzlei u. Regierungssystem d. Herzöge v. Niederbayern 1255–1340 (MHStud., Abt. Geschichtl. Hilfswiss. 8) 1972, 298ff. Urbar des Landesteiles Pfalzgraf Ruprechts II. (Mitte 14. Jh.), HStA, Staatsverwaltung 1082 (ungedruckt, vgl. Scherl, s. § 6 Anm. 5, 140); für die nördliche Oberpfalz ist das neuböhmische Salbuch Karls IV. wichtig (§ 10 Anm. 5).

durch die Kurfürsten von entscheidender Bedeutung für den Ausbau der Landeshoheit wie der Amtsorganisation.[3] Die Ausübung des hohen Strafgerichts (Zentgerichtsbarkeit, Malefizgericht) und der hohen Ziviljurisdiktion (Gerichtsbarkeit über Grund und Boden) war eine der Voraussetzungen für die Einrichtung der mit abhängigen Beamten besetzten Gerichte und Ämter der lokalen Verwaltung. Eine *Besonderheit der oberpfälzischen Gerichtsorganisation* ist die bis in das sechzehnte Jahrhundert dauernde weite Ausdehnung der Zuständigkeit der alten *Landgerichte* Burglengenfeld, Sulzbach und Hirschberg in der hohen Zivilgerichtsbarkeit. Vom *Burglengenfelder* Bezirk wurde 1329 das Landgericht Amberg abgeteilt, als der Gerichtsbezirk in einen pfälzischen und einen altbayerischen Teil zerlegt wurde. Vom *Sulzbacher* Landgericht erhob Karl IV. 1373 den nördlichen Teil zum Landgericht Auerbach, das böhmisch geblieben war, während der Süden um Sulzbach unter altbayerische (später pfälzische) Herrschaft kam. Die *Hirschberger Gerichtsbarkeit* war seit 1305 in Händen der bayerischen Herzöge, die damit Gerichtsherren über das westlich der Schwarzen Laaber gelegene kuroberpfälzische Gebiet waren.[4]

Als regionale *Vertreter des Landesherrn* wirkten seit der Mitte des dreizehnten Jahrhunderts im Nordgau die sogenannten *Viztume* (vicedomini), die seit dem Anfang des vierzehnten Jahrhunderts ihren ständigen Sitz in Burglengenfeld hatten. Nach dem Vertrag von Pavia (1329) wurde daneben ein Viztumamt in Amberg für die kuroberpfälzischen Gebiete eingerichtet; zeitweilig war davon ein Viztumamt Nabburg abgetrennt (ca. 1354–1410).[5] Mitglieder der kurfürstlichen Familie (häufig der nachfolgeberechtigte Kurprinz) oder anderer reichsfürstlicher Häuser (z. B. Leuchtenberg, Anhalt) führten als Vertreter des Kurfürsten in der Oberpfalz die Bezeichnung *Statthalter;* Amtssitz war meist *Amberg,* im sechzehnten Jahrhundert auch Neumarkt. Um diese Zeit war die Entwicklung zu den kollegialen Behörden der *Regierung* (Amt des Viztums) und der *Rentkammer* (Amt des Rentmeisters für die Finanz- und Wirtschaftsaufgaben) im wesentlichen abgeschlossen.

Geschäftsführung und Aufgabenbereich der *Mittelbehörden* und der ihnen unterstellten Gerichte und Ämter regelten die pfälzischen Landesherren mehrfach durch *Kanzleiordnungen* seit dem frühen sechzehnten Jahrhundert; besonders die Ordnung des Pfalzgrafen Friedrich von 1525 war längere Zeit in Kraft. Kurfürst

[3] Über die Kurpfalz s. bes. COHN (§ 12) 238f.; K. KOLLNIG, Die Zenten in d. Kurpfalz (ZGO 88, NF 49) 1936, 17–71; F. ZIMMERMANN, Die Weistümer u. d. Ausbau d. Landeshoheit in d. Kurpfalz (Hist. Stud. 311) 1937; M. SCHAAB, Die Zent in Franken v. d. Karolingerzeit bis ins 19. Jh. (Francia, Beih. 9) 1980, 345–362; Ders. (§ 9 Anm. 1) 190–196.

[4] Eine zusammenfassende Untersuchung dieser wichtigen jurisdiktionellen Verhältnisse fehlt; vgl. HAB Sulzbach (M. PIENDL) 5f.; HAB Amberg I (G. LEINGÄRTNER) 17; F. SCHNELBÖGL, Lauf-Schnaittach, 1941, 41f.; H. STURM, Sulzbach (Oberpfälzer Heimat 14) 1970, 44; MAYERHOFER (§ 16 Anm. 20) 170ff.; SCHERL (§ 6 Anm. 5) 203ff.; A. SCHUSTER, Verfassungsgesch. d. Stadt Weiden (VHOR 92) 1951, 90f.

[5] HAB Amberg I (G. LEINGÄRTNER) 17; HAB Nabburg (E. MÜLLER-LUCKNER) 61ff.; E. EMMERIG, Das Viztumamt in (Burg-)Lengenfeld (VHOR 126) 1986, 345–354; SPRINKART (§ 5) 207–222. Vgl. auch HB II 613.

Friedrich III. erließ 1561 und 1567 weitere Anordnungen für die oberpfälzischen Behörden. Die letztgültigen Regelungen brachte dann die oberpfälzische Kanzleiordnung von 1598.[6]

Die Organisation der *Pflegämter* war wohl im allgemeinen von den fiskalischen Gesichtspunkten der Domänenverwaltung beeinflußt. Daraus lassen sich in vielen Fällen wichtige Schlüsse auf die Besitz- und Herrschaftsverhältnisse der vorwittelsbachischen Zeit ziehen; doch sind diese Zusammenhänge für weite Gebiete des oberpfälzischen Raumes erst noch zu klären.[7] Bemerkenswerte Formen der Abgrenzung der Rechtsbereiche zwischen dem Stift Waldsassen (beziehungsweise der Kuroberpfalz) und der Stadt Eger (beziehungsweise dem Königreich Böhmen) erhielten sich im sogenannten *Fraischbezirk* (Lkr. Tirschenreuth) bis in das neunzehnte Jahrhundert. Durch einen Rezeß von 1591 wurde dort die im jährlichen Turnus wechselnde Ausübung der Landeshoheit vereinbart, da bei der Gemengelage der grund- und gerichtsherrschaftlichen Rechte eine Einigung über die lineare Grenzziehung nicht gefunden werden konnte.[8]

[6] Liste der Statthalter und Viztume bei Destouches (§ 14 Anm. 55) III 33 u. Fessmaier (§ 8 Anm. 4) I 153f.; M. J. Neudegger, Kanzlei-, Raths- u. Gerichtsordnung d. Kurfürsten Friedrich II. d. Weisen v. d. Pfalz als Regierender zu Amberg vom Jahre 1525, 1887; Ders., Amtsordnungen d. Kurfürsten Friedrich III. v. d. Pfalz aus d. Jahren 1561 u. 1566 (VHOR 42) 1888, 1–86. Vgl. auch H. Muth, Der pfälz. Kalvinismus u. d. brandenburg. Geheimratsordnung v. 1604 (ZGO 107, NF 68) 1959, 400–467; Press, Calvinismus (§ 13) 19f. (grundlegende Untersuchung der kurpfälzischen Zentralbehörden im 16. u. frühen 17. Jh.); Ders., Die wittelsbach. Territorien: Die pfälz. Lande u. Bayern (Deutsche Verwaltungsgesch. I) 1983, 552–575 (Überblick über die Entwicklung der Zentral- und Lokalbehörden seit dem 15. Jh. in der Kurpfalz, der Oberpfalz und den Pfälzer Nebenländern Simmern, Lautern, Neuburg, Sulzbach u. Zweibrücken).

[7] Die Entwicklung der Ämter untersucht der Hist. Atlas von Bayern, Teil Altbayern. Bearbeitet wurden bisher die Landgerichte, Pflegämter, Ämter bzw. Herrschaften Amberg, Beratzhausen, Breitenegg, Bruck, Cham, Floß, Helfenberg, Hemau, Hohenburg, Hohenfels, Kemnath, Kötzting, Laaber, Leuchtenberg (Landgrafschaft), Lupburg, Lutzmannstein, Nabburg, Neumarkt, Neunburg vorm Wald, Parkstein, Parsberg, Pleystein, Pressath, Rötz, Störnstein (Grafschaft), Sulzbach, Tännesberg-Treswitz, Tirschenreuth, Velburg, Vohenstrauß, Waldeck, Waldmünchen, Waldthurn und Wetterfeld (s. Bibliogr. A. 3); vom Teil Franken sind die Bde. über Lauf-Hersbruck, Eichstätt-Beilngries-Greding, Hilpoltstein heranzuziehen. – Vgl. auch Weech, Reisbuch (§ 12 Anm. 35) 177–186; zur Personengeschichte der Beamtenschaft s. K. Puchner, Eine kuroberpfälz. Beamten- u. Dienerliste um 1600 (Arch. f. Sippenforschung 15) 1938, 161ff., 197–200, 232ff.; H. Batzl, Oberpfälz. Beamte u. Diener im 17. Jh. (Die Oberpfalz 45) 1957, 276–281, 308–312; (ebd. 46) 1958, 10ff., 51ff.; M. Krebs, Die kurpfälz. Dienerbücher 1476–1685 (Mitt. d. oberrhein. hist. Komm. 1) 1942, m 7–m 168 erwähnt auch oberpfälz. Beamte. – Zur territorialen Organisation der rheinischen Ämter von Kurpfalz vgl. Pfalzatlas, Karten nrr. 62–65, Text 407–428; wichtige Quellen dafür sind das Reisbuch von 1504 (§ 12 Anm. 35) und das Steuerbuch der rechtsrheinischen Ämter von 1439 (K. Christ, Neues Archiv f. d. Gesch. d. Stadt Heidelberg u. d. rhein. Pfalz 3 u. 5) 1898 und 1903; über die Finanzwirtschaft s. auch E. Kauw, Das Finanzwesen d. Kurpfalz am Ausgang d. 16. Jhs. mit bes. Berücksichtigung d. Ämter, Diss. Bonn 1914; zur Amtsorganisation in den Landesteilen links des Rheins vgl. H. Bolle, Der kurpfälz. Beamtenstab d. linksrhein. Gebiete in d. 2. Hälfte d. 18. Jhs. (Mitt. Pfalz 53) 1955, 87–224.

[8] H. Sturm, Grundzüge d. Gesch. d. Lkr. Tirschenreuth (Der Lkr. Tirschenreuth) 1963; Ders., Die Anfänge d. Pfudermühle (Oberpfälzer Heimat 11) 1967, 91–97; Ders., Der Grenzvertrag v. 1862 (Ausgewählte Vorträ-

Wie die altbayerischen Herzogtümer zählte die Oberpfalz zu den dualistischen Staaten, in denen neben dem Landesherrn die Korporation der *Landstände* wesentlichen Einfluß auf die Geschicke des Landes hatte. Die Entstehung des Zusammenschlusses der drei Stände – Adel, Geistlichkeit und Bürgerschaften – ist wohl parallel der Entwicklung in Oberbayern anzunehmen, wenn dafür Belege bis jetzt allerdings noch nicht festgestellt sind. Erst für 1488 ist ein Landtag eindeutig nachgewiesen. Der Höhepunkt der ständischen Wirksamkeit liegt in der ersten Hälfte des sechzehnten Jahrhunderts; das Steuerbewilligungsrecht wurde nun von der Landschaft in umfassender Weise ausgeübt. Als nach der Säkularisation der Klöster an die Stelle der Prälaten die Klosterverwalter als landesherrliche Beamte in die Landtage einrückten und sich allenthalben die Maßnahmen des energischen Kurfürsten Friedrich III. auswirkten, ging die Bedeutung der ständischen Vertretung etwas zurück. Bemerkenswert ist das Auftreten des Adels in den konfessionellen Streitigkeiten; er wurde zum Wortführer des Luthertums gegenüber der calvinisch eingestellten Regierung. Auf den Landtagen von 1598 und 1606 spielten die Stände in den Verhandlungen über die Gesetzgebung eine nicht unwichtige Rolle. Das Ende der Landschaft als Korporation kam mit dem Übergang der Oberpfalz an Bayern 1628. Die persönlichen Vorrechte der adligen Landsassen wurden zwar bestätigt (privilegierter Gerichtsstand, hofmärkische Gerichtsbarkeit u. a.), Versammlungen zu Landtagen gab es seitdem jedoch nicht mehr, wenn man von der kurzen Phase während des Spanischen Erbfolgekrieges 1707–1714 absieht, wo sich während der kaiserlichen Administration und der kurpfälzischen Regierung unter Johann Wilhelm die Landschaft nochmals kurzfristig konstituieren konnte.[9]

Die *sogenannten pfälzischen Landstände* haben keinerlei Auswirkungen auf die Kuroberpfalz gehabt. Die Kurpfalz kannte eine Vertretung der drei Stände, wie sie in Altbayern und in vielen anderen Ländern auftraten, nicht. Der Adel war dort zwar durch vielerlei Beziehungen des Lehenrechts und des Hofdienstes an den Kurfürsten gebunden, er hatte sich aber weitgehend der Landsässigkeit ent-

ge. Bücherei d. Egerländer 41) 1964, 165–178; HAB Tirschenreuth (H. Sturm) 133–161.

[9] K.-O. Ambronn, Landsassen u. Landsassengüter d. Fürstentums d. Oberen Pfalz im 16. Jh. (HAB, Teil Altbayern II/3) 1982; V. Press, Fürst u. Landstände in d. frühneuzeitl. Opf. (1488–1628, 1707–1715) (Festschr. f. K. Bosl I) 1988, 439–457; K.-O. Ambronn, Amberg u. d. oberpfälz. Landstände bis zu ihrer Auflösung 1628 (Amberg 1034–1984) 1984, 75–90; J. Laschinger, Amberg u. d. Landtag v. 1707 (ZBLG 52) 1989, 257–289; F. Mühlbauer, Die oberpfälz. Landstände u. ihr Einfluß auf d. Steuerwesen, bes. d. Ungeld (AZ NF 12) 1905, 1–78; K. Köhle, Landesherr u. Landstände in d. Oberpfalz v. 1400–1583 (Miscellanea Bavarica Monacensia 16) 1969; Ders., Regierung u. Landstände d. Opf. in d. Zeit d. Administrators Johann Casimir (1583–1592) (Festschr. f. K. Bosl I) 1988, 458–470; A. Sperl, Der oberpfälz. Adel u. d. Gegenreformation (Vjschr. f. Wappen-, Siegel- u. Familienkunde «Herold» 28) 1900, 339–487; Beitr. z. oberpfälz. Adelsgesch. (Landsassenregister v. 1541) (Frankfurter Bll. f. Familiengesch. 2) 1909, 129ff., 145–148; M. Obergassner, Die Landsassen u. Landsassengüter im Fürstentum d. obern Pfalz v. 1628–1700, Diss. München 1922; H. Rall, Kurbayern in d. letzten Epoche d. alten Reichsverfassung 1745–1801 (Schriftenreihe 45) 1952, 457–468 (Liste d. Landsassengüter nach d. Matrikel v. 1694–1776).

ziehen und reichsritterschaftliche Rechte erwerben können. Die Prälaten, die in der Kurpfalz von Haus aus nicht die bedeutende Stellung wie in Bayern einnahmen, verschwanden im Jahrhundert der Reformation völlig. Aus dem dritten Stand der Bürger und Bauern entstand zu Beginn des siebzehnten Jahrhunderts eine auf allgemeiner, breiter Basis ruhende Landesrepräsentation, die durch ihr Organ – den Landesausschuß, das sog. Kommissariat – eine wesentliche Rolle in der kurpfälzischen Finanzpolitik und Verwaltung spielte und sich insbesondere bei der Finanzierung des böhmischen Zuges Kurfürst Friedrich V. hervortat. Diese «landständische» Vertretung ging in den Wirren des böhmischen Krieges und seiner Folgen unter.[10]

Im *Neuburger Fürstentum* konstituierte sich unmittelbar nach dessen Errichtung die *landständische Versammlung,* die im Lauf des sechzehnten Jahrhunderts bemerkenswerten Einfluß auf die Politik des Landes gewann, wie dies besonders die Übertragung der gesamten Landesverwaltung durch Ottheinrich an die Landschaft zeigte. Auch in den folgenden Epochen verstanden es die Neuburger Stände, eine eigene selbstbewußte Politik zu treiben und ihre organisatorische Selbständigkeit nach dem Übergang Neuburgs an Kurbayern 1777 zu bewahren. Erst 1808 wurde die Korporation aufgehoben.[11]

Die Gesetzgebung für die Oberpfalz ist von der pfälzischen Landesherrschaft geprägt worden. Im Lauf des sechzehnten Jahrhunderts erschienen verschiedene Ordnungen und Mandate; sie sind zusammengefaßt in der Landesordnung für die Oberpfalz von 1598/99, die im wesentlichen auf der Pfälzer Landesordnung von 1582 beruht. Das Oberpfälzer Landrecht von 1606 übernahm die Regelungen des Prozeßrechts, des Zivilrechts und des Strafrechts aus dem Pfälzer Landrecht von 1582. Nach dem Übergang an Kurbayern (1623/28) wurde eine Neufassung in Angriff genommen. Das 1657 erlassene und bis 1659 im Druck publizierte Oberpfälzer Landrecht vereinigte in interessanter Weise altbayerisches Pro-

[10] Für das 15. Jh. vgl. COHN (§ 12) 189–201; sonst E. GOTHEIN, Die Landstände d. Kurpfalz (ZGO 42, NF 3) 1888, 1–76; G. A. KOLB, Die Kraichgauer Ritterschaft unter d. Regierung d. Kurfürsten Philipp v. d. Pfalz, 1909; H. HELBIG, Fürsten u. Landstände im Westen d. Reiches im Übergang vom MA zur Neuzeit (Rhein. Vjbll. 29) 1964, 50ff.; V. PRESS, Die Landschaft d. Kurpfalz (Von d. Ständeversammlung zum demokrat. Parlament, hg. v. G. Bradler – F. Quarthal) 1982, 62–71; Ders., Calvinismus (§ 13) 475ff. – Über mittelrhein. u. nordelsässische Adelsfamilien, die in Dienst- oder Lehensbeziehungen zu Kurpfalz oder Zweibrücken im 14. u. 15. Jh. standen, vgl. K. ANDERMANN, Studien z. Gesch. d. pfälz. Niederadels im späten MA, 1982, 187–192; P. MÜLLER, Die Herren v. Fleckenstein (Geschichtl. Lkde. 34) 1990, 332ff., 366ff. Vgl. auch V. PRESS u. a., Südwestdeutscher Adel zw. Reich u. Territorium (ZGO 137, NF 98) 1989, 198–259.

[11] Eingehende Untersuchung der ständischen Organisation in der ersten Hälfte des 16. Jhs. bei CRAMER-FÜRTIG (§ 17), darin auch Edition d. Landsassenverzeichnisse zw. 1508 u. 1546; zur weiteren Entwicklung vgl. W. HAUSER, Pfgf. Wolfgang Wilhelm u. d. pfalzneuburg. Landtag v. 1615/16 (NK 133) 1980, 233–249; für das 18. Jh. vgl. RALL (Anm. 9) 513–521. – Über die Landschaftskorporation in den Herzogtümern Jülich u. Berg, die bes. unter Pfgf. Wolfgang Wilhelm zw. 1630 u. 1649 erhebliche Bedeutung hatten, s. R. WALZ, Stände u. frühmoderner Staat. Die Landstände v. Jülich-Berg im 16. u. 17. Jh. (Bergische Forsch. 17) 1982.

zeßrecht mit pfälzischem materiellem Recht aus der Landesordnung (1598/99) und dem Landrecht (1606). In dem 1329 bei Oberbayern verbliebenen Gebiet um Burglengenfeld trat das Landrecht Kaiser Ludwigs von 1336/46 nicht in Kraft; auch nach dem Übergang dieses Gebietes an das 1505 neugeschaffene Fürstentum Pfalz-Neuburg kam es zu keiner größeren eigenen Gesetzgebung in diesem Fürstentum. Erst die Gesetze Kreittmayrs, die 1778 in Neuburg und Sulzbach eingeführt wurden, brachten die Einheit im oberpfälzischen Raum.[12]

Im Siedlungsbild der Kuroberpfalz und des pfalz-neuburgischen Nordgaues nehmen die *Städte und Märkte* eine wichtige Stellung ein.[13] Der überwiegende Teil von ihnen geht auf Gründungen in Anlehnung an eine Burg zurück (z. B. Nabburg, Neunburg vorm Wald, Cham, Sulzbach, Burglengenfeld, Velburg, Neustadt am Kulm, Neustadt an der Waldnaab, Pleystein); verschiedene planmäßig angelegte Städte wurden auch ohne Anlehnung an eine schon bestehende Siedlung gegründet (z. B. Neumarkt in der Oberpfalz, Freystadt, Grafenwöhr). Einige Orte, darunter besonders das wichtige Amberg (ebenso auch Auerbach oder Eschenbach in der Oberpfalz) wuchsen aus dörflichen Niederlassungen, die schon frühzeitig Stützpunkte für Fernhandel und weiträumigen Wirtschaftsverkehr boten. Der in der Oberpfalz häufig anzutreffende Grundriß der planmäßig angelegten Gründungsstadt zeigt den langgestreckten Straßenmarkt mit dem Rathaus in der Mitte (z. B. Lauf an der Pegnitz, Kemnath, Freystadt, Weiden, Grafenwöhr). Zwischen der Entstehung der Städte und Märkte als Siedlungen und der Begründung der rechtlichen Sonderstellung («Stadt im Rechtssinn») ist meist ein mehr oder minder langer Zeitraum anzusetzen für die Entwicklung des mit dem Marktrecht bewidmeten, befestigten und mit der Autonomie der bürgerlichen Selbstverwaltung ausgestatteten Gemeinwesens. Von den *Stadtrechtsverleihungen* bzw. -bestätigungen sind insbesondere die großen Privilegien Kurfürst Rudolfs I. in der Zeit um die Wende des dreizehnten zum vierzehnten

[12] Nachweis von Druckausgaben pfälz. Gesetze: SCHOTTENLOHER nrr. 31599q–r, 32392a–b; Bad. Bibliogr. nrr. 12079–12107, 39566–39570. Zu den Anfängen im 16. Jh. vgl. BREITENBACH (§ 13 Anm. 12) 9. Zu den Gesetzen v. 1582 s. SCHAAB II 56; B.-R. KERN, Das Pfälzer Landrecht u. d. Landesordnung v. 1582 (ZRG 100) 1983, 274–283; zu den Landrechten v. 1606 u. 1657 s. H.-W. DITTRICH, Die Entstehung d. Oberpfälz. Landrechts v. 1657/59 u. seine Malefizprozeßordnung, Diss. Regensburg 1991; ferner PRESS, Calvinismus (§ 13) 15ff., 297; M. MÜNCHMEYER, Compendium d. Ober-Pfälzischen Land-Rechts, Sulzbach 1689; J. J. MOSER, Einleitung in d. Churfürstl.-Pfälzische Staats-Recht, Frankfurt, Leipzig 1762, bes. 529ff.; Ph. J. SERINI, Andeutungen über Gesetzgebung u. Rechtspflege in d. deutschen Rheinprovinzen, II. Die älteren Statutarrechte u. früheren Territorialverhältnisse d. k. b. Pfalz, 1861, 24–33; A. SCHUSTER, Die Gerichtsbarkeit im Landgerichtsbezirk Weiden seit 1800 (Weidner heimatkundl. Arbeiten 2) 1959, 73ff. (über die Fortgeltung des oberpfälzischen Landrechts).

[13] Zusammenfassende Untersuchung über das Städtewesen fehlt. Dienlich E. KLEBEL, Die Städte u. Märkte d. baier. Stammesgebietes in d. Siedlungsgesch. (ZBLG 12) 1939/40, 37–93; Ders., Städte, Burgen u. Siedlungen in d. Oberpfalz (Oberpfälzer Heimat 2) 1957, 21–34; Dt. Städtebuch V 2, 1974. Vgl. auch HB II § 83; Stadtgrundrisse und Bilder: B. H. RÖTTGER, Die oberpfälz. Stadt, 1926; Material dazu auch in den Kunstdenkmälerbänden. Quellen zur städtischen Geschichte von Amberg, Cham, Hersbruck, Riedenburg und Weiden s. HB II 578f.; Einzelliteratur s. in der Bibliographie (C. 2.g).

Jahrhunderts wichtig, mit denen der Landesherr die sich konsolidierenden Bürgerschaften zur Festigung seiner Herrschaft gewinnen wollte (z. B. Amberg 1294, Nabburg 1296, Lauf 1298, Schwandorf 1299, Sulzbach 1305; Cham 1293, damals niederbayerisch, wurde von Herzog Otto III. privilegiert). Durch Verleihungen entstanden *Stadtrechtsfamilien,* deren wichtigste in der Oberpfalz die von *Amberg* wurde. Vom Ende des dreizehnten bis zum Beginn des fünfzehnten Jahrhunderts sind summarische oder teilweise Verleihungen Amberger Rechte für zahlreiche Städte und Märkte nachweisbar (Nabburg 1294, Lauf 1298, Schwandorf 1299, Sulzbach 1305, Kastl 1323, Neustadt an der Waldnaab 1339, Nittenau 1345, Neunburg vorm Wald 1354, Kemnath 1375, Pressath 1398, Altdorf 1400, Bärnau 1405, Velburg 1410). Bedeutenden Einfluß für die Oberpfalz hatte auch das *Nürnberger Stadtrecht* (Neumarkt in der Oberpfalz 1301, Schönsee 1354, Pleystein 1331, Grafenwöhr 1361). Wichtig war die Nürnberger Rechtsprechung durch die umfangreiche Beratungstätigkeit des Rates, die sehr häufig die Gerichte in Sulzbach, Neumarkt in der Oberpfalz und Weiden, in etwas geringerem Umfang auch Amberg und viele andere oberpfälzische Orte in Anspruch nahmen.[14]

Während in der überwiegenden Zahl der Städte und Märkte das Ackerbürgertum, Handwerk und lokaler Handel dominierten, erlangten die führenden Familien weniger größerer Orte (vor allem in Amberg, Sulzbach, Weiden) größeren Einfluß vornehmlich durch die Betätigung im Montangewerbe und im Groß- und Fernhandel. Auch in der ständischen Vertretung der Landschaft gelang es einigen größeren Städten, eine beherrschende Stellung zu erringen. Seit 1526 waren die sogenannten *Gezirksstädte* führend (Amberg, Neumarkt in der Oberpfalz, Nabburg, Weiden, Auerbach, Kemnath, Cham und Neunburg vorm Wald), die die Steuereinhebung besorgten und Vertretungsbefugnisse für die kleineren Städte und Märkte auf den Landtagen ausübten.

Schwere *Einbußen der städtischen Selbstverwaltung,* die sich vornehmlich in der Ratswahl und der Besetzung der städtischen Ämter und des Stadtgerichts durch den Rat geäußert hatte, brachten die *religiösen Wirren* am Ende des sechzehnten Jahrhunderts. Der Widerstand der lutherisch eingestellten Gemeinden Nabburg, Neumarkt in der Oberpfalz, Amberg und Tirschenreuth gegen die vom Kurfürsten betriebene Einführung des calvinischen Kultus führte in diesen Gemeinwesen zu einer radikalen Beschränkung der bürgerlichen Freiheiten, womit der Kurfürst und seine Beamten ihre Abneigung gegen das Bürgertum deutlich zeigten.

Das *Bürgertum* in Amberg und Sulzbach – diese beiden wurden als «Eisenstädte» bezeichnet – war führend tätig in der Gestaltung von Recht, Wirtschaft

[14] Zur rechtsgeschichtlichen Bedeutung Nürnbergs für die Oberpfalz s. W. Schultheiss, Gesch. d. Nürnberger Ortsrechts, 1957; R. Wenisch, Nürnbergs Bedeutung als Oberhof im Spiegel seiner Ratsverlässe (MVGN 51) 1962, 443–467; A. Schuster, Rechtsbeziehungen zw. Weiden u. Nürnberg (Weidner heimatkundl. Arbeiten 13) 1969; vgl. auch die Karte bei Scherzer 309.

und Technik des Bergbaus, der Eisengewinnung und der weiteren Verarbeitung. Herausragende Leistungen sind die Hammereinungen von 1341 und 1387. Die hier festgelegte Ordnung prägte die Entwicklung bis zum Ende der Pfälzer Herrschaft in der Oberpfalz.[15] Bürger in Amberg und Sulzbach, dann aber auch in anderen Orten, wie etwa Weiden, waren nicht allein durch die wirtschaftliche Betätigung in der Eisengewinnung und -verarbeitung, sondern auch durch den *Handel* mit den Fertigprodukten zu Ansehen und Reichtum gekommen. Der überwiegende Teil der Produktion war für den Absatz außer Landes bestimmt und ging in den gesamten mittel- und südosteuropäischen Raum. Für Dünn- und Zinnbleche hatte die Oberpfalz bis zum Anbruch des siebzehnten Jahrhunderts eine Monopolstellung, die von England und den Niederlanden bis nach Italien und Ungarn reichte. Im Handel[16] wirkten neben den einheimischen Kaufleuten vor allem Händler aus Nürnberg und Regensburg. Für das südwestdeutsche, schweizerische und französische Gebiet hatte Ulm große Bedeutung als Umschlagplatz; doch mußten die dortigen Eisenhändler wesentlich schlechtere Bedingungen für den Zwischenhandel in Kauf nehmen, als dies bei den einheimischen, den Regensburger und Nürnberger Kaufleuten der Fall war.

Die erheblichen Transportleistungem, die bei der Eisenproduktion und bei dem Absatz der Fertigwaren bewältigt werden mußten, verlangten ein verhältnismäßig engmaschiges Netz von *Verkehrswegen.*[17] Im Gegensatz zu den vorgeschichtlichen und frühmittelalterlichen Straßen, die wegen ihrer primär militärischen und obrigkeitlichen Zweckbestimmung geradlinig verliefen, suchten die spätmittelalterlichen Handelswege möglichst viele Orte auf und hielten dabei nicht mehr die über weite Strecken gerade verlaufenden Richtungen ein. Mit dem Aufblühen der Städte und der lokalen Märkte verdichtete sich das regional

[15] Edition und allseitige Interpretation mit erschöpfenden Literaturnachweisen in: Die Oberpfalz, ein europ. Eisenzentrum. 600 Jahre Hammereinung (Schriftenreihe d. Bergbau- u. Industriemuseums Ostbayern 12/I) 1987 sowie Denkmäler des Amberger Stadtrechts (s. Bibliogr. B. 3. b) nr. 60.

[16] Vgl. den Literatur- und Forschungsüberblick von D. Götschmann, Das mittelalterl. u. frühneuzeitl. Eisengewerbe d. Opf. als Forschungsgegenstand u. -problem (VHOR 125) 1985, 327–348; über den Erzabbau, die Eisengewinnung und Eisenverarbeitung vgl. Ders., Der Sulzbacher Bergbau im MA u. in d. frühen Neuzeit (ZBLG 49) 1986, 41–123; Ders., Oberpfälzer Eisen. Bergbau u. Eisengewerbe im 16. u. 17. Jh. (Schriftenreihe d. Bergbau- u. Industriemuseums Ostbayern 5) 1985; Ders., Amberger Erz u. Oberpfälzer Eisen. Amberg als Zentrum d. oberpfälz. Eisengewerbes im MA u. in d. frühen Neuzeit (Schriftenreihe d. Univ. Regensburg 11) 1985, 63–80; K.-O. Ambronn, Ambergs Handel bis z. Ende d. 18. Jhs. (Amberg 1034–1984) 1984, 237–254; E. Benner – N. Hirschmann, Der Südhandel mit Oberpfälzer Eisen v. 13. bis z. 16. Jh. (Schriftenreihe d. Bergbau- u. Industriemuseums Ostbayern 12/I) 1987, 221–253. Vgl. auch § 21.

[17] O. Berninger, Die Entwicklung des Verkehrs (Scherzer) 156–174; A. Dollacker, Altstraßen d. mittleren Oberpfalz (VHOR 88) 1938, 167–186; Ders., Kulturelle Beziehungen d. Oberpfalz zu Böhmen u. Wegverbindungen zw. diesen zwei Ländern in der Vorzeit (ebd. 85) 1935, 145–149; R. Kuhnle, Die älteste Handelsstraße durch die Oberpfalz (Schwarzenfeld – Taus) (Die Oberpfalz 55) 1967, 6f., 29f.; D. J. Manske, Zur Frage d. Altstraßen in d. Opf. (Schriftenreihe d. Bergbau- u. Industriemuseums Ostbayern 12/I) 1987, 71–84; Wild (§ 8 Anm. 10) 80ff. Vgl. auch HB II 769–775.

ausgerichtete Wegenetz. Bis herauf in das achtzehnte Jahrhundert besaßen auch große Handelsstraßen keinen Grundbau und keine Straßendecke. Die technischen Maßnahmen zum Unterhalt des Straßenwesens waren äußerst gering; die Landesherren, die aus dem im Geleitwesen begründeten Straßenzwang beträchtliche Einnahmen zogen, wären in erster Linie dazu verpflichtet gewesen. Außer dem Bau und dem Unterhalt überregional wichtiger Brücken und der notwendigen Beseitigung allzu schwerer Beschädigungen der Verkehrswege durch die Scharwerksleistungen grundherrschaftlicher Hintersassen geschah fast nichts für den Straßenbau.

Im großräumigen Verkehr hatte der Weg von Regensburg über das Naabtal in die Richtung nach Eger[18] besondere Bedeutung, weil dadurch der Anschluß an das Landwegsystem nach Süden und an den Wasserweg in die südöstlichen Länder gewonnen war. In diesem Verkehrsweg war der Donauübergang bei Regensburg höchst wichtig. Eine ältere, auf karolingische Zeit zurückgehende Schiffbrücke wurde im zwölften Jahrhundert durch die berühmte Steinerne Brücke ersetzt.

Die Regensburger Brücke, vor 1147 vollendet, kann als gemeinsames Werk der Einwohner, des Königs, des bayerischen Herzogs und des Bischofs der Stadt gelten. Sie ist eine Großtat romanischer Bau- und Ingenieurkunst. Als technische Meisterleistung hat sie die Brückenbautechnik im Mittelalter Deutschlands und Frankreichs nachhaltig beeinflußt.[19] Den westlichen Rand des Oberpfälzer Territoriums berührte der wichtige Straßenzug von Regensburg nach Nürnberg über die Jurahöhen. Nürnberg war Ausgangspunkt für die von West nach Ost verlaufenden Verbindungen nach Böhmen; dorthin gingen auch Altstraßen aus dem Regensburger Raum. Die Hauptlinien führten über Furth im Wald und Waldmünchen (von Regensburg aus) und über Sulzbach – Amberg (von Nürnberg aus) nach Taus und Pilsen. Wichtig war auch der Straßenzug von Sulzbach über Wernberg und Vohenstrauß nach Waidhaus an der böhmischen Grenze.[20] In den

[18] Sturm, Eger (§ 6 Anm. 22) I 232ff.

[19] H. E. Paulus, Die Steinerne Brücke zu Regensburg (Regensburger Taschenbücher 2) 1993; W. Volkert, Die Brücke v. Regensburg, ihr Siegel u. ihr Wappen (Architectura 24) 1994; E. Maschke, Die Brücke im MA (HZ 224) 1977, 265–292; F. Schnabel, Die Brücke als Denkmal (Abh. u. Vorträge 1914–1965) 1970, 164–173; B. Heinrich, Brücken, 1983, 69, 73–82, 88f.; H. Wanderwitz, Der Regensburger Hafen im MA u. in d. frühen Neuzeit (Donau-Schiffahrt 4) 1987, 9–14.

[20] J. Müller, Die Hauptwege des Nürnbergischen Handels im SpätMA (AKG 5) 1907, 1–23; Ders., Der Umfang u. d. Hauptrouten d. Nürnberger Handelsgebietes im MA (VSWG 6) 1908, 1–38; F. Schnelbögl, Die wirtschaftl. Bedeutung ihres Landgebietes f. d. Reichsstadt Nürnberg (Beitrr. WGN 1) 1967, 285ff.; F. Lütge, Der Handel Nürnbergs nach dem Osten im 15./16. Jh. (Beitrr. WGN 1) 1967, 326, 353; Biebinger-Neukam, Quellen z. Handelsgesch. d. Stadt Nürnberg seit 1400, I 1 (VGffG X 2) 1934, bes. 150; F. Schnelbögl, Die «Eisenstraße» im Nürnberger Reichswald (Erlanger Bausteine z. fränk. Heimatforsch. 14) 1967, 179–185; R. Klier, Nürnberger Landzölle. Der Zolltarif v. Lauf aus d. Jahr 1538 (Altnürnberger Landschaft. Mitt. 14) 1965, 75–95. Zum Grenzübergang von Furth im Wald bzw. Waldmünchen nach Taus-Pilsen vgl. H. Kunstmann, Choden u. Hundsköpfe (Festschr. f. K. Bosl I) 1988, 195–205; W. Baumann, Die Cham-Further Senke (ebd.) 179–194.

Egerer Raum führten die Straßen über Neustadt an der Waldnaab und Waldsassen; einige Bedeutung hatte auch der Übergang nach Böhmen bei Bärnau. Mit dem Aufkommen des regelmäßigen Postdienstes seit der Mitte des siebzehnten Jahrhunderts begann eine neue Phase im Verkehrsnetz der Oberpfalz; doch gab es noch im achtzehnten Jahrhundert nur wenige von ständigen fahrenden Postkursen betreute Strecken (Regensburg-Eger; Regensburg-Nürnberg; Nürnberg-Amberg-Waldmünchen; Amberg-Bayreuth).[21] Am Güterverkehr hatte das private Fuhrgewerbe damals noch den größeren Anteil als die Post. Für die Erz- und Eisentransporte, dann auch für Salz- und Getreidelieferungen waren die Wasserwege der Vils (ab Amberg), der Naab (ab Katzdorf) und der Donau wichtig.[22]

Der *Nachrichtenübermittlung* diente ursprünglich nur das von den landesherrlichen und städtischen Kanzleien unterhaltene Botenwesen, das seit dem sechzehnten Jahrhundert mit der Taxisschen Post zusammenarbeitete. Die Pfalz-Neuburger Regierung bediente sich – besonders als sie nach dem Erwerb der niederrheinischen Herzogtümer Jülich und Berg auf umfangreichen Nachrichtenaustausch angewiesen war – der Postlinien Augsburg-Worms-Brüssel bzw. Köln und Augsburg-Regensburg-Prag bzw. Wien, wozu die Anschlußwege von Neuburg aus durch eigene Boten besorgt wurden.[23]

Ein Gradmesser für die Bedeutung von früh- und hochmittelalterlichen Handelsplätzen ist die Existenz von *Münzstätten*.[24] In der Zeit um die Jahrtau-

[21] A. Korzendorfer, Bayer. Verkehrsgeschichtsatlas (Arch. f. Postgesch. in Bayern 1931 H. 1); W. Münzberg, Stationskatalog d. Thurn u. Taxis-Post (Thurn u. Taxis-Stud. 5) 1967; Bayer. Geschichtsatlas, Karte 38, Text 109; W. Behringer, Thurn und Taxis. Die Gesch. ihrer Post u. ihrer Unternehmen, 1990.

[22] O. Schmidt, Die Amberger Schiffahrt, 1980; D. Götschmann, Die Vilsschiffahrt (Donau-Schiffahrt 4) 1987, 15–34; W. Hartinger, Schiffzüge auf d. Donau (Bayer. Jb. f. Volkskunde 1986/87) 1986, 15–23; W. Zeitler, Regensburger Schiffahrt, 1985; R. Schönfeld, Die Donau als Faktor d. wirtschaftl. Entwicklung Regensburgs (VHOR 116) 1976, 181–196.

[23] G. Hahn, Der Nachrichtendienst v. Pfalz-Neuburg v. d. Anfängen bis zum Verfall d. geschriebenen Zeitungen, 1544–1637, Diss. München 1933.

[24] Bad. Bibliogr. nrr. 9348–9382, 20506f., 39222, 39232, 39247. – Bayer. Geschichtsatlas, Karte 22/23b, c, Text 83f.; B. Overbeck, Bibliographie d. bayer. Münz- u. Geldgesch. 1750–1964, 1968; W. Hahn, Moneta Radasponensis, 1976; J. V. Kull, Repertorium z. Münzkunde Bayerns (mit 3 Fortsetzungen), 1890/1906; K. Sperl, Die Münzgesch. Regensburgs, Diss. Erlangen 1928; H. Emmerig, Die Regensburger Münzerhausgenossenschaft im 13. u. 14. Jh. (VHOR 130) 1990, 7–170; Ders., Der Regensburger Pfennig. Die Münzprägung in Regensburg v. 12. Jh. bis 1409 (Berliner numismatische Forsch. NF 3) 1993; V. Hatz, Die Gepräge d. herzoglich-bayer. Münzstätten Nabburg, Cham u. Neunburg in d. wikingerzeitlichen Münzfunden Schwedens (Jb. f. Numismatik u. Geldgesch. 13) 1963, 131–137; Ch. Turnwald, Münzmeisternamen auf den bayer.-schwäb. Denaren des 10. u. 11. Jhs. (ebd. 15) 1965, 209–230 (Nabburg, Neunburg v. Wald, Cham); A. Neckermann, Neunburg als Münzstätte (Oberpfälzer Heimat 10) 1966, 127–131; J. V. Kull, Stud. z. Gesch. d. oberpfälz. Münzen d. Hauses Wittelsbach (VHOR 44, 1) 1890, 109–186; (ebd. 44, 2) 1891, 3–94; E. G. Deuerlein, Ein Beitr. z. Gesch. d. «neuböhmischen» Münzstätte zu Auerbach (Altnürnberger Landschaft. Mitt. 13) 1964, 26–32; A. Noss, Zeitfolge d. Amberger Pfennige d. ersten Hälfte des 15. Jhs. (Deutsche Münzbll. 57) 1937, 305–309. – Zusammenstellung von Münzen pfälzischer Landesherren s. A. Noss, Münzen d. Pfalz, I: Die Kurlinie (Versteigerungskatalog 255 der Firma Peuss, Frankfurt) 1956 und II: Die Nebenli-

sendwende ist für den gesamten bayerischen Bereich die Regensburger Münze von größter Wichtigkeit. Das Münzbild von Regensburg war maßgebend für die im oberpfälzischen Raum nachgewiesenen Münzstätten in Nabburg, Neunburg vorm Wald und Cham, von denen von der Mitte des zehnten bis zum Beginn des elften Jahrhunderts Münzen verschiedener Typen nachgewiesen sind. Das hochmittelalterliche Münzbild beherrschte der *Regensburger Pfennig*, der aus der vom bayerischen Herzog und vom Bischof von Regensburg gemeinsam betriebenen Münzstätte hervorging. Diese Gepräge bestimmten auch die in der zweiten Hälfte des vierzehnten Jahrhunderts in «Neuböhmen» und der Oberpfalz produzierten Münzen. Die Regensburger Pfennige ersetzten dort die des Würzburger Schlages, die mit dem Hallerpfennig (Heller) konkurrierten. Von den oberpfälzischen Münzstätten ist besonders die von *Amberg* zu nennen, die 1360 Karl IV. nach dem Vorbild der im neuböhmischen Lauf an der Pegnitz errichteten privilegierte. Eine bedeutende Rolle spielten noch im vierzehnten Jahrhundert die Werkstätten in Neumarkt, Sulzbach und Auerbach (die beiden letzteren unter neuböhmischer Herrschaft). Die Münzen Lauf und Sulzbach waren 1373 an die bayerischen Wittelsbacher gekommen und wurden von den Herzögen Otto V., Stephan III., Friedrich und Johann benutzt. Die oberpfälzischen Prägungen der ersten Hälfte des fünfzehnten Jahrhunderts (besonders des Pfalzgrafen Johann in Neumarkt) schlossen sich enger an die der fränkischen Gebiete an; erst um die Mitte des Jahrhunderts kam es zu einer Münzvereinigung auch mit den Herzögen von Landshut und München (1458). Im beginnenden sechzehnten Jahrhundert ließen die Kurfürsten Ludwig V. und Friedrich II. Münzen in Amberg, Neumarkt und Nabburg schlagen und forderten durch die daraus entstehende Überproduktion den Widerspruch Bayerns heraus. Seit der Übernahme der pfälzischen Kurlande durch das Haus Simmern (1559) wurden in der Oberpfalz keine Münzen mehr geprägt.

Das 1505 gebildete Fürstentum Neuburg übte das Münzrecht zunächst zurückhaltend aus (Münzstätte Neuburg an der Donau unter der Vormundschaft Friedrichs II. und unter Ottheinrich). Erst in der Kipper- und Wipperzeit zu Anfang des Dreißigjährigen Krieges (1619–1622) brachte Pfalzgraf Wolfgang Wilhelm durch die schlechten Gepräge die Werkstätten in Neuburg an der Donau, Gundelfingen, Höchstädt, Lauingen, Stockau-Reichertshofen und Kallmünz in Verruf; der dabei leitende Münzmeister Johann Rentsch war vorher in Amberg im Auftrag der bayerischen Behörden mit der Herstellung von Kippermünzen beschäftigt gewesen. Nach Abschluß der Kipperzeit kamen aus den Neuburger

nien (ebd. 256) 1957; Ders., Die Münzen d. Pfalz, IV. Pfalz-Veldenz, Pfalz-Neuburg, Pfalz-Sulzbach, 1938. D. Steinhilber, Die Pfennige d. Regensburger Schlages (Jb. f. Numismatik u. Geldgesch. 8) 1957, 121–186; Ders., Die Pfennige d. Würzburger Schlages (ebd. 10) 1960, 165–238; H. J. Kellner, Die Münzen d. freien Reichsstadt Nürnberg (ebd. 3/4) 1955, 113–159; (ebd. 7) 1956, 139–249; Ders., Die Münzen d. freien Reichsstadt Nürnberg (Bayer. Münzkataloge 1) 1957; R. H. Seitz, Kippermünzen d. pfalz-neuburgischen Münzstätte Neuburg a. d. Donau 1621–1622 (NK 116) 1963, 13–17; Ders., Die Anfänge d. Kippermünzstätte Amberg 1621/22 (VHOR 107) 1967, 85–91.

Münzstätten gute Münzen, wie diese auch in der Prägung künstlerisch bedeutender Medaillen und Denkmünzen Hervorragendes leisteten. Letzteres gilt auch für das Fürstentum Pfalz-Sulzbach, in dem bis zu Pfalzgraf Karl Theodor im achtzehnten Jahrhundert keine Münzen hergestellt wurden.

Insgesamt ist festzustellen, daß die Münz- und Geldgeschichte der oberpfälzischen Territorien besonders im vierzehnten und fünfzehnten Jahrhundert durch die Vielzahl der Münzstätten und ihrer Gepräge die staatliche Zerrissenheit des Raumes widerspiegelt, daß jedoch durch die nähere Untersuchung dieses Fragenkreises die wirtschaftliche Verflechtung mit den fränkischen und mit den altbayerischen Gebieten eindringlich dargestellt werden kann.

## § 19. DIE KIRCHLICHE ORGANISATION

Nach der kirchlichen Organisation gehörte der überwiegende Teil des kuroberpfälzischen und pfalzneuburgischen Gebietes auf dem Nordgau mit den darin eingeschlossenen anderen reichsständischen Herrschaften zur *Diözese Regensburg.*[1] Auf dem Höhepunkt des kirchlichen Schismas zu Beginn des fünfzehnten Jahrhunderts, als König Ruprecht – und damit die Oberpfalz – auf seiten des römischen Papstes Gregor XII. (1406–1415) blieben, während der 1409 gewählte Bischof Albert der Staufer von Regensburg sich von dem Konzilspapst Alexander bestätigen ließ, ging Ruprecht daran, die oberpfälzischen Gebiete einem eigenen Bischof mit Sitz in *Amberg* zu unterstellen. Bis zum Beginn des Konstanzer Konzils (1415) wirkte hier der Vertraute König Ruprechts Conrad de Susato als Bischof; später wurde dieser nicht unbedeutende Vertreter der Geistlichkeit seiner Zeit Bischof von Regensburg (1428–1437).[2] Die Bildung der *Pfarrsprengel* war im Hochmittelalter im großen und ganzen abgeschlossen, wenn sich auch bis in die jüngste Zeit Änderungen besonders durch die Teilung der ursprünglich weit ausgedehnten Pfarreien ergaben. Seit dem zwölften Jahrhundert setzt die Entwicklung der *Landkapitel* (mit dem gewählten Dekan an der Spitze) ein, die die Aufgaben der früheren vier Archipresbyteralbezirke fortführten. Die Kapiteleinteilung kann aus den seit der ersten Hälfte des vierzehnten Jahrhunderts erhaltenen Pfarreienverzeichnissen der Diözese erschlossen werden. Änderungen der Dekanatseinteilung ergaben sich seit dem späten fünfzehnten Jahrhundert aus politischen Gründen, als die zur Markgrafschaft Brandenburg-Bayreuth gehörigen Pfarreien in der Kämmerei Wunsiedel zusammengefaßt und für die Pfarreien des pfalz-neuburgischen Nordgaus die Dekanate Laaber und Schwandorf organi-

[1] Bayer. Geschichtsatlas, Karte 26/27; W. Fink, Gesch. d. Diözese Regensburg (11. Jahresber. d. Ver. z. Erforsch. d. Regensburger Diözesangesch.) 1936, 5–63; (ebd. 12) 1938, 5–56 (bis 1507); M. Buchberger, Gesch. d. Diözese Regensburg (Festschr. 1200 Jahre Bistum Regensburg) 1939, 11–84; Hausberger I 156–166.

[2] E. Herrmann, Zum Schisma in d. Diözese Regensburg (1409–1415) (ZBKG 34) 1965, 1–18; Bauerreiss V 24; J. Staber, KG des Bistums Regensburg, 1966, 77f.; Hausberger I 204ff., 209f.

siert wurden (vor 1544). Nachdem in den pfälzischen Gebieten die Reformation durchgeführt war, entstanden für die katholisch gebliebenen Herrschaften Hohenburg und Leuchtenberg die Kapitel Allersburg und Leuchtenberg.[3]

In den westlichen Teil des oberpfälzischen Territoriums (um Auerbach und in den zu Beginn des sechzehnten Jahrhunderts an die Reichsstadt Nürnberg abgetretenen Gebieten nördlich der Pegnitz) reichte die *Diözese Bamberg* (Archidiakonat Nürnberg-Eggolsheim) herein.[4] Zum *Bistum Eichstätt*[5] (Dekanate Altdorf und Neumarkt in der Oberpfalz sowie einige Pfarreien des Dekanats Berching) gehörten die südlich angrenzenden Ämter. Die Pfalz-Neuburger Gebiete unterstanden den Dekanen in Hilpoltstein, Monheim und Ingolstadt (Diözese Eichstätt) und den Landkapiteln Burgheim, Neuburg an der Donau, Höchstädt und Lauingen *(Diözese Augsburg)*. Diese vier letzteren Bezirke waren nach der Gegenreformation auf Betreiben des Pfalzgrafen Wolfgang Wilhelm von Neuburg gebildet worden, der für sein Fürstentum an der Donau eine einheitliche Kirchenorganisation wünschte.[6]

Außer den *Klöstern* in Regensburg (St. Emmeram, Ober- und Niedermünster, St. Paul) gehen im oberpfälzischen und pfalzneuburgischen Einflußbereich nur die *Frauenkonvente* in Monheim, Bergen und Neuburg auf die Zeit vom neunten Jahrhundert bis zur Jahrtausendwende zurück.[7] Vom elften Jahrhundert an erfaß-

[3] Matrikel d. Diözese Regensburg, 1916; P. Mai, Die Pfarreienverzeichnisse d. Bistums Regensburg aus d. 14. Jh. (VHOR 110) 1977, 7–33; vgl. E. Gagel, Die alten Dekanate d. Oberpfalz (Oberpfälzer Heimat 12) 1968, 36–55; J. B. Lehner, Ein Pfarreienverzeichnis d. Bistums Regensburg aus d. Jahr 1326 (2. Jahresber. d. Ver. z. Erforsch. d. Regensburger Diözesangesch.) 1927, 24–36; G. Weiss, Ein Pfarreienverz. aus d. Jahren 1421–1446 (Oberpfälzer Heimat 8) 1963, 103–106; J. B. Lehner, Die mittelalterl. Kirchen-Patrozinien d. Bistums Regensburg, Teil I (VHOR 94) 1953, 5–82. Zur Dekanats- u. Pfarrorganisation vgl. auch P. Mai – M. Popp (Hgg.), Das Regensburger Visitationsprotokoll v. 1508 (BGBR 18) 1984, 7–316; die Kirchenorganisation der Diözese Regensburg nach der Gegenreformation ist dargestellt in der Matrikel des Bistums Regensburg v. 1665, verfaßt v. Erzdechanten Gedeon Forster (hg. v. M. Heim, BGBR, Beibd. 3, 1990). Vgl. HB II 667ff.

[4] v. Guttenberg-Wendehorst II 302–332; Realschematismus d. Erzbistums Bamberg I, 1960.

[5] J. G. Suttner, Schematismus d. Geistlichkeit d. Bistums Eichstätt 1480 (Progr. Eichstätt) 1879; Buchner, Eichstätt; Ders., Die zweitälteste Matrikel d. Diözese Eichstätt (Sbl. d. Hist. Ver. Eichstätt 17) 1903, 85–92.

[6] P. Braun, Hist.-topogr. Beschreibung d. Diözese Augsburg, 2 Bde., 1823; Steichele II–IV, 1861–83; F. Zoepfl, Die Entwicklung d. kath. Kirchenorganisation im Regierungsbezirk Schwaben u. Neuburg (Schwäb. Bll. 2) 1951, 77–90, 113–121; HA v. Bayer.-Schw. 32f., Karte 26 f. Pfalzgraf Wolfgang Wilhelm von Neuburg hatte sogar erwogen, für sein Territorium ein eigenes Bistum errichten zu lassen: K. A. Böhaimb, Des Pfalzgrafen Wolfgang Wilhelm Versuch z. Errichtung eines Bisthumes f. d. Pfalz-Neuburg 1624/25 (Beitrr. z. Gesch. d. Bisthums Augsburg 1) 1850, 168–180.

[7] Matrikel Regensburg (Anm. 3) 605–632; G. Schwaiger – P. Mai, Klöster u. Orden im Bistum Regensburg (BGBR 12) 1978; W. Fink, Gesch. d. Orden u. relig. Genossenschaften in d. Diözese Regensburg (13. Jahresber. d. Ver. z. Erforsch. d. Regensb. Diözesangesch.) 1939, 26–78; Hemmerle, Benediktinerklöster; Ders., Augustinerklöster; Krausen, Zisterzienserorden; Backmund, Mon. Praemonst., 1949/60; Ders., Kleinere Orden; Ders., Chorherrenorden; Bavaria Franciscana antiqua, 5 Bde., 1955/61; T. Nyberg, Birgittinische Klostergründungen d. MA (Bibliotheca historica Lundensis 15) 1965; F. Zoepfl, Das Bistum Augsburg u. seine Bischöfe im MA, 1955, 568ff. Vgl. auch Bayer. Geschichtsatlas, Karte 26/27, Text 89ff.; HB I 477ff.

te die monastische Bewegung hauptsächlich in Auswirkung der Hirsauer Reform unser Gebiet: adlige Stiftungen, zum Teil unter der besonderen Förderung Bischof Ottos von Bamberg (1102–1139), ermöglichten Niederlassungen der *Benediktiner* in Reichenbach, Ensdorf, Weißenohe, Michelfeld und Kastl sowie Echenbrunn und Unterliezheim (Frauenkonvent), der *Zisterzienser* in Kaisheim, Waldsassen und Walderbach und der *Prämonstratenser* in Speinshart. Im dreizehnten Jahrhundert entstanden Frauenklöster nach der Zisterzienserregel (Pielenhofen, Seligenporten, Lauingen) und nach den Statuten des hl. Dominicus (Schwarzhofen, Pettendorf, Mödingen, Obermedlingen). *Augustinereremiten* siedelten sich in Schönthal und Regensburg, Lauingen, Höchstädt und Gundelfingen (die beiden letzteren nur Klausen für Frauen) an. *Weitere Bettelordensniederlassungen* bestanden in Cham, Amberg und auf dem Möninger Berg bei Neumarkt in der Oberpfalz. Aus dem fünfzehnten Jahrhundert ist schließlich noch die Stiftung des ältesten deutschen *Birgittenklosters* in Gnadenberg (1426) durch den Pfalzgrafen Johann und seine Gemahlin Katharina von Pommern zu nennen. Weit über den oberpfälzischen Raum hinaus wirkte das Kloster *Kastl* um die Wende vom vierzehnten zum fünfzehnten Jahrhundert durch seine Reformstatuten.

Die im Bereich der Pfälzer Kurfürsten und der Pfalzgrafen von Neuburg gelegenen Konvente verschwanden im *Jahrhundert der Reformation.*[8] Nach der Rückkehr Wolfgang Wilhelms zum Katholizismus erlangten in Pfalz-Neuburg vor allem die *Jesuiten* (Neuburg, Weiden, Sulzbach), *Franziskaner* (Neuburg) und *Kapuziner* (Schwandorf, Burglengenfeld, Parkstein, Vohenstrauß, Weiden, Sulzbach) Bedeutung. Die alte Zisterze *Kaisheim* war wegen ihrer staatsrechtlichen Sonderstellung nicht säkularisiert worden; sie konnte 1655 und 1676 die Besitzungen der früheren Frauenklöster Pielenhofen-Pettendorf übernehmen. Seitdem im vierzehnten Jahrhundert die bayerischen Herzöge als Erben der Grafen von Graisbach engste Nachbarn des Klosters geworden waren, bestimmten die Auseinandersetzungen über die Frage der Immunität und der Landeshoheit die Geschichte Kaisheims. Erst im siebzehnten Jahrhundert brachte der Hauptvergleich (1656) mit dem Haus Neuburg der Zisterze die Anerkennung der Reichsunmittelbarkeit für ihren engeren Besitzbereich, die schließlich mit der Klosteraufhebung von 1802 ihr Ende fand.[9]

Mit der *Durchführung der Reformation* in Pfalz-Neuburg und in der Kuroberpfalz (seit 1542 bzw. 1544) brach die alte Kirchenorganisation der hergebrachten Di-

[8] Über die Wiedererrichtung d. oberpfälz. Klöster Ensdorf, Reichenbach, Waldsassen, Walderbach, Speinshart, Schönthal, Weißenohe und Michelfeld unter kurbayer. Herrschaft seit 1661 s. RIEZLER VIII 547ff.; Matrikel Regensburg (Anm. 3) 608; STABER (Anm. 2) 143; HAUSBERGER I 361f.; HB II 732.

[9] STEICHELE II 610–672; L. REINDL, Gesch. d. Klosters Kaisheim [1926²]; K. HUBER, Die Zisterzienserabtei Kaisheim im Kampf um Immunität, Reichsunmittelbarkeit u. Souveränität, Diss. Erlangen 1928; E. KRAUSEN, Das Handgelübde d. Äbte v. Kaisheim gegenüber d. Herzögen v. Neuburg (HJb. 83) 1964, 332–335. – Urkunden u. Akten zu d. Streitigkeiten m. Bayern bzw. Pfalz-Neuburg: LÜNIG XVIII 325–343; zur Besitzgeschichte s. H. HOFFMANN, Die ältesten Urbare d. Reichsstiftes Kaisheim 1319–1352 (Veröffentl. d. Schwäb. FG 5, I) 1959; s. § 17 Anm. 6 u. § 27 Anm. 35.

özesan- und Dekanatseinteilung zusammen. Die Kirchengewalt der Bischöfe war weggefallen; es mußten nun von dem *neuen Inhaber des Kirchenregiments*, dem Landesherrn, Einrichtungen zur Wahrnehmung der Kirchenzucht, zur Aufsicht über die Pfarrer und zur Erhaltung der Lehre und gleichförmiger Zeremonien geschaffen werden. Zunächst errichtete Pfalzgraf Ottheinrich einen *Kirchenrat* für das Neuburger Fürstentum als oberste geistliche Behörde; 1556 folgte für die Kurlande der Heidelberger Kirchenrat, dem zunächst auch die Kuroberpfalz unterstand. Erst 1577 richtete Ludwig VI. in Amberg einen eigenen, von Heidelberg unabhängigen Kirchenrat ein. Seiner persönlichen Einstellung entsprechend, wollte er dadurch das Luthertum gegenüber den calvinischen Tendenzen seines Vorgängers stärken. In Neuburg war um diese Zeit durch Pfalzgraf Philipp Ludwig der bisherige Kirchenrat zu einem vollen Konsistorium ausgebaut worden.

Die Untergliederung der alten Dekanate wurde weitgehend beseitigt. Die in den 1550er Jahren für Pfalz-Neuburg und um 1581 für die Oberpfalz organisierten *Superintendenturen* lehnten sich im allgemeinen an die Einteilung der weltlichen Ämter an, indem mehrere Gerichtsbezirke oder auch Teile von solchen unter einem Superintendenten, dem in erster Linie die Visitation der Pfarrer oblag, zusammengefaßt wurden. Bei der neuen Einführung der calvinischen Kirchenordnung 1589 wurden die Bezirke wesentlich verkleinert und unter der Bezeichnung *Inspektionen* weitergeführt.

Mit der Durchführung der *Gegenreformation* verschwanden die Konsistorien ebenso wie die Inspektionen (in Neuburg seit 1615, in der Oberpfalz seit 1621). Die Pfarreien wurden wieder in die früheren Diözesanverbände eingegliedert. Lediglich in Sulzbach entstand nach der Wiedereinführung der evangelischen Lehre 1649 eine neue Superintendentur für das Gebiet des Fürstentums, als Konsistorium fungierte die Regierung. Die evangelischen Gemeinden Sulzbachs und die der Grafschaft Wolfstein (1561/74 hatte Bernhard von Wolfstein die evangelische Gottesdienstordnung in den sechs Pfarreien seines Landes eingeführt) kamen noch im achtzehnten Jahrhundert unter kurbayerische Herrschaft; sie durchbrachen die konfessionelle Einheitlichkeit des kurpfalz-bayerischen Staates. Aber erst die Vereinigung großer Gebiete mit evangelischer Bevölkerung zu Beginn des neunzehnten Jahrhunderts schuf die Voraussetzung für die konfessionelle Parität in Bayern.[10]

[10] Simon, HAB; Ders., KO XIII, 27f., 270f. Die Frage des Zusammenhangs zwischen vorreformatorischen Dekanaten, den Superintendenturen bzw. Inspektionen und schließlich den späteren katholischen Dekanaten bedarf noch näherer Untersuchung.

## § 20. JÜDISCHE NIEDERLASSUNGEN IM OBERPFÄLZER RAUM

F. Wiesemann, Bibliographie z. Gesch. d. Juden in Bayern (Bibliographien z. deutsch-jüd. Gesch. 1) 1989; Germania Judaica, I, hg. v. I. Elbogen – A. Freimann – H. Tykocinski, 1934 (Nachdr. 1963), II/1 u. 2, hg. v. Z. Avneri, 1968, III/1, hg. v. A. Maimon, 1987, III/2 (im Druck); W. Volkert, Die Juden in d. Oberpfalz im 14. Jh. (ZBLG 30) 1967, 161–200; Ders., Die Juden im Fürstentum Pfalz-Neuburg (ebd. 26) 1963, 560–605.

Die bedeutendste und wichtigste Niederlassung von Juden im süddeutschen Raum war die Judengemeinde in Regensburg.[1] Dort sind Juden seit dem späteren zehnten Jahrhundert in Urkunden nachgewiesen; sicher waren sie hier schon viel länger ansässig, wie dies der Bedeutung der Stadt und der spezifischen Rolle der Juden im frühmittelalterlichen Wirtschaftsleben entsprach. Das Verhältnis zwischen Christen und Juden war im allgemeinen gut gewesen: von den Verfolgungen um 1348/49 blieben die Einwohner der Regensburger Judenstadt, die als abgegrenzter Bezirk innerhalb der Altstadt entstanden war, verschont. Im fünfzehnten Jahrhundert verstärkten sich die Spannungen. Dafür mögen wirtschaftliche Gründe maßgebend gewesen sein, weil die Bedeutung der Stadt als Wirtschaftszentrum und Handelsplatz zurückgegangen war und Christen wie Juden in bedrängte Verhältnisse gerieten. Auch der religiöse Gegensatz wuchs. Beide Komponenten führten unter den besonderen Umständen des Jahres 1519 (nach dem Tod Kaiser Maximilians I. und vor der Wahl Karls V.) zu der von breiten Schichten der Stadtbevölkerung und vom Rat betriebenen und durchgesetzten Ausweisung aller Juden. Dadurch wurde eine der ältesten und bedeutendsten Judengemeinden im deutschen Sprachraum des Mittelalters vernichtet. Erst im späteren siebzehnten Jahrhundert fanden, bedingt durch den Immerwährenden Reichstag (seit 1663), unter dem Schutz des Reichserbmarschalls von Pappenheim einige jüdische Familien Aufnahme in der Stadt.

[1] Germania Judaica I, 1963, 285–305; II, 1968, 679–691; S. Bromberger, Die Juden in Regensburg bis z. Mitte d. 14. Jhs., Diss. Berlin 1934; M. Stern, Die israelit. Bevölkerung d. dt. Städte. V, 1/2, Regensburg im MA, 1931/34; A. Schmetzer, Die Regensburger Judenstadt (Zschr. f. d. Gesch. d. Juden in Deutschland 3) 1931, 18–39; R. Straus, Urkunden u. Aktenstücke z. Gesch. d. Juden in Regensburg 1453–1738 (QE NF 18) 1960; P. Herde, Gestaltung u. Krisis d. christl.-jüd. Verhältnisses in Regensburg am Ende d. MA (ZBLG 22) 1959, 359–395; A. Schmid, Die Judenpolitik d. Reichsstadt Regensburg i. J. 1349 (ZBLG 43) 1980, 589–612; W. Volkert, Das Regensburger Judenregister v. 1476 (MHStud. 10) 1982, 115–141; K. Matzel, Zum Wortschatz d. Regensburger Judenregisters v. J. 1476 (Sprachwissenschaft 10) 1985, 366–396; K. Matzel – J. Riecke, Das Pfandregister d. Regensburger Juden v. J. 1519 (ZBLG 51) 1988, 767–806; Dies., Zum Wortschatz d. Regensburger Pfandregisters v. J. 1519 (Sprachwissenschaft 13) 1988, 400–461; W. Volkert, Die spätmittelalterl. Judengemeinde in Regensburg (Schriftenreihe d. Univ. Regensburg 5) 1981, 123–149; «Stadt u. Mutter in Israel». Jüdische Gesch. u. Kultur in Regensburg (Ausstellungskataloge zur Regensburger Gesch. 2) 1990²; M. Keil, Ein Regensburger Judensiegel d. 13. Jhs. (Aschkenas. Zschr. f. Gesch. u. Kultur d. Juden 1) 1991, 135–150. – Zur Rechtsstellung vgl. auch F. Lotter, Geltungsbereich u. Wirksamkeit d. Rechts d. kaiserl. Judenprivilegien im HochMA (ebd.) bes. 29f., 33f., 50, 55, 62.

In vielen wirtschaftlich wichtigen und verkehrsmäßig günstig gelegenen Orten des Herrschaftsgebiets der Pfalzgrafen hatten sich seit dem zwölften und dreizehnten Jahrhundert Juden niedergelassen. Sie standen unter dem Schutz des königlichen Judenregals, das die Landesfürsten in Anspruch nahmen; 1356 war es den Kurfürsten, damit auch dem Pfalzgrafen, ausdrücklich bestätigt worden.[2] Die Gemeinden waren wohl in erster Linie von Regensburg, dann vielleicht auch von Nürnberg her erschlossen worden; sie standen jedenfalls im vierzehnten Jahrhundert in engeren Beziehungen zu diesen Orten. Besondere Bedeutung hatten die Gemeinden in Amberg[3] und in Neumarkt;[4] dort waren auch Synagogen; in Amberg wirkte im späteren vierzehnten Jahrhundert ein bekannter Talmudlehrer.

Die Pogrome von 1298 und 1348/49 trafen die unter dem pfalzgräflichen Schutz stehenden Juden schwer. Doch wurden hier Juden später wieder zugelassen. 1391 kündigten die pfälzischen Kurfürsten den Judenschutz auf.[5]

Im fünfzehnten Jahrhundert gewährte Pfalzgraf Otto II. in seinem Oberpfälzer Gebietsteil (s. § 16) Juden Niederlassungsrechte. Größere Bedeutung hatte die Gemeinde in Cham.[6] Nach dem Übergang dieses Territoriums (Pfalz-Mosbach-Neumarkt-Neunburg) an die kurfürstliche Linie endete der von Pfalzgraf Otto II. gewährte Schutz, so daß die Juden abwandern mußten.

In verschiedenen kurpfälzischen Orten bestanden in der ersten Hälfte des sechzehnten Jahrhunderts Judenniederlassungen, gegen die Kurfürst Ottheinrich 1556 vorging; er ordnete ein offensichtlich streng durchgeführtes Aufenthalts- und Niederlassungsverbot für die Kurpfalz, die Oberpfalz und das Fürstentum Pfalz-Neuburg an.[7] Seitdem hielt sich nur mehr eine Judengemeinde in der Herrschaft Rothenberg, die dort den Schutz der ritterschaftlichen Ganerben genoß.[8] In Pfalz-Neuburg wurden die Juden dann wieder zeitweilig im siebzehnten und achtzehnten Jahrhundert geduldet. 1740/41 entschloß sich Kurfürst Karl Philipp auf Betreiben der Neuburger Landstände zu einem Ausweisungsbefehl, der die Judengemeinden – als bedeutendere sind die von Gundelfingen, Monheim, Neu-

[2] Volkert in ZBLG 30 (§ 20) 161–200.

[3] D. Götschmann, Die Juden in Amberg während d. MA (Amberg 1034–1984) 1984, 91–106.

[4] K. Ried, Neumarkt i. d. Opf., 1960, 475; H. Maier, Juden in d. Geschichte Neumarkts (Jb. d. histor. Ver. Neumarkt i. d. Opf. 18) 1988, 58–74.

[5] Volkert in ZBLG 30 (§ 20) 186; Schaab I 102f.

[6] Volkert in ZBLG 26 (§ 20) 565; W. Strasser, Die Juden im mittelalterl. Cham (Beitrr. z. Gesch. im Landkreis Cham 5) 1988, 47–54; vgl. auch die Ortsartikel in Germania Judaica III/1 über Auerbach, Eschenbach, Freystadt, Hirschau, Lauf.

[7] Volkert in ZBLG 26 (§ 20) 564–579; im allgemeinen vgl. L. Löwenstein, Gesch. d. Juden in d. Kurpfalz (Beitrr. z. Gesch. d. Juden in Deutschland 1) 1895; F. Hundsnurscher – G. Taddey, Die jüd. Gemeinden in Baden (Veröffentl. d. Staatl. Archivverwaltung Baden-Württ. 19) 1968 (berücksichtigt auch ehem. kurpfälz. Orte).

[8] M. Weinberg, Gesch. d. Juden in d. Opf. III: Der Bezirk Rothenberg, 1909; W. Tausendpfund – G. Ph. Wolf, Die jüd. Gemeinde v. Schnaittach (Altnürnberger Landschaft Mitt. 30, Sonderheft II) 1981; W. Tausendpfund, Die Sonderstellung d. jüd. Gemeinde v. Schnaittach (Jüd. Landgemeinden in Franken) 1987, 69–78.

burg an der Donau und Hilpoltstein zu nennen – zerstörte.[9] Neu entstanden im siebzehnten Jahrhundert die Gemeinden in Sulzbach und Floß, veranlaßt durch die besonderen Neigungen des Pfalzgrafen Christian August (s. § 17 Anm. 45). Die jüdischen Niederlassungen in den reichsunmittelbaren Herrschaften der Lobkowitz (Neustadt-Störnstein)[10] und Leuchtenberg[11] waren kleiner als die der Grafen Wolfstein in Sulzbürg. Diese stand ganz im Dienste des Landesherrn und hatte für den Markt im nahen Neumarkt in der Oberpfalz einige Bedeutung. Sie vergrößerte sich erheblich nach der Judenaustreibung aus Pfalz-Neuburg 1740/41 durch die Aufnahme von Exulanten aus Hilpoltstein.[12]

[9] VOLKERT in ZBLG 26 (§ 20) 596ff.; H. SCHNEE, Hoffaktor Aaron Beer in Frankfurt/Main als Resident d. Kurfürsten Johann Wilhelm v. d. Pfalz u. Herzog v. Jülich u. Berg (Düsseldorfer Jb. 52) 1966, 130–135; R. H. SEITZ, Lauinger u. andere süddt. Juden in einem oberpfälz. Zollregister v. 1552/53 (JHVD 72) 1970, 117–125; Ders., Jüdische Gemeinden im Landkreis Dillingen (Der Lkr. Dillingen a. d. Donau. Ehedem u. Heute) 1982², 139–143; A. LAYER, Höchstädt a. d. Donau, 1981, 131ff.

[10] H. ASCHERL, Gesch. d. Stadt u. Herrschaft Neustadt a. d. Waldnaab, 1982, 338ff.

[11] VOLKERT in ZBLG 30 (§ 20) 180.

[12] M. WEINBERG, Gesch. d. Juden in d. Opf. IV: Sulzbürg (Schriften d. Hist. Komm. d. Verbandes d. bayer. israel. Gemeinden 1) 1927; K. WAPPLER, Die Gesch. d. Sulzbürger Juden, 1983².

# II

# WIRTSCHAFT

## § 21. DAS OBERPFÄLZER MONTANGEBIET

A. ARNDT, Zur Gesch. u. Theorie d. Bergwerks u. d. Bergbaufreiheit..., 1916; G. BARTH, Die Bedeutung d. Bodenschätze f. d. bayer. Landesentwicklung (Raumforschung u. Raumordnung 2/3) 1960, 96–115; Das Bayr. Oberbergamt u. d. Bayr. Bergbau, zusammengest. v. W. FICHTL, Basel 1960; L. BECK, Die Gesch. d. Eisens, 5 Bde., 1892/1903; Bergbau- und Industriemuseum Ostbayern (Hg.), Bergbau in Ostbayern; Gesch., Geologie, Bergtechnik (Schriftenreihe d. Bergbau- u. Industriemuseums Ostbayern, Bd. 7) 1986; K. BOSL, Das Kurpfälz. Territorium «obere Pfalz» (ZBLG 26) 1963, 3–28; Ders. (GG I) §§ 216–256; Ders., Sozialstruktur (§ 35); K. BRENNER, Die Steuern d. Stadt Amberg in rechtl. u. wirtschaftl. Hinsicht vom späten MA bis z. Beginn d. 19. Jhs., Diss. Erlangen 1953; J. G. FESSMAIER, Versuch einer pragmat. Staatsgesch. d. Oberpfalz, seitdem sie Oberpfalz heißet, 2 Bde., 1799, 1803; W. FIRSCHING, 1000 Jahre Amberger Bergbau u. Eisenindustrie, 1930; M. v. FLURL, Beschreibung d. Gebirge v. Baiern u. d. oberen Pfalz, 1792; G. FRANZ, Der Dreißigjähr. Krieg u. d. deutsche Volk. Untersuchungen z. Bevölkerungs- u. Agrargesch., 1961[3]; D. GÖTSCHMANN, Oberpfälzer Eisen. Bergbau u. Eisengewerbe im 16. u. 17. Jh., 1986; K. F. HOHN, Atlas v. Bayern. Geograph.-statist.-hist. HB, 1840; H. KNAUER, Der Bergbau zu Amberg in d. Oberpfalz, Diss. Erlangen 1913; R. KUHNLE, Wirtschaftskräfte in d. Nordoberpfalz. Versuch einer Wirtschaftsgesch. (Veröffentl. d. heimatkundl. Arbeitskreises Weiden 9) 1964; F. A. Frhr. v. LÖWENTHAL, Gesch. vom Ursprung d. Stadt Amberg v. dem Wachstum derselben unter ihren Beherrschern, 3 Tle., 1801; J. G. LORI, Sammlung d. Bayer. Bergrechts m. einer Einleitung in d. bayr. Bergrechtsgesch., 1764; E. MASCHKE, Deutsche Kartelle im späten MA u. im 19. Jh. vor 1870 (Wirtschaftl. u. soziale Probleme d. gewerbl. Entwicklung im 15.–16. u. 19. Jh., hg. v. F. Lütge) 1968; M. MAYER, Bayerns Handel im MA u. in d. Neuzeit, 1892; V. NICHELMANN, Der Amberger Erzberg u. d. Luitpoldhütte v. 1800 bis 1945 (VHOR 126) 1986, 99–343; H. RUBNER, Forstgesch. im Zeitalter d. industriellen Revolution, 1967; E. SCHMIDTILL, Zur Gesch. d. Eisenbergbaus im südl. Fichtelgebirge (Die Plassenburg 18) 1963; SCHREMMER; Ders., Beginnender Strukturwandel im Transportgewerbe an d. Wende zum 19. Jh. (Spindler FG) 577–592; R. SPRANDEL, Das Eisengewerbe im MA, 1968; G. VOELKL, Neuerscheinungen z. Gesch. Regensburgs u. d. Oberpfalz (VHOR 97) 1956, 421–446.

### a) *Das Oberpfälzer Eisengebiet bis zum Beginn des Merkantilismus*

H. AUBIN, Formen u. Verbreitung d. Verlagswesens in d. Altnürnberger Wirtschaft (Beitrr. WGN 2) 1967, 620–668; E. BENNER – N. HIRSCHMANN, Der Südhandel mit Oberpfälzer Eisen vom 13. bis 16. Jh. (Die Oberpfalz ein europ. Eisenzentrum; Schriftenreihe d. Bergbau- u. Industriemus. Ostbayern, Bd 12/1) 1987, 221–253; R. ENDRES, Nürnberger Einflüsse auf d. oberpfälz. Montangebiet (ebd.) 285–293; A. FUCHS, Die Entwicklung d. ostbayer. Eisenverhüttung v. MA bis z. 30-jähr. Krieg (ebd.) 103–124; G. BLÖSSNER, Die Schiffahrt auf d. Vils in früheren Jahrhunderten (ZBLG 1) 1928, 416–427; K. BOSL, Das Nordgaukloster Kastl (VHOR 89) 1939; J. DENK, Beitrr. z. Gesch. d. Berg- u. Hammerwesens in d. Churfürstl. Oberpfalz (VHOR 54) 1902, 167–216; A. FRANK, Amberger Konkurrenz stört Zinnblechhandel. Z. Gesch. d. Blechverzinnung im Fichtelgebirge (Die Oberpfalz 47) 1959, 89–91, 120–123, 152–

154; J. B. Fröhlich, Weidens Beziehungen zu Nürnberg (Oberpfälzer Heimat 11) 1967, 118–124; K. Fuchs, Die Entwicklung d. Amberger Stadtrechts, Diss. Erlangen 1926; E. v. Glass, Vom Ausklang d. Blechverzinnung in Wunsiedel (Heimaterzähler, Beilage z. Marktredwitzer Tagebl. 47) 1953; D. Götschmann, Das mittelalterl. u. frühneuzeitl. Eisengewerbe d. Oberpfalz als Forschungsgegenstand u. -problem (VHOR 125) 1985, 327–349; Ders., Der Sulzbacher Bergbau im MA u. in d. frühen Neuzeit (ZBLG 49) 1986, 41–123; F. Hessel, Die Zinnblechhandelsges. in Amberg u. ihre Stellung in d. Gesamtindustrie d. Weißblechindustrie (VHOR 66) 1916, zugl. Diss. Erlangen 1914; A. Köberlin, Der Obermain als Handelsstraße im späten MA, 1899; A. Kunze, Zur Gesch. d. Nürnberger Textil- u. Färbereigewerbes v. Spätmittelalter bis zum Beginn d. Neuzeit (Beitrr. WGN 2) 1967; H. Merz, Rechtsgesch. des oberpf. Berg- u. Hammerwesens unter bes. Berücksichtigung des Amberger und Sulzbacher Gebietes, Jur. Diss. Masch. Erlangen 1954; H. Muggenthaler, Kolonisatorische u. wirtschaftl. Tätigkeit eines deutschen Zisterzienserklosters, 1924; V. Nichelmann, Beitr. z. Darstellung d. Entwicklung d. eisenschaffenden Industrie in d. Oberpfalz (VHOR 97) 1956, 13–162; L. Niedermayer, Die Hammerwerkseinigungen im älteren Amberger Bergrecht bis gegen Ende d. 15. Jhs., Diss. Masch. Erlangen 1921; R. Regler, Die große Hammereinigung v. 1387 (Oberpfälzer Heimat 13) 1969, 49–56; F. M. Ress, Gesch. der wirtschaftl. Bedeutung der oberpf. Eisenindustrie v. d. Anfängen bis zur Zeit des Dreißigj. Krieges (VHOR 91) 1950, 1–186; Ders., Die Oberpfälzer Hammereinungen von 1341–1626. Zünftlerischer Zusammenschluß oder kapitalistische Interessengemeinschaft? (Zschr. f. handelswissenschaftl. Forschung NF 2) 1950, 39–44; Ders., Unternehmungen, Unternehmer u. Arbeiter im Eisenerzbergbau u. in der Eisenverhüttung der Oberpfalz 1300 bis um 1630 (Schmollers Jb. f. Gesetzgeb., Verw. u. Volkswirtsch. 74) 1954, 561–618; über die Unterschiede zwischen Schien- u. Blechhämmern: Ders., Arbeitsweise der oberpf. Schien- u. Stabhämmer (Mitt. der Altnürnberger Landschaft 8) 1959, 98ff.; G. Riess, Aus d. Gesch. d. Hammerwerke im Fichtelgebirge (Der Siebenstern 2) 1928, 110–111, 127–129; Ders., Die einstigen Eisenhämmer i. d. Fichtelgebirgsgegend (Der Siebenstern 5, 6) 1951, 67–71, 93–94; (ebd. 1, 2) 1952, 8–11, 25; J. Scheidler, Zintlhammer (Oberpfalz 27) 1933; O. Schmidt, Ambergs Bergbau im 16. Jh. (Oberpfälzer Heimat 12) 1968, 100–109; E. Seydel, Das große Montangebiet d. MA (Bayerland 60) 1958, 338–341; H. Stahl, Die Wirtschaftsordnung d. Stadt Amberg im späten MA u. in d. frühen Neuzeit, Diss. Erlangen-Nürnberg 1969; J. Strieder, Studien z. Gesch. kapital. Organisationsformen, $1925^2$; E. Vopelius, Entwicklungsgesch. d. Glasindustrie Bayerns nach seinem heutigen Umfang bis 1806, 1895; H. Thoma, Das älteste Amberger Stadtrechtsbuch, Diss. Erlangen 1920; H. Wagner, Alter Bergbau zw. Rachel u. Lusen (Ostbaier. Grenzmarken 1) 1957.

Das Oberpfälzer Montanrevier, das «Ruhrgebiet des Mittelalters», wie man es genannt hat, war neben dem Textilgebiet Schwaben die zweite große Gewerbelandschaft auf dem Boden des heutigen Bayern. Es wies sehr günstige Standortbedingungen für die Produktion auf: große Lager an reichen Eisenerzen um Amberg und Sulzbach, ausgedehnte Wälder (Energieträger Holz) und ein weit verästeltes Flußsystem (Vils, Naab, Pegnitz) zum Antrieb der Hammerwerke und Gebläse sowie zum Transport von Holz, Erz und Eisenprodukten. Standort der Eisenhämmer waren die Flußufer. Ein *Hammer* war regelmäßig die Verbindung von Schmelzhütte und Weiterverarbeitungsplatz des gewonnenen Eisens zu Schienen, Stäben, Knüppeln (Schienhammer), oder, seit dem vierzehnten Jahrhundert, zu Blech (Blechhämmer). Ähnlich wie das Textilgewerbe Schwabens ein Fundament Augsburger Reichtums war, war es das Montangewerbe und die Metallverarbeitung der Oberpfalz für Nürnberg. Die Wirtschaftsgeschichte einer Stadt ist gleichzeitig die Wirtschaftsgeschichte eines Wirtschaftsraumes.

Die geringe Ergiebigkeit der Oberpfälzer Landwirtschaft ließ die Bewohner des Landes intensiv nach Erzen (Eisen, Zink, Blei, Silber) schürfen. Einzelne

Eisenerzlager wurden schon in der Keltenzeit ausgebeutet (Kelheim, Michelsberg); nach einer Unterbrechung in der Völkerwanderungszeit bildete sich seit dem elften Jahrhundert ein Montangewerbe heraus; am Erzberg bei *Amberg* soll der Erzabbau bereits 931 begonnen haben (strittig).[1] Frühes Schürfen ist ferner aus den Ämtern Waldeck, Kemnath, Parkstein und Floß bekannt. Hand in Hand mit der mutmaßlichen Verbreiterung der Produktionsbasis ging die Ausweitung des privilegierten Absatzgebietes. Im Jahre 1034 wurde Amberg Markt,[2] 1163 erhielt es von Friedrich Barbarossa dieselben Zollfreiheiten wie Nürnberg im Reich,[3] 1166 bekam Amberg vom Bischof von Passau die gleichen Zollfreiheiten auf der Donau wie Regensburg;[4] 1328 gab Kaiser Ludwig Zoll- und Geleitfreiheit in ganz Bayern,[5] 1336 gewährte König Karl von Ungarn Zollerleichterungen im Transitverkehr mit Ungarn. Um diese Zeit arbeiteten in der Oberpfalz 34 Hüttenwerke, vor allem im früheren Bamberger Vogteigebiet.[6]

Die erste umfassende Kodifikation der verschiedenen, im Laufe der Zeit entstandenen *Amberger Bergrechtssätze* findet sich im Amberger Stadtrechtsbuch, das vermutlich zwischen 1347 und 1429 entstanden ist.[7] In dem neuen Stadtrecht von 1554 fehlen solche genauen bergrechtlichen Vorschriften. Die Bergrechtssätze wurden inzwischen teils in die *Hammereinung,*[8] teils in die landesherrlichen Bergordnungen übernommen (Amberger Bergordnung von 1457, Modifikationen 1465, 1548, 1594). Die Hammereinung war eine vom Landesherrn genehmigte Satzung, die sich, von Amberg und Sulzbach ausgehend, die Berg-, Hütten- und (Schien-) Hammerwerksbesitzer gaben, zu denen später noch die Eigner von Blechhämmern kamen. Ein Zwang zum Beitritt bestand nicht. Der Inhalt der Einung betraf weniger Bestimmungen über den Erzabbau, als solche über die Schmelzen, Hammer- und Blechwerke; sie regelte auch das Verhältnis zwischen den am Produktionsprozeß beteiligten Personengruppen. Ähnlich wie eine Handwerkszunft schränkte die Einung den Wettbewerb ihrer Mitglieder untereinander ein, und sorgte für einen möglichst engen Verbund von Urproduktion, eisenbe- und -verarbeitendem Gewerbe und Absatz. Insofern war die Einung einem Kartell ähnlich.[9] Die *Blütezeit des Montangewerbes* lag mit wenigen Unter-

[1] Vgl. Denk (§ 21a) 173; Beck (§ 21) I 737: Firsching (§ 21) 5f.; Nichelmann (§ 21a) 24f.; Sprandel (§ 21) übernimmt diese Angaben nicht; vgl. etwa S. 89f., 159f.; so auch Stahl (§ 21a) 4f. H. Sturm, Die Handelsprivilegien Ambergs im MA (Oberpfälz. Heimat 5) 1960, 31–42 korrigiert die Annahme, daß für die Entstehung der Stadt Amberg der Bergbau der entscheidende Faktor gewesen sei. Er weist nach, daß Amberg zunächst als Handelsniederlassung u. Kaufmannssiedlung entstand und erst seit dem 13. Jh. der Bergbau große Bedeutung erlangte. S. auch Götschmann, Das mittelalterl. u. frühneuzeitl. Eisengewerbe (§ 21a) 327ff., 336ff.

[2] Barth (§ 21) 103; Knauer (§ 21) 4.

[3] Firsching (§ 21) 7, 10.

[4] Denk (§ 21a) 174; Firsching (§ 21)

[5] Ress, Eisenindustrie (§ 21a) 27.

[6] Sprandel (§ 21) 159f.; über Handelsprivilegien s. Sturm (Anm. 1).

[7] Vgl. Thoma (§ 21a); Fuchs (§ 21a). Über die bergrechtlichen Bestimmungen der Urbare von 1270/80 und 1326 s. ausführlich Stahl (§ 21a) 28ff. Über Anfänge der Verleihung von Bergregalen in der Oberpfalz und über die Bergordnung von 1548: Götschmann, Oberpfälzer Eisen (§ 21) 12ff., 16ff.

[8] S. Anm. 13.

[9] Vgl. Strieder, Studien (§ 21a) 16, 145; Beck (§ 21) I 766ff.; Maschke (§ 21) 108f.

brechungen zwischen dem Abschluß der *ersten Hammereinung* im Jahre 1341[10] und der Auflösung der danach wiederholt geänderten Einung (1387, 1494, 1469) im Jahre 1626. Der Höhepunkt der guten Konjunktur dürfte jedoch nach der Mitte des sechzehnten Jahrhunderts überschritten gewesen sein, gefolgt von einer Stagnation auf noch hohem Niveau bis etwa 1600, dann leichter, ab etwa 1609/16 rascher Produktionsrückgang.

Die frühe wirtschaftliche Zusammenarbeit zwischen Sulzbach und Amberg verringerte sich vermutlich bald aus territorial-politischen Gründen. Nach dem Tode Rudolfs II. fiel Sulzbach an Karl IV., während Amberg pfälzisch blieb. Sulzbach versuchte, sein Montangewerbe auszubauen und erhielt 1354 von Karl IV., der an dem Ausbau des Montanreviers großes Interesse zeigte und ihm den böhmischen Markt öffnete, das Recht zur Errichtung von Bergwerken.[11] Neue Hämmer wurden gegründet. Dadurch fühlte sich Amberg in seinen alten Gerechtsamen beschnitten und durch den wachsenden Konkurrenzdruck von seiten der Nachbarstadt bedroht.[12] Die Gefahr einer wirtschaftlichen Zersplitterung des eine natürliche Wirtschaftseinheit bildenden Gebietes war gegeben; Sulzbach kam im Jahre 1373 an die Wittelsbacher (Otto von Brandenburg) zurück, verlor aber damit Absatzmärkte in Böhmen. Es war ein Zeichen der Einsicht, die dem ganzen Gebiet erheblichen Nutzen brachte, daß sich beide Konkurrenten wieder zusammenschlossen und die *zweite Hammereinung* von 1387 eingingen;[13] ihr gehörten 66 Hammerherren als Eigentümer von 77 Hämmern an; nur einige Hammermeister mit 14 Werken[14] im Norden der Pfalz traten ihr nicht bei. Der Montanvertrag regelte die montangewerblichen Angelegenheiten noch sehr viel umfassender und präziser als es die erste Einung von 1341 tat. Amberg/Sulzbacher Erz- und Eisenmaße und -gewichte wurden jetzt über die Landesgrenzen hinaus Vergleichsparameter. Aus dem Kartell wurde praktisch ein Monopol. In diese Einung wurden auch Nürnberger Bürger aufgenommen, die Hammerwerke in der Oberpfalz aufgekauft hatten, bzw. verlegten. Nürnberger Kapital floß in das Eisenerzgebiet ein.[15] Auf dieser gesicherten rechtlichen Grundlage, die durch

[10] Abdruck bei LORI (§ 21) 65ff.; vgl. auch S. XIX; s. auch REGLER (§ 21a) 49ff.; GÖTSCHMANN, Oberpfälzer Eisen (§ 21) 8ff., 84ff., 225ff. über den Konjunkturverlauf.

[11] Vgl. SPRANDEL (§ 21) 160f.

[12] FIRSCHING (§ 21) 16f.; RESS, Eisenind. (§ 21a) 28f. Die wirtschaftlichen Folgen dieser territorialen Veränderung auf das Wachstum des Oberpfälzer Eisengewerbes sind noch nicht völlig geklärt; vgl. SPRANDEL (§ 21) 161; ferner G. RAPP, Gesch. Mitteilungen über d. St. Amberg u. ihre Nachbarstädte, 1881, 5ff.

[13] Über den Inhalt der Einung s. RESS, Eisenind. (§ 21a) 29ff.; dort Standortkarte des Oberpf. Eisengew. von 1387 (S. 33), und von 1630 (S. 171); vgl. auch LORI (§ 21) Beilage LV, 65; KNAUER (§ 21) 12ff.; vgl. über spätere Änderungen des Vertrages LORI LXXXVII; über die große allgemeine Bergverkündung von Friedrich III. von 1565 s. LÖWENTHAL (§ 21) 387 und die Urkunden im Anhang. Ausführlicher über die Hammereinungen im fünfzehnten Jahrhundert und die Frage, inwieweit die staatliche Zersplitterung durch die Hammereinungen überwunden wurde, SPRANDEL (§ 21) 168f. Dort werden auch «heftige Wirtschaftskämpfe» zwischen Amberg und Sulzbach (1430–1449) erwähnt.

[14] Nachweis bei SPRANDEL 159 Anm. 8.

[15] Nach FRÖHLICH (§ 21a) 121 läßt sich die erste Nennung eines Nürnberger Patriziers in der Oberpfälzer Eisenindustrie 1372 belegen, die letzte Nennung 1597; dort sind Namen Nürnberger Patrizier in der Oberpfälzer

landesherrliche Unterstützung (Gewährung von Bergordnung und Bergfreiheiten, z. B. 1455/65) verbreitert wurde,[16] nahmen Erzbergbau und Montangewerbe einen raschen Aufschwung. Neben Amberg und Sulzbach bildete sich zurückreichend bis in das dreizehnte Jahrhundert, ein weit verzweigtes Eisengewerbe aus, vor allem um Pfaffenhofen bei Amberg, Neunburg, Altendorf, Störnstein und Parkstein. Mainburg wurde zu einem bedeutenden Eisenmarkt. Fast die gesamte heutige Oberpfalz war mit einem Netz von Eisenhämmern überzogen.

Der *Absatz des Eisens* (und der Eisenprodukte) lag regelmäßig in den Händen von Verlegern aus Amberg, dann Nürnberg, Regensburg und Wunsiedel, sowie aus Sulzbach.[17] Um wenigstens einen Teil der Handelsgewinne in der Oberpfalz zu belassen, kam es 1526 zur Gründung einer *«Gesellschaft des eysenhandels zu Amberg»*, deren Anfangskapital von 1145 fl. von 50 Gesellschaftern aufgebracht wurde.[18] Welchen Anteil an dem gesamten Eisenhandel diese Gesellschaft erringen konnte, ist noch unbekannt. Vermutlich blieb er klein. Immerhin gelang es ihr, 1572 eine Niederlage in *Regensburg* zu errichten. Regensburg war einer der wichtigsten Umschlagplätze für das Oberpfälzer Eisen nach Ulm, Lauingen und Augsburg. Der Versuch Herzog Friedrichs 1530, eine Eisenniederlage in Amberg zu errichten und über diese umfangreiche Eisenexport- und Weinimport-Geschäfte abzuschließen, scheiterte am Widerstand Amberger Bürger gegen das vermeintliche landesherrliche Monopol. Daß diesen Versuchen, den Handelsgewinn im Lande zu behalten, kein eindeutiger Erfolg zuteil wurde, ergibt sich aus der Tatsache, daß 1557 25 Schienhämmer der Hammereinung und einige der nicht der Einung angehörenden Hämmer ihre Waren nach Nürnberg lieferten; 20 Hammerwerke verkauften nach Regensburg.[19]

Das sechzehnte Jahrhundert brachte eine starke *Produkt-Differenzierung,* verbunden mit einem verstärkten Übergang von der Erzeugung von Halbzeug (z. B. Knüppel, Schieneisen) zur Fertigwarenherstellung (Schaufeln, Pflüge, Schiffsanker, Sensen, Beile, Ketten usw.). Über die Veränderung der Produktion und der Struktur des Oberpfälzer Eisengewerbes mögen einige Zahlen (Schätzwerte) Auskunft geben:[20]

Eisen«industrie» angegeben. Weitere Angaben bei SPRANDEL (§ 21) 164f. Über Oberpfälzer Montanunternehmer in Nürnberg ENDRES (§ 21a) 289f.

[16] Vgl. FLURL 536ff., KNAUER 14f. (beide § 21); über die Oberpfälzer Bergordnung von 1548 ebd. 21; s. ferner STAHL (§ 21a) 62ff., 69ff.

[17] Über die Vorrangstellung Ambergs seit dem frühen 14. Jahrhundert s. SPRANDEL (§ 21) 162f.; der Tarif der herzoglichen Zollstätten bei Regensburg aus dem Jahre 1270/80 nennt folgende Eisenprodukte: Schieneisen, Stabeisen, Eisenstücke, Pflugscharen, Pflugmesser, so STAHL (§ 21a) 15f.; nach KÖBERLIN (§ 21a) 12 kam in Bamberg im Jahre 1406 ein Zentner Eisen auf 500 Silberpfennige oder 125 g Silber.

[18] Ebd. 87.

[19] RESS, Eisenindustrie (§ 21a) 108, 132, 140; weitere Angaben über den Eisenhandel bei KUHNLE (§ 21) 14f.

[20] Die älteren, in der Literatur noch teilweise übernommenen Angaben von RESS (§ 21a), die neueren Forschungsergebnisse von GÖTSCHMANN (§ 21). Die deutlich höheren älteren Angaben beruhen vor allem darauf, daß eine berechnete Produktionskapazität bei einer hohen Zahl von genannten Hämmern angegeben ist, bei den neueren Forschungen die vermutlich tatsächliche Produktion bei einer geringeren Zahl von arbeitenden Hämmern.

Tab. 1: *Eisenerzförderung in der Oberpfalz*

| Jahr | Erzförderung in Ztr. nach Ress[21] | Jahr | Erzförderung in Ztr. nach Götschmann[22] |
|---|---|---|---|
| 1387 | 510000 | | – |
| 1475 | 1050000 | | – |
| 1545 | 880000 | ab etwa 1520 | 360000 bis 384000 |
| 1581 | 860000 | bis etwa 1600 | ungefähr gleichbleibend |
| 1609 | 885000 | etwa 1600 bis 1616 | langsamer Produktionsrückgang |
| | | ab 1616 | schneller Produktionsrückgang |

Diese Erzmenge bildete die Grundlage für die dem Bergbau nachgegliederten Schmelzen und Hammerwerke. Ihr Ausstoß wird wie folgt geschätzt:

Tab. 2: *Produktion der Oberpfälzer Schien- und Blechhämmer*

| Nach Ress[23] | | | | | Nach Götschmann | | | |
|---|---|---|---|---|---|---|---|---|
| Jahr | Anzahl der Schien- hämmer | Anzahl der Blech- hämmer | Produktion der Schien- hämmer in 1000 Ztr. | Produktion der Blech- hämmer in 1000 Ztr. | Jahr | Anzahl der Schien- hämmer | Anzahl der Blech- hämmer | Produktion der Schienhämmer in 1000 Ztr.[26] |
| 1387 | 125 | 22 | 82 | 8 | 1387[24] | 83 | ? | – |
| 1475 | 141 | 62 | 170 | 22 | 1454[24] | 82 | 36 | – |
| 1545 | 119 | 82 | 143 | 27 | 1527[25] | 72 | 31 | – |
| – | – | – | – | – | 1550/60 | 75 | 38 | zwischen etwa 1560 |
| | | | | | | | | und 1610 ungefähr |
| 1581 | 104 | 75 | 140 | 26 | 1579/80 | 69 | 36 | gleichbleibend 75– |
| – | – | – | – | – | 1594/95 | 68 | 37 | 81 |
| 1609 | 107 | 75 | 146 | 26 | 1610/15 | 71 | 30 | ab etwa 1609/16 |
| 1618 | 60 | | 48 | | 1616 | 51 | ? | starker Rückgang; |
| – | – | | – | | 1629/30 | 29 | 15 (?) | |
| – | – | | – | | 1648/49 | 31 (?) | ? | |
| 1665 | 29 | | 17 | | – | – | – | ab Ende des |
| | | | | | | | | 17. Jahrhunderts |
| 1783 | 40 | | 28 | | – | – | – | Modernisierung |
| 1802 | 51 | | 45 | | – | – | – | und Aufschwung |
| 1845/46 | ? | | 133 | | – | – | – | |

Schienhämmer gehören zum eisenproduzierenden Gewerbe (Schmiedeeisen), Blechhämmer zum eisenverarbeitenden Gewerbe (dem Namen nach Bleche).

Auffallend ist der rasche Anstieg der *Blech*erzeugung seit der zweiten Hälfte des vierzehnten Jahrhunderts. Ein Erfolg des technischen Fortschritts war die Anwendung der alten Kunst des *Verzinnens* auf das Schwarzblech. Die aus dem Fichtelgebirge kommende Blechverzinnerei wurde vor allem in der Nähe von Wunsiedel betrieben.[27] Bis ins sechzehnte Jahrhundert war der bayerische Nordgau mit seinen zahlreichen «Zinnwäschereien» und «Zinnseifen»[28] das Zentrum der europäischen Zinnblechherstellung.[29] Es verlagerte sich nach dem Dreißigjährigen Krieg nach Sachsen, und von dort nach England. In Wunsiedel wurde viel Amberger Schwarzblech verzinnt. Vielfach wegen des Zinnblechhandels drangen im vierzehnten Jahrhundert Nürnberger Kaufleute als Hammerwerksbesitzer (Verleger) in das Oberpfälzer Montangebiet ein und fanden Anschluß an die Hammereinung. Auch in Nürnberg entwickelte sich ein florierendes Verzinngewerbe;[30] die Nürnberger wurden wegen der guten Außenhandelsbeziehungen ihrer Zinnblechverleger und des eigenen Zinnblechverarbeitungsgewerbes zu einem unbequemen Konkurrenten Wunsiedels. Die in Wunsiedel und Nürnberg anfallenden Handelsgewinne aus dem Blechexport führten dazu, daß sich der Landesherr (Pfalzgraf Friedrich II.) für diesen Geschäftszweig zu interessieren begann und mit eigener Kapitalbeteiligung im Jahre 1533/34 die Gründung der *Amberger Zinnblechhandelskompagnie* betrieb.[31] Damit sollten die Gewinne «ins Land geholt» werden. Mit Hilfe eines Nürnberger Blechzinners entstand in Am-

Einzelheiten über die unterschiedlichen Berechnungsweisen sowie über die (mengenmäßigen) Zusammenhänge zwischen Erzförderung, Produktion der Eisen- und Schienhämmer bei GÖTSCHMANN, Oberpfälzer Eisen (§ 21) 19f., 82, 84ff., 225; Ders., Mittelalterl. u. frühneuzeitl. Eisengewerbe (§ 21a) 331–343.

[21] RESS, Eisenindustrie (§ 21a) 54, 58, 64.

[22] GÖTSCHMANN, Mittelalterl. u. frühneuzeitl. Eisengewerbe (§ 21a) 343. Über die Ursachen des Niedergangs des Eisengewerbes ebd. 343ff. und Ders., Oberpfälzer Eisen (§ 21) 225ff.

[23] RESS, Eisenindustrie (§ 21a) 55f., 69; die quantitativen Angaben bei Ress sind nicht alle einzeln belegt; sie sollen Größenordnungen andeuten; vgl. die kritische Haltung von SPRANDEL (§ 21) 176f., der für das 15. Jahrhundert eine geringere Anzahl von Hammerwerken vermutet; ferner LUTZ (§ 21b) 277ff., 290ff.; SCHMIDT (§ 21a) 100ff.; über den Förderabfall im frühen 16. Jahrhundert s. STAHL (§ 21a) 73; über die starke Vermehrung der Zahl der metallverarbeitenden Meister s. KUNZE, Zur Gesch. d. Nürnberger Textil- u. Färbereigewerbes v. Spätmittelalter bis z. Beginn d. Neuzeit (Beitrr. WGN 2) 1967, 669.

[24] GÖTSCHMANN, Mittelalterl. u. frühneuzeitl. Eisengewerbe (§ 21a) 341f.

[25] Die Angaben für die Jahre 1527 und folgende nach GÖTSCHMANN, Oberpfälzer Eisen (§ 21) 77ff., 118, 130ff., 155ff., 158ff.; s. auch die Karte ebd. S. 6, Gebietsabgrenzungen.

[26] GÖTSCHMANN, Mittelalterl. u. frühneuzeitl. Eisengewerbe (§ 21a) 343, 347f.; Ders., Oberpfälzer Eisen (§ 21) 85f., 229f.

[27] Vgl. HESSEL (§ 21a) 10ff.

[28] Vgl. FOERDERREUTHER (§ 21b); am Ochsenkopf bei Wunsiedel wurde in verschiedenen Zinnbergwerkstollen gearbeitet; Zinnerzbergbau wurde ferner in Schönlind und Weißenhaid bei Weißenstadt im Fichtelgebirge betrieben.

[29] BARTH (§ 21) 104; SPRANDEL (§ 21) 166f.

[30] HESSEL (§ 21a) 24ff.

[31] STAHL (§ 21a) 88f., ferner STRIEDER, Studien (§ 21a) 145ff.; FIRSCHING (§ 21) 30ff.; LOEWENTHAL (§ 21a) 258ff.

berg eine neue Zinnpfanne.[32] Zwar stieg die Zahl der Blechverarbeitereien nur von 3 (1460) auf 4 (1548), doch wuchs gleichzeitig die Zahl der Beschäftigten auf etwa 10 Personen je handwerklichen «Groß»-Betrieb.[33] Alle Blechschmiede der Oberpfälzer Reviere erhielten die Anweisung, ihre Schwarzbleche nach Amberg zum Verzinnen zu geben und nicht mehr wie bisher nach Wunsiedel oder Nürnberg; Herzog Friedrich II. erließ Ausfuhrverbote für Schwarzbleche.[34] Die Kapazität der Wunsiedler Verzinnerei war daraufhin nicht mehr voll ausgelastet.[35] Die Amberger Handelskompagnie veredelte die Bleche in ihren Zinnpfannen und vertrieb selbst das Fertigprodukt in Fässern. Das Zinn bezog sie zum Teil aus Böhmen, wo der Augsburger C. Mayr 1549 das böhmische Zinnhandelsmonopol auf drei Jahre zugesprochen erhielt.[36] Die Amberger Gesellschaft machte während der zweiten Hälfte des sechzehnten Jahrhunderts gute Geschäfte; sie exportierte nach Frankreich, England, Italien und den Niederlanden und war u. a. auf den Messen in Frankfurt, Leipzig und Linz vertreten.[37] Trotz vieler Streitigkeiten mit Nürnberg wurde auch das dortige Blechner-Gewerbe mit Weißblech beliefert. Die Nürnberger Verzinnereien, die bisher Oberpfälzer Schwarzblech kauften, sahen sich durch das Exportverbot für Oberpfälzer Schwarzblech von ihrem Bezugsmarkt im Nordgau abgeschnitten; damit waren auch bestehende Verleger-Verträge Nürnberger Kaufleute mit Oberpfälzer Hammerleuten beeinträchtigt. Gelegentlich sah sich deshalb die Amberger Kompagnie veranlaßt, Nürnberger Verlegerkredite an die Schmieden abzulösen.[38] Der merkantilistisch handelnde Landesherr der Oberpfalz vermochte seine Vorstellungen trotz mancher Streitigkeiten mit Nürnberg durchzusetzen. Auch schirmte er die Gesellschaft ab vor dem Vorwurf des unerlaubten Monopols.[39] Die Nürnberger reagierten auf die neue Lage schnell und weitsichtig. Sie schlugen der Amberger Blechhandels-Gesellschaft einen groß angelegten Arbeitsteilungsvertrag vor: Nürnberg gibt seine eigene Verzinnerei auf, läßt seine Zinnerei-Fachleute, so sie wollen, mit deren Werkzeugen und Rohstoffen nach Amberg übersiedeln, damit dort noch «4 oder 5 zinnpfannen uffgericht» werden;[40] die Amberger Gesellschaft soll dagegen alles unter ihrer Regie hergestellte Zinnblech an Nürnberg zum Weitervertrieb verkaufen. Nürnberg wollte sich somit wenigstens den Fernhandel mit diesem Produkt sichern. Der Plan des Nürnberg-Amberger Zinnblech-Kartells führte indes nicht zu dem von Nürnberg gewünschten Erfolg, teils weil Amberg seine eigene Fernhandelstätigkeit nicht aufgeben wollte,[41] teils weil der Dreißigjährige Krieg das Oberpfälzer Montange-

[32] Hessel (§ 21 a) 135.

[33] Stahl (§ 21 a) 155.

[34] Ebd. 88.

[35] Nähere Angaben bei Frank (§ 21 a). Auch Nürnberg verlor einen Teil seiner Rohstoffgrundlage; Stahl (§ 21 a) 88.

[36] Abdruck des Vertrages bei Strieder, Studien (§ 21 a) 441 ff.; vgl. auch ebd. 268 ff.

[37] Ebd. 145 Anm. 4.

[38] Firsching (§ 21) 32.

[39] Ress, Eisenindustrie (§ 21 a) 115.

[40] Strieder, Studien (§ 21 a) 154.

[41] Über die hohen Gewinne der Amberger Zinnblechhandels-Gesellschaft in den ersten Jahren des Dreißigjährigen Krieges s. Hessel (§ 21 a) 56.

werbe so sehr zerstörte, daß eine weitere Verfolgung des Planes nicht mehr möglich war. Die Amberger Zinnhandelsgesellschaft löste sich 1631 auf.[42]

Die *Wunsiedler* Verzinnerei bestand ihren Konkurrenzkampf mit Amberg etwas besser als Nürnberg. Wunsiedel hatte den Vorteil, daß es das aufkommende Schwarzblechgewerbe des Fichtelgebirges als Zulieferer besaß, und deshalb nicht ausschließlich auf Oberpfälzer Bleche angewiesen war. Obwohl das Fichtelgebirge und die Umgebung von Wunsiedel sehr viel weniger unter dem Dreißigjährigen Krieg litten als die Oberpfalz, bewirkte er doch, daß die große Tradition der Wunsiedler Zinner erlosch.[43]

Die *Bevölkerung* der Oberpfalz lebte zu einem großen Teil von den Bodenschätzen des Landes. Etwa 20% bis 25% der Bewohner bezogen ihre Einkünfte aus dem Montansektor.[44] Nachstehende Zahlenreihen geben erste Anhaltspunkte:

Tab. 3: *Bevölkerung und Beschäftigte im Montanbereich (Schätzung, Interpolation)*[45]

| Jahr | Bevölkerung in 1000 | Ständig[46] arbeitende Bergleute[47] | Arbeitskräfte bei den Schien- und Blechhämmern[48] | Beschäftigte im Montanbereich insgesamt | Beschäftigte insgesamt mit Familienangehörigen |
|---|---|---|---|---|---|
| 1387 | 110 | 345 | 949 | 7745 | 19200 |
| 1475 | 160 | 730 | 1638 | 12341 | 40000 |
| 1545 | 170 | 580 | 1498 | 11049 | 36800 |
| 1581 | 175 | 560 | 1300 | 10625 | 35250 |
| 1609 | 180 | 570 | 1330 | 10978 | 36400 |

Eine Darstellung der Beschäftigungszahlen – und damit auch der Einkommenswirkung des Erz- und Hüttengewerbes – muß die Betrachtung der *Nebenberufszweige* einschließen.

Die *Köhlerei* war eine notwendige Voraussetzung für das Hüttenwesen der damaligen Zeit; sie lieferte Holzkohle als Brennstoff für die Schmelzfeuer. Die landesherrliche Erlaubnis, ein Hütten- und Hammerwerk anzulegen, schloß deshalb regelmäßig auch die vertragliche Sicherstellung von Holzlieferungen aus den (herrschaftlichen) Wäldern ein; für das Kohlenholz mußte meist ein nach der

[42] Ebd. 63.

[43] Glass (§ 21a).

[44] Seydel (§ 21a) 341.

[45] Ress, Eisenind. (§ 21a) 154; Seydel (s. o. § 21a) 341; detailliertere Angaben bei Stahl (§ 21a) 154ff., 159ff., 226ff.; er weist auf die «eigenartige Erscheinung» hin, «daß sich in Amberg, dem Zentrum der oberpf. Eisenwirtschaft, keine umfangreiche Eisen- und Bleche verarbeitende Handwerksgruppe von überregionaler Bedeutung entwickelte».

[46] Zu diesen Zahlen müssen noch die gelegentlich beschäftigten Bergleute gezählt werden, die maximal das 5fache der ständigen ausgemacht haben dürften. Aber auch hier gilt, wie für alle frühen Statistiken: unser Wissen ist gering, wichtige Informationen und Kontrolldaten fehlen. Die Arbeiten von Götschmann (§ 21 u. 21a) deuten auf ein geringeres Niveau von Beschäftigten im Montanbereich hin.

[47] Ohne Nebenberufe wie z. B. Erzausschieber, Haufenmacher, Einfasser, Hüttenknechte, Wasserknechte, Deichselbuben, Fuhrleute, Zimmerleute.

[48] Z. B. Schmiede, Zerrener, Hutkapfer (vermutlich Meister und Gesellen zusammen) einschließlich Erzaufbereiter.

Menge der gebrauchten Kohle gestaffelter «Waldzins» entrichtet werden, während das Bauholz oft unentgeltlich geschlagen werden konnte. Der enorme Holzverbrauch der Hütten bedingte schon im dreizehnten und vierzehnten Jahrhundert eine mehr oder weniger straff geregelte Waldwirtschaft in der Oberpfalz (Waldgerichte z. B. im Amt Vilseck 1392; Holzordnung für Amberg 1310, für Sulzbach 1341) und führte u. a. zu einer systematischen Anpflanzung der rascher wachsenden Nadelhölzer (Kiefern) zu Lasten des Mischwaldes.[49] Die erste oberpfälzische *Waldordnung*, die diesen Namen trägt, stammt aus dem Jahre 1512, gefolgt von einer zweiten aus dem Jahre 1537.[50] Damit einher gingen Einschränkungen der Weidewaldnutzung, Beschränkung der Schafhaltung und das Verbot der Ziegenhaltung; die Waldordnung der Oberpfalz von 1600 beschränkt die Zahl der Schafe je ganzem Hof auf 40 und verordnet erneut die «abschaffung des Gaißviechs».[51]

Das weitverzweigte Montangewerbe bedingte das Entstehen eines *Transportgewerbes*. Ihm oblag die Beförderung des Eisenerzes von der Grube zu den Schmelzen, der Holzkohle aus dem Wald zu den Hämmern, des Stabeisens von den Schienenhämmern zu den weiterverarbeitenden Hämmern und der verkaufsfertigen Erzeugnisse von den Produktionsstätten zum Stapelplatz und von dort zum Absatzmarkt.[52] – Es ist auffallend, daß sich trotz des hohen Transportbedarfs bisher noch keine Unterlagen für ein eigenständiges Oberpfälzer Transportgewerbe – mit Ausnahme der Vils-Schiffahrt und der Fuhrwerksunternehmer zwischen Cham und Weiden auf der Strecke von Regensburg nach Prag, auffinden ließen. Die Fuhrleute waren Bauern (die sog. «Ärzt-Pauern»), die das Fuhrunternehmen als Nebenerwerb betrieben. Daß dabei die Flurbestellung zu kurz kommen konnte, zeigte ein Mandat der kurfürstlichen Regierung von 1535, wonach Transportfuhren von Bauern nur noch in der Winterzeit ausgeführt werden dürfen; diese Einschränkung wurde begründet mit dem «Verfall» vieler Höfe und dem damit eingetretenen Gült- und Zehntverlust der Grundherren; die Stelleninhaber hätten «zu Unzeiten» Kohlen-, Erz- und andere Fuhren gemacht. Es zeigt sich hier eine Verbindung von Agrarverfassung und Gewerbeentwicklung.

Der Reichtum der Oberpfalz an Erzen macht es verständlich, daß Nürnberg an dem benachbarten Gebiet großes Interesse zeigte. Es war das *Rohstoffreservoir* des Nürnberger eisenverarbeitenden Gewerbes. Die Reichsstadt war deshalb unablässig bestrebt, sich den Rohstoffbezug aus diesem Gebiet sicherzustellen und einen möglichst hohen Anteil an dem Handel oberpfälzischen Eisens nach Drittgebieten in seine Hand zu bekommen. Erleichtert wurde dies Nürnberg zweifellos dadurch, daß auch die Oberpfalz an Nürnberg als einem leistungsstarken Abnehmer mit einem ausgebauten Absatz- und Vertriebssystem interessiert war. So kam es trotz mancher Konkurrenzsituationen zu einem Ergänzungsverhältnis

[49] Ress, Eisenind. (§ 21a) 86.
[50] Ebd. 86f.
[51] Über den Holzverbrauch des Oberpfälzer Montanreviers s. ebd. 89, 103; Rubner (§ 21) 31; Lutz (§ 21b) 277ff.
[52] Nähere Angaben hierzu s. Ress, Eisenind. (§ 21a) 90ff.; Blössner (§ 21a).

zwischen dem Eisenland Oberpfalz und der Wirtschaftsmetropole Nürnberg, das bis in den Dreißigjährigen Krieg hinein sicheren Bestand hatte,[53] obwohl bereits am Ende des sechzehnten Jahrhunderts deutliche Anzeichen von Stagnation und Rückgang in Produktion und Absatz sichtbar wurden, erkennbar am technologischen Rückstand bei der Eisenschmelze, am Verlust von Absatzmärkten in Süd- und Südwestdeutschland und an der Unfähigkeit der Hammereinung, auf veränderte Marktbedingungen zu reagieren.

### b) *Das Montangewerbe der Oberpfalz zur Zeit des Merkantilismus*

M. Beckh, Die Nürnberger echte u. leonische Gold- und Silberdrahtindustrie, Diss. München 1917; J. A. v. Destouches, Statist. Darstellung d. Oberpfalz u. ihrer Hauptstadt Amberg vor u. nach d. Organisation v. 1802 m. einem tabel.-stat. Überblick d. dermaligen organisierten Naabkreises, 3 Tle., 1809; J. Foerderreuther, Schwedeneisen (Der Siebenstern 2) 1952, 25–27; (4) 1952, 52–54; J. Lutz, Die ehem. Eisenhämmer u. Hüttenwerke u. d. Waldentwicklung im nordöstl. Bayern (Mitt. aus Forstwirtschaft u. Forstwiss. 12) 1941, 277–294; O. Reuter, Die Manufaktur im Fränk. Raum, 1961; G. Slawinger, Die Manufaktur in Kurbayern, 1966; A. Tausendpfund, Die leonische Industrie in Allersberg im 17. u. 18. Jh., Zulassungsarbeit Masch., Erlangen 1964.

*Abschwung, Stagnation und Wiederaufschwung.* Mit der Gewinnung der Oberpfalz erhielt 1628 Kurfürst Maximilian I. ein Land, das kurz zuvor noch wegen seines Berg- und Waldreichtums zu den wohlhabendsten Fürstentümern Deutschlands gehörte[54]. Amberg galt im sechzehnten Jahrhundert als «die Geldgrube, aus der die Landesfürsten in ihrer Klemme schöpfen konnten».[55] Zur Zeit des Erwerbs hatte sich aber die wirtschaftliche Lage des Oberpfälzer Montangebietes gründlich gewandelt. Die Zahl der Hämmer war gesunken, die Produktion von Schieneisen und Blechen geschrumpft.[56] 1636 war das Land so «verderbt», daß es wegen schwerer Kriegsverwüstungen steuerfrei blieb. Ein von Kurfürst Ferdinand Maria (1658–1679) eingeholter Bericht über den Stand der Hammerwerke[57] zeigt ein trauriges Bild: von den nachgewiesenen 83 Hämmern arbeiteten nur noch 17 Schien- und Eisenhämmer, 11 Blechhämmer sowie ein Drahthammer; 73 Schien- und Eisen- und 16 Blechhämmer sowie 1 Drahthammer lagen «öde»; davon waren 42 Hämmer so zerstört, daß sie nur mit «großer Mühe» hätten wieder aufgebaut werden können; 12 Hämmer waren unversehrt, aber ohne Beschäftigung. Selbst die gangbaren Hämmer arbeiteten nicht kontinuierlich. Von der Oberpfalz aus beurteilt, verarmte das Land im siebzehnten und achtzehnten Jahrhundert, wenngleich die Eisenerzeugung langsam wieder anstieg. Die reiche Pfalz wurde zur Steinpfalz. Aus der Sicht Bayerns aber bedeutete der Anschluß

[53] Vgl. auch Sprandel (§ 21) 164ff.; zahlreiche Angaben auch bei Aubin (§ 21 a) 620ff.

[54] Knauer (§ 21) 30.

[55] Löwenthal (§ 21) 257.

[56] G. Franz (§ 21) 44; über die Lage des Eisengewerbes im Dreißigjährigen Krieg Götschmann, Oberpfälzer Eisen (§ 21) 124ff., 132ff.; über die Gründe von Stagnation und Abschwung ebd. 225f.

[57] Denk (§ 21 a) 200.

der wirtschaftlich angeschlagenen Oberpfalz dennoch eine beachtliche Bereicherung der bayerischen Eisenerzbasis und Eisenproduktion.

Die *Gründe für den säkularen Verfall* des Oberpfälzer Montangebietes sind nur zum Teil kriegsbedingt. Die *kriegsbedingten* Ursachen sind die Zerstörungen vieler Gruben und Produktionsstätten (1621 Einmarsch Mansfelder Truppen, 1633 Einmarsch schwedischer Truppen) sowie die schweren Bevölkerungsverluste: Kriegstote und Pesttote (Pestzüge des Jahres 1633/34). Der Ausfall an Fachkräften soll so hoch gewesen sein, daß von einem «Verlust für mehrere Menschenalter» gesprochen wird.[58] Das traf das Land um so stärker, als die Verfügung Maximilians, wonach Protestanten das vormals reformierte Oberpfälzer Land verlassen mußten, die Lage auf dem Arbeitssektor zuvor schon verschärft hatte. Unter den Ausgewiesenen befanden sich Bürger und Besitzer von Berg- und Hammerwerken.[59] Die *nicht kriegsbedingten* Ursachen waren neben den starren, z. T. fortschritthemmenden Regeln der Hammereinung, die auch nach ihrem Auslaufen 1626 faktisch weiterwirkten, einmal die Verschlechterung des Kosten-Erlös-Verhältnisses im Montansektor, zum anderen die Unsicherheit der Eigentumsrechte an den Erzbasen und die sich daraus ergebenden Verhaltensweisen (u. a. geringe Investitionsneigung) der betroffenen Bevölkerungsgruppen. – Die abbaufähigen Lager an reichhaltigen Erzen verringerten sich. Die Abbaukosten stiegen langfristig an. Hinzu trat ein sich verstärkender Mangel an Energie (Meiler-Kohle) infolge der knapper werdenden Wälder. Der Anteil der Holzkosten an den Gesamtkosten erreichte bei der Schmiedeeisenerzeugung am Ende des achtzehnten Jahrhunderts «beinahe das Doppelte sämtlicher übrigen Gestehungskosten»;[60] teuere böhmische Holzkohle mußte eingeführt werden, zumal die versuchte Energieumstellung von Holzkohle auf Torfkohle mißlang.[61] Die Energieausnutzung bei den veralteten offenen (Zerrenn-)Herden der meisten privaten Eisenhämmer war erheblich schlechter[62] als bei den modernen Holzkohle-Hochöfen, die der Landesherr in Oberbayern erst spät, nach den Zerstörungen im spanischen Erbfolgekrieg, aufstellen ließ.[63] Die Oberpfalz verlor ihre Absatzmärkte für Eisen und Blech in den Niederlanden, in Frankreich und England; selbst in die Oberpfalz drang Eisen aus der Steiermark und aus Böhmen (Eger) ein.[64] Die Oberpfalz, einst Eisenexportland, konnte zeitweise nicht einmal ihren eigenen Eisenbedarf decken.[65] Im Hinblick auf diese technisch-geologischen Gründe: Holzmangel, erschöpfte Lager reichen Erzes, Stagnation der Hüttentechnik, kann man von einem klassischen Beispiel für den *strukturellen Niedergang* eines Bergreviers sprechen.

[58] Firsching (§ 21) 41; Denk (§ 21 a) 204, 210f.
[59] Firsching (§ 21) 42.
[60] Ebd. 49; Lutz (§ 21 b) 277ff.
[61] Ebd. 277ff.
[62] Flurl (§ 21 a) 354f.
[63] Vgl. Schremmer 316, 320.
[64] Firsching (§ 21) 40.
[65] Denk (§ 21 a) 203, 213f. Über die Entwicklung von Bergbau und Hüttenwerken vom Ende des 30jährigen Krieges bis zum Ende des 17. Jhs. Götschmann, Oberpfälzer Eisen (§ 21) 145–176; ausführlich über das Berg- und Hüttenwerk Gottesgab im 17. Jh. Ders. 177–224.

Abgesehen von den eben genannten Gründen konnten die bestehenden Möglichkeiten, die vorhandenen Erzlager abzubauen, wegen der stark *fiskalisch* orientierten merkantilistischen *Wirtschaftspolitik* des für die Oberpfalz neuen bayerischen Landesherrn nicht voll ausgenutzt werden. Der Oberpfälzer Bergbau war seit seinem Bestehen fast ausschließlich von *privaten* Unternehmern finanziert und geleitet worden. Die jeweiligen oberpfälzischen Landesherren begnügten sich mit der Besteuerung dieser Unternehmer und sahen von einer «Verstaatlichung» der Betriebe ab. Mit dem Anschluß der Oberpfalz an Bayern und dem damit verbundenen Wechsel des Landesherrn änderte sich dies. Die Übernahme der berühmten Amberger Eisengruben in kurfürstliche Eigenregie im Jahre 1628 brachte in das gesamte, auch in das (noch) nicht verstaatlichte Oberpfälzer Montangewerbe ein starkes Moment der Unruhe und Unsicherheit. Sie trug dazu bei, daß der Erzabbau weit unter die technisch noch mögliche Menge absank. Der Besitzübergang an den Landesherrn war zwar vollzogen, doch der nunmehr landesherrliche Berg- und Hüttenbetrieb ruhte, wobei als Ursache von bayerischer Seite «Unordnung in den Wäldern» und Holzmangel angegeben wurde.[66] Sehr wahrscheinlich hat sich jedoch der bayerische Kurfürst mit der «Verstaatlichung» des weit verzweigten, großen Bergreviers übernommen, zumal er zunächst keine Investitionsmittel hatte, um die zum Teil zerstörten Gruben wieder instand zu setzen. Der Übernahme in landesherrliche Regie folgte keine Produktion. Erst Emanuel (1679–1726) begann sich energisch um den oberpfälzischen Bergbau zu kümmern. Dabei kam es zu langwierigen, die bergbau-gewerbliche Tätigkeit stark hemmenden rechtlichen Auseinandersetzungen zwischen ihm und der Stadt Amberg, in deren Verlauf keiner der beiden Kontrahenten sich mit voller Energie um den Eisenerzabbau bemühen wollte. Sie endeten schließlich 1693 mit einer 50%igen Beteiligung Ambergs an den Gruben am Erzberg bei der Stadt.[67] Eine Eisenhüttenordnung und eine Wald- und Kohleordnung vom Jahre 1694[68] sollten in Verbindung mit einer auf fünf Jahre ausgeschriebenen neuen Hammerwerkseinigung in das von der bayerischen Regierung bislang vernachlässigte Gebiet Ordnung bringen. Der Kompromiß bestand nicht lange. Während der Besetzung Bayerns durch Österreich im Verlauf des Spanischen Erbfolge-Krieges «enteignete» die kaiserliche Administration in München den bayerischen Staat insofern, als sie die Amberger Erzgruben aus der kurfürstlichen Regie herauslöste. Die Österreicher setzten Amberg in den «Genuß ersagter Eisenärzt-Bergwerke» wieder ein.[69] Nach dem Abzug der österreichischen Verwaltung aus München focht Emanuel die Besitzübergabe an Amberg in den Jahren 1718[70] und 1722[71] an. Die Streitigkeiten endeten schließlich damit, daß Amberg 1792 die ihm

[66] Löwenthal (§21) 388.

[67] Abdruck der Urkunde bei Lori (§ 21) 524.

[68] Abdruck ebd. 535ff., 557ff.

[69] Abdruck des kaiserlichen Befehls ebd. 586.

[70] Abdruck des nunmehr kurfürstlichen Befehls ebd. 594.

[71] Abdruck des abermaligen Befehls ebd. 597; s. auch Knauer (§ 21) 39f.

noch verbliebenen partiellen Schürfrechte an den Gruben vollständig und endgültig und ohne Entschädigung an den Landesherrn abtreten mußte.[72] Damit war die rund hundert Jahre andauernde Zeit permanenter Besitzstreitigkeiten und damit gleichzeitig eine Zeit der Unsicherheit vorüber, die sich von Amberg aus auch auf die anderen Gruben des Landes übertragen hatte.

Die rechtliche Beruhigung und endgültige Klärung der Kompetenzverhältnisse in den 1790er Jahren führte zu einem Ansteigen der landesherrlichen Investitionen in den Gruben. Während im Jahresdurchschnitt 1780 bis 1790 in Amberg rund 9000 bis 10000 Seidel Eisenerz gebrochen werden konnten, erhöhte sich die Fördermenge um das Jahr 1800 auf 15000 bis 18000 Seidel (ca. 80000 bis 100000 Zentner). Gleichzeitig stieg die Zahl der arbeitenden oberpfälzischen Eisenhämmer und der damit zum Teil verbundenen Schmelzen von 40 in den mittachtziger Jahren auf 51 im Jahre 1800. Früher stillgelegte Werke wurden wieder in Betrieb genommen. Ein deutlicher Auftrieb zeichnete sich ab. Der Amberger Eisenerzbergbau besaß in der ersten Hälfte des neunzehnten Jahrhunderts wieder einen Produktionsanteil von etwa 40 % an der Erzeugung sämtlicher Oberpfälzer Erzgruben[73] und war mit Abstand vor Sulzbach, das etwa die Hälfte der Amberger Fördermenge erzeugte,[74] und Langenbruck der größte oberpfälzische und gesamtbayerische Eisenproduzent. Der entscheidende Durchbruch gelang jedoch erst um die Mitte des neunzehnten Jahrhunderts.

Neben der konsequent betriebenen und letztlich auch gelungenen Überführung der wichtigsten oberpfälzischen Eisenerzgruben in landesherrliche Eigenregie liefen erfolgreiche Bemühungen zur *Verstaatlichung* von *Eisenhütten und Hammerwerken* einher. Das Kernstück der Oberpfälzer Montanindustrie bildeten neben den kurfürstlichen Erzgruben um Amberg die zwei großen kurfürstlichen Hammer- und Schmelzwerke *Bodenwöhr* und *Fichtelberg*.[75] Während die übrigen um das Jahr 1790 bestehenden etwa 38 privaten Hämmer im Jahresdurchschnitt jeweils ungefähr 600 Zentner Schmiedeeisen herstellten, betrug die Durchschnittserzeugung allein der beiden landesherrlichen Werke zusammen etwa 5000 Zentner.[76] In Bodenwöhr wurde 1693, dem Jahr, in dem Emanuel mit Konsequenz in das Oberpfälzer Montangebiet eingriff, der erste kurfürstliche Hochofen der Oberpfalz errichtet.[77] Das angeschlossene kurfürstliche Hammerwerk lieferte Schmiedeeisen für Reifen, Scharren, Hufen, Pflüge, Sägen, Gitter, Nägel, Ringe etc. und Gußeisenwaren, wie Platten, Rundöfen, Kessel, Häfen, Mörser, Tiegel, Gewichte, Hammer, Ambosse, ferner Stück- und Kartätschen-Kugeln und Bomben. Bodenwöhr zählte damals zu den besten Gießereien Bayerns. Der jährliche Umsatz des landesherrlichen Betriebes Bodenwöhr lag um 1790 bei etwa

[72] Flurl 544f.; Firsching 45f.; Abdruck verschiedener Urkunden zu diesem Themenkreis bei Lori 584ff.; Knauer 42 (sämtl. s. o. § 21).

[73] Vgl. Firsching (§ 21) 48; Hohn (s. ebd.) IV 15.

[74] Ebd. IV 18.

[75] Vgl. Firsching (§ 21) 51; Firsching nennt für die erste Hälfte des 19. Jahrhunderts dann Amberg, Bodenwöhr und Weiherhammer.

[76] Vgl. Flurl (§ 21) 345.

[77] Firsching 50; vgl. auch Schremmer 326ff., 335.

24000 bis 30000 Gulden. Die Hammerarbeit ernährte in jener Zeit unmittelbar etwa 260 Arbeiter.

Das andere große Gruben-, Hütten- und Hammerkombinat war im südlichen Fichtelgebirge um *Fichtelberg* (Gottesgab, Ober- und Unterlind, St. Veit, Mähring). Vom Fichtelberg kam das beste Oberpfälzer Eisen. Das Roheisen wurde fast ausschließlich zur Fertigung von Draht-, Stab-, Säge- und Nageleisen sowie für Bleche an die Hämmer abgegeben. Vermutlich wurden von den Fichtelberger Schmelzen auch die vier Drahtmühlen in Warmensteinach in Oberfranken beliefert, die wegen ihrer feinen Drahtsorten (insgesamt 20 verschiedene Stärken) berühmt waren und Draht über Regensburg nach West- und Ostindien exportierten.[78]

Die übrigen kleinen, von Privatpersonen betriebenen Erzfelder mit angeschlossenen Schmelz- und Hammerwerken lagen überwiegend im südlichen Fichtelgebirge (Kemnath, Erbendorf, Auerbach, Eschenbach), im Oberpfälzer Wald (Landgrafschaft Leuchtenberg) und in der Niederung zwischen dem Bayerischen und dem Oberpfälzer Wald (Landgericht Neunburg).[79] Die meisten der kleinen Betriebe verschwanden während des neunzehnten Jahrhunderts im Verlauf eines jahrzehntelangen Konzentrationsprozesses. Nur den wenigsten gelang eine Produktionsumstellung und damit die Erhaltung ihrer Selbständigkeit.

Betrachtet man *zusammenfassend* den Stand der oberpfälzischen Eisengewinnung und Eisenherstellung um die Jahrhundertwende (1802), so zeigt sich, daß nach einer jahrhundertelangen Stagnation der Eisenerzabbau wieder eine Menge von etwa 240000 bis 280000 Zentner erreichte; 51 Oberpfälzer Eisenhämmer stellten rund 45000 Zentner verschiedener Sorten von Eisen her. 1801 wurden bei einer Gesamtbevölkerung von 180000 Personen etwa 150 Bergleute gezählt, 480 Hammerschmiedemeister, 400 Kohlebrenner, 300 Holzhacker, 150 Kohle- und 200 Erzfuhrleute.[80]

## § 22. GEWERBE UND MANUFAKTUR

Lit.: s. bei § 21 a) und b)

Obwohl die Oberpfalz am Ende des achtzehnten Jahrhunderts der wichtigste Eisenproduzent Bayerns war, ist sie kein typisches Eisenland mehr wie vor dem Dreißigjährigen Krieg. Das vormals reiche Bergwerksland wandelte sich zu einem erheblich ärmeren Ackerbau- und Viehzuchtland. Im Vergleich dazu verlief die Entwicklung in Ober- und Niederbayern in ihren Grundzügen umgekehrt: zunehmende Ergänzung des Agrarsektors durch einen wachsenden Gewerbe- und Urproduktionssektor.

[78] Flurl (§ 21) 474f.

[79] Hierzu nähere Angaben ebd.; Schmidtill (§ 21a); Riess, Hammerwerke, u. Ders., Eisenhämmer (§ 21a).

[80] Firsching (§ 21) 49; Flurl (§ 21) 345. Über das Fuhrgewerbe gibt es noch wenig Untersuchungen. Einige Angaben über bäuerliche Fuhrleute in Bayern bei Schremmer, Transportgewerbe (§ 21) 577f.

Tab. 4: *Gewerbe in der Oberpfalz und der Landgrafschaft Leuchtenberg um 1770.*[1]
*Fläche, Siedlungsformen, Bevölkerung, Gewerbe*

| | | | |
|---|---|---|---|
| 1. Fläche (in QM) | 182[2] | Bettler | 2234 |
| 2. Städte | 17 | Schulmeister | 178 |
| Marktorte | 40 | – Kinder unter 15 Jahren | 57455 |
| Dörfer | 1619 | 4. Meister | 8188 |
| Einöden | 606 | Gesellen | 1534 |
| Hofmarken | 205 | Lehrlinge und Nebenarbeiter | 512 |
| Klöster | 18 | Gewerbegerechtigkeiten | 4576 |
| Pfarren | 177 | schlafende Gerechtigkeiten | 200 |
| Häuser | 34276[3] | Gerechtigkeiten mit Schutz | 185 |
| Herdstätten | 45419[3] | Manufakturen bis 1800 | 20[4] |
| 3. Bevölkerung | 171784 | 1801 – 1833 | 19[4] |
| Ehalten | 21827 | Manufakturähnliche | |
| davon -männlich | 9466 | Betriebe bis 1800 | 12[4] |
| -weiblich | 12361 | 1801 – 1833 | 14 |
| Tagwerker | 6351 | | |

Soweit es die zeitgenössischen Statistiken zulassen,[5] war die Handwerkerdichte in der Oberpfalz mit etwa 5,7 Meistern und Gesellen je 100 Einwohner (um 1770) geringer als in Ober- und Niederbayern mit etwa 7,2 (um 1792). Wie auch in anderen deutschen Territorien waren die Handwerksbetriebe sehr klein. Auffallend ist der ungewöhnlich geringe Bestand an gewerblich-handwerklichem Nachwuchs von nur 0,06 auszubildenden Lehrlingen je Meister(betrieb) (1770). Das deutet auf einen stagnierenden, armen Handwerkerstand hin. Hier wird verständlich, wenn Eltern ihren lernunwilligen Kindern drohten: Wenn du nicht lernen willst, mußt du Handwerker werden,[6] und wenn die Regierung in Amberg 1763 nach München schrieb, im Vergleich zur Oberpfalz fließe Kurbayern von «Milch und Honig» über.[7] Die zeitgenössischen Angaben müssen auch in Verbindung gesehen werden mit einem vermutlich sehr zahlreichen klein(st)bäuerlichen Neben- und Zuerwerb, vor allem auf den vielen Söldenstellen.[8]

[1] Nach L. v. Westenrieder, Jahrbuch, Bd. 1, Teil 2, 1783, 34–38.

[2] Für das Jahr 1801; nach J. v. Hazzi, Statist. Aufschlüsse, I, S. 379 in Verbindung mit der Korrektur in Bd. II, S. V. 1 QM = 55 qkm.

[3] Destouches (§ 21b) 1, Tab. S. 69. Die Zahlen betreffen nur die Oberpfalz i. J. 1802.

[4] Nach Slawinger (§ 21b) 305–329; hinzu kommen viele Papiermühlen, Spiegelschleifen, Polierwerke und Bergbaubetriebe. Über Abgrenzungsfragen s. Ders., XVII, 305.

[5] S. Tab. 4, 5 und die dort angegebene Literatur.

[6] R. Zirngibl, Gesch. d. bayer. Handels, 1817, 474.

[7] H. Platzer, Gesch. d. ländl. Arbeitsverhältnisse in Bayern, 1904, 165f., 168, 175.

[8] Einige überwiegend aggregierte Angaben bei Schremmer 373f.; Ders., Das 18. Jh., das Kontinuitätsproblem u. d. Gesch. d. Industrialisierung: Erfahrungen f. Entwicklungsländer? (Zschr. f. Agrargesch. u. Agrarsoziologie, Jg. 29) 1981, 58–78, insbes. Anlage 1, 72ff.

Hinsichtlich der einzelnen Handwerkerberufe fällt auf, daß das handwerklich betriebene *Textilgewerbe* in der Oberpfalz dichter besetzt war als in Altbayern: Die Oberpfalz besaß um 1770 mehr Leineweber, Tuchmacher und Strumpfwirker pro Kopf der Bevölkerung als die vier Rentämter Ober- und Niederbayerns. Es hat sogar den Anschein, als ob Hand in Hand mit dem Versiegen der alten Erwerbsquellen das Textilgewerbe (Leinwand, etwa Tuch) in steigendem Maße an Bedeutung gewann.[9] Nach einem Bericht des pfalz-bayerischen Regierungsblattes von 1800 waren die Leineweber der Oberpfalz praktisch eine im ganzen Lande zerstreute Manufaktur. 1789 wurden 2480 Leineweber gezählt, die an 3912 Webstühlen arbeiteten. Die meisten Leineweber saßen auf kleinen bäuerlichen Stellen.[10] Die großen Leinenproduktionsgebiete lagen in der nördlichen Oberpfalz um Weiden, in den Ämtern Neunburg vor dem Wald, Waldmünchen und Rötz. Weiden und Rötz waren auch wichtige Flachs- und Garnmärkte. Viel ungebleichte Leinwand ging über Verleger nach Nürnberg, Altbayern und nach Sachsen.

Daß die Handwerker der täglichen Notdurft wie die Müller, Hufschmiede, Schneider, Schuster und Metzger ähnlich häufig vorkamen (um 1770), war zu vermuten. Ein Hinweis für ein etwas langsameres Tempo der wirtschaftlichen Entwicklung und der Bautätigkeit als in Altbayern ist die kleinere relative Anzahl von Zimmerleuten und Maurern. Nicht davon betroffen war der rege Ausbau der *Landstraßen* in den 1760er und 1770er Jahren, der zu einer erheblichen Erhöhung der Landstraßen-Dichte in der Oberpfalz und im Nordgau führte; der Landesherr forcierte die Erhebung von Vicinalstraßen zu Commerzialstraßen und die Chaussierung der Handelsstraßen.[11]

Im Rahmen dieser Wandlungen sind zahlreiche *Umstellungsprozesse* deutlich zu erkennen: Aus leerstehenden vormaligen Eisenhämmern wurden keine oder nur wenig Holzenergie benötigende wassergetriebene *Glas-* und *Spiegelschleifen,* Glaspolierwerkstätten sowie Sägewerke und Papiermühlen.[12] Die Produktionsstätten blieben zwar bestehen, aber der Energiespender änderte sich: die Holzkohle wurde durch Wasserkraft ersetzt. Trieb das Wasserrad vorher die Blasebälge der Schmiede, trieb es jetzt Schleifsteine und Stampfwerke. Die Technik des Spiegelschleifens fand im frühen achtzehnten Jahrhundert von Nürnberg aus Eingang in die Oberpfalz. Um 1755 gab es in der Oberpfalz 8, 1809/10 bereits 49 solcher Schleif- und Polierwerke. *Hauptproduktionszentren* waren in dieser späten Zeit die Landgerichte Neustadt a. d. Waldnaab und Treswitz (heute Vohen-

[9] Die Münchner Wollzeugmanufaktur bezog, zumindest seit 1769, rohe Zeugwaren fast ausschließlich aus der Oberpfalz; s. hierzu Slawinger (§ 21 b) 113.

[10] Schremmer 340, 390f., einige Angaben auch bei Kuhnle (§ 21) 9f., 23.

[11] Mayer (§ 21) 66; das Netz der Commerzial- und Vicinalstraßen (Landstraßen, gemeine Wege) ist zu erkennen auf der Geographischen Maut-Karte der Oberpfalz von 1769 und der Mautkarte von Bayern 1764, renoviert 1768, beigeheftet der gedruckten Churbayerischen Mauth- und Accis-Ordnung von 1765.

[12] Über einige Glashütten des 15. und 16. Jhs. s. Schremmer (Anm. 13) 18.

Tab. 5: *Gewerbebestand und Gewerbevielfalt in der Oberpfalz*[13] *und der Landgrafschaft Leuchtenberg um 1770*

| Lfd. Nr. | Handwerkszweig | selbständige Gewerbetreibende | Lfd. Nr. | Handwerkszweig | selbständige Gewerbetreibende |
|---|---|---|---|---|---|
| 1 | Leineweber | 1741 | 19 | Färber | 80 |
| 2 | Schneider | 1153 | 20 | Weißgerber | 67 |
| 3 | Schuhmacher | 919 | 21 | Schlosser | 57 |
| 4 | Müller | 772 | 22 | Strumpfwirker | 45 |
| 5 | Metzger | 574 | 23 | Drechsler | 36 |
| 6 | Hufschmiede | 561 | 24 | Sattler | 30 |
| 7 | Bäcker | 493 | 25 | Messer- und Nagelschmiede | 30 |
| 8 | Maurer | 383 | | | |
| 9 | Zimmerleute | 346 | 26 | Maler | 29 |
| 10 | Handelsleute | 239 | 27 | Seiler | 27 |
| 11 | Wagner | 175 | 28 | Hutmacher | 24 |
| 12 | Schreiner | 164 | 29 | Hammerschmiede | 23 |
| 13 | Bader | 163 | 30 | Lebzelter | 12 |
| 14 | Tuchmacher | 147 | 31 | Buchbinder | 12 |
| 15 | Lederer und Rotgerber | 126 | 32 | Goldschmiede | 9 |
| | | | 33 | Apotheker | 8 |
| 16 | Hafner | 103 | 34 | Uhrmacher | 6 |
| 17 | Glaser | 84 | 35 | Seifensieder | 4 |
| 18 | Bierbrauer | 81 | 36 | Borstenmacher | 3 |

strauß). Das Glas kam teils aus Glashütten des Bayerischen Waldes und des Böhmerwaldes, teils aus der Oberpfalz (Frankenreuth, Silberhütte).[14] Offen bleibt die Frage, wie sich die Eigentümerstruktur verändert hat. Bestanden zur Zeit der Hammerwerke viele kleine Eigentümer (ein Hammer gleich ein Eigentümer), scheint sich im Laufe des achtzehnten Jahrhunderts bei den Spiegel- und Glasschleifen eine Eigentumskonzentration herausgebildet zu haben. Nürnberger Spiegelfabrikanten verlegten Oberpfälzer Schleifwerke, kaum mehr Hütten- und Hammerbetriebe.[15]

[13] Nach L. v. WESTENRIEDER, Jahrbuch, Bd. 1, 2. Teil, 1783, 34–37; Vergleich der Gewerbedichten in Ober- und Niederbayern und der Oberpfalz und Verteilung der Standorte auf Stadt, Marktorte und flaches Land bei SCHREMMER 391, 433ff.; ohne Manufakturen (Abgrenzungsschwierigkeiten); Handelsleute und Apotheker hinzugenommen. Vergleiche mit Preußen, Baden und Baden-Durlach s. Ders., Zünftige u. nicht-zünftige Gewerbetreibende in d. Markgrafschaft Baden-Durlach (Wirtschafts- u. sozialgeschtl. Probleme, Karl Erich Born z. Vollendung d. 65. Lebensjahres zugeeignet, hg. v. H. Henning u. a.) 1987, 48–84; Ders., Zu wenig städtisches u. zu viel ländl. Gewerbe in Baden um 1790? (Historia socialis et oeconomica, Festschr. f. Wolfgang Zorn z. 65. Geburtstag, hg. v. Hermann Kellenbenz u. Hans Pohl) 1987, 316–337.

[14] Vgl. SLAWINGER (21b) 230 Anm. 18, 20; 234 Anm. 44; 246f.

[15] Über die Glasschleifen s. auch VOPELIUS (§ 21a) 64; REUTER (§ 21b) 50; SLAWINGER (ebd.) 245f.; SCHREMMER 341f.

Die bis um 1800 benannten etwa 20 *Manufakturen* zeigen die wichtigsten typischen Produktionszweige, in denen es merkantilistische, d. h. landesherrlich-privilegierte Manufakturen gegeben hat. Die in der Oberpfälzer Montantradition stehende Erzeugnisgruppe Draht, Eisenblechwaren und Nadeln war der zahlenmäßig bedeutendste Produktionszweig.

Tab. 6: *Manufakturtabelle für die Oberpfalz und die Landgrafschaft Leuchtenberg 1740 bis 1833. Produktionszweige und erste Erwähnung*[16]

| Produktionszweig | Manufakturen mit und ohne Verlag Erstnennung | | manufakturähnliche Betriebe mit und ohne Verlag[17] Erstnennung | |
|---|---|---|---|---|
| | bis 1800 | von 1801 bis 1833 | bis 1800 | von 1801 bis 1833 |
| Textilien; Spinnen, Weben, Färben, Drucken | 3 | 2 | 5 | 3 |
| Leder, Juchten | – | 3 | 1 | – |
| Keramik; Porzellan, Fayencen, Steinzeug | 3 | 5 | 1 | 8 |
| | | | dazu viele Spiegelschleifen und Polierwerke | |
| Draht- und Eisenblechwaren, Nadeln | 9 | 3 | 3 | 1 |
| Waffen | | | | |
| – Flinten | – | 1 | – | – |
| – Flintensteine | 1 | – | – | – |
| Holzverarbeitung; Dosen, Wagen | 2 | – | – | – |
| Papierherstellung | – | – | viele Papiermühlen | |
| landwirtschaftliche Nebenprodukte; Wachs | 1 | – | – | – |
| Chemische Erzeugnisse; Farben, Vitriol | – | 1 | 2 | 1 |
| Nahrungs- und Genußmittel; Tabak, Zucker, Likör | 1 | 4 | – | 1 |
| Summe | 20 | 19 | 12 | 14 |

[16] Zusammengestellt nach den Manufakturtabellen bei SLAWINGER (§ 21 b) 305–329; dort ist jede einzelne Manufaktur und jeder manufakturähnliche Betrieb benannt, z. T. mit kurzer Charakteristik über genauen Produktionszweig, Standort, Unternehmer bzw. Eigentü-

Bei den eisenverarbeitenden Betrieben zeigte sich eine Tendenz zur wachsenden *Spezialisierung* und, damit verbunden, zu hoher Konkurrenz- und Exportfähigkeit der Unternehmungen. Möglicherweise profitierten die bedeutenden dezentralisierten *leonischen Schmuckdrahtmanufakturen* in Freystadt, Allersberg, Burglengenfeld, Roth und Schwabach von den Erfahrungen der Oberpfälzer Drahtzieher. Die Kunst, leonische Drähte für Tressen, Borten und Metallfadenwirkarbeiten aller Art kam Ende des sechzehnten Jahrhunderts über Nürnberg nach *Freystadt* in der Oberpfalz.[18] Hier entstand der erste (?) leonische Drahtzug in Deutschland.[19] Das Schmuckdrahtgewerbe nahm mit der Mode einen überaus raschen Aufschwung. Zu Beginn des achtzehnten Jahrhunderts gab es in Freystadt 14 «Fabrikanten» mit insgesamt etwa 80 bis 90 Arbeitskräften.[20] Der Produktionswert soll bei 300000 fl. gelegen haben. Der Absatz ging vorwiegend über Nürnberger Handelshäuser. Seit etwa dem zweiten Drittel des achtzehnten Jahrhunderts verlagerte sich das Schwergewicht der Erzeugung leonischer Drähte in das benachbarte, neuburgische *Allersberg* (erste Gründung 1689),[21] ohne daß der bayerische Kurfürst dies hätte verhindern können. «Fast ganz Allersberg lebte (im zweiten Drittel des achtzehnten Jahrhunderts) von der leonischen Drahtmanufaktur».[22] Die Allersberger Produkte kannte man in ganz Deutschland; sie gingen, vermutlich mit starker Hilfe der Nürnberger, nach England, Spanien, Portugal, Konstantinopel, Moskau und Petersburg.[23] Im letzten Viertel des achtzehnten Jahrhunderts fand dann abermals eine Standortverlagerung in dieser Branche statt; Allersberger Facharbeiter wanderten in das nur wenige Meilen entfernte ansbachische *Roth* ab; um etwa 1800 hatten die vier Ansbacher Drahtwerke in Roth und *Schwabach* (erste Gründung 1692) die Konkurrenten in Allersberg und Freystadt überrundet, 1817 arbeiteten für die führende Manufaktur in Roth u. a. 13 Drahtzieher in Allersberg und 7 Drahtzieher in Freystadt.[24] Eine weitere Spezialisierung auf dem eisenverarbeitenden Sektor machte sich bei der *Waffenproduktion* bemerkbar. Vom Fichtelgebirge bis nach Kemnath zog sich eine Reihe von kleinen Waffenfabriken hin. Am Fichtelberg wurden Flinten- und Pistolenläufe gezogen, in Fortschau die Läufe gebohrt[25] und in Kemnath erfolgte bei den dortigen Büchsenmachern und Schäftlern die Endmontage. In Bodenwöhr wurde Munition gemacht. Typisch ist, daß die Spezialisierung zu Betrieben hin erfolgte, die vorwiegend, zum Teil sogar ausschließlich, auf staatliche

mer, Arbeiter, Produktion, Absatz und die Quellen hierfür. – Einen knappen, doch ergänzenden Überblick über «Naturprodukte», «Kunstprodukte, Fabriken, Manufakturen» bei HOHN (§ 21) Teil IV. Oberpfalz und Regensburg, 6ff., ergänzt durch Angaben in den Beschreibungen der Städte und Orte.

[17] Diese Betriebe wurden aus unterschiedlichen Gründen nicht zu den Manufakturen gezählt, vor allem weil nähere Angaben nicht vorhanden sind.

[18] SLAWINGER (§ 21 b) 262ff.

[19] S. aber BECKH (§ 21 b) 19ff., 28ff.; 1569 sind in Nürnberg Messing- und Kupferdrahtzieher erwähnt.

[20] DESTOUCHES (§ 21 b) 233f.; SLAWINGER (§ 21 b) 263 Anm. 43.

[21] S. hierüber TAUSENDPFUND (§ 21 b) 25ff.

[22] SLAWINGER (§ 21 b) 265.

[23] Ebd.

[24] REUTER (§ 21 b) 55f.

[25] Die kurfürstliche Gewehrfabrik Forstschau wurde im Jahre 1690 errichtet, vgl. FLURL (§ 21) 464.

Aufträge angewiesen waren. Alles in allem ergibt sich zwar eine zunehmende Spezialisierung, aber die vormalige Breitenwirkung des oberpfälzischen Montangewerbes ging verloren. Die Anzahl der von der Berg- und Eisenindustrie ganz oder teilweise lebenden Personen (Bergleute, Schmiede, Holzfäller, Fuhrmänner) sank.[26] Erst in der zweiten Hälfte des neunzehnten Jahrhunderts und in der ersten Hälfte des zwanzigsten Jahrhunderts erlebte der Oberpfälzer Bergwerks- und Hüttenbetrieb eine Nachblüte.[27]

[26] Ress, Eisenindustrie (§ 21 a) 152; Seydel (§ 21 a) 341; Firsching (§ 21) 49.

[27] Das Bayr. Oberbergamt (§ 21) 26.

III

# GEISTIGES LEBEN

## § 23. WISSENSCHAFT

A. M. Kobolt, Baier. Gelehrten-Lexikon, 1795; P. Lindner, Die Schriftsteller u. die um Wissenschaft u. Kunst verdienten Mitglieder d. Benediktiner-Ordens im heutigen Königreich Bayern vom Jahre 1750 bis z. Gegenwart, 1880/84; HB II² 805–918, 1135–1197.

M. Buchberger (Hg.), Zwölfhundert Jahre Bistum Regensburg, 1939; K. Winkler, Literaturgesch. d. oberpfälzisch-egerländ. Stammes, 1940; J. Schmitt, Oberpfälzer Kulturtafel, 1960; K. Bosl, Kulturströme u. Kulturleistung d. bayer. Oberpfalz (125 Jahre Regierungsbezirk Oberpfalz) 1963, 29–50; L. Pongratz, Naturforscher im Regensburger u. ostbayer. Raum (Acta Albertina 25) 1963; A. Schütz, Wissenschaftliches Leben in Regensburg u. in d. Oberpfalz während d. Barockzeit v. 1650–1750 (MS UB Regensburg) 1966; G. Hartl, Wissenschaftl. Leben in Regensburg u. in d. Oberpfalz während d. Barockzeit v. 1650–1750 (MS UB Regensburg) 1966; S. Färber (Hg.), Berühmte Oberpfälzer, 1978; Ders., Bedeutende Oberpfälzer, 1981; H. Arnold, Die Oberpfalz im Spannungsfeld europ. Kultur (Die Oberpfalz 76) 1988, 289–300; W. Volkert, Historisch-polit. Grundlagen u. Voraussetzungen d. kulturellen Entwicklung in d. Oberpfalz (Volksmusik. Forschung u. Pflege in Bayern 4) 1987, 9–15; Hausberger; E. Emmerig, Kulturlandschaft Oberpfalz, 1989; Ders., Oberpfälzer Persönlichkeiten v. europ. Rang (Oberpfälzer Heimat 36) 1992, 15–46.

Die Oberpfalz hat «in jedem Fach der Gelehrsamkeit Wunderbares geleistet».[1] Sie ist «die Mutter größter Geister».[2] In diesen Feststellungen faßten Andreas Felix Oefele und Johann Georg von Feßmaier ihr Urteil über die Leistungen oberpfälzischer Persönlichkeiten auf dem Gebiet der Wissenschaften zusammen. Dennoch haben diese bis heute keinen Bearbeiter gefunden, sie sind erst an wenigen Einzelpunkten durch Spezialstudien erhellt.

Das wissenschaftliche Leben in den verschiedenen Territorien des oberpfälzischen Raumes wurde im wesentlichen von vier Trägern bestimmt: den Klöstern, dem katholischen, vor allem aber dem evangelischen Pfarrklerus, dem Bürgertum in den Städten, den Residenzen. Dabei ist im Vergleich zu Altbayern der Rangunterschied sowohl der Klöster als auch der Städte wie der Residenzen zu beachten. Er spiegelt sich im kulturellen Leben ebenso wider wie die eigene herrschaftliche Entwicklung des Raumes im späten Mittelalter und während der frühen Neuzeit.

Von den zahlreichen oberpfälzischen Klöstern traten als Brennpunkte des wissenschaftlich-literarischen Lebens vornehmlich drei Häuser in den Vordergrund. Im späten 14. und während des 15. Jahrhunderts wurde die Benediktinerabtei

[1] A. F. Oefele, Rerum Boicarum Scriptores I, Augsburg 1763, 400.

[2] J. G. v. Fessmaier, Versuch einer pragmat. Staatsgesch. d. Oberpfalz I, 1799, V.

Kastl Ausgangspunkt einer der drei großen Reformbewegungen, mit denen sich der Benediktinerorden reformierte.[3] Ein Vorläufer war Abt Hermann (1322–1356), der die literarische Kultur in seinem Haus erneuerte und selber in einer Reimchronik die Geschichte der Stifterfamilie verherrlichte. Der entscheidende Wegbereiter wurde Abt Otto Nortweiner (1377–1399), Verfasser der «Consuetudines Castellenses». Ihren Höhepunkt erreichte die Pflege der Studien unter Prior Johannes von Kastl († nach 1426), einem der «bedeutendsten mystischen Schriftsteller des Mittelalters» (M. Grabmann), der im Sinne der Devotio moderna über ein ausgeweitetes Studium zur vertieften Gotteserkenntnis vorzudringen suchte. Er gilt als Verfasser der Schrift «De adhaerendo Deo», eines sehr einflußreichen Philosophie-Lehrbuches des ausgehenden Mittelalters.[4] Die Kastler Reform, deren Grundziel die Erneuerung früherer benediktinischer Gelehrsamkeit war, strahlte bis zum Ende des 15. Jahrhunderts auf rund dreißig, vor allem nordbayerische Benediktinerklöster aus.

Der erste Konvent, der auf diesem Wege reformiert wurde, war 1394 die Benediktinerabtei Reichenbach. Vermittler war Peter von Kastl, der Übersetzer der Consolatio Philosophiae des Boethius, der als Propst nach Reichenbach berufen wurde. Unter dem Eindruck der von ihm mitgebrachten Anregungen wurde dieses Kloster im 15. Jahrhundert eine wichtige Pflegestätte der Naturwissenschaften, vor allem der Astronomie.[5] Der erste namentlich bekannte Gelehrte aus diesem Hause war Johannes von Meißen. Ihren Höhepunkt erreichte die Reichenbacher Schule zur Zeit der Äbte Engelhard von Murach (1431–1436) und Johannes II. von Falkenstein (1436–1461). In diesen Jahren wirkte zumindest vorübergehend im Kloster Nikolaus de Donis, Verfasser mehrerer geographischer und astronomischer Schriften, Herausgeber der Geographie des Ptolemäus (1482), der mit hochrangigen Gelehrten seiner Zeit in Verbindung stand.[6] Auch die in lateinischer, griechischer und hebräischer Sprache abgefaßte Renaissancegrabinschrift für den Sohn Pfalzgrafs Otto I. von Mosbach zeugt von der unter frühhumanistischen Vorzeichen stehenden Kulturblüte des Klosters Reichenbach im 15. Jahrhundert.[7]

[3] B. Wöhrmüller, Beitr. z. Gesch. d. Kastler Reform (StMBO 42) 1924, 10–40; P. Weissenberger, Zur Gesch. d. Benediktinerklosters Kastl/Oberpfalz im 14.–15. Jh. (ZBKG 19) 1950, 101–106; HB II 680f.

[4] M. Grabmann, Der Benediktinermystiker Johannes v. Kastl, der Verfasser d. Büchleins «De adhaerendo Deo» (Ders., Mittelalterl. Geistesleben I) 1926, 489–524; J. Sudbrack, Die geistl. Theologie d. Johannes v. Kastl. Studien z. Frömmigkeitsgesch. d. Spätmittelalters, 1966/67.

[5] H. Batzl, Kloster Reichenbach am Regen. Gründung, Wirtschafts- u. Geistesgesch. eines oberpfälz. Benediktinerklosters, Diss. Masch. Würzburg 1958, 367, 374–377, 590–595; Bauerrreiss V 132f.; 875 Jahre Kloster Reichenbach am Regen 1118–1993, 1993.

[6] R. Bauerreiss, War der Kosmograph Nikolaus de «Donis» Benediktiner? (StMBO 55) 1937, 259–273.

[7] KDB Roding 123f.; vgl. auch B. Bischoff, Ein Reichenbacher Codex d. XV. Jhs. in imitierter roman. Minuskel (Ders., Mittelalterl. Stud. 1) 1966, 63–67; J. Klose, Wissenschaft u. Schule im Kloster Reichenbach im MA u. in d. beginnenden Neuzeit (Regental-Gymn. Nittenau. Festschr. z. Schuljubiläum 1989) 1989, 98–120.

Infolge der Unterbrechung der monastischen Entwicklung im Gefolge der Reformation entwickelte erst im 18. Jahrhundert wieder ein oberpfälzisches Kloster überörtliche wissenschaftliche Bedeutung: Ensdorf. Nachdem es vorher allein durch den Haushistoriographen Jakob Parfueß hervorgetreten war, ist diese späte Blüte vornehmlich mit dem Namen eines Mannes verbunden: P. Anselm Desing (1699–1772), der das Kloster zu einer wichtigen Pflegestätte des Frühmaurinismus machte.[8] Er versuchte sich auf vielen Wissensgebieten: Theologie, Rechtswissenschaft, Historie, Geographie, Sprachwissenschaft, Mathematik, Physik, Astronomie. Für mehrere dieser Disziplinen hat er Lehrbücher verfaßt, die große Verbreitung erlangten. Er baute Globen und war in die Planung der Sternwarte zu Kremsmünster einbezogen. Desing war der letzte Enzyklopädist unter den Klostergelehrten Süddeutschlands, er gehört zu den wissenschaftlich führenden Benediktinern seiner Zeit und wurde einer der wirkungsvollsten Wegbereiter der katholisch-oberdeutschen Aufklärung. Desings Wirken fällt zum Großteil in die Zeit P. Anselm Meillers (1716–1761), der das wichtigste Werk zur Geschichte seines Hauses verfaßte.[9] Die von diesen beiden Persönlichkeiten begründeten Anregungen wirkten vor allem bei P. Joseph Moritz (1769–1834) weiter, der der führende Methodiker unter den bayerischen Historikern des frühen 19. Jahrhunderts werden sollte.[10] 1808 wählte ihn die Bayerische Akademie der Wissenschaften zum ordentlichen Mitglied.

Neben den Publikationen der Gelehrten ist die Bildungsarbeit der Klöster Gradmesser ihrer wissenschaftlichen Bemühungen. In den Klosterschulen hat sich eine lange Reihe von Persönlichkeiten die gründliche Ausbildung geholt, die sie befähigte, ihren Weg auch als Wissenschaftler zu machen. Das gilt etwa für den Historiographen Veit Arnpeck oder den späteren Ingolstädter Professor, einen der führenden bayerischen Historiker des späten 18. Jahrhunderts, Johann Nepomuk Mederer.[11] Schließlich eröffnen die Büchersammlungen Einblick in den geistigen Stand der Konvente. Nachdem im Reformationsjahrhundert die mittelalterlichen Bestände vernichtet oder zerstreut wurden,[12] haben sich die oberpfälzischen Konvente nach ihrer Wiederbegründung neue Bibliotheken aufgebaut; zum Zeitpunkt der Säkularisation hatte jedes Kloster seine, im einzelnen

[8] I. Stegmann, Anselm Desing, Abt v. Ensdorf 1699–1772, 1929; L. Hammermayer, Zum «deutschen Maurinismus» d. frühen 18. Jhs. Briefe d. Benediktiner P. Bernhard Pez (Melk) u. P. Anselm Desing (Ensdorf) aus d. Jahren 1709 bis 1725 (ZBLG 40) 1977, 391–444; HB II 886 (Lit.), 899.

[9] Mundi Miraculum seu S. Otto Episcopus Bambergensis et monasterii Ensdorfensis praecipuus dotator, cuius eiusdem monasterii abbatum series et actus, Amberg 1703.

[10] M. D. Kagermeier, Joseph Moritz 1769–1834, 1934; Kraus, Hist. Forschung 159–162; HB II 1170.

[11] HB II 1169 (Lit.).

[12] F. Lippert, Bücherverbrennung u. Bücherverbreitung in d. Oberpfalz-Kurpfalz im Jahre 1628 (Beitrr. BK 6) 1900, 173–191; K. Schottenloher, Reichenbacher Handschriften in d. Flaciusbibliothek (Zentralbl. f. Bibliothekswesen 34) 1917, 71–82; Ders., Reichenbacher Handschriften d. Münchener Staatsbibliothek (ebd. 48) 1931, 245–247; Mittelalterl. Bibliothekskat. Deutschlands u. d. Schweiz IV/1: Bistümer Passau u. Regensburg, bearb. v. Ch. E. Ineichen-Eder, 1977.

freilich mit unterschiedlichem Einsatz ausgebaute Büchersammlung.[13] Dazu kamen bei den größeren Häusern wie Waldsassen noch naturwissenschaftliche Kabinette. Der letzte Bibliothekar des kleinen Klosters Weißenohe, P. Martin Schrettinger, wurde einer der Begründer der neuzeitlichen Bibliothekswissenschaft.[14] Die bedeutendsten Sammlungen bauten sich das Jesuitenkolleg zu Amberg, das Prämonstratenserkloster Speinshart[15] und die Zisterzienserabtei Waldsassen auf, die um 1800 mit rund 19000 Bänden aus allen zeitgemäßen Disziplinen durchaus zu den großen Klosterbibliotheken zu rechnen ist. Ihr geistiger Rang war dem stilvollen Aufbewahrungsort voll angemessen. Gerade der Bibliothekssaal zu Waldsassen vermag noch heute Einblick in die Wissenschaftspflege auch oberpfälzischer Klöster während der frühen Neuzeit zu gewähren.[16]

Gegenüber dem Ordensklerus verblieb die Weltgeistlichkeit im Hintergrund; sie ging in ihren Alltagsverpflichtungen mehr auf als ersterer. Dennoch fehlt es – vor allem in vorreformatorischer Zeit – durchaus nicht an Einzelpersönlichkeiten auch aus diesem Umkreis, die sich im Bereich der Wissenschaft einen Namen machten. Matthias von Kemnath wurde Hofkaplan und Hofhistoriograph Kurfürst Friedrichs I. von der Pfalz; der Mitbegründer des Heidelberger Frühhumanismus lehrte Poetik an der dortigen Hohen Schule, die gerade im ausgehenden Mittelalter große Anziehungskraft auf Studiosen auch aus der Oberen Pfalz ausübte.[17] Weitere namhafte Weltgeistliche aus der Oberpfalz sind der ebenfalls aus Kemnath stammende Theologe und Prediger Paul Wann,[18] Johannes Tröster aus Amberg, der Schüler des Humanistenpapstes Pius II.,[19] sowie die gebürtigen Tirschenreuther Philipp Dobereiner, dessen Rolle bei der Vermittlung der spanischen Geisteswelt nach Deutschland erst jüngst erkannt wurde,[20] der an der Universität Ingolstadt bis zum Rektorat aufgestiegene Georg Hauer[21] und Lorenz

[13] P. Ruf, Säkularisation u. Bayer. Staatsbibliothek I. Die Bibliotheken d. Mendikanten u. Theatiner, 1962; W. Lipp-H. Giess, Die Staatl. Bibliothek Amberg u. ihr Erbe aus d. oberpfälz. Klosterbibliotheken, 1992.

[14] A. Hilsenbeck, Martin Schrettinger u. d. Aufstellung in d. Kgl. Hof- u. Staatsbibliothek München (Zentralbl. f. Bibliothekswesen 31) 1914, 407–433; A. Schmid, Die Rolle d. bayer. Klosterbibliotheken im wissenschaftl. Leben d. 17. u. 18. Jhs. (Wolfenbütteler Forsch. 2) 1977, 161.

[15] Th. Wohnhaas, Zur Gesch. d. Speinsharter Stiftsbibliothek (Oberpfälzer Heimat 26) 1982, 66–71.

[16] E. Baumgartl, Stiftsbibliothek Waldsassen. Cisterciensische Geistigkeit am Beginn d. Aufklärung, 1989.

[17] B. Studt, Überlieferung u. Interesse. Späte Handschriften d. Chronik d. Matthias v. Kemnat (Historiographie am Oberrhein im späten MA u. in d. frühen Neuzeit, hg. v. K. Andermann = Oberrhein. Stud. 7) 1988, 275–308; Dies., Fürstenhof u. Geschichte. Legitimation durch Überlieferung, 1992.

[18] J. Werlin, Paul Wann, ein berühmter Passauer Prediger im 15. Jh. (OG 5) 1961, 64–70; A. Huber, Eine spätmittelalterl. Sammelhandschrift d. Passauer Domherrn Paul Wann in d. Bibliothek d. Johann Turmair-Gymnasiums (Jahresberichte d. Hist. Ver. Straubing 89) 1987, 65–81.

[19] P. Lehmann, Dr. Johannes Tröster, ein humanist. gesinnter Wohltäter bayer. Büchersammlungen (HJb. 60) 1940, 646–663.

[20] G. van Gemert, Zur Rezeption d. Werke v. Luis de Granada im deutschen Sprachraum in d. frühen Neuzeit (A. Martino, Hg., Beitrr. z. Aufnahme d. italien. u. span. Lit. in Deutschland im 16. u. 17. Jh.) 1990, 289–336; BB I 928 ff.

[21] W. Kausch, Gesch. d. Theolog. Fakultät Ingolstadt im 15. u. 16. Jh. (1472–1605), 1977, 23, 137, 139–142.

Hochwart, der Geschichtsschreiber der Bischöfe von Regensburg.[22] In Cham wirkte im späten 15. Jahrhundert lange Jahre Hans Kraft als Stadtprediger, der Fortsetzer der Bayerischen Chronik des Andreas von Regensburg.[23] Benedikt Stattler, eine der führenden Persönlichkeiten an der Universität Ingolstadt im Zeitalter der Aufklärung, wurde 1782 als Exjesuit Stadtpfarrer zu Kemnath, beantragte aber schon 1787 die Resignation, um sich wieder verstärkt seinen Studien widmen zu können.[24]

Insgesamt gesehen rühriger als der katholische Weltklerus waren auf wissenschaftlichem Gebiet im 16. Jahrhundert die Protestanten. Während der evangelischen Jahrzehnte kam ein neuer Typus von Geistlichen in die oberpfälzischen Pfarreien.[25] Überwiegend landfremd, aber nach umfassenden Studien an den führenden Hohen Schulen der Zeit hochgebildet, setzten sie ihre wissenschaftlichen Arbeiten oftmals auch auf den Pfarrstellen fort, die vereinzelt geradezu als Pfründen für Gelehrte vergeben wurden. Das ist etwa vom Humanisten Kaspar Bruschius bekannt, dem Begründer des bedeutenden bistumsgeschichtlichen Unternehmens der Germania Sacra, der im abgelegenen Pettendorf seine großen kirchenhistorischen Arbeiten abschließen sollte.[26] Wie Bruschius sind zahlreiche weitere evangelische Pastoren im Oberpfälzischen durch Publikationen hervorgetreten, z. B. die Amberger Prediger Martin Oberndorfer, Schüler des Pädagogen Johannes Mathesius,[27] und Johannes Salmuth.[28] Der Regenstaufer Pfarrer Christophorus Vogel führte um 1600 nach dem Vorbild Philipp Apians eine vielbeachtete Landesaufnahme des Fürstentums Pfalz-Neuburg durch.[29] Doch wurde dem Wirken dieses Personenkreises durch die Rekatholisierung ein Ende gesetzt. Dadurch wurden die auch wissenschaftlich tätigen Pastoren in andere Territorien abgedrängt. Auf diesem Wege machte der gebürtige Kemnather Georg Horn, der als Universalhistoriograph nach neuen Möglichkeiten in der Geschichtsschreibung suchte, seinen Weg an der Universität Leiden.[30] Gerade die wissenschaftliche und literarische Tätigkeit der evangelischen Geistlichkeit in der

[22] W. Rohmeder, Die geschichtl. Werke v. Lorenz Hochwart (VHOR 80) 1930, 149–172.

[23] Andreas v. Regensburg, Sämtl. Werke, hg. v. G. Leidinger (QE NF 1) 1901, XXXII; W. Strasser, Der bayer. Historiker Hans Kraft – 45 Jahre Prediger in Cham (Die Oberpfalz 76) 1988, 205f.

[24] A. Reger, Die Resignation d. ehem. Univ.-Rektors Benedikt Stattler, Stadtpfarrer in Kemnath (Die Oberpfalz 76) 1988, 196–200. Zu Stattler s. vor allem HB II (Reg.).

[25] H. Ammon, J. Wopper, M. Weigel, Neuburgisches Pfarrerbuch, 1967; Dies., Ambergisches Pfarrerbuch, 1967.

[26] A. Horawitz, Caspar Bruschius. Ein Beitr. z. Gesch. d. Humanismus u. d. Reformation, 1874; K. Schottenloher, Das Regensburger Buchgewerbe im 15. u. 16. Jh., 1920, 20–27; HB III/2 § 130 Anm. 6.

[27] A. Eckert, Magister Martin Oberndorffer, evang. Stadtprediger in Amberg († 1591) (VHOR 110) 1970, 221–225.

[28] M. Weigel, Der oberpfälz. Zweig d. Gelehrten-Familie Salmuth (ZBKG 19) 1950, 127–175.

[29] A. Scherl, Die pfalzneuburg. Landesaufnahme unter Philipp Ludwig (AZ NF 56) 1960, 84–105; H. Batzl, Der Kartograph Christophorus Vogel (Oberpfälzer Heimat 10) 1966, 40–46.

[30] I. v. Schmitz-Auerbach, Georg Horn, ein deutscher Geschichtsschreiber. Ein Beitr. z. Gesch. d. deutschen Historiographie d. XVII. Jhs., 1880; P. G. Herrmann, Professor Georg Horn (1620–1670) (Die Oberpfalz 42) 1954, 228–235; HB II, 887; A. Seifert, Der Rückzug d. bibl. Prophetie v. d. Neueren Gesch., 1990, 126, 129f.

Oberpfalz während der anbrechenden Neuzeit ist ein noch fast gänzlich unbearbeitetes Forschungsfeld.

Neben den Klerus tritt seit dem ausgehenden Mittelalter als Träger der literarischen Kultur immer mehr das Bürgertum der Städte. Als beherrrschendes urbanes Zentrum schiebt sich seit dem 14. Jahrhundert Amberg in den Vordergrund.[31] Hier wurde eine rege Stadthistoriographie gepflegt, die mit der Chronik des Bürgermeisters Michael Schwaiger einsetzt (1564)[32] und bis zur noch immer gültigen Chronik von Johannes Baptist Schenkel 1817 mehrere weitere Ausformungen erhielt. Humanistisches Gedankengut wurde gerade in Amberg so tief im Bürgertum verankert, daß das römische Kürzel SPQR ins Fenster eines Bürgerhauses übernommen wurde und die Ratsherren an gewissen Tagen in römischen Togen nach Vorbild der antiken Senatoren zu den Sitzungen erschienen. Amberg war in der späten pfälzischen Zeit zudem eine Buchdruckerstadt, in der eine Reihe wichtiger Veröffentlichungen herausgebracht wurde.[33] In der Beamtenschaft beschäftigte die Stadt immer wieder Persönlichkeiten von überörtlicher wissenschaftlicher Bedeutung. Der Naturforscher Georg Forster verbrachte in ihr prägende Jugendjahre und seine Frühzeit als Stadtarzt; hier begann er seine literarische und editorische Tätigkeit.[34] Die gleiche Stelle bekleideten Hartmann Schedel, berühmt durch seinen Liber chronicarum (1493), für kurze Zeit und Jahrzehnte später dann Dr. Georg Agricola, der ebenfalls mehrere medizinische Schriften zum Druck gebracht hat.[35] Am städtischen Gymnasium waren immer wieder Professoren tätig, die mit gelehrten Arbeiten hervortraten.[36] Hier erhielten mehrere Persönlichkeiten ihre schulische Grundausbildung, die sich dann andernorts einen Namen machten, z. B. Sebastian Fröschel, der eine einflußreiche Rolle im Umkreis Luthers spielte,[37] Friedrich der Ältere Spanheim, der in

[31] Das evang. Amberg im 16. Jh. Ausstellungskat., 1983.

[32] E. Roth, Michael Schwaiger, Stadtchronist etc. in Amberg. Historisch-biograph. Studie (VHOR 44) 1890, 89–108; H. Wanderwitz, Marginalien z. Lebensgesch. d. ersten Amberger Chronisten Michael Schwaiger (ca. 1510–1568) (VHOR 122) 1982, 281–289.

[33] M. Weigel, Buchdrucker u. Druckschriften in Amberg bis z. Beginn d. Dreißigjähr. Krieges (VHOR 92) 1951, 175–185; J. Benzing, Die Buchdrucker d. 16. u. 17. Jhs. im deutschen Sprachgebiet, 1982², 7f.

[34] M. Weigel, Dr. Georg Forster aus Amberg. Medikus – Botanikus – Medizinikus (VHOR 87) 1937, 254–270.

[35] F. Roth, Dr. Georg Agricola Ambergensis (1530–1575), Schüler u. Freund Melanchthons, 1927; M. Weigel, Stadtärzte u. kurfürstl. Regierungsärzte in Amberg während d. 16. u. zu Beginn d. 17. Jhs. (VHOR 86) 1936, 382f.; E. Herrmann, Georg Agricola Ambergensis (Die Oberpfalz 51) 1963, 195–198, 232ff., 251–254. Zu Hartmann Schedel s. HB III/1, § 80.

[36] M. Weigel, Die Rektoren d. Martinsschule in Amberg (ZBKG 12) 1937, 35–48; Ders., Verzeichnis nebst Angaben über d. Lebensläufe u. Familienverhältnisse d. Geistlichen u. Präzeptoren d. Stadt Amberg während ihrer evang. Zeit 1538–1626 (Bll. f. Fränk. Familienkde. 13) 1938, 1–26; Amberg 1034–1984. Aus tausend Jahren Stadtgesch., 1984, 466; Die Gesch. d. Evang. Gemeinde Amberg, 1988.

[37] O. Germann, Sebastian Fröschel. Sein Leben u. seine Schriften (Beitrr. z. sächs. KG 14) 1899, 1–126; M. Weigel, Die Beziehungen d. Diakonus M. Sebastian Fröschel in Wittenberg zu seiner Vaterstadt Amberg (ZBKG 14) 1939, 1–13.

Genf und Leiden Theologie lehrte,[38] dessen auch als Diplomat namhafter Sohn Ezechiel und Andreas Raselius, der sich in Heidelberg und Regensburg als Musiker, Musiktheoretiker, Chronist und Gelehrter Geltung verschaffte,[39] Christoph Gewold, der nach seiner Konversion in München zum führenden Hofrat und anerkannten Hofhistoriker aufstieg.[40] Mit der Errichtung des Jesuitenkollegs büßte auch hier das städtische Gymnasium seinen Rang weithin ein.

Hinter Amberg blieben die übrigen oberpfälzischen Städte in jeder Hinsicht zurück. Doch kamen auch aus ihnen immer wieder bemerkenswerte Einzelpersönlichkeiten. Aus Pressath stammte Ulrich Wild, der Protonotar Ludwigs des Bayern. Neumarkt war die Heimat und Ausbildungsstätte des namhaften Philologen und Publizisten Kaspar Schoppe, der auch im politischen Leben der Zeit eine schillernde, nur schwer zu durchschauende Rolle spielte. Er hat eine Reihe philologischer und kontroverstheologischer Bücher zum Druck gebracht. Als Hauptwerk gilt seine Kampfschrift «Classicum belli sacri».[41] Aus Oberviechtach kamen der Wundarzt Dr. Johann Andreas Eisenbarth (1663–1727), der durch seine ungewöhnlichen chirurgischen Arbeitsmethoden viel Aufmerksamkeit auf sich zog,[42] und P. Gregor Zallwein, der an der Universität Salzburg eine Professur für Kanonisches Recht bekleidete und bis zum Rektor aufstieg.[43] Weiden war die Geburtsstadt des Mathematikers Erhard Weigel (1625–1699), der an der Universität Jena der Lehrer von Leibniz und Pufendorf wurde.[44] In Vohenstrauß ist der Theologe Franz Volkmar Reinhard (1753–1812) geboren, der als Professor an die Universität Wittenberg und als Hofprediger nach Dresden berufen wurde.[45] Sein Hauptwerk ist ein «System der christlichen Moral», das in vier Bänden 1782 erschien. Aus Schwandorf stammte Kaspar von Schmid (1622–1693), der als Kanzler die einflußreichste Persönlichkeit am Münchner Hof war, aber als Erneuerer des Rechtslebens auch Bedeutung für die bayerische Rechtsgeschichte

[38] ADB 35, 59f. [P. Tschackert]; HB II 887f.

[39] H. W. Wurster, Die Regensburger Geschichtsschreibung im 17. Jh. (VHOR 120) 1980, 112f.

[40] A. Dürrwächter, Christoph Gewold. Ein Beitr. z. Gelehrtengesch. d. Gegenreformation u. z. Gesch. d. Kampfes um d. pfälz. Kur, 1904; R. Heydenreuter, Der landesherrl. Hofrat unter Herzog u. Kurfürst Maximilian I. v. Bayern (1598–1651) 1981, 330f.; M. Lanzinner, Fürst, Räte u. Landstände. Die Entstehung d. Zentralbehörden in Bayern 1511–1598, 1980, 348; HB II 911f.

[41] HB II 888f. (Lit.).

[42] E. Mathieu, Johann Andreas Eisenbarth. Ein weltberühmter Oberpfälzer aus Oberviechtach (Oberpfälzer Heimat 9) 1964, 18–23; J. Hasenbach, Johann Andreas Eisenbarth, Arzt oder Scharlatan?, 1971; NDB 4, 411 [K. Brethauer]; Färber (Hg.), Bedeutende Oberpfälzer (§ 23) 69–72; J. Konert, Johann Andreas Eisenbarth 1663–1727 (Zschr. f. Urologie u. Nephrologie 83) 1990, 629–633.

[43] M. Sattler, Collectaneen-Blätter z. Gesch. d. ehem. Benediktiner-Univ. Salzburg, 1890, 439–445, 691; HB II 895f. (Lit.); B. M. Kremer, Der Westfälische Friede in d. Deutung d. Aufklärung, 1989, 60–64, 123f.

[44] E. Spiess, Ehrhard Weigel. Ein Lebensbild aus d. Universitäts- u. Gelehrtengesch. d. 17. Jhs., 1881; W. Hestermeyer, Paedagogica mathematica. Idee einer universellen Mathematik als Grundlage d. Menschenbildung in d. Didaktik Erhard Weigels, 1969; HB II 888 (Lit.).

[45] ADB 28, 32–35 [E. Foerstemann]; V. Wappmann, Franz Volkmar Reinhard. Zur Persönlichkeitsentwicklung eines Theologen d. Aufklärung (Oberpfälzer Heimat 27) 1983, 73–82.

hat.[46] Der gebürtige Auerbacher Heinrich Stromer stieg an der Universität Leipzig bis zum Rektor auf, wurde als Leibarzt dann aber an mehrere Residenzen berufen. Er stand mit vielen Größen seiner Zeit in gelehrter Korrespondenz.[47]

Mit der Rückkehr nach Bayern büßte die Stadt Amberg ihre auch kulturell führende Rolle in der Oberpfalz ein. An ihrer Stelle schob sich nach dem Dreißigjährigen Krieg immer mehr die neue Residenzstadt Sulzbach in den Vordergrund. Sie erlebte vor allem unter Pfalzgraf Christian August (1656–1708) einen steilen Aufstieg.[48] Dessen Hof wurde ein fruchtbares Sammelbecken vielfältiger geistiger Anregungen aus dem gesamten mitteleuropäischen Kulturraum. Diese machten Sulzbach vor allem zu einer wichtigen Buchdruckerstadt. In den Offizinen des Abraham Lichtenthaler, Salman Fränkel und Johann Esaias Seidel wurden über mehr als ein Jahrhundert hinweg zahlreiche Publikationen verlegt, die für die deutsche Geistesgeschichte wegweisend wurden (z. B. J. M. Sailer, F. X. v. Baader).[49] Vor allem aber wurde hier jüdisches Schrifttum zum Druck gebracht, das ab 1669 bis ins 19. Jahrhundert hinein die Gemeinden in ganz Mitteleuropa versorgte. Sulzbach war eine frühe und wichtige Pflegestätte religiöser Toleranz. Die zentrale Persönlichkeit an diesem Sulzbacher Musenhof war Christian Knorr von Rosenroth,[50] ein gebürtiger Schlesier, der seit 1668 in sulzbachischen Diensten stand und schließlich das Amt des Kanzleidirektors bekleidete. Der polyglotte Literat veröffentlichte eine Reihe poetischer, theologischer und staatsrechtlicher Werke, übersetzte naturwissenschaftliche Schriften. Sein Hauptwerk ist die «Kabbala denudata» (1677/84), die erste Übertragung der Kabbala ins Lateinische, womit er die Schrift der europäischen Gelehrtenwelt überhaupt erst zugänglich machte. In der Funktion Knorrs von Rosenroth erscheint in den Jahren von 1705 bis 1742 der gebürtige Neumarkter Johann Georg Korb, der 1698 eine Reise an den russischen Zarenhof antrat und darüber 1700 ein «Diarium itineris» veröffentlichte, das in mehrere Sprachen übersetzt wurde. Da darin ein ungünstiges Bild von Rußland gezeichnet wurde, ließ Peter der Große

[46] L. Hüttl, Caspar v. Schmid (1622–1693), ein kurbayer. Staatsmann aus d. Zeitalter Ludwigs XIV., 1971; HB II 468ff., 906.

[47] F. Schnelbögl, Auerbacher Lebensbilder: Zum 500. Geburtsjahr v. Heinrich Stromer, gen. Auerbach, 1975.

[48] H. Rall, Das geistige u. polit. Ringen d. Pfalzgrafen Christian August bis z. Gründung d. Fürstentums Pfalz-Sulzbach 1656 (P. Fried – W. Ziegler, Hg., Festschr. f. Andreas Kraus) 1982, 213–239; Ders., Christian August v. Pfalz-Sulzbach als regierender Herzog (1656–1708) u. als Familienvater (Land u. Reich – Stamm u. Nation. Festgabe f. Max Spindler II, hg. v. A. Kraus) 1984, 181–194; M. Finke, Toleranz u. «discrete» Frömmigkeit nach 1650. Pfalzgraf Christian August v. Sulzbach u. Ernst v. Hessen – Rheinfels (Chloe 2) 1984, 193–212; M. Lachner, Aufklärung in Sulzbach (Die Oberpfalz 79) 1991, 299–300; vgl. auch § 25 Anm. 76.

[49] M. Weinberg, Die hebräischen Druckereien in Sulzbach. Ihre Gesch., ihre Drucke, ihr Personal (Jb. d. Jüdisch-literar. Ges. 1) 1903, 19–202; (15) 1923, 125–155; (21) 1930, 319–370; Benzing (Anm. 33) 458f.; M. N. Rosenfeld, Jüdischer Buchdruck am Beispiel d. Sulzbacher Druckerei (Gesch. u. Kultur d. Juden in Bayern, hg. v. M. Treml) 1988, 237–244.

[50] Ch. Knorr v. Rosenroth, Aufgang d. Artzney-Kunst, 1683 (Nachdr. 1971); Christian Knorr v. Rosenroth, Dichter u. Gelehrter am Sulzbacher Musenhof, hg. v. Literaturarchiv u. d. Stadt Sulzbach-Rosenberg, 1989.

das Buch unterdrücken.[51] Zum Sulzbacher Musenhof müssen auch Johann Ernst von Rautenstein, der im diplomatischen Leben seiner Jahre eine nicht unwichtige Rolle spielen sollte,[52] und Franz Mercurius van Helmont, der einflußreiche Theosoph und Mediziner,[53] gerechnet werden. Die Sulzbacher Lateinschule, die nach dem Verlust der Residenz dieses gelehrte Erbe weiterzuführen versuchte, wurde von 1741 bis 1782 vom gebürtigen Vohenstraußer Carl Friedrich Aichinger geleitet, einem Sprachwissenschaftler von Rang.[54] Aus ihr ging Johann Leonhard Frisch hervor, der Gymnasialrektor zu Berlin wurde und eine äußerst bemerkenswerte Rolle in der Frühgeschichte der Preußischen Akademie der Wissenschaften spielte. Er verfaßte mehrere Bücher zu Themen aus der Zoologie. Sein Hauptwerk ist ein lateinisch-deutsches Sprachlexikon, das ihm einen wichtigen Platz in der Lexikographie sichert.[55]

Der Sulzbacher Musenhof des späten 17. und frühen 18. Jahrhunderts, an dem der spätere Kurfürst Karl Theodor prägende Jugendjahre verlebte, setzte einen leuchtenden Schlußpunkt hinter die während des späten Mittelalters und der Frühen Neuzeit immer rege Wissenschaftspflege in der Oberpfalz. War die Entwicklung insgesamt dadurch gekennzeichnet, daß die hier geborenen Gelehrtenpersönlichkeiten ihre Fähigkeiten angesichts fehlender Möglichkeiten im Lande in der Fremde zur Geltung bringen mußten, so wurde im Gegensatz dazu in Sulzbach ein Kulturzentrum aufgebaut, das Auswärtige anzog und bis ins 19. Jahrhundert hinein auf ganz Deutschland ausstrahlte. Aus ihm ist am Ausgang der Epoche Franz Joseph von Allioli[56] hervorgegangen, der als hochangesehener Theologe bis zum Rektor der Universität München aufstieg. Der Sulzbacher Musenhof erfährt zu Recht in den letzten Jahren außerordentliche internationale Beachtung.[57]

[51] F. Dukmeyer, Korbs Diarium Itineris in Moscoviam u. Quellen, die es ergänzen, 1909/10; Tagebuch d. Reise nach Rußland, hg. v. G. Korb, 1968; vgl. R. Wittram, Peter I., Czar u. Kaiser I, 1964, 169f.; NDB 12, 581f. [H.-H. Nolte].

[52] H. Schmidt, Aus d. Oberpfalz nach Ostmitteleuropa. Der pfalz-sulzbachische u. pfalz-neuburg. Rat Johann Ernst v. Rautenstein (Gustl Lang. Leben f. d. Heimat, hg. v. G. Girisch u. K. Ackermann) 1989, 384–403.

[53] C. Merchant, The Vitalism of Francis Mercury van Helmont. Its Influence on Leibniz (Ambix. Journal of the Society for the Study of Alchemy and Early Chimistry 26) 1979, 170–183.

[54] E. Poppe, C. F. Aichingers «Versuch einer Teutschen Sprachlehre», 1982; L. M. Eichinger, Ein Oberpfälzer u. d. Hochdeutsche. Zu Leben u. Werk d. Sprachforschers C. F. Aichinger (1717–1782) (Oberpfälzer Heimat 28) 1984, 71–78; H. E. Brekle – E. Dobnig-Jülch u. a., Bio-Bibliograph. Handbuch d. Grammatiker, Sprachtheoretiker u. Lexikographen d. 18. Jhs. im deutschsprachigen Raum I, 1992, s. u. Aichinger.

[55] A. Harnack, Gesch. d. K. Preuß. Akad. d. Wiss. zu Berlin I, 1900, 115f. u. ö; III, 100f.; NDB 5, 616 [E. Winter]; HB II 888.

[56] Joseph Franz v. Allioli 1793–1873. Leben und Werk, 1993.

[57] K. Jaitner, Der Pfalz-Sulzbacher Hof in der europ. Ideengesch. d. 17. Jhs. (Wolfenbütteler Beitrr. 8) 1988, 273–404.

## § 24. LITERATUR UND THEATER IN DER OBERPFALZ VOM HOHEN MITTELALTER BIS ZUM ENDE DES ALTEN REICHES

Beim Versuch, ein Bild des literarischen Lebens in der Oberpfalz zu zeichnen, zeigt sich rasch, wie gering die Vorarbeiten für einen solchen Überblick sind. Einzelne Schwerpunkte haben wohl Beachtung gefunden. Da steht Regensburg an erster Stelle, das aber für unsere Berichtszeit noch nicht zur Oberpfalz gerechnet werden darf und deshalb erst anschließend getrennt vorgestellt wird, so sehr diese Stadt gerade auf die benachbarten Teile der Oberpfalz von Beginn an ausgestrahlt hat. Weitere Schwerpunkte sind Amberg und Sulzbach-Rosenberg sowie das schriftstellerische Wirken der Jesuiten. Dagegen ist über die Literaturpflege in den einzelnen Abteien der Prälatenorden in der Oberpfalz noch wenig gearbeitet, und die hilfreichen Sammlungen von P. LINDNER sowie die Schriftstellerlexika von K. A. BAADER setzen erst um die Mitte des 18. Jahrhunderts ein. Wohl hat K. WINKLER 1940 eine umfangreiche Literaturgeschichte des oberpfälzisch-egerländischen Stammes in 2 Bänden (Kallmünz 1940) verfaßt, den 2. Band als eine Art Textsammlung. Aber diese Arbeit ist trotz allen Fleißes und trotz des reichen Materials wenig hilfreich, weil sie unzuverlässig ist. Zudem hat WINKLER vor allem im Mittelalter gar manchen Autor für die Oberpfalz beansprucht, der nicht in diese Region gehört. Das macht mißtrauisch und beeinträchtigt auch die Glaubwürdigkeit der topographischen Methode. Darüber hinaus ist der Inhalt derart nationalsozialistisch eingefärbt, daß der Leser abgestoßen wird und sein Mißtrauen wächst. Der zweite Band bringt viele, mitunter sonst schwer zugängliche Texte und bedeutet schon deshalb eine große Hilfe. Jüngere Übersichten, etwa von H. SCHAUWECKER (Beilngries ca. 1952) oder V. KARELL (Landau 1961), sind von geringem Umfang und ganz von Winklers Sammlung abhängig. Das Oberpfälzer Lesebuch von U. und G. KAPFHAMMER (Regensburg 1977) setzt erst im 17. Jh. ein und bringt aus der Barockzeit und dem 18. Jh. nur eine sehr kleine, nicht repräsentative Auswahl. Eine vollständige Bestandsaufnahme der Literatur der Oberpfalz kann auch dieser Überblick nicht bieten, weil dafür die Voraussetzungen fehlen, doch sei versucht, Vielfalt und Eigenart dieser Literatur so gut wie möglich einzufangen und darzustellen.

a) *Die Literatur des Mittelalters.* Literarisches Leben beginnt in der Oberpfalz relativ spät, weil die Region keinen Anteil an der Literatur der althochdeutschen Zeit hat. In dieser Epoche waren im deutschen Sprachraum die Klöster die alleinigen Literaturorte, Klöster aber fehlen für die Oberpfalz damals ganz. Als dann zu Beginn des 12. Jahrhunderts in Ensdorf und Waldsassen, in Michelfeld, Reichenbach und Speinshart Prälatenklöster gegründet wurden, war die erste Blüte der geistlichen Literatur schon vorüber, so daß die frühesten Beispiele literarischen Lebens in der Oberpfalz bereits der Ritterdichtung angehören.

*Höfische und weltliche Dichtung im Mittelalter.* Die Ritterdichtung beginnt im deutschsprachigen Raum um die Mitte des 12. Jahrhunderts mit Epen und ersten Beispielen weltlicher Lyrik.[1] Man zählt diese Lieder, obwohl noch nicht Minnesang im eigentlichen Sinn, zum frühen oder donauländischen Minnesang, donauländisch, weil er der Donau entlang, vor allem östlich von Regensburg seinen Schwerpunkt hat. Zu diesen Liederdichtern gehören auch zwei Vertreter aus der Oberpfalz, nämlich der *Burggraf von Regensburg*[2] und der *Burggraf von Rietenburg*,[3]

[1] HB I 634.

[2] MF (Des Minnegesangs Frühling) 32f.; G. SCHWEIKLE, Die frühe Minnelyrik, Darmstadt 1977, 124ff.; BB I 209ff., 1067; HB I 634; Lit.-Lex. IX 333.

[3] MF 34–37; SCHWEIKLE (beide Anm. 2) 160–165; BB I (Anm. 2); Lit.-Lex. IX 467.

beide aus der gleichen Familie, deren Stammburg bei Riedenburg im Altmühltal steht. Vom Burggrafen von Regensburg, vielleicht Heinrich III. (ca. 1130–1177) oder dessen Sohn Friedrich II. (1150–1181), sind vier Strophen erhalten, zwei Frauenstrophen und ein «Wechsel» (Gedicht aus Frauen- und Männerstrophen), die von gegenseitiger Liebe sprechen; vom Burggraf von Rietenburg sind sieben Strophen überliefert, darunter eine Minneklage. Er kennt bereits den entsagungsvollen Minnedienst und die Notwendigkeit, mit der Liebe auch das damit verbundene Leid anzunehmen. Dieser *Burggraf von Rietenburg* könnte Heinrich IV. († um 1184), der zweite Sohn des oben erwähnten Heinrich III. oder dessen jüngerer Stiefbruder Otto III. († um 1185) gewesen sein. Die Lieder beider Burggrafen sind keine großartigen, keine aufsehenerregenden Zeugnisse mittelhochdeutscher Dichtung, aber sie gehören immerhin zu den frühen Beispielen weltlicher Lieddichtung in der deutschsprachigen Literatur. – Ein dritter Liederdichter aus der Oberpfalz ist der *Markgraf von Hohenburg*[4] aus dem Geschlecht der Diepoldinger, die ihren Stammsitz an der Lauterach hatten. Wahrscheinlich handelt es sich bei dem Minnesänger um den Markgrafen *Diepold von Vohburg,* der erst seit der Heirat mit der Witwe Friedrichs von Hohenburg nach 1217 den Namen Hohenburg annahm.[5] Diepold war ein politisch einflußreicher Mann in der Umgebung Kaiser Friedrichs II., den er 1219 auf dem Kreuzzug begleitet hat. 1224 tritt Diepold auf dem berühmten Turnier in Friesach auf. – Während die wenigen Lieder des *Markgrafen von Hohenburg* in ihrer kraftvollen Sprache und klaren Bildern ganz dem Form- und Motivschatz des hohen Minnesangs verpflichtet sind, begegnet uns im *Tannhäuser* eine Dichterpersönlichkeit ganz eigener Art.[6] Sein Name weist auf Tannhausen bei Neumarkt in der Oberpfalz als Heimatort hin; durch die sog. Tannhäusersage und durch Wagners Oper ist er heute besser bekannt als durch seine Lieder, von denen nur ein kleiner Teil erhalten geblieben ist. Sie weisen den Dichter aber als ganz eigenständige, ja einzigartige Gestalt des deutschen Minnesangs im 13. Jh. aus. Schließlich ist noch *Reinmar von Brennenberg* zu nennen, Ministeriale des Bischofs von Regensburg, der um 1276 ermordet wurde.[7] C. v. Kraus betont die eigentümliche Verschmelzung von Spruchform und Liedinhalt bei Reinmar.[8] – Im Zusammenhang mit Reinmar von Brennenberg sei die schon im Spätmittelalter entstandene «Bremberger-Ballade» erwähnt, die auf das gewaltsame Ende des Minnesängers anspielt und in einer Fassung das Motiv des gegessenen Herzens aufgreift.[9] Soweit die Lyrik, die keine

[4] C. v. Kraus, Deutsche Liederdichter d. 13. Jhs., I, 1978², 173–179, 386 u. 393; BB I 357f.; 1089; V. Mertens in VL 91ff.; DLL 3, Sp. 186f.; C. Händl in Lit.-Lex. V 433f.

[5] Auch Diepolds Sohn Berthold III., der zwischen 1230 und 1254 bezeugt ist, käme als Verfasser der Lieder in Frage.

[6] J. Siebert (Hg.), Der Dichter T. Leben-Gedichte-Sage, 1934; BB I 391–399, 543 u. 1105; C. Händl in Lit.-Lex. XI 304f.

[7] Kraus (Anm. 4) 325–333; E. Dünninger, R. v. B. (S. Färber, Hg., Bedeutende Oberpfälzer) 1981, 32ff.; HB II 975; M. Eikelmann in Lit.-Lex. IX 379f.

[8] Wie Anm. 7, S. 386.

[9] Erk-Böhme, Deutscher Liederhort I, 1893, S. 356–359; E. Wunderle in Lit.-Lex. II 197f. – Vgl. auch die Moringer- und Tannhäuser-Ballade. – Zum Motiv des gegessenen Herzens siehe Konrad von Würzburg, Das

reiche Ausbeute erlaubt, aber doch sehr schöne und anspruchsvolle Beispiele bietet. – An der höfischen Epik hat die Oberpfalz nur geringen Anteil. Ganz in ihrer Tradition steht *Reinbot von Durne,*[10] der um 1245 in Wörth an der Donau seinen Legendenroman vom hl. Georg im Auftrag Herzog Ottos II. und seiner Gemahlin Agnes geschrieben hat. Dies ist das einzige Beispiel, das mit Sicherheit in diese Region gehört. Das schließt jedoch Interesse an der Ritterdichtung nicht aus, denn auf Schloß Prunn im Altmühlthal fand sich immerhin eine Handschrift des «Nibelungenliedes» aus dem 14. Jahrhundert,[11] die Wiguleus Hundt 1575 an die Hofbibliothek in München gegeben hat. – Etwa gleichzeitig mit der Herstellung dieser Nibelungenhandschrift hat der aus einem oberpfälzischen Geschlecht stammende *Hadamar von Laber*[12] eine Minneallegorie «Die Jagd» verfaßt, in der der Liebende als Jäger, die Geliebte als Wild auftritt. «Die Jagd» erfreute sich im Mittelalter großer Beliebtheit – wir kennen heute noch 17 Handschriften – und war von großem Einfluß auf die Gattung. Ein anderes Juwel weltlicher Dichtung und zwar aus dem Bereich der novellistischen Kleinepik, die um die Mitte des 13. Jahrhunderts aufgekommen ist, verdanken wir einem Oberpfälzer Autor, dem aus Oberhinkhofen bei Regensburg stammenden *Rüdiger dem Hünchover,* der 1286 in einer Urkunde auftaucht. Seine Erzählung «Der Schlegel», die das Verhältnis Eltern-Kinder zum Thema hat (Ehre für den Vater, Schutz vor dem Undank der Kinder) ist ein Glanzstück der Gattung.[13]

*Geistliche Literatur des späten Mittelalters und Chroniken.* Im 14. Jahrhundert spielt die geistliche Literatur wieder eine bedeutendere Rolle. Jetzt melden sich auch die noch jungen Klöster der Oberpfalz zu Wort, Kastl, das Reformkloster, an erster Stelle mit der ca. 1340 unter Abt Hermann Lubens (1322–1356) verfaßten mhd. «Reimchronik von Kastl»,[14] die 1527 sogar eine Neufassung erhalten hat. In diesem Zusammenhang sei erinnert an die «Gründungslegende von Waldsassen», ein kleines und schlichtes Gedicht von knapp 600 Versen, das dem Abt *Johann Grübel* von Waldsassen (1329–1339) zugeschrieben wird, der es vermutlich unter

Herzmaere. – Ausführlich geht auf den Zusammenhang zwischen dem Minnesänger und der Ballade H. Holland in seiner Geschichte der altdeutschen Dichtkunst in Bayern, 1862, 495–500, ein.

[10] C. v. Kraus (Hg.), Der hl. Georg Reinbots v. Durne, 1907; BB I 537–539; HB II 974; W. Williams-Krapp in VL VII 1156–1161; Ders. in Lit.-Lex. IX 356f.

[11] Hs. D, heute Bayer. Staatsbibl. München Cgm 31; vgl. E. Petzet, Die deutschen Pergament-Handschriften Nr. 1–200, 1920, 54ff.; Das Nibelungenlied in d. Augen d. Künstler vom MA bis z. Gegenwart, Kat., Passau 1986, 48; 400 Jahre Bayer. Staatsbibl., Kat. 1958, Nr. 49, Abb. 41.

[12] Hadamar III. von Laber ist nach 1354 gestorben. Die erste Ausgabe hat J. A. Schmeller 1850 veranstaltet (Neudr. Amsterdam 1968); I. Glier in VL III$^2$; Ch. Huber in Lit.-Lex. IV 450.

[13] L. Pfannmüller (Hg.), Mittelhochdeutsche Novellen II, 1912; BB I 490, 1100; H. Fischer, Stud. z. deutschen Märendichtung, 1983$^2$; HB II 974; DLL 13, 482f.; U. Williams in Lit.-Lex. X 62f.

[14] J. Moritz (Hg.), Stammreihe u. Gesch. d. Grafen Sulzbach, 2. Abt., 1833; F. Tyroller, Die Herkunft d. Kastler Klostergründer (VHOR 99) 1958; K. Münzel, Mittelhochdeutsche Klostergründungsgesch. d. 14. Jhs., 1933, 44f.; DLL 12, 839; V. Honemann in VL IV$^2$ 1243; K. Bosl, Das Nordgaukloster Kastl. Gründung u. Gründer (Oberpfalz u. Oberpfälzer. Gesammelte Aufsätze) 1978, 100–149.

seinem Vorgänger, Abt Johann III. von Elnbogen (1310–1329), niederschrieb. J. A. Schmeller hat die poetisch anspruchslose Reimlegende erstmals ediert, aus Anhänglichkeit an seine Geburtsheimat.[15] Zurück zu Kastl, wo um 1400 der Mönch und zeitweilige Prior *Johannes* (ca. 1370–1410)[16] mehrere Schriften verfaßte, die für die benediktinische Frömmigkeit und Geisteshaltung der Zeit viel aussagen: 1. die «Expositio super regulam S. Benedicti», ein für die Frömmigkeitsgeschichte, die Geistigkeit des Ordens und die Arbeitsweise jener Zeit überaus aufschlußreiches Buch; 2. das «Clenodium religiosorum», sein bestes Werk, das er von Weihenstephan aus, wo er verschiedentlich weilte, um die Reform einzuführen, an Johann von Indersdorf adressierte, und drei kleinere Traktate nämlich «De fine religiosae perfectionis», «Spiritualis philosophia» und «De lumine increato». Es sind dies nicht nur formal schöne Texte, sie strahlen nach dem Urteil des gelehrten M. Grabmann auch tiefe Frömmigkeit aus, ja er spricht (1926) von «gottinnigen Schriften». Die fast zeitgenössische Übersetzung des Werkes «Spiritualis philosophia» trägt den Titel «Ein nücz und schone ler von der aygen erkanntnuß».[17] Schließlich sei noch der Weltpriester und Prediger *Martin von Amberg*[18] genannt, bei dem die Verbindungen der Oberpfalz zu Böhmen, vor allem zu Prag, zum erstenmal in der Literatur greifbar werden; E. Weidenhiller weist auf die sprachliche Abhängigkeit von *Johann von Neumarkt* hin.[19] Martins «Gewissensspiegel» (um 1381/82) beeinflußt seinerseits wiederum des *Hans Vintlers* «Pluemen der tugent». Martin von Amberg gehört nicht mehr zur klösterlich-geistlichen Literatur, er schreibt, wie Rüdiger der Hünchover, in der Stadt, die sich zum neuen Literaturort mausert. Die Geschichtsschreiber des Spätmittelalters freilich, die die Oberpfalz berühren und die das große Werk *Aventins* vorbereiten helfen, gehören ganz nach Regensburg und sind dort behandelt.[20] In Ensdorf aber verfaßt um 1480 der Mönch *Jakob Parfueß* ein «Chronicon» seines Klosters, Zeichen historischen und literarischen Interesses,[21] Zeichen vielleicht auch eines ersten Kontaktes mit dem neu aufkommenden Humanismus. Parfueß benützt die Urkunden, die er im Kloster fand, kannte die Kastler Reimchronik, aber auch die Chronik des *Andreas von Regensburg* (Zitzelsberger).

*Das Lied.* Zum Ausklang des Mittelalters spielt das Lied in der Oberpfalz eine unübersehbare Rolle, das Zeitgedicht oder Zeitlied wie der Gesang «vom Hus-

[15] F. KEINZ (Hg.), Die Gründung d. Klosters Waldsassen. Altdeutsches Gedicht z. Tirschenreuther Schmeller-Feier aus d. Hs. neu hg., 1885; MÜNZEL (Anm. 14) 43f.; BB I 710–714 u. 1108.

[16] M. GRABMANN, Der Benediktinermystiker J. v. K. der Verf. d. Büchleins De adhaerende Deo (Mittelalt. Geistesleben I, 489–524) 1926; HB II 831f.; DLL 8, Sp. 621f.; J. SUDBRACK in VL IV² 652–658.

[17] R. WAGNER, Des Ps.-J.v.K. «Spiritualis philosophia» deutsch, 1972 (Münch. Texte u. Unters. z. dt. Lit. d. MA 39).

[18] S. N. WERNOW (Hg.), M.v.A., Der Gewissensspiegel, 1958; DLL 10, 487; VL VI² 143–149.

[19] E. WEIDENHILLER, Untersuchungen z. deutschsprachigen katechet. Lit. d. späten MA, 1965, 135 (MTU 10, wie Anm. 17).

[20] HB II 850ff.

[21] H. ZITZELSBERGER, Die Gesch. d. Klosters Ensdorf v. d. Gründung bis z. Auflösung in d. Reformation 1121–1525 (VHOR 95) 1954, 16f.; WINKLER (§ 24) I 15f.

senkrieg» des *Otto Eßmann*[22] aus den Jahren um 1433, «Vom Zug wider Neumarkt» während der Auseinandersetzungen im Landshuter Erbfolgekrieg 1504,[23] «Ain lied von der behemschen Schlacht» (1504) und «Die behemsch schlacht» (1504)[24] und schließlich das ergreifende Gedicht von *Peter Unverdorben,* der wegen Totschlags sein Leben verwirkte und mit einem Lied Abschied nahm von dieser Welt.[25]

Gerade bei der mittelalterlichen Literatur der Oberpfalz wird deutlich, wie fragwürdig, ja falsch die völlig isolierte Betrachtung einer Literaturlandschaft wäre, die so enge Verbindungen zu den Nachbarn hatte, und deshalb als Literaturlandschaft in dieser Epoche nicht so zu Wirkung kommen konnte, wie sie es verdiente, auch deshalb, weil sie aus der altbayerischen Literatur nicht auszuschließen ist. Andererseits macht gerade diese Methode auf zu unrecht vergessene Autoren aufmerksam, von denen kaum Ausgaben, ja nicht einmal zuverlässige biographische Angaben zu finden sind.

b) *Die Zeit des Humanismus.* Die kleine Oberpfalz war ein fruchtbarer Boden für den Humanismus, wenn er auch im Land selbst nicht genügend Pflege finden konnte, weil es an großen Residenzen, an einer Universität, auch an bedeutenden Städten, Amberg als Hauptstadt ausgenommen, und seit der Reformation an Klöstern fehlte. Doch an Begabungen gab es keinen Mangel. Allein aus Kemnath kommen drei angesehene Humanisten. Der erste ist *Matthias Widmann,* vielfach auch *Matthias von Kemnath* genannt († 1476 in Heidelberg),[26] Hofkaplan des Pfalzgrafen Friedrich I. von der Pfalz. Sein Hauptwerk, eine Weltchronik, deren Schwerpunkt die Zeit seines Herrn, Friedrich des Siegreichen, ist, hatte bis ins 18. Jh. hinein wenigstens lokale Bedeutung. Matthias Widmann pflegte nicht nur Beziehungen zu zahlreichen Humanisten seiner Zeit, darunter Wimpfeling, er suchte nach Humanistenart alte Handschriften, die er auswertete, und er verfaßte lateinische Gedichte. Der zweite Kemnather, *Johann Tolhopf* (ca. 1454–1504),[27] war Professor in Ingolstadt, Kosmograph und Dichter, ein Freund des Erzhumanisten Celtis, mit dem er Briefe wechselte. Und schließlich kommt aus Kemnath *Wolfgang Schmeltzl* (ca. 1500–1560),[28] erst evangelischer Kantor in Amberg, dann katholischer Schulmeister in Wien, seit 1557 Pfarrer von St. Lorenzen, Verfasser eines «Lobspruches der Stadt Wien» (1548) und einer Reihe (wenigstens sieben) von erfolgreichen Komödien. Seine Liedersammlung, Nürnberg 1544, stammt noch aus der Zeit der Tätigkeit in Amberg. Nach Kemnath kam als Kaplan und

[22] Neue Heidelberger Jbb. 3, 1893; Winkler (§ 24) 22–25.

[23] D. v. Liliencron, Hist. Volkslieder d. Deutschen vom 13.–16. Jh., 1866, II 513ff.; Winkler (§ 24) II 25ff.

[24] D. v. Liliencron (Anm. 23) II 540; Winkler II 29ff.

[25] J. Meier (Hg.), Balladen I, 1935, 162; Winkler (§ 24) II 21f.; BB I 586f. u. 1096.

[26] DLL 10, 555f.

[27] HB II 841, 863.

[28] ADB 31, 637; DLL 15, 257ff.; M. Knedlik, W. Sch. Schuldramatiker, Chronist u. Musiker im Reformationszeitalter (Österreich in Gesch. u. Lit. 37) 1993, 92–104.

Schulmeister *Paul Zeidler* (1548–1627),[29] der für viele Städte und Märkte der Oberpfalz lateinische Lobgedichte und Beschreibungen ihrer Wappen verfaßte, die 1635 in Regensburg mit dem Titel «Insignia urbium et vicorum Superioris Palatinatus» im Druck erschienen sind. Amberg ist auch die Geburtsstadt von *Georg Forster* (ca. 1510–1586),[30] der zwar als kurpfälz. Hofleibarzt und als Leibarzt in Nürnberg sein Brot verdiente, aber sich auch als Musiker einen Namen gemacht hat. Seine Liedersammlung, in Nürnberg 1539–65 erschienen, war nicht nur zu seinen Lebzeiten ein Erfolg, sie gilt heute noch als Kostbarkeit aus dem 16. Jh. und als wichtige Quelle für die «Singsituation» jener Zeit. In diesem Zusammenhang wären auch die Gesangbücher der Protestanten[31] in der Oberpfalz zu erwähnen. Wichtig, weil beliebt und von Einfluß auf die öffentliche Meinung und die Lesegewohnheiten der städtischen Bevölkerung, sind im 16. Jahrhundert *Flugblätter* und *Einblattdrucke,* die es von spektakulären Ereignissen gab, etwa «von dem großen Brandschaden und Verderben der Stadt Cham».[32] Die Ereignisse waren in diesen Flugblättern nicht selten sensationell aufgebauscht, um Interesse bei den Käufern zu finden.[33] Doch zurück zu den Humanisten. Auch aus Amberg kamen sie in stattlicher Anzahl, u. a. *Johannes Tröster* († 1485),[34] Domherr in Regensburg, doch viel in diplomatischer Mission unterwegs, ein Handschriftensammler und gewandter Schriftsteller; *Michael Schwaiger* († 1568),[35] Stadtschreiber und Bürgermeister, Verfasser der Amberger «Chronica», die 1564 gedruckt wurde; *Georg Agricola* (1530–1575),[36] Schulmeister in seiner Vaterstadt und Verfasser einer «Oratio de laude Ambergae» (1559), dann Stadtarzt ebenda und Verfasser eines Pestbüchleins (1571), *Christoph Gewold* (1556–1621),[37] der nach Beamtendiensten am Münchner Hof (Hofratsekretär 1588, Hofrat 1594) sich 1617 ganz nach Ingolstadt zurückzog und historische Studien verfaßte. Aus Tirschenreuth gebürtig ist *Philipp Dobereiner* (1535–1577),[38] Kanonikus und Dechant an der Münchner Frauenkirche, ein tüchtiger

[29] E. Dünninger, «Kern Teutschlands, Oberpfalz, Dein Ruhm hat mich entbrannt». Literar. Entdeckungsreise durch zwölf Jahrhunderte, 1992, 61 u. 76.

[30] Frische Teutsche Liedlein, hg. v. M. E. Marriage, 1903; DLL 5, 357; S. Wienker-Piepho in Lit.-Lex. III 454f.

[31] Winkler (§ 24) I 116. – Das berühmte u. geschätzte Lied von Martin Schalling «Herzlich lieb hab' ich dich, o Herr» bringt Winkler (§ 24) II 46f. nach Albert Knapp, Evang. Liederschatz, 1865. – Zu M. Schalling (1532–1608) aus Straßburg, von 1552–1558 in Regensburg, dann zehn Jahre in Amberg, vgl. A. Eckert (ZBKG 38) 1969, 204–242.

[32] Es handelt sich dabei wohl um den großen Brand von 1512.

[33] Ein Beispiel dafür in BB II 477–481: Procop von Templin, «Von dem Brand der Stadt Passau» und das Passauer Flugblatt von 1662, ebd. 1132f.

[34] P. Lehmann, Dr. J. Tröster, ein humanistisch gesinnter Wohltäter bayer. Büchersammlungen (HJb. 60) 1940.

[35] H. Wanderwitz, Marginalien z. Lebensgesch. d. ersten Amberger Chronisten Michael Schwaiger (VHOR 122) 1982, 281–289).

[36] F. Roth, Dr. Georg Agricola Ambergensis (1530–1575). Schüler u. Freund Melanchthons, Schulmeister, dann Stadtphysicus in Amberg, 1927. – Eine Übersetzung der «Oratio de laude Ambergae» in dieser Schrift S. 36–68.

[37] ADB 9, 131; LThK IV 483; AB II 911f.

[38] K. v. Reinhardstöttner, Zur Gesch. d. Humanismus in München (Jb. f. Münchner Gesch. 5) 1890, 118f., 168; P. Bayerschmidt,

Schriftsteller, der vor allem Gebet- und Betrachtungsbücher («Brunn der durstigen Seele», München 1575; «Rosenkranzbüchlein», München 1577) schreibt, aus dem Spanischen und Italienischen übersetzt und aus dem Lateinischen die Vita der seligen Mechthild von Dießen in gutes Deutsch überträgt. Natürlich gab es auch «gelehrte Frauenzimmer» wie *Magdalena Haymairin* († nach 1586 in Grafenwöhr),[39] die in Zedlers Universallexikon (1735) genannt wird. Sie war deutsche Schulmeisterin zu Cham, Regensburg und Grafenwöhr und gab ein halbes Dutzend Büchlein mit Kirchenliedern heraus. Aus Weiden stammen *Georg Beham, gen. Cuspinius-Spieß (1480–1549* in Passau)[40] und *Jakob Schabner* (ca. 1590–1671),[41] der Verfasser der Chronik von Weiden, einer wichtigen Quelle vor allem für die Zeit des Dreißigjährigen Krieges. Bedenkt man, daß Weiden im 16. Jh. ca. 2000 Einwohner zählte und nach 1648 nur mehr 1126 (nach J. Sintzel), und daß die übrigen Städte nicht sehr viel größer waren, dann kann man sich über die Produktivität des Landes nur wundern. – Schließlich ist Neumarkt zu nennen als Geburtsheimat von *Hartmann Schopper* und *Caspar Scioppius (Schoppe),* den wohl bedeutendsten Humanisten aus der Oberpfalz. *Hartmann Schopper* (1542–1595),[42] befreundet mit Lotichius Secundus und Paulus Melissus Schede, hat selbst gedichtet, aber auch deutsche Dichtungen ins Lateinische übertragen, so den «Reineke Fuchs» (1567). In späteren Kommentaren dazu spart er nicht mit Angriffen auf die katholische Kirche. *Caspar Scioppius* oder *Schoppe* (1576–1649)[43] kam nach ausgezeichneter Ausbildung an mehreren Universitäten über Prag unter Rudolf II. nach Italien und lebte seit 1598 in Rom als Humanist am päpstlichen Hof. Etwa hundert seiner überaus zahlreichen Schriften sind im Druck erschienen, philologische und grammatikalische Arbeiten, und nicht zuletzt polemische Pamphlete, die ihm viele Feinde einbrachten, deren Schmähschriften sein Bild heute noch entstellen.

c) *Die Literatur des Barock und des 18. Jahrhunderts.* Schon zu Beginn des Dreißigjährigen Krieges kamen für die Oberpfalz tiefgreifende politische Veränderungen. Der Großteil der heutigen Oberpfalz wurde dem Kurfürstentum Bayern

Mechthild v. Dießen, 1936, 129f.; HB II 981; DLL 3, 344; G. v. GEMERT in Lit.-Lex. III 63f.; M. KNEDLIK, Ph. D. (1535–1577). Seelsorger u. Schriftsteller im Dienst der Gegenref. (Heimatkal. f. d. Opf. 18) 1994, 41–45; Ders., Ph. D. – Eine Biographie (Daphnis 23) 1994, 591–620; P. PFISTER, Das Kollegiatstift zu Unserer Lieben Frau in München (1495–1803), (Monachium Sacrum. FS zur 500-Jahr-Feier der Metropolitankirche Zu ULF in München I) 1994, 396f. (Epitaph: Abb. XV mit Porträt).

[39] M. MAYR, M. Heymair, eine Kirchenlied-Dichterin aus d. Jh. d. Reformation (Jb. f. Liturgik u. Hymnologie 14) 1970; DLL 7, 1132f.; BB II 1f. u. 1256.

[40] J. N. MEDERER behandelt Spies in seinen Annales Ingolstadiensis Academiae, 1782, p. 100f.; A. M. KOBOLT, Baier. Gelehrten-Lexikon, 1795, 148; J. LINTZEL, Versuch einer Chronik d. Stadt Weiden, 1819, 116f.; Th. WIEDEMANN, J. Turmair, 1858, 28–31; PRANTL, Gesch. d. Ludwig-Maxim.-Univ. in Ingolstadt, Landshut, München, 2 Bde., 1872, II 487; H. WOLFF, Gesch. der Ingolstädter Juristenfakultät 1472–1625, 1973.

[41] WAGNER u. USCHOLD (Hg.), Chronik d. Weidener Bürgermeisters J. Sch., 1928.

[42] Chr. MUNDHENK in Lit.-Lex. X 373.

[43] HB II 888; H. JAUMANN in Lit.-Lex. X 469ff.

zugesprochen und der Praxis der Zeit entsprechend rekatholisiert, nachdem das Gebiet erst lutherisch, dann kalvinistisch gewesen war. Im Rahmen der damit verbundenen Maßnahmen wurden auch die Klöster in der Oberpfalz wieder gegründet und von Abteien aus dem katholisch gebliebenen Herzogtum, jetzt Kurfürstentum Bayern besiedelt. Das war ein für das kulturelle, besonders für das literarische Leben wichtiger Vorgang, weil die Literaturpflege in den Klöstern dem Umland unmittelbar zugute kam. Ehe jedoch weitgehend geistliche Literatur in den Klöstern vorgestellt wird und von der Abwanderung Oberpfälzer Männer in Klöster der südlicheren Landesteile des Kurfürstentums die Rede ist, sollen noch einige Literaten und Dichter vorgestellt werden, die teils in die Umbruchszeit hineingehören, teils mit ihrem Lebenswerk wichtige Beiträge zur deutschen Barockliteratur geleistet haben.

*Die weltliche Literatur.* An erster Stelle steht, auch dem literarischen Rang nach, *Georg Greflinger* (ca. 1618–1677);[44] in Neunburg bei Regensburg geboren, hat er durch den Krieg Familie und Heimat verloren. Sein Studium schloß er in Wittenberg ab und ließ sich schließlich nach einem unsteten Wanderleben in Hamburg als Notar nieder. Dort wurde er unter dem Namen *Seladon von der Donau* Mitglied des Elbschwanenordens. Großen Erfolg hatte Greflinger mit seinen Liebesliedern «Seladons beständige Liebe» (1644). 1665 gründete er das Journal «Nordischer Mercurius», eine der wichtigen Blätter in der Frühzeit des deutschen Pressewesens (Blühm), das seine Söhne bis 1730 weiterführten. – Ähnlich wie der tüchtige Greflinger war auch *Augustin von Fritsch* (1599–1662)[45] ein typisches Kind des Dreißigjährigen Krieges. Vom einfachen Soldaten brachte er es zum Obersten und wurde 1639 sogar in den Adelsstand erhoben. Sein Tagebuch ist eine wertvolle Quelle für diese Kriegszeit, aber auch ein beachtenswertes persönliches Zeugnis; geschrieben hat es der aufrechte Mann für seine Kinder «zu sonderen Trost vnnd Nachvolgung». Unter den Folgen des Krieges zu leiden hatte auch *Georg Horn* (1620–1670)[46] aus Kemnath, bis er ab 1644 in Leiden Theologie studieren konnte, nach einem Englandaufenthalt 1648 eine Professur in Harderwijk bekam und wenig später nach Leiden für Geschichte und Geographie berufen wurde. Dort entfaltete er sein reiches Wissen als Universitätslehrer und schrieb seine damals aufsehenerregenden geographischen und universalgeschichtlichen Werke, die für die Entwicklung der Geschichtswissenschaften und der Geschichtsbetrachtung von Bedeutung waren. Ging Horn von der Oberpfalz

[44] Der Deutschen Dreyßig-Jaeriger Krieg, Neudr. 1983; BB II 702–708; 1118 u. 1252. DLL 6, 741 f.; E. Blühm, Neues über G. (Euphorion 58) 1964, 74–97; NDB 7, 19; B. Prätorius in Lit.-Lex. IV 321 ff.; G. Berghaus, G. G. als Journalist u. hist.-polit. Schriftsteller. Mit einem Anhang seiner Schriften über die englische Revolution (Wolfenbütteler Barocknachrichten XII) 1985, 1–14.

[45] L. v. Westenrieder, Tagebuch d. Aug. v. Fritsch, ‹Obersten u. Commendanten der Stadt Weyden› von seinen Thaten u. Schicksalen im dreyßigjähr. Kriege. (Beytr. z. vaterländ. Historie, Geographie, Statistik u. Landwirthschaft 4) 1792, 105–191; BB II 913 ff. u. 1249 f.; H. Pörnbacher, Biographisches u. Autobiographisches. Ansätze z. Beschreibung einer Gattung im Bayern d. Barockzeit (Festgabe M. Spindler) 1984, 162.

[46] B. Roeck in Lit.-Lex. V 467 ff.

ins Ausland, so kam *Tobias Clausnitzer* (1619–1648)[47] aus dem Erzgebirge nach Weiden, wo der Dichter beliebter Kirchenlieder als Prediger die ihm angemessene Tätigkeit fand. Als letzter dieser Gruppe sei der Musiker *Wolfgang Caspar Printz* (1641–1717)[48] aus Waldthurn vorgestellt, der Verfasser von Musikerromanen und einer kurzen Autobiographie, die mit dem lapidaren Satz beginnt «Mein Vaterland ist die Oberpfaltz».

*Die Literatur in den Klöstern.* Die geistlich-klösterliche Literatur der Barockzeit konzentriert sich auf einige wenige Orte, auf Amberg, wo heute noch in der Provinzialbibliothek[49] die einschlägigen Werke aufbewahrt werden, auf die Prälatenklöster und die wichtigsten Wallfahrtsorte. In Amberg selbst wurde 1621 eine Jesuitenniederlassung gegründet, in der nicht nur eine Reihe von angesehenen Dichtern aus dem Orden tätig waren, wie *Jacob Balde, Johannes Bissel* oder *Adam Widl*,[50] sondern auch das ordenseigene Drama im Rahmen des Schulbetriebs äußerst intensive Pflege fand.[51] Was das für die Schüler des Gymnasiums, für die Bewohner der Stadt und des näheren Umlandes bedeutete, ist heute kaum mehr vorstellbar. Nicht daß alle Texte große Dichtung gewesen wären, aber die schöne Regelmäßigkeit, mit der jahraus, jahrein gespielt wurde, der große Reichtum an Themen, die vorgestellt wurden, brachten Farbe in das kulturelle Angebot der Stadt und viele Anregungen für ihre Bewohner.

Von den Prälatenklöstern sei an erster Stelle Ensdorf genannt, das Kurfürst Ferdinand Maria 1669 wieder herstellte und das von Prüfening aus besiedelt wurde.[52] Wenn von Ensdorf, von allen den hier erwähnten Klöstern, nur wenige Namen genannt werden können, so gibt das nicht die ganze Wirklichkeit wieder,

[47] DLL 2, 669; R. JÜRGENSEN in Lit.-Lex. II 428 f.; M. KNEDLIK, T. C. Ein Weidener Prediger u. Poet d. Barockzeit (FS 29. Bayer. Nordgautag. Weiden i. Opf. Die Oberpfalz – Brücke z. Osten) 1992, 107–111.

[48] Ausgewählte Werke 1–3, hg. v. H. K. KRAUSSE, 1974/92; J. MATTHESON, Grundlage einer Ehren-Pforte, woran der Tüchtigsten Capellmeister, Componisten, Musikgelehrten, Tonkünstler etc. Leben, Wercke, Verdienste etc. erscheinen sollen..., 1740, 257–279; BB II 922–926 u. 1282 f.; H. K. KRAUSSE in Lit.-Lex. IX 229–231; DLL 12, 314 f.

[49] W. LIPP-H. GRIESS, Die staatl. Bibliothek (Provinzialbibl.) Amberg, 1992². In diesem materialreichen und schönen Buch sind die Ursprünge der Bibliothek und ihr Anwachsen durch die Säkularisationsbestände aus den Klöstern der Oberpfalz anschaulich dargestellt. – Zu Amberg: O. SCHMIDT, Von steiniger Wildnis z. Kulturregion. Die Städte Amberg u. Sulzbach als kulturelle Zentren d. oberpfälz. Landes (K. Ackermann – G. Girisch, Gustl Lang. Leben f. d. Heimat) 1989, 232–254.

[50] Zu J. Balde vgl. HB II 987 f. u. BB II 129–199, 334 f., 1117 u. 1207 ff.; zu J. Bissel HB III, Teil Schwaben u. BB II 257–277 u. 1239. – Zu A. Widl vgl. HB II 997 u. BB II 238–241, 958 ff. u. 1303. Auf Bissels amüsante Reisebeschreibung in die Oberpfalz mit dem Titel «Icaria» (1637) sei in diesem Zusammenhang besonders hingewiesen. Textproben finden sich in BB II und in E. DÜNNINGER (Hg.), Kern Teutschland, Oberpfalz, dein Ruhm hat mich entbrannt. Literar. Entdeckungsreise durch zwölf Jahrhunderte, 1992.

[51] Zum Jesuitendrama allgemein vgl. HB II 1000 f.; Th. RIXNER, Gesch. d. Studienanstalt zu Amberg, 1832 (mit Periochenverzeichnis); G. BLÖSSNER, Gesch. d. Hum. Gymn. Amberg, 1929, 57–70; J. BATZL, Das Jesuitendrama [in Amberg] (Gesch. d. Erasmus-Gymn. Amberg. Eine FS z. 350-jähr. Jubiläum) 1976, 40–54; J.-M. VALENTIN, Le Théâtre des Jésuites dans les Pays de Langue Allemande. 1. 2., 1983 f.

[52] LINDNER, Schriftsteller I 275–286; Germania Benedictina II 90–94.

denn das wissenschaftliche und literarische Leben war in diesen Klöstern viel reicher, viel mannigfaltiger, als daß es hier erschöpfend beschrieben werden könnte, zudem noch wenig Vorarbeiten geleistet sind.

Was über Ensdorf in der Barockzeit und im 18. Jahrhundert zu berichten ist, beginnt mit Abt *Anselm Meiller* (1678–1761)[53] einem gebürtigen Amberger, der 1697 ins Kloster Reichenbach eintrat, aber 1716 von den Ensdorfer Mönchen als Abt postuliert wurde und dort fast ein halbes Jahrhundert segensreich wirkte, u. a. die Klostergebäude und die Kirche neu baute und den Grundstein legte für das geistliche und geistige Leben der Abtei im 18. Jahrhundert. Von ihm sind Predigten gedruckt und eine Geschichte des hl. Otto, des großen Bischofs von Bamberg und Wohltäters von Ensdorf mit dem schönen Titel «Mundi miraculum» (1730); als Manuskripte sind erhalten ein lateinisches Epos über die Flucht des hl. Benedikt aus Subiaco sowie ein Tagebuch. Die große Gestalt von Ensdorf ist *Anselm Desing* (1699–1772),[54] ein gebürtiger Amberger wie Abt Anselm Meiller, dessen Nachfolge Desing 1761 antrat. Desing, ein Polyhistor, ein Universalgelehrter von großer Offenheit, hat zahlreiche Schriften, gedruckte und ungedruckte, hinterlassen. Viele davon sind für die Schule, für die Erziehung der Jugend bestimmt, aber es gibt auch ausgesprochen literarische Werke, wie seinen «Index poeticus» von 1768, seine Festpredigten für Reichenbach (1718) und Ensdorf (1723), in gewisser Weise auch seine Beschreibung einer Reise nach Italien (im MS).[55] J. E. v. Koch-Sternfeld schreibt zutreffend über Desing, «unvergänglich ragen solche gediegene Geister aus dem deutschen, ja europäischen Boden, aus der Flugasche der Zeit hervor».[56] – War Desing *der* Gelehrte, so ist *P. Odilo Schreger* (1697–1774),[57] auch als Mitglied der Societas literaria germania benedictina, *der* Schriftsteller der Abtei im 18. Jh. Er verstand es nach G. Westermeyer treffend, den Ernst des Lebens im Umgang wie in seinen Schriften durch harmlosen Scherz zu würzen. Seine Bücher «Studiosus jovialis» (1749), «Lustig und nützlicher Zeitvertreiber» (1750 u. 1766), sein besonders originelles «Reisebüchlein» (1753) sind zwar durchaus unterhaltend, doch nicht weniger belehrend. Gehört dieser pädagogische Zug zu Endsdorf unter Abt Anselm Desing? Viele der übrigen praktischen Anleitungen Pater Odilos verraten in ihrer durchaus nützlichen Absicht bereits den Geist der Aufklärung. *P. Joseph Moritz* (1769–1834),[58] in Ensdorf selbst geboren und seit 1790 Mitglied des dortigen Konvents,

[53] Baader, Lexikon II 189; Lindner, Schriftsteller I 263f.

[54] I. Stegmann, A. D., Abt von Ensdorf. Ein Beitr. z. Gesch. d. Aufklärung in Bayern, 1929; HB II (Register); BB III 53–58, 371 u. 1211f.

[55] Auf dieser Reise begleitete ihn P. Sigmund Maria Poschinger (1722–1772), der auch ein Tagebuch führte. Vgl. Lindner, Schriftsteller I 275.

[56] Beitr. z. deutschen Länder- u. Völker- u. Staatenkde. 2, 1825, 378.

[57] Baader, Lexikon I 2, 224; Westermeyer in ADB 32, 491; Lindner, Schriftsteller I 282; E. Moser-Rath, Schertz u. Ernst beysammen (Zschr. f. Volkskde. 61) 1965, 64ff.; HB II 1009; BB III 1121–1138 u. 1256f.; F. Markmiller, Die Oberpfälzer «Merckwürdigkeiten» d. P. Odilo Schreger (Heimat Ostbayern 1) 1987, 11–21.

[58] Lindner, Schriftsteller I 284ff.; Kraus, Hist. Forschung 159–163 (Lit.); Ders., Vernunft u. Gesch. 368f.; Lipp-Griess (Anm. 49) 45–48.

war vor allem Archivar und Historiker, neben *P. Maurus von Schenkl* aus Prüfening war er der erste Bibliothekar der Provinzialbibliothek in Amberg, der Sammelstelle der oberpfälzischen Klosterbibliotheken nach der Säkularisation. Deshalb sei er hier genannt, denn seine Schriften tragen ausschließlich historischen Charakter.

Aus Reichenbach[59] wurde bereits *Anselm Meiller* als Abt von Ensdorf erwähnt. Im Kloster gab es eine Reihe von tüchtigen Predigern, wie *P. Emmeram Kellner* aus Winklarn († 1791), Theologen und Historikern; schöne Literatur wurde dagegen weniger gepflegt. Kloster Michelfeld aber gewann mit seinem *Abt Wolfgang Rinswerger* (1658–1721),[60] der 1707 aus Tegernsee nach Michelfeld kam, wo ihn die Mönche des Klosters als Abt postuliert hatten, einen Schriftsteller von Rang. Er war gesucht und beliebt als Prediger, vor allem aber schrieb er viele erfolgreiche Dramen, die 1729 *P. Johann Ev. Heigl* (1685–1745), ein Mitbruder Rinswergers in Michelfeld und selbst ein tüchtiger Autor als Prediger, unter dem Titel «E funere Phoenix» herausgab. Wie aufgeschlossen die große Zisterzienserabtei Waldsassen,[61] die 1803 über 60 Mönche zählte, dem geistigen Leben, der Literatur und dem Buch gegenüber war, beweist ihr großartiger Bibliothekssaal,[62] der unter Abt Eugen Schmid gebaut und ausgestattet wurde und 1803, also knapp 150 Jahre nach der Wiedererrichtung des Klosters, bereits 18875 Bände zählte. Die Jubiläumsfeierlichkeiten in Waldsassen von 1733, ganz in der Art wie die «Gay-Solemnitäten» der altbayerischen und schwäbischen Klöster im 17. und 18. Jahrhundert mit eigens dafür verfaßten Liedern, Emblemen, Theatern und Predigten,[63] weisen auf ein ähnliches literarisches Leben hin wie im südlichen Bayern. F. Binhack nennt in seinen Untersuchungen zur Geschichte des Stiftes als Schriftsteller u. a. die Patres *Richard Kropf* (1690–1755), mit seiner «Chronik von Weiden» in elegantem Stil, *Wilhelm Schirm* (1699–1758), der Poesie in Tirschenreuth unterrichtete und Dramen schrieb, und neben vielen Predigern *Tezelinus von Ponzelin* (1709–1775), von dem er sagt, er sei ein «beredter Prediger und glücklicher Poet» gewesen.

In diese wieder begründeten Klöster der Oberpfalz kamen eine ansehnliche Zahl von schriftstellernden Mönchen aus dem Altbayerischen, von denen *Wolfgang Rinswerger* der bekannteste und wichtigste sein wird. Die Oberpfalz hat aber auch viele Talente «exportiert». Der Baumburger Chorherr *J. Albert Poyßl*

[59] LINDNER, Schriftsteller I 263–266; Germania Benedictina II 256–260.

[60] P. LINDNER, Familia S. Quirini in Tegernsee (OA 50) 1897, 64–69; HB II 1002 u. 1008; BB II 538–542 u. 1287.

[61] F. BINHACK, Gesch. d. Cisterzienserstiftes W. von d. Wiederherstellung d. Klosters (1661) bis z. Tode d. Abtes Alexander (1756), 1888; Ders., Gesch. des C. W. unter d. Abte Wiegand v. Deltsch (1756–1792), 1896.

[62] E. BAUMGARTL, Stiftsbibliothek Waldsassen. Cisterciens. Geistigkeit am Beginn d. Aufklärung. Fotos W.-Chr. v. d. Mülbe, 1989.

[63] Zum Teil abgedruckt bei BINHACK 1888 (Anm. 61) 111–117. – Vgl. zur Gattung HB II 1003 u. Literatur in Bayerisch Schwaben, 136ff.

(1622–1690),[64] der Prüfeninger Benediktiner *Benno Ortmann* (1752–1811)[65] aus Mariaort bei Regensburg, der auch in Amberg als Lehrer tätig war, gehören hierher, der Ettaler Dichtermönch *P. Ferdinand Rosner* (1709–1778),[66] zwar in Wien geboren, doch aus einer Oberpfälzer Familie stammend, der aus Waldsassen gebürtige Seeoner Benediktiner *P. Carl Soelch* und der Andechser Konventuale *P. Joh. Nepomuk von Hortig* aus Pleistein,[67] um nur die bekannteren Autoren zu nennen. Die meisten dieser Namen sind bereits im Literatur-Kapitel von Altbayern dieses Handbuchs aufgeführt. Erwähnt ist dort auch *Marcellinus Sturm* (1760–1812)[68] aus Rötz in der Oberpfalz, der zwar nur ein kleines, aber desto originelleres Werk hinterlassen hat.

Zu den Jesuitenschriftstellern aus der Oberpfalz gehören der als Prediger angesehene *Albert Weinperger* (1685–1746)[69] aus Neumarkt, die Historiker *Franz X. Kropff* (1691–1746), *Daniel Stadler* (1705–1764) und *Johann Nepomuk Mederer*[70] sowie der in jungen Jahren verstorbene *Johann Nepomuk Neumiller* (1753–1784),[71] dessen kleines, aber beachtenswertes Werk J. M. Sailer unter dem Titel «Laute aus dem Leben eines Edlen» herausgegeben hat.

*Geistliche und weltliche Autoren außerhalb der Klöster.* Aus Pressath gebürtig ist *Georg Alois Dietl* (1752–1809),[72] ein Meister der kleinen Form, ausgezeichnet durch vorzüglichen Stil und feinen Humor, an der Universität im niederbayerischen Landshut und in der Seelsorge tätig. *Josef Anton Destouches* (1767–1853)[73] kommt gegen Ende des Jahrhunderts, 1790, als Beamter von München nach Amberg und behandelt in seinen zahlreichen Dramen auch typisch oberpfälzische Themen.[74] 1809 veröffentlicht er noch eine «Statistische Darstellung der Oberpfalz...» in drei Bänden.

*Sulzbach im 17. und 18. Jahrhundert.* Ein weiterer Höhepunkt neben Ensdorf und Waldsassen ist zweifellos der Hof der kleinen Herrschaft Pfalz-Sulzbach. Unter Pfalzgraf August begann der lutherische Pastor zu Sulzbach und spätere Superindendent zu Bayreuth *Johannes Braun* (1581–1651)[75] aus Sulzbach die Material-

[64] HB II 991; BB II 494–500 u. 1281; DLL 12, 214.

[65] Lindner, Schriftsteller I 247–250; HB II 1020; BB III 455–461 u. 1240f.; DLL 11, 719.

[66] St. Schaller (Hg.), F. R., Lieder, Predigten, Dramen, 1990; BB III 410–418, 1014–1027 u. 1247f.; HB II 1011f.; DLL 13, 344; H. Schuhladen in Lit.-Lex. X 22f.

[67] Zu Soelch: H. Pörnbacher, Die schönste Kunst im Schreiben. Literaten u. Literaturpflege in Seeon v. 1600 bis 1800 (FS Seeon) 1993; zu Hortig vgl. Lindner, Schriftsteller I 301f. u. H.-J. Nesner, Das Metropolitankap. zu München, 1994, 526f.

[68] HB II 1008; BB III 1048–1055 u. 1263.

[69] C. Sommervogel, Bibliothèque de la Comp. de Jésus. Tome 8, 1898, 1029ff.

[70] Zu F. X. Kropff: NDB 13. – Hier seien auch die Reiseberichte seines Bruders Joseph †1734) von den Philippinen genannt. – Zu Stadler s. HB II Register; BB III 473–477 u. 1260. Zu Mederer s. Baader, Lexikon I 2, 16–20; R. Messerer (Hg.), Briefe an d. Geh. Rat. Joh. Caspar v. Lippert (OA 96) 1972, 320–395; HB II 953, 1169f.; A. Kraus, Johann Kaspar v. Lippert im Spiegel seiner Korrespondenten (FS D. Albrecht) 1992, 141–146.

[71] HB 1019; BB III 612–616 I u. 1238f.

[72] H. Pörnbacher, Zur Rezeption engl. Dichtung im Bayern d. 18. Jhs. (FS J. Bourke) 1974, 407f.

[73] HB II 1024; BB III 986–994 u. 1212; DLL 3, 120f.

[74] O. Schmidt (Anm. 49) 250f.

[75] J. Braun, Nordgauchronik. Anno 1648. Hg. durch A. Eckert, 1993.

sammlung für sein „Chronicon Nordgaviense“, aus der ein wichtiges Quellenwerk für die Geschichte der Oberpfalz wurde, vor allem für das frühe 17. Jh., seiner eigenen Zeit. Freilich ist die Chronik auch ein trauriges Dokument der Intoleranz des Verfassers und der Animosität zwischen den Konfessionen. Die literarische Blüte konnte sich in der Residenz durch die Großzügigkeit des Herzogs Christian August (1632–1708)[76] der seinem Vater nachfolgte, entfalten. Der weltoffene, vielseitig gebildete und tolerante Herzog, dessen Vorbild u. a. auch die Habsburger-Residenz in Prag unter Rudolf II. war, ermöglicht eine kulturelle Blüte, die höchste Bewunderung verdient und vielen Bereichen des Geisteslebens zugute kommt: dem religiösen Leben, den hebräischen Forschungen, verbunden mit einer eigenen jüdischen Druckerei, und nicht zuletzt der deutschsprachigen Literatur. Es gelang dem Herzog angesehene, ja außerordentliche Gelehrte und 1666 den Dichter *Christian Knorr von Rosenroth* (1636–1689)[77] an seinen Hof zu ziehen. Knorrs mystische Auffassung von der Schöpfung, sein Glaube an die Einheit von Gott und Natur kommt in seinem berühmten Lied «Morgen-Glanz der Ewigkeit, Licht vom unerschöpften Lichte» zum Ausdruck. Diese theosophische Naturphilosophie, beeinflußt von seinen Kabbala-Studien und dem neu aufkommenden Pietismus, wird in der zweiten Hälfte des achtzehnten Jahrhunderts von den «Rosenkreuzern» wieder aufgenommen und wirkt weiter auf Carl von Eckartshausen und Franz von Baader.[78] Daneben stehen Knorrs «glühende Sehnsuchtslieder» (Günther Müller), die gerade in der Ausgestaltung der Jesusliebe die geistliche Dichtung *Johann Schefflers (Angelus Silesius)* als Vorbild verraten. Seine geistliche Lyrik sammelte Knorr in dem Band «Neuer Helikon mit seinen Neun Musen...» (1684). Unter Christian August fand auch das Theater in Sulzbach seinen ihm angemessenen Platz.[79]

Im späten 18. Jahrhundert macht *Karl Friedrich Aichinger* (1717–1782)[80] in Sulzbach von sich reden, der sich im Literaturstreit Gottscheds auf Seite der Schweizer Bodmer und Breitinger stellte. Sein «Klaglied der obern Pfalz wider Herrn Prof. Gottsched» (1750) hat er in Hexamtern verfaßt. Aichinger, Pfarrer und Schulinspektor in Sulzbach veröffentlichte 1760 «Erläuterungen einiger teutscher

[76] Zur politischen Situation unter Christian August vgl. in diesem Band § 17. – H. GRASSL, Der Sulzbacher Musenhof (Barock u. Aufklärung) 1972, 9–21; K. JAITNER, Der Pfalz-Sulzbacher Hof in d. europ. Ideengesch. d. 17. Jhs. (Wolfenbütteler Beitrr. Aus d. Schätzen d. Herzog August Bibl. 8) 1988, 273–404. – H. STURM, Das wittelsbach. Herzogtum Sulzbach. Ein hist.-topograph. Überblick, 1980.

[77] K. SALECKER, Chr. K. v. Rosenroth (Palaestra 178) 1931; DLL 8, 1430; BB II 394–401 u. 1265 f.; J. TELLE in Lit.-Lex. VI 413–415; Christian Knorr v. Rosenroth. Dichter u. Gelehrter am Sulzbacher Musenhof. FS z. 300. Wiederkehr d. Todestages, 1989; I. M. BATTAFARANO, Chr. K. v. R.: Glanz d. barocken Ingeniums (Simpliciana 12) 1990, 395–412. – Die jüngst gegründete Christian Knorr v. Rosenroth-Gesellschaft gibt jetzt eine Zeitschrift heraus: Morgen-Glantz. Zeitschr. d. Christian Knorr von Rosenroth – Ges., hg. v. I. M. BATTAFARANO, Bd. 1 (1991). Vgl. auch § 23 Anm. 47/49.

[78] Dazu ausführlich bei H. GRASSL, Aufbruch z. Romantik, 1968.

[79] Christian Knorr v. Rosenroth FS (Anm. 77) 87–93.

[80] DLL 1, 43 f.

Wörter aus den oberdeutschen Mundarten». In diesen Bemühungen trifft er sich mit *Andreas Zaupser* (1746–1795),[81] der 1789 in München ein kleines Buch herausgab «Versuch eines baierischen und oberpfälzischen [!] Idiotikons»,[82] ein anregendes Buch, das hier doch erwähnt werden soll und das an einen anderen Oberpfälzer denken läßt, an *Johann Andreas Schmeller,* der eine Generation später das große bayerische Wörterbuch schreiben wird.

### d) *Die Literatur Regensburgs im 17. und 18. Jahrhundert*

*Die Reichsstadt und der Hof der Fürsten Thurn und Taxis.* Regensburg nimmt spätestens seit Einführung der Reformation eine Sonderstellung ein. Während im Mittelalter die Literatur der Stadt eindeutig Teil der altbayerischen Literatur ist,[83] pflegt die protestantische Reichsstadt vor allem im 17. Jahrhundert mehr Verbindungen zum fränkischen Nürnberg als zum bayerischen Umland. Außer dem Stadtregime gibt es in Regensburg neben reichsunmittelbaren Frauenstiften, die für die Literatur weniger ergiebig sind, noch die Fürstabtei St. Emmeran, das Schottenkloster und die Abtei Prüfening. Da auch der nicht unbedeutende Klosterhumanismus dieser Stifte bereits in Band II dieses Handbuches berücksichtigt wurde, genügt es, wenn hier noch das 17. und 18. Jahrhundert vorgestellt werden.

Die zentrale Gestalt der freien Reichsstadt Regensburg im siebzehnten Jahrhundert ist *Johann Ludwig Prasch* (1637–1690).[84] Der vielseitige und fruchtbare Schriftsteller – über hundert Werke sind unter seinem Namen erschienen – genoß schon in seinem Jahrhundert großes Ansehen. Er war Lyriker und Dramatiker, hat lateinisch und deutsch geschrieben, theoretische Schriften verfaßt und das erste Wörterbuch einer deutschen Mundart versucht, das «Glossarium Bavaricum» von 1689. Zeitgenossen von Prasch sind *Johann Albert Portner* (1632–1687),[85] Verfasser geistlicher Schriften, und *Johann Georg Gichtel* (1636–1710),[86] der wegen theologischer Differenzen 1655 aus dem protestantischen Regensburg weichen mußte und in Amsterdam Zuflucht fand, wo er ein aszetisches Leben führte und in seinen Schriften, vor allem in den «Erbaulichen Theosophischen Sendschreiben», eine Mystik in der Art Jakob Böhmes vertrat. Das bleibende Verdienst Gichtels ist die erste Gesamtausgabe der deutschsprachigen Schriften Böhmes. Regensburg war, ähnlich wie Nürnberg, Zufluchtsort für viele österreichische Exulanten. Zu ihnen gehörte auch der junge *Johann Beer* (1655–1700),[87]

[81] Zu Zaupser vgl. HB II 1017; BB III 559–567, 1081–1084 u. 1274.

[82] Nachdr. 1986 hg. v. A. HUBER.

[83] Sie wird behandelt in HB I § 39f. u. HB II § 136.

[84] K. DACHS, J. L. Prasch (VHOR 98) 1957; Ders. (Bayer. Lit. Gesch. II) 235–248; BB II 694–698 u. 1281f.; DLL 12, 234ff.; H. JAUMANN in Lit.-Lex. IX 223f.

[85] M. BIRCHER, Johann Wilhelm v. Stubenberg (1619–1663) u. sein Freundeskreis (Quellen u. Forsch. NF 25) 1968.

[86] DLL 6, 314f.; J. TELLE in Lit.-Lex. IV 154f.

[87] A. SCHIEDECKE (Hg.), J. Beer. Sein Leben von ihm selbst erzählt, 1965; H. PÖRNBACHER, J.B. (Deutsche Dichter. Leben u. Werk deutschsprach. Autoren Bd. 2, hg. v. G. E.

neben Grimmelshausen *der* große Erzähler des 17. Jahrhunderts in deutschen Landen. Seit 1665 lebte in Regensburg *Wolf Helmhard von Hohberg* (1612–1688),[88] eine der markantesten Persönlichkeiten aus der Gruppe dichtender österreichischer Exulanten im 17. Jahrhundert.[89] Er schildert das ländliche Leben aus adeliger Sicht. 1655 begann er mit «Hirtenliedern» im Geiste Vergils; dann folgten die Epen «Unvergnügte Proserpina» (1661), ein mythologisches Versgedicht nach Claudianus, und «Der Habsburgische Ottobert» (1664), ferner eine Nachdichtung der Psalmen mit dem Titel «Lust- und Arzeneygarten des königlichen Propheten David» (1675) und schließlich sein wichtigstes Werk, die «Georgica curiosa» (Nürnberg 1682), ein «Unterricht für den Landbau fürs adelige Land- und Feldleben». – Wie es unter den österreichischen Exulanten in Regensburg und Nürnberg enge literarische Kontakte gab, etwa zwischen Wolf Helmhard von Hohberg und Catharina Regina von Greiffenberg,[90] so gab es auch Kontakte und Parallelen zwischen den Zünften. Als Gradmesser dafür bezeichnet Nadler[91] die Fastnachtspiele des Regensburger *Schreinermeisters* Stephan Egl von 1618.[92] Neben diesen einfachen Handwerkerspielen gibt es in Regensburg natürlich auch das historische Volkslied; für die Stadt und ihre Geschichte besonders charakteristisch «Das Lied von Hans Dollinger».[93]

Im achtzehnten Jahrhundert spielt neben der Stadt der Hof der Fürsten Thurn und Taxis eine bedeutende Rolle für die Pflege von Literatur und Theater.[94] *Franz Wilhelm Rothammer* (1751–1800)[95] aus Cham in der Oberpfalz, von 1779–1795 Bibliothekar des Fürsten, war ein vielseitiger Autor von Tragödien und Lustspielen, Oden und historischen Darstellungen. Ebenfalls Bibliothekar und Beamter am Hof war der Regensburger *Albrecht Christoph Kayser* (1756–1811),[96] Romanschriftsteller («Adolphs gesammelte Briefe», 1778) und Erzähler, Über-

Grimm u. F. R. Max) 1988, 409–427; BB II 699–702, 782 u. 1237. – Über Beers Beziehungen zu Weiden A. Krauss, Der Barockdichter Johann Beer u. Weiden (Oberpfälzer Heimat 32) 1988, 109–115.

[88] BB II 709f., 1013ff. u. 1259; O. Brunner, Adeliges Landleben u. europ. Geist. Leben u. Werk Wolf Helmhards v. Hohberg, 1949; G. Scherl, Abgesang barocker Standesherrlichkeit (Barock u. Aufklärung, hg. v. H. Schindler) 1972, 22–34; A. Frühsorge, Georgica Curiosa. Vom geistl. Sinn d. Anleitungslit. bei W. H. v. H. (Die österreich. Literatur. Ihr Profil v. d. Anfängen im MA bis ins 18. Jh. T. 2, hg. v. H. Zeman) 1986, 1071–1089; DLL 8, 1f.; M. Schilling in Lit.-Lex. V 432ff.

[89] Bircher (Anm. 85).

[90] Dazu ebd. 198ff.

[91] Nadler I 434.

[92] BB II 1184–1194 u. 1245. – Vgl. auch W. Wild, Über Schauspiele u. Schaustellungen in Regensburg, 1901.

[93] K. H. Göller–H. W. Wurster, Das Regensburger Dollingerlied, 1980, bes. Anhang II, S. 73–81 mit Texten aus J. S. Brechtel, Johann Ludwig Gottfried, Johann Carl Paricius und Joseph Rudolph Schuegraf; Des Knaben Wunderhorn. Alte deutsche Lieder gesammelt v. Achim v. Arnim u. Clemens Brentano. Krit. Ausgabe hg. v. H. Rölleke. Bd. I, 1987, S. 36 «Der Dollinger», 427f.; L. Erk-F. M. Böhme, Deutscher Liederhort. Auswahl d. vorzügl. deutschen Volkslieder, nach Wort u. Weise aus d. Vorzeit u. Gegenwart, I, 1893, 98f. – Siehe auch Anm. 97.

[94] Eine knappe Darstellung bei E. Neubauer, Das geistig-kulturelle Leben d. Reichsstadt Regensburg (1750–1806), 1979, 71–79: Dichtung und Theaterwesen.

[95] DLL 13, 380f.; E. Trapp, Prof. W. R. (Die Oberpfalz 42) 1944, 164; E. Probst, Fürstl. Bibliotheken u. ihre Bibliothekare 1770–1834 (Thurn u. Taxis – Stud. 3) 1963, 146ff.

[96] DLL 8, 983f.; Probst (Anm. 95) 198f.

setzer aus dem Englischen und Französischen. Auch *Emanuel Schikaneder* (1751–1812)[97] aus Straubing, der Librettist von Mozarts Zauberflöte, spielt für Regensburgs Theaterleben im 18. Jahrhundert eine wichtige Rolle; er wird vom fürstlichen Hof kräftig subventioniert und hat ein Weile beachtlichen Erfolg, aber auch gute Ideen, um das Theater einem großen Publikum schmackhaft zu machen. Unter den Stücken, die er in Regensburg zur Aufführung brachte, sind solche der deutschen Klassiker und ein typisch Regensburger Stoff, nämlich die von Schikaneder selbst vorgenommene Dramatisierung des Dollingerliedes mit dem Titel «Hans Dollinger oder das heimliche Blutgericht» (1788).

*Die Klöster in Regensburg.* Gerade im 17. und 18. Jahrhundert standen die Regensburger Prälatenklöster in hoher Blüte. Für alle Klöster gilt, daß neben dem religiösen Leben die Pflege der Wissenschaften, angefangen von der Theologie bis zu den Naturwissenschaften, an erster Stelle stand und die schöne Literatur eher beiläufig und als Liebhaberei betrieben wurde.[98] Und doch überrascht die Beschäftigung mit den Schriftstellern dieser Klöster wegen der Fülle ihrer Veröffentlichungen und der Mannigfaltigkeit der Themen. Steht im Schottenkloster zu Regensburg die Wissenschaftspflege an erster Stelle, so gibt es in Prüfening eine Reihe gewinnender und tüchtiger Vertreter auch der schönen Literatur.[99] Der Tiroler *Veremund Gufl* (1705–1761) gehört dazu mit den Viten von Erminold und Eberhard (1755), Mönchen seines Klosters; *P. Wunibald Reichenberger* aus Cham (1697–1769), Autor zahlreicher Erbauungsbücher; *P. Petrus Gerl* (1718–1781), ein Spezialist für Leichenreden; *P. Benno Ortmann* (1752–1811), gewinnend als Persönlichkeit, überaus tüchtig als Literat, imponierend wegen seines umfangreichen Schriftenverzeichnisses; *P. Maurus von Schenkl,* der als Bibliothekar von Amberg bereits erwähnt wurde (s. Anm. 58); *P. Johann Ev. Kaindl* (1744–1823), Verfasser eines fünfbändigen Werkes über «Die Wurzeln der deutschen Sprache» und schließlich *Abt Rupert Kornmann* (1757–1817), der vielseitige und weise Gelehrte, Schriftsteller und Dichter.[100] Kein Wunder, daß sich *P. Florian Scharl* († 1803) anschickte, eine «Historia literaria» seines Klosters zu schreiben, die allerdings nicht gedruckt wurde, und das Manuskript scheint verloren zu sein. Ähnliches hat *P. Rupert Aign* (1729–1813) für St. Emmeram in Regensburg versucht, doch auch von dieser «Literaturgeschichte» sind nur mehr Bruchstücke erhalten. Für St. Emmeram wären viele Namen aufzuzählen, die Lindner in seinem Schriftstellerverzeichnis behandelt, ganz abgesehen von dem hohen Stand der Wissenschaften in diesem Kloster, vor allem unter Fürstabt Frobenius Forster; L. Hammermayer redet sehr plastisch von einer Art «Klosterakademie»[101] in St. Emmeram. Hier seien stellvertretend für die vielen Namen nur zwei Autoren

[97] BB III 953–966 u. 1252; C. Fritsch in Lit.-Lex. X 227f.; DLL 14, 548–551.

[98] Allgemein zu diesem Thema H. Pörnbacher, Barocklit. in d. Prälatenklöstern Altbayerns (ZBLG 47) 1984, 181–195.

[99] Im folgenden alle Angaben nach Lindner, Schriftsteller, der allerdings erst um die Mitte des 18. Jahrhunderts einsetzt.

[100] BB III 378–382, 482–491 u. 1227f.; LindnerSchriftsteller I 252–259; DLL 9, 281; HB II (Register).

[101] HB II 1170.

genannt, Abt Ignaz von Trauner und P. Roman Zirngibl. *Ignaz von Trauner* (1638–1694)[102] gehört zu den bedeutenderen Barockpredigern Bayerns mit seinen Sammlungen «Gallus cantans» ($^{4}$1695) und «Geistliche Seelenjagd» ($^{3}$1700), um nur diese Werke zu nennen. Von *P. Roman Zirngibl* (1740–1816)[103] aber schreibt Lindner (I, 73) «man kann auf seine rastlose Thätigkeit nicht blicken, ohne ergriffen zu werden und zu staunen». Doch das gilt in gleicher Weise für den Eindruck, den alle diese Abteien im 18. Jahrhundert machen, Prüfening, die Schottenabtei und eben St. Emmeram. Zirngibl stand als Gelehrter und Mönch durchaus auf der Höhe der Zeit und der Aufklärung nahe. Aber er erkannte auch die Gefahren einer eifernden Aufklärung und mißbilligte deren blinde Kritik an seiner Heimat.[104] Ähnlich wie für Prüfening – Abt Rupert Kornmann gehört dort zu den Autoren – wären auch für St. Emmeram eine Reihe von Schul- und Singspielen aufzuzählen, aber auch Stücke, die für die Klostergemeinschaft selbst bestimmt waren, etwa das Schäferspiel «Die guten Kinder», das *P. Albert Lukas* zur Wiedergenesung von Fürstabt Frobenius im Jahre 1790 gedichtet und für das Franz Bühler die Musik geschrieben hat. Wichtig für Regensburgs geistiges Leben ist der aus Prag stammende Domherr und Botaniker *Kaspar Graf von Sternberg* (1761–1832),[105] ein hochgebildeter Theologe und Naturwissenschaftler und ein Prosaschriftsteller von Format, dem Regensburg eine Beschreibung der Stadt verdankt und die Gründung einer Botanischen Gesellschaft. Bis 1806 stand er noch im Dienste Karl Theodor v. Dalbergs, dann zog er sich in seine Böhmische Heimat zurück und richtete in Prag das botanische Nationalmuseum ein.

Bleibt noch, auf das Jesuitentheater in Regensburg hinzuweisen,[106] eine Einrichtung, die auch deshalb bekannt ist, weil Goethe während seines kurzen Aufenthaltes in der Stadt zwei Stücke sah («Der lieblose Knecht» und «Die sogenannte Menschenliebe») und sich in seiner «Italienischen Reise» lobend darüber äußert.[107] Er schreibt: «... es ist eine Freude an der Sache dabei, ein Mit- und Selbstgenuß, wie er aus dem Gebrauche des Lebens entspringt.» Das war im September 1786. Wenige Jahre später beschloß der Reichstag in Regensburg die Säkularisation der Klöster und somit auch das Ende dieser Literaturpflege in Bayern.

e) *Wallfahrten und Volksschauspiele.* Zwei weitere Bereiche seien wenigstens gestreift, ohne daß sie hier erschöpfend dargestellt werden können, das Wallfahrtswesen und das Volksschauspiel. An den Wallfahrtsorten sind es die Wallfahrtslie-

[102] BB II 507–514, 1269f. u. 1340f.; E. Moser-Rath in Lit.-Lex. XI 396f.

[103] Vgl. HB II 1170; BB III 58–61 u. 1275.

[104] A. Kraus (Hg), Die Briefe Roman Zirngibls v. St. Emmeram in Regensburg (VHOR 103) 1963, Brief Nr. 1 (Sonderdruck S. 15).

[105] ADB 36; C. V. Wurzbach, Biogr. Lex. d. Kaiserthums Österr., Wien 1856/91 38; BB III 851–856, 900–908 u. 1261.

[106] J.-M. Valentin, Le Théâtre des Jésuites dans les Pays de Langue Allemande. P. 1.2., 1983f.

[107] J. W. v. Goethe, Italien. Reise. Hg. v. H. v. Einem. Goethes Werke, Hamburger Ausgabe 9, 1954$^{2}$, 10f.

der und Rufe sowie die Mirakelbücher,[108] die mitunter zu literarischen Kostbarkeiten geformt werden. Mirakelbücher gibt es für fast alle Wallfahrten der Barockzeit, etwa für die Wallfahrt zur Schmerzhaften Mutter Maria in Tirschenreuth, verfaßt von P. *Michael Schwarz* aus Waldsassen mit dem Titel «Blühender Lebensbaum in der Stadt Türschenreuth», für das weithin berühmte Mariahilf in Amberg[109] oder für Habsberg bei Neumarkt, dort seit 1760 in rascher Folge. Für Mariahilf im Amberg hat der tüchtige Jesuitenschriftsteller *Adam Widl* († 1710) mehrere Schriften, darunter auch ein Mirakelbuch, verfaßt. Ein besonders kunstvoll gestaltetes Beispiel stammt von dem Franziskaner *P. Fortunat Hueber* aus Neustadt (Nby) für Neukirchen bei Heiligblut; es trägt den Titel «Zeitiger Granat-apfel Der allerscheinbaristen Wunderzierden»[110] und ist zugleich ein schönes Dokument bayerisch-böhmischer Nachbarschaft.[111]

An Volksschauspielen seien aufgeführt «Der Drachenstich von Furt im Wald»,[112] das im Entstehungsgebiet verbreitete und beliebte «Oberpfälzische Weihnachtsspiel» aus Lauterhofen bei Kastl,[113] die «Kemnather Passion» und die von «Neumarkt»,[114] die bis ins 19. Jahrhundert hinein gespielt wurde,[115] schließlich Heiligenleben wie «Der sterbende Alexius» (Beilngries 1765).

[108] Vgl. dazu G. Schreiber, Deutsche Mirakelbücher. Zur Quellenkunde u. Sinngebung, 1938 u. HB II 996.

[109] Marienlexikon I, 1988, 123; BB II 958 ff. – dort auch zu A. Widl (1303).

[110] Photomechanischer Nachdruck mit Nachwort u. Registern hg. v. G. v. Gemert, 1983; BB II 1077–1084; – zu Fortunat Hueber: BB II 420–439, 1077–1084 u. 1260; W. Baumann, P. Fortunat Hueber O.F.M. über bayer. u. böhm. Marienwallfahrten (Bohemia 21) 1980, 368–375; E. Moser-Rath in Lit.-Lex. V 496f.; Marienlexikon III 257. – Zu Neukirchen: Marienlexikon IV 601 f.

[111] Das Buch bringt u. a. Lieder in tschechisch-deutscher Mischsprache. Zu dem Thema der Wechselbeziehungen zwischen Böhmen und Bayern sei auf die Arbeiten von W. Baumann hingewiesen, soweit sie für die Berichtszeit einschlägig sind: Die tschech. Postillen in d. Bibliothek d. Franziskanerklosters v. Neukirchen bei hl. Blut (Bohemia 20) 1979, 37–43; Brauchtum u. relig. Kunst in d. bayer.-böhm. Kulturlandschaft (Bohemia 23) 1982, 388–398; Der Hussit u. d. Madonnenfrevel v. Neukirchen bei hl. Blut (Bohemia 25) 1984, 104–115; vgl. auch A. Dollacker, Kulturelle Beziehungen d. Oberpfalz zu Böhmen u. Wegverbindungen zw. diesen zwei Ländern in d. Vorzeit (VHOR 85) 1935, 245–249. In diesen Zusammenhang gehören auch die Beziehungen des Klosters Waldsassen zu Böhmen. – Dies sei betont, um positive Zeugnisse aufzuzeigen, die dem Aufbau neuer guter Verhältnisse zwischen den beiden Völkern dienen könnten.

[112] W. Baumann, Der Drache aus Böhmen. Von d. Gesch. z. Festspiel in Furth im Wald, 1986.

[113] A. Hartmann, Volksschauspiele in Bayern u. Österreich-Ungarn gesammelt. Mit vielen Melodien nach d. Volksmund aufgezeichnet v. H. Abele, 1880, 453–462.

[114] Hartmann (Anm. 113) 464–473. – Zur Kemnather Passion: M. Knedlik, Kemnather Passion. Die Spielhandschriften d. 17. und 18. Jhs., 1993.

[115] Zur Forschungsgrundlage in der Oberpfalz G. Högl, Die Passionsspiele in Niederbayern u. d. Oberpfalz im 17. u. 18. Jh., Phil. Diss. München 1957; H. Moser, Volksschauspiel im Spiegel v. Archivalien. Ein Beitr. z. Kulturgesch. Altbayerns, 1991, 15f.

## § 25. MUSIK

MGG (Personal- und Ortsartikel m. Werkverzeichnissen u. ausführl. Literaturangaben); desgleichen The New Grove, Dictionary of Music and Musicians, ed. S. Sadie, 20 vol., London 1980; D. Mettenleiter, Musikgesch. d. Oberpfalz, Amberg 1867; P. Winter, Musikpflege am Pfalz-Neuburger Hof (Neuburg. Festschr. z. 450-Jahr-Feier d. Gründung d. Fürstentums Neuburg) 1955, 83–98.

Aus dem Gebiet der heutigen Oberpfalz[1] sind uns besondere musikgeschichtliche Ereignisse während des Mittelalters nicht bekannt. Im Bistum Regensburg, der Erzdiözese Salzburg angehörig, dürfte sich das Musikleben an den Klöstern ähnlich wie in Ober- und Niederbayern, die ja zur gleichen Kirchenprovinz gehörten, abgespielt haben, und auch sonst wird sich die in der Oberpfalz übliche Musik kaum von dem unterschieden haben, was im stammesverwandten Ober- und Niederbayern außerhalb der herzoglichen Hofhaltungen allerorts üblich war. Wenn wir von einigen Minnesängern wie z. B. Reinmar von Brennenberg und dem sagenumwobenen Tannhäuser (aus Tannhausen bei Neumarkt), beide 13. Jahrhundert, und dem etwa 100 Jahre späteren Hadamar von Laber absehen, die ja sowieso mehr der Literaturgeschichte angehören, so ist die erste Persönlichkeit, die aus der Oberpfalz stammend ins Licht der Musikgeschichte tritt, Sebastian Virdung, «Priester von Amberg», wie er im Titel seiner 1511 zu Basel gedruckten «Musica getutscht und außgezogen» (also ein deutschsprachiger Auszug aus der Musiklehre)[2] genannt wird. Schon bei Virdung sind zwei für nahezu alle bemerkenswerten Oberpfälzer Musiker geradezu typische Umstände festzustellen: einmal, daß sie ihre Haupttätigkeit außerhalb der Grenzen ihrer eigentlichen Heimat entfalteten, und zum zweiten, daß – zumindest im 16. Jahrhundert – Amberg wenn nicht ihr Geburtsort, so doch wenigstens ein Ort zeitweiliger Wirksamkeit war. So fungierte der aus Kemnath gebürtige Wolfgang Schmeltzl (ca. 1500–1560) als Kantor zu Amberg, bevor er (unter Zurücklassung seiner Familie) in Wien wieder zum katholischen Glauben zurückkehrte und dort (nun als katholischer Priester) Komödien sowie seine bekannte Quodlibetsammlung (gedruckt 1544 zu Nürnberg bei J. Petrejus) veröffentlichte.[3] Georg Forster (um 1510–1568), der Herausgeber der berühmten, ebenfalls in Nürnberg erschienenen fünf Sammlungen Teutscher Liedlein,[4] war in Amberg nicht nur längere Zeit als Arzt ansässig, sondern dortselbst geboren, ebenso der in Heilsbronn und Ans-

[1] Ohne Regensburg, dessen Anteil am Musikleben Bayerns bereits in HB I § 42 und HB II § 154/155 behandelt ist.

[2] Faksimile-Neudruck (hg. v. L. Schrade) Kassel 1930 u. (hg. v. W. Niemöller) Kassel 1971.

[3] Vgl. Elsa Bienenfeld, Wolffgang Schmelzl, sein Liederbuch u. d. Quodlibet d. 16. Jhs. (Sammelbde. d. Intern. Musikges. 6) 1904/05, 80–135.

[4] Neuausgaben: 1. Sammlung von 1539 (Erbe deutscher Musik 20) 1942, 2. Samml. v. 1540 (ebd. 60) 1969, 3. Samml. v. 1549 (ebd. 61) 1976, 4. Samml. v. 1556 (ebd. 62) 1987, 5. Samml. v. 1556 (ebd. 63) in Vorbereitung. Vgl. auch H. Kallenbach, Georg Forsters Frische Teutsche Liedlein (Gießener Beitrr. z. deutschen Philologie 19) 1931.

bach tätige Komponist Kaspar Othmayr[5] (1515–1553). Als «Ambergensis» bezeichnet sich auch stets der aus Hahnbach stammende Regensburger Kantor und Komponist Andreas Raselius (um 1563–1602, zuletzt Hofkapellmeister in Heidelberg, wo er einst die Universität besucht hatte).[6]

Amberg erweist sich so im 16. Jahrhundert als das eigentliche Musikzentrum der Oberpfalz; welcher Stellung und Achtung sich die Musik im öffentlichen Leben dieser Stadt erfreute, zeigt uns vielleicht am deutlichsten der Liedertisch im dortigen Rathaus, in dessen steinerne Platte unter anderem auch eine sechsstimmige Motette (Bitte um Gottes Gnade für den Rat der Stadt) kunstvoll eingeätzt ist.[7] Die anderen Oberpfälzer Städte treten ihm gegenüber weit zurück; zwar finden wir so gut wie überall Türmer[8] sowie bei evangelischen Kirchenverhältnissen auch Organisten, Kantoren und Singknaben, doch scheint mancherorts der Calvinismus jeglicher Musikpflege abträglich gewesen zu sein und darüber hinaus selbst diesbezügliche Zeugnisse vorhergehender Zeiten gründlich vernichtet zu haben.[9]

Nach der Durchführung der Gegenreformation in den im Dreißigjährigen Krieg an Kurbayern zurückgekommenen Gebiete sind es vor allem die Jesuiten, die wie überall in ihren Niederlassungen der Musik besondere Pflege angedeihen ließen, nicht zuletzt im Rahmen der oft opernhaft ausgestalteten Schuldramen. Wiederum ist Amberg der Ort, an dem sich das reichste Musikleben entfaltete; seit 1626 wurde jährlich mindestens ein solches Spiel, zumeist mit der Musik einheimischer Musiker, aufgeführt, seit 1676 in einem eigens dafür errichteten großen Theatersaal, der allerdings das Ende des Jesuitenordens (1773) nur um einige Jahre überdauerte. Doch auch an anderen Orten, im 18. Jahrhundert selbst im protestantischen Sulzbach, fanden solche theatralischen Aufführungen der «studierenden Jugend» statt. Während in den evangelischen Gemeinden mit deutschem Kirchenlied und Organistendienst die Musikpflege sich so gut wie allgemein beschied, hatte sie in den katholischen Gebieten sowie in den restituierten Klöstern wie z. B. Waldsassen am barocken Aufschwung der Kirchenmusik Altbayerns vollen Anteil. Mit einer erstaunlichen Anzahl von Klosterkomponisten und sonstigen komponierenden Musikern, die jedoch nahezu ausnahmslos auch jetzt wieder nicht in ihrer Heimat selbst tätig sind, trug die Oberpfalz nicht nur erheblich zu diesem Aufschwung bei,[10] sondern mit dem einer in Neustadt an

[5] Vgl. HB III 1 § 94.

[6] Vgl. HB II § 155; ausgew. Werke in DTB Jg. 29/30 (= Bd. 36), erweiterte Neuauflage 1972.

[7] Abbildung u. Ausgabe bei B. A. Wallner, Musikal. Denkmäler d. Steinätzkunst d. 16. u. 17. Jhs. nebst Beitrr. z. Musikpflege dieser Zeit, 1912 (Teildruck in: Mitt. aus d. Stadtarchiv Amberg 1, 1912).

[8] Vgl. J. Wax, Türmer in d. Oberpfalz (Volksmusik in Bayern. Mitteilungsbl. d. Volksmusikberatungsstellen d. Bayer. Landesver. f. Heimatpflege 8) 1991, 17–22.

[9] Lediglich in Mus. Ms. 89 der Bayer. Staatsbibl. zu München hat sich ein Chorbuch mit Werken von Orlando di Lasso, Valentin Judex u. a. erhalten, das nach D. Mettenleiter aus der Oberpfalz (Kapuzinerkloster in Neumarkt) stammt. Vgl. Bayer. Staatsbibliothek, Kat. d. Musikhandschriften 1, Chorbücher (Kat. Bayer. Musiksammlungen 5/1), 1989.

[10] Vgl. R. Münster, Oberpfälzer Kompo-

der Waldnaab ansässigen Familie entstammenden, in Erasbach bei Neumarkt geborenen Christoph Willibald Gluck (1714–1787), dem Reformator der italienischen und der französischen Oper, brachte sie einen der ganz Großen der Musik überhaupt hervor.[11] Doch auch Wolfgang Kaspar Printz aus Waldthurn (1641–1717), der als Kantor zu Sorau (Lausitz) mit einer Reihe bedeutender theoretischer Schriften, darunter der ersten Musikgeschichte in deutscher Sprache,[12] hervortrat, Franz Gleißner aus Neustadt (1761–1818),[13] Komponist und Mitarbeiter Senefelders bei der Erfindung der Lithographie, sowie Simon Mayr aus Mendorf (1763–1845), der später in Bergamo lebende Opernkomponist und Lehrer Donizettis,[14] sind Oberpfälzer, deren Namen in der Musikgeschichte einen guten Klang haben.[15]

Wie überall ist auch in der Oberpfalz aus dem Bereich des Instrumentenbaues der Orgelbau quellenmäßig am besten zu erfassen. Amberg war hier ebenfalls unstreitig das Zentrum des Landes, hier suchten alle irgendwie erwähnenswerten Meister Fuß zu fassen. So finden wir den bedeutendsten oberpfälzischen Orgelbauer, Friedrich Pfannmüller aus Hirschau (um 1490–1562) als Amberger Bürger, bevor er nach Böhmen übersiedelt, neben anderem dort seit 1553 am Neubau der als sogenannten Kaiserorgel berühmten Prager Domorgel beschäftigt.[16] Die in späteren Zeiten in Amberg tätigen Meister glänzen allerdings weniger durch herausragende fachliche Leistungen als durch geschicktes Ausnutzen der gegenreformatorischen und merkantilistischen Bestrebungen der Obrigkeit,[17] weshalb es nicht zu verwundern ist, daß man gerade zu den namhaftesten Orgelbauten des Landes auswärtige Kräfte herangezogen hat, so in Waldsassen den in Salzburg ansässig gewordenen Niederbayern Joseph Christoph Egedacher (1698), in Amberg St. Martin Johann Konrad Brandenstein aus Stadtamhof (1742) oder in Plankstetten, Freystadt, Neumarkt, Mendorf und anderswo drei

nisten z. Zt. Mozarts (Ausstellungskat. Regensburg, Staatl. Bibl.) 1963, und Ders., Augustin Holler aus Rothenstadt (Oberpfälzer Heimat 14) 1970, 102–109.

[11] Aus der immensen Gluck-Literatur sei hier nur auf die knappe, aber zuverlässige Biograpie von R. Gerber, Chr. W. Gluck, 1950² sowie auf die umfangreichen Artikel in MGG und The New Grove verwiesen; Gesamtausgabe, begonnen von R. Gerber, 1951 ff.

[12] Eine Selbstbiographie von Printz in J. Mattheson, Grundlagen zu einer Ehrenpforte, 1740 (Neudr. hg. v. M. Schneider, 1910).

[13] Geburtsjahr lt. Riemann Musik Lexikon nicht – wie oft – 1759 oder 1760.

[14] Vgl. L. Schiedermair, Simon Mayr, 2 Bde., 1907/10.

[15] Erwähnt sei in diesem Zusammenhang auch der von 1748 bis 1793 in diplomatischen Diensten in Paris lebende Friedrich Melchior (Baron von) Grimm (1723–1807), dessen «Correspondance littéraire» (Ausgabe in 16 Bdn., Paris 1877/82) eine wichtige Quelle zur Geschichte der Pariser Oper ist (auch Mozart hatte in Paris mit ihm zu tun). Vgl. E. Otto, Ein Oberpfälzer in Paris (Musik in Bayern 27) 1983, 75–80.

[16] Auch über die schließlich von Jörg Ebert aus Ravensburg 1555-61 erbaute Orgel der Innsbrucker Hofkirche wurde zuvor mit einem Amberger – Michael Strobel – verhandelt; vgl. dazu E. Kraus, Die Ebert-Orgel in d. Hofkirche zu Innsbruck (Musikwissenschaftl. Beitrr. d. Schlägler Musikseminare III) 1989, 9.

[17] Vgl. Th. Wohnhaas (unt. Mitarb. v. B. Mogge), Beitrr. z. Gesch. d. Orgelbaus in d. Oberpfalz: Amberger Orgelbauer im 18. Jh. (VHOR 105) 1965, 81–87.

Generationen der Ingolstädter Orgelbauwerkstatt König (1707ff.).[18] Musikverlag und Notendruck haben in der Oberpfalz außer einigen evangelischen und katholischen Gesangbuch- und Psalmdrucken aus Amberg und Sulzbach kaum etwas aufzuweisen.

In Neuburg an der Donau, der Residenz der nach dem Landshuter Erbfolgekrieg neugeschaffenen Jungen Pfalz, beginnt eine den landesüblichen Durchschnitt überschreitende Musikpflege erst, als Pfalzgraf Ottheinrich etwa seit 1535 mit dem Aufbau einer eigenen Hofkapelle begann.[19] Mit Beratung und Unterstützung durch den ihm verwandten Hof zu München und durch den befreundeten Abt Gerwig Blarer von Weingarten gelang es ihm in verhältnismäßig kurzer Zeit, etwa zwanzig gute Sänger und Instrumentalisten zu gewinnen oder für sich ausbilden zu lassen. Als spiritus rector fungierte dabei offensichtlich sein Rentschreiber Hans Kilian (ca. 1515–1601), der sich auch selbst als Komponist und als Notendrucker betätigte. Einen Einblick in das damalige Repertoire haben wir heute noch durch ein Heidelberger Kapellmusikverzeichnis, das, angelegt wohl in Zusammenhang mit dem Neuburger Bankrott von 1544, mehr als 3000 Kompositionen enthält.[20] Ein Teil des Repertoires spiegelt sich auch sicherlich im Tabulaturdruck von Ottheinrichs berühmtem Lautenmeister Sebastian Ochsenkhun (1521–1574) wieder,[21] der seit 1543 in Neuburg und später wieder in Heidelberg in dessen Dienst stand. In Neuburg scheint sich das Musikleben nach der Restituierung des Landes an den Pfalzgrafen (1552) und der damit verbundenen Wiederherstellung des 1543 eingeführten lutherischen Bekenntnisses lange Zeit auf die nötigste Kirchenmusik beschränkt zu haben. Für größere Anlässe behalf man sich mit auswärtigen Musikern: so kam 1574 zur Hochzeit Philipp Ludwigs die Münchner Hofkapelle unter Orlando di Lasso, 1575 zur Kindstaufe die Augsburger Stadtpfeiferei und 1587 zu gleichem Anlaß die Nürnberger Ratsmusik. Erst ab 1590 ließ Pfalzgraf Philipp Ludwig dann durch seinen damals schon langjährigen Organisten Lamprecht Fioth wieder eine kleine Vokal- und Instrumentalkapelle einrichten.[22] Als Fioth Anfang 1600 starb, dauerte es jedoch neuerdings über ein Jahr, bis mit dem vorher seit 1575 im ebenfalls neuburgischen Lauingen tätigen Organisten Jakob Paix (geb. zu Augsburg 1550)[23] wieder ein Kapellvorstand fest verpflichtet wurde. Die Rückkehr von Philipp Ludwigs

[18] Vgl. G. Brenninger, Orgeln in Altbayern, 1982².

[19] Vgl. A. Layer, Pfalzgraf Ottheinrich u. d. Musik (Archiv f. Musikwiss. 15) 1958, 258–175.

[20] Vgl. S. Hermelink, Ein Musikalienverzeichnis d. Heidelberger Hofkapelle aus d. Jahre 1544 (Ottheinrich, Gedenkschr. z. vierhundertj. Wiederkehr seiner Kurfürstenzeit in d. Pfalz, 1556–59, hg. v. G. Poensgen) 1956, 247–260.

[21] Tabulaturbuch auff die Lauten, Heidelberg 1558 (77 Bearbeitungen von Motetten, deutschen Liedern u. dgl.); Ochsenkhun stammt aus Nürnberg (vgl. HB III Franken § 103).

[22] Dazu und zum Nachfolgenden ausführlich A. Einstein, Italienische Musiker am Hofe d. Neuburger Wittelsbacher 1614–1716 (Sammelbde. d. Intern. Musikges. 9) 1907/08, 336–424.

[23] Vgl. M. Schuler, Das Orgeltabulaturbuch v. Jakob Paix. Ein Beitr. z. Gesch. d. deutschen Orgel- u. Klaviermusik in d. 2. Hälfte d. 16. Jhs., Diss. Masch. Freiburg 1958.

Sohn und Erben Wolfgang Wilhelm zum Katholizismus bereitete dann 1614 der evangelischen Hofmusik Neuburgs ein jähes Ende. Durch den Aufbau einer katholischen, nach modernem italienischen Geschmack orientierten Kapelle folgte – zunächst mit ausschließlich deutschen Musikern – ein schneller und beachtlicher Aufstieg. Unter den (nunmehr italienischen) Hofkapellmeistern Giuseppe Negri (seit 1619) und Biagio Marini (seit 1623)[24] überdauerte die Neuburger Musikpflege – wenn auch im Wechsel mit Wolfgang Wilhelms Zweitresidenz Düsseldorf – ungebrochen den Dreißigjährigen Krieg. Welch weitreichende musikalische Verbindungen damals geknüpft wurden, zeigt uns heute noch ein dem Herzog vom offiziellen Kopisten der spanischen Hofkapelle gewidmeter Sammelband mit 75 der besten damals am Hofe zu Madrid gesungenen Komponisten.[25] Zur eigentlichen Blüte gelangte die Musik zur Regierungszeit Herzog Philipp Wilhelms (1653–1690) unter der Leitung des Malteserritters Giovanni Battista Mocchi (1620–1688), der ab 1648 als Kapellmeister und später auch als Prinzenerzieher den Neuburger Wittelsbachern diente.[26] Die Hofkapelle war über viele Jahre hinweg mit etwa zwanzig Sängern und Instrumentalisten, zumeist Italienern (darunter auch Sopranisten) bester Qualität, reich besetzt, da sie ja – der Vorliebe des Herzogs entsprechend – neben dem Kirchendienst nur Kammermusik, vornehmlich Arien und Kantaten, für deren Texte sogar ein Hofdichter engagiert wurde, zu executieren hatte. Unmittelbar bevor Mocchi krankheitshalber seinen Dienst quittierte – von seinem Geburtsort Marino aus war er mit seinen guten Verbindungen zu römischen Musikern auch weiterhin für seinen Herzog tätig –, zog auch noch die Oper in Neuburg ein, als man im Karneval 1679 anläßlich der Vermählung des Erbprinzen Johann Wilhelm mit der Schwester des Kaisers einige (deutsche) Opern und ein Roßballett zur Aufführung brachte. Nach den Hochzeitsfeierlichkeiten wurde jedoch die Kapelle geteilt, um Johann Wilhelm in dem von ihm verwalteten Düsseldorf eine eigenständige Hofhaltung zu ermöglichen; die in Neuburg verbliebenen Hofmusiker aber mußten schon wenige Jahre später mit dem Erbanfall der Kurpfalz (1675) nach Heidelberg übersiedeln. Bei Aufenthalten des Hofes zu besonderen Anlässen erlebte Neuburg auch dann noch gelegentlich glanzvolle musikalische Aufführungen, als Stätte dauernder Musikpflege aber verblieb nach dem Wegfall einer ständigen Hofhaltung lediglich das örtliche Gymnasium, das nun den Musikdienst an der Hofkirche übernahm. Als Jesuitengründung hatte es sich von Anfang an mit musikalischen und dramatischen Darbietungen hervorgetan; seine musikalische Tradition blieb nach der Aufhebung des Ordens erhalten. Trotz

[24] Vgl. Dora Julia Iselin, Biagio Marini, sein Leben u. seine Instrumentalwerke, 1930; weiter H. Mersmann, Die Kammermusik d. 17. u. 18. Jhs. (Führer durch d. Konzertsaal, beg. v. H. Kretzschmar) 1933, 8/9.

[25] Heute in der Bayer. Staatsbibl. zu München., Mus. Ms- E; vgl. R. A. Pelinski, Die weltl. Vokalmusik Spaniens am Anf. d. 17. Jhs.: Der Canconiero de la Sablonara (Münchner Veröffentl. z. Musikgesch., hg. v. Thr. G. Georgiades, 20) 1971.

[26] Außer A. Einstein (Anm. 22) vgl. die biographische Einleitung zu der auch wieder aufgeführten Krippenkantate Mocchis (hg. v. P. Winter 1956).

einer zunächst (1777) verfügten Einschränkung der Zahl der «alumnorum musicorum» auf die Bedürfnisse der Hofkirche waren deren umfassende Musikausbildung und das «prächtige Orchester» über Neuburg hinaus anerkannt.

Gegenüber allen anderen Gebieten des heutigen Bayern weist die musikalische Vergangenheit der Oberpfälzer und Pfalz-Neuburgischen Länder eine Besonderheit auf: Beide treten in der Musikgeschichte jeweils nur mit einem einzigen Ort – Amberg bzw. Neuburg – hervor und beide nicht einmal für einhundert Jahre – Amberg im 16., Neuburg im 17. Jahrhundert.[27] Ansonsten sind besondere musikalische Ereignisse nicht zu vermelden, in der Oberpfalz insbesondere durch die bereits erwähnte Abwanderung nahezu aller Begabungen, für die es eben in der Heimat keine entsprechenden Entfaltungsmöglichkeiten gab, woran sich auch im neuen, größeren Bayern des 19. Jahrhunderts nichts Grundlegendes ändern sollte.

## § 26. DIE NEUEN KLÖSTER

N. Backmund, Monasticon Praemonstratense, 3 Bde., 1949/56 ($1983^2$); Krausen, Zisterzienserorden; Bavaria Franciscana antiqua, 5 Bde., 1954/61; Hemmerle, Augustinerklöster; Backmund, Chorherrenorden; J. Hemmerle, Die Benediktinerklöster in Bayern, 1970; Backmund, Kleinere Orden; H. u. A. Bauer, Klöster in Bayern. Eine Kunst- u. Kulturgesch. d. Klöster in Oberbayern, Niederbayern u. d. Oberpfalz, 1985, 219–278.

F. Mader, Oberpfälz. Klöster u. Wallfahrtskirchen, 1924; M. Buchberger (Hg.), Zwölfhundert Jahre Bistum Regensburg, 1939; R. Dollinger, Das Evangelium in d. Oberpfalz, 1952; J. Staber, Kirchengesch. d. Bistums Regensburg, 1966, 138–169; G. Schwaiger – P. Mai (Hgg.), Klöster u. Orden im Bistum Regensburg. Beitrr. zu ihrer Gesch. (BGBR 12) 1978, 1–477; K. Wirth, Klosterkirchen in d. Oberpfalz, 1989; Hausberger I 346–363; II 72–83; Im Vorfeld d. Säkularisation. Briefe aus bayer. Klöstern 1794–1803 (1812), bearb. v. W. Müller, 1989; Des Erzdechanten Gedeon Forster Matrikel d. Bistums Regensburg v. Jahre 1665, hg. v. M. Heim, 1990.

Die Reformationsepoche stellt für die Entwicklung des Klosterwesens im oberpfälzischen Raum einen viel tieferen Einschnitt dar als in Altbayern. Hier werden Mittelalter und Neuzeit durch ein protestantisches (und kalvinisches) Interim von mehreren Jahrzehnten getrennt, während dessen alle Klöster aufgehoben und einzelne sogar zerstört wurden. Bei verschiedenen Häusern (Gnadenberg, Kastl, Seligenporten, Pettendorf) gelang die Wiederbesetzung nicht mehr. Die für Altbayern so bezeichnende Kontinuität auch der monastischen Entwicklung ist hier nicht gegeben. Vielmehr büßten die alten Orden nach dem Zeitgraben der Reformationsepoche an Bedeutung ein und wurden von neuen religiösen Gemeinschaften in den Hintergrund gedrängt. Vor allem sie haben angesichts des großen

[27] «Kein deutscher Fürstenhof hat zu seiner Zeit eine glänzendere Erscheinung aufzuweisen als ihn [Biagio Marini]; und kein Meister hat mehr zur Entwicklung der Kammerkantate, besonders aber der Instrumentalmusik und des Violinspiels beigetragen als er. Durch seine Anwesenheit allein gewinnt der Neuburger Hof ebensoviel an Bedeutung für die Ausbreitung des neuen Stils in Deutschland als der Wiener und Münchener.» (Einstein, s. Anm. 22).

Mangels an Weltpriestern die Rekatholisierung der pfalz-neuburgischen Landesteile nach der Konversion Pfalzgraf Wolfgang Wilhelms ab 1614[1] und der kurpfälzischen Oberen Pfalz im Gefolge der Rückeroberung durch Herzog/Kurfürst Maximilian I. von Bayern ab 1621[2] getragen; erst mit dem Eintritt ins 18. Jahrhundert entfaltete die Weltgeistlichkeit hier wieder eigenständige Wirksamkeit. Die neuen Orden der Gegenreformation haben den oberpfälzischen Raum in größerem Ausmaß geprägt als Altbayern und in ihm ihre Frömmigkeitsformen tiefer verankert. Deswegen hat die Oberpfalz als monastische und religiöse Landschaft durchaus ihr eigenes Gepräge.[3]

Der für die Rekatholisierung sowohl Pfalz-Neuburgs als auch der Oberen Pfalz wichtigste Orden waren die Jesuiten.[4] Mit starker landesherrlicher, aber auch bischöflicher Förderung haben vor allem sie die kirchliche Erneuerung durchgeführt. Ihr erster Stützpunkt im Bistum Regensburg wurde das Kolleg St. Paul in der Bischofsstadt, das auf Betreiben Herzog Wilhelms V. 1589 in den Gebäuden des aufgelassenen Kanonissenstiftes Mittelmünster eingerichtet wurde. Es schuf vor allem durch seine hochwertigen schulischen Einrichtungen einen wirkungsvollen Gegenpol zum evangelisch bestimmten Bildungsangebot in der Reichsstadt.[5] Kurfürst Maximilian I. berief die Jesuiten sofort nach der Besetzung der Oberen Pfalz in die Hauptstadt Amberg.[6] Zur großzügigen wirtschaftlichen Fun-

[1] A. Sperl, Gesch. d. Gegenreformation in d. pfalz-sulzbach. u. hilpoltstein. Landen, Diss. Erlangen 1890; Ders., Pfalzgraf Philipp Ludwig von Neuburg, sein Sohn Wolfgang Wilhelm u. d. Jesuiten, 1895; F. Griessbach, Die Gegenreformation in d. Stadt Sulzbach i.J. 1628 (ZBKG 3) 1928, 129–184; R.H. Seitz, Reformation u. Gegenreformation im Fürstentum Pfalz-Neuburg (475 Jahre Fürstentum Pfalz-Neuburg. Ausstellungskat.) 1980, 43–66.

[2] F. Lippert, Gesch. d. Gegenreformation in Staat, Kirche u. Sitte d. Oberpfalz – Kurpfalz z. Zeit d. Dreißigjähr. Krieges, 1901; M. Högl, Die Bekehrung d. Oberpfalz durch Kurfürst Maximilian I., 1903; A. Schosser, Die Erneuerung d. religiös-kirchl. Lebens in d. Oberpfalz nach d. Rekatholisierung (1630–1700), 1938; S. Federhofer, Albert v. Törring, Fürstbischof v. Regensburg (1613–1649) (BGBR 3) 1969, 50–71; Die Oberpfalz wird bayerisch. Die Jahre 1621 bis 1628 in Amberg u. der Oberpfalz. Ausstellungskat., bearb. v. K.-O. Ambronn u. A. Fuchs, 1978, 49–60; W. Ziegler, Die Rekatholisierung d. Oberpfalz (Wittelsbach II/1) 436–447.

[3] W. Fink, Gesch. d. Orden u. religiösen Genossenschaften in d. Diözese Regensburg (Jahresber. d. Ver. z. Erforschung d. Regensburger Diözesangesch. 13) 1939, 26–78; K. Hausberger, Das Bistum Regensburg als Klosterlandschaft. Ein hist. Abriß (1250 Jahre Kunst u. Kultur im Bistum Regensburg. Berichte u. Forsch.) 1989, 177–194; Ders., Der Durchbruch d. kath. Reform in Altbayern, vornehmlich im Bistum Regensburg (Regensburger RU Notizen. Informationen z. Religionsunterricht H. 1) 1985, 2–12.

[4] Fr. X. Kropf, Historia Provinciae Societatis Jesu Germaniae Superioris IV–V, 1746/54; W. Gegenfurtner, Jesuiten in d. Oberpfalz. Ihr Wirken u. ihr Beitr. z. Rekatholisierung in d. oberpfälz. Landen 1621–1650 (BGBR 11) 1977, 71–220; Ders., Die Niederlassungen d. Jesuiten im Bistum Regensburg (BGBR 12) 1978, 385–408.

[5] J. Klose, Das Gymnasium u. Lyzeum St. Paul zu Regensburg (Albertus Magnus-Gymn. Regensburg. Festschr.) 1988, 221–243.

[6] J. Auer, Die Wirksamkeit d. Jesuiten in Amberg, 1891; B. Duhr, Gesch. d. Jes. in d. Ländern dt. Zunge, 1907/28, II 1, 242ff.; Ph. Schertl, Die Amberger Jesuiten im ersten Dezennium ihres Wirkens (1621–1632) (VHOR 102) 1962, 101–194; (103) 1963, 257–350; M. Popp, Kirchengesch. Ambergs zw. Rekatholisierung u. Säkularisation (Amberg 1034–1984. Aus tausend Jahren Stadtgesch.) 1984, 137–152.

dierung wurde diesem neuen Kolleg 1636 das wohlhabende aufgehobene Benediktinerkloster Kastl übergeben. Nach dem Ende des Dreißigjährigen Krieges wurde der markante Klosterkomplex bei St. Georg errichtet, der bis heute als bauliche Dominante das Stadtbild bestimmt. In ihm wirkte ein personell immer beachtlich starker Konvent, der die Seelsorge sowohl in der Oberen Pfalz als auch in den pfalz-neuburgischen Landesteilen wieder aufbaute. Von hier aus wurden weitere, meist nur vorübergehend besetzte Stützpunkte in Neumarkt, Cham, Kemnath und Tirschenreuth eingerichtet. Das Amberger Kolleg widmete sich neben der Seelsorge vor allem der Bildungsarbeit. Seit 1626 wurde ein Gymnasium unterhalten, in dem die ordenstypischen Erziehungshilfsmittel wie Jesuitentheater,[7] die Marianische Kongregation[8] oder Bruderschaften zum Einsatz kamen. Darüber hinaus beteiligte sich das Kolleg an der Missionsarbeit der Gesellschaft Jesu in Südamerika.[9]

Nach der Aufhebung des Jesuitenordens 1773 wurde der Besitz des Amberger Kollegs dem Malteserorden übertragen. Auf diesem Wege hielten 1782 die Malteser Einzug in der Residenzstadt, die bis 1808 Sitz einer Kommende wurde. Damit bekam dieser Orden nach Altmühlmünster einen zweiten Stützpunkt in der Oberpfalz. Doch hat er wegen seiner geringeren Aktivitäten sowohl im pastoralen als auch pädagogischen und sozialen Bereich das Leben in der Stadt weit weniger geprägt als die Gesellschaft Jesu.[10]

Während die Jesuiten den Schwerpunkt ihrer Tätigkeit in die Städte legten, widmete sich der zweite wichtige Orden der Gegenreformation, die Kapuziner, mehr der Seelsorge auf dem Lande.[11] Auch sie griffen in die Oberpfalz von der Reichsstadt Regensburg aus; mit kaiserlicher Hilfe hatten sie dort 1613 ein erstes Kloster errichtet.[12] Nach dem Dreißigjährigen Krieg wurden auch die Kapuziner zur Pfarrseelsorge herangezogen. Bis zur Säkularisation haben sie die Pfarreien Parkstein, Weiden und Vohenstrauß betreut und sich vor allem durch ihre Tätigkeit als volksnahe Prediger, Beichtväter und Volksmissionare große Beliebtheit verschafft. Wichtige Stützpunkte wurden die Klöster zu Neumarkt (1627)[13] und Schwandorf (1685).[14] Dazu kamen kleinere Häuser in Burglengenfeld (1706),[15] Neustadt a. d. Waldnaab (1709), Vilseck (1725), Sulzbach (1732) und auf dem

[7] F. Roth, Dr. Georg Agricola Ambergensis, 1927; G. Blössner, Gesch. d. Humanist. Gymnasiums Amberg, 1929; Ders., Die Stadt Amberg in ihrer kirchl. Vergangenheit, 1954; H. Batzl, Gesch. d. Erasmus-Gymn. Amberg. Festschr., 1976.

[8] H. Batzl, Festschrift z. 350-Jahrfeier d. Marianischen Männerkongregation Amberg, 1976.

[9] A. Huonder, Deutsche Jesuitenmissionäre d. 17. und 18. Jhs., 1899, 137, 141, 146, 150, 160; St. Gatzhammer, Ein Landsmann in d. Fremde (Die Oberpfalz 76) 1988, 142–145.

[10] L. Steinberger, Die Gründung d. baier. Zunge d. Johanniter-Ordens, 1911.

[11] A. Eberl, Gesch. d. Bayrischen Kapuziner-Ordensprovinz (1593–1902), 1902; Lexicon Capuccinum, 1951.

[12] H. Gf. v. Walderdorff, Regensburg in seiner Vergangenheit u. Gegenwart, 1896⁴, 247.

[13] K. Ried, Neumarkt in d. Oberpfalz, 1960, 290–303; K. Romstöck, Neumarkt in d. Oberpfalz v. 1500–1945, 1985, 56–58.

[14] Eberl (Anm. 11) 210f.

[15] L. Brandl, Heimat Burglengenfeld. Gesch. einer Stadt, 1968, 109.

Kreuzberg bei Schwandorf (1736).[16] Nach dem Anfall der Reichsherrschaft Sulzbürg-Pyrbaum 1740 versuchte der Münchner Hof auch hier Hospize einzurichten (1750/51), um auf diesem Wege in die herkömmlicherweise protestantischen Kleinterritorien, die nun nicht mehr rekatholisiert werden durften, hineinzuwirken. Die erfolgreichen pastoralen Bemühungen der Kapuziner erregten vielerorts den Widerstand der Jesuiten.

Noch während des Dreißigjährigen Krieges vermochten mit Unterstützung Kaiser Ferdinands III. die Unbeschuhten Karmeliten 1641 in der Reichsstadt Regensburg ihr einziges Kloster in diesem Raum aufzubauen, das sich hauptsächlich durch seine Apotheke große Anerkennung bei der Bevölkerung verschaffte.[17]

Die Franziskaner fanden vor allem in der strengen Observanz der Reformaten in mehreren Landstädten der Oberpfalz Eingang.[18] Sie errichteten Klöster in Pfreimd (1593/1628), Amberg (1626/27), Cham (1631), Stadtamhof (1638), Kemnath (1658), Neunburg v. Wald (1722) und schalteten sich von hier aus ebenfalls mit Erfolg in die überpfarrliche Seelsorge ein. Sie übernahmen zudem die Betreuung der Wallfahrtsstätten in Neukirchen bei Heilig Blut (1656)[19] und auf dem Mariahilfberg zu Amberg (1698);[20] die Franziskaner waren hier der nach den Jesuiten aktivste Orden. Nur das Franziskanerkloster zu Regensburg verblieb bei den überkommenen minoritischen Gewohnheiten. Der andere Reformzweig der Franziskaner, die von Maximilian I. sehr geförderten Paulaner, bauten sich in der Oberen Pfalz ihren einzigen Stützpunkt ebenfalls in der Residenzstadt Amberg (1652) auf, in der sie nach einem Umweg über Neunburg v. Wald (1638) Fuß faßten. Ihr Hauptbetätigungsfeld war die Militärseelsorge.[21]

Von den neuen Frauenorden errichteten 1692 die Salesianerinnen, aus München kommend, vor allem auf Anregung der Kurfürstin Henriette Adelaide, ebenfalls in Amberg ein während des gesamten 18. Jahrhunderts blühendes Kloster, das sich besonders der Erziehung der weiblichen Jugend widmete. Die Dotierung erfolgte über die Zuweisung der Einkünfte der früheren Klöster Seligenporten und Gnadenberg. 1753 konnte eine kleine Filiale zu Sulzbach eingerichtet werden.[22]

[16] O. MERL, 300 Jahre Wallfahrt zu Unserer Lieben Frau vom Kreuzberg Schwandorf 1679–1979 (BGBR 13) 1979, 389–591.

[17] A. BRUNNER, Kirche u. Kloster St. Joseph d. Unbeschuhten Karmeliten in Regensburg, 1930.

[18] P. MINGES, Gesch. d. Franziskaner in Bayern, 1896; B. LINS, Gesch. d. bayer. Franziskanerprovinz zum hl. Antonius von Padua, 1926; M. WEIGEL, Beitrr. zu einer Gesch. d. Franziskanerklosters in Amberg (ZBKG 16) 1941, 229–234.

[19] W. HARTINGER, Die Wallfahrt Neukirchen bei heilig Blut. Volkskundl. Untersuchung einer Gnadenstätte an d. bayer.-böhm. Grenze (BGBR 5) 1971, 23–240.

[20] C. WÖRTMANN, Der Mariahilfberg bei Amberg, 1925².

[21] BACKMUND, Kleinere Orden 80f.; P. MAI, Der Orden d. Paulaner in d. Oberpfalz (BGBR 18) 1984, 337–352.

[22] G. BLÖSSNER, Gesch. d. Salesianerinnenklosters in Amberg (VHOR 64) 1912, 61–223; R.H. SEITZ, Die Salesianerinnenkirche zu Amberg (Beitrr. z. Oberpfalzforsch. 2) 1966, 111–117; BACKMUND, Kleinere Orden 89f., 92.

Von den alten Orden schalteten sich in die Erneuerung des katholischen Lebens in der Oberpfalz am intensivsten die Benediktiner ein.[23] Schon 1628 wurde von altbayerischen Prälaturen eine Gruppe von 16 Missionaren in das eroberte Territorium entsandt, deren Arbeit infolge vielfacher Behinderung aber weit weniger erfolgreich war als die der neuen Orden. Von Anfang an war das Hauptziel der Benediktiner die Erneuerung der aufgehobenen Klöster. Doch fanden sie hierin nicht die Unterstützung des Kurfürsten, dem die Kurie schon 1628 gestattete, von den Einkünften der säkularisierten Häuser zwei Drittel für staatliche Zwecke und ein Drittel (die sog. Piaterz) für kirchliche Zwecke einzusetzen, solange der Krieg andauerte.[24] Als nach dessen Beendigung Ferdinand Maria um eine Verlängerung dieses Indults nachsuchte, wurde er ihm nicht mehr bewilligt. Aus diesem Grunde unterstützte er nun die Bemühungen der alten Orden. Nachdem die Ansprüche der Diözesanbischöfe zu Regensburg, Eichstätt und Bamberg mit Abstandszahlungen abgelöst worden waren,[25] konnten mit energischer Förderung durch den Kurfürsten von den aufgehobenen Klöstern folgende acht ab 1661 wieder besetzt und 1669 endgültig erneuert werden:[26]

Benediktiner: Ensdorf, Michelfeld, Reichenbach, Weißenohe[27]
Zisterzienser: Waldsassen, Walderbach[28]
Prämonstratenser: Speinshart[29]
Augustiner-Eremiten: Schönthal.[30]

Die Wiederbesetzung erfolgte auf dem Wege, daß Kurfürst Ferdinand Maria die großen Klöster im Altbayerischen aufforderte, Häuser ihres Ordens in der Oberen Pfalz besonders zu betreuen.[31] So wurde Oberalteich Mutterkloster von Michelfeld, Prüfening von Weißenohe und Ensdorf, die Reichsabtei St. Emmeram zu Regensburg von Reichenbach, das Prämonstratenserstift Steingaden von

[23] A. Sturm, Die Benediktinermission in d. Oberpfalz während d. Dreißigjähr. Krieges (StMBO 51) 1933, 218–230; H. Niedermeier, Benediktinermissionäre z. Zeit d. Gegenreformation in d. Oberpfalz (Die Oberpfalz 59) 1971, 199–205; Bauerreiss VII 156f.

[24] G. Heyl, Der Geistliche Rat in Bayern unter Kurfürst Maximilian I. 1598–1651, Diss. Masch. München 1956, 177f.; G. Immler, Kurfürst Maximilian I. u. d. Kirche. Aspekte seiner Finanzpolitik während d. Dreißigjähr. Krieges (ZBLG 51) 1988, 387–409; Ders., Rapporti finanziari tra Chiesa e Stato in Baviera durante la guerra dei trent' anni (H. Kellenbenz-P. Prodi, Hgg., Fisco, religione, stato nell' età confessionale = Annali dell' Istituto Storico Italo-Germanico 26) 1989, 191–224.

[25] G. Schwaiger, Kardinal Franz Wilhelm v. Wartenberg als Bischof v. Regensburg (1649–1661), 1954, 205–208.

[26] Riezler VIII 547–549; Bauerreiss VII 171, 217f.

[27] H. Räbel, Die Restitution d. ehem. Benediktiner-Adelsabtei Weissenohe im Zusammenhang mit d. Wiedererrichtung d. übrigen oberpfälz. Klöster (1669), 1905; 875 Jahre Kloster Reichenbach am Regen 1118–1993, 1993.

[28] H. Batzl, Walderbach. Aus d. Gesch. eines oberpfälz. Zisterzienserklosters, 1988, 77–139.

[29] A. Eder, Gesch. d. Klosters Speinshardt (VHOR 25) 1868, 32–126; G. Blössner, Die Äbte d. oberpfälz. Prämonstratenserklosters Speinshart nach d. Kirchenspaltung bis z. Säkularisation (1691–1803), 1904.

[30] J. B. Mayer, Gesch. d. ehem. Augustinerklosters Schönthal mit bes. Berücksichtigung d. Säkularisation, 1935; J. Kraus, Schönthal, 1969, 82–221.

[31] H. Hörger, Die oberbayer. Benediktinerabteien in d. Herrschaftswelt, Gesellschaft u. geistig-religiösen Bewegung d. 17. Jhs. (StMBO 82) 1971, 203–215.

Speinshart, Aldersbach von Walderbach. In Schönthal hatten bereits 1630 altbayerische Augustiner-Eremiten Einzug gehalten. Unter diesen Patenschaften entfalteten die erneuerten Konvente mit dem Eintritt ins 18. Jahrhundert wieder eigenständiges monastisches Leben, das sie bald befähigte, sich – im allgemeinen maßvoll – an der einsetzenden Barockbauwelle zu beteiligen.[32] Die Erneuerung der oberpfälzischen Konvente war eine wichtige Leistung der altbayerischen Prälatenklöster nach dem Dreißigjährigen Krieg. Das kleine Benediktinerkloster Frauenzell war bereits 1582 von Kardinalbischof Philipp Wilhelm wiederbelebt worden.[33] Die oberpfälzischen Konvente wurden Mitglieder der 1684 gegründeten Bayerischen Benediktinerkongregation.[34] Sie setzten sogar durch, daß ihnen die früheren Inkorporationspfarreien wieder zugeteilt wurden, so daß sie auch weiterhin in die praktische Seelsorge einbezogen blieben.[35]

Die Orden versuchten auch die beiden im Pfalz-Neuburgischen aufgehobenen Klöster Pielenhofen und Pettendorf wieder zu besetzen. Diese Bemühungen waren beim kleinen Dominikanerinnenkloster Pettendorf[36] nur insofern erfolgreich, als es als rechtliche Einheit erhalten blieb, die in den Klosterverzeichnissen der Zeit geführt wird und in der pfalz-neuburgischen Landschaft vertreten war. Ein Konvent wurde hier aber nicht mehr aufgebaut. Der Orden mußte das heruntergekommene Kloster 1676 an das Zisterzienserstift Kaisheim verkaufen, das es von seinem Superiorat Pielenhofen aus verwaltete.[37] Denn auch dieses frühere Zisterzienserinnenkloster wurde 1655 vom Stift Kaisheim erworben und als Männerkloster des Ordens wiederbegründet.[38] Bis zur Säkularisation war Pielenhofen Superiorat des Stiftes Kaisheim. Im Jahre 1691 konnte auch das Dominikanerinnenkloster Schwarzhofen von Heilig Kreuz Regensburg aus wiederbesetzt werden.

Das glanzvollste unter den oberpfälzischen Klöstern war das Zisterzienserstift Waldsassen.[39] Es wurde unter der Patenschaft der Abtei Fürstenfeld erneuert, führte seine bedeutende Klosterwirtschaft rasch zur früheren Blüte zurück und entfaltete reges monastisches Leben. Am intensivsten von allen oberpfälzischen

[32] G. Maier-Kren, Die bayer. Barockprälaten u. ihre Kirchen (BGBR 3) 1969, 123–324.

[33] J. Sächerl, Chronik d. Benediktiner-Klosters Frauenzell (VHOR 15) 1853, 257–409.

[34] W. Fink, Beitrr. z. Gesch. d. bayer. Benediktinerkongregation, 1934; Bauerreiss VII 56–62; Die bayer. Benediktinerkongregation 1684–1984 (StMBO 95) 1984, H. 3/4.

[35] D. Lindner, Die Inkorporation im Bistum Regensburg seit dem Konzil v. Trient (ZRG KA 37) 1951, 164–220; F. Winklmann, Die Rekatholisierung d. Stadt Rötz (VHOR 111) 1971, 57–74; F. Wehrl, Confessio catholica ... Illschwang, eine Propstei d. Klosters Reichenbach, 1989.

[36] A. Schmid, Das Dominikanerinnenkloster Pettendorf (Gemeinde Pettendorf. Gesch. u. Gegenwart) 1991, 91–134.

[37] P. Lindner, Monasticon Episcopatus Augustani Antiqui, 1913, 102.

[38] A. Eder, Gesch. d. Klosters Pielenhofen (VHOR 23) 1865, 1–188; 750 Jahre Kloster Pielenhofen, 1987.

[39] J. B. Brenner, Gesch. d. Klosters u. Stiftes Waldsassen nach Quellen bearbeitet, 1837; F. Binhack, Gesch. d. Cistercienser-Stiftes Waldsassen v. d. Wiederherstellung d. Klosters 1661 bis z. Tode d. Abtes Alexander 1756, 1888; Waldsassen, 850 Jahre eine Stätte d. Gnade, hg. v. F. Busl, 1983.

Klöstern hat es sich an der Barockbautätigkeit beteiligt. Doch gelang es ihm nicht mehr die mittelalterliche Reichsunmittelbarkeit zurückzuerlangen, um die es vor allem in den Jahren der österreichischen Okkupation während des Spanischen Erbfolgekrieges kämpfte.[40] Waldsassen wurde ein landesherrliches Stift. Da die oberpfälzischen Stände nach 1628 nicht mehr zusammentraten, wurden die früheren landständischen Repräsentationsrechte der Abteien im Grunde gegenstandslos.[41] Deswegen hatte es wenig zu besagen, daß der Abt von Reichenbach 1781 den Titel eines Obersterbhofkaplans erhielt.[42]

Der veränderte Rechtsstatus des Stiftes Waldsassen ist bezeichnend für die Klosterpolitik der Kurfürsten von Bayern in der Oberpfalz nach dem Dreißigjährigen Krieg. Denn sie gaben den Klöstern ihre frühere Eigenständigkeit nicht mehr in vollem Umfange zurück. Die Wiedererrichtung wurde betont als Gnadenakt der Kurfürsten hingestellt, die ihre Kirchenhoheit hier viel mehr zur Geltung zu bringen vermochten als bei den Klöstern im Altbayerischen.[43] Das neue Rechtsverhältnis äußerte sich in verstärkter Aufsicht bei den Wahlen der Vorstände,[44] die durchwegs anfangs nicht den Rang eines Abtes, sondern lediglich eines Präses erhielten, und vermehrten Eingriffen in der Klosterökonomie. Schon Max Emanuel dachte wieder an die Aufhebung des blühenden Stiftes Waldsassen. Der landesherrliche Eigentumsvorbehalt sollte mit dem Eintritt ins 19. Jahrhundert politisch wirksam werden. Obwohl sich die oberpfälzischen Klöster in einem guten Zustand befanden und sich gegen die zunehmenden staatlichen Bedrückungen entschieden zur Wehr setzten,[45] konnten sie wegen dieses besonderes Rechtsverhältnisses – mit Ausnahme von Waldsassen – bereits vor dem Reichsdeputationshauptschluß aufgelöst werden.[46] Die Oberpfalz wurde das erste Aktionsfeld der bayerischen Säkularisationspolitik.

[40] M. Doeberl, Reichsunmittelbarkeit u. Schutzverhältnisse d. ehem. Cistercienserstiftes Waldsassen, 1884; HAB Tirschenreuth (H. Sturm), 54–132.

[41] L. Frhr. v. Eggkher, Gesch. d. vormaligen Landschaft in d. Oberpfalz, 1802, 54–72.

[42] Rall, Kurbayern 389, 391.

[43] E. Weis, Die Säkularisation d. bayer. Klöster 1802/03 (Politik u. Konfession. Festschr. f. Konrad Repgen z. 60. Geb., hg. v. D. Albrecht u. a.) 1983, 135; Ders., Die Säkularisation d. bayer. Klöster 1802/03. Neue Forsch. zu Vorgesch. u. Ergebnissen, 1983, 21; D. Stutzer, Klöster als Arbeitgeber um 1800. Die bayer. Klöster als Unternehmenseinheiten u. ihre Sozialsysteme z. Zeit d. Säkularisation 1803, 1986, 75–81; E. Weis, Ein eigenhändiges Gutachten v. Montgelas z. Säkularisierung d. oberpfälz. Klöster u. zum Streit mit Herzog Wilhelm in Bayern (Festschr. W. Volkert) 1993, 177–196.

[44] B. Walcher, Beitrr. z. Gesch. d. bayer. Abtswahlen (StMBO Erg.-H. 7) 1930, 29f.

[45] [M. Prechtl,] Wie sind die oberpfälz. Abteyen im Jahre 1669 abermal an die geistlichen Ordensstände gekommen? Als Beytrag z. Kirchengesch. d. Oberpfalz, o. O. 1802. Der Autor war der letzte Abt des Klosters Michelsfeld. S. auch R. Braun, Maximilian Prechtl (1757–1832) (BGBR 23/24) 1989/90, 534–548.

[46] A. M. Scheglmann, Gesch. d. Säkularisation im rechtsrhein. Bayern, 1903/08; H. Herpich, Die Säkularisation d. Prämonstratenserstiftes Speinshart (1803) (BGBR 12) 1978, 145–196; W. Lipp-H. Giess, Die Staatl. Bibliothek (Provinzialbibliothek) Amberg u. ihr Erbe aus d. oberpfälz. Klosterbibliotheken, 1992.

# C

# DER BAYERISCHE REICHSKREIS

# I

# RECHTSFORM UND AUFGABEN

## § 27. ENTSTEHUNG, NAME, MITGLIEDER

*Quellen: J. J.* Moser, Von der Teutschen Crays-Verfassung (Neues Teutsches Staatsrecht 10) 1773; Ders., Sammlung sämtl. Craysabschiede (bis 1559), 36 Bde., 1747; J. G. Lori, Sammlung d. Baier. Kreisrechts, München 1764; Ders., Sammlung d. baier. Münzrechts, 3 Bde., 1765. – S. R. I. Circuli et Electoratus Bavariae Geographica Descriptio. Bairen mit angrenzenden Landen, zu sonderbahr bequemen Gebrauch in XXVIII auf einander zutreffenden Tabellen vorgestellt, Augsburg 1684; G. Ph. Finckh, Tabellen-Büchlein über die sammentlich denen bair. Craiss-Staenden zugehörigen Territoria, Land-, Pfleg- und Richter-Aempter etc., München 1685; Circuli Bavarici Descriptio, das ist kurtze gefaßte Beschreibung d. baier. Kreises, Nürnberg 1703; J. W. Widmer, Repertorium Bavariae oder kurtze Geographische Beschreib- u. Eintheilung d. Bayer. Crayses, Augsburg 1752; Geographisches, statistisch–topograph. Lexikon v. Bayern oder vollständige alphabet. Beschreibung aller im ganzen Baiernschen Kreis liegenden Städte, Klöster, Schlösser, Dörfer, 3 Bde., Ulm 1796/97. – W. X. A. Frhr. v. Kreittmayr, Grundriß d. Allgemeinen Deutsch- u. Bayer. Staatsrechts, Frankfurt 1769, 3. Teil, § 132; J. G. Fessmaier, Grundriß d. bayer. Staatsrechtes zum Gebrauch akadem. Vorlesungen entworfen, 1801, § 261, 262; J. Pezzl, Reise durch den Baierschen Kreis, 1784[2] (Nachdruck mit Anmerkungen und Register v. J. Pfennigmann, 1973); Zeumer; H. H. Hofmann (Hg.), Quellen z. Verfassungsorganismus d. Hl. römischen Reiches deutscher Nation 1495–1815 (Ausgewählte Quellen z. Gesch. d. Neuzeit 13) 1976. – Literatur: HB II 627f.; W. Dotzauer, Die deutschen Reichskreise in d. Verfassung d. alten Reiches u. ihr Eigenleben (1500–1806) 1989, 177–205; V. Press, Kriege u. Krisen. Deutschland 1600–1715 (Neue Deutsche Gesch. 5) 1991, 95–105; P. C. Hartmann, Die Kreistage d. heiligen röm. Reiches – Eine Vorform d. Parlamentarismus? Das Beispiel d. bayer. Reichskreises (1521–1793) (ZHF 19) 1992, 29–47; E. Schwend, Entwicklungsgesch. d. bayer. Kreisverfassung v. 1531 bis 1542, Diss. München 1919; R. Conrad, Der Bayer. Reichskreis im 16. Jh. (Die Entwicklung seiner Verfassung von 1530–1580), Jur. Diss. Köln 1974; F. Magen, Die Reichskreise in d. Epoche d. 30jähr. Krieges (ZHF 9) 1982, 409–460; H. Rall, Kurbayern in d. letzten Epoche d. alten Reichsverfassung 1745–1801 (Schriftenreihe 45) 1952, 157–164; A. Rosenlehner, Bayern u. d. Kreisassoziation von 1727 (OA 25) 1906, 173–214. – Dokumente I 3, nrr. 26, 131 u. S. 76f., 87f., 121–125.

a) *Entstehung und Name.* Der bayerische Reichskreis gehört zu den sogenannten sechs älteren Kreisen, die in der Regimentsordnung König Maximilians vom Jahr 1500 als «Wahlbezirke» für die Benennung der ständischen Beisitzer zum Reichsregiment eingerichtet worden sind.[1] Er wird dort als der zweite («andere») Kreis bezeichnet, den man schon bald auch «Zirkel des Bayernlandes» nannte.[2] Diese sechs Kreise wurden dann in den Abschieden der Reichstage von 1507 (Konstanz) und 1512 (Köln) genannt; sie sollten die Kammergerichtsbeisitzer benennen

[1] Zeumer nr. 177 § 7; Hofmann (§ 27) nr. 2a § 7.

[2] Schwend (§ 27) 7.

(1507) und bei der Durchführung der Kammergerichtsurteile (1512) zur Sicherung des Landfriedens beitragen. 1512 sind deshalb die habsburgischen Erblande in die Kreiseinteilung einbezogen worden; sie bildeten künftig den österreichischen und den burgundischen Kreis. Dasselbe war bei den Gebieten der Kurfürsten am Rhein und in Sachsen und Brandenburg mit der Einrichtung des kurrheinischen und des obersächsischen Kreises der Fall;[3] die bisher bei der Kreiseinteilung ausgesparten königlichen und kurfürstlichen Länder waren nun auch in dieses System einbezogen.

Die beiden Komponenten der bis 1512 erreichten Kreisorganisation (Wahlbezirk für Regiment und Kammergericht; Landfriedenswahrung durch Vollzug der Kammergerichtsurteile) wiederholten die Reichtstagsbeschlüsse von 1521/22. Die Regimentsordnung Karls V.[4] und die vom Reichsregiment erlassene Erklärung des Landfriedens[5] beschrieben die Kreise in der seit 1500 und 1512 üblichen Form. Mit dem «anderen Zirkel» ist der bayerische Kreis gemeint. 1521 fand der erste Kreistag in Regensburg statt; die Ladung dazu erging vom Erzbischof von Salzburg und dem bayerischen Herzog. Beide bezeichneten sich als die «Oberen des bayerischen Kreises».[6] Diese Bezeichnung galt weiterhin, auch wenn in späteren amtlichen Verfügungen die ältere Kennzeichnung allein durch die Numerierung beibehalten wurde; noch in der Kammergerichtsordnung von 1555 wurde der Kreis, zu dem Salzburg, Freising, Regensburg, Passau und Bayern gehörten, als der «andere Kreis» nach dem ersten (= fränkischen) und vor dem dritten (= schwäbischen) Kreis bezeichnet.[7]

Der Name hat nichts mehr mit dem alten Stammesgebiet der Bayern zu tun; denn dazu hätte auch das zentrale und das südliche Ostalpenland gehört. Dieses hatte seit dem zwölften Jahrhundert eine eigene herrschaftliche Entwicklung genommen, die vom bayerischen Herzogtum wegführte. Hier dominierte seitdem das Haus Österreich. Selbstverständlich bildeten deshalb die erbländischen Herzogtümer und Grafschaften des Hauses Habsburg den österreichischen Reichskreis.

Im Land zwischen Schwaben und Franken einerseits und den habsburgischen Erbländern in Österreich und Tirol andererseits stellte die bayerische Herzogsherrschaft die führende Kraft für eine überterritoriale Verfassungsordnung dar. Davon ist der Name des bayerischen Reichskreises abgeleitet.

b) *Mitglieder.* Zunächst werden im sechzehnten Jahrhundert die Kreise (Zirkel) nur summarisch umschrieben durch die Angabe der jeweils zugehörigen geistlichen und weltlichen Fürsten. In den Regimentsordnungen von 1500[8] und von 1521[9] werden hier genannt das Erzbistum Salzburg, die Bistümer Freising, Re-

[3] Zeumer nr. 179 § 11; Dotzauer (§ 27) 11 ff.

[4] RTA, Jg. R. 2, nr. 21 § 20.

[5] Zeumer nr. 185, Teil II, § 6; Hofmann (§ 27) nr. 7, Teil II § 6.

[6] Schwend (§ 27) 14, 51 Anm. 10.

[7] Zeumer nr. 190, 1. Teil, Tit. II § 2.

[8] Zeumer nr. 177 § 7; Hofmann (§ 27) nr. 2a § 7.

[9] RTA, Jg. R. 2, nr. 21.

gensburg und Passau und das Fürstentum zu Bayern. Die anderen Kreisstände sind nur allgemein als «Landgrafen, Prälaten, Grafen, Herren, Frei- und Reichsstädte, unter und bei ihnen gesessen und gelegen» bezeichnet.

Die Landfriedenserklärung von 1522 differenziert bei den Bayern; sie nennt ausdrücklich die beiden bayerischen Herzöge Wilhelm und Ludwig (vom vereinigten Ober- und Niederbayern), die Brüder Ottheinrich und Philipp als Pfalzgrafen von Neuburg und schließlich noch Herzog Friedrich,[10] der für sich selbst und seinen Bruder, den Kurfürsten Ludwig V. von der Pfalz, am bayerischen Kreis teilnehmen sollte. Kurfürst Ludwig war jedoch in erster Linie Mitglied des kurfürstlichen (kurrheinischen) Kreises, der erstmals im Reichsabschied von 1512 die Länder der Kurfürsten am Rhein in das Gefüge der Reichskreise einbezogen hatte.[11] Pfalzgraf Friedrich II. war 1522 kurfürstlicher Statthalter im «oberen Land der Pfalz in Bayern». Die Erwähnung in der Landfriedenserklärung bezieht sich auf die Gebiete, welche Kurpfalz 1499 vom Pfalzgrafen Otto II. von Neumarkt-Neunburg ererbt hatte; sie waren bereits seit 1410 vom Kurpfälzer Landesteil («Kurpräzipuum») abgetrennt worden (s. § 16a). In engere Beziehung zum bayerischen Reichskreis kam dieses Gebiet jedoch nicht, weil Pfalzgraf Friedrich 1538 Leistungen für den Kreis ablehnte, mit der Begründung, die Oberpfalz leiste dem Reich mit dem kurfürstlichen Gebiet Hilfe; fortan erschien er nicht mehr zu den Versammlungen des Kreises.[12] Nachdem die Oberpfalz seit 1623 an Bayern gefallen war, bildete sie wieder einen Bestandteil des Kreises; Bayern stimmte einer entsprechenden Erhöhung seiner Kreislasten zu.[13] Eine eigene Stimme auf den Kreisversammlungen war damit aber nicht verbunden.

Ottheinrich und Philipp von Neuburg waren als gleichberechtigte, gemeinsam die Regierung führende Herzöge und Pfalzgrafen zur Teilnahme an den Kreistagen qualifiziert; die Ausschreibungen gingen an beide Fürsten. Von den verschiedenen Neuburger Teilfürstentümern, die seit dem späteren sechzehnten Jahrhundert in unterschiedlich enger Bindung an die Regierung in Neuburg eingerichtet worden waren (s. § 17) erhielt nur das Fürstentum Sulzbach nach längeren Auseinandersetzungen 1697 Sitz und Stimme auf dem bayerischen Kreistag, nachdem Neuburg auf die Landeshoheit in den Sulzbacher Ämtern ausdrücklich verzichtet hatte.[14] Seit 1742 waren die Neuburger und die Sulzbacher Stimme in einer Hand (Kurfürst Karl Theodor); nach der Vereinigung von Kurpfalz und Kurbayern (1777) führte Bayern auch die konsolidierte Neuburg-Sulzbacher Stimme. Zu den weltlichen Fürsten des Kreises rechnete auch der Landgraf von Leuchtenberg, der erstmals 1522 in der Landfriedenserklärung genannt wurde.[15]

[10] Zeumer nr. 185, Teil II § 6; Hofmann (§ 27) nr. 7, Teil II § 6; vgl. RTA, Jg. R. 3, 17ff.

[11] Zeumer nr. 179 § 11 u. 12.

[12] Über die vom bayer. Kreis beanspruchte Zugehörigkeit d. Oberpfalz (Kurpräzipuum) und des von Herzog Otto ererbten Landes vgl. Lori, Kreisrecht (§ 27) 4 (1531), 140 (1577), 146 (1579); s. auch Schwend (§ 27) 12, 15; Conrad (§ 27) 40.

[13] Lori, Kreisrecht 377 (§ 27) (1664).

[14] Vgl. § 17 Anm. 42; Lori, Kreisrecht (§ 27) 503f., 516f. (1697).

[15] Wie Anm. 5; HAB Vohenstrauß (D. Bernd) 158.

Nach dem Aussterben des Geschlechts (1646) und dem Übergang der Landgrafschaft an Kurbayern (1650) kam dieser Kreistagssitz Bayern zu.

Die Inhaber der Grafschaft Haag aus der bayerischen Adelsfamilie von Fraunberg sind in der Kreisstandschaft seit dem Kreistag von 1538 nachgewiesen.[16] Nach dem Tod des letzten Fraunbergers (1566) ging dessen Besitz und damit auch der Platz im Kreistag an Bayern über.[17]

Die Grafen von Ortenburg erschienen erstmals auf dem Kreistag von 1542.[18] Die Freiherren von Stauf vertraten ihre reichsunmittelbare Herrschaft Ehrenfels-Beratzhausen nur zwischen 1552 und 1567 auf den Kreistagen;[19] denn in letzterem Jahr verkaufte Bernhardin von Stauf die Herrschaft an Pfalz-Neuburg,[20] das künftig den Kreistagssitz für Ehrenfels innehatte.

Die Kreisstandschaft der Grafen von Wolfstein für die Herrschaften Sulzbürg und Pyrbaum ist seit der Versammlung von 1543 nachgewiesen.[21] 1740 fiel das Gebiet an Kurbayern.[22]

Ab 1559 erkannte Bayern die Kreisstandschaft der Freiherren von Maxlrain für die Herrschaft Hohenwaldeck an; 1734 folgte auch hier Kurbayern nach.[23] Die Kreisstandschaft beanspruchten auch die Freiherren von Degenberg für ihre umfangreichen, als Reichslehen ausgewiesenen Herrschaften im Bayerischen Wald. Bayern erhob dagegen Widerspruch mit der Feststellung, daß die Degenberger Landsassen seien; das führte zum Prozeß vor dem Reichskammergericht. Zwischen 1542 und 1585 besuchten die Degenberger die bayerischen Kreistage.[24] Endgültig war der Fall erst mit dem Aussterben der Familie 1602 erledigt, als das Degenberger Erbe an Bayern gefallen war.[25]

Für die Grafschaft Störnstein erhielt 1642 Fürst Wenzel Lobkowitz die Kreisstandschaft, nachdem Kaiser Ferdinand II. das Gebiet aus dem böhmischen Herrschaftsverband gelöst hatte; dies war die Voraussetzung dafür, daß Lobkowitz mit dem Sitz auf dem Reichstag die Reichsunmittelbarkeit erlangen konnte.[26]

Die 1624 dem Feldherrn der Ligatruppen Johann Tserclaes Tilly überlassene Herrschaft Breitenegg im Laaber-Jura wurde 1649 dem bayerischen Kreis als eigener Stand eingegliedert;[27] damit waren die früheren Herrschaftsrechte von Bayern und Pfalz-Neuburg abgelöst worden. Die Herrschaft war reichsunmittelbar; 1792 kaufte Bayern die Herrschaftsrechte, womit der Sitz im Kreistag verbunden war.[28]

[16] Lori, Kreisrecht (§ 27) 16.
[17] HAB Haag (St. Janker, Ms.).
[18] Lori, Kreisrecht (§ 27) 27; Schwend (§ 27) 44.
[19] Lori, Kreisrecht (§ 27) 41 (1552), 127 (1567).
[20] HAB Parsberg (M. Jehle) 190.
[21] Lori, Kreisrecht (§ 27) 32; Schwend (§ 27) 44.
[22] HAB Neumarkt (B. Heinloth) 105f.
[23] Lori, Kreisrecht (§ 27) 91 (1559); HAB Aibling-Hohenwaldeck (F. Andrelang) 263ff.
[24] Lori, Kreisrecht (§ 27) 30 (1542), 162 (1585).
[25] HAB Regen (M. Burkhardt) 186ff.; HAB Viechtach-Linden (R. Penzkofer) 392, 402.
[26] Lori, Kreisrecht (§ 27) 313; vgl. Volkert (VHOR 100) 182; s. § 39 Anm. 16.
[27] Lori, Kreisrecht (§ 27) 339.
[28] HAB Parsberg (M. Jehle) 346–358.

Die Zugehörigkeit der Reichsstadt Regensburg zum bayerischen Reichskreis war nie bestritten; ausdrücklich erwähnt wird sie 1531.[29] Andere «Frei- oder Reichsstädte» gab es im bayerischen Reichskreis nicht, da die weltlichen und geistlichen Fürsten des Kreises die Stadtherrschaft mit Nachdruck ausgeübt und alle Städte in der Landsässigkeit gehalten hatten. Bei den kleinen Reichsständen gab es sowieso keine bedeutenden städtischen Kommunitäten. Die nächstgelegenen Reichsstädte Augsburg und Nördlingen, Nürnberg und Weißenburg gehörten zum schwäbischen beziehungsweise fränkischen Kreis.

Als geistliche Reichsfürsten sind der Erzbischof von Salzburg und die Bischöfe von Freising, Regensburg und Passau seit der Regimentsordnung von 1500 stets bei den Kreisständen des bayerischen Kreises genannt.[30] An den Kreisversammlungen haben außerdem teilgenommen seit 1538 der Fürstpropst von Berchtesgaden, der Abt von St. Emmeram und die Äbtissinnen der Damenstifte Obermünster und Niedermünster in Regensburg.[31]

In der Reichsmatrikel von 1521 stehen auch das salzburgische Eigenbistum Chiemsee und die Abteien Waldsassen, Kaisheim und Rot an der Rot (Mönchsrot). Chiemsee und Waldsassen liegen im Gebiet der bayerischen Kreisstände; bei Kaisheim und Mönchsrot erhoben Pfalz-Neuburg und Bayern Ansprüche aufgrund älterer Vogteirechte.[32] Deshalb wurde die Zugehörigkeit dieser vier geistlichen Stände zum bayerischen Reichskreis gelegentlich diskutiert.[33] Die Kreisstandschaft erlangten sie jedoch nicht. Chiemsee wurde über Salzburg zum Kreisbeitrag herangezogen; Waldsassen konnte sich der Mediatisierung durch Kurpfalz nicht entziehen;[34] Kaisheim rechnete zum schwäbischen Reichskreis, nachdem es im siebzehnten Jahrhundert die Exemption von Pfalz-Neuburg durchgesetzt hatte.[35] Auch Mönchsrot gehörte später zum schwäbischen Kreis.[36]

## § 28. AUFGABEN UND EINRICHTUNGEN

Quellen u. Literatur s. § 27.

a) *Aufgaben.* Durch die Regimentsordnungen und durch Reichsabschiede zwischen 1500 und 1512 war den Kreisen die Aufgabe zugewiesen worden, Räte zum Reichsregiment und Beisitzer (Assessoren) zum Kammergericht zu präsentieren. 1512 war auch die Kompetenz für die Wahrung des Landfriedens den Kreisen

[29] LORI, Kreisrecht (§ 27) 7; HAHN I (§ 36 Anm. 11) 68–78.

[30] Wie Anm. 1.

[31] LORI, Kreisrecht (§ 27) 15, 19.

[32] Reichsmatrikel v. 1521: ZEUMER nr. 181. Vgl. auch H. LIEBERICH, Frühe Reichskammerprozesse aus d. baier. Reichskreis (Festschr. f. E. C. Hellbling) 1971, 421.

[33] LORI, Kreisrecht (§ 27) 132 (1571), 140 (1577), 146 (1579); CONRAD (§ 27) 14 gibt irrtümlich an, daß die vier geistlichen Stände 1521 zum bayerischen Reichskreis gehört hätten.

[34] HAB Tirschenreuth (H. STURM) 113 ff.; vgl. § 39 Anm. 5.

[35] Vgl. § 17 Anm. 6 und § 19 Anm. 9; HA v. Bayer. Schw., Karte nr. 46.

[36] ZEUMER nr. 209 (1745). Bei LORI, Kreisrecht (§ 27) 132 (1577) ist allerdings von «Rodt am Yn» die Rede; so auch DOTZAUER (§ 27) 178.

übertragen worden. Im bayerischen Reichskreis hatten diese Anordnungen keine Folgen gehabt; die Entwicklung verlief ähnlich wie in den Nachbarkreisen Frankens und Schwabens.[1]

Erst die Beschlüsse des Wormser Reichstags von 1521 bewirkten, daß Bayern und Salzburg einen Kreistag ausschrieben, welcher einen Vertreter des bayerischen Kreises zum Reichsregiment bestimmte und einen Kammergerichtsassessor präsentierte.[2] Weitere Aktivitäten des Kreises gab es jedoch nicht.

Die militärische Gefährdung von Kaiser und Reich durch das Vorrücken der Türken auf dem Balkan war der Anlaß, den Kreisen *militärische Aufgaben* zu übertragen. 1530 wurde auf dem Reichstag in Augsburg bestimmt, daß die Reichsstände Militärkontingente stellen sollten, welche die Kreise zu sammeln, zu ordnen, in Marsch zu setzen und auf dem Feldzug mit Nachschub zu versorgen hatten. 1531 versammelte der Kreishauptmann, Herzog Ludwig von Bayern, die aus dem bayerischen Kreis zum Musterungsplatz Passau geschickten Truppen, vereinheitlichte die Ausrüstung, formierte das Aufgebot neu und setzte es nach Österreich in Marsch.[3]

Dieses System der Truppenstellung durch die Reichsstände und deren Sammlung durch den Kreis blieb bestehen; da die auf diese Weise zusammengestellten Truppen meist nur geringen militärischen Wert hatten, wurde gelegentlich versucht, die Stände mit Geldzahlungen für Militärzwecke heranzuziehen. Diese Beträge versuchte das Reich selbst einzuziehen.

Die größeren Stände (Bayern, Salzburg, Neuburg) beanspruchten während der Kriege des siebzehnten Jahrhunderts häufig das Recht, die Truppen zu den Kreisaufgeboten selbst anzuwerben und zu mustern, während die kleineren Stände Geldbeiträge zu leisten hatten. Dieses System lief darauf hinaus, daß am Ende des 30jährigen Krieges Bayern erhebliche Forderungen gegen die anderen Kreisstände hatte, die den Kurfürsten dafür entschädigen sollten.[4]

Im Westfälischen Frieden war den Reichsständen das Recht zugestanden worden, eigene stehende Truppen («miles perpetuus») zu unterhalten. Davon konnten jedoch nur die größeren Stände Gebrauch machen; sie wurden die «armierten Stände» genannt. Um deren militärpolitische Interessen mit denen des Reiches und der kleineren Stände in Übereinstimmung zu bringen, versuchte der Reichstag um 1680 die Kriegsverfassung des Reiches neu zu ordnen. Dabei sollten die Kreise die Werbung, die Aufstellung und den Unterhalt der Truppen im Reich übernehmen.[5]

Eine bedeutende Militärmacht stellte der bayerische Kreis jedoch nicht dar. Er schloß sich zwar der Assoziation des kurrheinischen, fränkischen, schwäbischen

[1] Dotzauer (§ 27) 135, 210.

[2] Schwend (§ 27) 51 Anm. 8.

[3] Schwend (§ 27) 16ff.; Conrad (§ 27) 27–33.

[4] IPO Art. XVI § 11; Zeumer nr. 197; vgl. Dotzauer (§ 27) 195ff.

[5] Hofmann (§ 27) S. XXXII, nr. 40c, d; vgl. auch H. Angermeier, Die Reichskriegsverfassung in d. Politik d. Jahre 1679–1681 (ZRG, Germ. Abt. 82) 1969, 190–322.

und westfälischen Kreises von Frankfurt (1697) an, spielte aber im Assoziationswesen der sogenannten vorderen Kreise (Oberrhein, Kurrhein, Schwaben und Franken) keine besondere Rolle.[6] Wegen der vom bayerischen Kurfürsten Max Emanuel im Spanischen Erbfolgekrieg eingeschlagenen frankreichfreundlichen Politik kam die bayerische Kreisorganisation zum Erliegen, so daß von 1705 bis 1727 keine Kreistage mehr stattfanden.

Der Reichskreis stellte im achtzehnten Jahrhundert die matrikelmäßigen Aufgebote zusammen und führte sie den Reichsheeren zu. Eine wesentliche Bedeutung als Verfassungsorgan im Reichskriegswesen kam der Militärorganisation des bayerischen Reichskreises jedoch nicht zu,[7] gleichwohl nahmen die Verhandlungen über die Bereitstellung der Militäraufgebote die meiste Zeit der Kreistagsdiskussion in Anspruch.

Die Anfänge der Zuständigkeit des Kreises in *Münzangelegenheiten* gehen auf die Reichsabschiede von Augsburg in den Jahren 1530 und 1551 zurück. Zur Kontrolle der umlaufenden Münzsorten und zur Feststellung schlechter Münzen, die geringes Gewicht und minderwertigen Feingehalt aufwiesen, sollten von den münzberechtigten Ständen des Kreises Vertreter zu sogenannten Münztagen abgeordnet und schließlich Aufsichtsbeamte («Kreiswardeine») bestellt werden.[8] Die Reichsmünzordnung von 1559 wies den Kreisen Aufsichtsfunktionen über die Prägestätten zu; seit 1570/71 fanden in den Kreisen Probationstage (Zusammenkünfte von Sachverständigen zur Prüfung von Münzen auf Gewicht und Feingehalt) statt, die das Münzwesen insgesamt bis zum Beginn der Kipper- und Wipperzeit anfangs des 30jährigen Krieges positiv beeinflußten.[9] Auf dem Gebiet des Münzwesens arbeiteten die Reichskreise Bayerns, Frankens und Schwabens bis zum Ende des alten Reiches intensiv zusammen; sie wurden als die «korrespondierenden Kreise» bezeichnet.[10]

Die Sicherung des *Landfriedens* war durch die großen Gesetze des Wormser Reichstags von 1495,[11] den Ewigen Landfrieden, die «Handhabung Friedens und Rechts» und die Reichskammergerichtsordnung, in eine neue Phase getreten, deren Problematik vor allem im Vollzug und in der Durchsetzung der gesetzten Normen lag. Die Durchführung sicherheitspolizeilicher Maßnahmen einerseits und die Vollstreckung von Urteilen des Kammergerichts und anderer Gerichte andererseits war schwierig, weil das Reich Vollzugsorgane nicht besaß und die reichsständischen Gerichte und Ämter nur bei den größeren Fürstentümern überörtliche Wirksamkeit zeigen konnten. Seit 1512 setzen daher die Versuche ein, die Reichskreise in den Vollzug der Landfriedensbestimmungen und der Kam-

[6] Vgl. dazu B. Wunder, Die Kreisassoziationen 1672–1748 (ZGO 128, NF 89) 1980, 167–266.

[7] Dotzauer (§ 27) 200–205.

[8] Conrad (§ 27) 34, 56.

[9] Reichsmünzordnung von 1559: Hofmann (§ 27) nr. 20; F. Frhr. v. Schrötter, Wörterbuch d. Münzkunde, 1930, 320ff., 404; Magen (§ 27) 426ff.

[10] Vgl. dazu auch J. G. Lori, Münzrecht (§ 27).

[11] RTA, Mittlere Reihe 5, Bd. I, nrr. 334–358; vgl. HB II 550.

mergerichtsurteile einzuschalten.[12] Erfolg war diesen Maßnahmen nicht beschieden. Nachhaltiger wirkte erst die Reichsexekutionsordnung, die im Abschied des Augsburger Reichstags von 1555 enthalten war.[13] Danach waren die Kreise verpflichtet, entsprechende Organisationen einzurichten, den Kreisständen Hilfe zur Bekämpfung marodierender Banden zu leisten, mit benachbarten Reichskreisen zur Friedenssicherung zusammenzuarbeiten und für den Vollzug («Exekution») von Gerichtsurteilen zu sorgen.

Als Exekutionsfall kann die Vollstreckung des Achturteils gegen die Reichsstadt Donauwörth gelten. 1607 besetzte Maximilian I. von Bayern die zum schwäbischen Reichskreis gehörige Reichsstadt, gegen die ein Achturteil des Reichshofrats vorlag. 1609 erhielt er die Stadt als Pfand bis zur Erstattung der Exekutionskosten. Dies läßt seine starken territorialpolitischen Interessen erkennen, die das Motiv der Rechtsdurchsetzung im Rahmen der Kreisverfassung in den Schatten stellten.[14]

Das Vorgehen gegen den Erzbischof Wolf Dietrich von Salzburg, der die Fürstpropstei Berchtesgaden 1611 besetzt hatte, gilt ebenfalls als Exekutionsmaßnahme, die der bayerische Herzog einleitete.[15]

Kurfürst Maximilian I. verstand es, die 1626 gegen die Aufständischen in Oberösterreich eingeleiteten Militärrüstungen als Kreisexekution zu deklarieren.[16]

Nach der Reichsexekutionsordnung wurden auch Bestimmungen des Westfälischen Friedens durch Aktionen kreisausschreibender Fürsten durchgesetzt. So veranlaßten im Fürstentum Sulzbach 1649 die vorsitzenden Fürsten des fränkischen Kreises die Wiedereinführung des evangelischen Kultus.[17]

Die von den Reichskreisen in Anspruch genommene Kompetenz in allgemeinen *Polizei- und Wirtschaftsangelegenheiten* tritt gelegentlich auch in den Verhandlungen des bayerischen Kreistags in Erscheinung. Vornehmlich war dies im sechzehnten Jahrhundert der Fall mit Anordnungen über Gotteslästerer (1531), über die Durchführung von Prozessionen (1537) oder über Maßnahmen gegen Zigeuner und Landstreicher (1585, 1590).[18] Das Monopolverbot im Handel (1531), Anordnungen zum Handwerk (1567, 1571), der Wollhandel (1571), das Bierbrauen (1571) sowie das Papiermacherhandwerk (1701) beschäftigten die Kreistage.[19] Ferner wurden die Kreisstände auf die Einhaltung der Reichspolizeiordnungen und Handwerksordnungen hingewiesen (1551, 1655).[20] Spezielle, nur

[12] Reichsabschied 1512 (ZEUMER nr. 179); Landfriedenserklärung 1522: ebd. nr. 185; HOFMANN (§ 27) nr. 7; vgl. HRG IV 564–567.

[13] ZEUMER nr. 189 (Exekutions- und Reichskammergerichtsordnung); HOFMANN nr. 17. Vgl. SCHWEND 49; CONRAD 80; DOTZAUER 185 (sämtl. § 27).

[14] Vgl. HB II 415; M. ZELZER, Gesch. d. Stadt Donauwörth I, 1958, 241f.

[15] H. DOPSCH – H. SPATZENEGGER, Gesch. Salzburgs II 1, 1988, 184f.; DOTZAUER (§ 27) 194.

[16] LORI, Kreisrecht (§ 27) 274; vgl. HB II 439.

[17] Vgl. § 17 Anm. 40.

[18] LORI, Kreisrecht 7, 11, 159, 166.

[19] Ebd. 7, 108ff., 133, 135f., 534, 553f.

[20] Ebd. 38, 344.

den bayerischen Kreis betreffende Aktivitäten haben die Kreistage weder im Polizeirecht noch bei der Wirtschaftsordnung entfaltet.

b) *Einrichtungen*. Nach der Übertragung der Militäraufgaben an die Kreise wählte der Kreistag Herzog Ludwig von Bayern zum Kreishauptmann (1531). Das ausrückende Kontingent befehligte der gewählte Feldhauptmann. Zum Vollzug der Reichshilfe gegen die Türken wurde 1541/42 ein Kriegsrat aufgestellt, der mit Hilfspersonal (Gegenschreibern) den Einsatz der Kreistruppen leiten sollte. Die vom Kreis aufzubringenden Kosten sollten sechs Kreiseinnehmer einkassieren und bei der Kreiskasse in Straubing abliefern. Doch bestanden diese Einrichtungen nur für die Dauer des Feldzugs; dann wurden sie wieder aufgelöst. Ständige Einrichtungen des Kreises gab es zunächst nicht.[21] Für das Kreisdirektorium, das die Ladungen zu den Kreistagen aussandte und den Vorsitz bei den Verhandlungen führte, kamen nur die beiden größten Stände, Bayern und Salzburg, in Frage. Noch 1554 war die Position zwischen diesen beiden Ständen strittig. 1555 vereinbarten sie, gemeinsam die Kreistage auszuschreiben und die Leitung der Sitzungen wechselweise (beginnend mit Salzburg) wahrzunehmen.[22]

Mit der Übertragung der Kompetenz in Landfriedenssachen durch die Exekutionsordnung von 1555 war den Kreisen aufgegeben worden, zur Durchführung der Exekutionsmaßnahmen einen Kreisobersten und mehrere beigeordnete Räte aufzustellen; sie hatten die militärischen Aufgebote zu organisieren, um Landfriedensbrecher zu verfolgen. Kreisoberst wurde Bayerns Herzog Albrecht V.; das Amt blieb stets bei den Herzögen (Kurfürsten) von Bayern. Die Bestellung der Zugeordneten,[23] die Einrichtung der Kreiskasse und die Zahlung der Beiträge machte Schwierigkeiten, die erst überwunden wurden, nachdem durch den Reichsabschied von 1559 das Mehrheitsprinzip bei den Kreisversammlungen in Exekutionssachen als verbindlich erklärt wurde.[24] Dazu kam dann noch die Bestellung eines Kreiswardeins, welcher die durch die Reichsmünzordnung Ferdinands I. von 1559 den Kreisen übertragenen Aufgaben zur Überwachung der Münzstätten des Kreises zu vollziehen hatte.[25]

Die Finanzverwaltung des bayerischen Kreises kam seit der Übernahme des Oberstenamtes durch den bayerischen Herzog völlig unter dessen Einfluß. Der herzogliche Kammermeister verwaltete im Auftrag des Herzogs die Kasse, die zunächst als Kriegskasse gegolten hatte, dann aber auch andere Kreisausgaben (z. B. für die Münzprobation) übernahm.[26] Seit 1577 wurde schließlich ein Kreispfennigmeister mit einem Gegenschreiber zur Führung der Finanz- und Kassengeschäfte des Kreises bestellt; wahrscheinlich geschah dies auf Veranlassung des

[21] Lori, Kreisrecht (§ 27) 2f. (1531), 13 (1538), 24 (1542); Conrad (§ 27) 43–48.

[22] Lori, Kreisrecht 60; vgl. Conrad 66ff.

[23] Lori, Kreisrecht 61 (1555), 60, 70f., 75f. (1556), 80 (1557).

[24] Lori, Kreisrecht 87; Conrad (§ 27) 97.

[25] Lori, Kreisrecht 88f. (1559), 94 (1560), 134 (1571), 141 (1577), 151 (1580); Conrad 100ff.

[26] Lori, Kreisrecht 126 (1567); Conrad (§ 27) 128.

bayerischen Herzogs als Kreisoberst, der damit diese Stelle aus Kreismitteln bezahlen ließ.[27]

Die wegen der Kriege im siebzehnten Jahrhundert immens gestiegenen finanziellen Anforderungen an die Reichsstände waren zum Teil wenigstens über die Kreise abzuwickeln. Im bayerischen Kreis war dies besonders seit 1631, als Schweden auf dem Kriegsschauplatz in Süddeutschland in Erscheinung trat, der Fall. Erhebliche Teile der die Kreisstände treffenden Lasten hatte Bayern übernommen, das daher im Westfälischen Frieden die Zusicherung der Entschädigung durch die anderen Kreisstände erhielt.[28] Allzuviel war hier jedoch nicht zu erwarten, da das Kurfürstentum als größter Kreisstand selbst einen entsprechend hohen Beitrag zu leisten hatte.

Die Kreisversammlungen tagten im sechzehnten Jahrhundert in Regensburg, Passau, Mühldorf (salzburgische Stadt) oder in einer herzoglich bayerischen Stadt (Ingolstadt, Landshut, München oder Straubing), später dann in Wasserburg (unter dem Direktorium Bayerns) oder in Mühldorf (wenn Salzburg die Tagung leitete).[29]

Konfessionelle Gegensätze innerhalb des Kreises traten im späteren 16. Jahrhundert mehrfach auf zwischen Bayern (katholisch) und Pfalz-Neuburg (lutherisch), was 1596 zur getrennten Aufstellung der Kreistruppen katholischer- und evangelischerseits führte.[30] Nach der Rekatholisierung Neuburgs seit 1612 ergaben sich solche Konstellationen nicht mehr.

Die Aktivität des Reichskreises, die wegen der herausragenden Führungsmächte Bayern und Salzburg nie so stark gewesen war wie in Franken und Schwaben, ging seit der Mitte des achtzehnten Jahrhunderts weiter zurück. Bayern hatte die meisten der weltlichen Stimmen in der Hand; zum Schluß gab es im bayerischen Reichskreis neben dem Kurfürstentum und den geistlichen Ständen nur mehr die beiden kleinen Grafschaften Ortenburg und Störnstein sowie die Reichsstadt Regensburg.

Das *Verfahren* bei den Verhandlungen der bayerischen Kreisstände (Kreistage) war ähnlich gestaltet wie auf den Reichstagen mit dem Unterschied, daß nur im Plenum verhandelt und abgestimmt wurde, daß es getrennte Verhandlungen in Kurien nicht gab. Der Kreistag, zu dem der Kaiser einen Kommissar ernannte, versammelte sich auf die von den ausschreibenden Fürsten (Salzburg und Bayern) den Ständen mitgeteilte Ladung. Das Direktorium trug die Proposition mit den anstehenden Verhandlungspunkten vor; darauf folgte die Umfrage bei den Anwesenden, wobei wechselweise ein Mitglied der geistlichen und der weltlichen Bank aufgerufen wurde; die Umfrage konnte auch wiederholt werden. Der

[27] Conrad (§ 27) 136ff.

[28] IPO Art. XVI § 11; Zeumer nr. 197; Lori, Kreisrecht (§ 27) 333ff. (1649); zur Bestätigung d. Kreisverfassung durch den Westfälischen Frieden vgl. IPO Art. XVII § 8; Magen (§ 27) 456ff.

[29] Dotzauer (§ 27) 179; Hartmann (§ 27) 34.

[30] Lori, Kreisrecht (§ 27) 200 (1596), 209ff. (1598); Dotzauer (§ 27) 191.

dann gefundene Beschluß (Conclusum) wurde im Kreisabschied festgehalten. Es gab nur Virilstimmen, die gleichwertig waren; jeder Stand hatte eine Stimme. Sitz und Stimme waren auf die kreisständischen Herrschaften radiziert, so daß im Erbfall oder bei anderem Besitzübergang die Rechtsnachfolger Sitz und Stimme erhielten. Dies führte zu einer starken Stimmenkumulation Bayerns auf der weltlichen Bank. Das Mehrheitsprinzip galt nur in Exekutionssachen. Die Mitglieder ließen sich meist durch bevollmächtigte Gesandte vertreten; diese besaßen detaillierte Instruktionen oder holten solche gegebenenfalls ein. Die Übertragung der Voten war möglich; davon haben die kleineren Kreisstände häufig Gebrauch gemacht.[31]

[31] Dotzauer (§ 27) 5; Hartmann (§ 27) 35ff., 43.

## II

# DIE HOCHSTIFTE

J. Chr. v. ARETIN-J. E. v. SEYFRIED, Statist. Nachrichten über d. ehem. Stifter Augsburg, Bamberg, Konstanz, Eichstätt, Freising, Passau, Regensburg, Salzburg u. Würzburg, nebst einer hist.-polit. Übersicht d. gesamten säkularisierten dt. Kirchen Staaten, 1804; H. E. FEINE, Die Besetzung d. Reichsbistümer v. Westfäl. Frieden b. z. Säkularisation, 1648–1803, 1921, Nachdruck 1964; JEDIN V (darin u.a.: H. RAAB, Wiederaufbau u. Verfassung d. Reichskirche 152–179; Ders., Der reichskirchl. Episkopalismus v. d. Mitte d. 17. bis z. Ende d. 18. Jhs. 477–507; Ders., Staatskirchentum u. Aufklärung in d. welt. Territorien d. Reiches 508–529; Ders., Der Untergang d. Reichskirche in d. großen Säkularisation 535–553); W. REINHARD, Die Verwaltung d. Kirche (Jeserich-Pohl-Unruh, Dt. Verwaltungsgesch. I) 1983, 143–176; A. SCHINDLING-W. ZIEGLER (Hgg.), Die Territorien d. Reichs im Zeitalter d. Reformation u. Konfessionalisierung 1500–1650, I: Der Südosten, 1989; E. GATZ (Hg.), Die Bischöfe d. Hl. Röm. Reiches 1448–1648, 1993; Ders., Die Bischöfe d. Hl. Röm. Reiches 1648-1803, 1990; Ders., Die Bischöfe d. deutschsprachigen Länder 1785–1945, 1983; G. MAY, Die deutschen Bischöfe angesichts d. Glaubensspaltung d. 16. Jhs., 1983; St. KREMER, Herkunft u. Werdegang geistl. Führungsschichten in d. Reichsbistümern zw. Westf. Frieden u. Säkularisation, 1992; H. RAAB, Die oberdeutschen Hochstifte zw. Habsburg u. Wittelsbach in d. frühen Neuzeit (BlldLG 109) 1973, 69–101; Ders., Bischof u. Fürst d. Germania Sacra 1650–1803 (Berglar-Engels, Hg., Der Bischof in seiner Zeit, FG f. J. Kard. Höffner) 1986, 315–347; A. SCHMID, Humanistenbischöfe. Untersuchungen z. vortridentin. Episkopat in Deutschland (RQ 87) 1992, 159–192 (Augsburger Bischöfe); W. ZIEGLER, Die Hochstifte d. Reiches im konfessionellen Zeitalter 1520–1618 (RQ 87) 1992, 252–281 (mit instruktiver Übersicht über sämtliche Hochstifte); E. J. GREIPL, Zur weltl. Herrschaft d. Fürstbischöfe 1648-1803 (RQ 83) 1988, 252–264; E. WEIS, Der aufgeklärte Absolutismus in d. mittleren u. kleineren deutschen Staaten (ZBLG 40) 1979, 31–46; L. HÜTTL, Geistl. Fürst u. geistl. Fürstentum in Barock u. Rokoko (ZBLG 37) 1974, 3–48; R. REINHARDT, Die Koadjutorie mit d. Recht d. Nachfolge in d. neuzeitl. Reichskirche (Ellwanger Jb. 31) 1985/86, 13–43; P. HERSCHE, Die deutschen Domkapitel im 17. u. 18. Jh., 3 Bde., 1984; G. CHRIST, Selbstverständnis u. Rolle d. Domkapitel in d. geistl. Territorien d. Alten Reiches in d. Frühneuzeit (ZHF 16) 1989, 257–328; W. BRAUNFELS, Die Kunst im Hl. Röm. Reich Deutscher Nation, II: Die geistl. Fürstentümer, 1980; K. O. v. ARETIN, Hl. Röm. Reich 1776–1806. Reichsverfassung u. Staatssouveränität, 2 Bde., 1967; P. WENDE, Die geistl. Staaten u. ihre Auflösung im Urteil d. zeitgenöss. Publizistik, 1966; P. HERSCHE, Intendierte Rückständigkeit. Zur Charakteristik d. geistl. Staaten im Alten Reich (G. Schmidt, Stände u. Ges. im Alten Reich) 1989, 133–149.

HB II (darin u.a.: D. ALBRECHT, Die kirchlich-relig. Entwicklung [1500–1745] 702–735; L. HAMMERMAYER, Landesherr u. Kirche 1267–1283); HAUSBERGER-HUBENSTEINER 1985; W. BRANDMÜLLER (Hg.), HB d. bayer. Kirchengesch. II, 1993; B. HUBENSTEINER, Vom Geist d. Barock. Kultur u. Frömmigkeit im alten Bayern, 1978²; G. v. LOJEWSKI, Bayerns Weg nach Köln, 1962; M. WEITLAUFF, Die Reichskirchenpolitik d. Hauses Bayern im Zeichen gegenreform. Engagements u. österr.-bayer. Gegensatzes (Wittelsbach II, 1) 1980, 48–76; Ders., Die Reichskirchenpolitik d. Kf. Max Emanuel v. Bayern (Kf. Max Emanuel. Bayern u. Europa um 1700, hg. v. H. Glaser, I) 1976, 67–87; Ders., Die Reichskirchenpolitik d. Hauses Bayern unter Kf. Max Emanuel 1679–1701, 1985; J. OSWALD, Die bayer. Landesbistumsbestrebungen im 16. u. 17. Jh. (ZRG Kan. Abt. 33) 1944, 224–264; G. CHRIST, Landeskirchl. Bestrebungen in Bayern u. d. österr. Erblanden (MGSL 116) 1976, 137–158; G. SCHWAIGER, Die altbayer. Bistümer Freising, Passau u. Regensburg zw. Säkularisation u. Konkordat, 1803–1817, 1959;

M. WEITLAUFF, Die bayer. Wittelsbacher in d. Reichskirche (RQ 87) 1992, 306–326; H. FLACHENECKER, Wittelsb. Kirchenpolitik in d. frühen Neuzeit. Beobachtungen z. Funktion bayer. Wahlkommissare bei Bischofswahlen (ZBLG 56) 1993, 299–316.

Zum bayerischen Reichskreis gehörten die vier *Hochstifte,* d. h. weltlichen Herrschaftsgebiete, der Fürstbischöfe von Freising, Regensburg und Passau sowie des Fürsterzbischofs von Salzburg. Von diesen Hochstiften war nur Salzburg mit den großen und reichen geistlichen Fürstentümern an Main und Rhein zu vergleichen, die übrigen drei waren an Gebietsumfang und Ressourcen ziemlich begrenzt.[1] Auch bildeten die Hochstifte Freising und Regensburg Enklaven innerhalb des bayerischen Herzogtums, wodurch von vornherein Reibungsflächen mit den bayerischen Herzögen gegeben waren. Jedoch ist es diesen erst im 19. Jh. im Zuge der Herrschaftssäkularisation gelungen, sich die Hochstiftsgebiete ganz oder teilweise einzuverleiben. Die *Diözesen,* d. h. die geistlichen Herrschaftsgebiete der vier Bischöfe, waren weit umfangreicher als ihre Fürstentümer, sie erstreckten sich – über die Hochstifte hinaus – auf Territorium der bayerischen und pfälzischen Wittelsbacher und der Habsburger.[2] Entsprechend war es deren Zielsetzung, das Kirchenwesen im Staatsgebiet unter Kontrolle zu bringen, indem sie für ihre Territorien eine eigene kirchliche Organisation mit Sitz des Diözesanbischofs innerhalb des Territoriums (Landesbistümer) zu begründen suchten. Auch diese Zielsetzung wurde in der Hauptsache erst am Ende des 18. Jhs. (für große Teile Passaus und Salzburgs) und durch das bayerische Konkordat von 1817 verwirklicht. Jedoch gelang es den Herzögen und Erzherzögen schon seit dem 15. Jh., die kirchlichen Institutionen in ihren Territorien zunehmend staatlichen Normen und Aufsichtsrechten zu unterwerfen, also einem *Staatskirchentum,* das von den Bischöfen als schwer erträglich empfunden wurde, auch wenn es von den Herzögen als notwendiger Eingriff des staatlichen Arms im kirchlichen Interesse begründet wurde.

Vor allem aber gelang es den *Wittelsbachern*[3] *und Habsburgern,*[4] *Einfluß auf die Besetzung der Bischofsstühle* zu gewinnen. Diese waren allerdings wegen unterschiedlicher finanzieller Ausstattung unterschiedlich attraktiv, Regensburg weit weniger als Freising oder Passau, und diese weniger als der überaus vermögende und angesehene Salzburger Erzstuhl. Begehrt waren jedoch alle, und zwar sowohl von den regierenden Fürstenhäusern wie dem Reichs- und landständischen Adel. Nachgeborene Prinzen waren bis ins 15. Jh. auf dem Weg über Landesteilungen versorgt worden. Mit dem Verbot solcher Teilungen und dem Erlaß von Primogeniturordnungen – in Bayern 1506 – begann die Übung, nachgeborene Söhne für den geistlichen Stand zu bestimmen und sie durch kirchliche Pfründen zu versorgen, sei es durch Domherrnstellen, die auch kumuliert werden

[1] Karte im Bayer. Geschichtsatlas 21 sowie 31/32.

[2] Karte im Bayer. Geschichtsatlas 26 und SCHINDLING-ZIEGLER I (vor § 29) 72.

[3] M. WEITLAUFF, Die bayer. Wittelsbacher in d. Reichskirche (RQ 87) 1992, 306–326.

[4] H. NOFLATSCHER, Österr. Familien in d. Reichskirche (1448–1803) (RQ 87) 1992, 282–305.

konnten, sei es durch Bischofsstühle, von denen ebenfalls mehrere in eine Hand gelangen konnten, mit der Vorstufe der Erlangung von Koadjutoraten. Dieser Vorgang hat auch die Geschichte der Hochstifte im bayerischen Reichskreis charakteristisch geprägt, der Einfluß der Häuser Wittelsbach und Habsburg auf die Besetzung der süddeutschen Domkapitel und Bischofssitze in den neueren Jahrhunderten durch die Präsentation von Familienangehörigen oder jedenfalls von Kandidaten, die den Dynastien genehm waren, war tief und nachhaltig.[5] Während in den Prälatenorden das Bürgertum vorherrschte, waren Domkapitel und Bischöfe vom Adel bestimmt, sie boten das Bild einer *Adelskirche,* wobei sich die Kandidaten aus relativ wenigen Familien rekrutierten.[6]

Bei dauernder Konkurrenz der beiden Dynastien galt der wittelsbachische Einfluß hauptsächlich für Freising und Regensburg, der habsburgische für Passau und Salzburg. Jedoch nahm Salzburg insofern eine Sonderstellung ein, als das sog. Ewige Statut Erzbischof Wolf Dietrichs von Raitenau von 1606 bestimmte, daß künftig – im Unterschied zu Freising, Regensburg und Passau – kein Angehöriger der Dynastien Habsburg und Wittelsbach den Salzburger Erzstuhl besteigen dürfe.[7] Wenngleich bei den Salzburger Bischofswahlen auch weiterhin – wie in den anderen drei Hochstiften – bayerische und österreichische Wahlkommissare anwesend waren, so mußte sich deren Agitation doch auf die Favorisierung genehmer Kandidaten beschränken. Dabei setzten sich eindeutig die Interessen des Hauses Habsburg durch, sowohl Erzbischöfe wie Domherren in Salzburg entstammten zunehmend einem engen Kreis österreichischen Adels.

Jedoch konnten die Wittelsbacher die starke Position des Hauses Österreich in Salzburg und Passau in gewissem Sinne kompensieren, indem es ihnen gelang, nicht nur Freising und Regensburg immer wieder mit wittelsbachischen Prinzen zu besetzen, sondern auch *geistliche Sekundogenituren in Nordwestdeutschland* zu gewinnen: Der Kölner Erzstuhl, mit dem die Kurwürde verbunden war, befand sich von 1583 bis 1761 in wittelsbachischer Hand, ebenso wiederholt die Fürstbistümer Lüttich, Münster, Hildesheim, Paderborn und Osnabrück, die Fürstabtei Stablo-Malmedy und die Fürstpropstei Berchtesgaden. Eine ähnliche Herrschaftswelt aus geistlichen Sekundogenituren aufzubauen und in dieser Weise Einfluß auf die Reichskirche zu gewinnen, ist dem Haus Habsburg nicht gelungen. Auf einem anderen Blatt steht, daß die wittelsbachischen Fürstbischöfe zumeist wenig Neigung für ihren Beruf und wenig Interesse an der geistlichen Seite ihrer Herrschaft gezeigt haben, ein Sachverhalt, der auch durch die häufige Kumulierung mehrerer Bischofsstühle in einer Hand befördert wurde, welche Interessenkollisionen nach sich zog und die Einhaltung der Residenzpflicht ver-

[5] Wichtige Bemerkungen über Motive, Begleitumstände und Folgen bei RAAB, Oberdeutsche Hochstifte (vor § 29).

[6] Der bekannte Tatbestand wird am eindrucksvollsten aus den Domherrenlisten bei HERSCHE II (vor § 29) und den Hinweisen auf die Verwandtschaftsverhältnisse der Fürstbischöfe bei GATZ, Bischöfe (vor § 29) ersichtlich. Vgl. weiterhin KRENNER (vor § 29).

[7] DOPSCH-SPATZENEGGER II, 1, 178. Text des Statuts: Dokumente I, 3 (hg. W. ZIEGLER) nr. 157.

hinderte. Entsprechend hat die Herrschaft der wittelsbachischen Bischöfe zwar im Rheinland, kaum aber in Freising und Regensburg kunstgeschichtliche Spuren hinterlassen.

## § 29. HOCHSTIFT FREISING

J. Mass, Das Bistum Freising im Mittelalter (Gesch. d. Erzbistums München u. Freising I) 1986 (Lit.); G. Schwaiger (Hg.), Das Bistum Freising in d. Neuzeit (Gesch. d. Erzbistums München u. Freising II), 1989 (Lit.); H. Glaser (Hg.), Hochstift Freising. Beitrr. z. Besitzgesch., 1990 (mit Karte); F. Fahr (Hg.), Freising. 1250 Jahre geistl. Stadt (Katalog), 1989.

Das reichsunmittelbare weltliche Herrschaftsgebiet des Bischofs von Freising, das *Hochstift Freising,*[1] war zersplittert und wenig umfangreich. Es bestand aus vier Teilen, die alle im Laufe des Mittelalters erworben worden waren und Reichsunmittelbarkeit erlangt hatten: 1) Die Stadt Freising mit ihrem Burgfrieden, die zur Grundausstattung des Bistums gehörte und deren Reichsunmittelbarkeit seit 1230 nicht mehr bestritten wurde, 2) Die Grafschaft Ismaning entlang der Isar zwischen Freising und München, welche 1319 von Ludwig dem Bayern an den Bischof verkauft worden war, 3) Die Herrschaft Burgrain mit dem Markt Isen, deren Bestandteile zwischen dem 9. und 13. Jahrhundert an Freising gelangt waren, 4) Die Grafschaft Werdenfels (mit den Untergerichten Garmisch, Partenkirchen und Mittenwald), die 1249/1294 erworben worden war und deren Bedeutung in ihrer Transit- und Sperrfunktion zwischen Bayern und Tirol lag. Nicht reichsunmittelbar waren eine Reihe von bischöflichen Grundherrschaftskomplexen (z. T. mit Gerichtsrechten) in Bayern und Österreich, welche große wirtschaftliche Bedeutung für das Stift besaßen.[2] Hierzu gehörten im Umkreis des Hochstifts, aber auf bayerischem Territorium gelegen, die Hofmarken Zolling, Marzling, Ottenburg, Hummel, Eitting, Wippenhausen/Burghausen und Massenhausen, zu denen in den neueren Jahrhunderten noch die Hofmarken Eisenhofen, Kleinberghofen, Asbach, Lampertshausen, Kopfsburg, Pastetten und Zeilhofen hinzuerworben wurden. Größer und wirtschaftlich bedeutender waren die aus den Zeiten der frühmittelalterlichen Mission und Kolonisation stammenden Besitzungen im Osten und Südosten unter österreichisch-habsburgischer Landeshoheit: Innichen im Pustertal, Lack im slowenischen Krain, Rothenfels in der Steiermark, Waidhofen und Ulmerfeld an der Ybbs, Hollenburg in der Wachau, Ollern und Großenzersdorf bei Wien, dazu Weingüter bei Bozen

[1] H. Stahleder, Hochstift Freising (HAB Altbayern 33) 1974; D. Albrecht, Grafschaft Werdenfels (HAB Altbayern 9) 1955; L. Heilmeier, Die ehem. Freisingische Herrschaft Burgrain, 1911; Glaser, Hochstift Freising (§ 29); Schwaiger, Bistum Freising (§ 29) 14f., 547f.; Bayer. Geschichtsatlas Karte 30/31.

[2] Glaser, Hochstift Freising (§ 29); A. Ammer, Der weltl. Grundbesitz d. Hochstifts Freising (Wiss. Festgabe z. 1200 jähr. Jubiläum d. Hl. Korbinian, hg. J. Schlecht) 1924, 299–336; Schwaiger, Bistum Freising (§ 29) 15; Hubensteiner, Eckher (Anm. 17) 18ff.

sowie einige kleinere Güterkomplexe. Zur Verwaltung aller dieser weltlichen Rechte und Besitzungen wurde im Laufe der Jahrhunderte eine in Freising konzentrierte Verwaltungsorganisation aufgebaut.

Der geistliche Jurisdiktionsbereich des Bischofs von Freising, die *Diözese (Bistum) Freising,*[3] war weit größer als das Hochstift und umfaßte in etwa das alte Oberbayern. Die Diözese, die zum Salzburger Metropolitanverband gehörte, bestand im Jahre 1524 aus 17 Dekanaten und dem Erzdiakonat Rottenbuch mit insgesamt 255 Pfarreien und etwa 35 Klöstern. In der Diözesanverwaltung wurde der Bischof in der Regel durch einen Weihbischof und einen Generalvikar unterstützt. Das *Domkapitel*[4] hatte je nach Bischof und Zeitlage unterschiedlichen – aber meist beachtlichen – Einfluß auf die Regierung von Hochstift und Diözese. Es bestand im 17./18. Jahrhundert aus 14 Domkapitularen und 9 Domizellaren. Das Freisinger Kapitel war gemeinständisch, also aus Adeligen und Bürgerlichen gemischt, wobei jedoch der Adel mit etwa drei Viertel der Sitze weit überwog. Die adeligen Mitglieder hatten bis 1685 vier, seither acht adelige Vorfahren nachzuweisen. Von bürgerlicher Herkunft waren im Durchschnitt 20–25 Prozent der Mitglieder, der höchste Prozentsatz an Bürgerlichen unter den bayerischen Domkapiteln. Bei bürgerlicher Herkunft war die Graduierung zum Dr. theol. oder Dr. iur. utr. unerläßlich. Etwa 50–60 Prozent aller Kapitulare stammten aus Bayern, 20–30 Prozent aus Schwaben, mit eher abnehmender Tendenz, während die Zahl der Österreicher seit der Mitte des 17. Jahrhunderts erheblich stieg und schließlich etwa ein Fünftel aller Mitglieder ausmachte. Andere Regionen des Reiches waren kaum vertreten, weshalb Freising als sehr geschlossenes Kapitel galt, zugleich auch, wie Regensburg, als ein armes Kapitel. Landstände existierten im Hochstift nicht, jedoch gehörte der Bischof als Inhaber einer Reihe von Hofmarken auf bayerischem Boden dem Landtag des Herzogtums an.

Da das Hochstift größtenteils von bayerischem Territorium umgeben war, der Bischof für seine Hofmarken in Bayern bayerischer Landstand war und das Diözesangebiet größtenteils auf bayerischem Territorium lag, waren zahlreiche *Reibungsflächen zwischen Herzögen und Bischöfen* gegeben. Das Bestreben der Herzöge konnte zwar nicht auf eine Einverleibung des Hochstifts gehen, aber doch auf starke Einflußnahme durch Besetzung des Bischofsstuhls mit nachgeborenen Söhnen des Hauses Wittelsbach oder jedenfalls mit mehr oder weniger von München abhängigen Kreaturen. Erfolge in diesem Bereich hingen nicht zuletzt von den gleichzeitigen Beziehungen der Herzöge zur römischen Kurie ab, die sich nicht selten auf die herzogliche Seite stellte, falls die Bischöfe ihren geistlichen Aufgaben nicht nachzukommen schienen. Die kirchlichen Reformen wurden dann freilich weniger von den Bischöfen aus dem Hause Wittelsbach vorangetrieben, die zumeist geringen geistlichen Eifer bewiesen, da sie aus politischen Gründen in das Bischofsamt gedrängt wurden, als vielmehr von ihren Mitarbei-

[3] Schwaiger, Bistum Freising (§ 29) 15 ff.; Bayer. Geschichtsatlas Karte 26/27.

[4] Schwaiger, Bistum Freising (§ 29) 153 ff. (Ebersberger) u. ö.; Hersche (vor § 29) I 93 ff. (Namenslisten), II 71 f. (Herkunft) und 119 (ständische Gliederung).

tern, die unter herzoglich-bayerischem Einfluß standen oder selbst von Reformantrieben erfüllt waren.

Die von Fürstbischof *Philipp* (1498–1541)[5] eingeleiteten, unter seinem Bruder und Nachfolger *Heinrich* (1541–1551)[6] sowie unter *Leo Lösch von Hilkertshausen* (1552–1559)[7] und *Moritz von Sandizell* (1559–1566)[8] fortgesetzten Bemühungen zur Abstellung kirchlicher Mißstände[9] und Zurückdrängung des Protestantismus wurden in erster Linie durch das Eingreifen der bayerischen Herzöge, vor allem Albrechts V. (1550–1579) zu Erfolgen geführt. Albrecht gelang es auch, 1566 seinen nachgeborenen, erst elfjährigen Sohn *Ernst*[10] auf den Freisinger Bischofsstuhl zu bringen. Der fast ständig von seiner Diözese abwesende Ernst war an geistlichen Dingen uninteressiert. Dennoch gelang es seinem Vater und seinem Bruder Wilhelm V., ihm auch noch die Bistümer Hildesheim (1573), Lüttich (1583) und Münster (1585) und schließlich auch das Erzstift Köln mit Kurwürde (1583) zuzuwenden, womit eine bedeutende bayerische Sekundogenitur am Rhein mit starker kirchlicher Ausstrahlungskraft errichtet war. Als Kurfürst Ernst 1612 starb, gingen Kurköln und drei weitere seiner Hochstifte an seinen Neffen Ferdinand,[11] den Bruder Herzog Maximilians von Bayern, nicht jedoch das Hochstift Freising. Dort fiel die Wahl des Kapitels auf *Stephan von Seiboldsdorf* (1612–1618),[12] der sich, persönlich fromm, am Vorabend des Dreißigjährigen Krieges um die Durchführung tridentinischer Reformen bemühte.

Der Versuch Herzog Maximilians, bei Seiboldsdorfs frühem Tod die Nachfolge in dem vakanten Bistum seinem Bruder Ferdinand zu sichern und die Personalunion mit Köln wiederherzustellen, schlug fehl, da das Domkapitel auf einer kanonischen Wahl bestand. Zum Bischof des schwer verschuldeten Hochstifts wurde der bis in die jüngste Vergangenheit wenig gerecht beurteilte *Veit Adam von Gepeckh* (1618–1651) gewählt.[13] Dieser tüchtige, auch um die Renovierung des Freisinger Domes verdiente Bischof erneuerte und vertiefte das kirchlich-religiöse Leben seiner Diözese, stand aber während des Großen Krieges auch wiederholt in Auseinandersetzungen mit Herzog Maximilian, der ihm mangeln-

[5] B. M. Hoppe, Philipp Pfalzgraf b. Rhein, B. v. Freising (G. Schwaiger, Hg., Christenleben im Wandel d. Zeit I) 1987, 114–128; Schwaiger, Bistum Freising (§ 29) 54ff. (Hoppe). Zu den Freisinger Bischöfen d. Reformationszeit vgl. auch May (vor § 29) 466ff.

[6] J. Schlecht, Die Pfalzgrafen Friedrich u. Heinrich als Bischöfe v. Freising (Sbl. Hist. Ver. Freising 6/7) 1898, 46–88.

[7] Schwaiger, Bistum Freising (§ 29) 93ff. (Landersdorfer).

[8] A. Landersdorfer, Das Bistum Freising in d. bayer. Visitation d. Jahres 1560, 1986; Schwaiger, Bistum Freising (§ 29) 100ff. (Landersdorfer).

[9] Die Visitation von 1560 ergab jedoch, bei manchen Mängeln beim Klerus im einzelnen, insgesamt ein überraschend positives Bild. Vgl. Anm. 8.

[10] Zu Ernst vgl. M. Braubach in NDB 4, 1959, 614f. (Lit.); Schwaiger, Bistum Freising (§ 29) 212ff. (Weber); HB II § 56.

[11] Literatur zu Ferdinand in HB II 400 Anm. 8.

[12] Schwaiger, Bistum Freising (§ 29) 232ff. (Weber).

[13] L. Weber, V. A. v. Gepeckh, Fürstb. v. Freising 1618–1651, 1972; Ders., V. A. v. Gepeckh (G. Schwaiger, Hg., Christenleben im Wandel d. Zeit I) 1987, 143–170 (Lit.); Schwaiger, Bistum Freising (§ 29) 248ff. (Weber).

des Engagement für die gemeinsame katholische Sache vorwarf. Gepeckhs Nachfolger *Albrecht Sigmund* (1651–1685)[14] stammte aus der Seitenlinie Leuchtenberg des Hauses Wittelsbach und war bereits 1640 auf Druck seines Onkels, Herzog Maximilians, zum Koadjutor Gepeckhs gewählt worden. 1670 wurde er, ebenfalls unter Einflußnahme Münchens, auch zum Bischof von Regensburg gewählt (s. u.). Damit bildeten die beiden Hochstifte für Jahrzehnte eine bayerische Terziogenitur, die zeitweise auch personell mit der bayerischen Sekundogenitur in Köln verbunden war. Dies blieb natürlich auch nicht ohne Auswirkungen auf den auf bayerischem Territorium gelegenen Teil der Diözese Freising. Der persönlich untadelige und fromme Albrecht Sigmund tat zwar manches für das geistliche Leben seiner Diözese, betrachtete diese aber jahrelang nur als eine Pfründe, die ihm Muße ließ, seine Heirat vorzubereiten. Freising sollte dann auf den Kölner Kurfürsten Max Heinrich, seinen Bruder, übergehen. War bisher der Widerspruch der Päpste gegen Bistumskumulationen aus politischen Erwägungen nur schwach gewesen – nur selten wurde den Wittelsbachern ein Wählbarkeitsbreve ausgeschlagen –, dieses Mal weigerte sich Papst Alexander VII., die Resignation Albrecht Sigmunds auf Freising anzunehmen, wenn die Neubesetzung nicht bedingungslos an den Heiligen Stuhl falle.

Angesichts dessen blieb Albrecht Sigmund weiterhin Fürstbischof von Freising. Im Gegenzug gegen die päpstliche Politik setzte aber Kurfürst Max Emanuel 1683 die Wahl seines jüngeren Bruders *Joseph Clemens*[15] zum Koadjutor Albrechts in Freising (und Regensburg) durch. 1685 wurde Joseph Clemens als Nachfolger Albrechts Bischof beider Diözesen. Als er aber 1688 auch noch (nach großen Schwierigkeiten)[16] zum Kurfürst-Erzbischof von Köln, dann zum Bischof von Lüttich und Koadjutor von Hildesheim gewählt wurde und damit die wittelsbachische Reichskirchenpolitik einen ihrer Höhepunkte erreichte, forderte der Papst die Preisgabe Freisings (und Regensburgs) und die Wahl eines Nachfolgers durch die Domkapitel. Trotz massiver Pressionen durch Joseph Clemens und Max Emanuel folgte man in Freising dieser Forderung und wählte 1695, die Wittelsbacher Bischofsreihe unterbrechend, den frommen und kunstsinnigen Domdekan *Johann Franz Eckher von Kapfing*[17] zum neuen Fürstbischof. Unter der langen Regierung Eckhers (1695/96–1727) standen Hochstift und Diözese nach langer Zeit wieder unter dem Stab eines wahrhaft geistlichen Hirten, der durch

[14] B. HUBENSTEINER, Herzog Albrecht Sigmund (Ders., Land vor d. Bergen) 1970, 65, 86; SCHWAIGER, Bistum Freising (§ 29) 312ff. (Weitlauff); HAUSBERGER II 13f.; GATZ, Bischöfe 1648–1803 (vor § 29) 6f. (Greipl).

[15] NDB 10, 1974, 622f. (Lit.); SCHWAIGER, Bistum Freising (§ 29) 341ff. (Weitlauff); HAUSBERGER II 15ff.

[16] M. BRAUBACH, Das Kölner Domkapitel u. d. Wahl v. 1688 (Annalen Hist. Ver. f. d. Niederrhein 122) 1933, 51–117; HB II 483f.

[17] B. HUBENSTEINER, Die geistliche Stadt. Welt u. Leben d. J. F. Eckher v. Kapfing u. Lichteneck, Fürstb. v. Freising, 1954; SCHWAIGER, Bistum Freising (§ 29) 370ff. (Weitlauff); G. SCHWAIGER, J. F. Eckher v. Kapfing (G. Schwaiger, Hg., Christenleben im Wandel d. Zeit I) 1987, 194–203; M. WEITLAUFF, Der Informativprozeß J. F. Eckhers v. Kapfing (FS H. Raab) 1988; GATZ, Bischöfe 1648–1803 (vor § 29) 86f. (Greipl); U. GOETZ, Kunst in Freising unter J. F. Eckher, 1992.

Präsenz am Bischofssitz und rege seelsorgerliche Betätigung die politisch motivierte Herrschaft mancher Vorgänger um so mehr in den Schatten stellte. Durch die von ihm veranlaßte Barockisierung des Freisinger Domes 1724 und die Förderung der «Historia Frisingensis» des Benediktiners Karl Meichelbeck aus dem gleichen Jahr hat er sich ein bleibendes Denkmal gesetzt.

Wenn es das Ziel Kurfürst Max Emanuels war, möglichst mehreren seiner nachgeborenen Söhne ein «Bischofsreich» zu verschaffen,[18] so hatte er dieses Ziel für Joseph Clemens trotz dessen Verlust Freisings durchaus erreicht. Es gelang ihm auch, die Wahl seines weiteren Sohnes Clemens August zum Bischof von Münster (1719) und Paderborn und anschließend zum Kurfürst-Erzbischof von Köln (1722) und Bischof von Hildesheim (1724) und Osnabrück (1728) durchzusetzen.[19] Für seinen dritten Sohn *Johann Theodor*[20] hatte er neben Regensburg (1719) auch Freising ins Auge gefaßt. Tatsächlich wurde dieser 1723 zum Koadjutor Eckhers und 1727 zu dessen Nachfolger gewählt. Johann Theodor, der Freising bis zu seinem Tod 1763 innehatte, war der letzte geistliche Reichsfürst aus dem Hause Wittelsbach, auch er, wie die meisten seiner wittelsbachischen Amtsgenossen, ohne jede Neigung zum geistlichen Beruf, ein Bischof wider Willen, auch in seiner Freisinger Zeit auf steter Jagd nach weiteren Pfründen, aber nur 1744 in Lüttich erfolgreich. Welche Möglichkeiten zur Entfaltung eines geistigen und kulturellen Lebens unter residierenden, pflichtbewußten Fürstbischöfen bestanden hätten, läßt sich an der Blüte der «Geistlichen Stadt» unter Eckher wahrscheinlich machen. Wenn größerer Schaden für das Bistum vermieden wurde, so war das vor allem einigen (nicht allen) Weihbischöfen zu verdanken. Die Aufklärung konnte erst spät, zudem ohne jene tiefgreifende Wirkung wie etwa in den geistlichen Territorien Würzburg oder Mainz, und kaum in ihrer kirchenfeindlichen Form in das Hochstift eindringen.

Mit dem Tod des Kölner Kurfürsten Clemens August 1761 kam das Ende des Wittelsbacher Bischofsreiches in Nordwestdeutschland. Die Versuche Johann Theodors, die Nachfolge des Bruders in den niederrheinisch-westfälischen Bistümern hauptsächlich mit französischer Unterstützung anzutreten, scheiterten. Nach dem Tod Johann Theodors, mit dem eine Epoche der Wittelsbacher Reichskirchenpolitik zu Ende ging, waren keine wittelsbachischen Bewerber mehr vorhanden, nur ein Schwager Kurfürst Max III. Josephs aus dem Hause Wettin, *Clemens Wenzeslaus* von Sachsen,[21] dem 1763 Freising und Regensburg zugewandt werden konnten. Aber schon 1768 mußte dieser beide Bistümer wie-

[18] Weitlauff, Reichskirchenpolitik unter Max Emanuel (vor § 29); Brandmüller, HB (vor § 29) II (A. Schmid).

[19] S. Anm. 15.

[20] M. Weitlauff, Kard. Johann Theodor v. Bayern (1703–1763), Fürstb. v. Regensburg, Freising u. Lüttich, 1970; Schwaiger, Bistum Freising (§ 29) 401 ff. (Weitlauff); M. Weitlauff, J. Th. v. Bayern (G. Schwaiger, Hg., Christenleben im Wandel d. Zeit I) 1987, 272–296 (Lit.); Gatz, Bischöfe 1648–1802 (vor § 29), 205 ff. (Greipl).

[21] H. Troll, Clemens Wenzeslaus (Lebensbilder Schwaben II), 1953, 302–325; NDB 3, 1957, 282 f.; H. Raab, Clemens Wenzeslaus v. Sachsen u. seine Zeit, I, 1962; Gatz, Bischöfe 1785–1945, 388–391 (Lit.); Schwaiger, Bistum Freising (§ 29) 475 ff. (Nesner).

der aufgeben, als er zum Kur-Erzbischof von Trier (1768) und Bischof von Augsburg (1768) gewählt worden war. Damit mußte die *bayerische Politik* endgültig von der herkömmlichen, vorrangig dynastisch orientierten Bistumspolitik Abschied nehmen. Nunmehr kam gegenüber den Fürstbistümern und der Kirche in Bayern ein mehr aufgeklärt-absolutistisches Staatsdenken zum Zug.[22] Aus wirtschaftlichen Erwägungen ging zunächst das aufsehenerregende Amortisationsgesetz von 1764 hervor. Die Reorganisation des Geistlichen Rates (1768) verbesserte die Möglichkeit, die staatskirchlich- territorialistischen Ideen in die Tat umzusetzen «bis zur völligen Knebelung der Kirche» (Schwaiger). Das Plazet wurde verschärft (1770), die Loslösung der bayerischen Klöster und Orden von ausländischen Oberen und Provinzen angestrebt (1769), die Real- und Personalimmunität des Klerus eingeschränkt, eine staatliche von jeder geistlichen Zensur unabhängige Bücherzensurbehörde geschaffen. Eine episkopalistisch-febronianische Reaktion auf dieses aufgeklärt-staatskirchliche Programm, das in dem Verlangen nach einem bayerischen Einheitskonkordat und nach Errichtung eines oder mehrerer Landesbistümer gipfelte, stellte der Delegiertenkongreß der kurbayerischen Bischöfe in Salzburg (1770/71) dar.[23] Die Verwirklichung der hauptsächlich von dem Salzburger Domdekan Graf Zeil entwickelten Vorschläge scheiterten an der schwierigen Rechtslage, der mangelnden Geschlossenheit des bayerischen Episkopats sowie an der auf eine Verständigung mit der Kurie ausweichenden bayerischen Kirchenpolitik. Die staatskirchlichen Ziele Bayerns sollten gegen den Reichsepiskopat im Bunde mit Rom durchgesetzt werden. Zwar erreichte Kurfürst Karl Theodor (1777–1799) nicht die Herauslösung Bayerns aus der Reichskirche und die Gründung eines oder mehrerer Landesbistümer. Jedoch konnte er von Pius VI. die Kompromißlösung einer ständigen Nuntiatur in München erlangen (1785) und sich während des sog. Nuntiaturstreites im Zweckbündnis mit Rom die Bavaria Sacra weitgehend unterwerfen.[24] Die Gründung eines vom Freisinger Diözesan- wie vom Salzburger Metropolitanverband exemten, jedoch auf das neuorganisierte Kollegiatstift U. L. F. in München und die Hofkirche beschränkten Hofbistums, der Rom zustimmte (15. Dezember 1790), war ein revolutionärer Eingriff und der vorerst bescheidene Anfang einer neuen bayerischen Bistumsorganisation.[25]

Unter dem seelsorglich bemühten Bischof *Ludwig Joseph von Welden* (1769–1788)[26] stand Freising in der vordersten Front des Kampfes mit dem bayerischen Staatskirchentum. Sein Nachfolger *Maximilian Prokop von Törring-Jettenbach*

[22] HB II § 167 (Hammermayer); K. Habenschaden, Die Kirchenpolitik unter Kf. Karl Theodor (ZRG Kan. Abt. 28) 1939, 333–417; Brandmüller, HB (vor § 29) II (A. Schmid).

[23] G. Pfeilschifter-Baumeister, Der Salzburger Kongreß u. seine Auswirkungen, 1770–1777, 1929; HB II § 167 (Hammermayer).

[24] HB II 1277ff. (Hammermayer); J. Angermeier, Das Bistum Freising im Nuntiaturstreit, 1921.

[25] HB II 1281 (Hammermayer); Brandmüller, HB (vor § 29) II (A. Schmid).

[26] Gatz, Bischöfe 1648–1803 (vor § 29) 564f. (Greipl); Schwaiger, Bistum Freising (§ 29) 477ff. (Nesner).

(1788–1789),[27] der seit 1787 bereits Bischof von Regensburg war, konnte in seiner kurzen Amtszeit kaum eigenes Profil gewinnen. Um diese Zeit umfaßte das Bistum Freising rund 270000 Personen, davon rund 900 Geistliche. Weiterhin wirkten im Bistum rund 1680 Ordensleute in 41 Mannsklöstern und 14 Konventen weiblicher Orden und Kongregationen, die keine Nachwuchssorgen hatten, aber unter strenger staatlicher Aufsicht standen.[28] Unter dem als Günstling des Kurfürsten Karl Theodor und Gegner des reichskirchlichen Episkopalismus 1790 auf die Bischofsstühle von Freising und Regensburg erhobenen *Joseph Konrad v. Schroffenberg* (1790–1803),[29] einem lauteren, gütigen, seinen geistlichen und weltlichen Aufgaben zugewandten Fürsten ging die Geschichte des Hochstifts Freising in der Säkularisation zu Ende. Schroffenberg war, wie seine Vorgänger, mit dem Problem der enormen Verschuldung des Hochstifts konfrontiert, welche naturgemäß seine kirchenpolitischen Möglichkeiten erheblich schwächte. Das bayerische Staatskirchentum wurde drückender denn je,[30] die politischen Unruhen, Kriege und wirtschaftlichen Nöte der Epoche führten seit 1801 zu Vorwegnahmen der Säkularisation, noch bevor der von den Großmächten erzwungene Reichsdeputationshauptschluß (1803) den geistlichen Herrschaften ein Ende machte, die Verflechtung von Kirche und Imperium trennte und die Verfassung der deutschen Kirche in ein Provisorium überführte.[31] Das Hochstift Freising wurde an Bayern gegeben. Bereits am 21. August 1802 wurde es von bayerischen Truppen besetzt.[32] «Über keine bayerische Bischofsstadt brach der Säkularisationssturm so schonungslos zerstörend herein wie über die friedliche geistliche Stadt Freising» (Schwaiger). Am 27. November 1802 wurde das Hochstift auch staatsrechtlich von Bayern in Besitz genommen und mit der Beschlagnahmung seiner Vermögenswerte begonnen.

[27] Gatz, Bischöfe 1648–1803 (vor § 29) 518ff. (Hausberger); Schwaiger, Bistum Freising (§ 29) 485ff.; Hausberger II 34ff.

[28] Schwaiger, Bistum Freising (§ 29) 472f. (Nesner).

[29] N. Keil, Das Ende d. geistl. Regierung in Freising, Fürstb. J. K. v. Schroffenberg (1790–1803) u. d. Säkularisation d. Hochstifts Freising, 1987; Ders., Schroffenberg (G. Schwaiger, Hg., Christenleben im Wandel d. Zeit I) 1987, 364–376; Gatz, Bischöfe 1785–1945 (vor § 29) 677f. (Schwaiger); Schwaiger, Altbayer. Bistümer (vor § 29); Gatz, Bischöfe 1785–1945 (vor § 29) 677f. (Schwaiger); Hausberger II 37ff. S. auch § 34 Anm. 41.

[30] HB II § 168 (Hammermayer).

[31] HB IV 1 § 1d (Weis); E. Weis, Die Säkularisation d. bayer. Klöster (Politik u. Konfession. FS f. K. Repgen) 1983, 123–158 (auch SB München 1983); Wende (vor § 29); A. Rauscher (Hg.), Säkularisierung u. Säkularisation vor 1800, 1978.

[32] Schwaiger, Altbayer. Bistümer (vor § 29) 172ff.; Schwaiger, Bistum Freising (§ 29) 546ff.

## § 30. HOCHSTIFT REGENSBURG

J. LIPF, Oberhirtl. Verordnungen u. allgem. Erlasse f. d. Bisthum Regensburg, 1853; J. STABER, Kirchengesch. d. Bistums Regensburg, 1966; HAUSBERGER (Hauptwerk); N. FUCHS, Die Wahlkapitulationen d. Bischöfe v. Regensburg (VHOR 101) 1961, 5–108; H. RAAB, Das Fürstbistum Regensburg, Bayern u. d. Wittelsb. Kirchenpolitik (VHOR 111) 1971, 75–93; W. VOLKERT, Die Bischöfe v. Regensburg als Reichsfürsten (1250 Jahre Bistum Regensburg, hg. v. H. Bungert) 1989, 59–79.

Das reichsunmittelbare Territorium der Bischöfe von Regensburg, das *Hochstift Regensburg,*[1] war klein und unzusammenhängend und bestand aus vier Teilen: 1) einem begrenzten Bereich (Dom, St. Johann, St. Ulrich, Bischofshof, Domkapitelshäuser) inmitten der seit 1245 reichsunmittelbaren Stadt Regensburg, 2) der im Osten Regensburgs liegenden Reichsherrschaft Donaustauf (1486–1715 in bayerischem Pfandbesitz) mit großen Waldungen, 3) der daran anschließenden Reichsherrschaft Wörth an der Donau, ebenfalls mit umfangreichem Waldbesitz, 4) der Reichsherrschaft Hohenburg auf dem Nordgau. Der Regensburger Bereich sowie Donaustauf und Wörth waren den Bischöfen bereits im Frühen Mittelalter zugekommen, die Herrschaft Hohenburg im Jahre 1257. Weitere, nicht reichsunmittelbare Besitzungen[2] waren auf bayerischem Territorium eine Reihe von Hofmarken rund um Regensburg (Eitting, Geisling, Burgweinting, Dechbetten, Barbing, Schwabelweis, Pettendorf, Wildenberg und Auburg) sowie Hohenburg am Inn und Eberspoint mit dem Markt Velden an der Vils, in der Oberpfalz die Herrschaft Siegenstein, schließlich in Niederösterreich die Herrschaften Orth im Marchfeld und Pöchlarn. Ungeachtet dieses grundherrschaftlichen Besitzes, mit dem teilweise Niedergerichtsrechte verbunden waren, zählte das Hochstift Regensburg doch zu den ärmeren geistlichen Territorien. Zudem war das Hochstift – in der Reichsstadt Regensburg selbst auf engstem Raum zusammengedrängt – auf allen Seiten von wittelsbachischem Territorium umgeben. Alle diese Verhältnisse zwangen zu politischer Zurückhaltung der Bischöfe, boten einen Ansatzpunkt für bayerische Einflußnahmen und ließen das Hochstift schließlich ebenso wie Freising zu einem Anhängsel der wittelsbachischen Reichskirchenpolitik herabsinken. Im Unterschied zum Mäzenatentum wittelsbachischer Fürstbischöfe in Kurköln haben die Wittelsbacher Bischöfe in Regensburg nur sehr bescheidene kulturelle Impulse gegeben.[3] Infolge der Verschuldung des Hochstifts bestimmten die Zahlungsunfähigkeit eines Kandidaten

[1] HAUSBERGER I 167–177; D. SCHMID, Regensburg I. Das Landgericht Stadtamhof, die Reichsherrschaften Donaustauf u. Wörth (HAB Teil Altbayern 41) 1976; W. VOLKERT, Hohenburg auf d. Nordgau (Oberpfalz 50) 1962, 159–163, 187–191; E. KLEBEL, Landeshoheit in u. um Regensburg (VHOR 90) 1940, 5–61.

[2] HAUSBERGER I 167f.; E. JUNKER, Der niederösterr. Besitz d. Hochstifts Regensburg, Diss. Masch. Wien 1955; vgl. auch einschlägige Bände des Hist. Atlas von Bayern. H. GLASER, Die Reise d. Bischofs J. F. Eckher in d. österr. Herrschaften d. Hochstifts Freising 1696 (ZBLG 55) 1992, 278–305.

[3] BRAUNFELS (vor § 29) 199f.

oder der Gesichtspunkt von Einsparungen durch den Fortfall einer Hofhaltung bei Jugendlichkeit oder Abwesenheit des Gewählten ganz entscheidend den Ausgang der Regensburger Wahlen.

Das geistliche Herrschaftsgebiet des Bischofs von Regensburg, die *Diözese (Bistum) Regensburg,*[4] die zum Salzburger Metropolitanverband gehörte, erstreckte sich vom niederbayerischen Rottal im Süden über die Oberpfalz bis zum fränkischen Selb im Norden. Das Diözesangebiet lag in seinem oberpfälzischen Teil hauptsächlich auf Territorium der Kurfürsten von der Pfalz und des Herzogs von Pfalz-Neuburg, die sich im 16. Jahrhundert der Reformation anschlossen und dadurch jede Einflußnahme der Bischöfe unterbanden. Im frühen 17. Jahrhundert wurden diese Diözesanteile wieder rekatholisiert. Die Diözese war in rund 460 Pfarreien organisiert und umfaßte kurz vor der Reformation über 50 Klöster und Stifter unterschiedlicher Orden und Genossenschaften.

Eine wichtige Größe in Hochstift und Bistum neben dem Bischof bildete das *Domkapitel.*[5] Es bestand in Regensburg aus 15 Kapitularen und 9 Domizellaren, von denen mindestens zwei Drittel dem Adel entstammen mußten. Die bürgerlichen Mitglieder, im frühen 17. Jahrhundert etwa 15 Prozent, hatten den theologischen oder kanonistischen Doktorgrad nachzuweisen. Seit der zweiten Hälfte des 17. Jahrhunderts verstärkte sich das adelige Element, wurden acht statt bisher vier adelige Ahnen gefordert und umfaßte das Kapitel schließlich über 90 Prozent Adelige. In landsmannschaftlicher Hinsicht bestand das Regensburger Kapitel durchgehend aus etwa 45 Prozent Altbayern (Adelige und zunächst auch Bürgerliche) sowie je etwa 20 Prozent Österreichern und Schwaben. Im Laufe der Zeit nahmen die Österreicher auf etwa 30 Prozent zu, die Schwaben reduzierten sich entsprechend. Stets waren auch adelige und zunächst auch bürgerliche Domkapitulare vorhanden, die aus entfernteren Teilen des Reichs stammten, da die Stadt Regensburg seit 1663 ständig Sitz des Reichstages war und damit auch Wohnort einer entsprechenden Beamtenschaft. Im 18. Jahrhundert betrug der Anteil dieser Gruppe etwa ein Fünftel des Domkapitels. Das Domkapitel galt, wie die meisten süddeutschen Domkapitel, als arm, hatte aber doch als Korporation einiges Vermögen, darunter am Ende des 18. Jahrhunderts nicht weniger als sechs Hofmarken (Aufhausen, Raitenbuch, Eltheim, Irl, Kirchroth, Schauerstein) und weitere Grundherrschaften. Eine beachtliche Zahl von Domkapitularen hatte auch Präbenden in anderen Hochstiftern und war daher nicht in der Lage, hier wie dort die Residenzpflicht zu erfüllen. Das Domkapitel mußte vom Bischof in allen wichtigen Angelegenheiten des Hochstifts und der Diözese gehört werden und spielte in dieser Hinsicht die Rolle von Landständen in den weltlichen Territorien – nur mit dem Unterschied, daß den Bischöfen, ungleich den weltlichen Territorialfürsten bei den Landständen, die Entmachtung der Domkapitel nicht gelun-

[4] Hausberger I 156–166; Bayer. Geschichtsatlas Karte 26 (Diözese mit Klöstern); D. Lindner, Der Streit um d. Exemtion d. Bistums Regensburg v. Salzburger Metropolitanverband (Jb. f. altbayer. KG 1964) 94–113.

[5] Hausberger I 179ff.; Hersche (vor § 29) I 156ff., II 71f. u. 119.

gen ist. Insoferne kann in den geistlichen Territorien auch nur begrenzt von Absolutismus gesprochen werden.

Ähnlich den weltlichen Territorien wurde auch in Regensburg eine *Gerichts- und Verwaltungsorganisation* mit Beamten als Kastner, Pfleger und Richter aufgebaut.[6] Sie war zunächst, als Hofrat, für Hochstift und Diözese gleichermaßen zuständig. Erst zu Beginn des 17. Jahrhunderts wurde die Trennung in Hochstiftsverwaltung (weltliche Regierung) und Diözesanverwaltung (geistliche Regierung) vorgenommen und stand nunmehr der Hof- und Kammerrat dem Geistlichen Konsistorium gegenüber. In beiden Gremien waren auch Domkapitulare tätig, doch wurde die Hauptlast von weltlichen Beamten getragen.

Die Reformation war unter dem ungeistlichen Administrator *Johann III.*, Pfalzgraf bei Rhein (1507–1538),[7] in das Bistum Regensburg eingedrungen und hatte unter dem unfähigen, geistesgestörten *Pankraz von Sinzenhofen* (1538–1548)[8] rasche Fortschritte gemacht. Gegenreformation und Kirchenreform in der Diözese wurden nicht von den Bischöfen *Georg von Pappenheim* (1548–1563),[9] *Vitus von Fraunberg* (1563–1567)[10] oder dem eifrigen, wenn auch erfolglosen *David Kölderer von Burgstall* (1567–1579),[11] sondern zunächst von dem religiös erneuerten Papsttum, fähigen Nuntien, Reformorden und den bayerischen Herzögen getragen. Die enge Verknüpfung von Religion und Politik, von römischen und bayerischen Interessen, von Gegenreformation und Staatskirchentum bestimmten somit auch die Geschichte von Diözese und Hochstift Regensburg. Die gewaltig gewachsene Schuldenlast und die Verschlechterung der Beziehungen zwischen dem Hochstift und Bayern bewogen das Domkapitel, das eine Postulation des Freisinger Bischofs Ernst von Bayern abgelehnt hatte, in einem Kompromiß dessen Neffen, den dreijährigen Prinzen *Philipp Wilhelm von Bayern* (1579–1598),[12] den dritten Sohn Herzog Wilhelms V., zum Fürstbischof zu postulieren. Bayern versprach dafür dem Domkapitel den gewünschten Schutz gegen die Protestanten in der Reichsstadt Regensburg und gegen den benachbarten Pfalzgrafen zu Neuburg. Unter der Administration in spiritualibus des Nuntius Felician Ninguarda (1580–1582), des Böhmen Zbinko Berka sowie des Generalvikars Dr. Jakob Miller († 1597) und der Temporalienverwaltung Herzog Wilhelms V. (1585–1596)[13] wurde durch dessen massive, von Rom geduldeten Eingriffe in geistliche Bereiche die kirchliche Erneuerung in die Wege geleitet. Philipp selbst erhielt 1596 die Bischofsweihe und das Kardinalat. Nach seinem frühen Tod 1598 setzte Bischof *Sigismund Friedrich von Fugger* (1598–1600) in den knapp eineinhalb

[6] Hausberger I 163ff.

[7] NDB 10, 1974, 519; Staber, Kirchengeschichte (§ 30) 96ff.; Hausberger I 316ff. Zu den Regensburger Bischöfen d. Reformationszeit vgl. auch May (vor § 29) 506ff.

[8] Hausberger I 319f.

[9] Ebd. I 320f.

[10] Ebd. I 321f.

[11] Ebd. I 322ff.

[12] F. Stieve (Hg.), Briefe u. Akten z. Gesch. d. 30jähr. Krieges IV, 1878, 270ff.; Fuchs, Wahlkapitulationen (§ 30) 34ff.; Hausberger I 324ff.

[13] R. Reichenberger, Zur Administration d. Regensburger Kirche unter Hg. Wilhelm V. (RQ 14) 1900, 356–378.

Jahren seiner Regierung die Erneuerungsbestrebungen fort.[14] Den Sieg der tridentinischen Reform führte jedoch erst Bischof *Wolfgang von Hausen* (1600–1613) herbei. Seine Postulation, von Herzog Maximilian I. von Bayern ausdrücklich gewünscht und vom Domkapitel auch aus wirtschaftlichen Überlegungen gewollt, leitete einen «Gestaltwandel in der geschichtlichen Erscheinung des bairischen, ja deutschen Bischofs ein: Nicht mehr der Fürst steht im Vordergrund, sondern der Hirte der Seelen. In Hausen erscheint erstmals das tridentinische und neuzeitliche Bischofsideal».[15] Unterstützt von dem hervorragenden Weihbischof Stephan von Almira, den Jesuiten und Kapuzinern (seit 1613 in Regensburg) reformierte er Geistlichkeit, Klöster und Liturgie, visitierte seine Diözese und trat 1609 auch der Katholischen Liga bei.

Unter Bischof *Albert IV. von Törring* (1613–1649)[16] wurde der größte Teil der Diözese für das katholische Bekenntnis zurückgewonnen. Die Konversion des Pfalzgrafen Wolfgang Wilhelm 1613 leitete die Gegenreformation in den neuburgischen Gebieten ein, die Oberpfalz wurde seit 1621 durch Maximilian I. und bayerische Jesuiten rekatholisiert, doch überschatteten Kriegszüge, völlige Verschuldung, Gefangenschaft und manche Demütigungen durch Maximilian und Mitglieder des Domkapitels die zweite Regierungshälfte des bescheidenen und gutmütigen Bischofs. Die weitere Erneuerung des darniederliegenden, vom Dreißigjährigen Krieg schwer heimgesuchten Bistums war das Verdienst *Franz Wilhelms von Wartenberg* (1649–1661)[17] aus einer unebenbürtigen Seitenlinie des Hauses Wittelsbach. Wartenberg, von strengster Kirchlichkeit, war 1625 Bischof von Osnabrück, 1641 Koadjutor Törrings geworden und hatte als Vertreter des Kurfürsten von Köln auf die Westfälischen Friedensverhandlungen in kirchlichem Sinne einzuwirken versucht. Mit qualifizierten Mitarbeitern (Generalvikar Seb. Denich u. a.)[18] widmete er sich in Regensburg vor allem der Klerusreform und Priesterausbildung, 1660 wurde er Kardinal.

Auf die nur kurze Zeit regierenden Fürstbischöfe *Johann Georg von Herberstein* (1662–1663)[19] und *Adam Lorenz von Törring* (1663–1666)[20] folgte 1666 der Erzbischof von Salzburg *Guidobald von Thun* (1666–1668),[21] der als kaiserlicher Prinzipalkommissar am Reichstag zu Regensburg hervorgetreten war. Das Domkapitel erwartete von dem vermögenden und gut kaiserlich gesinnten Thun entscheidende Hilfen für das arme Hochstift. Thun, seit 1667 Kardinal, starb jedoch

[14] Hausberger I 329f.

[15] J. Oswald, Die Tridentinische Reform in Altbayern (G. Schreiber, Weltkonzil II) 1951, 27; Hausberger I 330ff.

[16] S. Federhofer, Albert v. Törring, Fürstb. v. Regensburg, 1613–1649 (BGBR 3) 1969, 7–120; Hausberger, I 332ff.

[17] G. Schwaiger, Kardinal F. W. v. Wartenberg als B. v. Regensburg (1649–1661), 1954; Hausberger I 336ff.; A. Koch, Die Politik F. W. v. Wartenbergs während d. Westf. Friedensverhandlungen, Phil. Diss. Masch. Bonn 1966; Gatz, Bischöfe 1648–1803 (vor § 29) 558ff. (Hausberger).

[18] G. Schwaiger, Röm. Briefe d. Regensburger Weihb.s S. Denich (ZKG 73) 1962, 299–326.

[19] Hausberger I 343f.; Gatz, Bischöfe 1648–1803 (vor § 29) 181f. (Hausberger).

[20] Hausberger I 344f.; Gatz, Bischöfe 1648–1803 (vor § 29) 517f. (Hausberger).

[21] Hausberger I 345f.; Gatz, Bischöfe 1648–1803 (vor § 29) 503f. (Ortner).

bereits nach zweijähriger Regierung, nachdem er sich vorher noch um das Fürstbistum Trient beworben hatte.

Mit der von München stark unterstützten Wahl Herzog *Albrecht Sigmunds von Bayern* (1668–1685)[22] aus der Seitenlinie Leuchtenberg begann die Reihe der Wittelsbachischen Fürstbischöfe auf dem Stuhl des heiligen Wolfgang für rund ein Jahrhundert. Albrecht Sigmund war bereits seit 1652 Bischof von Freising (s. o.), betrachtete aber, bei persönlicher Frömmigkeit, beide Posten nur als Sinekuren. Sein Nachfolger in Regensburg und Freising wurde im Zuge der weitgespannten Bistumspolitik Kurfürst Max Emanuels von Bayern dessen noch minderjähriger Bruder *Joseph Clemens* (1685–1715),[23] für den zunächst Administratoren, Weihbischöfe und Domkapitel die geistliche und weltliche Verwaltung führten. Da Joseph Clemens seit 1688 auch Kur-Erzbischof von Köln war, daneben auch Bischof von Lüttich und Fürstpropst von Berchtesgaden, blieb für Regensburg wenig Interesse und Zeit, zumal er nur widerwillig, aus Gründen der wittelsbachischen Dynastie- und Staatsraison seine geistlichen Ämter übernommen hatte. Schließlich mußte er auf Drängen Roms auf Regensburg verzichten, da er 1715 auch noch zum Bischof von Hildesheim gewählt wurde. Intensiven Bemühungen Kurfürst Max Emanuels gelang es jedoch, die wittelsbachische Herrschaft fortzusetzen, indem nunmehr der vierte Sohn des Kurfürsten, *Clemens August* (1716–1719),[24] den Regensburger Stuhl bestieg. Das Domkapitel erreichte in diesem Zusammenhang die Einlösung der seit 1486 an Bayern verpfändeten Reichsherrschaft Donaustauf. Clemens August war ebenso ohne geistliche Berufung wie seine wittelsbachischen Vorgänger und Nachfolger. Bereits 1719 resignierte er wieder auf Regensburg, da er im wittelsbachischen Hausinteresse, wie es Max Emanuel verstand, für die Besetzung rheinischer und westfälischer Bistümer gebraucht wurde. Und nochmals gelang es dem Kurfürsten, Regensburg in der Hand der Dynastie zu behalten, indem trotz Widerstandes in Rom, am Kaiserhof und im Domkapitel nunmehr sein jüngster Sohn *Johann Theodor* (1719–1763)[25] auf den Stuhl des hl. Wolfgang gebracht werden konnte. Verzweifelte Bedenken Johann Theodors, keinerlei Neigung zum geistlichen Stand zu verspüren, wurden von Max Emanuel brüsk zurückgewiesen. Der gehorsame Sohn, in der Folge auch Bischof von Freising und Lüttich und seit 1746 Kardinal, hat jedoch in Regensburg nie Residenz genommen und in vierundvierzig Jahren Bischofsamt den Regensburger Dom wohl nie betreten. Daß in Hochstift und Diözese das geistliche Leben weiterging, war einer Reihe vorbildlicher Weihbischöfe, vor allem dem heiligmäßigen Gottfried Langwerth von Simmern (1717–1741)[26] zu verdanken.

[22] S. o. § 29 Anm. 14.

[23] S. o. § 29 Anm. 15.

[24] NDB 3, 1957, 282f. (Braubach); HAUSBERGER II 21ff.; GATZ, Bischöfe 1648–1803 (vor § 29) 63ff. (Gatz); HB II 524 Anm. 22 (Lit.).

[25] S. o. § 29 Anm. 20.

[26] K. HAUSBERGER, Gottfried Langwerth v. Simmern (1669–1741), Bischofsadministrator u. Weihb. zu Regensburg (BGBR 7) 1973, 63–370.

Nach dem Tod Johann Theodors 1763 standen keine nachgeborenen Wittelsbacher Prinzen für die Nachfolge in Regensburg und Freising mehr zur Verfügung, so daß auf einen Schwager Kurfürst Max III. Joseph zurückgegriffen wurde, *Clemens Wenzeslaus von Sachsen* (1763–1768).[27] Dieser erhielt beide Bischofsstühle, mußte sie aber schon 1768 wieder abgeben, als er auch zum Kur-Erzbischof von Trier und Bischof von Augsburg gewählt wurde. Sein Nachfolger *Ignaz Anton Graf Fugger* (1769–1787),[28] seit 1756 Stiftspropst von Ellwangen, war ungleich mancher seiner Vorgänger intensiv um das geistliche Wohl seiner Untertanen bemüht, dabei den Prinzipien einer maßvollen Aufklärung folgend. Mehr als in der Errichtung der Münchner Nuntiatur sah er in einer Machtausdehnung der in Ems versammelten vier deutschen Erzbischöfe[29] eine Gefahr bischöflicher Eigenständigkeit. Bei der Neuwahl nach Fuggers Tod wurde erstmals seit vielen Jahren ein Mitglied des Regensburger Domkapitels gewählt, *Max Prokop Graf Törring-Jettenbach* (1787–1789),[30] der 1789 auch den Freisinger Bischofsstuhl bestieg und in den Grundanschauungen seinem Vorgänger sehr ähnlich war.

Beim Tode Törrings war bereits abzusehen, daß die dunklen Schatten über der deutschen Reichskirche: das Vordringen des Staatskirchentums und eines aufgeklärten kirchenpolitischen Denkens an den weltlichen Fürstenhöfen, dazu mangelnde geistliche Qualifikation mancher kirchlicher Würdenträger und desolate ökonomische Situation zahlreicher kirchlicher Institutionen, sich über kurz oder lang zu einer zerstörerischen Katastrophe verdichten würden. So wurde Törrings Nachfolger, der von Bayern bereits in Freising (1790) und jetzt auch in Regensburg erfolgreich unterstützte *Joseph Konrad von Schroffenberg* (1790–1803),[31] zugleich auch Fürstpropst von Berchtesgaden, zum letzten Regensburger Bischof im Rahmen der alten Reichsverfassung. Im Unterschied zu Freising hatte das Hochstift Regensburg nach vielen Jahrzehnten der Finanzmisere durchaus gesunde Vermögensverhältnisse, so daß dem wohlmeinenden und bemühten Schroffenberg manche Möglichkeiten offengestanden hätten, hätten nicht Krieg und Politik der Mächte auch das kleine Regensburg ergriffen. Doch hatte das Hochstift in diesen Jahren des Umbruchs ein besonderes, von den übrigen Hochstiftern charakteristisch unterschiedenes Schicksal: Durch den Reichsdeputationshauptschluß von 1803 (§ 25) wurde es nicht einem weltlichen Landesherren zugewiesen, sondern zur Dotation des nach Regensburg transferierten Mainzer Erzbischofs und Reichserzkanzlers *Karl Theodor von Dalberg* Teil von dessen neuerrichtetem geistlichen Fürstentum Regensburg-Aschaffenburg.[32] Der Staat Dalbergs

[27] S. o. § 29 Anm. 21.

[28] E. Meißner, Fürstb. Anton Ignaz Fugger 1711–1787, 1969; J. Gruber, A. I. Fugger als Fürstb. v. Regensburg (HVOR 127) 1987, 185–199; Hausberger II 31 ff.; Gatz, Bischöfe 1648–1803 (vor § 29) 134 ff. (Hausberger).

[29] H. Raab, Die Concordata Nationis Germanicae in d. kanonist. Diskussion d. 17.–19. Jhs., 1956; Ders., Reichskirchl. Episkopalismus (vor § 29).

[30] S. o. § 29 Anm. 27.

[31] S. o. § 29 Anm. 29.

[32] Hausberger II 94 ff.; Gatz, Bischöfe 1785–1945 (vor § 29) 110 ff. (Schwaiger); K. Rob, K. Th. v. Dalberg. Eine polit. Biographie 1744–1806, 1984; K. M. Färber, Kaiser u. Erzkanzler. Dalberg u. Napoleon am Ende d. Alten Reiches, 1988; R. Reinhardt Fürstprimas K. Th. v. Dalberg im Lichte d. neueren Forschung (Th Q 144) 1964, 257–275.

beinhaltete neben dem alten Hochstift Regensburg, dem Fürstentum Aschaffenburg und der Grafschaft Wetzlar auch die ehemalige Reichsstadt Regensburg und die ehemals reichsunmittelbaren Fürstabteien St. Emmeram, Ober- und Niedermünster sowie alle mittelbaren Stifte und Klöster in Regensburg, die dadurch größtenteils zunächst der Säkularisation entgingen. Dalberg hat in seinem Fürstentum manche fortwirkenden kultur- und sozialpolitischen Neuerungen vorgenommen und nicht zuletzt den Katholiken der bisherigen Reichsstadt Regensburg die Möglichkeit gegeben, das ihnen bisher verwehrte Bürgerrecht zu erwerben. Jedoch wurde das Fürstentum bereits am 28. Februar 1810 (ohne die Grafschaft Wetzlar) dem Königreich Bayern einverleibt.[33] Damit war nunmehr auch das ehemalige Hochstift Regensburg der bayerischen Gesetzgebung und der Säkularisation unterworfen.

## § 31. HOCHSTIFT PASSAU

J. N. Buchinger, Gesch. d. Fürstenthums Passau, 2 Bde., 1816/24; K. Schrödl, Passavia sacra. Gesch. d. Bistums Passau bis z. Säkularisation d. Fürstenthums Passau, 1879; L. Veit, Hochstift Passau (HAB Teil Altbayern 35) 1978; J. Oswald, Das alte Passauer Domkapitel, 1933; Ders., Der organisator. Aufbau d. Bistums Passau im MA u. in d. Reformationszeit (ZRG Kan. Abt. 61) 1941, 131–164; L. H. Krick, Das ehem. Domstift Passau u. d. ehem. Kollegiatstifte in Passau. Chronol. Reihenfolgen ihrer Mitglieder von d. Gründung d. Stifte bis zu ihrer Aufhebung, 1922; Ders., Die ehem. stabilen Klöster d. Bistums Passau, 1923; Ders., Chronol. Reihenfolgen d. Seelsorgevorstände u. Benefiziaten d. Bistums Passau, 1911; R. Zinnhobler, Der «Catalogus alphabeticus» v. 1689. Eine Quelle z. Gesch. d. ehem. Großbistums Passau u. seiner Pfarreien (OG 12) 1970, 222–253, (OG 13) 1971, 137–140, (OG 16) 1974, 68–114; Ders., Die Passauer Bistumsmatrikeln f. d. westl. Offizialat, 3 Bde., 1972/84; A. Leidl, Die Bischöfe v. Passau 739–1968 in Kurzbiographien, 1978[2]; Ders., Bischof u. Klerus im Großbistum Passau an d. Wende v. Barock z. Aufklärung (Diener in Eurer Mitte. FS A. Hofmann) 1984, 137–154; Ders., Das Hochstift Passau im 18. Jh. (OG 22/23) 1980/81, 74–84; F. X. Eggersdorfer, Die Phil.-Theol. Hochschule Passau. 300 Jahre ihrer Gesch., 1933; F. v. Müller, Das Land d. Abtei im alten Fürstentum Passau (VHN 57) 1924, 1–152; B. Hubensteiner, Passau u. d. Haus Habsburg (OG 5) 1961, 59–63; P. C. Hartmann, Das Hochstift Passau u. d. Erzstift Salzburg, Zwei Territorien zw. Bayern u. Österreich (OG 30) 1988, 17–26; K. Amman, Die landesherrl. Residenzstadt Passau im spätmittelalterl. deutschen Reich, 1992; G. M. Ott, Das Bürgertum d. geistl. Residenzstadt Passau in d. Zeit d. Barock u. d. Aufklärung, 1961.

Das nicht sehr umfangreiche *Hochstift Passau,*[1] das reichsunmittelbare Territorium des Fürstbischofs, bestand aus fünf Teilen: 1) der Stadt Passau, 2) einem weitläufigen Gebiet nördlich der Donau. Es erstreckte sich westlich der Ilz in einem relativ schmalen Streifen fruchtbaren Hügellandes entlang der Donau und reichte östlich der Ilz, als das sog. Abteiland, mit weiten Waldgebieten bis zu den Höhen des Böhmerwaldes, an das Königreich Böhmen grenzend, und weiter gegen Osten bis an die Grenzen des Erzherzogtums Österreich, 3) der kleinen, ganz von bayerischem und österreichischem Territorium umgebenen Exklave

[33] Schwaiger, Altbayer. Bistümer (vor § 29) 245ff.

[1] Veit (§ 31); J. Heider, Regesten d. Passauer Abteilandes, 1934 (Karte).

des sog. Waldgütleramtes südlich der Stadt Passau, 4) der noch weiter südlich gelegenen, ebenfalls exklavierten Herrschaft Riedenburg am Inn, 5) der kleinen Herrschaft Obernberg östlich des Inn und einem kleinen Gebiet um Viechtenberg südlich der Donau. Beide wurden 1782 an Österreich abgetreten. Inmitten des Hochstifts befand sich als eine bayerische Enklave die Grafschaft Hals. Das Hochstiftsgebiet war also mittleren Umfanges und nicht abgeschlossen. Es hatte sich in dieser Form im Laufe des Mittelalters entwickelt, wobei grundherrschaftliche Gegebenheiten die entscheidende Rolle im Formationsprozeß gespielt hatten.

Das Hochstift war *gerichts- und verwaltungsmäßig* gegliedert in das sog. Landgericht der Abtei, sechs Pfleggerichte, die drei sog. Stadtgedinge in Passau, das Rent- oder Waldgütleramt und die Herrschaft Riedenburg. An hochstiftischen Zentralbehörden hatten sich bis zum 18. Jahrhundert im Zuge einer Differenzierung die mit dem Hofstaat befaßten Organe herausgebildet, weiterhin der Geheime Rat für die politischen Angelegenheiten, der Geistliche Rat für die kirchlichen Angelegenheiten, der Hofrat für die Justizsachen und die Hofkammer für die Besitzungen des Bischofs sowohl im Hochstift wie in den angrenzenden Territorien Bayern, Österreich und Salzburg.

Der *Grund und Boden* im Hochstift war zu Beginn des 16. Jahrhunderts zum größten Teil im Besitz von geistlichen Institutionen, daneben auch von einigen Adelsfamilien im Lande. Dieser adelige Grundbesitz[2] wurde im Laufe des 16. und 17. Jahrhunderts vollständig von den Bischöfen aufgekauft, so daß seit etwa 1690 als Grundherrn nur noch der Bischof, das Domkapitel und das Kloster Niedernburg (das einzige Kloster im Hochstift!) existierten sowie – mit ganz geringem Grundbesitz – die bayerischen Klöster St. Nikola, Vornbach, Osterhofen, Engelhartszell und Fürstenzell.

Der *Adel* im Hochstift,[3] um 1500 etwa 30 Familien niederen Adels, übte in seinen Grundherrschaften die niedere Gerichtsbarkeit mit weiteren Rechten aus. Zusammen mit einigen Adeligen aus dem Herzogtum Bayern, die im Hochstift Grundbesitz und Niedergerichtsrecht besaßen (u. a. die Grafen von Ortenburg), bildete er die Ritterkurie der *Passauer Landstände*.[4] Die Prälatenkurie setzte sich aus dem Domkapitel, der Äbtissin der Abtei Niedernburg sowie den Vertretern einiger bayerischer Klöster (Engelhartszell, Vornbach, Fürstenzell, Osterhofen) zusammen, die Grundbesitz und Niedergerichtsrechte im Hochstift innehatten. Die Städtekurie bildeten die Stadt Passau und in der ersten Hälfte des 16. Jahrhunderts auch einige Märkte des Hochstifts. Der erste Passauer Landtag ist für das Jahr 1256 unter Bischof Otto von Lohnsdorf bezeugt, dem in unregelmäßigen Abständen, teilweise mit sehr langen Unterbrechungen, weitere Landtage

[2] Vgl. die Karte bei VEIT (§ 31) 173.

[3] Zahlreiche, leider unsystematische Mitteilungen bei VEIT (§ 31).

[4] P. C. HARTMANN, Die Landstände d. Hochstifts Passau im Rahmen d. ständ. Bewegung d. Spätmittelalters (OG 27) 1985, 63–81; MÜLLER (§ 31) 62ff. u. VEIT (§ 31) 376ff. Eine Monographie über die Landstände des Hochstifts ist ein Desiderat.

folgten, die von seiten des Ritterstandes oft nur schwach besucht waren, auch nicht alle durch Quellen belegt sind. Auf den Landtagen wurden, wie in anderen Territorien auch, zwischen Landesherr und Landständen Beschwerden und Wünsche ausgetauscht und Steuerfragen besprochen und entschieden. 1660 fand der letzte Landtag statt, wobei sich die Zahl der landständischen Adeligen durch den Aufkauf adeligen Grundbesitzes durch die Bischöfe bereits erheblich verringert hatte. Wenn hierdurch ein – kaum sehr starkes – Hemmnis absolutistischer Fürstenherrschaft beseitigt war, so hatte der Bischof doch weiterhin mit dem Domkapitel zu rechnen.

Das Passauer *Domkapitel*[5] bestand seit dem 16. Jahrhundert aus dem Dompropst, dem Domdekan und 21 Kanonikern (zwei weitere Stellen blieben regelmäßig unbesetzt), von denen aber acht als noch studierende Domizellare nur beschränktes Stimmrecht und Einkommen besaßen.[6] Das Domkapitel hatte sich vom 8.–13. Jahrhundert zu bedeutender Stellung im Bistum entwickelt und es hat diese Position in den folgenden Jahrhunderten durch das Instrument der Wahlkapitulation, die dem Bischofskandidaten vor seiner Wahl abverlangt wurde, befestigt und ausgeweitet. Erst das päpstliche Wahlkapitulationsverbot von 1695 hat diese Praxis dann, wenn nicht beseitigt, so doch wesentlich eingeschränkt. Jedoch blieb dem Domkapitel über Bischofswahlrecht, großen Grundbesitz,[7] Möglichkeiten der Pfründenvergabe und zahlreiche Mitwirkungsrechte in geistlichen und weltlichen Angelegenheiten weiterhin eine bedeutende Position. Da der Bischof bei allen wichtigen Handlungen auf den Rat und die Zustimmung des Kapitels angewiesen war und das Kapitel kraft seines ausschließlichen Wahlrechts meist sogar die Person des Bischofs bestimmen konnte, erscheint es auf weite Strecken diesem nicht nur gleichgestellt, sondern praktisch fast als übergeordnet. So war es, anstelle von Landständen, im Laufe der Jahrhunderte vielfach ein Instrument, um Willkür und Mißregierung der Fürstbischöfe zu steuern. Doch hat das Kapitel, wie anderswo, nicht selten auch durch Eigennutz und Machtstreben dem öffentlichen Interesse und der geistlichen Wohlfahrt der Bistumsangehörigen Schaden zugefügt.

Im Mittelalter hatte das Passauer Kapitel gemeinständischen Charakter, d. h. es umfaßte Adelige und Bürgerliche. Seit 1594 wurden an Bürgerlichen nur mehr Doktoren der Theologie oder des Kanonischen Rechts aufgenommen, die aber schließlich nur mehr etwa 10 Prozent der Mitglieder ausmachten. Seit 1673 wurde das Kapitel überhaupt auf Adelige beschränkt, die zunächst 4, seit 1708 8 adelige Vorfahren nachzuweisen hatten.[8] Die landsmannschaftliche Herkunft der Passauer Kapitulare ist für das 17./18. Jahrhundert genau untersucht.[9] Hier wies

[5] Oswald, Domkapitel (§ 31). Personaldaten der Domkapitulare bei Krick, Domstift Passau (§ 31); vgl. auch Hersche (vor § 29) I 151ff.

[6] Krick, Domstift Passau (§ 31) V.

[7] Verzeichnet bei Veit (§ 31) 413ff., soweit er im Hochstift lag. Besitz in Österreich: A. M. Scheglmann, Gesch. d. Säkularisation III 1, 1906, 32f.

[8] Oswald, Domkapitel (§ 31) 40 Anm. 4; Hersche (vor § 29) II 118.

[9] Hersche (vor § 29) II 70.

das Passauer Domkapitel den auffallendsten Wandel unter allen deutschen Domkapiteln auf. In der ersten Hälfte des 17. Jahrhunderts stellten der bayerische landsässige Adel und die Österreicher (incl. Tiroler) je fast 40 Prozent aller Domherren, der Rest entfiel zum größten Teil auf schwäbische Adelige. In den folgenden Jahrzehnten nahmen die Bayern und Schwaben laufend ab, so daß in der ersten Hälfte des 18. Jahrhunderts die Österreicher 85 Prozent erreichten. In der zweiten Jahrhunderthälfte ging der Anteil der Österreicher leicht zurück, in die Lücke traten Schwaben sowie Domherren aus West- und Norddeutschland; Bayern waren nicht mehr vertreten.

Die *Diözese* Passau erstreckte sich bis ins 18. Jahrhundert entlang der Donau von der Mündung der Isar bis zur Mündung von March und Leitha.[10] Sie umfaßte den östlichen Teil Niederbayerns, Ober- und Niederösterreich, den Umkreis Wiens und nach Süden Teile des Salzkammerguts. Die weite Erstreckung nach Osten und Südosten war eine Folge der weiten Ausdehnung des alten bayerischen Stammesherzogtums bis an die Grenzen Ungarns und bereits zu Beginn des 11. Jahrhunderts abgeschlossen.[11] Passau war hiermit noch vor Konstanz die flächenmäßig größte Diözese des Alten Reiches mit etwa 42000 qkm und (um 1500) rund 900 Pfarreien, die zunächst in nur 11 Dekanaten zusammengefaßt waren. Nur ein sehr kleiner Teil der Diözese war der Territorialgewalt des Bischofs unterworfen, ein größerer den bayerischen Herzögen, der weitaus größte jedoch, sechs Siebtel der Diözese, dem Erzhaus Österreich. Entsprechend wurde von Passau durch die Jahrhunderte die Abtrennung dieser *österreichischen Diözesangebiete* unter der Ägide des Hauses Habsburg befürchtet. Nicht wenige Passauer Bischofswahlen wurden in Rücksicht auf diese Besorgnisse vorgenommen. Tatsächlich wurde 1469 das Gebiet der Stadt Wien mit umliegenden 14 Pfarreien zu einem Hofbistum verselbständigt.[12] Nach der Errichtung eines Erzbistums Wiens 1722 wurde zu dessen territorialer Ausstattung 1728 ein weiterer Teil des Diözesangebietes mit 69 Pfarreien abgetrennt. Der große Rest des Diözesangebietes auf österreichischem Territorium (samt dem 1779 von Bayern an Österreich übergebenen Innviertel) mit 700 Pfarreien wurde schließlich im Zuge der revolutionären, aber seelsorglich gerechtfertigten Neuorganisation der österreichischen Kirche durch Josef II. 1783/85 von Passau abgetrennt und auf die neuerrichteten Diözesen Linz und St. Pölten (ehem. Wiener Neustadt) verteilt.[13]

[10] H. JEDIN–J. MARTIN, Atlas z. Kirchengeschichte, 1. Aufl. 1970, Karte 46; OSWALD, Organisator. Aufbau (§ 31); ZINNHOBLER, «Catalogus alphabeticus» (§ 31); W. ZIEGLER, Nieder- u. Oberösterreich (A. Schindling–W. Ziegler, Hgg., Die Territorien d. Reichs im Zeitalter d. Reformation u. Konfessionalisierung I) 1989, 118–133 (Lit. u. Karte).

[11] M. HEUWIESER, Gesch. d. Bistums Passau I, 1939; E. TOMEK, Kirchengesch. Österreichs, 3 Bde., Innsbruck-Wien-München 1935/59, I 84ff., 115ff.; H. FEIGL, Bayer. Hochstifter u. Klöster in d. Gesch. Niederösterreichs, 1989.

[12] F. LOIDL, Gesch. d. Erzbistums Wien, 1983, 22ff.; TOMEK (Anm. 11) II 39ff.

[13] JEDIN-MARTIN (Anm. 10) Karte 96b; H. FERIHUMMER, Die kirchl. Gliederung d. Landes o. d. Enns im Zeitalter Kaiser Josefs II. Haus Österreich u. Hochstift Passau 1771–1792, 1952; TOMEK (Anm. 11) III 434ff.; A. LEIDL, Das Ende d. Großbistums Passau 1783 (OG 25) 1983, 21–30; E. MEISTER, Die Neuorganisation d. österr. Teils d. Diöz. Pas-

Damit war die Diözese Passau in etwa auf ihren heutigen Umfang zurückgeschnitten.

Um die große Diözese und die in ihr enthaltenen passauischen Eigenbesitzungen besser verwalten und seelsorglich betreuen zu können, war bereits um 1300 eine *verwaltungsmäßige Zweiteilung* vorgenommen worden: Für das niederösterreichische Diözesangebiet war das Offizialat unter der Enns mit Sitz zunächst in Tulln, seit 1357 in Wien eingerichtet worden, für das übrige Gebiet (incl. Passau und den bayerischen Teil) das Offizialat ob der Enns, das jeweils vom Passauer Generalvikar verwaltet wurde.[14]

Das Hochstift Passau war durch seine geographische Situation, durch die weite Erstreckung der Diözese auf österreichischem Territorium, durch wirtschaftliche und kulturelle Zusammenhänge, durch die Zusammensetzung seines Domkapitels und durch die Tatsache, daß die Fürstbischöfe schon seit dem Ende des 16. Jahrhunderts ausschließlich dem österreichischen Hochadel entstammten, eindeutig *nach Wien und Österreich orientiert*. Entsprechend sind mannigfache geistige und kulturelle Erscheinungen und Anregungen der Habsburgermonarchie und des Kaiserhofs in Passau weit mehr als in Freising oder Regensburg zur Geltung gekommen, so Gedankengänge des Jansenismus oder eines aufgeklärten Reformkatholizismus. Jedoch ist Passau nie zu einer bloßen Sekundogenitur Wiens parallel dem wittelsbachischen Einfluß auf Freising und Regensburg abgesunken und hat sich insofern auch eine freiere Position in der Reichspolitik bewahren können.

Die Administration des Hochstifts durch den Wittelsbacher Herzog *Ernst von Bayern* (1517–1540)[15] blieb in der Passauer Bistumsgeschichte ein Zwischenspiel. Ernst war in den geistlichen Stand gepreßt worden, er gab 1540 Passau zugunsten des Salzburger Erzstuhls auf, und verließ diesen 1554, weil er die Priesterweihe nicht empfangen wollte. Sein energischer Widerstand gegen das Luthertum, das sich besonders im österreichischen Teil der Diözese und bei den dortigen Landständen verbreitete, mag dort die Abneigung gegen einen wittelsbachischen Fürstbischof hervorgerufen oder verstärkt haben. Gleichzeitig wurde aber doch auch eine gegenreformatorische Position der Fürstbischöfe begründet, die zwar weniger unter Ernsts unmittelbaren Nachfolgern *Wolfgang von Salm* (1540–1555)[16] und *Wolfgang von Closen* (1555–1561)[17] sich auswirkte, dann aber in der langen Regierung des energischen und gebildeten *Urban von Trenbach* (1561–

sau im Spiegel d. Geistl. Ratsprotokolle 1783–1785 (OG 28) 1986, 220–230. – F. Schragl, Gesch. d. Diöz. St. Pölten, 1985; Kirche in Oberösterreich. 200 Jahre Bistum Linz, 1985.

[14] Liste der Offiziale bei Krick, Domstift Passau (§ 31).

[15] NDB 4, 1959, 619 (Albrecht); Gatz, Bischöfe 1448–1648 (vor § 29) (Leidl); K. Eder, Glaubensspaltung u. Landstände in Ö. o. d. Enns 1525–1602, 1936; R. Bäumer, Hg. Ernst u. d. Konzil v. Trient (FS A. Kraus) 1982, 183–195; F. F. Strauß, Hg. Ernst u. d. Gasteiner Bergbau, 1991; Dopsch-Spatzenegger II 1, 111 ff. Zu den Passauer Bischöfen in d. Reformationszeit vgl. auch May (vor § 29) 492 ff.

[16] Gatz, Bischöfe 1448–1648 (vor § 29) (Leidl); R. Reichenberger, W. v. Salm, 1902.

[17] Gatz, Bischöfe 1448–1648 (vor § 29) (Leidl); R. Weiß, Die Wahl W. v. Closens z. Bischof v. Passau (OG 27) 1985, 82–95.

1598),[18] einem der hervorragendsten Bischöfe seiner Zeit, voll in katholischer Reform und Gegenreformation zum Tragen kam. Im schwierigen Niederösterreich erfuhr Trennbach entscheidende Unterstützung durch den befähigten Offizial Melchior Klesl.[19] Den Bemühungen Herzog Wilhelms V., einen Wittelsbacher Prinzen als Nachfolger aufzubauen, widersetzte sich Trennbach, der davon nur die Auslieferung des Hochstifts an die dynastischen Interessen Münchens, den Widerstand des Hauses Habsburg und den Verlust des österreichischen Diözesananteils befürchtete. Der Kampf zwischen Habsburg und Wittelsbach um den Passauer Stuhl endete mit einer zwiespältigen Wahl, die schließlich 1598 vom Papst zugunsten des zwölfjährigen Erzherzogs Leopold aus der Grazer Linie der Habsburger entschieden wurde.[20] Maximilian I. von Bayern (1598–1651), ein Vetter Leopolds, hat diese Entscheidung als schwere Niederlage Bayerns empfunden; er mochte ahnen, daß Passau hiermit den Wittelsbachern für immer verloren war.

Fürstbischof *Leopold von Österreich* (1598–1625)[21] wurde bis zur Volljährigkeit 1605 von Dompropst Pöttinger vertreten. Als Bischof führte er in strenger Katholizität das reformerische Werk Trennbachs fort, 1612/15 stiftete er das Passauer Jesuitenkolleg. Er war aber auch ein ehrgeiziger Politiker, der sich im Dienste Rudolfs II. jahrelang in die Händel der Welt mischte und zeitweise sogar als Kaiserkandidat gehandelt wurde. Als Gründungsmitglied der Katholischen Liga 1609 arbeitete er mit Maximilian von Bayern zusammen, der aber seine Bemühungen um das Erzstift Salzburg 1612 zum Scheitern brachte. Da Leopold 1619 von Kaiser Ferdinand II., seinem Bruder, zum Administrator von Tirol und Vorarlberg ernannt wurde, resignierte er 1625 auf seine geistlichen Würden und verheiratete sich mit Claudia von Medici.

Nachfolger wurde sein minderjähriger Neffe *Leopold Wilhelm* (1626–1662),[22] ein Sohn Kaiser Ferdinands II., der es im Vollzug der habsburgischen Kirchenpolitik im Dreißigjährigen Krieg zu zwei Erzbistümern (Magdeburg, Olmütz) und vier Bistümern (neben Passau auch Straßburg, Breslau und Halberstadt) sowie zum Amt des Hoch- und Deutschmeisters brachte. Leopold Wilhelm war hochbefähigt und willensstark, streng kirchlich, der in Passau die Reformen seiner Vorgänger fortsetzte und 1638 in tridentinischem Geist das Priesterseminar gründete. Jedoch lag der Schwerpunkt seiner Tätigkeit auf militärischem und diplo-

[18] Gatz, Bischöfe 1448–1648 (vor § 29) (Leidl); Eder (Anm. 15); J. Oswald, Der päpstl. Nuntius Ninguarda u. d. tridentin. Reform d. Bistums Passau 1578–1583 (OG 17) 1975, 19–49; A. Leidl, Reformation, kath. Reform u. Gegenreformation im Bistum Passau (OG 31) 1989, 98–109; Tomek (Anm. 11) II 412ff. u. 549ff.

[19] NDB 12, 1980, 51f. (Rainer); V. Preß, M. Klesl (Theol. Realenzyklopädie 19) 1990, 265ff.; M. Lohn, M. Klesl u. d. Gegenref. in Niederösterreich, 1969; Tomek (Anm. 11) II 483ff.; W. Ziegler, Der Kampf mit d. Reformation im Land d. Kaisers (RQ 84) 1989, 210–234.

[20] Stieve, Briefe und Akten IV, 1878, 284ff.

[21] NDB 14, 1985, 290–293 (Altmann); Gatz, Bischöfe 1448–1648 (vor § 29) (Leidl).

[22] NDB 14, 1985, 296ff. (Hüttl); Gatz, Bischöfe 1648–1803 (vor § 29) 265ff. (Leidl).

matischem Gebiet, als wiederholter Oberbefehlshaber der kaiserlichen Armee, 1646–1656 als Statthalter der Spanischen Niederlande. Sein nomineller Nachfolger in Passau und Olmütz wurde sein dreizehnjähriger Neffe Erzherzog *Karl Joseph* (1662–1664),[23] mit dem die habsburgische Periode der Passauer Fürstbischöfe endete. Keiner der drei Habsburger hatte die höheren Weihen empfangen, doch haben die beiden ersten manches zur Förderung kirchlichen Lebens in Hochstift und Diözese beigetragen. Ständige Residenz und intensivere Bemühung hätten freilich bedeutendere Wirkungen zeitigen können.

In der Folge gelangten trotz gelegentlicher Bemühungen der bayerischen Kurfürsten nur noch Angehörige des österreichischen Hochadels auf den Passauer Bischofsstuhl, zumeist Kandidaten, die vorher schon ein österreichisches Bistum, etwa Gurk, Lavant, Seckau oder Trient besessen hatten. Dabei stellte die Familie Lamberg nicht weniger als vier Bischöfe. Sie alle waren mit den mannigfachen Problemen konfrontiert, die sich ihnen als Bischöfe einer großen Diözese im Rahmen der Kirche und als Landesherren eines kleinen Territoriums im Rahmen der Reichsverfassung gestellt haben. Kirchenpolitisch stand die Frage des *Schicksals des großen österreichischen Diözesananteils* sowie der Wunsch nach Exemtion von der Metropolitangewalt Salzburgs im Vordergrund.[24] Das Problem war, inwieweit die notwendige Intensivierung der Seelsorge in Ober- und Niederösterreich durch die Errichtung eigener Bistümer bewerkstelligt werden konnte, ohne daß diese Gebiete dem Passauer Einfluß entzogen wurden. Die Lösung wurde von Passauer Seite darin gesehen, Passau von der Unterstellung unter Salzburg zu eximieren, es zum Erzbistum zu erheben und den österreichischen Diözesanteil auf mehrere Suffraganbistümer aufzuteilen, die der Passauer Oberhoheit weiterhin unterstanden. Diese Lösung kam jedoch nicht zustande, da der habsburgische Absolutismus seinerseits eine Verkleinerung, wenn nicht Beseitigung des österreichischen Diözesanteils anstrebte, um im Sinne absolutistischer Staatskirchenhoheit ausländischen kirchlichen Einfluß auszuschalten. So kam es zu der für Passau nur teilweise befriedigenden Lösung von 1728 (s. o.), daß ein großer Teil des niederösterreichischen Bistumsanteils an das Erzbistum Wien abgetreten werden mußte, wofür man die *Exemtion von Salzburg* und die unmittelbare Unterstellung unter den Hl. Stuhl erhielt. Unter Kaiser Josef II. mußte aber dann noch der große Rest des österreichischen Diözesanbezirks abgegeben werden (s. o.).

Wie die Passauer Bischöfe im einzelnen ihre Seelsorgs- und Bildungsaufgaben erfüllten, ist zwar für einige von ihnen bereits untersucht,[25] müßte aber noch im Zusammenhang durch eine (noch fehlende) Gesamtdarstellung der Passauer Diözesangeschichte geschildert werden, ebenso auch ihre auf die Wirtschaft des Hochstifts gerichtete Betätigung. Daß sie zur *Förderung von Kunst und Kultur* im

[23] Gatz, Bischöfe 1648–1803 (vor § 29) 217f. (Leidl).

[24] E. M. Eder, Beitr. z. Passauer Exemtionsstreit, Diss. Masch. Wien 1962.

[25] Vgl. vor allem K. Baumgartner, Die Seelsorge im Bistum Passau zw. barocker Tradition, Aufklärung u. Restauration, 1975.

Hochstift, insbesondere in der Stadt Passau, erhebliche Mittel aufgewendet haben, ist bereits vielfach dokumentiert.[26] Die Barockisierung der Stadt, insbesondere von Dom und Residenz nach den Stadtbränden von 1662 und 1680, war das Werk der Bischöfe *Wenzeslaus Graf Thun* (1664–1673),[27] *Sebastian von Pötting* (1673–1689)[28] und des bedeutenden *Johann Philipp Graf Lamberg* (1690–1712).[29] Lamberg, juristisch gebildet, seit 1700 Kardinal, hat 1690 mit Kurbayern für das Hochstift vorteilhafte Konkordats-, Wirtschafts- und Grenzverträge abgeschlossen und war auch als kaiserlicher Diplomat tätig, was der Erfüllung seiner geistlichen Aufgaben nicht zugute kam. Diesen ist sein Nachfolger *Raymund Ferdinand Graf Rabatta* (1713–1722)[30] weit mehr nachgekommen.

Der bedeutendste Passauer Fürstbischof der frühen Neuzeit war zweifellos *Joseph Dominikus Graf Lamberg* (1723–1761),[31] 1737 Kardinal, der in seiner langen Regierungszeit sowohl als Landesfürst wie als Bischof durch rastlose Tätigkeit auf verschiedensten Sachgebieten tiefe Spuren hinterlassen hat. Durch Herkunft und Tätigkeit als Offizial für Ober- und Niederösterreich mit österreichischen Problemen und Personen vertraut, gelang es ihm, die Abtretung niederösterreichischer Gebiete mit der Exemtion von Salzburg zu koppeln. Als Passauer und Salzburger Generalvikar sowie als Bischof von Seckau (1712–1723) mit Fragen und Methoden der Seelsorge und der Wirtschaftsführung befaßt, entfaltete er in der Diözese nicht zuletzt durch zahlreiche Visitationen eine rege seelsorgliche Tätigkeit und brachte das Hochstift wieder in geordnete finanzielle Verhältnisse. Der Passauer Kirchenbarock erreichte unter ihm seine volle Blüte, für die Wissenschaft hat Lamberg großes Interesse aufgebracht, die bischöfliche Bibliothek erheblich bereichert.

Ein von der Aufklärung berührter Reformkatholizismus trat zunächst bei *Joseph Maria Graf Thun-Hohenstein* (1762–1763),[32] bisher Bischof von Gurk, hervor, vor allem aber unter der Regierung des Fürstbischofs *Leopold von Firmian* (1763–1783),[33] der gewiß zu den interessantesten Gestalten auf dem Passauer Stuhl zählt.

[26] Lit. bei BRAUNFELS (vor § 29) 415 Anm. 239; W. M. SCHMID, Berühmte Kunststätten – Passau, 1912; Ders., Illustrierte Gesch. d. Stadt Passau, 1927; J. OSWALD, Passau in Gesch. u. Kunst, 1963⁵.

[27] GATZ, Bischöfe 1648–1803 (vor § 29) 508 ff. (Leidl).

[28] Ebd. 347 f. (Leidl).

[29] F. NIEDERMAYER, J. Ph. v. Lamberg. Reich, Landesfürstentum u. Kirche im Zeitalter d. Barock, 1938; GATZ, Bischöfe 1648–1803 (vor § 29) 255 ff. (Leidl).

[30] GATZ, Bischöfe 1648–1803 (vor § 29) 357 (Leidl); H. W. WURSTER, Die Generalien d. Bistums Passau unter F. R. v. Rabatta (OG 25) 1983, 100–108; W. HARTINGER, Kirchl. Frühaufklärung in Ostbayern (OG 27) 1985, 142–157.

[31] R. WEISS, Das Bistum Passau unter Kard. J. D. v. Lamberg (1723–1761). Zugleich ein Beitr. z. Gesch. d. Kryptoprotestantismus in Oberösterreich, 1979; GATZ, Bischöfe 1648–1803 (vor § 29) 257 ff. (Leidl); P. G. TROPPER, Pastorale Erneuerungsbestrebungen d. süddt.-österr. Episkopats im 18. Jh. (RQ 83) 1988, 296–336.

[32] GATZ, Bischöfe 1648–1803 (vor § 29) 511 ff. (Leidl).

[33] A. LEIDL, L. E. v. Firmian (OG 13) 1971, 5–26; Ders., Die Wahl d. L. E. v. Firmian (Ecclesia Peregrinans, FS J. Lenzenweger) 1986, 247–256; GATZ, Bischöfe 1648–1803 (vor § 29) 113–117 (Leidl); P. HERSCHE, Der Spätjansenismus in Österreich, 1977; A. LEIDL, Die soziale Fürsorge im Hochstift Passau unter L. E. v. Firmian (OG 28) 1986, 120–

Firmian war bereits Bischof von Seckau, Salzburger Generalvikar und Administrator in Trient gewesen, ehe er mit Unterstützung Maria Theresias in Passau gewählt wurde. Schwerpunkte seiner regen seelsorglichen Wirksamkeit waren die Priesterausbildung, die Weiterbildung des Klerus und eine Reform der Seelsorge im Sinne einer maßvollen, wenngleich nicht unangefochtenen Aufklärung. Ein jansenistisch geprägter hoher sittlicher Ernst, der seine Persönlichkeit kennzeichnete, hinderte ihn nicht, den fürstbischöflichen Hof im Stile eines Rokokofürsten zu führen. So stand Firmian zwischen zwei Epochen. Das Ende einer Epoche wurde auch dokumentiert durch die schroffe, wenngleich seelsorglich gerechtfertigte Abtrennung der österreichischen Gebiete der Diözese durch Kaiser Josef II. unmittelbar nach dem Tode Firmians (s. o.). Firmians Nachfolger *Joseph Franz von Auersperg* (1783–1795),[34] bereits Bischof von Lavant (1763) und Gurk (1772), war vom Domkapitel in der Hoffnung gewählt worden, durch ihn die Abtrennung zu verhindern. Auersperg erreichte nur, daß gegen Anerkennung der Abtretung und eine hohe Geldzahlung zur Fundierung der Diözese Linz die hochstiftischen Eigenbesitzungen in Österreich erhalten blieben. Die durch Abtretungen und Geldleistungen schwierige finanzielle Situation des Hochstifts hat die aufgeklärten Reformen Auerspergs hinsichtlich Armen- und Krankenfürsorge, Neugestaltung des Schulwesens und Gründung einer Universität behindert.

Nach der kurzen Regierung Fürstbischofs *Thomas von Thuns* (1795–1796)[35] machte unter dessen Nachfolger und Vetter *Leonhard von Thun* (1796–1826),[36] einem untadeligen, aber schwachen Mann, die Säkularisation auch dem Hochstift Passau ein Ende.[37] Das Hochstift wurde zusammen mit den dort liegenden hochstiftischen Eigenbesitzungen aufgeteilt: Die Stadt Passau mit Umgebung, das Gebiet westlich der Ilz und die Herrschaft Riedenburg fielen an Bayern, das Gebiet östlich der Ilz, also in der Hauptsache das sog. Abteiland, an den Großherzog und Kurfürsten Ferdinand von Salzburg-Toskana. Bereits im Sommer 1802 hatten die neuen Landesherrn militärischen Besitz von diesen Gebieten ergriffen, im Frühahr 1803 erfolgte die Zivilbesitznahme. Die Passauer Eigenbesitzungen in Bayern fielen ebenfalls an den Kurfürsten von Bayern, diejenigen in Österreich, die 1794 noch vorbehalten worden waren, an den Kaiser von Österreich.

127; EGGERSDORFER (§ 31) 154–206; BAUMGARTNER (Anm. 25) 27ff.; A. LEIDL, Das Großbistum Passau im Zeitalter d. Josephinismus (OG 34) 1992, 79–92.

[34] NDB 1, 1953, 438 (Metnitz); GATZ, Bischöfe 1648–1803 (vor § 29) 19ff. (Leidl); M. SCHMIDT, Die Aufklärung im Fürstbistum Passau (VHN 67/68) 1934/35, 3–239; BAUMGARTNER (Anm. 25) 40ff. u. ö.

[35] GATZ, Bischöfe 1648–1803 (vor § 29) 514f. (Leidl).

[36] SCHWAIGER (vor § 29) 122ff.; GATZ, Bischöfe 1785–1945 (vor § 29) 762f. (Leidl); BAUMGARTNER (Anm. 25) 60ff. u. ö.; A. FURTNER, Der fürstbischöfl. Hof zu Passau am Vorabend d. Säkularisation (OG 14) 1972, 49–59.

[37] SCHWAIGER (vor § 29) 210ff.; E. RINGELMANN, Die Säkularisation d. Hochstifts u. d. Domkapitels Passau, 1939; B. WAGNER, Die Säkularisation d. Klöster im Gebiet d. heutigen Stadt Passau 1802–1836, 1935; F. ZENKER, Die Besitzergreifung Passaus durch Bayern 1802/03 (OG 16) 1927, 44–49, 72–78, 210–222.

Im Frieden von Preßburg (1805) erhielt Bayern auch diejenigen Teile des ehemaligen Hochstifts Passau, die der Reichsdeputationshauptschluß dem Großherzog Ferdinand von Salzburg-Toskana zugesprochen hatte. Leonhard von Thun trat als Bischof nicht zurück, hat aber seit 1804 seine Diözese nicht wieder betreten, was mancherlei Komplikationen nach sich zog.[38]

## § 32. ERZSTIFT SALZBURG

[Julius Thaddäus v. KLEIMAYRN,] Nachrichten v. Zustande d. Gegenden u. Stadt Juvavia, 1784; L. HÜBNER, Beschreibung d. Erzstiftes u. Reichsfürstenthums Salzburg in Hinsicht auf Topographie u. Statistik, 1796, Neudr. 1982; H. WIDMANN, Gesch. Salzburgs, 3 Bde., 1907/14; F. MARTIN, Kleine Landesgesch. v. Salzburg, neu bearb. v. R. R. Heinisch, 1979[5]; DOPSCH-SPATZENEGGER (Hauptwerk); F. ORTNER, Salzburger Kirchengesch. Von d. Anfängen bis z. Gegenwart, 1988; F. MARTIN, Salzburgs Fürsten in d. Barockzeit, 1966[3]; E. W. ZEEDEN, Salzburg (A. Schindling-W. Ziegler, vor § 29) 1989, 72–85. Vgl. auch § 34.

Das *Erzstift Salzburg,* das weltliche Herrschaftsgebiet des Fürsterzbischofs von Salzburg, erstreckte sich in breiter Ausdehnung entlang der Salzach von Tittmoning im Norden bis zu den Hohen Tauern im Süden und vom Zillertal im Westen bis zu den Schladminger Tauern und Tamsweg im Osten.[1] Eine Exklave, die im Unterschied zu anderen Exklaven bis ins 19. Jahrhundert unter salzburgischer Landeshoheit gehalten werden konnte, war die Stadt Mühldorf inmitten des Herzogtums Bayern.[2] Das Erzstift gehörte zu den größten und angesichts seines Reichtums an Bodenschätzen auch zu den vermögendsten geistlichen Territorien im Reich. Es umfaßte in der Mitte des 16. Jahrhunderts rund 125000, am Ende des 18. Jahrhunderts rund 200000 Einwohner, die weit überwiegend in bäuerlichen Landgemeinden lebten, je die Hälfte in dem Landesteil «inner dem Gebirg», der drei Viertel des Erzstifts ausmachte, und «außer dem Gebirg», der sich auf Voralpen und Alpenvorland erstreckte.[3] In kirchlicher Hinsicht gehörte das Erzstift fast ausschließlich der Erzdiözese Salzburg an, kleinere Teile gehörten zu den Diözesen Brixen und Passau. Das Erzstift war im Laufe des Mittelalters aus der Bündelung von Forsthoheitsrechten, Grafenrechten und Grundbesitzrechten in einem Vorgang der Staatwerdung und der landrechtlichen Lösung von den Herzogtümern Bayern und Kärnten entstanden und hatte sich in dieser Weise insbesondere unter dem bedeutenden Erzbischof Eberhard II. (1200–1246) konsolidiert.[4] Die abschließende Konsolidierung und Festlegung der Hochstifts-

[38] Einzelheiten bei SCHWAIGER (vor § 29) und BAUMGARTNER (Anm. 25).

[1] E. LENDL (Hg.), Salzburg-Atlas, 1955, 1. Teil (Karten) nr. 49 u. 2. Teil (Texte) 95ff.; K. F. HERMANN, Salzburg (Erläuterungen z. HA d. österr. Alpenländer II. Abt. 9. Teil) 1957. Die den heute bayerischen Rupertiwinkel umfassenden Teile des Erzstifts sind detailliert beschrieben bei H. REINDEL-SCHEDL, Laufen a. d. Salzach (HAB Teil Altbayern 55) 1989.

[2] H. STAHLEDER, Mühldorf a. Inn (HAB Teil Altbayern 36) 1976.

[3] DOPSCH-SPATZENEGGER I 1, 347ff.

[4] E. RICHTER-A. MELL, Salzburg (Erläuterungen z. HA d. österr. Alpenländer I. Abt.: Die Landgerichtskarte, 1. Teil) 1917, 1–75; WIDMANN (§ 32) I 315ff., II 139ff.; DOPSCH-SPATZENEGGER I 1, 337ff. (mit Karte).

grenzen erfolgte im 16. Jahrhundert: Im Jahre 1535 wurde von Fürsterzbischof Matthäus Lang der Anspruch auf Landeshoheit über die außerhalb des Erzstifts liegenden Besitzungen in Kärnten (Vizedomamt Friesach), Steiermark (Vizedomamt Leibnitz) und Niederösterreich (Wachau, Traismauer) aufgegeben. 1555 ging die Herrschaft Gmünd am Katschberg und 1565 das Mondseeland (Gerichte Wildeneck und St. Wolfgang) mit der Landeshoheit an Österreich über.[5] Seither gab es bis zur Säkularisation keine bemerkenswerte Grenzveränderung mehr.

Zur Regierung des Erzstifts wurden auch in Salzburg, wie in anderen deutschen Territorien, eine Reihe von *Zentralbehörden*[6] aus dem ursprünglichen allgemeinen Rat entwickelt: Der Geheime Rat (Geh. Konferenz), der Hofrat für die Justiz, die Hofkammer für Finanzen und Wirtschaft, schließlich seit 1583 das Konsistorium als Ordinariat für sämtliche geistlichen Angelegenheiten und das Schulwesen. Mittelbehörden waren nicht notwendig. Als Unterbehörde für Gericht und Verwaltung existierten 37 landesfürstliche Land- und Pfleggerichte, davon 21 «inner dem Gebirg» und 16 «außer dem Gebirg». Mit Ausnahme von 11 Hofmarken, hauptsächlich im nördlichen Teil des Erzstifts, in denen adelige Hofmarksherrn Niedergerichtsrechte ausübten, gab es keine bedeutenden fremden Niedergerichtsrechte im Lande.[7]

Der *Grundbesitz* im Erzstift[8] verteilte sich auf den Fürsterzbischof, der nahezu drei Viertel des Landes innehatte, das Domkapitel, die Erzabtei St. Peter sowie auf eine Reihe salzburgischer und bayerischer Klöster, Adelige und Gemeinden. Der reiche erzbischöfliche Besitz reichte jedoch weit über das Erzstift hinaus nach Bayern, Niederösterreich, Steiermark, Kärnten, Friaul und Tirol. Er war seit dem 12./13. Jahrhundert organisiert in dem Vizedomamt (Hofmeisteramt) Salzburg, dem Vizedomamt Friesach und dem Vizedomamt Leibnitz.[9] Aus der Kombination von Landesherrschaft, Großgrundbesitz und erzbischöflicher Funktion ergab sich eine starke Herrschaftsposition des Fürsterzbischofs. Als Reichsunmittelbarer saß er auf der geistlichen Fürstenbank des Reichstags und galt nach den geistlichen Kurfürsten als bedeutendster geistlicher Reichsfürst.[10] Seit 1529 nahm er den Titel «Primas Germaniae» in Anspruch. Auf den Tagungen des Bayerischen Reichskreises führte er abwechselnd mit dem Herzog von Bayern das Direktorium.

Das *Erzbistum Salzburg,*[11] das geistliche Herrschaftsgebiet des Erzbischofs, war etwa drei Mal so groß wie das Erzstift und bestand in diesem Umfang seit dem frühen Mittelalter.[12] Es wurde im Westen von Inn, im Süden von der Drau

[5] Dopsch-Spatzenegger II 1, 91 ff.

[6] Ebd. II 1, 347 ff.

[7] Ebd. I 2, 909 ff. u. II 1, 351 ff.

[8] Ebd. I 1, 337 ff. u. I 2, 951 ff. Detaillierte Angaben über den Grundbesitz in den heute bayerischen Teilen des Erzstifts bei Reindel-Schedl (Anm. 1) u. Stahleder (Anm. 2).

[9] Dopsch-Spatzenegger I 2, 951 ff.; Lendl (Anm. 1) Text 96 f.

[10] Dopsch-Spatzenegger II 1, 328 ff.

[11] Übersichtliche Gesamtdarstellung: Ortner (§ 32) sowie Dopsch-Spatzenegger II 3, 1371 ff.

[12] Karte bei Ortner (§ 32) 68 u. Lendl (Anm. 1) nr. 50. Zur Entwicklung vgl. Hermann (Anm. 1) 5 ff. Übersicht über die innere Organisation, Stand 1772: ebd. 12 ff.; Dopsch-Spatzenegger II 1, 326 ff.

begrenzt und reichte im Osten bis zur ungarischen Grenze. Im Norden grenzte das langgestreckte Bistum Passau an. Innerhalb des Erzbistums befanden sich die salzburgischen Eigenbistümer[13] Chiemsee (gegründet 1215/1218), das sich entlang der Tiroler Ache erstreckte,[14] Gurk (1072 bzw. 1131) für Kärnten,[15] Seckau (1218) und Lavant (1225) für die Steiermark.[16] Der Erzbischof hatte das Recht der Ernennung und Weihe der Bischöfe dieser Diözesen meist ohne jede Mitwirkung Roms. Im 12. Jahrhundert wurde die große Erzdiözese zur besseren Verwaltung und seelsorglichen Betreuung in neun Archidiakonate eingeteilt, die im 17. Jahrhundert in Dekanate unterteilt wurden.[17] Vertreter des Erzbischofs in pontificalibus war der Bischof von Gurk, später auch der Bischof von Chiemsee, der als der eigentliche Salzburger Weihbischof figurierte und in Salzburg residierte. Vertreter des Erzbischofs in spiritualibus war seit 1139 der Dompropst als ständiger Inhaber des Archidiakonats Salzburg. Seit dem frühen 14. Jahrhundert waltete über sämtlichen Archidiakonaten ein Generalvikar, meist der Domdekan.

Im Laufe der Jahrhunderte wurden die Grenzen des Erzbistums mehrmals in größerem Umfang verändert.[18] 1469 wurden auf Kosten salzburgischen Diözesangebiets die Bistümer Wien und Wiener Neustadt errichtet. Im Zuge der großen kirchlichen Umgestaltungen durch Kaiser Josef II. wurde zunächst 1782 der «Neustädter Distrikt» (Archidiakonat jenseits des Semmering) zu Wiener Neustadt geschlagen. Durch die Konvention vom 19. 4. 1786 wurden alle in der Steiermark, Kärnten und Oberösterreich gelegenen Teile der Erzdiözese abgetrennt, indem man die bisherigen Eigenbistümer Gurk, Seckau und Lavant verselbständigte sowie ein neues Bistum Leoben in der Steiermark errichtete. Der Bischofssitz von Gurk wurde nach Klagenfurt, der von Seckau nach Graz, der von Lavant nach Marburg verlegt. Gleichzeitig wurden die salzburgischen Pfarreien in Oberösterreich zum 1784 gegründeten Bistum Linz geschlagen.

Der Erzbischof von Salzburg war seit 798 zugleich Metropolit der *Kirchenprovinz Salzburg,*[19] zu der neben dem Erzbistum selbst die Suffraganbistümer Freising, Regensburg, Passau (seit 1728 exemt), Wien, Wiener Neustadt und Brixen gehörten. In den Umbruchjahren 1803–1816 (s. u.) wurden auch die Salzburger Diözesangrenzen und Jurisdiktionen wiederholt verändert. Eine definitive Rege-

[13] W. SEIDENSCHNUR, Die Salzb. Eigenbistümer in ihrer reichs-, kirchen- u. landesrechtl. Stellung (ZRG Kan. Abt. 40) 1919, 177–287; WIDMANN (§ 32) I 336ff.; ORTNER (§ 32) 57ff.; DOPSCH-SPATZENEGGER II 1, 326f.; N. GRAẞ, Das Salzb. Privileg d. freien Verleihung d. Eigenbistümer (FS H. Raab) 1988, 1–46.

[14] J. v. MOY, Das Bistum Chiemsee (MGSLK 122) 1982, 1–50; E. WALLNER, Das Bistum Chiemsee im MA, 1967; E. NAIMER, Das Bistum Chiemsee in d. Neuzeit, 1990; DOPSCH-SPATZENEGGER II 1, 327.

[15] J. OBERSTEINER, Die Bischöfe v. Gurk (1072–1822), 1969.

[16] K. AMON (Hg.), Die Bischöfe v. Graz-Seckau 1218–1968, 1969.

[17] DOPSCH-SPATZENEGGER I 2, 984ff.

[18] ORTNER (§ 32) 138ff.; DOPSCH-SPATZENEGGER II 1, 458ff.

[19] LENDL (Anm. 1) Karte nr. 50 u. Erläuterung S. 98 (H. Klein); ORTNER (§ 32) 68.

lung, die praktisch die heutigen Grenzen festlegte, erfolgte 1818. 1825 wurde auch der Metropolitanverband neu umschrieben.[20]

Das Salzburger *Domkapitel*[21] war bis 1514 als Augustiner-Chorherren-Propstei verfaßt und durch die Ordensregel in seinen Aktivitäten verschiedentlich gehemmt. Durch die Umwandlung zu einem Weltpriesterinstitut wurde es dem aus 24 Mitgliedern bestehenden Kapitel erleichtert, Einfluß auf die Regierungsgeschäfte des Erzstifts zu gewinnen. Ansatzpunkte waren vor allem die Regierung durch das Kapitel während der Sedisvakanzen, das Recht der Bischofswahl und die Formulierung von Wahlkapitulationen vom Ende des 15. Jahrhunderts bis zu deren Verbot 1685 durch den Papst.[22] Seit dem frühen 16. Jahrhundert erschienen zu den Bischofswahlen kaiserliche und bayerische Wahlgesandte, um die Meinungsbildung der Kapitulare zu beeinflussen, Ausdruck der jahrhundertelangen Bemühungen der Dynastien Habsburg und Wittelsbach um die Gewinnung und Sicherung von Machtpositionen in Salzburg. Jedoch hielten sich alle Kapitel an das *«Ewige Statut»* Erzbischof Wolf Dietrichs von 1606,[23] demzufolge künftig weder ein Habsburger noch ein Wittelsbacher zum Erzbischof gewählt werden sollte. Das Domkapitel bildete nach dem Erzbischof den größten Grundherrn im Lande, die Pfründen waren gut dotiert und daher von großer Anziehungskraft, ebenso auch die Tatsache, daß die Salzburger Domkapitulare die Bischöfe der vier Eigenbistümer stellten. Das Salzburger Domkapitel war ausschließlich dem Adel vorbehalten,[24] die Statuten von 1518 forderten acht adelige Vorfahren, die später wohl auf 16 ausgeweitet wurden. Der Anteil des einheimischen Adels war bedeutungslos, der des bayerischen sehr gering. Den Hauptanteil hatte der österreichische Adel, der bis zum Ende des 18. Jahrhunderts auf rund vier Fünftel anstieg. Auch schwäbischer Adel war in geringem Umfang vertreten, das übrige Reich dagegen nicht. Salzburg war also, alles in allem, eine Domäne des österreichischen Adels. Angesichts seiner Mittel und seiner Rechte war das Kapitel imstande, gegenüber Landesherrn und Landständen eine unabhängige Position einzunehmen.

Von großer Bedeutung für die ökonomische und darüber hinaus für die kulturelle Situation in der Erzdiözese waren die zahlreichen *monastischen Niederlassungen*,[25] die z. T. über großen Grundbesitz verfügten, der bei den Benediktinern (darunter die Abteien St. Peter und Nonnberg in der Stadt Salzburg) bis ins 8. Jahrhundert zurückreichte. Zu den alten Orden der Benediktiner, Zisterzienser, Prämonstratenser und Augustiner-Chorherren traten im Spätmittelalter vor allem die Franziskaner, Dominikaner, Karmeliten und Augustiner-Eremiten. Im

[20] Karte bei Ortner (§ 32) 187 u. LThK 9, 1964, 297–298.

[21] H. Wagner-H. Klein, Salzburgs Domherren 1300–1514 (MGSLK 92) 1952, 1–81; J. Riedl, Salzburgs Domherren 1514–1806 (MGSLK 7) 1867, 126–278; Dopsch-Spatzenegger I 1, 605ff. u. II 1, 338ff. u. ö.; Martin, Landesgesch. (§ 32) 257ff.

[22] R. R. Heinisch, Die bischöfl. Wahlkapitulationen im Erzstift Salzburg 1514–1688, 1977.

[23] Druck: Dokumente I 3 nr. 157.

[24] Hersche (vor § 29) I 161ff. u. II 70.

[25] Ortner (§ 32) 40ff. mit Karten; Dopsch-Spatzenegger I 2, 1002ff.

16./17. Jahrhundert folgten Kapuziner, Barmherzige Brüder, Theatiner und Ursulinen, während es den Jesuiten nicht gelang, sich im Erzstift auf Dauer niederzulassen.

Die *Landstände*[26] des Erzstifts gliederten sich, wie meist in den deutschen Territorien, in drei Kurien. Die Prälatenkurie bestand aus dem Bischof von Chiemsee, der den Vorsitz beim Landtag führte, dem Dompropst, der das Domkapitel vertrat, seit 1514 auch dem Domdekan, weiterhin aus den Äbten der Benediktinerabteien St. Peter in Salzburg und Michaelbeuern, den Pröpsten der Augustiner-Chorherrnstifte Berchtesgaden und Höglwörth, der Äbtissin von Nonnberg und zeitweise (1506–1565) dem Abt von Mondsee. Unregelmäßig waren die außerhalb des Erzstifts gelegenen Abteien und Stifte Seeon, Raitenhaslach, Au, Bamberg, Chiemsee, Gars und St. Zeno (Reichenhall) vertreten. Die Ritterkurie bestand aus dem Landadel des Erzstifts und einigen Patriziern, die auf adeligen Gütern saßen. Die dritte Kurie der Städte und Märkte umfaßte die Städte Salzburg, Mühldorf, Laufen, Tittmoning, Hallein, Radstadt und zeitweise (1476–1555) Gmünd, sowie 20–25 Märkte, darunter auch Waging und Teisendorf aus dem heute bayerischen Rupertiwinkel. Zwischen 1473 und 1565 finden sich auf den Landtagen auch Vertreter der bäuerlichen Gerichtsgemeinden, je zwei pro Gericht, jedoch hat sich daraus keine eigene vierte, bäuerliche Kurie wie in Tirol entwickelt. Der Höhepunkt landständischen Einflusses lag bereits am Ende des 14. und zu Beginn des 15. Jahrhunderts. Jedoch ist es den Salzburger Landständen nicht gelungen, auf dem Weg über ihr Steuerbewilligungsrecht Periodizität und ein echtes politisches Mitspracherecht durchzusetzen, da die Erzbischöfe finanziell zu unabhängig waren, um auf die Landstände angewiesen zu sein. So bildeten die Landtage des 16. Jahrhunderts mehr oder weniger Instrumente zur Erfüllung landesherrlicher Zielsetzungen. Zwischen 1592 und 1620 waren die Landstände überhaupt suspendiert, nach 1637 wurde nur noch ein Ausschuß einberufen. Erst unter Erzbischof Colloredo erlangten die Landstände wieder eine gewisse Bedeutung.

Die Geschichte des Erzstifts in der frühen Neuzeit ist – wie in anderen geistlichen Fürstentümern, wenn auch mit Varianten – geprägt oder jedenfalls stark berührt durch die großen politischen, kirchlichen, gesellschaftlichen, ökonomischen und geistesgeschichtlichen Phänomene der Epoche: Reformation, Bauernkrieg, Gegenreformation, Katholische Reform, landesfürstlicher Absolutismus, Ausbau der staatlichen Institutionen, Residenzen- und Kirchenbau, Aufklärung, Entwicklung von Institutionen für Bildung und Wissenschaft. Eine Reihe von Erzbischöfen hat diese Erscheinungen und Entwicklungen in besonderer, persönlicher Weise geprägt und vorangebracht und damit starke, unverwechselbare Akzente gesetzt, deren Wirkungen sich in manchen Bereichen bis zur Gegenwart

[26] Dopsch-Spatzenegger I 1, 594 ff. u. II 1, 335 ff.; R. Mell, Abh. z. Gesch. d. Landstände im Erzstift Salzburg (MGSLK 43–45), 1903/05; F. Zaisberger, Die Salzb. Landtafeln, 1990.

erstrecken. Einen von außen gesetzten Akzent bildeten die Bemühungen der Häuser Habsburg und Wittelsbach um Einflußnahme auf Erzstift und Erzbischöfe.

Am Eingang der frühneuzeitlichen Geschichte Salzburgs steht der bedeutende *Matthäus Lang* (1519–1540),[27] seit 1514 Koadjutor, 1535 Kardinal, der letzte Erzbischof aus bürgerlichem Geschlecht, humanistisch und juristisch gebildet, mit weitreichenden diplomatisch-politischen Verbindungen und Erfolgen. Lang schlug die Erhebungen der erzstiftischen Bauern 1525/26 nieder[28] und wandte sich ebenso entschieden gegen die schon früh im Erzstift bemerkbare lutherische Bewegung.[29] Gleichzeitig modernisierte er die Staatsverwaltung durch eine Reihe von Landes-, Gerichts-, Forst- und Bergordnungen. Die gegenreformatorische Tendenz Langs wurde fortgeführt von *Ernst von Bayern* (1540–1554)[30] und *Michael von Kuenburg* (1554–1560),[31] vor allem aber von *Jakob von Kuen-Belasy* (1560–1586),[32] der zusammen mit dem Nuntius Ninguarda sich gleichzeitig der kirchlichen Erneuerung widmete; 1577 wurde ein tridentinisches Priesterseminar errichtet, die Provinzialsynode von 1569[33] wurde entscheidend für die kirchliche Zukunft des Erzstifts und der innerösterreichischen Länder.

Die bedeutendste Gestalt auf dem Erzstuhl nach M. Lang war *Wolf Dietrich von Raitenau* (1587–1612),[34] eine ebenso intelligente und innovative wie leidenschaftliche und schroffe Herrschernatur. Nach einem entschieden gegenreformatorischen Beginn erwies sich Wolf Dietrich in Religionssachen zunehmend duldsam, nicht zuletzt aus ökonomischen Gründen, distanziert gegenüber dem Papsttum und der Ligapolitik Herzog Maximilians von Bayern, Domkapitel und Landstände mit frühabsolutistischem Anspruch zurückdrängend. Mit Wolf Dietrich begann nach dem Dombrand von 1598 durch den Bau der Residenz und den Baubeginn für einen neuen Dom die Barockisierung des Salzburger Stadtbildes. Auseinandersetzungen mit Maximilian von Bayern in Salzfragen führten 1611 zum Krieg, zu Gefangennahme und Resignation Wolf Dietrichs und zur Inhaftierung auf der Veste Hohensalzburg bis zu seinem Tod 1617. Wolf Dietrichs Verbindung mit Salome Alt, der 15 vom Kaiser legitimierte Kinder entwuchsen,

[27] NDB 16, 1990, 394–397 (Schindling); Dopsch-Spatzenegger II 1, 11ff.

[28] Dopsch-Spatzenegger II 1, 38ff.

[29] Zu Reformation, Gegenreformation und Katholischer Reform im Erzstift des 16./17. Jhs. vgl. außer den einschlägigen Passagen bei Dopsch-Spatzenegger II 1 auch Zeeden, Salzburg (§ 32).

[30] Vgl. § 31 Anm. 15; G. Wolf, Die bayer. Bistumspolitik in d. 1. Hälfte des 16. Jhs. mit bes. Rücksicht auf Salzburg (Beitrr. BK 6) 1900, 145–173 u. 193–216; Dopsch-Spatzenegger II 1, 111ff.

[31] Dopsch-Spatzenegger II 1, 125ff.; R. Braun, Die bayer. Teile d. Erzb. Salzburg u. d. Bist. Chiemsee in d. Visitation d. Jahres 1558, 1991.

[32] Dopsch-Spatzenegger II 1, 167ff.

[33] G. Winkler, Die nachtridentin. Synoden im Reich. Salzburger Provinzialsynoden 1569, 1573, 1987.

[34] Dopsch-Spatzenegger II 1, 173ff.; Martin, Fürsten (§ 32) 13ff.; F. Koller, Bayern, Salzburg, Berchtesgaden. Der Streit um d. Salzhandel (ZBLG 50) 1987, 767–821; W. D. v. Raitenau. Gründer d. barocken Salzburg. Katalog der 4. Salzb. Landesausstellung, 1987; E. Stahl, Wolf Dietrich von Salzburg, $1987^2$.

setzte einen weiteren Akzent in dem Bild einer ungewöhnlichen und zwiespältigen Persönlichkeit.

Infolge des «Ewigen Statuts» von 1606, das jetzt seine erste Bewährungsprobe bestand, kam eine wittelsbachische Kandidatur für den Erzstuhl nicht in Frage. Jedoch lenkte der neue Erzbischof *Marx Sittich von Hohenems* (1612–1619)[35] gegenüber Bayern in ruhigere Bahnen, wenngleich er es vermied, bezüglich eines Beitritts zur Katholischen Liga eindeutige Erklärungen abzugeben. Er widmete sich erneut der Rekatholisierung und der Kirchenreform, führte aber auch den Dombau fort und ließ das Schlößchen Hellbrunn errichten. Mit dem 1617 bei St. Peter gegründeten Benediktiner-Gymnasium wurden die Fundamente der späteren Universität gelegt.

Die Distanz Marx Sittichs gegenüber der bayerischen Ligapolitik wurde von *Paris Graf Lodron* (1619–1653)[36] in einer langen Regierung fortgesetzt, wenngleich er verschiedentlich Beiträge für die katholische Partei leistete. Die finanziellen Hauptbelastungen Salzburgs ergaben sich aus den Kreiskontributionen seit 1635 und der Befestigung Salzburgs. Im übrigen blieb das Erzstift von feindlichen Einfällen verschont, nicht zuletzt durch den Vorfeldschutz von Kaiser und Liga. Die Finanzprobleme führten 1620 zur Wiederberufung der Landstände, 1645 zu einem Bauernaufstand, der niedergeworfen wurde. Trotz aller Belastungen wurde der Dombau fortgesetzt (1628 Domweihe) und 1620/22 die von der bayerischen Benediktinerkongregation getragene Universität[37] gegründet. Im übrigen bedeutete auch die Regierungszeit Paris Lodrons, wie schon diejenige seiner Vorgänger, eine weitere Stärkung des österreichischen Einflusses gegenüber dem bayerischen, die vor allem auch in der personellen Besetzung des Domkapitels zum Ausdruck kam.

Unter den drei Nachfolgern Lodrons hat sowohl die barocke Ausgestaltung des Salzburger Stadtbildes wie die Durchsetzung des landesfürstlichen Absolutismus ihren Höhepunkt erfahren. *Guidobald Graf Thun* (1654–1668),[38] 1666 auch Bischof von Regensburg, 1667 Kardinal, war mit der Überwindung der Kriegsfolgen befaßt, gestaltete das Behördensystem weiter aus und vollendete den Dom. Als kaiserlicher Prinzipalkommissar beim Immerwährenden Reichstag in Regensburg von 1662–1668 weilte er aber nur mehr sporadisch in seiner Residenzstadt. Thuns Nachfolger *Max Gandolf von Kuenburg* (1668–1687)[39] war vorher Fürstbischof von Lavant und Seckau gewesen, 1686 wurde er zum Kardinal

[35] NDB 16, 131f. (Fuchs); Martin, Landesgesch. (§ 32) 66ff.; Dopsch-Spatzenegger II 1, 188ff. Zu E. Stahl, Marcus Sitticus, 1988, vgl. die kritische Rezension in MGSLK 129 (1989) 447ff.

[36] Martin, Landesgesch. (§ 32) 85ff.; Dopsch-Spatzenegger II 1, 196ff.; R. R. Heinisch, Salzburg im 30jähr. Krieg, 1968.

[37] L. Hammermayer, Salzburg u. Bayern im 18. Jh. (MGSLK 120/121) 1980/81, 129–218, hier 143ff. (Lit.); Dopsch-Spatzenegger II 2, 1864ff.; HB II.

[38] Dopsch-Spatzenegger II 1, 221ff.; Martin, Landesgesch. (§ 32) 106ff.; Gatz, Bischöfe 1648–1803 (vor § 29) 503f. (Ortner).

[39] Dopsch-Spatzenegger II 1, 227ff.; Martin, Landesgesch. (§ 32) 119ff.; Gatz, Bischöfe 1648–1803 (vor § 29) 247ff. (Ortner).

erhoben. Er war gehalten, Salzburger Kontingente in den Reichskriegen gegen Frankreich und die Türken zu stellen. Persönlich fromm, hat Kuenburg der Seelsorge in Erzstift und Erzbistum und der Etablierung entsprechender Institutionen große Aufmerksamkeit gewidmet. In schroffer Inanspruchnahme seines landesfürstlichen Reformationsrechts hat er die Ausweisung zahlreicher protestantischer Bauern aus dem Osttiroler Defereggental (1684) und Halleiner Bergknappen vom Dürrnberg (1686/91) veranlaßt. Gleichzeitig fanden nach Zauber- und Hexenprozessen 133 Hinrichtungen statt, denen zu zwei Drittel Kinder und Jugendliche zum Opfer fielen. Unter *Johann Ernst Graf Thun* (1687–1709)[40] erreichte der landesfürstliche Absolutismus im Erzstift seinen Gipfel. Dies kam zunächst zum Ausdruck in den jahrelangen Auseinandersetzungen Thuns mit seinem Domkapitel, die auch durch das Wahlkapitulationsverbot Innozenz' XII. von 1695 nicht völlig beendet wurden. Weiterhin hat Thun keinerlei Abweichung vom katholischen Charakter des Erzstifts geduldet. Im Spanischen Erbfolgekrieg war Salzburg zu finanziell aufwendigen Befestigungen und Rüstungen veranlaßt; die abenteuerliche Politik des bayerischen Kurfürsten Max Emanuel näherte es noch weiter an das Haus Habsburg an. In der Stadt Salzburg hat sich Thun durch eine rege Bautätigkeit (Kollegien-, Dreifaltigkeits-, Ursulinenkirche, Schloß Kleßheim) verewigt, desgleichen durch eine Reihe von wohltätigen und Unterrichtsstiftungen, zu deren Finanzierung er durch die Erträgnisse einer merkantilistischen Wirtschaftspolitik beizutragen suchte. In hoher Auffassung seines Amtes und fruchtbarer, entschlossener Amtsführung zählt Thun zu den bedeutendsten Gestalten auf dem Salzburger Erzstuhl.

Die Jahre des Fürsterzbischofs *Franz Anton Fürst Harrach* (1709–1727),[41] eines milden Mannes ohne große Aktivitäten und Ambitionen bedeuteten für das Erzstift in manchem eine Zeit der Stagnation, aber doch auch der Ruhe und friedlicher Verhältnisse. Dies änderte sich unter *Leopold Anton von Firmian* (1727–1744),[42] der bereits Fürstbischof von Lavant (1718–1724) und von Seckau (1724–1727) gewesen war. Firmians Name ist vor allem verknüpft mit der *Protestantenaustreibung von 1731/32,* in deren Verlauf über 20000 Anhänger des seit zwei Jahrhunderten im Gebirge (vor allem im Pongau) bestehenden Geheimprotestantismus zur Auswanderung nach Preußen, den Niederlanden und Amerika gezwungen wurden.[43] Jedoch war Firmian kein Zelot, vielmehr Vertreter einer gemäßigten Aufklärung,[44] der sich intensiv positiven seelsorglichen Aufgaben

[40] Dopsch-Spatzenegger II 1, 235ff.; Martin, Landesgesch. (§ 32) 141ff.; Gatz, Bischöfe 1648–1803 (vor § 29) 505f. (Ortner); R. R. Heinisch, Die bischöfl. Wahlkapitulationen im Erzstift Salzburg 1514–1688, 1977.

[41] Dopsch-Spatzenegger II 1, 251ff.; Martin, Landesgesch. (§ 32) 164ff.; Gatz, Bischöfe 1648–1803 (vor § 29) 172ff. (Ortner).

[42] NDB 14, 1985, 295f. (Heinisch); Dopsch-Spatzenegger II 1, 256ff.; Martin, Landesgesch. (§ 32) 177ff.; Gatz, Bischöfe 1648–1803 (vor § 29) 111ff. (Ortner).

[43] G. Florey, Gesch. d. Salzb. Protestanten u. ihrer Emigration 1731/32, 1977; Reformation – Emigration – Protestanten in Salzburg, Kat. d. Landesausstellung 1981, 1981; Dopsch-Spatzenegger II 3, 1530ff.

[44] Zur Frühaufklärung in Salzburg vgl. Dopsch-Spatzenegger II 1, 375ff.

gewidmet hat. Die Lösung Passaus aus dem Salzburger Metropolitanverband und die Erhebung Wiens zum Erzbistum mit Wiener-Neustadt als Suffragan konnte er nicht verhindern – trotz aller österreichischen Tendenzen am Salzburger Hof. Im österreichischen Erbfolgekrieg 1740–1745 wurde die Hilflosigkeit Salzburgs zwischen den beiden großen Nachbarn Österreich und Bayern offenbar.

Die Regierungsjahre von *Jakob Ernst von Liechtenstein* (1745–1747),[45] bereits 1728–1738 Fürstbischof von Seckau und 1739–1745 Fürstbischof von Olmütz, sowie *Andreas Jakob von Dietrichstein* (1747–1753),[46] beide betont pastorale Bischöfe, waren zu kurz, um tiefere Spuren in der Geschichte Salzburgs zu hinterlassen. Bemerkenswert für den österreichischen Einfluß war jedoch das starke Drängen der Kaiserin Maria Theresia auf die Wahl Dietrichsteins; man brauche einen in der Reichspolitik erfahrenen Kandidaten, da sich das Erzstift angesichts der exzessiven Protestantenaustreibung und der Säkularisationsneigungen der Mächte in großer Gefahr befinde. Fürsterzbischof *Siegmund Christoph Graf Schrattenbach* (1753–1771)[47] hat die betont seelsorgliche Tendenz seiner beiden Vorgänger fortgesetzt und gesteigert. Landesväterlich und leutselig, gilt er als der frömmste der Salzburger Erzbischöfe, auch mit Sinn für die Künste, die u. a. in der Förderung des jungen Mozart zum Ausdruck kam. Manche finanzpolitischen Fehler Schrattenbachs brachten ihn in Gegensatz zum Domkapitel und dessen starken Mann, Domdekan Graf Zeil, den späteren Bischof von Chiemsee. Auseinandersetzungen mit Bayern in Salzangelegenheiten, die von bayerischer Seite auch durch die österreichfreundliche Orientierung des Erzstifts motiviert waren, erweisen, daß von München eine Art wirtschaftspolitischer Hegemonie gegenüber den süddeutschen Hochstiften angestrebt wurde. Die in den staatskirchenrechtlichen Bereich hinüberspielende Diskussion, von der sich auch die übrigen Bischöfe angesprochen fühlen mußten, führte schließlich 1770 zum Salzburger Kongreß (s. o.).

Der letzte Salzburger Fürstbischof *Hieronymus Graf Colloredo* (1772–1803)[48] zählt zu den bedeutendsten, wenn auch umstrittensten Männern auf dem Stuhl des hl. Rupert. Seine Wahl gegen den bayerischen Kandidaten Graf Zeil bedeutete einen Triumph der österreichischen Politik. Jedoch war Colloredo kein Werkzeug Österreichs, sondern hat die Unabhängigkeit Salzburgs zwischen Österreich und Bayern lange Zeit zu behaupten verstanden, freilich auch, weil er in seiner aufgeklärten Innenpolitik seinen Nachbarn vielfach geistesverwandt gewe-

[45] Dopsch-Spatzenegger II 1, 299 ff.; Martin, Landesgesch. (§ 32) 198 ff.; Gatz, Bischöfe 1648–1803 (vor § 29) 275 f. (Ortner).

[46] Dopsch-Spatzenegger II 1, 303 ff.; Martin, Landesgesch. (§ 32) 205 ff.; Gatz, Bischöfe 1648–1803 (vor § 29) 78 f. (Ortner).

[47] U. Salzmann, Der Salzburger Erzb. S. Chr. Graf Schrattenbach u. sein Domkapitel (MGSLK 124) 1984, 9–240; Dopsch-Spatzenegger II 1, 306 ff.; Martin, Landesgesch. (§ 32) 214 ff.; Gatz, Bischöfe 1648–1803 (vor § 29) 448 f. (Ortner).

[48] NDB 3, 1957, 327 f. (Allmayer-Beck); Martin, Landesgesch. (§ 32) 225 ff.; Dopsch-Spatzenegger II 1, 453 ff.; Hammermayer (Anm. 37) 186 ff.; P. Hersche, Erzbf. H. Colloredo u. d. Jansenismus in Salzburg (MGSLK 117) 1977, 231–268.

sen ist. Colloredo war ein Aufklärer, der die in Salzburg seit langem bestehenden aufgeklärten Tendenzen in Staat, Gesellschaft und Kirche[49] zu einem Höhepunkt geführt hat. Sein Ziel war, Salzburg zum aufgeklärten geistlichen Musterstaat umzugestalten und hierdurch die Existenz des geistlichen Reichsfürstentums zu rechtfertigen. Die notwendige, mit Kompetenz vorgenommene Sanierung der Finanzen war erfolgreich, rief aber den Protest von Domkapitel und Landständen hervor. Colloredos eigentliche Bedeutung lag auf kirchlichem Gebiet. Sein Reformkatholizismus, der auch ökonomisch motiviert war, richtete sich gegen den Überschwang barocker Religiosität in Liturgie und Volksfrömmigkeit. In der Priesterausbildung wurde das Schwergewicht auf die praktische Seelsorge gelegt, zugunsten der allgemeinen Volksbildung manche Neuerung vorgenommen. Wenn Colloredos Maßnahmen den theresianischen und josephinischen Kirchenreformen in vielem ähnelten, wurden sie doch weit behutsamer vorgenommen, riefen aber gleichwohl manchen Widerspruch hervor; Mozart wurde wegen der Einschränkung der Orchestermusik 1781 zur Übersiedlung nach Wien veranlaßt. Der Forderung Josefs II. nach Abtrennung und Verselbständigung der Diözesangebiete in Kärnten und Steiermark 1782/86 (s. o.) konnte Colloredo schließlich nichts entgegensetzen, auch wenn er seine Metropolitanrechte behielt, auf die er großen Wert legte, wie seine Teilnahme an der Emser Punktation (1786) bewies. Überhaupt konnten Colloredos bemerkenswerte Staats- und Kirchenreformen nicht verhindern, daß schließlich auch sein Erzstift ein Opfer der großen machtpolitischen Gegensätze der Zeit geworden ist.

Durch Art. 1 des *Reichsdeputationshauptschlusses* vom 25. Februar 1803 wurde das Erzstift Salzburg zusammen mit der Fürstpropstei Berchtesgaden, dem Hochstift Eichstätt und Teilen des Hochstifts Passau als Kurfürstentum an den *Großherzog Ferdinand von Toskana,* einen Bruder Kaiser Franz II., gegeben.[50] Bereits am 19. August 1802 hatten österreichische Truppen das Erzstift besetzt. Colloredo, der das Land bereits verlassen hatte, dankte am 11. Februar als weltlicher Landesfürst, nicht jedoch als Erzbischof und Metropolit ab. Am gleichen Tag erließ Großherzog Ferdinand das Besitzergreifungspatent.[51] Durch Art. 10 des *Friedens von Preßburg* vom 26. Dezember 1805 wurde das Kurfürstentum Salzburg Österreich zugesprochen. Jetzt erst wurden die geistlichen Institutionen im Erzstift säkularisiert.[52] Durch den *Pariser Vertrag* vom 28. Februar 1810 gelangte Salzburg an Bayern.[53] Durch den *Münchner Vertrag* vom 14. April 1816 wurde es schließlich zwischen Bayern und Österreich in der Weise geteilt, daß nur die Landgerichte Waging, Tittmoning und Laufen bei Bayern verblieben, dagegen der größere Teil des ehemaligen Erzstifts zu Österreich geschlagen wurde.

49 Dopsch-Spatzenegger II 1, 395ff.

50 Ebd. 498ff.; D. Schäfer, Ferdinand v. Österreich, 1988.

51 Dopsch-Spatzenegger II 2, 587ff.

52 F. Ortner, Säkularisation u. kirchl. Erneuerung im Erzbistum Salzburg 1803–1835, 1979.

53 St. Miedaner, Salzburg unter bayer. Herrschaft 1810–1816 (MGSLK 125) 1985, 9–305.

## III

# DIE REICHSKLÖSTER

## § 33. DIE REICHSKLÖSTER IN REGENSBURG

*Lit. allgemein*: HB I/II (Reg.); BAUERREISS; BRANDMÜLLER (vor § 29) I, 1993 – *Regensburg, Stadt u. Kirche:* F. JANNER, Gesch. d. Bischöfe v. Regensburg, 3 Bde., 1883/86; J. STABER, Kirchengesch. d. Bistums Regensburg, 1966; HAUSBERGER; H. DACHS, Regensburg. Geschichte und Denkmäler, 1965[5]; M. PIENDL, Fragen z. frühen Regensburger Stadttopographie (VHOR 106) 1966, 63–82; G. HABLE, Gesch. Regensburgs. Eine Übersicht nach Sachgebieten, 1970 (Lit.); A. KRAUS, Civitas Regia. Das Bild Regensburgs in d. deutschen Geschichtsschreibung des MA, 1972; P. SCHMID, Regensburg. Stadt d. Könige u. Herzöge im MA, 1977; R. STROBEL, Regensburg als Bischofsstadt in bauhist. u. topograph. Sicht (Bischofs- u. Kathedralstädte d. MA u. d. frühen Neuzeit, hg. v. F. Petri) 1976, 60–83; K. SCHWARZ, Archäolog. Geschichtsforschung in frühen Regensburger Kirchen (BGBR 10) 1976, 13–54; W. ZIEGLER, Regensburg am Ende d. MA (Albrecht Altdorfer u. seine Zeit. Schriftenreihe d. Univ. Regensburg 5, hg. v. D. Henrich) 1981, 61–82; W. GAUER, Urbs, Arx, Metropolis u. Civitas regia. Untersuchungen z. Topographie d. frühmittelalterl. Stadt Regensburg (VHOR 121) 1981, 15–84; H. KOLLER, Königspfalzen u. Reichsstädte im südostdeutschen Raum (BlldLG 120) 1984, 47–78; A. SCHMID, Urbs Regia. Regensburg z. Karolingerzeit (BGBR 19) 1985, 113–120; W. R. HAHN, Ratisbona Politica. Stud. z. polit. Gesch. d. Reichsstadt Regensburg im 17. Jh. bis z. Beginn d. Immerwährenden Reichstags (VHOR 125/26) 1985/86; A. KRAUS-W. PFEIFFER, Regensburg. Gesch. in Bilddokumenten, 1986[2]; 1250 Jahre Kunst u. Kultur im Bistum Regensburg. Berichte u. Forsch., 1989; L. KOLMER, Regensburg in d. Salierzeit (Die Salier u. d. Reich, Bd. III, hg. v. St. Weinfurter) 1991, 191–213; A. SCHMID, Regensburg III. Die Reichsstadt (HAB Bd. 59) 1995 – *Klöster, allgemein:* H. W. SCHLAICH, Das Ende d. Regensburger Reichsstifte St. Emmeram, Ober- u. Niedermünster (VHOR 97) 1956, 163–376; G. SCHWERTL, Die Beziehungen d. Herzöge v. Bayern u. Pfalzgrafen b. Rhein z. Kirche, 1968; W. ZIEGLER, Das Benediktinerkloster St. Emmeram zu Regensburg in d. Reformationszeit (Thurn u. Taxis-Studien 6) 1970; A. SCHMID, Die Herrschergräber in St. Emmeram zu Regensburg (DA 32) 1976, 333–369; H. WANDERWITZ, Die Reichsstifte Nieder- u. Obermünster bis ins 11. Jh. Quellenkrit. Stud. insbes. zum ältesten Nekrolog aus Niedermünster (Aus Bayerns Gesch., FS A. Kraus, hg. v. E. J. Greipl u. a.) 1992, 51–88; s. auch §§ 35–37.

Anders als in Schwaben, wo die Mehrzahl der alten Klöster die Reichsunmittelbarkeit erlangte, gab es im Herzogtum Bayern nur vier solcher Reichsklöster. Drei davon lagen innerhalb der Mauern der Reichsstadt Regensburg, das vierte, das Augustiner-Chorherrnstift Berchtesgaden, hatte seine für Bayern außergewöhnliche Stellung sicherlich seiner Randlage zu verdanken, seine Reichsfreiheit war ein Ergebnis der steten Rivalität zwischen Bayern und Salzburg. Die drei Regensburger Reichsklöster, das Benediktinerkloster St. Emmeram, die beiden adeligen Damenstifte Nieder- und Obermünster konnten ihre Reichsunmittelbarkeit vor allem durch den Rückhalt an der Reichsstadt, wie man vermuten darf,[1] in jenem Jahrhundert nach 1180 behaupten, als Tegernsee, Benediktbeuern und Ebersberg, Wessobrunn, Rottenbuch und Steingaden, der herzoglichen Vogtei unterworfen wie die Güter der Regensburger Klöster, unter die Herrschaft der bayerischen Herzöge gerieten.

Das machtpolitische Gleichgewicht in der Stadt, das vor allem St. Emmeram auszunützen wußte, war aber auch durch eine dritte Potenz bedingt, den Bischof, dessen Ringen um den Aufbau eines hochstiftischen Territoriums stets an die Gegenwirkung der Reichsstadt wie des Herzogtums stieß. Das allgemeine Schicksal eines in einer Bischofsstadt gelegenen Benediktinerklosters war, wie das Beispiel der Klöster St. Alban in Mainz, St. Maximin in Trier, St. Stephan in Würzburg, Michelsberg in Bamberg, St. Peter in Salzburg zeigt, die bischöfliche Klosterherrschaft. Das Reichsstift St. Ulrich und Afra in Augsburg dagegen entspricht in seiner besonderen Situation eben jener St. Emmerams in Regensburg.

Ungewöhnlich war ferner die rechtliche Stellung dieser Regensburger Reichsklöster, von denen jedes Reichsstand ohne Territorium war und damit keineswegs der Definition entsprach, die in J. J. Mosers «Teutschem Staatsrecht» zu finden ist: «In Ansehung derer geistlichen Fürsten, Prälaten und Aebtissinen ist der Grund ihrer Reichsstandschaft wiederum nicht ihre geistliche Würde, sondern 1. die Unmittelbarkeit, 2. der Besitz eines unmittelbaren Gebiets, 3. die von dem Kayser und Reich darüber zu Lehen tragende Regalien, und 4. das Herkommen und zwar alles dies zusammen»[2]. Das Fehlen eines solchen Territoriums bei den Regensburger Reichsklöstern, das ebenfalls schon Moser beredete, war trotz seiner abschließenden kategorischen Feststellung kein Hindernis für den Eintrag in die Reichsmatrikel; 1521 finden sich die drei Klöster sehr wohl dort eingetragen.[3] Die Reichsfürstenwürde konnte der Abt von St. Emmeram jedoch nicht behaupten, anders als die beiden Äbtissinnen, die bereits 1216 so genannt wurden. Abt Anselm Godin mußte sie 1731 um teures Geld erkaufen. Aber auch vorher kamen dem Abt von St. Emmeram, wie den Äbtissinnen von Nieder- und Obermünster, alle Kennzeichen der fürstlichen Stellung zu. Sie waren niemandem als dem Kaiser unterworfen, erhielten ihre Regalien vom Kaiser, ihre Reichsstandschaft, die durch den Sitz auf der rheinischen Prälatenbank dokumentiert wurde, äußerte sich auch in den gewöhnlichen Leistungen für das Reich: Beitrag zum Gemeinen Pfennig und zur Eilenden Hilfe 1495,[4] zu den Römermonaten, zu den Kreisumlagen.[5]

Die Regensburger Reichsklöster gehörten, wie Berchtesgaden und die Hochstifte, zum Bayerischen Reichskreis; seit 1538 nahmen ihre Abgesandten an den Kreistagen teil.[6] Ihre Reichsunmittelbarkeit erstreckte sich aber, wie schon be-

[1] Ziegler, St. Emmeram (§ 33) 163.

[2] J. J. Moser, Teutsches Staatsrecht VIII, Nürnberg 1774, 439, zit. bei Ziegler, St. Emmeram 137.

[3] RTA Jüngere Reihe II 432; dazu Ziegler, St. Emmeram 147.

[4] P. Schmid, Der Gemeine Pfennig v. 1495, 1989, 530 (nur St. Emmeram); RTA, MR V 478, 486, 497, 500, 687.

[5] Ziegler, St. Emmeram (§ 33) 147f., hier Vergleichszahlen. S. auch die Anm. 23, 77, 96.

[6] HB II § 88 (Volkert), III/3 § 28/29 (Volkert); J. G. Lori, Sammlung d. Baier. Kreis-

tont, nicht auf ihre reichen Besitzungen in Bayern; diese unterlagen der bayerischen Landeshoheit mit allen Konsequenzen (erst 1786 erhielt die Hofmark Vogtareuth eine Ausnahmestellung). Der Eintrag ihrer Hofmarken in die Landtafel bedeutete aber nicht, daß sich die geistlichen Fürsten auch als bayerische Landstände auf den Landtagen einzufinden hatten.[7] Zum Land gehörte nur ihr Besitz, der, gemessen an den Gütern der meisten übrigen bayerischen Klöster, beträchtliche Ausmaße hatte. Die Bedeutung St. Emmerams für Bayern darf aber nicht an diesen äußerlichen Kategorien gemessen werden; der geistige Einfluß dieses Regensburger Benediktinerklosters auf ganz Bayern ist schlechterdings nicht abzuschätzen.[8]

a) *Das Benediktinerkloster St. Emmeram*

*Lit.: M.* Piendl, Fontes monasterii s. Emmerami Ratisbonensis. Bau- u. kunstgesch. Quellen (Quellen u. Forsch. z. Gesch. d. ehem. Reichsstiftes St. Emmeram in Regensburg., hg. v. M. Piendl) 1961, 1–184; J. Hemmerle, Die Benediktiner in Bayern, 1970; Ziegler, St. Emmeram (§ 33); H. Schlemmer, St. Emmeram in Regensburg. Kirche u. Kloster im Wandel d. Zeit, 1972; M. Piendl, St. Emmeram in Regensburg. Die Baugesch. seiner Klostergebäude (Thurn u. Taxis-Stud. 15) 1986 (Lit.); Christine Rädlinger-Prömper, St. Emmeram in Regensburg. Struktur- u. Funktionswandel eines bayer. Klosters im früheren MA (ebd. 16) 1987; St. Emmeram in Regensburg. Geschichte – Kunst – Denkmalpflege (ebd. 18) 1992 (Lit.). S. auch Lit. § 33. – *Quellen:* J. B. Kraus, Liber probationum sive bullae summorum pontificum, diplomata imperatorum et regum aliaeque episcoporum et ducum et principum et comitum litterae, Regensburg 1752; A. Brackmann, Germania Pontificia I, 1911, 280–290; J. Wiedemann, Die Traditionen d. Hochstifts Regensburg u. d. Klosters St. Emmeram (QE NF 8) 1943 (Neudr. 1988); HStA München, KL Regensburg, St. Emmeram nr. 1–169; ebd. Regensburg-St. Emmeram, Urk. 1–1015.

Der Weg St. Emmerams zur Reichsfreiheit war langwierig und voller Hindernisse. Noch im 8. Jahrhundert, vielleicht schon vor der kanonischen Errichtung der bayerischen Bistümer 739, bildete sich an der einstigen Kirche des hl. Georg, bei der der hl. Emmeram seine letzte Ruhestätte fand, eine Mönchsgemeinde, deren Vorsteher seit 739 zugleich der Bischof der Diözese war. Die Domkirche St. Peter entstand zwischen 739 und 778, die erste Basilika St. Emmerams baute Bischof Sindbert (768–791).[9] Schenkungen gingen in der Regel gleichzeitig an den Klosterheiligen und an St. Peter, den Patron der Domkirche, doch dürfte sich schon früh ein Sondervermögen des Klosters gebildet haben.[10] Mit der Berufung eines bedeutenden Trägers der Gorzer Reformideen, des Trierer Benediktiners Ramwold 973 durch den hl. Wolfgang[11] und der völligen Trennung des

rechts, München 1764, 15, 19. S. auch die Anm. 24, 78, 97.

[7] Zur Landtafel HB II 502–515, 534ff. (Volkert); H. Lieberich, Die bayer. Landstände 1313/40–1807, 1990, 199; ebd. 216 zu den Reichsklöstern in Regensburg.

[8] HB I/II (Beiträge von K. Reindel, F. Prinz, F. Brunhölzl, H. Glaser, A. Kraus, L. Hammermayer, H. Pörnbacher).

[9] Schwarz (§ 33) 50f.; Hausberger 24ff.

[10] Rädlinger-Prömper (§ 33a) 93, 154ff.

[11] Staber (§ 33) 25; St. Wolfgang 1000 Jahre B. v. Regensburg. Darstellung u. Verehrung (Ausstellungskat. Regensburg) 1972; Regensburg u. Böhmen (BGBR 6) 1972; Hausberger 55ff.; G. Schwaiger, Der heilige Wolfgang, B. v. Regensburg (BGBR 23) 1989, 93–107.

Klostervermögens von jenem des Bischofs 975 begann der Prozeß der Verselbständigung des Klosters, der nach 1021, nachdem Heinrich II. dem Kloster auch die selbständige Vermögensverwaltung zugebilligt hatte,[12] von immer neuen Streitigkeiten mit den wechselnden Bischöfen begleitet wurde. Gleichzeitig machte sich, was auch an Zahl und Bedeutung der königlichen Schenkungen ablesbar ist, ein deutlicher Rückgang des einst außerordentlichen Ansehens St. Emmerams spürbar. Während unter Kaiser Arnulf, der auch in der Klosterkirche begraben ist und seine Pfalz nahe der Kirche erbaute, der hl. Emmeram geradezu als Patron des Reiches galt,[13] bedurfte man im 11. Jahrhundert intensivster historiographischer Bemühungen,[14] um dem Konvent neues Selbstbewußtsein zu vermitteln und der Öffentlichkeit den Klosterheiligen wieder nahezubringen. Aber nicht nur der erneuerte Emmeramskult[15] diente dieser Absicht, der Konvent versuchte auch, mit Hilfe von gefälschten Papst- und Kaiserurkunden und der Einführung eines zweiten Klosterpatrons, des hl. Dionysius von Paris, den Status eines bischöflichen Eigenklosters abzustreifen und wieder jene Geltung zu erlangen wie unter Kaiser Arnulf.[16] Dieses Ringen zog sich jahrzehntelang hin, erreicht wurde immerhin 1117 die Anerkennung als päpstliches Eigenkloster durch Paschal II.[17] Trotzdem endete die Herrschaft des Bischofs über das

[12] MGH Dipl. Heinrich II n. 441–443 (1021); dazu R. Budde, Die rechtl. Stellung d. Klosters St. Emmeram in Regensburg zu den öffentl. u. kirchl. Gewalten vom 9. bis zum 14. Jh. (Arch. f. Urk.-Forsch. 5) 1913, 173; Staber (§ 33) 28; Rädlinger-Prömper (§ 33 a) 158, 164 f.

[13] F. Prinz, Frühes Mönchtum im Frankenreich. Kultur u. Ges. in Gallien, den Rheinlanden u. Bayern am Beispiel d. monast. Entwicklung, 1988², 380–385; K. Babl, Emmeram v. Regensburg, Legende u. Kult, 1973; A. Schmid, Herrschergräber (§ 33); P. Mai, Der hl. Emmeram, der hl. Erhard u. der hl. Wolfgang (Bistumspatrone in Deutschland, hg. v. A. Leidl) 1984, 158; Rädlinger-Prömper (§ 33 a) 155 ff. Ob auch das Grab der Königin Hemma in St. Emmeram liegt, ist äußerst zweifelhaft, wie A. Schmid zeigt (s. auch HB I 446, F. Prinz). Vgl. aber Rädlinger-Prömper 67; F. Fuchs, Das Grab d. Königin Hemma (†876) zu St. Emmeram in Regensburg (Regensburg u. Ostbayern. Max Piendl z. Gedächtnis, hg. v. F. Karg) 1991, 1–12; Widerspruch gegen Fuchs bei Wanderwitz (§ 33) 62–67. Zur Pfalz bei St. Emmeram grundlegend M. Piendl, Die Pfalz Kaiser Arnulfs bei St. Emmeram in Regensburg (Thurn u. Taxis-Stud. 2) 1962, 96–126; P. Schmid, Regensburg (§ 33) 278 (Lit.).

[14] HB I 539 ff. u. ö.; Kraus (§ 33) 33–46.

[15] Babl (Anm. 13) 169; Rädlinger-Prömper (§ 33 a) 178.

[16] J. Lechner, Zu den falschen Exemtionsprivilegien f. St. Emmeram (NA 25) 1900, 627–635; Budde (Anm. 12); Kraus (§ 33) 38 (Lit.); Ziegler, St. Emmeram (§ 33) 139; Claudia Märtl, Regensburg in d. geistigen Auseinandersetzungen d. Investiturstreits (DA 42) 1986, 154–191; Wanderwitz (§ 33) 61; K. J. Benz, Regensburg in d. geistigen Strömungen d. 10. u. 11. Jhs. (Zwei Jahrtausende Regensburg, hg. v. D. Albrecht) 1979, 81–92 (ebd. 85 das Mißverständnis, als hätte ich behauptet, die erfundenen Translationsberichte hätten «nur» die Verherrlichung Regensburgs zum Ziel gehabt); Rädlinger-Prömper (§ 33 a) 178–211; 201 zur Dionysius-Translation folgt sie bei der Datierung kritiklos dem Fälscher; die in der jüngeren Translation auffallende Einbeziehung der Stadt Regensburg in den Versuch, neue Bedeutung zu gewinnen, weist sie ohne Untersuchung zurück, trotz eindeutiger Zeugnisse (s. A. Kraus, Die Translatio S. Dionysii Areopagitae v. St. Emmeram in Regensburg, SB München 1972, 4. H., 1972, 53). S. auch M. Heim, Otloh v. St. Emmeram (BGBR 23) 1989, 128 f.; W. Chrobak, Dionysius Areopagita. Zeitweiliger Nebenpatron des Bistums Regensburg (ebd.) 15–24, bes. 19 f., 22.

[17] Brackmann (§ 33 a) II/1 nr. 6–10; ebd. nr. 15 zu Lucius III.; Rädlinger-Prömper

Kloster auch jetzt nicht, noch 1182 bestätigte Lucius III. die Rechte des Bischofs, und bis 1266 wurden die Äbte vom Bischof investiert.[18] Erst 1295, als König Adolf von Nassau in Regensburg weilte, gelang es dem Abt von St. Emmeram, nachdem Schutzbriefe Friedrichs II. (1226) und Rudolfs I. (1274) vorausgegangen waren, mit den Regalien belehnt zu werden,[19] ob auf Grund der vorgelegten gefälschten Kaiserurkunden, wie P. Roman Zirngibl von St. Emmeram und R. Budde meinen,[20] oder im Zusammenhang mit aktuellen politischen Bündnisverhandlungen, wie die Situation von 1295 nahelegt, mag offenbleiben. Zwei Jahrzehnte später, nachdem auch Ludwig d. B. 1315 St. Emmeram in seinen Schutz genommen hatte, gelang es 1326, in Avignon auch die Exemtion vom Bischof zu erreichen.[21]

Mochte die Unabhängigkeit St. Emmerams in kirchenrechtlicher und reichsrechtlicher Hinsicht in der Folgezeit auch nicht unangefochten bleiben, so konnte sie doch im wesentlichen behauptet werden, bis 1731 Abt Anselm Godin die Reichsfürstenwürde bestätigt wurde.[22] Doch steht der Prälat von St. Emmeram bereits 1507 in der Reichsmatrikel, verfügt aber über keine Virilstimme wie Fulda oder Kempten, sondern steht an 9. Stelle auf der rheinischen Prälatenbank, verfügte also über eine Kuriatstimme, auch nahm er an den Reichsversammlungen teil, persönlich oder durch Vertreter, seit 1663 vertrat er meist auch andere Reichsäbte. In der Konstanzer Matrikel von 1507 war St. Emmeram mit 340 Gulden veranlagt und hatte 12 Kriegsknechte und fünf Reiter zu stellen, die Reichsmatrikel von 1521 führte als Simplum zweimal jährlich 160 Gulden auf, die Zahl der Kriegsknechte betrug 45, die der Reiter vier.[23] Seit 1538 nahm St. Emmeram mit Berchtesgaden, Niedermünster und Obermünster auch an den Versammlungen des bayerischen Reichskreises teil, es führte die 6. Stimme auf der Geistlichen Bank.[24]

(§ 33a) 211; Hausberger 66ff.; A. Schmid, Regensburg III (§ 33). K.-F. Krieger, Die Lehenshoheit d. deutschen Könige im Spätmittelalter, 1979, 164f.

[18] Ebd.; A. Schmid, Regensburg III (§ 33).

[19] RI VI 2 nr. 60/63: Der Abt, «princeps noster» genannt, wird investiert in «administrationem temporalium et iurisdictionem plenariam principatus eiusdem ecclesiae». Dazu Ziegler, St. Emmeram (§ 33) 142. Die Schutzbriefe von 1226 und 1274 RI V/1 nr. 1683, VI/1 nr. 186. S. auch Staber (§ 33) 56f.; Hable (§ 33) 114. Das Diplom Adolfs I. auch bei Kraus, Liber probationum (§ 33a) 225–227.

[20] R. Zirngibl, Abh. über d. Exemptionsprozeß d. Gotteshauses St. Emmeram mit d. Hochstift Regensburg v. Jahre 994–1325. Ein Beytr. z. Gesch. beyder Stifte (Abh. d. churfürstl. Akad. d. Wiss.) München 1803, 6 («daß sie historice falsa, und juridice vera sind» = die erwähnten Urkunden); Budde (Anm. 12) 217ff.

[21] Kraus, Liber probationum (§ 33a) 253ff.; dazu Ziegler, St. Emmeram (§ 33) 149; Staber (§ 33) 68f.; Hausberger 193.

[22] Kraus, Liber probationum (§ 33a) 408–415; Hable (§ 33) 114.

[23] RTA Jüngere Reihe II 424ff.; Schlaich (§ 33) 185; Ziegler, St. Emmeram (§ 33) 135ff., 147f.; hier auch weitere Ansätze 1541 und 1543 sowie Vergleichszahlen. Schon 1497 wurde der Abt von St. Emmeram zum Gemeinen Pfennig veranlagt (P. Schmid 470, 530, 561, wie Anm. 4). Vgl. auch W. Ziegler, Das Reichsstift St. Emmeram zw. Regensburg, Bayern u. d. Reich (St. Emmeram, wie § 33a) 251–256.

[24] R. Conrad, Der Bayer. Reichskreis im 16. Jh. Die Entwicklung seiner Verfassung v. 1530–1580, Diss. jur. Köln 1974, 16; Ziegler, St. Emmeram (§ 33) 140; A. Schmid, Regensburg III (§ 33); Volkert (§ 27–30).

Zwar besaß St. Emmeram auch für seine Propsteien Vogtareuth, Niederlauterbach und Moosinning seit Ludwig d. B. kaiserliche Schutzprivilegien,[25] doch war es für seine Güter in Bayern landsässig,[26] wie es sich überhaupt im Grunde als bayerisches Kloster verstand,[27] ungeachtet aller Streitigkeiten, die sich aus der besonderen Rechtslage bzw. den beiderseitigen Ansprüchen ergaben. Mit den Herzögen von Bayern war St. Emmeram besonders eng verbunden, seit die Vogtei über einen großen Teil seiner Güter an das Herzogshaus gekommen war. Zunächst lag die Vogtei über die Besitzungen St. Emmerams in den Händen des örtlichen Adels; besonders zu nennen sind die Domvögte von Regensburg, die Burggrafen, Pfalzgraf Rapoto.[28] Die Vogtei über den Besitz zu Vogtareuth kam 1263, über die Propstei Lauterbach 1279 an Herzog Ludwig, während die Masse der Besitzungen St. Emmerams westlich von Regensburg wohl seit dem 14. Jahrhundert unter der Vogtei der Herren von Abensberg stand. 1485, nach dem Tod des letzten Abensbergers, 1526 dann als Erbvogtei, kam diese Vogtei mit den vier Schrannen zu Dünzling, Peising, Thann und Eilsbrunn ebenfalls an den Herzog, wobei Gericht und Verwaltung an das Kastenvogteigericht Kelheim übertragen wurden. Damit war die Vogtei über alle wichtigen Güter St. Emmerams in der Hand des Herzogs. Den Anspruch auf Reichsunmittelbarkeit für die in der sog. Kelheimer Vogtei zusammengefaßten Güter mußte St. Emmeram 1526 aufgeben, zweifellos im Zusammenhang mit dem bayerischen Eingreifen gegen die 1525 von der Reichsstadt gegen die kirchlichen Besitzungen in Regensburg verfügten, einer Säkularisierung sehr nahekommenden Maßnahmen.[29] Auch für die Hofmark Vogtareuth[30] war der Anspruch auf Reichsunmittelbarkeit lange nicht durchzusetzen, obgleich das Privileg Ottos II. von 980, das die Schenkung Ottos I. an St. Emmeram von 959 bestätigte, den Mönchen von St. Emmeram wie dem Vogt des Klosters im übereigneten Gebiet in aller Form die Immunität und das Hochgericht zugesichert hatte.[31] Wie Klebel feststellt, bedeutet die

[25] Kraus, Liber probationum (§ 33a) 451f., 459, 469, 502f., zit. bei Ziegler, St. Emmeram (§ 33) 164.

[26] H. Rall, Kurbayern in d. letzten Epoche d. alten Reichsverfassung 1745–1802, 1952, 337; Lieberich (Anm. 7) 216; A. Schmid, Regensburg III (§ 33).

[27] A. Schmid, St. Emmeram im Ries (St. Emmeram, wie § 33a) 91; vgl. auch Ziegler, Das Reichsstift (Anm. 23) 253.

[28] Zu den Vogteiverhältnissen s. HB I 415f. (Reindel); E. Klebel, Probleme d. bayer. Verfassungsgesch. Gesammelte Aufsätze, 1957, 262; Schwertl (§ 33) 252–256; Ziegler, St. Emmeram (§ 33) 160f.; D. Schmid, Die Ausbildung d. wittelsbach. Landesherrschaft im Raum Regensburg (VHOR 124) 1984, 319; Rädlinger-Prömper (§ 33a) 166ff.; A. Schmid, Regensburg III (§ 33).

[29] Ziegler, St. Emmeram (§ 33) 154f., 166; L. Theobald, Die Reformationsgesch. d. Reichsstadt Regensburg I, 1951, 152ff.

[30] E. Klebel, Aus d. Verfassungs-, Wirtschafts- u. Siedlungsgesch. d. Hofmark Vogtareuth b. Rosenheim (ZBLG 6) 1933, 27–59, 177–216; ebd. 181 Datierung der Übernahme der Vogtei durch den Herzog auf 1326. Auf 1348 datiert sie Tertullina Burkard, Landgerichte Wasserburg u. Kling (HAB, Teil Altbay. 15) 1965, 152 Anm. 13; ebd. 34, 50, 150ff., 185, 287 zu Vogtareuth. Vgl. auch Ziegler, St. Emmeram (§ 33) 131, 146, 165f.; Rädlinger-Prömper (§ 33a) 154, 163.

[31] MGH Dipl. Otto I nr. 203 (959); ebd. Dipl. Otto II nr. 230 (980): «et si forte quid negotii inter eos in furtis seu homicidiis vel quidlibet huiusmodi, comes nullus vel exactor alius nec bannum inde requirat vel publicum ad mallum eos banniat vel aliquam super eos potestatem exerceat, sed tantummodo

gebrauchte Formel die Gleichstellung des Vogtgerichts mit dem Grafengericht, konkret das Recht, bei Diebstahl und Totschlag das Wergeld zu erheben. 1021 bestätigte Heinrich II. dem Kloster den Besitz zu Vogtareuth, aber ohne neuerliche Erwähnung der Immunität; Rädlinger-Prömper schließt daraus, wohl zu Recht, daß die Rechtsstellung von 980 nicht von Dauer war.[32] In der Tat zeichnet sich in Zukunft, wie das Emmeramer Urbar von 1031 mit dem Nachweis eines Schergen für Vogtareuth, also einer Schranne mit Gericht über Grund und Boden dartut, nur eine gerichtliche Sonderstellung für das einstige Immunitätsgebiet ab, die noch durch die Tatsache unterstrichen wird, daß Vogtareuth kein Gerichtsfutter an den Landrichter zu Kling abführen mußte, wie die Salzburger Güter im Landgericht. Vollends im Weistum von 1326[33] wird der eingeschränkte Umfang der Gerichtsbarkeit genau festgelegt, sie umfaßt alle Rechtsfälle mit Ausnahme der drei Dinge (Notzucht, Diebstahl, Totschlag). Berufungsinstanz war aber nicht der Landrichter, sondern der Abt von St. Emmeram. Trotz dieser Festlegung von 1326 nahmen die Streitigkeiten zwischen dem Propst von Vogtareuth und dem Pfleger zu Kling kein Ende, bis die Deklaration von 1526 den Hofmarkscharakter der Propstei, mit durchaus herausgehobenen Gerichtsrechten, bestätigte;[34] als Berufungsinstanz wurde jetzt allerdings das Regiment in Burghausen festgesetzt. Dieser an sich schon die gewöhnliche Niedergerichtsbarkeit überschreitende Sondercharakter Vogtareuths wurde schließlich im Vertrag von 1786 noch einmal ausgeweitet. Da im Vertrag von 1526 die Vogtei über die Emmeramer Güter nur den Nachkommen der damaligen Vertragspartner verliehen worden war, 1777 also das Lehen an das Kloster heimfiel, entstand erneut ein Streit mit Bayern, der dahin entschieden wurde, daß die Kelheimer Vogtei beim neuen Kurfürsten blieb, St. Emmeram dagegen für Vogtareuth, nach Abtretung eines Teils der Güter und Untertanen, Vogtei und Steuer, d. h. die Reichsunmittelbarkeit für seinen Besitz im Landgericht Kling zugestanden erhielt.[35]

Diese Streitigkeiten um Besitz und Rechte, die also erst sehr spät aus der Welt geschafft wurden, konnten im allgemeinen die guten Beziehungen zwischen St. Emmeram und Bayern nicht beeinträchtigen. Bayern galt, vor allem seit der

monachi et advocatus illius loci...» Dazu Klebel (Anm. 30) 178; Burkard (ebd.) 150ff.; Rädlinger-Prömper (§ 33a) 154, 163; Ph. Dollinger, Der bayer. Bauernstand vom 9. bis z. 13. Jh., hg. v. F. Irsigler, 1982, 66f.

[32] MGH Dipl. Heinrich II nr. 441 (1021); dazu Rädlinger-Prömper (§ 33a) 154.

[33] Druck: Klebel (Anm. 30) 202–216; zum gesamten Komplex ebd. 180; Burkard (Anm. 30) 151f.; Ziegler, St. Emmeram (§ 33) 165.

[34] Klebel (Anm. 30) 197f.; der Propst behielt das Recht der Steuereinhebung, das Gericht über alle Frevel u. Händel, die nicht der Blutgerichtsbarkeit unterlagen, und war zuständig auch über Grund u. Boden der Vogtareuther Untertanen außerhalb der Hofmark.

[35] Ebd. 200; Ziegler, St. Emmeram (§ 33) 131, 146; Burkard (Anm. 30) 151f.; H. Meixner, Die Klosterpropstei Vogtareuth (Das bayer. Inn-Oberland 17) 1932, 49ff. Die Beschreibung d. Übergabe im Prioratstagebuch v. St. Emmeram, geführt v. P. Roman Zirngibl (Kl. Bibl. Metten, Prüf. Mansarde 175c); die Vertragsbestimmungen HStA München KL Regensburg, St. Emmeram 77; dazu A. Kraus, P. Roman Zirngibl v. St. Emmeram in Regensburg (StMBO 66) 1955, 121f.

Reformation, generell als eigentlicher Beschützer des Klosters.[36] St. Emmeram trat schon 1610 der Liga bei,[37] bei der Gründung der Bayerischen Benediktinerkongregation 1684 arbeitete Abt Coelestin Vogl eng mit Bayern zusammen.[38] Den Bestrebungen des Klosters in diesen Jahren, den hl. Emmeram wieder, wie zur Zeit Kaiser Arnulfs, als Landespatron zu verehren, schloß sich Kurfürst Max Emanuel jedoch nicht an.[39]

Ambivalent war auch das Verhältnis des Reichsklosters zur Reichsstadt. Einerseits betrachtete sich die Stadt, 1315 von Ludwig d. B. dazu aufgefordert, als Inhaber einer gewissen Schutzgerechtigkeit, ein Auftrag, der 1405 von König Ruprecht, 1477 von Kaiser Friedrich III. erneuert wurde,[40] andererseits rissen seit dem ausgehenden Mittelalter die Beschwerden nicht ab, die von der Stadt im Hinblick auf die kirchliche Immunität erhoben wurden. Seitdem wurde auch die Schutzgerechtigkeit der Stadt nur noch einmal in Anspruch genommen, 1535 im Zusammenhang mit der Wahl eines neuen Abtes, seither verweigerte das Stift die Aufnahme der Schutzherrn. Bei den Konflikten mit der Stadt ging es um den besonderen Gerichtsstand der Untertanen des Klosters im engeren Klosterbezirk, ungefähr 250 Personen,[41] um die Zinszahlung der Bewohner der 141 Zinshäuser, die das Stift im Stadtwesten besaß,[42] und es ging um Legate, um die Steuerfreiheit des Klerus und der klösterlichen Betriebe, vor allem um die Schankgerechtigkeit.[43] 1483 wurde der erste Vergleich zwischen Stadt und Stift geschlossen, der die Immunität respektierte, ihren Mißbrauch aber untersagte, d. h. die Belieferung der Regensburger Bürger mit Emmeramer Produkten, aber dieser Vergleich wurde von keiner Seite eingehalten. Die Stadt versuchte demnach immer wieder, das Stift ihrer Hoheit zu unterwerfen, was 1525 für kurze Zeit, bis 1528, auch gelang, im Rahmen der ersten Versuche der Stadt, die Reformation einzuführen. Noch einmal wurde 1785 der alte Streit vor den Reichshofrat getragen, der 1786 erneut Leistungen der Brauerei, der Apotheke, der Buchdruckerei und des Metzgers des Klosters an Bürger der Stadt verbot, ein Urteil, das St. Emmeram nicht anerkannte. Da die angeordnete Exekution infolge der ständigen Kompetenzstreitigkeiten der beiden ausschreibenden Direktoren des bayerischen Reichskreises, des bayerischen Kurfürsten und des Fürsterzbischofs von Salzburg, nicht zustande kam, blieb alles beim alten.[44] Um diese Zeit war aber im allgemeinen das Einvernehmen mit der Stadt erträglich; vor allem die Beziehungen der gelehrten Mönche und der Historiker und Naturforscher der Reichsstadt

[36] ZIEGLER, St. Emmeram (§ 33) 167.

[37] HB II 417 (D. Albrecht).

[38] Ebd. 725f. (Lit.); grundlegend immer noch W. FINK, Beitr. z. Gesch. d. bayer. Benediktinerkongregation, 1934. S. auch A. SCHMID, Beobachtungen z. Verehrung d. hl. Emmeram im Ries (St. Emmeram, wie § 33a) 90; E. J. GREIPL, Coelestin Vogl (1613–1691). Abt v. St. Emmeram in Regensburg (BGBR 23) 1989, 292.

[39] Ebd. 91.

[40] ZIEGLER, St. Emmeram (§ 33) 155ff.

[41] A. SCHMID, Regensburg III (§ 33).

[42] Ebd.; s. auch SCHLAICH (§ 33) 257f.; ZIEGLER, St. Emmeram (§ 33) 96–99; 107ff.

[43] Ebd. 42ff.; 154ff. (hier auch die Streitschriften); Ders., Regensburg (§ 33) 64, 73ff.

[44] KRAUS, Zirngibl (Anm. 35) 120f.

waren, nach den z. T. heftigen Kontroversen im 17. Jahrhundert,[45] sogar außerordentlich eng.[46]

St. Emmeram konnte, wie gezeigt, innerhalb der Mauern der Reichsstadt seine Reichsunmittelbarkeit bis zum Reichsdeputationshauptschluß bewahren, seinen eigenen Gerichtsstand, unabhängig auch vom bischöflichen Propstgericht,[47] die Hoheit auch über seinen dortigen Besitz, nämlich die Stiftsgebäude, und die 27 Häuser, in denen die zu Diensten für das Kloster benötigten Angestellten wohnten.[48] Die ausgedehnten Güter, die größtenteils in Bayern lagen, unterstanden, ausgenommen seit 1786 Vogtareuth, der bayerischen Landeshoheit. Ihr Umfang hätte durchaus für die Bildung eines kleinen Fürstentums ausgereicht.

Insgesamt gehörten um 1760 zur Grundherrschaft von St. Emmeram 1030 Familien in ca. 100 Ortschaften, die Zahl der abhängigen Anwesen betrug etwa 1000 mit einer Gesamtfläche von etwa 300 Höfen nach Hoffuß. Das war 1/30 des gesamten Besitzes des Prälatenstandes. Niederalteich besaß 733 ganze Höfe, Tegernsee 403.[49] Die Besitzschwerpunkte lagen in der nächsten Umgebung von Regensburg, mit Besitz in Isling, Burgweinting, Dechbetten, Pentling, Gebraching und Schwabelweis, dann in der Laabergegend, im Raum Straubing und um Ilmmünster. Streugüter erstreckten sich weit über das Land südlich der Donau, bis Erding und Reichenhall, aber auch in der Oberpfalz, um Amberg und Burglengenfeld gab es Emmeramer Besitz, Weinberge besaß das Kloster in Aschach bei Linz. Der Besitz im Ries, zu Spalt und um Eichstätt ging noch im Lauf des Mittelalters verloren,[50] ebenfalls verloren gingen die Hofmarken Burghofen und Schwabelweis.[51] Die Propstei Litzlohe bei Neumarkt mit Gütern in elf Orten wurde 1537 gegen zehn Weingüter in Kager bei Regensburg vertauscht, verloren ging auch im Lauf der Reformation die Propstei Böhmischbruck bei

[45] H. W. Wurster, Die Regensburger Geschichtsschreibung im 17. Jh. (VHOR 120) 1980, 122ff., 128, 132; K. Hausberger, Zum Verhältnis d. Konfessionen in d. Reichsstadt Regensburg (450 Jahre Evangel. Kirche in Regensburg 1542–1992. Ausstellungskat. Regensburg 1992/93) 1992, 157f. S. auch Albertus-Magnus-Gymn. Regensburg, FS zum Schuljubiläum 1988, 1988, 159f., 227.

[46] Schlaich (§ 33) 180; E Neubauer, Das geistig-kulturelle Leben d. Reichsstadt Regensburg (1750–1806), 1979, 118–122.

[47] Ziegler, St. Emmeram (§ 33) 145.

[48] Ders., Regensburg (§ 33) 63; A. Schmid, Regensburg III (§ 33).

[49] O. Beck, Stud. über d. Grundherrschaft v. St. Emmeram in Regensburg, Diss. Masch. München 1921; E. J. Greipl, Zur Grundherrschaft d. Reichsstifts St. Emmeram zu Regensburg (VHOR 122) 1982, 27–50, Vergleichsmaterial 46; die Quellen: Der Rotulus von 1031, hg. v. P. Mai, Der St. Emmeramer Rotulus d. Güterverzeichnisses v. 1031 (VHOR 106) 1966, 87–101; Dollinger (Anm. 31) 455–463; das Zinsbuch von 1506 bei Ziegler, St. Emmeram (§ 33) 210–254. S. auch M. Thiel, Das St. Emmeramer Register v. 1275 in clm 14992. Seine Vorstufen u. Nachläufer (ZBLG 33) 1970, 85–134, 542–635. Hinweise auf frühe Schenkungen HB I 381, 446, 457, ebenfalls P. Schmid (§ 33) 96, 122, 152, 159f., 277; Piendl, St. Emmeram (§ 33a) 251; Ziegler, St. Emmeram (§ 33) 110–127; Schlaich (§ 33) 217; Rädlinger-Prömper (§ 33a) 46–61, 71–82; A. Schmid, Regensburg III (§ 33).

[50] O. Kudorfer, Nördlingen (HAB, T. Schwaben 8) 1974, 36, 321; Ders., Das Ries z. Karolingerzeit (ZBLG 33) 1970, 509f.; A. Schmid, St. Emmeram (Anm. 38) 81–93; Ders., St. Emmeram im Ries (Rieser Kulturtage. Dokumentation 8) 1991, 441–455; s. auch Rädlinger-Prömper (§ 33a) 51, 59, 64, 210.

[51] Schlaich (§ 33) 217.

Vohenstrauß.[52] In den Landgerichten Haidau und Kelheim gehörten 180 Anwesen in 20 Ortschaften zu St. Emmeram, in der Hofmark Isling 20 Anwesen, zur Grundherrschaft der Propstei Hainsbach gehörten 1802 53 Anwesen mit 16 arrondierten Höfen, insgesamt 50 Anwesen, zur Propstei Schambach 45 Anwesen, zu Aiterhofen 89 Anwesen, der Besitz in Neuhausen umfaßte 14 Anwesen, die Propstei Niederlauterbach 98. Den größten Komplex stellte die Propstei Vogtareuth dar. Klebel stellt für die Schenkung von 959 Besitzungen in 34 Ortschaften im späteren Landgericht Kling fest, zur Hauptsache in Vogtareuth selbst, dann in Ober- und Unterwindering und Salmaning, mit Streubesitz in den Gerichten Rosenheim und Aibling, insgesamt in ca. 40 Orten.[53] Der Emmeramer Rotulus von 1031 weist 112 1/2 Huben aus,[54] 1786 besaß St. Emmeram 403 grundbare Anwesen in 97 Siedlungen.[55]

Die Organisation der Emmeramer Grundherrschaft war weitgehend dezentralisiert. Bis ins hohe Mittelalter waren die Güter zusammengefaßt in 33 Villikationen,[56] das Salland betrug dabei 166 Höfe, die Verwaltung lag jeweils in den Händen eines Villicus, in Vogtareuth gab es auch einen Schergen, Verwaltungsfunktionen hatten wohl auch die klösterlichen Ministerialen. Genannt werden in einer Reihe von Orten auch forestarii. Allgemein unterstand die Güterverwaltung dem Großzellerar, der ein Mönch war. Ihm stand der Stiftskanzler zur Seite, ein Jurist, dann der Hofkastner, ebenfalls ein Laie, und fünf juristisch gebildete Propstrichter. Wo das Kloster nur Grundherr war, waren auch Kastenämter eingerichtet, Streubesitz war in Stiftsbezirke zusammengefaßt.

Der Propst, in der Regel ein Mönch, stand in Stellvertretung des Abtes der Verwaltung seiner Propstei vor, daneben amtierte ein Propstrichter – in Moosinning und Vogtareuth nur dieser – der in den zur Propstei gehörenden Hofmarken das Niedergericht zu versehen hatte. In den klosternahen Hofmarken Isling, Kager und Hohengebraching wie im engeren Stiftsbereich lag die Gerichtsbarkeit beim Stiftskanzler. Sitze von Emmeramer Propsteien waren im 18. Jahrhundert[57] das erst 1667 gekaufte Schambach mit den Hofmarken Schambach, Stetten und Paitzkofen, Niederlauterbach mit der dortigen Hofmark und den Hofmarken Oberlauterbach (1570 gekauft) und Westenhausen, Hainsbach (1571 zurückge-

[52] Greipl (Anm. 49) 30–46, auch für das Folgende.

[53] Klebel, Vogtareuth (Anm. 30) 31; Besitzverzeichnis nach dem Urbar von 1326 ebd. 54–59; s. auch Meixner (Anm. 35), Inn-Oberland 16, 1931, 1–11; s. auch Burkard (Anm. 30) 185.

[54] S. Anm. 49; dazu Greipl (Anm. 49) 42; vgl. auch Klebel, Vogtareuth (Anm. 30), der aus dem Urbar von 1326 85 1/2 Huben nachweist, Burkard (ebd.) 185 zählt 115, Meixner (Anm. 35) 11ff. zählt 125.

[55] Ebd. 48ff.; Ziegler, St. Emmeram (§ 33) 122f., 127.

[56] HB I 515 (Prinz); Dollinger (Anm. 31) 103f., 117, 121ff., 133ff.; Ziegler, St. Emmeram (§ 33) 110f.; Rädlinger-Prömper (§ 33a) 120–127, 138, 241–256; A. Schmid, Regensburg III (§ 33). Zu den Zentren der Grundherrschaft in der Epoche der Auflösung der Villikationen s. A. Hochholzer, Grundherrschaftl. Fronhöfe u. Ämterverfassung im niederbayer. Raum (ZBLG 31) 1968, 49–83; Ders., Die niederbayer. Ammerhöfe, Diss. München 1964.

[57] Schlaich (§ 33) 216f.; Ziegler, St. Emmeram (§ 33) 122, 128f.; Greipl (Anm. 49) 30–38.

kauft) mit den Hofmarken Hainsbach, Gingkofen, Haindling und Haidersberg. Die bedeutendste Propstei war Vogtareuth. Sie war in vier Ämter gegliedert, 44 Anwesen in Vogtareuth gehörten 1786 zum Propstgericht, die 354 Anwesen im Gericht Kling, die St. Emmeram gehörten, waren zugleich grundbar und gerichtbar.[58] Propsteien ohne Hofmarksgerechtigkeit waren Aiterhofen bei Straubing und Neuhausen bei Rottenburg, selbständige Hofmarken, d.h. keinem Propsteibezirk zugeordnet, waren Pentling (seit 1480), Kager (1537 eingetauscht) und Isling, das schon im 10. Jahrhundert im Besitz St. Emmerams war, aber erst 1546 die Hofmarksgerechtigkeit erhielt. Die Gerichtsbarkeit übte hier der Stiftskanzler aus, ebenfalls in Hohengebraching, das seit 1574 Hofmark war und im 18. Jahrhundert von einem Propst verwaltet wurde. Nicht mehr im Emmeramer Besitz waren, wie schon gesagt, seit dem 17. Jahrhundert Böhmischbruck und Litzelohe. Insgesamt unterstanden dem Emmeramer Niedergericht im 18. Jahrhundert 297 Familien, der Grund- und Gerichtsherrschaft etwa 640 Anwesen, von insgesamt 1000, die zur klösterlichen Grundherrschaft gehörten.[59] Die gewöhnliche Leiheform war im Altsiedelland an der Donau und in Vogtareuth, wo noch im 11. Jahrhundert Barschalken anzutreffen sind, das Erbrecht, in Niederlauterbach meist Leibrecht; die Abgaben betrugen im allgemeinen ca. 15% des Ertrags,[60] Zensualen lassen sich zu Beginn des 11. Jahrhunderts etwa 1000 nachweisen.[61]

Am 1. Dezember 1802 ging das Reichsstift an Fürstprimas Karl Theodor von Dalberg über, der als Entschädigung für den Verlust des Erzstifts Mainz die neugeschaffenen Fürstentümer Aschaffenburg und Regensburg erhielt. Das Hochstift, die Reichsstadt und die Reichsklöster kamen jetzt nach Jahrhunderten wieder unter einen gemeinsamen Herrn, aufgehoben wurde St. Emmeram aber erst, nachdem es 1810 durch den Pariser Vertrag an Bayern gekommen war. Damals bestand der Konvent noch aus dem Fürstabt Coelestin Steiglehner und 29 Konventualen.[62] Die Klostergebäude gingen 1812 in den Besitz des fürstlichen Hauses Thurn und Taxis über.[63]

### b) *Das Reichsstift Niedermünster*

*Lit. u. Quellen*: s. § 33; A. Schönberger, Die Rechtsstellung d. Reichsstiftes Niedermünster zu Papst u. Reich, Bischof, Land u. Reichsstadt Regensburg, Diss. Jur. Masch. Würzburg 1953; N. Backmund, Die Kollegiat- u. Kanonissenstifte in Bayern, 1973, 132–134; J. Spörl, Salbuch d. Damenstifts Niedermünster in Regensburg (VHOR 9) 1845, 40–81; F. Ch. Höger, Salbuch

[58] Ebd. 43; s. auch Meixner (Anm. 35) 1932, 40–57.

[59] Schlaich (§ 33) 217; Greipl (Anm. 49) 46.

[60] W. Weizsäcker, Die Familie d. Klosters St. Emmeram in Regensburg (VHOR 92) 1951, 5–48; Schlaich (§ 33) 216, 219 zum «Reuter Eigen», ebenfalls Burkard (Anm. 30) 185, Dollinger (Anm. 31) 293, 343 f.; Ziegler, St. Emmeram (§ 33) 124 ff.

[61] Schlaich (§ 33) 217.

[62] Ebd. 231–242; s. auch Hausberger 84 ff., 94 ff.; M. Dallmeier, Coelestin Steiglehner (BGBR 23) 1989, 392–403; HB IV 30; s. auch § 37b.

[63] M. Piendl, Die fürstl. Residenz in Regensburg im 18. u. beginnenden 19. Jh. (Thurn u. Taxis-Stud. 3) 1963, 47–125; Ders., Das fürstl. Haus Thurn u. Taxis, 1980 (Lit.).

d. Stiftes Niedermünster in Regensburg (VHOR 23) 1884, 233–403; HStA München, KL Regensburg, Niedermünster nr. 1–236; ebd. Regensburg-Niedermünster Urk. 1–793.

Was St. Emmeram erst nach vielen Umwegen und mit bisweilen recht fragwürdigen Mitteln erreichte, war dem Regensburger Kanonissenstift Niedermünster bereits bei der Gründung mitgegeben; von Anfang an war es dem Herrscherhaus zugeordnet und damit als späteres Reichskoster geradezu prädestiniert. Erstmals direkt erwähnt 889/91, indirekt, als Gegenstück zu Obermünster 833, in einem verfälschten Diplom Ludwigs d. D., in einem echten 866,[64] war Niedermünster dem ganzen lokalen Zusammenhang nach nicht die weibliche Entsprechung zu den Domkanonikern, wie man einmal angenommen hat; es ist nach Piendl in der Frühzeit keinerlei Zusammenhang mit dem Diözesanbischof erkennbar,[65] wohl aber mit dem Herzog. Der Baugeschichte nach, das hat vor allem Klaus Schwarz gezeigt,[66] lag Niedermünster «im Verfügungs- und Interessenbereich des baierischen Herzogshofes»; wohl schon Herzog Theodo dürfte den Auftrag erteilt haben für die älteste Kirche, ein «eigens für den Wanderbischof Erhard errichtetes Bauwerk». Diese Zuordnung zur Herzogspfalz wird auch durch den relativ aufwendigen Charakter des Bauwerks nahegelegt; es gehört in die Spitzengruppe der «Saalkirchen mit Rechteckchor» wie Mittelzell auf der Reichenau oder die kleineren Kirchen zu Echternach, Büraburg, die Kirche des Königshofs zu Mellrichstadt und die erste Stiftskirche zu Xanten. In dieser Kirche wurde der hl. Erhard auch begraben. Ob die zweite Kirche, ein Bau bereits der frühen Karolingerzeit, bereits als Stiftskirche erbaut war, wie Schwarz vermutet,[67] wird wohl schwer zu erweisen sein. Die dritte Kirche, erbaut um 950, wurde die Grabstätte Herzog Heinrichs I., des Bauherrn, und weiterer Mitglieder des Herzogshauses. Seine Gemahlin Judith war zweifellos die Gründerin des jetzt bezeugten Kanonissenstifts, jedenfalls zog sie sich noch vor 973 dorthin zurück.[68] Für kurze Zeit setzte dann der hl. Wolfgang die Einführung der Benediktinerregel durch.[69]

[64] MGH Dipl. Ludwig d. D. nr. 121 (866), nr. 174 (833); WIDEMANN (§ 33a) nr. 140.

[65] M. PIENDL, Fragen z. frühen Regensburger Stadttopographie (VHOR 106) 1966, 77; ebd. 74ff. Stellungnahme zur älteren Forschung u. Quellenzeugnisse; s. auch P. SCHMID (§ 33) 66f.

[66] K. SCHWARZ, Regensburg während d. ersten Jahrtausends im Spiegel d. Ausgrabungen im Niedermünster (Die Ausgrabungen im Niedermünster zu Regensburg. Jb. d. Bayer. Bodendenkmalpflege 13/14, 1972/73) 1977, 20–98, Zitate 66. Vgl. auch Ders., Archäolog. Geschichtsforschung in frühen Regensburger Kirchen (BGBR 10) 1976, 13–54; Ders., Die Ausgrabungen im Niedermünster zu Regensburg, 1971; Ders., Das spätmerowingerzeitl. Grab d. hl. Bischofs Erhard im Niedermünster zu Regensburg (Ausgrabungen in Deutschland II) 1975, 129ff. Vgl. auch STROBEL (§ 33) 67.

[67] SCHWARZ, Archäol. Geschichtsforschung (Anm. 66) 24; PIENDL (Anm. 65) 79 dagegen schließt aus dem Charakter der Kirche als Pfalzkirche, daß erst mit dem Bau der Alten Kapelle um 850, der Pfalzkirche der Karolinger, mit der Existenz eines Monasteriums gerechnet werden könne.

[68] PIENDL (Anm. 65) 77; K. REINDEL, Die bayer. Luitpoldinger 893–989. Sammlung u. Erläuterung d. Quellen (QE NF 11) 1953, 230–233; HB I 295 (Reindel), zu MGH Dipl. Otto I nr. 431; HB I 446 (Prinz); A. SCHMID, Regensburg III (§ 33).

[69] HB I 473 (Prinz); WANDERWITZ (§ 33) 58; BAUERREISS (§ 33) 27f.; HABLE (§ 33) 117; STABER (§ 33) 47, 91.

Erweist sich damit, was auch Otloh von St. Emmeram bezeugt,[70] die rechtliche Stellung Niedermünsters als die eines Herzogsklosters, so bedeutete die Erlangung der deutschen Königskrone durch den Bayernherzog Heinrich für Niedermünster den endgültigen Aufstieg zum Reichsstift;[71] die Verleihung des Königsschutzes mit Immunität durch das Privileg Heinrichs II. von 1002[72] besiegelte diesen Status. Ausdrücklich bestätigt wurde dieser Sachverhalt durch das Diplom Friedrichs II. von 1216, durch das die Vergabung an Bischof Siegfried von Regensburg von 1215 wieder rückgängig gemacht wurde; hier ist ausdrücklich von einem «principatus imperii», das nicht veräußert werden dürfe, und einem «princeps» die Rede.[73] Allerdings gelang die Befreiung von der Vogtei nicht, auch nicht nach 1220, als dies bei geistlichen Fürstentümern nach und nach allgemein der Fall war; die Wittelsbacher versuchten trotzdem vergebens, die ihnen nach dem Aussterben der Sulzbacher zugefallene Vogtei über Niedermünster zur Landeshoheit auszuweiten.[74] 1347 verlieh Ludwig d. B. der Fürstäbtissin die Regalien, Friedrich III. bestätigte 1440 dem Stift alle Privilegien.[75] Seit 1495 erscheint Niedermünster als Reichsstand, die Äbtissin verfügte aber so wenig wie der Abt von St. Emmeram über eine Virilstimme, sondern nahm auf der rheinischen Prälatenbank die 13. Stelle ein. In der Konstanzer Matrikel von 1507 war ein Betrag von 150 Gulden, in der Reichsmatrikel von 1521 von 90 Gulden für Niedermünster festgesetzt.[76]

Als reichsunmittelbares Stift, wenngleich wie St. Emmeram ohne ein entsprechendes Territorium,[77] nahm auch Niedermünster seit 1538 an den Versammlungen des bayerischen Reichskreises teil; unter den Prälaten stand der Fürstin der siebte Platz zu.[78] Die Besitzungen in Bayern unterstanden aber, ungeachtet aller

[70] MGH SS IV, Vita S. Wolfganki 534; SCHLAICH (§ 33) 186; KRAUS (§ 33) 23; P. SCHMID (§ 33) 283; WANDERWITZ (§ 33) 56. Das schließt nicht aus, daß es vorher, was zur Zeit der Karolingerherrschaft selbstverständlich war, Königskloster gewesen ist, wie auch die Verfügung Kaiser Arnulfs über Besitz des Klosters 898 belegt (MGH Dipl. Arnulf. nr. 171). Vgl. dazu REINDEL, Luitpoldinger (Anm. 68) 16f. WANDERWITZ (§ 33) 55.

[71] HABLE (§ 33) 117; WANDERWITZ (§ 33) 58. Vgl. auch die spätere Zugehörigkeit zur Reichskirche, wie sie den Diplomen Heinrichs IV. von 1073 (MGH Dipl. Heinrich IV nr. 264/65) bzw. in der Befreiung von allen Servitien bei Friedrich II. 1218 zum Ausdruck kommt; dazu SCHÖNBERGER (§ 33b) 34ff.; KRAUS (§ 33) 58; P. SCHMID (§ 33) 288ff. Vgl. auch A. SCHMID, Regensburg III (§ 33), dort weitere Lit.

[72] MGH Dipl. Heinrich II nr. 29; weitere Privilegien ebd. nr. 116, 460.

[73] SCHLAICH (§ 33) 187; HABLE (§ 33) 117; SCHÖNBERGER (§ 33b) 22, 26; P. SCHMID (§ 33) 186; A. SCHMID, Regensburg III (§ 33); die Quellen: J. L. A. HUILLARD-BRÉHOLLES, Historia diplomatica Friderici secundi I, Paris 1852, 432ff.; MGH Const. II nr. 57. Vgl. auch Anm. 94.

[74] A. SCHMID, Die Territorialpolitik d. frühen Wittelsbacher im Raume Regensburg (ZBLG 50) 1987, 400; Ders., Regensburg III (§ 33); SCHWERTL (§ 33) 249–253; D. SCHMID (Anm. 28) 319. Zur Vogtei über Niedermünster generell s. KLEBEL, Probleme (Anm. 28) 263; SCHÖNBERGER (§ 33b) 118ff.; SCHLAICH (§ 33) 187; HB I 419 (Prinz); HB II 21 (Spindler).

[75] RI VII n. 2578; A. SCHMID, Regensburg III (§ 33).

[76] SCHÖNBERGER (§ 33b) 46f.; SCHLAICH (§ 33) 187; ZIEGLER, St. Emmeram (§ 33) 147; RTA MR V 478, 484, 497; JR II 432. Dazu A. SCHMID, Regensburg III (§ 33).

[77] S. Anm. 2 u. 3.

[78] SCHÖNBERGER (§ 33b) 47ff.; SCHLAICH (§ 33) 187; ZIEGLER, St. Emmeram (§ 33) 148; HB II 627 (Volkert).

Klagen beim Reichskammergericht, der Landeshoheit des Herzogs. Auf den Landtagen war die Fürstin aber nicht vertreten, zur Landschaft gehörten nur einzelne Landsassengüter, zeitweise Gisseltshausen im Landgericht Rottenburg und Mettenbach in der Propstei Schierling.[79]

Insgesamt unterstanden der Niedergerichtsbarkeit des Stifts 184 Familien, grundbar waren 510.[80] Das vorwiegende Leiherecht war das Erbrecht. Zum Altbesitz, den schon die Ottonen geschenkt hatten, gehörten die Königshöfe Schierling, Beutelhausen, Rogging, Lindhart, Bayerbach, Sallach und Gingkofen.[81] Hundert grund- und lehenbare Untertanen lebten in den Dorfschaften Schierling, Beutelhausen, Wolfsbach und Steinberg, auf Streubesitz, der sich über ganz Bayern hinzog, wohnten ebenfalls mehrere hundert Untertanen. Soweit er geschlossene Komplexe umfaßte, war der Güterbesitz in Propsteien organisiert, Propstrichter amtierten in Niederlindhart und in Deggendorf. Zur Propstei Niederlindhart, die in drei Schrannen eingeteilt war, gehörten 24 Ortschaften, zu Deggendorf sechs sowie eine Mühle und einschichtige Untertanen. Einst hatten auch Schierling und Kallmünz den Status einer Propstei. Zwischen den Schrannen Saal und Wahlsdorf der Propstei Niederlindhart, aber sonst selbständig, lag die erst 1731 gekaufte Hofmark Peterfecking mit Schloß.[82] Die zentrale Stiftsverwaltung wurde vom Stiftskanzler besorgt, dem ein Amtsschreiber und ein Kastner zur Seite standen. Ein Kastner amtierte auch in Kösching.[83] Im Mittelalter ist für den Regensburger Besitz auch ein Propstrichter nachweisbar. Hier gehörten 37 Gebäudeeinheiten zu Niedermünster, dazu kamen 74 Zinshäuser.[84] 1802 wurde auch Niedermünster Teil des Fürstentums Regensburg, aufgehoben wurde es aber erst 1810, wie auch St. Emmeram.[85] Die letzte Fürstin war, 1801 gewählt, Maria Helena Gräfin von Freyen-Seyboldsdorf. Die Stiftsgebäude gingen in den Besitz des Bistums über.

### c) *Das Reichsstift Obermünster*

*Lit. u. Quellen*: s. auch § 33; R. Zirngibl, Abh. über d. Reihe u. Reihenfolge d. gefürsteten Äbtissinnen in Obermünster, Regensburg 1787; F. X. Hiltl, Die Gesch. d. Säkularisation d. Reichsstiftes Obermünster zu Regensburg, 1933; Backmund (§ 33b) 134–138; Th. Ried, Codex Chronologico-Diplomaticus Monasterii Superioris Ratisbonae (Staatl. Bibl. Regensburg, Msc. Ep. Rat. 382); F. M. Wittmann, Schenkungsbuch d. Stiftes Obermünster (QE I) 1856, 147–224; HStA München, KL Regensburg, Obermünster nr. 1–178; ebd. Regensburg-Obermünster, Urk. 1–52.

[79] Schlaich (§ 33) 216; Rall (Anm. 26) 337; Lieberich (Anm. 7) 216; Schönberger (§ 33b) 114, 158; A. Schmid, Regensburg III (§ 33).

[80] Schlaich (§ 33) 217.

[81] P. Schmid (§ 33) 121f., 128, 269; Wanderwitz (§ 33) 56.

[82] Schönberger (§ 33b) 12ff.; Schlaich (§ 34) 212; A. Schmid, Regensburg III (§ 33). Zu den Ammerhöfen im Besitz Niedermünsters s. Hochholzer (Anm. 56) 334ff.

[83] Schlaich 213.

[84] Ebd. 258; A. Schmid, Regensburg III (§ 33).

[85] S. Anm. 62.

Ursprünglich bischöfliches Eigenkloster, entstanden wahrscheinlich im Zusammenhang mit dem Männerkloster St. Emmeram,[86] kam Obermünster ebenfalls durch Heinrich II. ans Reich, ohne daß aber direkte Zeugnisse, wie bei Niedermünster, vorlägen. Weder Königsschutz noch Immunität sind unmittelbar bezeugt, nur die Kirchweihe nach dem Bau, den Heinrich II. errichten ließ, und zur Zeit der Salier die Leistung des servitium regis bzw. die Befreiung davon.[87] Allerdings ist der Charakter als Königskloster bereits für die Zeit Ludwigs d. D. zu erschließen; vom Tausch Obermünsters mit dem Bischof gegen das in königlichem Besitz befindliche Benediktinerklosters Mondsee ist in einer verfälschten Urkunde zu 833 die Rede, tatsächlich entsprechen auch die Besitzverhältnisse in Zukunft dieser Aussage.[88] Ebenfalls die Tatsache, daß Hemma, die Gemahlin Ludwigs d. D., die dort wohl auch begraben ist,[89] dem Kloster als Äbtissin vorstand, spricht für ein königliches Eigenkloster. Sicher bezeugt ist Obermünster seit 866.[90] Wie Niedermünster war auch Obermünster nach dem Aussterben der Karolinger in die Verfügungsgewalt des Herzoghauses gelangt[91], wie dort gelang es dem hl. Wolfgang nur zeitweise, die Benediktinerregel einzuführen.[92] Der Charakter als Kanonissenstift wird 1247 durch Innozenz IV. festgeschrieben, auch 1484 erfolgt eine päpstliche Bestätigung für Obermünster als adeliges Damenstift.[93]

Auch Obermünster wurde 1215, wie Niedermünster, von Friedrich II. an das Hochstift vergeben, 1216 bereits wieder auf Einspruch der betroffenen Äbtissin hin Reichsstift; der König nennt dabei das Stift «imperii principatus», die Äbtissin «princeps».[94] 1315 empfing die Äbtissin die Regalien durch Ludwig d. B.[95] Seit 1495 erscheint Obermünster wie Niedermünster und St. Emmeram unter den Reichsständen, es nahm auf der rheinischen Prälatenbank den letzten Platz ein.[96] 1538 wurde es erstmals zu den Kreistagen des bayerischen Reichskreises eingeladen; hinter St. Emmeram, Kaisheim und Niedermünster nahm es den 9. Platz ein.[97] Den Herzögen von Bayern, welche die Teilvogtei über Obermün-

[86] M. HEUWIESER, Die Entwicklung d. Stadt Regensburg im Frühmittelalter (VHOR 76) 1926, 189ff.; SCHWARZ (§ 33) 31.

[87] MGH Dipl. Heinrich II nr. 213 (1010); Dipl. Konrad II nr. 139 (1029); dazu HILTL (§ 33c) 4; WANDERWITZ (§ 33) 65, hier auch Hinweis auf das falsum Dipl. Karol. III nr. 157 (887). Zum servitium regis, wie bei Niedermünster, s. Anm. 73. S. auch A. SCHMID, Regensburg III (§ 33).

[88] MGH Dipl. Ludwig d. Deutsche nr. 174; dazu SCHWARZ (§ 33) 31; P. SCHMID (§ 33) 90; HB I 386 (Prinz); WANDERWITZ (§ 33) 60; eingehend dazu H. BOOCKMANN, Eine Urkunde Konrads II. für d. Damenstift Obermünster in Regensburg (Institutionen, Kultur u. Ges. im MA. FS f. J. Fleckenstein, hg. v. L. Fenske u. a.) 1984, 215.

[89] S. Anm. 13.

[90] MGH Dipl. Ludwig d. Deutsche nr. 121.

[91] S. Anm. 70.

[92] HB I 473 (Prinz); HILTL (§ 33c) 6; s. auch STABER (§ 33) 46f., 91; BAUERREISS II 28.

[93] HILTL 7; SCHLAICH (§ 33) 186; HABLE (§ 33) 118.

[94] S. Anm. 73.

[95] RIED (§ 33c) n. 74, zit. bei HILTL 4; MGH Const. V S. 257 nr. 296, dazu KRIEGER (Anm. 17) 161; A. SCHMID, Regensburg III (§ 33).

[96] RTA MR V 126, 478, 486; JR II 432; SCHLAICH (§ 33) 197; A. SCHMID, Regensburg III.

[97] ZIEGLER, St. Emmeram (§ 33) 148; SCHLAICH 187 nennt den 8. Platz für Obermünster; s. auch CONRAD (Anm. 24) 16; HB II 627 (Volkert).

ster innehatten, gelang es nicht, das Stift landsässig zu machen,[98] doch standen die Besitzungen in Bayern unter bayerischer Landeshoheit.[99] In der Landtafel waren die Hofmarken Haderspach in der Propstei Oberbarbing, die Propsteien Obertraubling-Tegernheim und Sallach in der Propstei Piesenkofen eingetragen.[100]

Die Verwaltungsgliederung für den reichen Grundbesitz Obermünsters bildeten, wie für St. Emmeram und Niedermünster, ebenfalls Propsteien. Solche Zentren waren Tegernheim, Sallach, Mettenbach, Langenpreising, Ottmaring und Großhausen. Hofmarken mit Niedergericht waren Obertraubling und Oberröhrenbach.[101] Piesenkofen und Weichs gingen im Lauf der Jahrhunderte verloren.[102] In der Stadt Regensburg gehörten dem Stift 28 Häuser zu Eigentum, 94 waren zinspflichtig.[103] Dem Niedergericht der drei Propstrichter des Stifts unterstanden 158 Familien, 389 waren zu Obermünster grundbar; die Höfe waren meist zu Erbrecht ausgegeben. Die Oberaufsicht führten der Stiftskanzler und der Kastner.[104] 1802 kam auch Obermünster unter die Hoheit des Fürstprimas Dalberg, 1810, nach der Abtretung an das Königreich Bayern, wurde es ebenfalls säkularisiert.[105] Die letzte Fürstäbtissin war Maria Josepha Felicitas Freifrau von Neuenstein. In die Gebäude wurde nach ihrem Tod 1822 das bischöfliche Knabenseminar gelegt.

## § 34. DIE FÜRSTPROPSTEI BERCHTESGADEN

Geschichte v. Berchtesgaden. Stift, Markt, Land, hg. v. W. Brugger – H. Dopsch-P. F. Kramml, Bd. I: Zwischen Salzburg u. Bayern (bis 1594), 1991, Bd. II 1: Vom Beginn d. wittelsbach. Administration bis z. endgültigen Übergang an Bayern 1810, 1993 (Hauptwerk). Aus der älteren zusammenfassenden Literatur vgl. vor allem: J. E. v. Koch-Sternfeld, Gesch. d. Fürstenthums Berchtesgaden u. seiner Salzwerke, 3 Bde., 1815, Neudr. 1983; F. Martin, Berchtesgaden. Die Fürstpropstei d. regulierten Chorherren, 1923, Neudr. 1970; D. Albrecht, Fürstpropstei Berchtesgaden (HAB, Teil Altbayern, H. 7) 1954; K.-O. Ambronn, Berchtesgadener Land. Gesch. u. Kunst, 1983.

Das kleine, vom Hochgebirge umschlossene Berchtesgadener Land bildete im Rahmen des Alten Reiches ein *eigenständiges Territorium* unter einem Landesfürsten, dem Propst des Augustiner-Chorherrnstifts Berchtesgaden. Zum ungewöhnlichen Aufstieg des Landes zur Reichsstandschaft haben verschiedene Umstände beigetragen: Grundherrschaft und Rodung, Forsthoheit und Bergregal. Entscheidend war jedoch die stete Förderung des Stifts durch das Königtum, die

[98] S. Anm. 74.

[99] Rall (Anm. 26) 166, 386, 390; Lieberich (Anm. 7) 221; A. Schmid, Regensburg III (§ 33).

[100] Lieberich (Anm. 7) 216.

[101] Hiltl (§ 33c) 55; A. Schmid, Regensburg III (§ 33); Schlaich (§ 33) 213. S. auch P. Schmid (§ 33) 128, 269, 288; Wanderwitz (§ 33) 66.

[102] Schlaich (§ 33) 217.

[103] Ebd. 258; Ziegler, St. Emmeram (§ 33) 108; A. Schmid, Regensburg III (§ 33).

[104] Schlaich (§ 33) 213, 217, 219; Hiltl (§ 33c) 61.

[105] Hiltl 63 ff.; s. auch Anm. 62.

sich vor allem in der Übertragung der vollen Gerichtshoheit äußerte. Denn erst hierdurch wurden alle die Rechte, die dem Stift aus dem Eigentum des gesamten Grund und Bodens, aus seiner Rodungstätigkeit und aus der Nutzung der reichen Bodenschätze erwuchsen, zu dem einheitlichen Gefüge der Landeshoheit zusammengeschlossen. Andererseits erlaubte erst die Landesherrlichkeit dem Stift, den Salz- und Holzreichtum des Landes relativ ungestört auszubeuten. So standen günstige politische und wirtschaftliche Bedingungen in enger Wechselwirkung, wenn auch in späterer Zeit weniger im rechtlichen, so doch offenkundig im tatsächlichen Sinn, da die Rivalität zwischen dem Erzstift Salzburg und dem Herzogtum Bayern um das Berchtesgadner Salz und Holz dazu führte, daß jeder der beiden Staaten an der Selbständigkeit der Fürstpropstei interessiert war.

### a) *Gründung und Aufstieg zur Reichsstandschaft*

K. Bosl, Forsthoheit als Grundlage d. Landeshoheit in Bayern (Gymn. u. Wiss. Festgabe z. Hundertjahrfeier d. Maximiliansgymn. in München) 1949, 1–55 (Neudr. in K. Bosl, Hg., Zur Gesch. d. Bayern, 1960, 443–509); H. Dopsch, Siedlung u. Recht. Zur Vorgesch. d. Berchtesgadener Stiftsgründung (Gesch. v. Berchtesgaden I) 1991, 175–228; St. Weinfurter, Die Gründung d. Augustiner-Chorherrnstifts (ebd.) 229–264; H. Dopsch, Von d. Existenzkrise z. Landesbildung (ebd.) 265–386; P. F. Kramml, Propstei u. Land Berchtesgaden im Spätmittelalter (ebd.) 387–542; Albrecht (§ 34) 1–6; Ambronn (§ 34) 5–14; H. Dopsch-Th. Willich, Die Pröpste v. Berchtesgaden als geistl. Reichsfürsten (Gesch. v. Berchtesgaden II 1) 1993, 9–32.

Wohl im Frühjahr 1101 beauftragte die Gräfin Irmgard von Sulzbach ihren Sohn Berengar von Sulzbach und dessen Stiefbruder Cuno von Horburg, auf der Grundlage der von ihr gestifteten Güter in Berchtesgaden und Niederheim (St. Georgen im Pinzgau) ein *Stift für Regularkanoniker* (später Augustiner-Chorherren genannt) zu gründen. Das Gebiet, in dem das Stift errichtet werden sollte, war seit dem 10. Jahrhundert besiedelt und herrschaftsmäßig erfaßt.[1] Es war gräflicher Bannwald, die frühest nachweisbaren Besitzer waren die Grafen an der oberen Salzach aus dem Geschlecht der Sighardinger. Irmgard war in erster Ehe mit einem Sighardinger verheiratet gewesen und hatte den von ihm ererbten Besitz ihrem zweiten Mann Gebhard II. von Sulzbach als Morgengabe zugebracht.[2] Ihr Sohn Berengar, ein enger Vertrauter Kaiser Heinrichs V., gehörte einem kirchlichen Reformkreis an; 1102/03 gründete er auch das Reformkloster Kastl/Opf., 1107/09 das Reformkloster Baumburg. Zum Auf- und Ausbau Berchtesgadens gewann Berengar vier Kleriker und vier Laienbrüder unter Leitung des ersten Propstes Eberwin aus dem Stift Rottenbuch, dem damals führenden Stift der Kanonikerreform.[3] Am 7. April 1102/05 (sehr wahrscheinlich 1102) unterstellte Papst Paschalis II. das Stift mit allen seinen Besitzungen dem Schutz des römischen Stuhles.[4] Jedoch schon 1107/09 wurden die Kleriker aus Berchtes-

[1] Zur Diskussion über die Siedlungsdichte vgl. Dopsch (§ 34a) 175 Anm. 3.

[2] Über die genealogischen Zusammenhänge vgl. Dopsch (§ 34a) 211ff.

[3] J. Mois, Das Stift Rottenbuch in d. Kirchenreform d. 12. u. 13. Jhs., 1955, 162ff.; Weinfurter (§ 34a) 230ff.

[4] Lat. u. dt. Text sowie ausführliche Erörterung bei Weinfurter (§ 34a) 240ff.; A.

gaden, das über eine kleine «Zelle» noch nicht hinausgekommen war, nach Baumburg abgezogen. Offenbar war die bisherige Fundation des Stifts zu ungenügend, Berengar aber noch nicht in der Lage, mehrere Klöster gleichzeitig ausreichend auszustatten. Jedoch gab er Berchtesgaden nicht auf, zwischen 1116 und 1119 kehrte Eberwin wieder dorthin zurück. Durch eine verbesserte Ausstattung seit 1119, darunter vielleicht auch schon erste Salzquellen, gewann das Stift die materiellen Mittel zu erstem Ausbau und zu ökonomischer, seelsorglicher und kultureller Betätigung der an Zahl wachsenden Stiftsinsassen.[5]

Den Ausgangspunkt, wenn auch nicht das entscheidende Moment für den *Aufstieg Berchtesgadens zur Reichsstandschaft* bildete die Tatsache, daß das Stift schon wenige Jahre nach seiner Gründung in einem genau umgrenzten Bezirk, eben dem Gebiet der späteren Fürstpropstei (und etwas darüber hinaus), Herr über den gesamten Grund und Boden war. Dadurch wurde das Stift auch zum alleinigen Träger der Rodung im Land. An diesen Umstand knüpfen alle folgenden Rechtsverleihungen des 12. und 13. Jahrhunderts an, auch wenn ihn die meisten Quellen nicht besonders hervorheben. Diese ausschließliche Grundherrschaft ging auf eine Schenkung Berengars zurück, der dem ursprünglich nur mit Berchtesgaden und Niederheim dotierten Stift zwischen 1119 und 1125, wohl 1125, ein zum gräflichen Amtsgut Grafengaden (= St. Leonhard bei Grödig) gehöriges großes Waldgebiet schenkte, das schon vor der Stiftsgründung eine festumgrenzte Einheit im Besitz der Sighardinger und dann der Sulzbacher gebildet hatte. Zwar konnte das Stift seine spätere Landeshoheit nicht über dieses gesamte Gebiet ausdehnen.[6] Aber jedenfalls hat die Schenkung dem Stift die Forst- und Jagdhoheit und die Möglichkeit zur Rodung in dem beschriebenen Waldgebiet eingeräumt. Damit war im Berchtesgadener Land, das zu Beginn des 12. Jahrhunderts noch weithin unbesiedeltes Waldland war, eine zentrale Voraussetzung zur Ausbildung der späteren Landeshoheit gegeben.[7]

Der entscheidende Schritt zur Gewinnung der Landeshoheit war jedoch die Bestätigung und Ausweitung der schon geübten oder beanspruchten Rechte des Stifts durch *Privilegien Friedrichs I. und Heinrichs VI.* Kaiser Friedrich Barbarossa nahm am 13. Juni 1156 das Stift in seinen Schutz und bestätigte ihm damit neben allen bisherigen Schenkungen vor allem das von Berengar geschenkte große Waldgebiet, das nun als «Forst» mit gesteigerter Rechtsqualität bezeichnet wird und über das dem Stift das ius foresti, die uneingeschränkte Nutzung, Rodung und Besiedlung, zugestanden wird.[8] Das Niedergericht über die Eigenleute des Stifts verblieb jedoch, wie bisher, den Grafen von Sulzbach, das Hochgericht den Grafen von Plain, so daß Berchtesgaden noch keinen aus dem Grafschaftsver-

Brackmann, Stud. u. Vorarbeiten z. Germania Pontificia 1, 1912.

[5] Weinfurter (§ 34a) 252ff.; Liste der Gütererwerbungen bei Dopsch (§ 34a) 371ff.

[6] Vgl. Grenzbeschreibung u. Erörterung bei Albrecht (§ 34) 3f. sowie bei Dopsch (§ 34a) 294ff.

[7] Hierzu Bosl (§ 34a) mit Korrekturen durch Dopsch (§ 34a).

[8] MGH DD F I nr. 140; insofern eine Verunechtung, als vom Stift den Bestimmungen von 1156 ca. 1180 noch das Recht auf Bergbau angefügt wurde. Zum Ganzen vgl. Weinfurter (§ 34a) 254; Dopsch (§ 34a) 282ff.

band ausgenommenen Hochgerichtsbezirk bildete.[9] Die Aufnahme in den Schutz des Reiches wurde erneuert in einer Urkunde Kaiser Heinrichs VI. vom 23. März 1194.[10] Darüber hinaus gewährte der Kaiser dem Propst von Berchtesgaden, daß künftig alles Rodeland und die darauf angesetzten Rodungsbauern von jeder gräflichen Gerichtsbarkeit ausgenommen und statt dessen der weltlichen und geistlichen Gewalt des Propstes unterstellt sein sollten. Für Streitfälle sei künftig nur das königliche Hofgericht zuständig. Schließlich bestätigte Heinrich das in die Urkunde von 1156 interpolierte Schürfrecht auf Salz und Metall (Bergregal). Man hat die Urkunde von 1194 als die Magna Charta berchtesgadnischer Landeshoheit bezeichnet, zu Recht, insoferne das Stift sich nun praktisch selbst regieren konnte, zu Unrecht, da die vom Propst bzw. Stiftsvogt kraft des erlangten Blutbannes verhängten Todesurteile noch nicht von diesen selbst vollstreckt werden durften. Dies blieb Kompetenz der Grafen von Plain bzw. seit 1250 der vom Erzbischof von Salzburg eingesetzten Landrichter. Durch ein Privileg König Adolfs von 1294 wurde aber dann auch noch diese letzte Beschränkung beseitigt.[11] Es überrascht daher, daß eine Belehnung des Propstes mit den Regalien durch das Reich erst unter König Wenzel im Jahr 1386 bezeugt ist,[12] offensichtlich die erste Belehnung, durch welche die Reichsunmittelbarkeit des Stifts definitiv konstituiert wurde. Auf den Reichstagen stimmte der Propst bis 1558 mit den Reichsprälaten, erst seit 1559 mit den Reichsfürsten, zusammen mit den Pröpsten von Ellwangen und Weißenburg als den einzigen Fürstpröpsten des Alten Reiches.[13]

Bereits lange vor diesem Datum erscheint in einer Urkunde von 1306 die Bezeichnung *«Land Berchtesgaden»*[14] und weist dieses Land Merkmale auf, die es deutlich von den angrenzenden Territorien Salzburg und Bayern abheben: Es ist ein geschlossener Rechtsbereich mit eigenem Landrecht, Landesherrschaft und Landesverwaltung, dessen Bewohner sich durch soziale Homogenität, ein ausgeprägtes Landesbewußtsein und die Ausbildung eigener Landstände als Einheit fühlen. In dieser Weise definiert sich das Berchtesgadner Land seit dem ausgehenden Mittelalter, spätestens seit 1386, am Ende eines längeren Prozesses, als ein genau abgrenzbarer Personenverband – die «Gotteshausleute des Stifts Berchtesgaden» – auf der territorialen Grundlage eines geschlossenen Rodungsgebietes, dessen Vorsteher vom Reich mit umfassenden, fremde Herrschaftsträger ausschließenden Herrschaftsrechten begabt sind und hierdurch in unmittelbare Beziehung zu Kaiser und Reich gesetzt werden. Aufgrund dieser Position hatte die Fürstpropstei auch die üblichen Verpflichtungen der Reichsstände zu erfüllen,

[9] Vgl. Dopsch (§ 34a) 287 gegen Bosl (§ 34a) 28ff.

[10] MB 29a nr. 560; hierzu Dopsch (§ 34a) 288ff.

[11] Hund-Gewold, Metropolis Salisburgensis II, 1620, 183; vgl. auch Dopsch (§ 34a) 324f.

[12] Hund-Gewold II 185; Albrecht (§ 34) 6; Kramml (§ 34a) 325f.

[13] Dopsch-Willich (Gesch. v. Berchtesgaden II 1) 22ff.

[14] «uz dem lant ze Berhthersgaden ze varn»; vgl. Dopsch (§ 34a) 325f.

den Beitrag zum Reichskammergericht (Kammerzieler) und zur Reichsarmee (gemäß den Normen der Reichsmatrikel).[15] Im Rahmen der seit 1500 bzw. 1522 bestehenden Reichskreisverfassung mit Aufgaben der Rechts- und Friedenswahrung gehörte Berchtesgaden mit sieben weiteren geistlichen und zwölf weltlichen Reichsständen dem Bayerischen Reichskreis an.

b) *Regierung und Verwaltung*

Koch-Sternfeld (§ 34); Albrecht (§ 34) 10ff.; Ambronn (§ 34) 33–36; G. Ammerer, Ges. u. Herrschaft, Besitz u. Verwaltung an d. Wende v. Spätmittelalter z. frühen Neuzeit (Gesch. v. Berchtesgaden I) 1991, 627–690; Ders., Verwaltung u. Recht d. Fürstpropstei 1594–1803 (ebd. II 1) 1993, 375–432; C. W. E. Fürst, Landesstatuten d. Gefürsteten Propstei Berchtesgaden (OA 33) 1874, 69–117; künftig auch K. Hederer, Die Entwicklung d. Märkte Berchtesgaden u. Schellenberg (Gesch. v. Berchtesgaden II 2) 1995.

An der Spitze der Fürstpropstei stand der von den Stiftskapitularen (Chorherren) auf Lebenszeit gewählte *Propst* des Augustiner-Chorherrnstifts Berchtesgaden, der zumeist dem Stiftskapitel entstammte. 1594–1723 figurierten drei Wittelsbacher, die zugleich Erzbischöfe und Kurfürsten von Köln waren und in Bonn residierten, als Fürstpröpste. Der regierende Fürstpropst nahm alle landesherrlichen und die ihm zustehenden geistlichen Kompetenzen wahr, war jedoch in wesentlichen Entscheidungen an die Zustimmung der Stiftskapitulare gebunden.[16] Die *Stiftskapitulare* selbst,[17] lange Zeit nur sieben, seit dem 16. Jahrhundert meist 10–14 an der Zahl, waren durchwegs adeliger Herkunft und im Stift gut versorgt. Ihre Lebensweise entsprach verschiedentlich nicht den Anforderungen, die an Kleriker zu stellen waren und durch Reformprälaten wie den Wittelsbacher Ferdinand betont worden sind.[18] Neben ihren geistlichen Funktionen übten sie im Rahmen der Stiftswirtschaft die Aufsicht über die einzelnen Stiftsämter (Bauamt, Salzamt, usw.). An der Spitze stand der Stiftsdekan. Laienbrüder (Konversen) sind nur bis ins 14. Jahrhundert bezeugt, dagegen Mitglieder eines seit dem frühen 12. Jahrhundert ebenfalls bestehenden Kanonissenstifts bis zu dessen Aufhebung 1564.[19]

Eine eigenständige Kraft neben Fürstpropst und Stiftskapitel bildete die *Berchtesgadener Landschaft (Landstände),* die sich von den Landständen anderer Territorien charakteristisch unterschied, aber mangels Quellen nur ansatzweise beschrieben werden kann.[20] Im Unterschied zu anderen Territorien existierten in Berch-

[15] Einzelheiten bei Dopsch-Willich (§ 34a) 26ff.

[16] Verzeichnis d. Pröpste bei Martin (§ 34) 47ff. u. Ambronn (§ 34) 58ff., mit Korrekturen durch P. F. Kramml in Gesch. v. Berchtesgaden I, 1103ff. (bis 1594) u. ebda. II 1, 675ff. (1594–1803).

[17] Erörterungen u. Verzeichnisse bei P. F. Kramml, Der Konvent im Hoch- u. Spätmittelalter (Gesch. v. Berchtesgaden I) 905–964.

[18] A. Linsenmayer, Reformversuche im Chorherrnstift Berchtesgaden im 17. u. 18. Jh. (FGB 9) 1901, 117–158; Martin (§ 34) 17ff.; Ambronn (§ 34) 25ff.

[19] Kramml (Anm. 17) 921ff. In den entsprechenden Gebäuden wurde das Franziskanerkloster untergebracht; F. S. Adelhardt, Gesch. d. Franziskanerklosters Berchtesgaden, 1911.

[20] P. Blickle, Landschaften im alten Reich,

tesgaden weder landsässige Klöster und Städte noch landsässiger Adel, so daß sich eine Repräsentanz des Landes gegenüber der Landesherrschaft ausschließlich aus Bauern und bäuerlichen Hand- und Tagwerkern ausbildete, zu denen offensichtlich auch noch die Hausbesitzer der beiden Märkte zu rechnen sind. Man hat sich die Berchtesgadner Landschaft vorzustellen als die Gesamtheit der männlichen Anwesensbesitzer in den Gnotschaften (dem ländlichen Teil der Fürstpropstei) und den beiden Märkten, die ein von der Landesherrschaft akzeptiertes Mitspracherecht vornehmlich in Finanz- und Steuerfragen, aber auch in anderen Materien ausübten, welche die Gesamtheit der Untertanen betrafen. Die Ausbildung einer solchen landständischen Verfassung wurde befördert durch die Tatsache, daß es sich in der Fürstpropstei um einen in rechtlicher und sozialer Hinsicht besonders homogenen Untertanenverband handelte, Folge einer einheitlichen Leiheform der Güter, allgemeiner Leibeigenschaft und einer für alle Untertanen verbindlichen Unterordnung unter ein spezifisches Berchtesgadner Landrecht. Die Landschaft erscheint als Korporation und Kontrahent der Landesherrschaft erstmals beim Zustandekommen des sog. Landbriefes von 1377, einer Urkunde mit Verfassungscharakter, die Rechte und Pflichten der Untertanen gegenüber der Landesherrschaft festlegte.[21] Indem die eine Urkunde für alle Untertanen Geltung hatte, wurde der genossenschaftlich-korporative Charakter der Berchtesgadner Untertanenschaft betont und befördert. Der sog. Fuchsbrief von 1506, der Differenzen zwischen Landesherrschaft und Bauern durch Schiedsspruch regelte, bekräftigte die Position der Landschaft als Verhandlungs- und Vertragspartner. Spätestens seither bildete die Landschaft eine feste Größe in den Entwicklungen der Fürstpropstei, die in mannigfachen Auseinandersetzungen[22] teilweise sehr selbstbewußt und auch erfolgreich ihre Forderungen vor allem in Steuerfragen gegenüber Fürstpropst und Kapitel vertrat. Die Funktion der Landtage (Landtagsverhandlungen) größerer Territorien übernahmen in Berchtesgaden die sog. „offenen Landrechte" (Landgerichtstage) (s. u.) und die Tage der Rechnungsabhör der Landschaftskasse. Zur Abwicklung der laufenden Geschäfte sowie als überschaubares und verhandlungsfähiges Verhandlungsgremium wurde, wie anderwärts, ein Landschaftsausschuß gebildet. Der Landschaftskassierer verwaltete im Namen der Landschaft die von den Gnotschaftern eingesammelten Steuern und erlegte sie bei der Stiftskasse.

*Gerichts- und verwaltungsmäßig* war das Berchtesgadner Land unterteilt in das Land- und Marktgericht Berchtesgaden (Oberes Gericht) und das Marktgericht Schellenberg (Unteres Gericht). Das Marktgericht Schellenberg umfaßte den Markt Schellenberg (Schellenberger Bürgerhäuser) und die heutigen Gnotschaf-

1973, 68–73, 506–508, 534–537; P. F. KRAMML, Propstei u. Land im Spätmittelalter (Gesch. v. Berchtesgaden I) 1991, hier 418ff.; AMMERER (§ 34b) 642ff.; Ders. in Gesch. v. Berchtesgaden II 1, 379ff.; ALBRECHT (§ 34) 14.

[21] Druck: G. FRANZ, Quellen z. Gesch. d. deutschen Bauernstandes im MA, 1967, 479–483; vgl. AMBRONN (§ 34) 33f.; AMMERER (§ 34b) 679.

[22] Vgl. auch K.-O. AMBRONN, Die Fürstpropstei 1523–1594 (Gesch. v. Berchtesgaden I) 546ff. und 561f. Der These Ambronns vom Scheitern der Landschaft kann nicht gefolgt werden.

ten Götschen, Unterstein, Schaden und Schneefelden (Schellenberger Bürgerlehen). Das Land- und Marktgericht Berchtesgaden bestand aus dem Markt Berchtesgaden und den alten Gnotschaften (heutigen Gemeinden) Au, Bischofswiesen, Ettenberg, Gern, Ramsau, Salzberg, Scheffau und Schönau, umfaßte also den weitaus größeren Teil des Landes. Beide Gerichte waren je mit einem Land- bzw. Marktrichter, Gerichtsschreibern, Amtmännern (Schergen) und Prokuratoren besetzt. Sie waren Gerichte erster Instanz und zugleich, da Gericht und Verwaltung nicht getrennt waren, Rent- und Forstämter. Eine dritte Verwaltungsinstitution, ebenfalls der Landesregierung unmittelbar unterstehend, bildete das Hofmeisteramt. Ihm unterstanden die Hofbeamten und -bediensteten, das gesamte Salzwesen, das Brauamt, das Bauamt sowie das Jägeramt. Schließlich waren ihm auch die Verwaltungen der außerhalb des Landes liegenden berchtesgadnischen Besitzungen[23] unterstellt, nämlich die Urbarämter Grafengaden, Reichenhall, Fronwies, Eging, Mauerham und Schönberg, die Propsteien Niederheim und Heuberg, Jettenstetten, Weidenbach, Rottal und Wasentegernbach, die Hofmarken Eybach, Haus, Breitenloh, Schönbrunn und Innertegernbach (alle bei Wasentegernbach), das Kastenamt zu Linz und die Herrschaft Eisenthür bei Krems. Die auswärtigen Besitzungen der Fürstpropstei lagen also verstreut auf Territorium des Erzstifts Salzburg, des Herzogtums Bayern, des Erzherzogtums Österreich, des Hochstifts Eichstätt und anderswo, insgesamt wohl an die 450–500 auswärtige Anwesen und Höfe, aus denen die Fürstpropstei mancherlei Einnahmen gewann.

Den beiden Gerichten Berchtesgaden und Schellenberg und dem Hofmeisteramt war die *fürstliche Landesregierung* in Berchtesgaden übergeordnet. Nachdem lange Zeit der Landrichter als oberster Gerichts- und Verwaltungsbeamter figuriert hatte, wurde zu Beginn des 17. Jahrhunderts durch den ersten Wittelsbacher Fürstpropst Ferdinand eine kollegial verfaßte Regierungsbehörde eingerichtet. Sie bestand aus dem Präsidenten (Stiftsdekan) sowie den geistlichen (Stiftskapitulare) und weltlichen Regierungsräten, zu denen auch der Landrichter zählte. An der Spitze der weltlichen Räte stand der Kanzler, ein Jurist, der vor allem die Interessen des Stifts nach außen wahrzunehmen hatte.

Wie erwähnt, war das Gericht Berchtesgaden, das den größten Teil der Fürstpropstei umfaßte, in acht sog. *Gnotschaften* unterteilt, denen die heutigen Gemeinden entsprechen.[24] Zahl und Umfang waren durch die geographische Gliederung des Landes vorgegeben, der schon die Besiedlung von den Tälern aus gefolgt war. Zur Abgrenzung trug auch die gemeinsame Nutzung von Wald und Wiese bei, worauf die später bezeugten gemeinschaftlichen Anteile am „Gemeinwald" durch die jeweilige „Nachbarschaft" schließen lassen. Die Gnotschaften werden erstmals um die Mitte des 15. Jahrhunderts erwähnt (1430 Au, 1432

[23] Vgl. Ammerer (34b) 670ff.; Koch-Sternfeld (§ 34) II 146ff.

[24] Albrecht (§ 34) 11ff. sowie 23–29; Ammerer (§ 34b) 647; Ambronn (§ 34) 34. Letzterer erklärt das Fehlen von Gnotschaften im Gericht Schellenberg mit der Verpfändung Schellenbergs an Salzburg im 15. Jh.; Metz (§ 34c) 486ff.

Gern, 1447 Bischofswiesen, in den Formen „gnottschaft", „genoschaft", „gnoschaft"), doch setzt die feste Form, in der die Gnotschaftsgliederung bereits um diese Zeit auftritt, ein längeres Bestehen voraus. 1456 erscheinen bereits sämtliche acht Gnotschaften, wie sie bis zur Säkularisation bestehen bleiben. Ob ihr Ursprung in einem freien genossenschaftlichen Zusammenschluß der jeweils benachbarten Einödhöfe liegt oder in einem Organisationsakt der Landesherrschaft, ist nicht ersichtlich. Die Gnotschaften waren unterteilt in Teilbezirke (Gnotschaftsbezirke), denen die heutigen Gnotschaften (Unterabteilungen der Gemeinden) entsprechen. Den einzelnen Gnotschaftsbezirken stand je ein Gnotschafter vor, der jährlich wechselte und wohl von den Bauern ohne Mitwirkung der Landesherrschaft gewählt worden ist. 1698 werden in den acht Gnotschaften 32 Gnotschafter aufgeführt. Die noch kaum untersuchte Tätigkeit der Gnotschafter bezog sich auf Mitwirkung bei der Abfassung der Steuerrollen beim Landgericht, Einsammlung von Steuergeldern, die Aufsicht über die für die Nutzung durch die Bauern ausgeschiedenen Gemeindewälder sowie kleinere genossenschaftliche Angelegenheiten. Man darf vermuten, daß zwischen Landschaftsausschuß und Gnotschaftern ein bestimmter Zusammenhang bestand. Zumindest hat die Ausbildung der Gnotschaften das genossenschaftlich-korporative Bewußtsein der Bauernschaft befördert.

Das in der Fürstpropstei geltende Recht, das *Berchtesgadner Landrecht,* setzte sich in der Hauptsache aus zwei Bestandteilen unterschiedlicher Wurzel zusammen, an deren Zustandekommen direkt oder indirekt auch die Landschaft beteiligt war.[25] Das eine waren hofrechtliche (ehaftrechtliche) Bestimmungen, die durch den Landbrief von 1377 und den Fuchsbrief von 1506 festgelegt worden waren. Sie müssen als Landesordnung oder Landrecht gewertet werden, da sie angesichts der Homogenität des Untertanenverbands in grund- und leibherrschaftlicher Hinsicht für das ganze Land verbindlich waren. Das zweite waren Polizeiordnungen des 17. Jahrhunderts zur Regelung zahlreicher Materien des täglichen Lebens, erstmals 1629 kodifiziert, 1667 und 1682 erheblich revidiert. Weiterhin galten verschiedene, seit dem ausgehenden 15. Jahrhundert erlassene Handwerksordnungen,[26] schließlich auch Marktordnungen für Berchtesgaden (1567 und 1691)[27] und Schellenberg sowie zahlreiche Einzelmandate der Landesregierung. Als subsidiäres Recht galten das bayerische Landrecht von 1616 bzw. die Kodifikationen aus der Mitte des 18. Jahrhunderts, letztlich das Gemeine Recht. Bis zum Ende der Fürstpropstei fanden jährlich am ersten Sonntag nach Martini im Leithaus zu Berchtesgaden die sog. „offenen Landrechten", d. h. der *Landrechtstag,* statt, zu denen sämtliche Männer des Landes (nicht nur ausgewählte Vertreter der Märkte und Gnotschaften) geladen waren. Der Landrichter verlas dabei die Bestimmungen des Landrechts sowie neuere Einzelmandate und nahm Wünsche und Beschwerden der Untertanen entgegen. Versuche der Landesherrschaft

[25] Erhellend Blickle (Anm. 20) 534ff.
[26] Ammerer (§ 34b) 648ff.
[27] Druck für 1681: Fürst (§ 34b) 100–110.

im 17. Jahrhundert, den Landrechtstag abzuschaffen, scheiterten am Widerstand der Bevölkerung, d.h. der Landschaft.[28]

### c) *Die Bevölkerung*

H. Mauersberg, Bevölkerungs- u. Sozialgesch. d. Berchtesgadner Landes, 1939; Albrecht (§ 34) 13 ff.; Ammerer (§ 34b) 679 ff.; R. Farnsteiner, Von Lehen u. Menschen d. Berchtesgadner Landes (Gesch. v. Berchtesgaden I) 1991, 843–904; G. Ammerer-K. Fehn, Die Land- und Forstwirtschaft (ebd. II, 1) 1993, 505–534; R. Metz, Die Gesellschaft (ebd.) 473–504; P. Werner, Bäuerl. Baukultur im Berchtesgadner Land, 1984; R. Kriss, Sitte u. Brauch im Berchtesgadner Land, 1947.

Die Berchtesgadner Bevölkerung wuchs von der Mitte des 15. bis zur Mitte des 18. Jahrhunderts ziemlich kontinuierlich an. Ein bemerkenswerter Schwund fand allerdings im letzten Drittel des 16. Jahrhunderts statt. Einen Einschnitt bedeutete auch die Emigration von rund 1000 Berchtesgadner Protestanten in den Jahren 1732/33, während die Jahre des Dreißigjährigen Krieges das Bevölkerungswachstum kaum beeinträchtigten. Durch Zusammenfassung verschiedener Quellenhinweise lassen sich folgende Bevölkerungszahlen errechnen:[29]

1454: 3807; 1497: 3976; 1540: 4604; 1570: 5134; 1596: 4964; 1613: 5064; 1634: 5271; 1652: 6056; 1698: 6605; 1756: 7368. Eine Statistik von 1698[30] nennt 956 Anwesen im Land (743 in den Gnotschaften, 213 in den Marktgerichten Berchtesgaden und Schellenberg).

Obwohl die Siedlungen im Berchtesgadner Land ausschließlich durch Rodung entstanden, ist hier die in anderen Rodungsgebieten anzutreffende Freiheit der Rodungsbauern in grund- und leibherrschaftlicher Hinsicht nicht zu finden. Vielmehr standen die Untertanen in diesen Bereichen in vollkommener Abhängigkeit von der Landesherrschaft. Diese äußerte sich in erster Linie in der allgemeinen *Leibeigenschaft,* welche Auswanderung, Heirat und handwerkliches Wandern an herrschaftliche Genehmigung band und erst 1807 aufgehoben wurde. In *grundherrschaftlicher Hinsicht* saßen die Bauern zunächst zu Freistift, der schlechtesten Leiheform, auf ihren Anwesen. Durch den *Landbrief von 1377* – ein einzigartiges Dokument, das durch den sog. Fuchsbrief von 1506 bestätigt wurde[31] – wurde sämtlichen Eigenleuten des Stifts ermöglicht, ihre Höfe auf Erbrecht zu erwerben, so daß sie künftig davon «unvertrieben noch unverstoßen (sein) noch davon enterbt werden» sollten. Die Abgabe des belastenden Todfalls (Besthaupts) sollte abgeschafft sein, eine künftige Teilung der Lehen wurde zugestanden. Die jeden Hof treffenden grundherrschaftlichen Abgaben (Käse, Hühner, Geldleistungen) waren weiterhin zu leisten, ebenso die Arbeiten an der Grenzwehr (Khag) des Landes.[32] Das aus Geldnot erwachsene Angebot des Stifts wurde praktisch von allen Bauern angenommen, da der Ablösepreis günstig war.[33]

[28] Blickle (Anm. 20) 536f.; Ambronn (§ 34) 35f.; Ammerer (§ 34b) 652.

[29] Nach Metz, Gesellschaft (§ 34c) 475.

[30] Druck: Albrecht (§ 34) 23 ff.

[31] Vgl. Anm. 21 u. 22.

[32] Einzelheiten zu Diensten und Abgaben bei Farnsteiner (§ 34c) 851 ff.

[33] Ungeklärt ist, inwieweit auch die Berchtesgadner und Schellenberger Bürgerhäuser betroffen waren.

In der Forschung wird diskutiert, inwieweit die seitherige Vermehrung der Anwesen im Lande, die durch das erstaunliche *Bevölkerungswachstum* (von 4000 Einwohnern um 1500 auf rund 7000 um 1700) notwendig wurde, durch Teilung der Höfe oder mehr durch Neuansiedlungen, die nur Häusl mit Garten umfaßten, geschah.[34] Akzeptiert man beide Möglichkeiten, so beantwortet sich die wichtige Frage, wer sich im Berchtesgadner Land veranlaßt sah, seinen Broterwerb auch außerhalb der Landwirtschaft, im Salz- und Holzwesen, zu suchen, wohl folgendermaßen: Bauern ganzer Höfe, die dennoch auf Nebenerwerb angewiesen waren; Bauern geteilter Höfe, die noch dringlicher den Nebenerwerb suchen mußten; Häusler, deren Haupterwerb in Handwerk oder Tagwerk bestand. Es war der ungewöhnliche Salz- und Holzreichtum des Landes, der zahlreiche Einwohner auf diese weiteren Erwerbsmöglichkeiten verwies und verweisen konnte.

Ein Verzeichnis von 1652,[35] das die Gnotschaften, also den bäuerlichen Teil des Landes umfaßt, führt insgesamt 764 Anwesenbesitzer auf. Von diesen werden 198 als Bauern bezeichnet, 82 als Bergknappen, 10 als Pfannhauser (Salinenarbeiter), 57 als Holzknechte, 77 als Karrer und Fuhrknechte, 107 als Schreiner, 32 als Tagwerker, schließlich 201 als Drechsler, Schnitzer, Schäffel- und Löffelmacher. Diese Statistik erweist die ungewöhnliche *Berufsstruktur* des Landes. Man kann davon ausgehen, daß alle Genannten auf einem mehr oder weniger großen Bauerngütl saßen, aber nur ein kleinerer Teil, eben die 198 als Bauern Bezeichneten, die Landwirtschaft als Haupterwerb betrieben haben.

Die *Landwirtschaft* im Haupt- oder Nebenerwerb bestand angesichts der Landesnatur in der Hauptsache in Viehwirtschaft, nur zu einem geringen Teil in Ackerbau.[36] Die nicht großen landwirtschaftlich nutzbaren Flächen (maximal 10–12 Tagwerk pro Hof) konnten zwar ergänzt werden durch die Almen, die meist von mehreren Bauern genutzt wurden, doch blieben die Viehbestände relativ gering. Der Anteil der Bauern an *Wald und Weide* (Allmende, im Berchtesgadner Land als Gmein bezeichnet) unterschied sich insofern von den Allmendverhältnissen Altbayerns, als sämtlicher Grund und Boden im Land grundherrschaftlich gebunden war. Jede Verfügung darüber war daher vom Konsens der Landesherrschaft abhängig. Jedoch stand bis ins 16. Jahrhundert die Nutzung von Wald und Weide den Untertanen ungehindert offen und ging ohne herrschaftliche Einschränkungen vor sich. Erst als dadurch das Salzsiedewesen beeinträchtigt schien und sich überhaupt die landesherrliche Obergewalt intensiver zu äußern begann, nahm das Stift sein Waldregal bewußt in Anspruch. So wurden die Salinenwaldungen (Schwarzwälder) ausgeschieden, die zur Versorgung der Salinen Schellenberg und Frohnreuth dienten. Die verbleibenden Waldungen wiederum teil-

[34] Ersterer Standpunkt: Ammerer (§ 34b) 685; letzterer, nicht unplausibel, doch nicht ganz schlüssig: Farnsteiner (§ 34c) 884ff.

[35] Druck: Albrecht (§ 34) 13; vgl. auch Farnsteiner (§ 34c) 884.

[36] Ammerer-Fehn (§ 34c) 505–534 (Ackerbau, Viehzucht, Almen, Waldweide, Wald- und Forstwirtschaft, Waldrechte).

ten sich in die Herrenhölzer, aus denen neben der Landesherrschaft auch die Handwerker billiges Holz erhielten, und in die Heim- und Gemeinhölzer (Bauernbesuche), die als Nutzeigentum der Bauern angesehen wurden, jedoch unter der Aufsicht fürstlicher Förster und bäuerlicher Gnotschafter standen und dem Schutz von Waldordnungen unterworfen waren. Die Gemeinhölzer wurden meist von der jeweiligen «Nachbarschaft» gemeinschaftlich genutzt. Später zeigt sich die Tendenz, Anteile daraus für die einzelnen Bauern «inner Band und Stecken» zu bringen, d. h. sie als Annexe der einzelnen Höfe auszuscheiden und abzugrenzen. Die Waldordnungen seit dem 16. Jahrhundert waren bemüht, die Neuanlage von Almen und die Nutzung des Waldes als Viehweide (Blumbesuch) einzuschränken, wodurch die Viehhaltung beeinträchtigt wurde. Um so mehr sah man sich auf den Salz- und Holzreichtum des Landes hingewiesen.

Dabei waren im Salzwesen (§ 33 d) nicht nur die Bergknappen und Salinenarbeiter beschäftigt, sondern auch zahlreiche der Schreiner und Fuhrleute, und nicht zuletzt die *Holzarbeiter,* welche den enormen Holzbedarf der Berchtesgadner Salinen Schellenberg und Frohnreuth und teilweise auch der bayerischen Saline Reichenhall zu decken hatten. Neben dem Salzwesen stand das *Holzhandwerk*[37] als wichtigster nichtlandwirtschaftlicher Erwerbszweig der Bevölkerung, bereits im Spätmittelalter nachweisbar, im 16. Jahrhundert voll entwickelt und differenziert, wie eine Reihe von Handwerksordnungen erweist. Die zahlreichen Drechsler, Schnitzer und Schachtelmacher produzierten in Heimarbeit Massenartikel, die durch einige wenige Verlegerfamilien in zahlreiche europäische Länder und bis nach Übersee exportiert wurden; der Kleinhandel im Berchtesgadener Umkreis wurde von den «Kraxentragern» besorgt. Produktion und Vertrieb wurden von der Landesherrschaft reglementiert, das benötigte Holz konnte von den Handwerkern günstig aus den Herrenwäldern bezogen werden, der Ertrag der Arbeit war aber bescheiden. Einen beachtlichen Einbruch erlitt das Berchtesgadner Gewerbe, als in den Jahren 1732/33 rund 1000 Einwohner zur *Auswanderung* gezwungen wurden, da sie ihrem evangelischen Bekenntnis nicht absagen wollten.[38] Sie haben sich in Ostpreußen, vor allem aber in Hannover niedergelassen.

### d) *Das Salzwesen*

F. Koller, Das Salzwesen (Gesch. v. Berchtesgaden I) 1991, 737–842 (Lit.); Ders., Bayern – Salzburg – Berchtesgaden. Der Streit um d. Salzhandel 1587–1611 (ZBLG 50) 1987, 767–821; R. Palme, Salzwesen u. Salinenwälder (Gesch. v. Berchtesgaden II 1) 1993, 535–578; Ambronn

[37] Knapper Überblick: Ambronn (§ 34) 36–39; E. Schwarz-N. Molodovsky, Berchtesgadner Handwerkskunst, 1977; Kunst u. Kultur d. Fürstpropstei Berchtesgaden (Ausstellungs-Kat.) 1988; A. Kromas, Das Holzhandwerk (Gesch. v. Berchtesgaden II 1) 1993, 579–632.

[38] A. Linsenmayer, Die protest. Bewegung in d. Fürstpropstei Berchtesgaden bis z. Mitte d. 18. Jhs. (HJb. 22) 1901, 37–84. Künftig: R. Metz, Der Protestantismus in Berchtesgaden bis zur großen Emigration 1732/33 (Gesch. v. Berchtesgaden II 2) 1995. Gleichzeitige Emigration aus Salzburg: Dopsch-Spatzenegger II 1, 262 ff.

BRONN (§ 34) 14–23; H. KNOTT, Gesch. d. Salinen und Salinenwälder v. Berchtesgaden, 1988 (behandelt hauptsächlich die Wälder).

Das Stift hatte wohl schon seit der Gründung, spätestens seit der Mitte des 12. Jahrhunderts Anteile an Soleförderung, Sudpfannen und Grundstücken der Saline Reichenhall, die aber nach wenigen Jahrzehnten bedeutungslos wurden. Statt dessen entwickelten sich *drei Salzproduktionsstätten* im Lande selbst: Seit 1180/90 (Erstnennung 1194) wird bis zur Gegenwart das Revier Gollenbach (östlich des heutigen Salzbergwerks) ausgebeutet. Die Sole wurde zunächst wohl an Ort und Stelle verarbeitet, alsbald aber den Salinen in Schellenberg und Frohnreuth und seit 1817 in Reichenhall zugeleitet. Eine weitere Saline war seit 1193 am Tuval (Gutratsberg oder Götschen) in Betrieb, wurde aber 1211 wegen Erschöpfung wieder aufgegeben. Die dritte und größte Saline entstand in *Schellenberg,* sie wird 1211 erstmals erwähnt und produzierte bis 1805. Beide Salinen am Tuval und in Schellenberg wurden angesichts ihrer Nähe zum Erzstift Salzburg und als Konkurrenz zur salzburgischen Saline Hallein von den Salzburger Erzbischöfen immer wieder angefochten und bedrängt, Schellenberg war von 1389–1556 an Salzburg verpfändet. Einen umfassenden Innovationsschub im Berchtesgadner Salzwesen zog die Hochkonjunktur des 16. Jahrhunderts nach sich: Die intensivere Erschließung der Vorkommen des Salzbergs in untertägigem Verfahren seit 1517 und die Errichtung einer Saline in *Frohnreuth* (Frauenreut) in den fünfziger Jahren ermöglichten eine erhebliche Produktionssteigerung. Gleichzeitig schwächten sich salzburgische Einflußmöglichkeiten ab. An ihre Stelle trat der Einfluß Bayerns, das sich durch Verträge von 1555 und 1564 die gesamte Produktion der Saline Frohnreuth sicherte.

Angesichts der Bedeutung des Salzwesens für Wirtschaft und Bevölkerung des Landes wurde von der Landesherrschaft im Laufe der Zeit eine umfangreiche *Organisation* entwickelt. Unter Leitung des Hofmeisteramtes gliederte sie sich in das Salzbergamt (Bergwerk Salzberg), das Salzsudamt Frohnreuth (Saline Frohnreuth), das Salzsudamt Schellenberg (Saline Schellenberg), das Waldamt (Salinenwälder) und die sog. Holzmeisterschaften (Holzschlagbezirke). Das Salzbergwerk hatte die Salinen Frohnreuth und Schellenberg stets ausreichend mit Sole zu versorgen. Am Ende des 18. Jahrhunderts war es mit etwa 130 Beamten und Arbeitern (Bergwerksverweser, Bergmeister, Obersteiger, Bergknappen, Wasserknechte usw.) besetzt. Das Salzsudamt Frohnreuth hatte zur gleichen Zeit etwa 35, das Salzsudamt Schellenberg etwa 60 Beamte und Angestellte (Schaffer, Pfannhauser, Zimmerer, Küfer, Fuhrleute usw.). Der Vorstand der Saline Schellenberg, der sog. Hällinger, 1268 erstmals erwähnt, war meist auch Richter des Marktgerichts Schellenberg und abgesehen von den Zentralbehörden der wichtigste Beamte im Land. Über das Auf und Ab der Produktion der beiden Salinen Schellenberg und Frohnreuth wurden bisher noch keine kontinuierlichen exakten Zahlen ermittelt, und ebenso nicht über die Umsätze, Brutto- und Nettoeinnahmen, welche sich für die Landesherrschaft aus dem Salzwesen ergaben. Hier ist noch detaillierte Forschungsarbeit zu leisten. Offensichtlich erreichten die Berchtesgadner Salinen bei weitem nicht den Ausstoß von Hallein und Reichenhall. «Das ‹große Geschäft› waren die Salinen für die Propstei sicher nicht.»[39] Dessen ungeachtet waren Bergwerk und Salinen von großer Bedeutung für die Ökonomie des Landes, sie boten einem ansehnlichen Teil der Bevölkerung die Existenzgrundlage, der Salzexport war auch unentbehrlich zur Finanzierung der notwendigen Getreideimporte.

Zur Versiedung der Sole benötigten beide Salinen zusammen jährlich etwa 15–20000 Festmeter Holz, für das nur Nadelholz, überwiegend Fichte, in Frage kam. Solche Mengen konnten auf die Dauer nur im Rahmen einer geregelten *Forstwirtschaft* beschafft werden. So sind seit Beginn des 17. Jahrhunderts umfangreiche Waldordnungen zu Pflege und Nutzung der Wälder erlassen worden. Die dabei als eigene Salinenwälder (Schwarzwälder) ausgeschiedenen Waldungen wurden durch Waldmeister, Förster und Holzschaffer in den drei Forstämtern Ramsau, Bischofswiesen und Berchtesgaden überwacht. Die Holzarbeiten wurden, meist erbrechtsweise, an Unternehmer (Holzmeister) übergeben, die in acht sog. Holzmeisterschaften mit ihren Arbeitern, den Halb- und Viertelmeistern und Bestehwerkern, das Salinenholz einschlugen. Diese Holzarbeiter waren ebenso wie die Bergknappen, die Salinenarbeiter und die Holzhandwerker in einer eigenen Bruderschaft (Zunft) zusammengeschlossen.[39a] Rechnet man für das Wachstum eines schlagbaren Baumes 100–120 Jahre, so sind in den siebenhundert Jahren des berchtesgadnischen Salinenbetriebs die bringbaren Wälder etwa sechs Mal kahlgeschlagen worden. Erst die Schließung der Saline Schellenberg 1805 entspannte die Situation. Als im Jahre 1888 der Bau der Eisenbahn nach Berchtesgaden die Umstellung der Saline Frohnreuth auf Kohlenfeuerung ermöglichte, wurde der jahrhundertealte enge Zusammenhang von Salzwesen und Forstwirtschaft endgültig gelöst.

Mehr als neunzig Prozent der Berchtesgadner *Salzproduktion* wurden exportiert, in der Hauptsache nach Bayern, Ober- und Niederösterreich, Tirol und Böhmen, aber auch in salzburgisches Gebiet.[40] Die Ausfuhr geschah über die drei Hauptausgänge aus dem Land, den Vorderen Ausgang entlang der Berchtesgadener Ache und den Hinteren Ausgang über den Hallthurm sowie den Hirschbichl. Transporteure waren Schiffleute auf Salzach und Saalach, Fuhrleute, Säumer und im Winter die Schlittler. Da die angrenzenden Territorien selbst auch Salz produzierten, waren Ausfuhr und Absatz des berchtesgadnischen Salzes durch die Jahrhunderte vielfachen Konkurrenzen, Behinderungen und Beschränkungen unterworfen.

[39] Koller (§ 34c) 788, mit Zahlen für das 16. Jh.

[39a] H. Roth, Handwerkervereinigungen, Zünfte u. religiöse Bruderschaften (Gesch. v. Berchtesgaden II 1) 1993, 641–674.

[40] Einzelheiten und weitere Lit. über den Salzhandel bei Koller (§ 34c) 800ff. u. Palme (§ 34d) 535ff. u. 575ff.

### e) *Berchtesgaden zwischen Salzburg und Bayern*

Martin (§ 34); P. F. Kramml, Propstei u. Land Berchtesgaden im Spätmittelalter: Das Ringen mit Salzburg (Gesch. v. Berchtesgaden I) 1991, 387–542; K.-O. Ambronn, Die Fürstpropstei 1523–1594 (ebd. I) 543–626; Ders., Die Wittelsbacher als Administratoren d. Propstei Berchtesgaden 1594–1723 (ebd. II 1) 1993, 33–280; W. Brugger, Die Pröpste d. Jahre 1724–1780 (ebd. II 1) 1993, 281–352; ; N. Keil, Der letzte Fürstpropst J. C. v. Schroffenberg (ebd. II 1) 1993, 352–374; M. Feulner, Berchtesgadener Schicksalsjahre 1803–1810 (ebd. II 1) 1993, 433–472; Albrecht (§ 35) 7ff. u. 33f.; Ambronn (§ 34) 14–23; Dopsch-Spatzenegger, Bd. I 1–II 2; HB II 406, §§ 106, 112.

Die geographische Lage Berchtesgadens *zwischen dem Erzstift Salzburg und dem Herzogtum Bayern* und das Interesse dieser beiden Staaten an dem Salz- und Holzreichtum des Landes haben die äußere Geschichte, vielfach aber auch die inneren Entwicklungen der Fürstpropstei bis ins 19. Jahrhundert in starkem Maße bestimmt. Die bayerische Saline Reichenhall und die salzburgische Saline Hallein standen in Konkurrenz untereinander und zu den berchtesgadnischen Salinen, die berchtesgadnische Salzproduktion war nur über das Territorium Bayerns und Salzburgs, in der Hauptsache auf der schiffbaren Salzach, abzusetzen, die Wälder der Fürstpropstei und des Erzstifts waren für die bayerische Saline unentbehrlich. Ansatzpunkte für Interventionen bot die häufig schlechte Finanzlage Berchtesgadens. Nach ersten Auseinandersetzungen mit Salzburg am Ende des 12. und zu Beginn des 14. Jahrhunderts mußte die Saline Schellenberg von 1389 bis zum sog. Eichstättischen Kompromiß von 1556 an das Erzstift verpfändet werden; von 1392–1404/09 (Salzburger Spruch) war die gesamte Fürstpropstei dem Erzstift inkorporiert. Die wiederholte Bedrohung der berchtesgadnischen Selbständigkeit durch Salzburg führte naturgemäß zu einer engeren Anlehnung der Fürstpropstei an Bayern. Durch Verträge von 1555 und 1564 sicherte sich Bayern die gesamte künftige Produktion der neuen Saline Frohnreuth. Dafür erhielt das Stift das Versprechen bayerischer Hilfe gegen Salzburg. Durch beide Verträge, die bis 1795 galten, versuchte Bayern den bisher vorherrschenden Einfluß Salzburgs abzulösen – primär im eigenen Interesse, aber doch auch zum Vorteil der Fürstpropstei. So widersetzten sich Berchtesgaden und Bayern auch gemeinsam den wiederholten Aggressionen des 1576–1612 regierenden Erzbischofs Wolf Dietrich von Raitenau. Propst Jakob Püttrich suchte die Rückendeckung Bayerns, indem er die Wahl des Prinzen Ferdinand, des Bruders Herzog Maximilians von Bayern, zum Koadjutor betrieb. Sie wurde 1593 vom Papst bestätigt, nachdem Truppen Wolf Dietrichs von bayerischen Truppen aus Berchtesgaden vertrieben worden waren. Mit dem Regierungsantritt Ferdinands 1594 begann für die Fürstpropstei die bis 1723 dauernde *kurkölnische Administration,* so genannt, weil die in diesen Jahren regierenden drei Pröpste aus dem Hause Wittelsbach zugleich (Ferdinand seit 1612) Kurfürsten und Erzbischöfe von Köln waren. Die Regierungsgeschäfte in Berchtesgaden wurden in dieser Periode durch Administratoren, meist den Stiftsdekan, wahrgenommen. Angesichts des starken bayerischen Einflusses auf Berchtesgaden und sein Salzwesen drang Wolf Dietrich 1611 erneut in das Land ein, mußte aber erneut vor bayerischen Truppen weichen und wurde 1612 von Maximilian zur Abdankung gezwungen.

Die *Regierung der Wittelsbacher* bzw. ihrer Administratoren bewirkte mancherlei administrative und legislatorische Straffungen und Modernisierungen, die auch unter dem Signum eines landesfürstlichen Absolutismus standen, wie er der Zeit entsprach. Da jedoch die wittelsbachischen Pröpste Berchtesgaden letztlich doch nur als Anhängsel ihrer größeren Herrschaften betrachteten, es auch nur selten besuchten, blieb manches auch ungetan, etwa bezüglich einer wirklichen Reform des Stiftskapitels, und wurde das Land auch zur Finanzierung der großen Politik der Wittelsbacher herangezogen. Seit 1723 wurden die Pröpste wieder aus den Reihen des Stiftskapitels gewählt, doch ist es ihnen offensichtlich nicht gelungen, die bereits in Wittelsbacher Zeiten vor allem auch im Dreißigjährigen Krieg und im Spanischen Erbfolgekrieg grundgelegte *Staatsverschuldung* zu beseitigen. Diese ist vielmehr durch aufwendiges Gebahren des Stiftskapitels und Unfähigkeit zu ökonomischen Reformen noch weiter vorangeschritten. Beim Amtsantritt des letzten Fürstpropstes Joseph Konrad Frhr. von Schroffenberg (seit 1790 auch Bischof von Freising und Regensburg)[41] im Jahre 1780 war die Fürstpropstei vor allem bei Bayern hoch verschuldet.[42] Der Zusammenbruch konnte schließlich nur durch den *Salinenvertrag von 1795* abgewendet werden,[43] durch den Berchtesgaden gegen eine jährliche Entschädigung von 50000 Gulden an Bayern seine sämtlichen Bergwerke und Salinen zu vollem Eigentum und seine Salinenwälder zu Nutzeigentum abtrat, mit Vorbehalt der Landeshoheit. Es war eine verdeckte und vorweggenommene Säkularisation, auch wenn der Reichshofrat auf Betreiben Salzburgs 1798 den Vertrag für ungültig erklärte. Da Bayern ungeachtet des Urteils im Besitz der Salinen verblieb, kündigte Berchtesgaden den Vertrag von sich aus im Jahre 1800.

Seit diesem Zeitpunkt wurde das Land jedoch in den Strudel der großen politischen Ereignisse und *Umgestaltungen der napoleonischen Zeit* gezogen, um schließlich darin unterzugehen.[44] Durch den Frieden von Lunéville (9. 2. 1801) und die Vollzugsbestimmungen des Reichsdeputationshauptschlusses (25. 2. 1803) wurde die Fürstpropstei zusammen mit dem Erzstift Salzburg und Teilen der Hochstifte Eichstätt und Passau zum Großherzogtum Salzburg vereinigt und dem Erzherzog Ferdinand als Ersatz für das Großherzogtum Toskana übergeben. Damit war die jahrhundertelange Selbständigkeit des Landes beendet. Am 26. Februar 1803 verzichtete Fürstpropst Schroffenberg auf seine weltlichen

[41] Zu Schroffenberg vgl. neben KEIL (§ 34e) auch G. SCHWAIGER, Schroffenberg (Die Bischöfe d. deutschsprachigen Länder 1785–1945, hg. v. E. Gatz) 1983, 677f. sowie oben § 29 Anm. 29.

[42] G. ROTH, Die gefürstete Propstei Berchtesgaden ... 1780–1803, 1939.

[43] Inhalt: KOCH-STERNFELD (§ 34) III, 94ff.; ROTH (Anm. 42) 180ff.

[44] M. FEULNER, Berchtesgadner Schicksalsjahre 1803–1816, 1982; Ders. in Gesch. v. Berchtesgaden II 1, 1993, 433–472; DOPSCH-SPATZENEGGER II 2, 587ff.

Herrschaftsrechte. Durch den Frieden von Preßburg (26. 12. 1805) wurde das Großherzogtum Salzburg wieder aufgelöst, Salzburg und Berchtesgaden wurden unter dem Titel eines Herzogtums der österreichischen Monarchie einverleibt. Aufgrund des Friedens von Schönbrunn (14. 10. 1809) wurden sie aber durch den Pariser Vertrag (28. 2. 1810) an Bayern angeschlossen, das am 19. September beide Gebiete in Besitz nahm und sie dem Salzachkreis zuteilte. Als Salzburg durch den Münchner Vertrag vom 14. April 1816 wieder an Österreich zurückkehrte, verblieb Berchtesgaden bei Bayern und wurde nach Auflösung des Salzachkreises 1817 dem Isarkreis, dem heutigen Regierungsbezirk Oberbayern, zugeteilt.[45] Von den zahlreichen Relikten seiner wechselvollen Geschichte ist das ehrwürdigste sein Name: Berchtesgadner *Land*.

[45] J. Wysocki, Leben im Berchtesgadener Land 1800–1990, 1991.

## IV

# DIE REICHSSTADT REGENSBURG

*Quellen:* Fontes monasterii s. Emmerami Ratisbonensis, hg. v. M. PIENDL (Thurn u. Taxis-Stud. I) 1961, 1–183; M. Frhr. v. FREYBERG, Sammlung hist. Schriften u. Urkunden, geschöpft aus Handschriften d. k. Reichsarchivs, V, 1836; Ch. E. INEICHEN-EDER, Bistümer Regensburg u. Passau (Mittelalterl. Bibliothekskat. Deutschlands u. d. Schweiz IV I) 1977; KDB Stadt Regensburg (F. MADER), BA Regensburg (Ders.), BA Stadtamhof (H. KARLINGER u. a.) (dort ältere Lit.); Liber probationum sive bullae summorum Pontificum ..., Regensburg 1752; J. J. MOSER, Reichs-Stättisches HB II, Tübingen 1733, 511ff.; Th. RIED (Hg.), Codex chronologico-diplomaticus Episcopatus Ratisbonensis, 2 Bde., 1816; Nachträge dazu v. C. WILL (VHOR 32) 1877, 97–169 u. H. v. WALDERDORFF (VHOR 34) 1879, 1–73; Das Runtingerbuch 1383–1407 u. verwandtes Material z. Regensburger-südostdeutschen Handel u. Münzwesen, hg. v. F. BASTIAN, 3 Bde. (Deutsche Handelsakten d. MA u. d. Neuzeit, hg. v. d. HK 6/8) 1935/44; Sammlung derer ... Freyen Stadt Regenspurg an ihre untergebene Burgerschafft ... im Druck erlassenen Decreten, Regensburg 1754; Sammlung derer ... Freyen Stadt Regensburg vom Jahre 1754 bis 1802 im Druck erlassenen Decrete, 1802; UB Regensburg I (bis 1350), hg. v. J. WIDEMANN, 1912; II (1351–1378), hg. v. BASTIAN-WIDEMANN, 1956 (MB 53/54); Die Urkunden-Regesten d. Kollegiatstiftes U. L. Frau z. Alten Kapelle in Regensburg, hg. v. J. SCHMID, 2 Bde., 1911/12; Matrikel der Diözese Regensburg, 1916.

*Literatur:* K. BAUER, Regensburg, 1988;[4] H. DACHS, Regensburg. Gesch. u. Denkmäler, 7. Aufl. (nach 1961) mit reicher Lit.; E. DÜNNINGER, Begegnung mit Regensburg, 1982[2]; C. Th. GEMEINER, Reichsstadt Regensburgische Chronik, 4 Bde., 1800/24 (Neudr. hg. v. H. ANGERMEIER, mit Register, 2 Bde., 1971); Chr. G. GUMPELZHAIMER, Regensburg's Gesch., Sagen u. Merkwürdigkeiten, 4 Bde., 1830/38; G. HABLE, Gesch. Regensburgs. Eine Übersicht nach Sachgebieten, 1970; G. HABLE – R. STERL, Regensburg (Dt. Städtebuch V/2) 1974, 572–599; A. v. HOFMANN, Die Stadt Regensburg, 1922; A. KRAUS, Civitas regia. Das Bild Regensburgs in d. dt. Geschichtsschreibung d. MA, 1972; A. KRAUS – W. PFEIFFER, Regensburg. Gesch. in Bilddokumenten, 1986[2]; M. PIENDL, Regensburg (HB d. hist. Stätten Deutschlands 7) 1965[2], 605–613; A. v. REITZENSTEIN, Altbaier. Städte, 1963, 65–100; D. SCHMID, Regensburg I (HAB Altbayern 41: Stadtamhof) 1976; P. SCHMID, Regensburg. Stadt der Könige u. Herzöge im MA (Regensb. Hist. Forsch. 6) 1977; H. v. WALDERDORFF, Regensburg in seiner Vergangenheit u. Gegenwart, 1896[4], Neudr. 1973.

Regensburg nahm unter den Reichsstädten in geographischer Hinsicht eine exponierte Stellung ein. Es lag in deutlicher Distanz zu den reichsstädtischen Landschaften Schwabens, Frankens und des Rheinlands im Südosten des Reiches ringsum eingeschlossen vom bayerischen Herrschaftsbereich. Die Frage, wie die alte bayerische Hauptstadt zu dieser Ausnahmestellung kommen konnte, beschäftigte seit Aventin[1] nicht nur als Forschungsproblem die bayerischen Historiker, sondern wurde auch wiederholt zu einem Politikum, mit dem sich die

[1] Annales VI 6 (sämtliche Werke III) 1884, 236. Dazu KRAUS, Hist. Forschung (s. HB II); Ders., P. Roman Zirngibl (StMBO 66) 1955, 61–151, (67) 1956, 39–203.

Juristen[2] zu befassen hatten. Da man sich zunächst diese Stellung nur als vom Kaiser verliehen zu erklären vermochte, herrschte lange Zeit die Meinung vor, Friedrich I. habe 1180 anläßlich der Herrschaftsveränderungen in Bayern Regensburg zum Nachteil der neuen wittelsbachischen Herzogsfamilie zur Reichsstadt erhoben.[3] Nach dem heutigen Forschungsstand kann jedoch daran kein Zweifel bestehen, daß wie allgemein im Reich auch in Regensburg der Weg zur reichsstädtischen Freiheit in einem längeren Prozeß über den Zusammenschluß der Bürger und der Verdrängung des bisherigen Stadtherrn geführt hat.

## § 35. WEG ZUR REICHSSTÄDTISCHEN FREIHEIT

*Quellen:* Deutsche Stadtrechte d. MA, hg. v. E. Th. GAUPP, 2 Bde., 1851/52, Neudr. 1966; Deutsche Stadtrechte d. MA, hg. v. H. G. Ph. GENGLER, 1866, Neudr. 1964; Elenchus fontium historiae urbanae I, hg. v. C. van de KIEFT u. J. F. NIERMEIJER, Leiden 1967; Die Quellen d. Stadtrechts v. Regensburg aus dem XIII., XIV. u. XV. Jh., hg. v. H. G. GENGLER (Beitrr. z. Rechtsgesch. Bayerns 3) 1892; Regesten z. Gesch. d. Burggrafen v. Regensburg, hg. v. M. MAYER (VHOR 43) 1889, 1–55; Schenkungsbuch d. Stiftes Obermünster zu Regensburg, hg. v. F. M. WITTMANN (QE I) 1856, 147–224; Die Traditionen d. Hochstifts Regensburg u. d. Klosters S. Emmeram, hg. v. J. WIDEMANN (QE NF 8) 1943; Die Traditionen, Urkunden u. Urbare des Klosters St. Paul in Regensburg, bearb. v. J. GEIER (QE NF 34) 1986; Die Urkunden des Kollegiatstiftes St. Johann in Regensburg bis zum Jahre 1400, bearb. v. M. THIEL (QE NF 28, 1) 1975; Urkunden z. städt. Verfassungsgesch., hg. v. F. KEUTGEN (Ausgew. Urkunden z. deutschen Verfassungsgesch. I) 1901.

*Literatur:* K.-O. AMBRONN, Verwaltung, Kanzlei u. Urkundenwesen d. Reichsstadt Regensburg im 13. Jh. (MHStud., Abt. Gesch. Hilfswiss. 6) 1968; K. BOSL, Die Sozialstruktur d. mittelalterl. Residenz- u. Fernhandelsstadt Regensburg (Abh. München NF 63) 1966; Ders., Die gesellschaftl. Struktur Regensburgs im MA. Das Werden vom Bürgertum (Ders., Die bayer. Stadt in MA u. Neuzeit) 1988, 41–62; Ders., Regensburg (Stud. z. d. Anfängen d. europ. Städtewesens, VF 4) 1958, 87–104; W. EBEL, Der Bürgereid, 1958; H. EMMERIG, Die Regensburger Münzerhausgenossenschaft im 13. u. 14. Jh. (VHOR 130) 1990, 7–170; F. GFRÖRER, Verfassungsgesch. v. Regensburg bis z. Jahr 1256 (VHOR 37) 1833, 1–73; K. HEFELE, Studien z. hochmittelalterl. Stadttypus d. Bischofsstadt in Oberdeutschland, Diss. München 1969 (dazu VHOR 113, 1973, 225–230); M. HEUWIESER, Die Entwicklung d. Stadt Regensburg im Frühmittelalter (VHOR 76) 1925, 75–188; JANNER; E. KLEBEL, Landeshoheit in u. um Regensburg (VHOR 90) 1940, 5–61 (abgedruckt in: Zur Gesch. d. Bayern, hg. v. K. BOSL, Wege d. Forschung 60, 1965, 565–643); H. KNAPP, Alt-Regensburgs Gerichtsverfassung, Strafverfahren u. Strafrecht bis z. Carolina, 1914; G. L. v. MAURER, Gesch. d. Städteverfassung in Deutschland, 4 Bde., 1869/71, Neudr. 1962; F. MORRÉ, Ratsverfassung u. Patriziat in Regensburg bis 1400 (VHOR 85) 1935, 1–62; H. PLANITZ, Die deutsche Stadt im MA, 1965[2] (Lit.); B. RITSCHER, Die Entwicklung d. Regensburger Ratsverfassung 1245–1429 (VHOR 114/16) 1974/76; A. SCHMID, Die Territorialpolitik d. frühen Wittelsbacher im Raume Regensburg (ZBLG 50) 1987, 367–410; P. SCHMID, Die Anfänge d. Regensburger Bürgerschaft u. ihr Weg z. Stadtherrschaft (ZBLG 45) 1982, 483–539; R. STROBEL, Regensburg als Bischofsstadt (Bischofs- u. Kathedralstädte, hg. v. F. Petri, Städteforschung A 1) 1976, 60–83; J. SYDOW, Anfänge d. Städtewesens in Bayern u. Österreich (Die Städte Mitteleuropas im 12. u. 13. Jh., hg. v. W. Rauch) 1963, 55–76.

[2] Freye hingeworfene Gedanken von dem unpartheyischen Rechte der Herzoge von Bayern auf die Reichsstadt Regensburg, Frankfurt u. Leipzig 1778.

[3] K. TH. GEMEINER, Ueber den Ursprung d. Stadt Regensburg u. aller alten Freistädte, 1817, vertrat dagegen die Ansicht, Regensburg habe von den frühesten Zeiten an einen Sonderstatus besessen.

Der Prozeß, der zur reichsstädtischen Freiheit führte, setzte in erkennbarer Weise an der Wende vom 12. zum 13. Jahrhundert ein und erreichte in der 1. Hälfte des 13. Jahrhunderts seine entscheidende Phase.[4] Charakteristisch für Regensburg ist dabei aufgrund seiner Vergangenheit, daß sich die formierende Bürgerschaft nicht wie anderswo lediglich mit einem, sondern mit drei Herren, dem Kaiser, dem bayerischen Herzog und dem Ortsbischof, auseinanderzusetzen hatte, die miteinander um die Stadtherrschaft rivalisierten.

Allem Anschein nach hielten sich bis in die Mitte des 12. Jahrhunderts Kaiser, vertreten durch den Burggrafen,[5] Herzog und Bischof bei der Verteilung der Rechte in der Stadt in etwa die Waage. In Bewegung gerieten die Machtverhältnisse in der 2. Hälfte des 12. Jahrhunderts durch die Absetzung Herzog Heinrichs des Löwen 1180 und das Aussterben der beiden Linien der Burggrafen 1184 und 1196. Kaiser Friedrich I., der seit der Mitte des 12. Jahrhunderts im Rahmen seiner großangelegten Reichslandpolitik auch dem Regensburger Raum besondere Aufmerksamkeit geschenkt hatte,[6] versuchte in den achtziger Jahren des 12. Jahrhunderts, alle einflußreichen Positionen in der Stadt in seiner Hand zu vereinigen[7] und auf diese Weise zur Stadtherrschaft zu gelangen.[8] Diese dominierende Stellung des Kaisers im Regensburger Raum ging jedoch mit der Doppelwahl des Jahres 1198 zu Ende. Nun begann eine neue Phase der Stadtgeschichte, die durch die bischöflich-herzogliche Rivalität um die Stadtherrschaft gekennzeichnet war.[9] Nach dem Aussterben der landgräflichen Linie der Burggrafen 1196 entbrannte zwischen Bischof und Herzog ein Streit um das burggräfliche Erbe, der 1203 zu einem erbitterten Krieg ausartete, der weite Gebiete Bayerns in Mitleidenschaft zog. 1205 wurde der Krieg durch einen Vertrag beendet, in dem Bischof und Herzog die Herrschaftsrechte in der Stadt als gleichberechtigte Partner unter sich aufteilten.[10] Dem Herzog war es nun endlich gelungen, in der Stadt Fuß zu fassen. Es blieb ihm allerdings in den folgenden Jahren verwehrt, seine Position in der Stadt gegenüber dem Bischof weiter auszubauen.[11] Vielmehr mußte er 1213 nach Auseinandersetzungen mit dem Bischof[12] den Vertrag von

[4] Klebel, Landeshoheit (§ 35); Bosl, Sozialstruktur (§ 35); Ambronn, Verwaltung (§ 35); Kraus, Civitas regia (vor § 35) 78–82; Ders., Geschichte Bayerns, 1988², 109f.; P. Schmid, Anfänge (§ 35).

[5] M. Mayer, Gesch. d. Burggrafen von Regensburg, Diss. München 1883; S. Rietschel, Das Burggrafenamt u. d. hohe Gerichtsbarkeit, 1905, 83ff., 298; P. Schmid, Regensburg (vor § 35) 260ff.

[6] Spindler, Landesfürstentum 5f.; P. Schmid, Regensburg 178ff.

[7] 1182 erließ Friedrich Vorschriften über die Steinerne Brücke (MB 53 nr. 40). 1185 beanspruchte er das burggräfliche Amt und die damit verbundenen hochstiftischen Lehen. Im gleichen Jahr versuchte er, seinen Kanzler Gottfried als Regensburger Bischof durchzusetzen. 1188 brachte er die Domvogtei in seine Hand. P. Schmid, Anfänge (§ 35) 497.

[8] Regensburg wurde zu dieser Zeit «civitas sua» und «civitas publica» genannt. P. Schmid, Regensburg (vor § 35) 183 Anm. 627.

[9] Zu den Bemühungen des Herzogs vgl. A. Schmid, Territorialpolitik (§ 35).

[10] MW I nr. 2; Bestätigung durch Kg. Philipp mit Betonung der Reichsrechte MB 29a nr. 582; vgl. auch Ried (vor § 35) I nr. 305; P. Schmid, Anfänge (§ 35) 500f.

[11] Hg. Ludwig I. berief 1209 einen Landtag nach Regensburg ein. Vgl. P. Schmid, Regensburg (vor § 35) 424f.

[12] P. Schmid, Anfänge (§ 35) 502.

1205 unter ungünstigen Bedingungen erneuern.[13] Im Unterschied zu 1205 hatte er nun keinerlei Anteil mehr an «collectas generales super civitatem». Die konfliktreiche Phase der gemeinsamen bischöflich-herzoglichen Stadtherrschaft ging damit ihrem Ende entgegen, und die Zeit der alleinigen bischöflichen Herrschaft über die Stadt, die bis 1245 andauerte, begann.

Im Rahmen dieses Kräftespiels von Kaiser, Herzog und Bischof bewegte sich die Regensburger Bürgergemeinde. Sie reichte in ihren Anfängen ins 11. Jahrhundert zurück,[14] präsentierte sich gegen Ende des 12. Jahrhundert als Korporation, die bereits im Stande war, vornehmlich ihre Handelsinteressen wirksam nach außen zu vertreten,[15] und ließ zu Beginn des 13. Jahrhunderts Strukturen erkennen, die sich als Elemente einer entstehenden Ratsverfassung deuten lassen.[16] Als ihr großer Rückhalt erwies sich dabei das staufische Königtum, das ihr letztlich auch zur Autonomie verhalf. Der wittelsbachische Herzog bot wegen seiner Rivalität mit dem Bischof bis ca. 1213 einen gewissen Rückhalt, trat dann aber in den Hintergrund.[17] Beständiger Widerpart der bürgerlichen Autonomiebestrebungen war im 13. Jahrhundert der Bischof als Stadtherr. Die Allianz zwischen staufischem Königtum und Bürgergemeinde wurde unter Friedrich I. in den achtziger Jahren des 12. Jahrhunderts grundgelegt, von Heinrich VI. beibehalten und von Philipp von Schwaben und Friedrich II. durch die Stadtrechtsprivilegien vom 9. 3. 1207[18] und vom September 1230 bekräftigt und ausgebaut.[19] Die Verbindung der Bürgerschaft mit den Staufern führte jedoch nicht geradewegs zu ihrer politischen Unabhängigkeit, denn auch die bischöflichen Stadtherren Konrad IV. und Siegfried, letzterer als kaiserlicher Hofkanzler, waren Parteigänger der Staufer. In diesem Konkurrenzverhältnis zwischen Bischof und Bürgerschaft um die staufische Gunst sah sich zunächst lange Zeit der Bischof aufgrund der den geistlichen Fürsten gewogenen Politik der Staufer im Vorteil. So beschnitt Friedrich II. 1219 zugunsten Bischof Konrads IV. die Autonomiebestrebungen der Bürgerschaft[20] und fertigte auf Betreiben Bischof Siegfrieds im April 1232 auch für Regensburg das Edikt von Ravenna aus, das «comunia consilia, magistros civium seu rectores vel alios quoslibet officiales, qui ab universitate civium sine archiepiscoporum vel episcoporum beneplacito statuuntur»,[21] für nichtig erklärte. Gleichwohl bewirkte die Verbindung zu den Staufern, daß sich trotz bestehender bischöflicher Stadtherrschaft die Bürgergemeinde weiterentwickeln konnte. Durch kaiserliche Förderung wurde vor allem die

[13] MW I nr. 5.

[14] Eine coniuratio scheint dabei nicht am Anfang gestanden zu sein. Bosl, Sozialstruktur (§ 35) 61 ff.; Ambronn, Verwaltung (§ 35) 15; P. Schmid, Anfänge (§ 35) 483 ff., 495.

[15] MB 53 nrr. 43, 44, 47; Ried (vor § 35) I nr. 301; P. Schmid, Anfänge 498–499.

[16] Ambronn, Verwaltung (§ 35); P. Schmid, Anfänge (§ 35) 500–521.

[17] P. Schmid, Anfänge 501–503. Der Herzog war aber weiterhin bestrebt, seine Position in der Stadt zu behaupten. Vgl. A. Schmid, Territorialpolitik (§ 35).

[18] MB 53 nr. 48.

[19] MB 53 nr. 57.

[20] J.-L.-A. Huillard-Bréholles, Historia Diplomatica Friderici Secundi I 2, 1852, 706 f.

[21] MGH, Const. II nr. 156.

Rechtssicherheit der Bürger und ihres Besitzes gegenüber Herzog und Bischof grundgelegt und ihnen der ausschließliche Gerichtsstand in der Stadt garantiert. Der Gemeinde wurde die Hoheit im Steuerwesen zuerkannt, die Zuständigkeit für die Verteidigung der Stadt zugesprochen und das Recht zur Wahl eigener Organe konzediert. Die Treue zum staufischen Kaisertum zahlte sich schließlich im Jahr 1245 aus. Als in der Auseinandersetzung zwischen Kaiser und Papst Bischof Siegfried von Friedrich II. abfiel, widerrief der Kaiser auf Bitten der Bürger im November das Edikt von Ravenna und gewährte ihnen das Recht der freien Bürgermeister- und Ratswahl.[22] Bischof Siegfried mußte nach heftigen Auseinandersetzungen vor den Bürgern aus der Stadt fliehen. Sein Nachfolger konnte erst 1253 wieder in die Stadt zurückkehren, nachdem er die Unabhängigkeit der Bürgerschaft akzeptiert hatte.[23] Die Regensburger Bürgerschaft hat also weniger aus eigener Kraft die bischöfliche Stadtherrschaft abgeschüttelt. Sie verdankte ihre Freiheit vielmehr in erster Linie der kaiserlichen Gunst. Sie vermochte es dann aber dank einer geschickten Politik und ihrer wirtschaftlichen Kraft, ihrer Unabhängigkeit allgemein Anerkennung zu verschaffen. 1253 vermittelte die Bürgergemeinde als von beiden Seiten anerkannte selbständige Größe zwischen Herzog und Bischof,[24] 1256 trat sie dem Rheinischen Städtebund bei[25] und schloß 1266 als gleichberechtigter Partner ein Bündnis mit König Ottokar von Böhmen.[26] Aus dieser starken Position heraus vermochte sie auch die Versuche zurückzuweisen, die der bayerische Herzog in der 2. Hälfte des 13. Jahrhunderts noch einmal unternahm, um die Stadt seiner Herrschaft zu unterwerfen.[27]

Das Privileg Friedrichs II. von 1245 bedeutete nicht, daß sich erst danach Organe der bürgerlichen Selbstverwaltung etabliert hätten. Solche Organe lassen sich vielmehr seit der 2. Hälfte des 12. Jahrhunderts feststellen. 1182 ist das Amt des Brückenmeisters an der Steinernen Brücke bezeugt.[28] 1184 ist erstmals das Hansgrafenamt belegt, dessen Befugnisse sich auf die Rechtsvertretung der Regensburger Kaufleute außerhalb der Stadt beschränkte. In der Stadt konnte der Hansgraf nur mit Zustimmung der Bürgerschaft aktiv werden.[29] Das Recht, den Hansgrafen frei zu wählen, wurde 1207 bestätigt. Ebenfalls seit dem 12. Jahrhundert sind Meister der Wachten überliefert, die für die Organisation der Wachdienste und vor allem für Baufragen zuständig waren und vermutlich auch Auf-

[22] Ried (vor § 35) I nr. 423; MB 53 nr. 70.

[23] P. Schmid, Anfänge (§ 35) 531 ff.

[24] MB 53 nrr. 85, 86; MW I nr. 58; Ried (vor § 35) I nrr. 465, 467.

[25] MB 53 nrr. 88–90.

[26] MW I nr. 89.

[27] MW I nrr. 61, 69, 157; Eberhardi archidiaconi Ratisponensis annales (MGH SS XVII) 597; A. Schmid, Territorialpolitik (§ 35).

[28] MB 53 nr. 40; MB XIII nr. 72. Zur Datierung vgl. K.-O. Ambronn, Bemerkungen zu den Anfängen des Hansgrafenamtes in Regensburg (VHOR 115) 1975, 236.

[29] MB XIII nrr. 67, 72; V. Lössl, Das Regensburger Hansgrafenamt (VHOR 49) 1897, 1–171; Klebel, Landeshoheit (§ 35) 17 ff.; Morré, (§ 35) 16, 116; Planitz, Stadt (§ 35) 460; Bosl, Sozialstruktur (§ 35) 18, 19 m. Anm. 58, 52; R. Schmidt, Mittelalterl. Stadtforschung u. Regensburg (VHOR 114) 1974, 284; Ambronn, Verwaltung (§ 35) 105 f. (Liste der Hansgrafen); Ders., Hansgrafenamt (Anm. 28) 284 Anm. 27; P. Schmid, Anfänge (§ 35) 499–500, 518.

gaben im Rahmen der Stadtverteidigung zu erfüllen hatten.[30] Seit 1211 führte die Bürgergemeinde ein eigenes Siegel.[31] 1233 ist ein notarius civium genannt,[32] so daß der Schluß auf eine eigene Kanzlei naheliegt, deren Existenz seit 1242 bezeugt ist.[33] Über ein Rathaus verfügten die Bürger nachweislich 1244, nachdem sie bereits um 1210 mit Hilfe des Herzogs dazu einen ersten Anlauf gemacht hatten.[34] Die Identifizierung einiger Einrichtungen der Gemeinde wirft allerdings nach wie vor Probleme auf.[35] Rudimentäre Züge oder Vorformen eines Rates dürfte es bereits vor 1245 gegeben haben.[36] Nach 1245 wurde dann die Ratsverfassung ausgebaut. 1251 trat erstmals der Rat der Sechzehn, der innere Rat, in Erscheinung,[37] der bis zum Ende der städtischen Autonomie das maßgebliche städtische Organ blieb. Vervollständigt wurde die Ratsverfassung schließlich durch ein maius consilium, den Äußeren Rat, der erstmals 1295 belegt ist und in der Mitte des 14. Jahrhunderts mit dem Gremium der Fünfundvierzig verschmolz.[38] An der Spitze der Stadt stand der Bürgermeister, der dem Rat nicht angehörte.[39] Als erster Bürgermeister ist 1243 Otto Prager überliefert.[40] Kontinuierlich besetzt war das Bürgermeisteramt seit 1251.[41] Es wurde jedoch bald zum Gegenstand innerstädtischer Auseinandersetzungen. Allem Anschein nach neigten die Amtsinhaber dazu, ihre Position durch die Begünstigung innerstädtischer Parteigänger auszubauen. Deshalb wurde nach dem Aueraufstand 1334 festgeschrieben, daß kein Einheimischer mehr Bürgermeister werden dürfe. Seit 1429 wurde das Bürgermeisteramt nach vorhergegangenen zeitweiligen Sedisvakanzen überhaupt nicht mehr besetzt.[42] Oberster Vertreter der Gemeinde war in Zukunft der Kämmerer.

[30] Knapp (§ 35) 7ff.; Klebel, Landeshoheit (§ 35) 597ff; Morré (§ 35) 115; zu den Aufgaben der Wachtmeister und zur Frage der Entwicklung der Wachten vgl. Ritscher, Ratsverfassung (§ 35) II 28ff., 37–40; P. Schmid, Anfänge (§ 35) 519.

[31] W. Volkert, Die älteren Regensburger Stadtsiegel (Regensburger Almanach 1991) 36–43.

[32] Ambronn, Verwaltung (§ 35) Urk. nrr. 12, 14.

[33] P. Schmid, Anfänge (§ 35) 519f.; Ambronn, Verwaltung (§ 35) 46–54 schließt die Existenz einer Kanzlei für 1233 aus.

[34] MW I nr. 5; MB 53 nr. 69; P. Schmid, Anfänge 502, 523.

[35] Zu dem seit 1230 mehrfach bezeugten iudicium civitatis vgl. P. Schmid, Anfänge (§ 35) 520 m. Anm. 236, 521. Die 1207 genannten denominati dürften Eidhelfer gewesen sein. Vgl. Morré (§ 35) 69; vgl. auch Ritscher, Ratsverfassung (§ 35) III 47ff. Zu den 1227 angesprochenen rectores vgl. P. Schmid, Anfänge (§ 35) 519.

[36] Heinrich (VII.) wandte sich 1232 an «iudicibus, consilio et universis civibus Ratisbonensibus» MB 53 nr. 61. Vgl. dazu Ambronn, Verwaltung 35; P. Schmid, Anfänge 523. Zur Entwicklung der Ratsverfassung vgl. Ritscher, Ratsverfassung.

[37] MB 53 nr. 81. Erste Ratsliste 1258 Ambronn, Verwaltung (§ 35) 135 nr. 49. Zu den Aufgaben des Inneren Rates vgl. Ritscher, Ratsverfassung (§ 35) I 68ff.

[38] MB 53 nr. 170. 1251 wurden neben Bürgermeister und Rat noch «XL ipsis additi» genannt. (ebd., nr. 81); Ritscher, Ratsverfassung I 123ff.

[39] Ambronn (§ 35) Verwaltung 65.

[40] Ambronn, Verwaltung 119 Urk. nr. 18. Zur Entstehung des Bürgermeisteramtes vgl. Klebel, Landeshoheit (§ 35) 24ff.; Bosl, Sozialstruktur (§ 35) 73; Ambronn 35ff.; Ritscher, Ratsverfassung I 35ff.; P. Schmid, Anfänge (§ 35) 524f.

[41] Bürgermeisterliste bei Ambronn, Verwaltung (§ 35) 103ff.

[42] Ritscher, Ratsverfassung (§ 35) I 35ff., 52, 54f, 58.

Die Bürgerschaft setzte sich im 11. Jahrhundert aus Fernhandelskaufleuten, Kaufleuten, Ministerialen von St. Emmeram und Handwerkern zusammen. Im 12. und 13. Jahrhundert kamen als wichtige Gruppe die bischöflichen Ministerialen hinzu, die sowohl Funktionen im Rahmen der bischöflichen Stadtherrschaft als auch innerhalb der Bürgergemeinde ausübten.[43] Unklar ist bislang, welche Rolle die ehemaligen Königsleute bei der Entwicklung der Bürgergemeinde gespielt haben. Aufgrund der Eigenschaft Regensburgs als eines der bedeutendsten königlichen Pfalzorte überhaupt dürfte ihre Rolle nicht gering gewesen sein.[44] Zwischen diesen Gruppen, insbesondere den führenden Schichten der Fernhandelskaufleute und bischöflichen Ministerialen scheint es beträchtliche Spannungen gegeben zu haben, die nach der Beseitigung der gemeinsam angefochtenen bischöflichen Stadtherrschaft zum Austrag kamen. Darin ist eine Erklärung dafür zu sehen, daß das Bürgermeisteramt zwischen 1245 und 1251 nicht kontinuierlich besetzt war und der Rat der Sechzehn erstmals 1251 in Erscheinung trat. Ein Kompromiß scheint dadurch gefunden worden zu sein, daß die ehemaligen bischöflichen Ministerialen, die sich jetzt milites nannten, die Ämter des Bürgermeisters und des Hansgrafen besetzten, während die Fernhandelskaufleute das Übergewicht im Rat erhielten.[45] Die Handwerker,[46] die in 13 Zünften organisiert waren, hatten keinerlei Anteil am Stadtregiment. Eine Zunftherrschaft gab es in Regensburg nicht. Die Konflikte zwischen den verschiedenen Gruppen, insbesondere auch wegen der Frage der Beteiligung der Handwerker am Stadtregiment schwelten weiter und brachen wiederholt auf, so z. B. 1281 im Liechtenberger Schied[47] und 1330–34 im Aueraufstand.

Diese Kompetenzverteilung ist ein Spiegelbild der Gewichtung, die den einzelnen Gruppen im Wirtschaftsleben der Stadt zukam. Das Handwerk und die heimische Produktion spielten in Regensburg eine untergeordnete Rolle, während der Fernhandel dominierte, dessen Verbindungen nach Frankreich, Böhmen, Italien, Ungarn, Rußland und Byzanz reichten. Seine Blütezeit erlebte der Fernhandel vom 12. bis zum 14. Jahrhundert. Er verhalf den Regensburger Kaufleuten lange Zeit zum Vorsitz im Fondaco dei Tedeschi in Venedig und ist mit den Namen der Reich, Löbel, Prunhofer, Dürnstetter, Ingolstätter und Runtinger eng verbunden.[48]

[43] P. Schmid, Anfänge (§ 35) 488–496, 525–531; Morré (§ 35); Ambronn, Verwaltung (§ 35) 16f. stellt die Zugehörigkeit bfl. Ministerialen zur Bürgerschaft in Abrede. Nach Bosl, Sozialstruktur (§ 35) 33 entstammt die «Bürgerfreiheit» der Zensualität St. Emmerams.

[44] Bosl, Sozialstruktur 27ff.

[45] Morré; H. Planitz, Studien z. Rechtsgesch. des städtischen Patriziats (MIÖG 58) 1950, 327ff.; Ambronn, Verwaltung 61ff., 103–106, 135; Bosl, Sozialstruktur 75; P. Schmid, Anfänge 534f.

[46] H. Heimpel, Das Gewerbe d. Stadt Regensburg im MA (VSWG Beih. 9) 1926; H. Kellenbenz, Bürgertum u. Wirtschaft in d. Reichsstadt Regensburg (BlldLG 98) 1962, 105; W. Staudinger, Die Kramerinnung in Regensburg, Diss. Masch. München 1952.

[47] MB 53 nr. 128.

[48] HB I 495ff.; II 765f.; Heimpel (Anm. 46); E. Klebel, Der Handel u. seine Organisationsformen in Regensburg (Jahresber. d. Industrie- und Handelskammer Regensburg) 1952, 47–61; J. Sydow, Der Regensburger Markt im Früh- u. Hochmittelal-

Der Zeitpunkt, zu dem die Bürgerschaft ihre Selbständigkeit erreichte, hatte Konsequenzen für die staatsrechtliche Stellung der Stadt. Im Interregnum fiel mit dem Königtum der die Bürgerschaft bindende Faktor aus, so daß ein gewisser Freiraum entstand. Das hatte zur Konsequenz, daß sich die Stadt nicht als Reichsstadt, sondern als Freistadt betrachtete, die auch gegenüber dem Reichsoberhaupt weitgehende Unabhängigkeit beanspruchte.[49] Dieser Anspruch auf größtmögliche Unabhängigkeit nach außen hin steht aber in einem gewissen Kontrast zu den innerstädtischen Verhältnissen. Die Hoheit des Magistrats erstreckte sich nämlich nicht über das gesamte Stadtgebiet, das ca. 100 ha, mit den beiden Wöhrden ca. 160 ha umfaßte, sondern war durch die Domimmunität und die Reichsstifte Nieder- und Obermünster sowie seit 1295 St. Emmeram unterbrochen. Rein räumlich gesehen, konzentrierte sich der Schwerpunkt des bürgerlichen Herrschaftsbereichs auf das Gebiet um das Rathaus am Haidplatz inner- und außerhalb der Nordwestecke des ehemaligen Legionslagers und westlich davon. Die Bürgergemeinde vermochte auch nicht, ihre Herrschaft in ihrem Hoheitsbereich lückenlos auf der Grundlage eigenen Rechts durchzusetzen, sondern mußte sich dazu in gewisser Weise geliehenen Rechts bedienen. Mit Geld und Macht konnte dieses rechtliche Defizit für zwei Jahrhunderte überspielt werden. Das Hauptmanko bestand darin, daß die Gerichtsbarkeit des Rates[50] mit der des Herzogs rivalisierte. Dem Herzog stand als Erben der Burggrafen nach wie vor das Schultheißenamt[51] und damit die Gerichtsbarkeit über den nicht vom Klerus abhängigen Teil der Stadtbevölkerung, also auch über die Bürger zu. Das Schultheißenamt gelangte zwar 1279 auf dem Pfandweg an Regensburger Bürger und später von diesen an die Stadt, seine Verleihung bot aber dem Herzog eine Handhabe zur Einflußnahme in die Stadt. Erst 1496 wurde diese Einflußmöglichkeit des Herzogs auf die formelle Verleihung des Blutbanns an den von der Stadt präsentierten Schultheiß, der ein Bürger zu sein hatte, eingeschränkt. Auch die 1205 aufgezählten Rechte des Herzogs wie Zoll und Münze bestanden weiterhin,

ter (HJb. 80) 1961, 60–92; Chr. Pielen, Die Regensburger Halbseidenstoffe, Diss. Köln 1961; Kellenbenz (Anm. 46) 90–120; W. Kessel, Regensburgs Wirtschaft im MA u. in d. Neuzeit (Jahresber. d. Werner-von-Siemens-Gymn.) 1969/70; K.-O. Ambronn, Regensburg als Handelsstadt im MA (Mitt. f. d. Archivpflege in Bayern, Sonderh. 5) 1967, 7–17; R. Schönfeld, Regensburg im Fernhandel d. MA (VHOR 113) 1973, 7–48; Schremmer 152ff.; W. Eickenberg, Das Handelshaus d. Runtinger in Regensburg (Veröffentl. d. Max-Planck-Inst. f. Gesch. 43) 1976.

[49] P.-J. Heinig, Reichsstädte, freie Städte u. Königtum 1389–1450 (Veröffentl. d. Inst. f. Europ. Gesch. Mainz Abt. Universalgesch. 108) 1983, 48 m. Anm. 182, 52ff.; J. Sydow, Zur verfassungsgeschichtl. Stellung v. Reichsstadt u. Territorialstadt im 13. u. 14. Jh. (Les libertés urbaines et rurales du XI^e au XIV^e siècle. Colloque int., Spa 5-8, Sept. 1966, Actes) 1968, 281–309, bes. 305f.; G. Möncke, Zur Problematik d. Terminus «Freie Stadt» im 14. u. 15. Jh. (Bischofs- u. Kathedralstädte d. MA u. d. frühen Neuzeit, hg. v. F. Petri, Städteforsch., RA, Darstellungen 1) 1976, 84–94, bes. 87; P. Moraw, Reichsstadt, Reich u. Königtum im Späten MA (ZHF 4) 1979, 385–424, bes. 412ff.

[50] 1315 wurde der Rat als Appellationsinstanz bestätigt. MB 53 nr. 307. Zu dem im Privileg von 1230 genannten iudicium civitatis vgl. P. Schmid, Anfänge (§ 35) 520f.

[51] F. Hasslinger, Das Schultheißengericht in Regensburg bis zu dessen endgültigem Erwerb durch d. Stadt (1496), Diss. Masch. Erlangen 1925.

und mit dem Herzogshof am Alten Kornmarkt[52] war der Herzog als Grundbesitzer weiterhin, wenngleich in bescheidenem Rahmen, in der Stadt präsent. Der Bischof übte ebenfalls Gerichtsrechte in der Stadt aus. Ähnlich wie beim Herzog bemühte sich auch hier die Stadt darum, die Gerichtsbarkeit des Bischofs zu beschneiden oder in die eigene Hand zu bekommen. 1257 bereits verpfändete ihr der Bischof erstmals sein Friedgericht.[53] Um das bischöfliche Propstgericht gab es dagegen beständig Auseinandersetzungen, bis es schließlich 1571 endgültig in den Besitz der Stadt kam.[54] Der Schwerpunkt der bischöflichen Präsenz in der Stadt lag jedoch auf dem Grundbesitz und den geistlichen Rechten, von denen vor allem das Privilegium fori und die Steuerfreiheit des Klerus, wogegen der Magistrat vergeblich ankämpfte,[55] das städtische Leben am meisten berührten und immer wieder zu Konflikten Anlaß gaben.[56]

## § 36. ZEIT DER KRISE UND NEUORIENTIERUNG

### a) *Krise im Spätmittelalter*

Farrago historica rerum Ratisponensium (Oefele II 489–523, s. HB II, AV); Chr. Hoffmann, Historia episcoporum Ratisponensium (ebd. I 543–578); Konrads v. Megenberg Traktat de limitibus parochiarum civitatis Ratisbonensis, hg. v. Ph. Schneider, 1906; Andreas v. Regensburg, Sämtl. Werke, hg. v. G. Leidinger (QE NF 1) 1903. – F. Blaich, Wirtschaft u. Ges. in d. Reichsstadt Regensburg z. Zeit Albrecht Altdorfers (Albrecht Altdorfer u. seine Zeit, hg. v. D. Henrich; Schriftenreihe d. Univ. Regensburg 5) 1981, 83–102; K. Bosl, Die gesellschaftl.-geistige Situation in d. drei Reichsstädten Regensburg, Augsburg, Nürnberg im vorreformatorischen Jh. (Ders., Die bayer. Stadt in MA u. Neuzeit) 1988, 22–38; K. Fischer, Der Regensburger Fernhandel und der Kaufmannsstand im 15. Jh., 1990; A. Schmid, «Besser ein Herzog als ein Kaiser!» Albrecht IV. v. Oberbayern u. d. Reichsstadt Regensburg 1486–1492 (Regensburger Almanach 1987) 1986, 36–47; D. Schmid, Regensburg – Bürgertum u. Stadtregion im späten MA (VHOR 117) 1977, 259–278; H. Schmid, Eine «Freistadt» wird zur «gemeinen Reichsstadt» – Regensburg in d. Zeit d. Reichshauptleute unter Kaiser Maximilian I. (VHOR 128) 1988, 7–79; P. Schmid, Herzog Albrecht IV. v. Oberbayern u. Regensburg. Vom Augsburger Schiedsspruch am 25. Mai 1492 zum Straubinger Vertrag am 23. August 1496 (Festschr. f. A. Kraus z. 60. Geburtstag, hg. v. P. Fried u. W. Ziegler, MHStud. 10) 1982, 143–160; I. Striedinger, Der Kampf um Regensburg (VHOR 44) 1890, 1–88 u. 95–205; W. Ziegler, Regensburg am Ende d. MA (Albrecht Altdorfer u. seine Zeit, hg. v. D. Henrich; Schriftenreihe d. Univ. Regensburg 5) 1981, 61–82; H. Zugschwert, Die wirtschaftl. Beziehungen d. freien Reichsstadt Regensburg zum Herzogtum Bayern seit d. 14. Jh., Diss. Frankfurt 1932.

Im 13. u. 14. Jahrhundert erlebte Regensburg seine Blütezeit. Dank ihrer wirtschaftlichen Stärke ruhte die Unabhängigkeit der Stadt auf einer soliden Basis und war von niemandem ernsthaft anzufechten. Herzöge und Könige suchten bei

[52] G. Ottl, Die Rechte d. bayer. Herzöge am alten Kornmarkt, Diss. Masch. München 1952. 1255 erhielt Niederbayern die herzoglichen, Oberbayern die burggräflichen Rechte (MGH SS 17, S. 397). 1392 fielen letztere an die Münchner Linie (MW II nr. 372).

[53] MB 53 nr. 92; Ritscher, Ratsverfassung (§ 35) III 25f.

[54] H. Martin, Das Propstgericht in Regensburg bis z. Jahre 1571, 1928.

[55] P. Schmid, Anfänge (§ 35) 536.

[56] Th. Liegel, Reichsstadt Regensburg u. Klerus im Kampf um ihre Rechte, Diss. Masch. München 1951.

ihr um Kredite nach. Ihre finanziellen Mittel und die einzelner ihrer Bürger machten sie den bayerischen Herzögen überlegen[1] und versetzten sie sogar in die Lage, 1314 zwischen den Thronbewerbern Ludwig dem Bayern und Friedrich dem Schönen zu wählen. 1337/39 konnte die Stadt einen Krieg gegen Ludwig den Bayern wagen,[2] und 1357 vermochte sie, Karl IV. zum Abzug zu bewegen. Im Konflikt zwischen Fürsten und Reichsstädten trat die Stadt 1381 selbstbewußt dem Schwäbischen Städtebund bei[3] und zeigte sich im Unterschied zu den schwäbischen und rheinischen Städten, die Niederlagen gegen die Fürsten hinnehmen mußten, 1388 den Angriffen der vereinten Wittelsbacher gewachsen.

Ihre finanzielle Stärke setzten die Stadt und das Patriziat auch ein, um die Herrschaftsrechte in der Stadt abzusichern und den räumlich beengten städtischen Hoheitsbereich durch eine Burgen- und Territorienpolitik im Umland zu erweitern. Ein bemerkenswerter Erfolg war dabei, daß vom Herzog auf dem Pfandwege 1385 Donaustauf und Sulzbach für ca. 21000 ungarische fl. und 1408 Stadtamhof für 2600 fl. an die Stadt übergingen. Auf diese Weise konnte der Herrschaftsbereich des Stadtregiments einen ansehnlichen Gebietszuwachs verzeichnen.[4] 1360 brachte der Rat vom Herzog Schultheißengericht, Friedgericht und Kammeramt um 2400 Pfund und 1388 vom Bischof das Friedgericht pfandweise an sich, so daß sich die Ausübung der Gerichtsbarkeit über die Bürger in der Hand des Magistrats befand. Dennoch stand die mächtig erscheinende Position der Stadt auf tönernen Füßen. Von Nachteil war, daß die Verpfändungen immer nur auf wenige Jahre erfolgten und bei Verlängerungen wieder Geld kosteten.[5] Politisch bedrohlich mußte dieser Zustand werden, wenn sich gravierende Veränderungen im finanziellen und politischen Kräfteverhältnis zwischen Stadt und Herzog ergaben. Im 15. Jahrhundert trat diese Situation ein. Die rechtliche und politische Grundlage der Reichsstadt, wie sie im 13. Jahrhundert gelegt worden war, erwies sich nun mehr und mehr als brüchig. Es rächte sich jetzt, daß es die Stadt versäumt hatte oder nicht erreichen konnte, die faktischen Zustände durch eine entsprechende Anpassung der rechtlichen Grundlagen abzusichern. Der Städtekrieg hatte gezeigt, daß die Zukunft den Territorialherren und nicht mehr den Reichsstädten gehörte. Auch wenn sich Regensburg dabei als überlegen erwiesen hatte, so kündigte sich dennoch auch im bayerischen Umfeld diese Veränderung an. 1392 fielen die herzoglichen Rechte in der Stadt an die Münch-

[1] Die Herzöge mußten 1259 die auf dem Dreifaltigkeitsberg errichtete Burg schleifen und der Stadt die Burg Höfling zurückgeben. MW I nrr. 61, 69. D. Schmid, Stadtregion (§ 36a) 268ff.; A. Schmid, Territorialpolitik (§ 35) 405ff.

[2] J. Schmuck, Ludwig d. Bayer u. d. Reichsstadt Regensburg, Diss. Masch. Regensburg 1991.

[3] Gemeiner, Chronik (vor § 35) II 200ff.; vgl. HB II 225ff.

[4] D. Schmid, Stadtregion (§ 36a) 268–271 (Verzeichnis der Burgen), 272f., 276 Radius von 20–25 km um die Stadt.

[5] 1414 wurde Stadtamhof um 5000 ungarische fl. erneut für 18 Jahre an die Stadt verpfändet. 1419 wurde Stadtamhof wiederum genannt, als Regensburg 11000 ungarische fl. zahlte, um Schultheißenamt und Friedgericht nebst einem Wöhrd in der Donau in seinem Besitz zu behalten. D. Schmid, Stadtregion 272.

ner Linie der Wittelsbacher. Seitdem deutete sich eine neue Gangart der Herzöge gegenüber der Stadt an. Insbesondere Herzog Albrecht IV. von München ließ frühzeitig erkennen, daß er die Herrschaft über die Stadt anstrebte. Die Stadt konnte sich zwar 1475 durch ein Bündnis mit Herzog Ludwig dem Reichen von Landshut noch einmal für kurze Zeit Entlastung verschaffen, stand aber nach dessen Tod alleine den Plänen des zielstrebigen Münchner Herzogs gegenüber. Dieser kündigte seit 1470 seine Absicht an, die Pfandschaften, also das Schultheißenamt, die Zölle, Stadtamhof, Donaustauf und die Donauwöhrde einzulösen.[6] Vor allem durch die Rücknahme des Schultheißenamtes wäre der Herzog oberster Richter in der Stadt geworden. Der Unabhängigkeit Regensburgs drohten dadurch wesentliche Grundlagen entzogen zu werden. Zur selben Zeit wurde die Stadt auch von Kaiser Friedrich III. ohne Rücksicht auf die von ihr behauptete Leistungsfreiheit einer Freistadt gegenüber Kaiser und Reich mit Forderungen konfrontiert. Kritisch wurde die Lage vor allem dadurch, daß zur gleichen Zeit die Stadt von schwerwiegenden internen Zerwürfnissen und Problemen erschüttert wurde. In der 1. Hälfte des 15. Jahrhunderts erlebte das Regensburger Wirtschaftsleben, das bislang tragende Fundament der städtischen Unabhängigkeit, einen dramatischen Niedergang. Die Gründe dafür sind zwar viel erörtert, aber letztlich wohl immer noch nicht endgültig geklärt. Genannt werden: die Verschiebung der großen europäischen Handelswege zum Nachteil Regensburgs, Strukturveränderungen in der Wirtschaft vom reinen Transithandel hin zur Kombination aus Handel und Gewerbeproduktion, die in Regensburg nicht mitvollzogen wurden, Behinderung durch die bayerische Wirtschaftspolitik und Ermüdungserscheinungen in der Kaufmannschaft.[7] Einher ging damit eine katastrophale Verschuldung der öffentlichen Hand. Die in Form von Leibgedingen aufgenommenen Kredite konnten nicht mehr bedient werden, so daß der Bankrott bevorstand.[8] Ein Aufstand der Zünfte 1485, die sich gegen neue Steuern zur Wehr setzten, verschärfte die innerstädtische Situation zusätzlich. Als in dieser bedrängten Lage der Kaiser neue Forderungen erhob und Herzog Georg von Landshut eine Entschädigung für ausstehende Judensteuern verlangte, sah man in der Stadt nach schweren internen Zerwürfnissen keinen anderen Ausweg mehr, um den Bankrott abzuwenden, als die Reichsfreiheit aufzugeben und sich Herzog Albrecht IV. zu unterstellen. Zunächst schloß die Stadt am 16. 10. 1485 einen Schutzvertrag mit dem Herzog, ehe sie sich schließlich am 18. 7. 1486 seiner Herrschaft völlig unterwarf. Am 7. 8. 1486 huldigte ihm die Stadt als neuem Herrn.[9] Der Herzog leitete eine Reihe von Maßnahmen zur Verbesserung der

[6] Striedinger (§ 36a) 54.

[7] Schönfeld, Fernhandel (§ 35 Anm. 48) 47f; Schremmer 155; Ziegler, Regensburg am Ende d. MA (§ 36a) 75f.; Blaich, Wirtschaft u. Gesellschaft (§ 36a) 92f.

[8] Striedinger 31ff.: Zusammenstellung der Fakten. Ziegler, Regensburg am Ende d. MA 72f.

[9] Zu den Vorgängen vgl. Striedinger; K. Schnieringer, Der Turm am Singrün. Forschungen im Umfeld des Schlosses Herzog Albrechts IV. am Herrenplatz (Denkmalpflege in Regensburg 3 1991/1992) 1993, 59–64; HB II 313ff.

wirtschaftlichen und finanziellen Situation ein, begann mit dem Bau eines Schlosses und erwirkte beim Papst ein Stiftungsprivileg für eine Universität. Aus wirtschaftlicher Sicht schien somit der Anschluß an Bayern die richtige Lösung gewesen zu sein.

Kaiser Friedrich III. nahm den Abfall der Stadt jedoch nicht hin, sondern benutzte ihn als Anlaß, um von Reichs wegen gegen die antihabsburgische Politik des Münchner Herzogs vorzugehen. Mit Krieg zwang er 1492 den Herzog zur Herausgabe der Stadt.[10] Für Regensburg begann nun eine neue Epoche der Stadtgeschichte, die Zeit der verstärkten Einflußnahme des Hauses Habsburg.[11] Kaiser Friedrich III. und König Maximilian I. beabsichtigten nicht, mit der Restitution der Unabhängigkeit der Stadt auch die alten Verfassungszustände in der Stadt und ihre überkommenen Rechte wiederherzustellen.[12] Sie strebten eine Neuordnung der Verfassung auf neuen Grundlagen an. Friedrich III. scheint sich dabei zunächst mit dem Gedanken getragen zu haben, die Stadt seiner Herrschaft direkt zu unterstellen, begnügte sich dann allerdings mit der Huldigung und der Verpflichtung zur Zahlung von Reichsanschlägen. Maximilian I. nahm dem Herzog die rechtlichen Möglichkeiten, in die inneren Verhältnisse der Stadt direkt Einfluß zu nehmen, und stellte die Gerichtsbarkeit in der Stadt auf eine gesicherte Grundlage. Dazu veranlaßte er am 23. 8. 1496 Herzog Albrecht IV., der Stadt auf ewig das Schultheißenamt mit Friedgericht und Kammeramt zu überlassen.[13] Am 7. 1. 1499 erzwang Maximilian I. gegen den Widerstand der Stadt die Einsetzung eines Reichshauptmanns, der zwar nicht im Namen des Kaisers über die Stadt herrschte, aber gewisse Kontrollbefugnisse gegenüber dem Stadtregiment ausüben konnte.[14] 1500 und 1514 erließ Maximilian I. Regimentsordnungen, die die Verfassungsfragen in der Stadt regelten. Dem Inneren Rat gehörten seit 1514 16 und dem Äußeren Rat 32 Mitglieder an, darunter wenigsten 12 ehrbare Personen aus der Handwerkerschaft. Ein Ausschuß der Gemeinde mit 40 Mitgliedern erhielt bei besonderen Anlässen ein Anhörungsrecht. Die Leitung der Stadt lag in der Hand des Kämmerers (seit 1523 vier Kämmerer). Seine Amtszeit und die des Schultheißen wurde bei vierteljährlichem Wechsel von zwei auf vier Jahre verlängert. 1530 wurde der Geheime Rat als das entscheidende Gremium geschaffen, dessen sechs Mitglieder aus dem Inneren Rat gewählt wurden.[15] Neue Ämter wie Ungeld- und Almosenamt wurden eingerichtet, und einige Ämter erfuhren Ver-

[10] Einzelheiten bei P. Schmid, Albrecht IV. (§ 36a).

[11] Vgl. dazu auch W. Ziegler, Die Regensburger Reichstage d. frühen Neuzeit (Zwei Jahrtausende Regensburg, hg. v. D. Albrecht, Schriftenreihe d. Univ. Regensburg 1) 97–119, bes. 103f.; W. R. Hahn, Ratisbona Politica. Stud. z. polit. Gesch. d. Reichsstadt Regensburg im 17. Jh. bis zu Beginn d. Immerwährenden Reichstages, Teil I (VHOR 125) 1985, 7–160, bes. 57f.

[12] H. Schmid, Freistadt (§ 36a).

[13] P. Schmid, Albrecht IV. (§ 36a) 158.

[14] H. Gollwitzer, Capitaneus imperatorio nomine. Reichshauptleute in Städten u. reichsstädt. Schicksale im Zeitalter Maximilians I. (Aus Reichstagen d. 15. u. 16. Jhs., Schriftenreihe der HK 5) 1958, 248–282; H. Angermeier, Bayern u.d. Reichstag von 1495 (HZ 224) 1977, 590, 606; H. Schmid, Freistadt (§ 36a) 27–29, 67: 1555 hob Karl V. die Reichshauptmannschaft auf.

[15] H. Schmid, Freistadt 31ff., 54.

änderungen in ihren Strukturen und Aufgabenbereichen, wie beispielsweise das Hansgrafenamt, das zur allgemeinen Gewerbeaufsicht wurde.[16] Die Stadtverwaltung erhielt also unter habsburgischem Einfluß zu Beginn des 16. Jahrhunderts ihre bleibende Ausformung.

Im Sinne der Stärkung des Einflusses des Reiches auf die Stadt und ihrer wirtschaftlichen Förderung lagen auch die Bemühungen Maximilians I., in den Jahren 1503–1504 und 1505–1507 das Reichskammergericht nach Regensburg zu verlegen.[17] Den Höhepunkt der rechtlichen Bindungen an das Haus Habsburg stellte der Erbschutzvertrag vom 2. 3. 1521 dar, demzufolge Regensburg in des «Hauses Oesterreich ewigen schuz vnd schirm sein vnd bleiben» und bei Gefahr auf Kosten des Kaisers verteidigt werden sollte.[18]

Die Habsburger konnten zwar die politischen Verhältnisse ordnen, nicht allerdings die sozialen Spannungen beseitigen. Seit dem Aufstand der Zünfte von 1485 gährte es in der Stadt, und die politischen Veränderungen verschärften die Situation zusätzlich.[19] Nach dem Tode des Reichshauptmanns Rohrbach († 18. 12. 1511) eskalierten die Spannungen.[20] Im Juni 1512 riß ein Ausschuß der Gemeinde die Macht an sich, verlangte Rechnungslegung des Rats, wollte die Einsetzung eines neuen Reichshauptmanns verhindern und schreckte nicht davor zurück, am 4. 4. 1513 den Ratsherrn Wolfgang Lyskircher hinzurichten. Nach der Ankunft des neuen Reichshauptmanns Thomas Fuchs im April 1514 wurden Ende Mai einige der Rädelsführer des Aufstands hingerichtet oder aus der Stadt vertrieben. Den Forderungen der Aufständischen wollte man allerdings insofern entgegenkommen, als die Regimentsordnung vom 8. 6. 1514 zwölf Vertretern der Handwerker Zugang zum Äußeren Rat gewährte und einem vierzigköpfigen Ausschuß der Gemeinde bei besonderen Anlässen ein Anhörungsrecht zugestand.[21] Im Zusammenhang mit diesen sozialen Unruhen und Spannungen in der Stadt ist auch die Vertreibung der Juden 1519 zu sehen.[22]

[16] Klebel, Organisationsformen (§ 35 Anm. 48).

[17] H. Gollwitzer, Unbekannte Versuche einer Erneuerung d. kgl. Kammergerichts in d. Jahren 1505–1506 (HZ 179) 1959, 255–271; Ders., Capitaneus (Anm. 14) 267.

[18] Gumpelzhaimer (vor § 35) II 711–714; Ziegler, Reichstage (Anm. 11) 111; Hahn, Ratisbona Politica I (ebd.) 25.

[19] P. Schmid, Albrecht IV. (§ 36a) 147ff.

[20] Gemeiner, Chronik (vor § 35) IV 182ff.; W. Wettges, Reformation u. Propaganda. Stud. z. Kommunikation d. Aufruhrs in süddeutschen Reichsstädten (Gesch. u. Ges., Bochumer Hist. Stud. 17) 1978, 107ff.; M. A. Panzer, Sozialer Protest in süddeutschen Reichsstädten 1485 bis 1525 (Miscellanea Bavarica Monacensia 104) 1982, 39–127; H. Schmid, Freistadt (§ 36a) 45ff.

[21] H. Schmid, Freistadt 54ff.

[22] Chr. Hoffmann, De Ratisbona metropoli Boiariae et subita ibidem Judaeorum proscriptione, Augsburg 1519; R. Straus, Die Judengemeinde Regensburg im ausgehenden MA (Heidelberger Abh. 61) 1932; Ders., Urkunden u. Aktenstücke z. Gesch. d. Juden in Regensburg 1453–1738 (QE NF 18); P. Herde, Gestaltung u. Krisis d. christl.-jüdischen Verhältnisses in Regensburg am Ende d. MA (ZBLG 22) 1959, 359–395; A. Schmid, Die Judenpolitik d. Reichsstadt Regensburg im Jahre 1349 (ZBLG 43) 1980, 589–612; W. Volkert, Die spätmittelalterl. Judengemeinde in Regensburg (Albrecht Altdorfer u. seine Zeit, hg. v. D. Henrich, Schriftenreihe d. Univ. Regensburg 5) 1981, 123–149 (Lit.); «Stadt u. Mutter in Israel». Jüdische Gesch. u. Kultur in Regensburg, 1980²; W. Volkert, Das Regensburger Judenregister v. 1476 (Festschr. für A. Kraus z. 60. Geb., hg. v.

Mit der Hinwendung Habsburgs zu Regensburg ging freilich auch eine Verschlechterung des Verhältnisses zwischen Bayern und der Stadt einher. Herzog Albrecht IV. kämpfte von 1492 bis 1496 angestrengt um seine Rechte in der Stadt und wich nur unter dem Druck Maximilians I. zurück.[23] Die Folge war, daß er 1496 der Stadt zwar einen Burgfriedensbezirk zugestand, aber nur in dem begrenzten Umfang, soweit die Felder und Grundstücke der Bauern der Stadt und das Korngeding reichten. Dadurch wurde Stadtamhof am nördlichen Fuße der Steinernen Brücke wieder bayerisch, und das bayerische Gebiet reichte auch sonst nahe an die Stadtmauern heran.[24] Regensburg blieb dadurch kein Raum zur Entfaltung. Es war in Zukunft vor allem in der Lebensmittelversorgung und im Wirtschaftsleben in hohem Maße von der Politik Bayerns abhängig und auch von daher zur Behauptung seiner Unabhängigkeit auf die Unterstützung des Hauses Habsburg angewiesen.

### b) *Reformationszeit*

L. Hochwart, Catalogus episcoporum Ratisponensium (Oefele I 148–242, s. HB II, AV); B. Hubmaier, Schriften, hg. v. Westin-Bergstein (Quellen z. Gesch. d. Täufer IX) 1962; L. Theobald, Reichsstadt Regensburg (ebd. V 2) 1951, 1–117; Simon, KO XIII, 361–519; Leonhart Widmann's Chronik v. Regensburg, hg. v. E. v. Oefele (Städtechroniken 15) 1878, 1–244. – R. Dollinger, Das Evangelium in Regensburg, 1959; (C. Th. Gemeiner), Gesch. d. Kirchenreformation in Regensburg aus den damals verhandelten Originalacten beschrieben, Regensburg 1792; H. Schwarz (Hg.), Reformation und Reichsstadt. Protestantisches Leben in Regensburg, 1994; J. Sydow, Die Konfessionen in Regensburg zw. Reformation u. Westfälischem Frieden (ZBLG 23) 1960, 473–491; L. Theobald, Die Reformationsgesch. d. Reichsstadt Regensburg, 2 Bde., 1936/51; 450 Jahre evangelische Kirche in Regensburg, 1992; W. Volkert, Luthers Reformation in d. Reichsstädten Nürnberg u. Regensburg (Martin Luther, hg. v. H. Bungert, Schriftenreihe d. Univ. Regensburg 9) 1983, 107–122; W. Ziegler, Das Benediktinerkloster St. Emmeram zu Regensburg in d. Reformationszeit (Thurn u. Taxis-Stud. 6) 1970.

Dieses vielschichtige Beziehungsgeflecht zwischen Kaiser, Herzog und Stadt war auch maßgeblich für das Verhalten des Rates während der Reformationszeit.

Mit dem Anfang der Reformationszeit fiel in Regensburg das nur schwer zu deutende Phänomen der Wallfahrt zur Kapelle der Schönen Maria zusammen, die 1519 an der Stelle der jüdischen Synagoge erbaut wurde. Diese Wallfahrt war mehr als ein lokales Phänomen, sie schlug weite Teile des Reiches und Mitteleuropas in ihren Bann. Man kann darin ein Zeichen für die erregte Aufgeschlossenheit der Zeit für religiöse Fragen sehen.[25]

P. Fried u. W. Ziegler, MHStud. 10) 1982, 115–141; A. Angerstorfer, Von d. Judensiedlung z. Ghetto in d. mittelalterl. Reichsstadt Regensburg (1519) (Gesch. u. Kultur d. Juden in Bayern, hg. v. M. Treml u. J. Kirmeier, Veröffentl. z. Bayer. Gesch. u. Kultur Nr. 17/88) 1988, 161–172; L.-M. Dallmeier, Neues zum Judenghetto. Archäologische Untersuchungen am Neupfarrplatz/Kramwinkel in Regensburg (Denkmalpflege in Regensburg 3, 1991/92) 1993, 67–78.

[23] P. Schmid, Albrecht IV. (§ 36a) 148ff.

[24] W. Scherer, Über d. Burgfrieden d. Kreishauptstadt Regensburg unter Benützung städt. Archivalien (VHOR 25) 1868, 161–183; R. Schmeissner, Der Burgfrieden d. freien Reichsstadt Regensburg (Die Oberpfalz 62) 1974, 1–9; Ders., Der Burgfrieden d. ehemals freien Reichsstadt Regensburg (Deutsche Steinkreuzforsch. 1) 1976.

[25] G. Stahl, Die Wallfahrt z. Schönen Maria in Regensburg (BGBR 2) 1968, 35–278;

Seit 1522 fanden Luther und seine Lehre unter der Regensburger Bürgerschaft zunehmend Anklang, und seine Schriften wurden in der Stadt von der Druckerei Kohl verbreitet.[26] Die Stadt wurde auch sehr bald wegen des sich in Bayern verschärfenden religiösen Klimas Zufluchtsort für Personen, die sich ihres Glaubens wegen in Bayern nicht mehr sicher fühlten. Am bekanntesten von ihnen ist Aventin, der 1528 in der Stadt Zuflucht suchte. Auch im Rat gab es offenbar große Sympathien für Luther. Zu nennen sind hier vor allem der Ratsherr Hans Portner und der seit 1523 angestellte Ratskonsulent Dr. Johann Hiltner.[27] Im Rat scheint auch die Neigung bestanden zu sein, sich der neuen Bewegung zu bedienen, um den Einfluß des Bischofs zurückzudrängen, Kirchen in die Hoheit der Stadt zu übernehmen und die Geistlichkeit gleich den Bürgern zu den Stadtsteuern heranzuziehen.[28] Von diesem Versuch mußte man aber 1528 auf Druck Bayerns Abstand nehmen. An diesem Vorgang wird deutlich, daß der Rat in Kirchenfragen nicht unbeeinträchtigt handeln konnte, sondern auf die katholische Schutzmacht Habsburg und den stets begehrlichen katholischen Nachbarn Wittelsbach Rücksicht nehmen mußte, die sich 1524 in der Stadt mit anderen Mächten zum Vorgehen gegen Luther verständigt hatten.[29] Bayern, das die lutherische Lehre von seinem Territorium fernhalten wollte, drohte der Stadt seit der Mitte der zwanziger Jahre wirtschaftliche Repressalien für den Fall an, daß sie sich dem Luthertum zuwenden würde.[30] Vorsichtige Zurückhaltung war also oberstes Gebot für den Rat. So verwehrte 1529 eine Weisung des Rats den Regensburger Reichstagsgesandten die Beteiligung an der Protestation und 1530 die Unterzeichnung der Confessio Augustana.[31] Die politischen Rücksichten, die der Rat nehmen mußte, waren wohl der Hauptgrund dafür, warum sich Regensburg erst als eine der letzten Reichsstädte der Reformation offiziell anschloß. Man mußte sich erst dessen gewiß sein, daß Habsburg einen Konfessionswechsel hinnehmen und wegen seiner politischen Differenzen zu Wittelsbach daran gehindert werde, die Stadt deswegen Bayern preiszugeben. Den Umschwung zugunsten der Re-

G. B. Winkler, Die Regensburger Wallfahrt z. Schönen Maria (1519) als reformator. Problem (Albrecht Altdorfer u. seine Zeit, hg. v. D. Henrich, Schriftenreihe d. Univ. Regensburg 5) 1981, 103–121. Wegen des Streits zwischen Rat u. Bischof um die Einkünfte wurde 1519 Luther vom Reichshauptmann Thomas Fuchs um eine Stellungnahme gebeten: G. Schlichting, Luthers Vermächtnis an Regensburg (VHOR 123) 1983, 50.

[26] Ebd. 51 ff.

[27] Wettges, Reformation u. Propaganda (Anm. 20) 88 ff.; G. Schlichting, Dr. Johann Hiltner, der Reformator d. Reichsstadt Regensburg (VHOR 120) 1980, 455–471.

[28] K. Hausberger, Leidliches Auskommen u. offene Feindseligkeit. Zum Verhältnis v. Bischof u. Reichsstadt im spätmittelalterl. Regensburg (1250 Jahre Bistum Regensburg, hg. v. H. Bungert, Schriftenreihe d. Univ. Regensburg 16) 1989, 81–100.

[29] G. B. Winkler, Der Regensburger Konvent (27. Juni – 7. Juli 1524) u. d. deutsche Glaubensspaltung (Reformatio Ecclesiae. Beitrr. zu kirchl. Reformbemühungen von d. Alten Kirche bis z. Neuzeit. Festgabe f. E. Iserloh, hg. v. R. Bäumer) 1980, 413–425; HB II 347 f.

[30] Volkert, Reformation (§ 36b) 116. Der Herzog u. Ferdinand I. übten insbesondere zur Verfolgung der Wiedertäufer 1527 und 1534 Druck auf den Rat aus, damit Todesurteile vollstreckt wurden. Schlichting, Vermächtnis (Anm. 25) 56–59.

[31] Gemeiner, Gesch. der Kirchenreformation (§ 36b) 59, 62; Schlichting, Vermächtnis 57.

formation brachte das Jahr 1541 mit dem Religionsgespräch[32] und dem Reichstag. Durch die große Zahl protestantischer Theologen und Fürsten, die sich dazu in der Stadt einfanden und in ihren Herbergen auch für die Öffentlichkeit zugänglich lutherische Gottesdienste feierten, erhielt die Reformation in der Bevölkerung einen entscheidenden Auftrieb. Zudem nahm Karl V. politischen Druck von der Stadt, indem er es den protestantischen Ständen freistellte, sich der Confessio Augustana anzuschließen, die Religionsprozesse vor dem Reichskammergericht stoppte und erklärte, daß das Reich in Religionssachen keine Exekution durchführen werde.[33] Durch den Übertritt von Pfalz-Neuburg, dessen Territorium ins unmittelbare Vorfeld der Stadt reichte, zum Luthertum am 22. 7. 1542[34] wurde zudem der katholische Ring um die Stadt aufgebrochen und auch von dieser Seite her Druck von ihr genommen. Im Dezember 1541 wurde Erasmus Zollner als neuer Prediger bei der Kirche zur Schönen Maria angestellt. Am 13. 10. 1542 faßte der Rat den Beschluß zur Einführung der Reformation. Am 15. 10. 1542 fand die erste Abendmahlsfeier unter beiderlei Gestalten in der dem Rat unterstehenden Neuen Pfarrkirche, der ehemaligen Kapelle zur Schönen Maria, statt.[35]

Trotz der Aufforderung König Ferdinands I. vom 5. 11. 1542 zur Rücknahme des Ratsbeschlusses und trotz der Wirtschaftsblockade, die Bayern am 27. 11. 1542 für 3 ½ Jahre über die Stadt verhängte, hielt der Rat an seiner Entscheidung fest,[36] zumal auch die überwiegende Mehrheit der Bürger sich zum Luthertum bekannte.[37] Schwer beeinträchtigt wurde die Entwicklung des Luthertums in der Stadt, als sie Karl V. nach dem Scheitern des zweiten Regensburger Religionsgesprächs (27. 1. – 24. 2. 1546) 1546/47 zum Ausgangspunkt des Schmalkaldischen Krieges machte und 1548 zur Annahme des Interims zwang. Alle protestantischen Geistlichen mußten die Stadt verlassen. Vom 1. 7. 1548 – 1. 2. 1549 fand kein lutherischer Gottesdienst statt. Die Interimsgottesdienste, die seit 3. 2. 1549 in der Neupfarrkirche gefeiert wurden, mußten am 30. 9. 1551 auf Verlangen Karls V. eingestellt werden.[38] Eine grundlegende Verbesserung der Situation

[32] Sydow, Konfessionen (§ 36b) 477; G. B. Winkler, Das Regensburger Religionsgespräch 1541 (Regensburg – Stadt d. Reichstage, hg. v. D. Albrecht, Schriftenr. d. Univ. Regensburg NF 21) 1994, 72–87; Ziegler, Reichstage (Anm. 11) 108; Schlichting, Hiltner (Anm. 27) 460; Ders., Vermächtnis (Anm. 25) 59f.; H. M. Barth u. a., Das Regensburger Religionsgespräch im Jahr 1541. Rückblick u. aktuelle ökumen. Perspektiven, 1992.

[33] Volkert, Reformation (§ 36b) 117f.

[34] R. Dollinger, Die Regensburger Kirche u. d. Pfalzgrafschaft Neuburg in deren evang. Zeit (ZBKG 30) 1961, 184–206; R. H. Seitz, Reformation u. Gegenreformation im Fürstentum Pfalz-Neuburg (475 Jahre Fürstentum Pfalz-Neuburg) 1980, 43–66.

[35] Sydow, Konfessionen (§ 36b) 477; Ziegler, Reichstage (Anm. 11) 108; Volkert, Reformation (§ 36b) 117f.; Schlichting, Hiltner (Anm. 27) 462; Ders., Vermächtnis (Anm. 25) 63; Die Neupfarrkirche. Hauptkirche des evangelischen Regensburgs. Mutterkirche für das evangelische Südosteuropa, bearb. von P. Morsbach, 1992.

[36] Sydow, Konfessionen 477ff.; Schlichting, Hiltner 462ff.; Ders., Vermächtnis 63f.

[37] K. Schellhass, Akten z. Reformthätigkeit Felician Ninguarda's insbes. in Baiern u. Oesterreich während d. Jahre 1572 bis 1577 (QFIAB 2) 1899, 58ff.; W. Friedensburg, Informativprozesse über deutsche Kirchen in vortridentinischer Zeit (QFIAB 1) 1898, 198.

[38] Schlichting, Hiltner (Anm. 27) 456ff.;

zugunsten der lutherischen Kirchengemeinde brachte das Jahr 1552, als Ferdinand I. der Stadt gegen das Versprechen, auf der Seite des Kaisers zu bleiben, freie Religionsausübung gestattete. Nikolaus Gallus[39] kehrte 1553 in die Stadt zurück und wurde zusammen mit Hiltner, der die Kirchenregimentsordnung entwarf, zum entscheidenden Gestalter der lutherischen Kirchengemeinde in Regensburg. In den theologischen Auseinandersetzungen, die im Luthertum entbrannten, entschied sich die Regensburger Gemeinde im Februar 1578 durch die Unterzeichnung der Konkordienformel für die Orthodoxie.[40]

Der Rat der Stadt war nach 1552 überwiegend lutherisch besetzt, wenngleich es bis 1651 keinerlei Bestimmung gab, die die Ausübung städtischer Ämter an die Zugehörigkeit zum Luthertum gebunden hätte. Bis zum Ende des Dreißigjährigen Krieges gab es auch katholische Bürgerfamilien. Erst 1651 wurde die Zulassung zum Bürgerrecht an das Luthertum gebunden. Umstritten ist, ob Regensburg als paritätische Stadt im Sinne des Augsburger Religionsfriedens anzusprechen ist.[41]

Die evangelische Gemeinde hatte im 16. und 17. Jahrhundert außerordentlich große Bedeutung für die evangelischen Gemeinden Österreichs, für die Exulanten aus der Oberpfalz und aus Pfalz-Neuburg nach den dortigen gegenreformatorischen Bewegungen und bis ins 19. Jahrhundert für die evangelische Diaspora des südöstlichen Bayern.[42]

Durch die Übernahme des Luthertums wurden die bestehenden Spannungen innerhalb der Stadt zu den katholischen Stiften verschärft. Zu entscheidenden Veränderungen im beiderseitigen Besitzstand kam es dabei jedoch nicht. Die

Ders., Vermächtnis (Anm. 25) 65ff.; Volkert, Reformation (§ 36b) 119.

[39] H. Voit, Nikolaus Gallus (Einzelarbeiten 54) 1977.

[40] Simon, KO XIII, 384; Dollinger, (§ 36b) 323; G. Schlichting, Die Annahme d. Konkordienformel in Regensburg (VHOR 117) 1977, 69–103; Ders., Einheit in d. Wahrheit. Das Ringen um d. Konkordienformel in d. Reichsstadt Regensburg (Bekenntnis z. Wahrheit. Aufsätze über d. Konkordienformel, hg. v. J. Schöne) 1978, 121–150; Ders., Hiltner (Anm. 27) 468; F. Loy, Der Flacianische Streit in Regensburg (ZBKG 1) 1926, 6–29, 67–93; Volkert, Reformation (§ 36b) 120.

[41] Volkert, Reformation 120; Gumpelzhaimer (vor § 35) II 1005f.; Zur Kontroverse über das Verhältnis der Konfessionen in Regensburg vgl. J. Sydow und M. Simon in ZBLG 23, 1960, 473–491; ZBKG 33, 1964, 1–33; ebd. 34, 1965, 187–193 u. 194–197; ebd. 35, 1966, 231–232; B. Möller, Probleme des kirchlichen Lebens in Deutschland vor der Reformation (Ders., Die Reformation und das Mittelalter) 1991, 86–97; K. Hausberger, Zum Verhältnis der Konfessionen in der Reichsstadt Regensburg (450 Jahre evangelische Kirche § 36b) 153–163; J. Nemitz, Bürgerrecht und Konfession. Zur Interpretation des Westfälischen Friedens in der Reichsstadt Regensburg im 18. Jh. (ZBLG 55) 1992, 511–542.

[42] R. Dollinger, Regensburg u. d. österreich. Protestantismus nach d. Pax Augustana (ZBKG 28) 1959, 71–96; vgl. Lit. angabe (ZBLG 22) 1959, 278 nr. 1858; O. Brunner, Adeliges Landleben u. europ. Geist, Salzburg 1949; G. Mecenseffy, Österreich. Exulanten in Regensburg (Jb. d. Ges. f. d. Gesch. d. Protestantismus in Österreich 73) 1957, 131–146; G. Florey, Bischöfe, Ketzer, Emigranten, 1967; G. B. Winkler, Die nachtridentin. Synoden im Reich. Salzburger Provinzialsynoden 1569, 1573, 1576, 1988, 310; H. Schwarz, 450 Jahre Protestantismus in Regensburg (Regensburger Almanach 1992) 73–83.

Neupfarrkirche und seit 1553 St. Oswald[43] waren lutherisch. 1631 kam noch die Dreieinigkeitskirche hinzu.[44] Seit 1563 beanspruchte die evangelische Gemeinde auch das Schiff der Dominikanerkirche für ihren Gottesdienst. Das Schottenkloster und die Bettelklöster, die der Rat 1534 seiner Aufsicht unterstellt hatte, mußte er wieder an den Bischof zurückgeben. 1571 sorgte ein Vertrag zwischen Stadt und Bischof für eine leidliche Entspannung der Zwistigkeiten zwischen Klerus und Stadt.

Die Verhältnisse im katholischen Bereich der Stadt galten im 16. Jahrhundert, abgesehen von St. Emmeram, allgemein als wenig erfreulich.[45] Erst gegen Ende des 16. Jahrhunderts, als sich gegen alle Widerstände der Stadt und des Domkapitels die Jesuiten 1586 mit Hilfe Herzog Wilhelms V. niederließen und 1589 das Stift St. Paul übernahmen,[46] trat eine Wende zum Besseren ein. Wie überall nahmen sich die Jesuiten des Schulwesens an und traten dabei in Konkurrenz zur reichsstädtischen Poetenschule, die als Lateinschule seit 1503 nachweisbar ist, seit 1537 in den Händen der Stadt lag und bis 1801 als Gymnasium Poeticum bestand.[47]

Aus dem allgemein hochstehenden Schulwesen der Stadt ist abzulesen, daß trotz des wirtschaftlichen Niedergangs das kulturelle Leben in der Stadt ein

[43] H.-E. Paulus, Die evang.-luth. Kirche St. Oswald (Regensburger Almanach 1992) 95–98; K. Möseneder, Das Haus der Ecclesia. Zwischen biblischer Metaphorik und Kunsttradition (Musis et litteris. Festschrift für Bernhard Rupprecht zum 65. Geburtstag, 1993) 471–489; wieder: H. Schwarz, Hg., Reformation und Reichsstadt (§ 36b) 166–185.

[44] P. Landau, Die Dreieinigkeitskirche in Regensburg – Toleranz u. Parität in d. Gesch. d. Stadt (Stud. u. Quellen z. Gesch. Regensburgs 3) 1985, 23–33; X. Walczak, Die Dreieinigkeitskirche in Regensburg. Studien zur Architektur- und Baugeschichte, 1993.

[45] Nuntiaturberichte aus Deutschland III, 3, 1896, 30, 83, 439; K. Schellhass, Akten z. Reformthätigkeit Felician Ninguarda's insbes. in Baiern u. Oesterreich während d. Jahre 1572 bis 1577 (QFIAB 1) 1898, 66–73, (ebd. 2) 1899, 57–63; K. Hausberger, Gesch. d. Bistums Regensburg I, 1989, 298–309. Vgl. auch A. Kraus, Beitrr. z. Gesch. d. Dominikanerklosters St. Blasien in Regensburg 1229–1809 (VHOR 106) 1966, 154ff., 161; Ziegler, St. Emmeram (§ 36b); A. Hilz, Die Minderbrüder v. St. Salvator in Regensburg 1226–1810 (BGBR 25) 1991, 4, 19ff.; St. Emmeram in Regensburg, 1992; P. Schmid, Bischof David Kölderer von Burgstall (1567–1579). Erste Regungen der Tridentinischen Kirchenreform im Bistum Regensburg (Staat, Kultur, Politik. Beiträge zur Geschichte Bayerns und des Katholizismus. Festgabe zum 65. Geburtstag von D. Albrecht, hg. von W. Becker und W. Chrobak) 1992, 61–69.

[46] Duhr (§ 26 Anm. 6) I 205ff., 619ff.; H. W. Wurster, Die Regensburger Geschichtsschreibung im 17. Jh. Historiographie im Übergang vom Humanismus z. Barock (VHOR 120) 1980, 97–99.

[47] Mittelschulgeschichtl. Dokumente Altbayerns, einschließlich Regensburgs, hg. v. G. Lurz, 2 Bde. (Monumenta Germaniae Paedagogica 41/42) 1907/08; Chr. H. Kleinstäuber, Gesch. d. Studienanstalten in Regensburg (VHOR 35/39) 1880/85; H. Soss, Das städt. Elementarschulwesen Regensburgs im 16. u. 17. Jh. (VHOR 78) 1928, 1–106; G. Schlichting, Das Regensburger reichsstädt. Gymnasium u. sein Alumneum (Ders., Der Schatz im Acker der Zeit. Theologica et Ratisbonensia) 1986, 288–318; D. Schmid, Das Albertus-Magnus-Gymnasium – über 450 Jahre Regensburger Schulgesch. (Regensburger Almanach 1989) 1988, 287–299; zum Schulwesen im Zusammenhang d. Oberpfalz vgl. J. Würdinger, Zur Gesch. d. Volksbildung u. d. Unterrichts (Bavaria. Landes- u. Volkskunde d. Königreichs Bayern II) 1862, 369–397; zur Schulgesch. Ambergs F. Krebs, Das deutsche Schulwesen Ambergs, Diss. München 1930.

anspruchsvolles Niveau halten konnte. Als Glanzlichter ragten dabei Albrecht Altdorfer und seine Donauschule heraus.[48]

## § 37. STADT DER REICHSTAGE – FÜRSTENTUM REGENSBURG

### a) *Der Reichstag und seine Bedeutung für Regensburg*

K. BIRTHER, Der Regensburger Reichstag v. 1640/1641 (Regensb. Hist. Forsch. 1) 1971; K. BOSL, Regensburg, eine Hauptstadt d. alten Reiches – eine Stätte d. Immerwährenden Reichstages (1663–1806) (Ders., Die bayer. Stadt in MA u. Neuzeit) 1988, 63–74; W. FÜRNROHR, Der Immerwährende Reichstag zu Regensburg, 1987[2]; C. Th. GEMEINER, Gesch. d. öffentl. Verhandlungen d. zu Regensburg noch fortwährenden Reichstags, 3 Bde., Regensburg 1794/96; H. HAAN, Der Regensburger Kurfürstentag v. 1636/1637 (Schriftenreihe d. Vereinigung z. Erforschung d. Neueren Gesch. E. V. III) 1967; HAHN, Ratisbona Politica (§ 36 Anm. 11), Teil I (VHOR 125) 1985, 7–160, Teil II (ebd. 126) 1986, 7–98; Regensburg – Stadt d. Reichstage, hg. v. D. ALBRECHT (Schriftenreihe d. Univ. Regensburg NF 21) 1994; A. SCHINDLING, Die Ausbildung d. Immerwährenden Reichstags zu Regensburg (Festgabe Heinz Hürten z. 60. Geb., hg. v. H. Dickerhof) 1988, 301–315; Ders., Die Anfänge d. Immerwährenden Reichstags zu Regensburg. Ständevertretung u. Staatskunst nach d. Westfäl. Frieden (Veröffentl. d. Inst. f. europ. Gesch. Mainz, Abt. Universalgesch. 143) 1991; A. SCHMID, Absolutistischer Territorialstaat u. Reichsstadt. Die Beziehungen d. Kurfürstentums Bayern zu Regensburg (Bilder aus d. Heimat, hg. v. F. Wiedemann) 1989, 141–158; R. SCHÖNFELD, Stud. z. Wirtschaftsgesch. d. Reichsstadt Regensburg im 18. Jh. (VHOR 100) 1959; L. SCHWAB, Regensburg. Spiegel d. deutschen Gesch. 1648–1815, 1952; M. WANKERL-HINTERHOFER, Stud. z. Gesch. d. Beziehungen d. Stadt Regensburg zum Kaiserhof vom Regierungsantritt Leopolds I. bis z. Tode Karls VI. (1658–1740), Diss. Wien 1966; D. WÖLFEL, Salomon Lentz 1548–1647. Ein Beitr. z. Gesch. d. orthodoxen Luthertums im Dreißigjährigen Krieg (Einzelarbeiten 65) 1991; U. WOLTER, Der Immerwährende Reichstag zu Regensburg (1663–1806) (Juristische Schulung 24) 1984, 837–841; WURSTER, Regensburger Geschichtsschreibung, Teil I (VHOR 119) 1979, 7–75, Teil II (ebd. 120) 1980, 69–210.

Die Hinwendung der Habsburger zur Stadt an der Wende vom 15. zum 16. Jahrhundert war von dieser als Beeinträchtigung empfunden worden. Sie erwies sich aber bald in vielfältiger Hinsicht als Vorteil für die Stadt. Nach Bereinigung der Irritationen, die die Reformation im gegenseitigen Verhältnis verursacht hatte, intensivierten die Habsburger die Beziehungen zur Stadt. 1575 fand sogar die Wahl Rudolfs II. in Regensburg statt, und Maximilian II. verstarb hier 1576 während des Reichstags im Bischofshof. Seit 1532 läßt sich eine zunehmende Konzentration der Reichstage auf Regensburg beobachten, bis die Habsburger die Stadt schließlich seit 1594 zum alleinigen Tagungsort für Reichstage machten.[1] Dieser neue Rang bedeutete nicht nur eine besondere Auszeichnung für die Stadt, er machte sie auch zu einem politischen Zentrum der Reichsgeschichte und wurde überdies zu einer Garantie für ihre Unabhängigkeit gegenüber Bayern.

[48] F. WINZINGER, Albrecht Altdorfer (Albrecht Altdorfer u. seine Zeit, hg. v. D. Henrich, Schriftenreihe d. Univ. Regensburg 5) 1981, 9–91; A. HUBEL, Albrecht Altdorfer als Maler – Beobachtungen zu Form, Farbe u. Licht (ebd.) 21–59 (Lit.); s. auch HB II 1044–1048 u. ö.

[1] Aufstellung der Reichstage der frühen Neuzeit bei ZIEGLER, Reichstage (§ 36 Anm. 11) 117–119; E. TRAPP, Die Regensburger Reichstage, 1921.

Diese Unabhängigkeit geriet im Dreißigjährigen Krieg in Gefahr. Als strategische Schlüsselposition an der Donau war die Stadt von allen Kriegsparteien umworben. Es bedurfte seitens des Magistrats großen diplomatischen Geschicks, um die schwierige Situation zu meistern. Bei aller Sympathie des Rates für die Sache der Glaubensgenossen mußte er sich wegen der Lage mitten im katholischen Lager bedeckt halten, um Bayern, das 1628 die Stadt als Pfand für seine Kriegsaufwendungen gefordert hatte, und dem Bischof, der zu dieser Zeit eine aktive Rekatholisierungspolitik in der Stadt betrieb,[2] keinerlei Ansatzpunkte zur Beeinträchtigung der Unabhängigkeit und Rechte der Stadt zu liefern.[3] Wiederum war es die Hilfe des Kaisers, der die Stadt trotz des Drängens Kurfürst Maximilians I. Bayern nicht überlassen wollte, die es ermöglichte, ohne bleibenden Schaden die bayerischen Einquartierungen, Handelssperren und Kontributionen zu überstehen. Dem Abzug der Kaiserlichen nach kurzer Beschießung der Stadt durch Bernhard von Weimar im November 1633 war es auch zu verdanken, daß die Stadt nicht zerstört wurde.[4] Während der Zeit der schwedischen Besetzung[5] wurde das Verhältnis zwischen den Konfessionen in der Stadt schwer belastet. Katholische Kirchen wurden säkularisiert und zahlreiche Kleriker aus der Stadt verwiesen.[6] Trotz dieser Vorgänge und der Huldigung der Krone Schwedens verstand es der Rat bei den Übergabeverhandlungen 1634, sich mit dem Kaiser zu verständigen und dem von Bayern drohenden Strafgericht zu entgehen.[7] Angesichts der anhaltenden feindseligen Gesinnung Bayerns ließ sich der Rat in der folgenden Zeit eine Entspannung der konfessionellen Gegensätze in der Stadt angelegen sein. Dessenungeachtet schrumpfte in dieser Zeit die Zahl der katholischen Bürgerfamilien auf drei und wurden 1651 die Verleihung des Bürgerrechts und die Ausübung städtischer Ämter von der Zugehörigkeit zum Luthertum abhängig gemacht.[8] Dennoch schöpfte im 17. Jahrhundert die katholische Kirche in Regensburg neue Kraft. Kaiser Matthias und Ferdinand II. brachten 1613 die Kapuziner und 1634/35 die Unbeschuhten Karmeliter in die Stadt. Die Mendikantenklöster erholten sich von ihrem Tiefstand in der Reformationszeit, und St. Emmeram und St. Jakob erlebten einen monastischen Frühling.[9]

[2] S. Federhofer, Albert v. Törring. Fürstbischof v. Regensburg (1613–1649) (BGBR 3) 1969, 7–122.

[3] Gumpelzhaimer (vor § 35) III 1156f.; R. Dollinger, Regensburg u. d. Herzogtum Baiern bis 1648 (ZBKG 35) 1966, 224.

[4] S. Höpfl, Die Belagerungen Regensburgs in d. Jahren 1633 u. 1634, 1913; Hahn, Ratisbona Politica (§ 37) II 40ff.

[5] Hahn, Ratisbona Politica II 43ff.

[6] S. Federhofer, Bischof u. Dom in d. Schwedenzeit d. Dreißigjährigen Krieges (Der Regensburger Dom, BGBR 10) 1976, 189–200; Hahn, Ratisbona Politica (§ 37) II 64ff.; Wölfel, Lentz (§ 37) 249ff.

[7] Gumpelzhaimer (vor § 35) III 1237f.; Hahn, Ratisbona Politica II 50ff.; BA II/9 nr. 64 S. 115ff. u. ö.

[8] Sydow, Konfessionen (§ 36b) 488ff.

[9] A. Kraus, Naturwissenschaftl. Forschung an Regensburger Klöstern d. Zeitalters d. Aufklärung (Naturwissenschaftl. Forschung in Regensburgs Gesch., hg. v. J. Barthel, Schriftenreihe d. Univ. Regensburg 4) 1980, 29–51; A. Schmid, Vom Augsburger Religionsfrieden zum Immerwährenden Reichstag (Kraus-Pfeiffer, vor § 35, 100f.); Wölfel, Lentz (§ 37) 127, 228ff.; Hilz (§ 36 Anm. 45) 19ff.

Das einschneidende Ereignis für die Stadtgeschichte der frühen Neuzeit brachte das Jahr 1663. Aus dem Reichstag, der als Türken-Reichstag konventionellen Typs einberufen worden war, wurde durch das Zusammenspiel mehrerer Faktoren eine permanente Einrichtung.[10] Als Deputiertenkongreß tagte der Immerwährende Reichstag abgesehen von zwei kurzfristigen Verlegungen 1713[11] und 1742[12] bis zum Ende des Alten Reiches in Regensburg. Die Auswirkungen des Immerwährenden Reichstags auf die Stadt bedürfen noch einer näheren Untersuchung. Sicher ist allerdings, daß er von der Stadt selbst als Garantie der Unabhängigkeit betrachtet wurde und daß er der Stadt den Status einer praktisch neutralen Stadt einbrachte, was 1704 entsprechend anerkannt wurde.[13] Auch das politische Ansehen der Stadt gewann. Sie führte die erste Stimme der schwäbischen Städtebank, und der Rat oder einzelne Ratsmitglieder vertraten andere Reichsstädte in der Städtekurie. Mit den Gesandten der Reichsstände und ausländischer Staaten, unter denen die französische Gesandtschaft eine herausragende Rolle spielte, und mit dem Vertreter des Kaisers, dem Prinzipalkommissar, der seit 1748 aus dem Hause Thurn und Taxis kam,[14] erhielt das kulturelle und gesellschaftliche Leben Regensburgs neue Impulse.[15]

Die Auswirkungen des Immerwährenden Reichstags auf das Wirtschaftsleben sind ambivalent zu sehen. Gaststätten, Beherbergungs- und Versorgungsbetriebe konnten sicherlich Gewinne erzielen, und für das Dienstpersonal ergaben sich gute Verdienstmöglichkeiten. Für die Stadtkasse selbst fiel offenbar weniger ab, denn die Stadt beschwerte sich stets über die Umgehung von Zollvorschriften durch die Gesandten und die Begünstigung ausländischer Händler und zugewanderter Handwerker durch den Kaiser, die den städtischen Abgabeordnungen nicht unterstanden.[16] Eine Gesamtbewertung der Auswirkungen des Immerwährenden Reichstags auf das Wirtschaftsleben der Stadt steht allerdings noch aus. Vor allem die Frage, ob im Ende des Immerwährenden Reichstags eine der Ursachen für den finanziellen Ruin der Stadt zu Beginn des 19. Jahrhunderts zu

[10] Schindling, Anfänge (§ 37); Ders., Ausbildung (ebd.).

[11] Schöppler, Die Gesch. d. Pest zu Regensburg, 1914.

[12] HB II 527 Anm. 5.

[13] Gumpelzhaimer (vor § 35) III 1486ff.; vgl. HB II 497 Anm. 16 (Lit.).

[14] M. Piendl, Die fürstl. Residenz in Regensburg im 18. u. beginnenden 19. Jh. (Thurn u. Taxis-Stud. 3) 1963; Ders., Prinzipalkommissariat u. Prinzipalkommissare am Immerwährenden Reichstag (Regensburg – Stadt d. Reichstage, hg. v. D. Albrecht, Schriftenreihe d. Univ. Regensburg NF 21) 1994, 167–184; W. Fürnrohr, Die Vertreter d. habsburgischen Kaisertums auf d. Immerwährenden Reichstag in Regensburg (VHOR 123) 1983, 71–139, (ebd. 124) 1984, 99–148.

[15] S. Färber, Das Regensburger Fürstlich Thurn- u. Taxische Hoftheater u. seine Oper (VHOR 86) 1936, 3–124; H. Pigge, Gesch. u. Entwicklung d. Regensburger Theaters (1786–1859), Diss. Masch. München 1954; K. H. Göller, Englische Restaurationskomödie in Regensburg (Regensburger Universitätszeitung 1968 H. 7) 25–31; H. Gstettner, Regensburger Reichstags-Korrespondenzen (Zeitung u. Leben 33) 1936; R. Reiser, Adeliges Stadtleben im Barockzeitalter (Miscellanea Bavarica Monacensia 17) 1969; E. Fendl, Volksbelustigungen in Regensburg im 18. Jh. (Regensburger Almanach 1990) 1989, 114–121.

[16] Vgl. W. Kaltenstadler, Bayer. Zollverfassung u. Zollpolitik 1769–77 (ZBLG 30) 1967, 657ff.; Hahn, Ratisbona Politica I (§ 36 Anm. 11) 64; Ziegler, Reichstage (ebd.) 107; Schönfeld (§ 37) 28ff.

sehen ist, bedarf erst einer näheren Untersuchung. Unstrittig ist dagegen, daß zeitgenössische Beobachter wie etwa Roman Zirngibl von St. Emmeram den Reichstag als ein überaus positives Element im Regensburger Wirtschaftsleben werteten und deshalb an seinem Ende der Regensburger Wirtschaft eine äußerst düstere Prognose stellten. Zirngibl schrieb über die Folgen des Abzugs der Gesandten: «Regensburg wird demnach die erste Bettelstadt Deutschlands, in welcher man weiter nichts als einen Bettelhaufen von mehr als 1000 Hausarmen, von Bairen auf allen Seiten eingeschränckte, und eben deßwegen misvergnügte, im Handel und Wandel geängstigte Bürger, und etwa 150 Geistliche, deren zwey Drittel nichts arbeitet, und nichts zu arbeiten hat, erblicken kann».[17] Das Wirtschaftsleben der Stadt hatte insbesondere unter der restriktiven bayerischen Zoll- und Handelspolitik zu leiden. Aus diesem Grunde sah die Stadt in einer Erweiterung ihres Burgfriedensbezirks die grundlegende Voraussetzung für eine dauerhafte Verbesserung der wirtschaftlichen Situation und versuchte, die bayerische Schwäche während des Spanischen Erbfolgekrieges und des Bayerischen Erbfolgestreits von 1778 dazu auszunutzen.[18] Zur Verschlechterung der Regensburger Wirtschaft trugen auch strukturelle Veränderungen im Wirtschaftsleben bei. Die Zahl der reichen Großhändler ging auf wenige zurück, so daß das Gewerbe vorherrschte, das traditioneller Weise von geringer wirtschaftlicher Bedeutung war.[19]

Im 17./18. Jahrhundert nahm das geistige Leben in der Stadt, nicht zuletzt angeregt durch Einflüsse, die vom Reichstag ausgingen, in den Bereichen der Naturwissenschaft, Philologie und der Geschichtsforschung einen erfreulichen Aufschwung.[20] Zu nennen sind dabei neben Kepler,[21] der hier verstarb, der

[17] A. Kraus, Die Briefe Roman Zirngibls v. St. Emmeram (VHOR 103) 1963, 132 nr. 68.

[18] P. Schmid, Möglichkeiten u. Grenzen reichsstädt. Politik im Zeitalter d. Absolutismus. Die Politik d. Reichsstadt Regensburg im Bayer. Erbfolgestreit 1778/79 (Aus Bayerns Gesch. Forschungen als Festgabe z. 70. Geb. von Andreas Kraus, hg. v. E. J. Greipl, A. Schmid, W. Ziegler) 1992, 377–404.

[19] M. v. Rauch, Zur süddeutschen Handelsgesch.: Friedrich v. Dittmer (1727–1811) (ZBLG 1) 1928, 244–315; Schönfeld (§ 37) 5–148; H. Kellenbenz, Regensburger Fernhandelsbeziehungen in d. Mitte d. 17. Jhs. (Mitt. d. oberösterr. Landesarchivs 8) 1964, 463–472; Ders., Regensburgs Fernhandelsbez. in d. 2. Hälfte d. 17. Jhs. (VHOR 106) 1966, 243–254; C. Lohmer, Gewerbl. Leben in d. Stadt d. Reichstage (Regensburger Almanach 1990) 1989, 173–183; R. Schönfeld, Bürger u. Reichstag in Regensburg (ebd. 1991) 62–69.

[20] A. Kraus, Bürgerl. Geist u. Wissenschaft. Wissenschaftl. Leben im Zeitalter d. Barocks u. d. Aufklärung in Augsburg, Regensburg u. Nürnberg (AKG 49) 1967, 340–390; Ders., Die naturwissenschaftl. Forsch. d. Bayer. Akad. d. Wiss. im Zeitalter d. Aufklärung (Abh. München NF 82) 1978; Ders., Naturwissenschaftl. Forsch. (Anm. 9); A. Bresinsky, Die Regensburgische Botanische Ges. u. d. Wurzeln ihres Entstehens im 18. Jh. (Naturwissenschaftl. Forsch. in Regensburgs Gesch., hg. v. J. Barthel, Schriftenreihe d. Univ. Regensburg 4) 1980, 101–130; E. Neubauer, Das geistig-kulturelle Leben d. Reichsstadt Regensburg (1750–1806) (Miscellanea Bavarica Monacensia 84) 1979; s. auch HB II, Reg.

[21] W. Kaunzner, Johannes Kepler, kaiserl. Astronom u. Mathematiker (VHOR 111) 1971, 7–26; Kepler-Festschrift 1971. Zur Erinnerung an seinen Geburtstag vor 400 Jahren (Acta Albertina Ratisbonensia 32) 1971; E. Oeser, Kepler. Die Entstehung d. neuzeitl. Wiss. (Persönlichkeit u. Gesch. 58/59) 1971;

Naturforscher Jakob Christian Schäfer,[22] die Philologen Zippelius und Prasch[23] sowie der Geschichtsschreiber Karl Theodor Gemeiner.[24] Eine neue geistige Blütezeit erlebten St. Jakob und St. Emmeram, dem so bedeutende Gelehrte angehörten wie die Naturforscher C. Steiglehner[25] und Pl. Heinrich,[26] der Philologe Frobenius Forster[27] und der wohl angesehenste bayerische Geschichtsforscher der Zeit Roman Zirngibl.[28]

### b) *Ende der reichsstädtischen Freiheit – Fürstentum Regensburg*

C. Willi, Archival. Beitrr. z. Gesch. d. Erstürmung v. Regensburg am 23. April 1809 u. deren Folgen (VHOR 47) 1895, 179–307. – K. M. Färber, Kaiser u. Erzkanzler. Carl v. Dalberg u. Napoleon am Ende d. Alten Reiches (Stud. u. Quellen z. Gesch. Regensburgs 5) 1988; L.

Internationales Kepler Symposium Weil d. Stadt 1971. Referate u. Diskussionen, hg. v. F. Krafft u. a., 1973; Kepler – Four Hundred Years. Proceedings of Conferences held in Honour of Johannes Kepler, hg. v. A. Beer – P. Beer (Vistas in Astronomy 18) 1975; B. Meyer, Johannes Kepler in Regensburg, 1981; G. Doebel, Johannes Kepler. Er veränderte d. Weltbild, 1983; E. Bindel, Johannes Kepler. Mathematiker d. Weltgeheimnisse, 1987²; B. Stephenson, Kepler's Physical Astronomy (Studies in the History of Mathematics and Physical Sciences 13) 1987; J. V. Field, Kepler's Geometrical Cosmology, 1988; F. Krafft, Johannes Kepler (Theolog. Realenzyklopädie 18) 1988, 99–109 (Lit.); Ders., Astronomy as a way of worship (Science and religion, hg. v. Ä. Bäumer u. M. Büttner; Abh. z. Gesch. d. Geowiss. u. Religion-Umwelt-Forsch. 3) 1989, 102–109; Ders., The new celestial Physics of Johannes Kepler (Physics, Cosmology and Astronomy 1300–1700, Boston studies in the philosophy of science 126) 1991, 185–227; Ders., Erfahrung und Vorurteil im wissenschaftlichen Denken Johannes Keplers (Bericht zur Wissenschaftsgeschichte 14) 1991, 73–96; HB II 882 (Lit.).

[22] O. Fürnrohr, Schäffer u. Grimm, zwei bedeutende Regensburger Familien d. 18. Jhs. (VHOR 103) 1963, 375–380; W. Schlichting, Jakob Christian Schaeffer: Christ im Zeitalter d. Aufklärung (Ders., Miniaturen aus d. Regensburger Kirchengesch.) 1983, 42–49.

[23] E. Dünninger, Johann Ludwig Prasch u. sein «Glossarium Bavaricum» – Sprachwiss. u. Mundartkenntnis in Regensburg während d. 17. Jhs. (Regensburger Almanach 1990) 1989, 96–103.

[24] E. Neubauer, Königtum u. Reichsstadt im 14. Jh. im Spiegel d. Reichsstadt Regensburgischen Chronik. Carl Theodor Gemeiner – der Geschichtsschreiber d. Reichsstadt (VHOR 117) 1977, 239–258; H. Hage, Der Regensburger Historiker u. Archivar Carl Theodor Gemeiner (1756–1823). Leben, Werk u. Bedeutung f. d. Geschichtsschreibung d. späten 18. u. frühen 19. Jhs. (VHOR 123) 1983, 171–234.

[25] R. Grill, Coelestin Steiglehner, letzter Fürstabt v. St. Emmeram zu Regensburg (StMBO, Erg.-Bd. 12) 1937; M. Dallmeier, Coelestin Steiglehner (1738–1819): Erzieher, Gelehrter u. Fürstabt v. St. Emmeram (BGBR 23/24) 1989, 392–403; K. Hausberger, Coelestin Steiglehner (1738–1819), der letzte Fürstabt v. St. Emmeram (Regensburger Almanach 1991) 70–77.

[26] L. Hartmann, Der Physiker u. Astronom P. Heinrich v. St. Emmeram zu Regensburg (1758–1825) (StMBO 47) 1929, 157–182, 316–351; E. Probst, Pater Placidus Heinrich (1758–1825) – Priester, Lehrer u. Gelehrter (Regensburger Almanach 1983) 23–31.

[27] A. Kraus, Frobenius Forster, Fürstabt v. St. Emmeram in Regensburg (Ders., Bayer. Geschichtswiss. in drei Jh.) 1979, 233–242; E. J. Greipl, Frobenius Forster (1709–1791) Fürstabt v. St. Emmeram zu Regensburg (BGBR 23/24) 1989, 385–391.

[28] Kraus, Zirngibl (§ 35 Anm. 1); Ders., Roman Zirngibl (BGBR 23/24) 1989, 458–468; Ders., Die Briefe Roman Zirngibls v. St. Emmeram (VHOR 103) 1963, 5–163, (ebd. 104) 1964, 5–164, (ebd. 105) 1965, 17–79; E. J. Greipl, Die Briefe Roman Zirngibls v. St. Emmeram in Regensburg an d. Augsburger Gelehrten G. W. Zapf (1779–1785) (VHOR 116) 1976, 111–164; A. Kraus, Vernunft u. Geschichte, 1963, Reg.

Hammelmayer, Die europ. Mächte u. d. Bewahrung v. Abtei u. Seminar d. Schotten in Regensburg (1802/3) (VHOR 106) 1966, 291–306; E. Probst, Regensburgs Wege v. d. Reichsstadt zum bayer. Staat (Die Oberpfalz 48) 1960, 269–281 u. 302–307; Ders., Rasch verwehter Fürstenglanz. Fürstprimas Carl von Dalberg und sein Fürstentum Regensburg (Unser Bayern 43) 1994, 9–11; H. W. Schlaich, Das Ende d. Regensburger Reichsstifte St. Emmeram, Ober- u. Niedermünster (VHOR 97) 1956, 163–376 (Lit.); I. Schmidbauer, Die Vermögenssäkularisation d. Regensburger Reichsstifte St. Emmeram, Nieder- u. Obermünster nach 1803 (Regensburger Almanach 1990) 1989, 64–73; G. Schwaiger, Das Erzbistum Regensburg unter Carl Theodor v. Dalberg (1803–1817) (Der Regensburger Dom, BGBR 10) 1976, 209–227; Ders., Carl Theodor v. Dalberg. Erzbischof v. Regensburg (1805–1817) (Lebensbilder aus d. Gesch. d. Bistums Regensburg, BGBR 23/24) 1989, 488–494.

1800 besetzte General Grenier Regensburg.[29] Damit hatten die Auswirkungen der Französischen Revolution auch Regensburg erreicht. Im Gefolge der Neuordnung der Verhältnisse im Reich, die aus den Kriegen mit dem revolutionären Frankreich resultierte, verlor Regensburg wie das Gros der Reichsstädte seinen reichsstädtischen Status. Dennoch teilte es nicht in allem das Schicksal der übrigen Reichsstädte. Wegen seiner Eigenschaft als Sitz des Reichstags erhielt es einen Sonderstatus eingeräumt und konnte dadurch zunächst der Mediatisierung entgehen. § 25 des Reichsdeputationshauptschlusses[30] faßte Stadt, Hochstift und Reichsklöster zu einem geistlichen Fürstentum für den Reichserzkanzler Kurfürst Karl Theodor von Dalberg zusammen, dessen Erzstuhl und Würden von Mainz hierher transferiert wurden. Der Stadt wurde als Sitz des Reichstags Neutralität zugesichert. Dalberg ging mit den Verhältnissen in der Stadt behutsam um. Er tastete die Verwaltung der Stadt nicht an und ließ auch die Klöster bestehen. Gleichwohl hielt mit ihm der Geist der Aufklärung in vielen Bereichen Einzug in die Stadt. Die Katholiken erhielten am 20. 5. 1803 wieder Zugang zum Bürgerrecht[31] und den Juden sollte er ermöglicht werden.[32] Durch seinen Baumeister Emanuel Joseph d'Herigoyen ließ er das mittelalterliche Erscheinungsbild der Stadt verändern. Die Befestigungsanlagen wurden niedergerissen und durch Grünanlagen ersetzt. Die Stadt verwandelte ihr Aussehen in eine Residenzstadt, in der Bauwerke nach Art des napoleonischen Empire die Akzente setzten.[33]

Das Schicksal Regensburgs war aufs engste mit der Politik Dalbergs verbunden. Am 1. 8. 1806 trat Dalberg aus dem Reichsverband aus, und Franz II. legte am 6. 8. 1806 die Kaiserkrone nieder. Das Reich bestand nun nicht mehr, der Reichstag löste sich auf, und die Gesandten verließen die Stadt. Mit dem Reichs-

[29] Regensburg von den Französischen Truppen in den Jahren 1796 u. 1800 feindlich bedroht u. endlich in Besitz genommen, 1802.

[30] E. R. Huber (Hg.), Dokumente z. deutschen Verfassungsgesch. I, 1961,[2] 9f.

[31] Sydow, Konfessionen (§ 36b) 490.

[32] H. Hage, Zur Frage d. Emanzipation d. Regensburger Juden unter d. Herrschaft Carl Theodor v. Dalbergs (1802–1810) («Stadt und Mutter in Israel») 1990[2], 187–191.

[33] Färber (§ 37b); H. Reidel, Die Villenbauten Emanuel Joseph v. Herigoyens in Regensburg. Ein Beitr. z. Architektur d. Klassizismus in Regensburg (VHOR 118) 1978, 87–136; A. Scharnagl, Der Dalberg'sche Fürstenhof zu Regensburg (1803–1810) – Ein Beitr. z. Musik- u. Theatergesch. d. Stadt Regensburg (Regensburger Almanach 1985) 1984, 63–72; R. Reidel, Emanuel Joseph v. Herigoyen – ein Portugiese als Stadt- u. Landbaumeister im Dalbergischen Fürstentum Regensburg (ebd. 1988) 1987, 227–238.

tag hatte das Fürstentum Regensburg einen entscheidenden Grund seiner Existenzberechtigung verloren. 1809 wurde Regensburg in den Krieg zwischen Frankreich und Österreich verwickelt. Die Beschießung und Erstürmung durch die Franzosen am 23. 4. 1809 hinterließ große Verwüstungen.[34] Durch die anschließende Annäherung zwischen Österreich und Frankreich geriet Dalberg ins politische Abseits. Mit dem Bedeutungsverlust Dalbergs wurde das Fürstentum Regensburg, von Bayern von Anfang an begehrt, trotz intensiver Bemühungen Dalbergs, seinen Fortbestand zu sichern, überflüssig. Im Vertrag vom 16./19. 2. 1810 mußte Dalberg das Fürstentum Regensburg an Napoleon abtreten, der es im Vertrag vom 28. 2./3. 3. 1810 Bayern zusprach.

Am 22./23. 5. 1810 nahm Bayern Regensburg in Besitz.[35] Regensburg ging nun als Provinzstadt in einem zentralistischen bayerischen Staat auf. Die traditionelle besondere Stellung der Stadt in Bayern und im Reich hatte damit ihr Ende gefunden.

[34] Regensburg 1809 (Studienbehelfe der k. u. k. Kriegsschule) Wien 1911; D. Guerrini, La manovra di Regensburg, Rom 1924; H. Huber, Die napoleonische Kriegsentschädigung f. Regensburg (VHOR 93) 1952, 129–152; M. Lachner, Die Zerstörung von Regensburg-Stadtamhof im April 1809 (Oberpfalz 81) 1993, 102–106.

[35] W. Scherer, Die Wiedervereinigung Regensburgs mit Bayern vor hundert Jahren, 1910; H. Huber, Der Übergang d. Stadt Regensburg an Baiern im Jahre 1810 (ZBLG 4) 1931, 95–106; K. M. Färber, Der Übergang d. Dalbergischen Fürstentums Regensburg an Bayern – zum 175jähr. Jubiläum (VHOR 125) 1985, 429–452; Ders., Dalberg, Bayern u. das Fürstentum Regensburg. Neue Quellen aus d. Archiven v. Wien u. Paris (ZBLG 49) 1986, 695–717; Ders., Kaiser u. Erzkanzler. Carl von Dalberg u. Napoleon am Ende d. Alten Reiches, 1988; H. Huber, Vor 175 Jahren: Regensburg wird bayerisch (Die Oberpfalz 73) 1985, 129–132; D. Albrecht, Regensburg 175 Jahre bei Bayern (Regensburger Almanach 1985) 1984, 37–43.

# V

# DIE KLEINEN WELTLICHEN REICHSSTÄNDE

## § 38. DIE HERRSCHAFTEN AUF DEM NORDGAU

Den überwiegenden Teil des heutigen Regierungsbezirkes Oberpfalz nahmen die kurpfälzischen, beziehungsweise seit 1628 kurbayerischen, und pfalz-neuburgischen Territorien ein. Der südliche Bereich um Donau und Altmühl unterstand altbayerischer Herrschaft (Gerichte Stadtamhof, Haidau, Mitterfels, Dietfurt).[1] Von den zu Altbayern gehörenden Gebieten, die von kuroberpfälzischen Ämtern umschlossen waren, verdient die *Herrschaft Schwarzenburg-Waldmünchen-Rötz* im Oberpfälzer Wald Erwähnung, die seit der Mitte des dreizehnten Jahrhunderts zu Niederbayern gehörte und mehrfach verpfändet war. Die Rücklösungsrechte der Pfandschaften besaß im frühen sechzehnten Jahrhundert das Herzogtum Bayern-Landshut; sie gingen 1505 an Kurpfalz über. Pfandnehmer waren um diese Zeit die böhmischen Adeligen von Gutenstein, die 1509/10 diesen Besitz im Oberpfälzer Wald an Kurpfalz verkauften. Durch Bildung der Pflegämter Waldmünchen und Rötz und die Integration der adeligen Niedergerichtsbezirke als Hofmarken wurde in diesem Grenzbereich gegen Böhmen die kuroberpfälzische Landeshoheit gefestigt.[2]

Zwischen die bayerischen und pfälzischen Gebiete eingeschlossen lagen die *Reichsunmittelbaren in Regensburg:* Reichsstadt (s. § 35–37), Hochstift (s. § 30), Fürstabtei St. Emmeram und die Damenstifte Ober- und Niedermünster (s. § 33). In den südwestlichen und nordwestlichen Oberpfälzer Raum reichten die Hochstifte *Eichstätt* und *Bamberg* herein. Die Eichstätter Bischöfe konnten nach dem Aussterben ihrer Hochstiftsvögte, der Grafen von Hirschberg, den Ausbau ihres Territoriums wesentlich vorwärts treiben (1305); deren Herrschaft bildete den Grundstock zum späteren bischöflichen Oberamt Hirschberg-Beilngries, während das angrenzende Propsteiamt Berching als alter Eichstätter Besitz von der Einwirkung der Hirschberger als Vögte befreit wurde.[3] Bambergisch waren

[1] Zu Stadtamhof s. HAB Regensburg I (D. Schmid) 48–108. Zur Oberpfalz (bzw. vor 1838 zum Regenkreis) gehörten bis 1972 auch die einstmals altbayerischen Gerichte Riedenburg u. Altmannstein, die den Landkreis Riedenburg gebildet hatten. Dieser wurde 1972 auf die Landkreise Eichstätt (Oberbayern), Kelheim (Niederbayern) und Neumarkt i. d. OPf. (Oberpfalz) aufgeteilt; s. Volkert (§ 1 Anm. 1) 405f., 557f.

[2] HAB Waldmünchen (E. Mages) 26–38, 60f.

[3] HAB Eichstätt (G. Hirschmann) bes. 24f.; H. H. Hofmann, Territorienbildung in Franken im 14. Jh. (ZBLG 31) 1968, 387f.

die Ämter Vilseck und Veldenstein, die Überreste des einstmals bedeutenden nordgauischen Gutes der Bischöfe, die sie sich im Vertrag mit den bayerischen Herzögen von 1269 vorbehielten, während der größere Teil als Erbtruchsessenlehen an diese gelangte. In den folgenden Jahrhunderten waren beide Ämter mehrfach verpfändet; für Vilseck wirkte sich besonders die Verpfändung an die Reichsstadt Nürnberg (1554–1559) so aus, daß dort die evangelische Lehre eingeführt wurde und bis 1615 herrschte. Die Vogtei über das ebenfalls bambergische Velden besaßen die Wittelsbacher nach dem Vertrag von 1269; nach einem wechselvollen Schicksal ging dieser Bezirk 1505 an die Reichsstadt Nürnberg über.[4]

Für das um 1133 gegründete Zisterzienserkloster *Waldsassen*[5] wurde der Schutzbrief Kaiser Konrads III. von 1147 zum Ausgangspunkt der auf die Reichsunmittelbarkeit zielenden Bestrebungen. Bis in die erste Hälfte des sechzehnten Jahrhunderts konnte das Kloster – Mittelpunkt des sogenannten Stiftlandes – die Unabhängigkeit von den Schutzherren (zunächst Böhmen, seit 1414 Pfalz) wahren, bis Pfalzgraf Friedrich II. seit 1525 systematisch daran ging, die Abtei landsässig zu machen. Seit 1537 wurden nur mehr Administratoren anstelle der Äbte eingesetzt, deren zweiter, Rudolf von Weze, 1548 die pfälzische Landeshoheit auch formell anerkennen mußte. Nach Einführung der Kirchenordnung Ottheinrichs (1556) war das monastische Leben so gut wie erloschen; schließlich wurde das Kloster 1571 endgültig aufgehoben. Nach der Wiedererrichtung unter kurbayerischer Herrschaft (1669) begannen im achtzehnten Jahrhundert neue Versuche, die Reichsunmittelbarkeit zu erlangen. Kurz vor dem Reichsdeputationshauptschluß wurde das Stift schließlich doch noch als reichsunmittelbar ausgegeben, um es nach den Bestimmungen des Friedens von Lunéville aufheben zu können.

Als reichsunmittelbares Territorium geistlicher Herrschaft ist schließlich noch das kleine *Pflegamt Postbauer* (bei Neumarkt in der Oberpfalz) zu nennen, das zur Kommende Nürnberg des Deutschen Ritterordens gehörte. Der Ordensbesitz geht auf Erwerbungen aus altem Reichsgut in der zweiten Hälfte des dreizehnten Jahrhunderts zurück.[6]

[4] M. Hofmann, Die Außenbehörden d. Hochstifts Bamberg u. d. Markgrafschaft Bayreuth (JffL 3 u. 4) 1937/1938; W. Neukam, Territorium u. Staat d. Bischöfe v. Bamberg u. seine Außenbehörden (BHVB 89) 1949; J. Kopf, Die Vogtei u. d. Bambergische Amt Vilseck (VHOR 81) 1931, 51–117; M. Weigel, Der ev. Zeitabschnitt d. Stadt Vilseck (ZBKG 12) 1937, 75–111; E. Hierold, Das Bambergische Amt Vilseck (Oberpfälzer Heimat 10) 1966, 101–115; W. Schwemmer, Burg u. Amt Veldenstein-Neuhaus (Schriftenreihe d. Altnürnberger Landschaft 8) 1961; Ders., Das ehem. Königsgut Velden (MVGN 42) 1951, 14–29.

[5] HAB Tirschenreuth (H. Sturm) 54–132, 273–343; HAB Districtus Egranus (Ders.) 40–50; K. Ackermann, Die Grundherrschaft d. Stiftes Waldsassen 1133–1570 (Schriftenreihe 78) 1984, 385–394; W. Volkert, Land an d. Grenze (Festschr. f. G. Lang) 1989, 354–367; F. J. Knöpfler, Das Stiftland (Abtei) Waldsassen (OA 57) 1913, 392–411; H. Sturm, Entstehung d. Pflegamtes Bärnau (Oberpfälzer Heimat 10) 1966, 60–78; Götz, Relig. Bewegung (§ 15) 60–70, 169ff.; Ders., Einführung (§ 15) 45f.; Krausen, Zisterzienserorden 100–103. Über das Verhältnis zum bayer. Reichskreis vgl. § 27b.

[6] Destouches (§ 14 Anm. 55) I/II, 225f., 299f.; Buchner, Eichstätt II 411ff.; HAB

Die große Zahl der weltlichen Herrschaftsbereiche, die Familien aus dem *Dynastenadel* und aus der oberen Schicht des *Ministerialenstandes* auf der Basis des grundherrschaftlichen Besitzes durch den Erwerb von Regalien und die Ausübung von Gerichtsbarkeit gebildet hatten, verringerte sich vom Ende des zwölften Jahrhunderts an stetig.

Erben zahlreicher ausgestorbener Geschlechter und Besitz- und Rechtsnachfolger adliger Familien, die in wirtschaftliche und finanzielle Schwierigkeiten gekommen waren, wurden in erster Linie die bayerischen Herzöge beziehungsweise die Pfalzgrafen bei Rhein, die damit die Grundlage ihrer umfassenden Territorienbildung schufen (s. § 6). Dennoch konnten sich einige Geschlechter über diese Epoche der wittelsbachischen Machtausdehnung hinweg retten und selbst, wenn auch nur in bescheidenem Umfang, Territorien aufbauen und zum Rang der Reichsstandschaft vorstoßen.

Vor allem sind hier die *Landgrafen von Leuchtenberg*[7] zu nennen, die sich zu ihrem ursprünglichen Besitz um Luhe, Pfreimd und Naab aus dem Erbe der Grafen von Hopfenohe Gebiete im nordwestlichen Nordgau aneigneten, welche sie allerdings 1283 zum großen Teil an die bayerischen Herzöge abgeben mußten. Für die Herrschaft um ihre Stammburg Leuchtenberg erlangten sie schließlich die Reichsfürstenwürde; eine besondere politische Rolle spielten sie jedoch nicht. Für die Entwicklung des «neuböhmischen» Territoriums unter Karl IV. war die Übertragung von Lehensrechten über leuchtenbergische Burgen in der westlichen Oberpfalz und im Fränkischen Jura wichtig (s. § 10).[8] Die Landgrafen standen um diese Zeit noch in guten wirtschaftlichen Verhältnissen; seit dem Anfang des fünfzehnten Jahrhunderts zwangen dann chronische Finanzkalamitäten die Landgrafen – sie führten den Titel seit 1196 nach der Übernahme von den Landgrafen von Stefling – zu Verkäufen, wobei besonders die Pfalzgrafen profitierten (Pleystein, Grafenwöhr). Um das 1281 von den Leuchtenbergern an den Burggrafen von Nürnberg verpfändete Schloß auf dem Kleinen Kulm entstand das Amt Neustadt am Kulm, das bis 1803 eine zollerische Exklave zwischen den pfälzisch-bayerischen Ämtern Kemnath und Eschenbach bildete.[9] Nach dem Tod des letzten Leuchtenbergers fiel die Landgrafschaft an Kurbayern (1647).

Im Gebiet zwischen Donau, Altmühl, Schwarzach und Schwarzer Laaber setzte schon früh eine starke herrschaftliche Zersplitterung ein. Seit dem vierzehnten Jahrhundert konnten die Wittelsbacher die Herrschaften *Hohenfels* (1383 an Kur-

Nürnberg-Fürth (H. H. Hofmann) 27, 50, 81; HAB Neumarkt (B. Heinloth) 159–167.

7 I. Wagner, Gesch. d. Landgrafen v. Leuchtenberg, 6 Bde., 1940/56; G. Völkl, Quellen z. opf. Siedlungsgeschichte, 2: Das älteste Leuchtenberger Lehenbuch (VHOR 96) 1955, 277–404; HAB Vohenstrauß (D. Bernd) 50–59, 154–188; HAB Kemnath (H. Sturm) 5–16; Wittelsbach I/2, 177–182; HB I 420f.

8 Über die leuchtenbergischen Burgen Böheimstein (über Pegnitz), Betzenstein und Stierberg, die unter böhmische Lehenshoheit kamen, s. H. Kunstmann, Die Burgen d. östl. fränk. Schweiz (VGffG IX, 20) 1965, 380–481.

9 HAB Kemnath (H. Sturm) 10, 16; Dt. Städtebuch, Bayern II (1974) 480–483.

pfalz), *Laaber* (1463 an Bayern-Landshut), *Lupburg* (vor 1392 an Bayern-München) und *Ehrenfels-Beratzhausen* (1568 an Pfalz-Neuburg) erwerben.[10] Die zur Reichsministerialität zählenden *Sulzbürger* hatten die Edelfreien von *Wolfstein* beerbt und bildeten um Sulzbürg und Wolfstein[11] einen umfangreichen Besitzbereich, zu dem im vierzehnten Jahrhundert Pyrbaum kam, zeitweise auch Allersberg (1455/75 an Bayern-Landshut). Wolfstein ging über die dem böhmischen König aufgetragene Lehensherrschaft 1465 an die Pfalz über; dagegen konnte der Besitz im Bereich Sulzbürg durch Erwerb der ursprünglich dem Haus Stein (Hilpoltstein) zustehenden Güter abgerundet und zur Grundlage der Reichsstandschaft gemacht werden (1523 Erhebung zu Reichsfreiherren und Verzicht der Pfalzgrafen auf die Landsässigkeit; 1673 Verleihung der Reichsgrafenwürde). Unter Graf Bernhard wurde in der Herrschaft *Sulzbürg-Pyrbaum* die lutherische Reformation eingeführt;[12] da 1740 beim Übergang an Kurbayern nach dem Aussterben der Grafen von Wolfstein ein Konfessionswechsel von Herrschafts wegen nicht mehr möglich war, wurden die Sulzbürger Pfarreien die ersten evangelischen Gemeinden in Kurbayern. Wie die Wolfsteiner waren auch die Herren von *Breitenstein*[13] ursprünglich Reichsministerialen. Auf Grund der Lehensabhängigkeit vom Reich galt die Herrschaft im vierzehnten Jahrhundert als unabhängig. Im Zuge der «neuböhmischen» Politik hatte sich Karl IV. dort Rechte gesichert, die 1373 teilweise an Bayern übergingen. Seitdem währte der Streit um die Frage der Landsässigkeit zwischen den Inhabern der Herrschaft und den bayerischen beziehungsweise pfälzischen Fürsten, der schließlich 1666 zugunsten von Pfalz-Sulzbach entschieden wurde. Die Herren von *Parsberg*[14] waren herzoglich-bayerische Ministerialen gewesen. Die ihnen von Ludwig dem Bayern verliehene Halsgerichtsbarkeit begründete ihren Anspruch auf Unabhängigkeit von der bayerischen beziehungsweise pfalz-neuburgischen Hoheit. Als dann im achtzehnten Jahrhundert die Grafen Schönborn als Erben der Parsberger das kleine Gebiet an Kurbayern verkauften, endeten die Streitigkeiten um die Landeshoheit; bei den Verkaufsverhandlungen war Parsberg als Reichsherrschaft bezeichnet worden. Schließlich ist noch zweier staatsrechtlicher Neuschöpfungen des siebzehnten Jahrhunderts zu gedenken. Die Reichsherrschaft *Breitenegg* wurde 1631/35 auf

[10] HAB Parsberg (M. Jehle) 293ff. (Hohenfels), 139ff. (Laaber), 207 (Lupburg; bis 1572 an die Herrschaft Parsberg verpfändet), 351 (Ehrenfels); W. Volkert, Die Gerichtsverhältnisse im Pflegamt Hohenfels vom 15. bis z. 18. Jh. (VHOR 100) 1959, 149–173; R. Dollinger, Die Stauffer zu Ernfels (ZBLG 35) 1972, 436–522; K. Trotter, Über die Herkunft d. Hohenfelser u. Ernfelser (ZBLG 11) 1938, 88–105; HB II 566, 973.

[11] HAB Neumarkt (B. Heinloth) 73–111; HAB Hilpoltstein (W. Wiessner) 52ff.; J. Böhm, Die ehem. Wolfsteinische Reichsgrafschaft Sulzbürg-Pyrbaum (Bayerland 8) 1897, 280ff., 292ff., 304ff., 315–318, 328–332, 340ff.; H. Frhr. v. Hessberg, Über einige Wolfstein-Ehen d. 14. Jhs. (Mainfr. Jb. 8) 1956, 107–122; K. Wappler, Das Sulzbürger Landl, 1957; Wittelsbach I/2, 182–185.

[12] Simon, KO XIII 559–596; Ders., HAB 142f.; M. Herold, Die wolfsteinischen Kirchenordnungen, Katechismen u. Gesangbücher (ZBKG 32) 1925, 153–179; Simon 540f.

[13] W. Schwemmer, Die ehem. Herrschaft Breitenstein-Königstein, 1937, 1965$^2$; HAB Sulzbach (M. Piendl) 52ff.

[14] HAB Parsberg (M. Jehle) 362–382.

Betreiben des Kurfürsten Maximilian I. von Bayern für Johann Tserclaes von Tilly geschaffen, nachdem Maximilian das mit Pfalz-Neuburg bestehende dortige Kondominat abgelöst und auf die Landeshoheit verzichtet hatte. 1792 wurde Breitenegg wieder kurbayerisch.[15]

Die Reichsgrafschaft *Störnstein* (mit Neustadt an der Waldnaab) entstand 1663 für die Fürsten Lobkowitz. Karl IV. hatte im vierzehnten Jahrhundert das Gebiet erworben, das sich seitdem unter böhmischer Oberhoheit befand, meist aber an Gläubiger der Krone Böhmen verpfändet war (seit 1562 an die Lobkowitz). 1624 erhob Kaiser Ferdinand II. den Grafen Zdenko Adalbert Lobkowitz in den Reichsfürstenstand. 1641 verzichtete die Krone Böhmen auf die Landeshoheit über die Herrschaft Störnstein. Der regierende Fürst Wenzel Eusebius Lobkowitz erhielt 1653 die Zulassung zum Reichstag, so daß sein Gebiet in der Oberpfalz den Charakter einer reichsunmittelbaren Herrschaft erlangte. 1806 wurde Störnstein von Bayern mediatisiert.[16] Vom Regensburger Gebiet, das erst 1810 bayerisch wurde, abgesehen, war dies die letzte Erwerbung Bayerns; erst jetzt war die volle Einheit des Staatsgebietes im nordgauisch-oberpfälzischen Raum hergestellt. Wenn auch der Einfluß- und Machtbereich des Hauses Wittelsbach vom Beginn der Territorienbildung im zwölften Jahrhundert an weit umfangreicher und die Wirkungsmöglichkeiten viel stärker waren als die aller anderen staatsbildenden Kräfte, so wirkte doch die Zersplitterung in die pfälzischen und bayerischen Teilfürstentümer sehr hemmend auf die Einheitlichkeit des Gebietsstandes und schuf im Verein mit den verschiedenen kleineren Territorien jene unübersichtliche staatsrechtliche Verfassung, die im Gegensatz zum einheitlicher gestalteten altbayerischen Raum gewisse Ähnlichkeiten mit der Zersplitterung der Staatsverfassung in Franken und Schwaben aufweist.

## § 39. ORTENBURG – HOHENWALDECK – HAAG

RIEZLER I 2, 567f.; III 964–981; G. DIEPOLDER, Oberbayer. u. niederbayer. Adelsherrschaften im wittelsbach. Territorialstaat d. 13. bis 15. Jhs. (ZBLG 25) 1962, 33–70; Bayer. Geschichtsatlas, Karte 30/32, Text 97–103.

a) *Ortenburg*. Neben den Dynastengeschlechtern der Wittelsbacher und der Andechser hatten im zwölften Jahrhundert die Herren von Ortenburg durch ihren umfangreichen Eigen- und Lehenbesitz, ihre weitgespannten Hochgerichts- und Vogteirechte sowie ihre verwandtschaftlichen Verbindungen mit anderen hoch-

[15] Ebd. 345–359.

[16] HAB Neustadt a. d. Waldnaab – Weiden (H. STURM) 117–136; W. VOLKERT, Neustadt a. d. Waldnaab u. d. Fürsten Lobkowitz (VHOR 100) 1959, 175–194; P. de GMELINE, Histoire des Princes de Lobkowicz, 1977; NDB 14, 728–736. Zur Fürstenstandserhebung s. Th. KLEIN, Die Erhebungen in den weltl. Reichsfürstenstand 1550–1806 (BlldLG 122) 1986, 150ff. – Über die Lobkowitz-Archive in Böhmen vgl. E. MIKUŠEK, Die Lobkowitz in Böhmen u. Oberpfalz (VHOR 131) 1991, 298–301.

adligen Familien die größte Bedeutung.[1] Sie stammten von den mit den rheinfränkischen Spanheimern in Zusammenhang stehenden Herzögen von Kärnten ab, die auch die Markgrafschaft Istrien besessen hatten. Sie konnten einen großen Teil des Erbes der Grafen von Vornbach im niederbayerischen Rottal erwerben und dazu durch die Verbindung mit den aus dem Haus Sulzbach stammenden Marquartsteinern umfangreiche Besitzungen im Chiemgau und nördlich davon in der Gegend um Kraiburg in ihre Hand bringen. Neben Marquartstein und Kraiburg wurde vor allem die, wohl auf Passauer Lehengrund stehende, Ortenburg Mittelpunkt ihres umfangreichen Gutes. Außer zahlreichen Kirchenlehen von Salzburg, Passau und Bamberg erlangten sie Klostervogteien über Frauenchiemsee, Baumburg, Aldersbach, St. Nikola bei Passau und Mondsee und gewannen dadurch einen weit ausgedehnten Einflußbereich. Die Anlage der Städte und Märkte Vilshofen, Pfarrkirchen, Griesbach, Pleinting, Hofkirchen und Trostberg zeigt deutlich ihre herrschaftliche Aktivität.[2] Rapoto I. von Ortenburg (gest. 1184/86) faßte mit dem Erbteil seiner Gemahlin Elisabeth von Sulzbach im Nordgau um Murach-Oberviechtach Fuß; Rapoto II. (gest. 1231) erwarb nach der Katastrophe der pfalzgräflichen Linie des Hauses Wittelsbach 1208 das bayerische *Pfalzgrafenamt.*[3] In der ersten Hälfte des dreizehnten Jahrhunderts war der Gipfel ortenburgischer Macht und Herrschaft erreicht; die Besitzungen galten als Reichslehen, die Grafen erhielten vom Kaiser Regalien verliehen.[4] In der Auseinandersetzung mit dem um das Territorialherzogtum Bayern ringenden Haus Wittelsbach konnten die Ortenburger nicht bestehen, vor allem auch deshalb, weil die in zwei Linien gespaltene Familie (Pfalzgrafen mit Besitz um Kraiburg-Marquartstein und Linie Ortenburg-Murach) in den entscheidenden Situationen nicht zusammenstand. 1248 starb Pfalzgraf Rapoto III. ohne männlichen Erben; Herzog Otto von Bayern verdrängte den eigentlich nächstberechtigten ortenburgischen Vetter des Pfalzgrafen.[5] Durch wenig geschicktes Taktieren in dem ganz Bayern erfassenden Streit mit der Kurie um Albert Beham (s. HB II 39ff.) und durch unglückliches Verhalten auf seiten der böhmischen Könige Wenzel und Ottokar II. (s. ebd. 43f.) gaben sie den Herzögen Gelegenheit, den überwiegenden Teil der Hochstiftslehen und der Kirchenvogteien zu erlangen. Ebenso waren erhebliche Finanzschwierigkeiten der Ortenburger willkommener Anlaß für Heinrich XIII. von Niederbayern, durch Aufkäufe sein Gebiet besonders im Rottal auf Kosten der Dynasten abzurunden; das Viztumamt Pfarrkirchen ging in

[1] F. Hausmann, Archiv d. Grafen zu Ortenburg. Urkunden I: 1142–1400 (Bayer. Archivinventare 42) 1984; HAB Griesbach (R. Blickle) 49ff., 305f.; E. v. Ortenburg-Tambach, Gesch. des reichsständ. u. gräfl. Gesamthauses Ortenburg, 2 Bde., 1931/32; HB I 411 (Lit.). Zur Genealogie vgl. Europäische Stammtafeln, NF 4, 1981, T. 118; NF 5, 1988, T. 79–82.

[2] Bayer. Geschichtsatlas, Karte 22, vgl. auch Karte 18.

[3] Ortenburg-Tambach (Anm. 1) II 52f.; Winkelmann (§ 5 Anm. 1) I 475.

[4] Hausmann (Anm. 1) nr. 18; RI V 1 nr. 4137 (1229 Verleihung des Bergregals, Anerkennung des Reichslehens).

[5] HB II 42f.; F. Tyroller, Ortenburgs Größe u. Niedergang (Ostbair. Grenzmarken 13) 1924, 1–9, 37–44.

weiten Teilen auf altes ortenburgisches Gut zurück. Der nun von den Herzögen in das Wappen aufgenommene Panther, das Wahrzeichen der ortenburgischen Pfalzgrafen, das auch in den Amtssiegeln erscheint, zeigt aufs deutlichste den Besitzzuwachs der Herzogsmacht.[6]

Neben der eigentlichen Herrschaft Ortenburg mit den Schlössern Alt- und Neuortenburg und dem Marktflecken konnte die Familie einige Hofmarken und Edelsitze aus ihrem reichen ehemaligen Gut retten. Der überwiegende Teil unterstand jedoch der herzoglichen Landeshoheit, weshalb die Grafen zur bayerischen Landschaft gehörten und die Landtage seit dem vierzehnten Jahrhundert besuchten.[7] Zeitweilig hatten sie hohe Stellen am Straubinger und Landshuter Hof inne; sie mußten sich aber immer des Bestrebens der Wittelsbacher erwehren, auch das engere Herrschaftsgebiet der bayerischen Landeshoheit zu unterwerfen. Die Grafen hielten demgegenüber an dem Anspruch der *Reichsunmittelbarkeit* fest, besuchten die Reichstage und entrichteten Abgaben an das Reich, weshalb sie auch in die Reichsmatrikeln (seit 1521) eingetragen waren.[8] Über die Frage der Unabhängigkeit vom Herzogtum und über die landesherrlichen Religionsrechte, die nach dem Religionsfrieden von 1555 neuartige Aktualität erlangt hatten, kam es schließlich zu zwei Prozessen vor dem Reichskammergericht, die 1573 durch ein Urteil zugunsten der Ortenburger beendet wurden, worin es Bayern untersagt war, die Reichsunmittelbarkeit zu bestreiten.[9] Erst 1602 konnte sich Bayern nach manchem prozessualem Hin und Her dazu entschließen, durch Vergleich mit den Grafen Ortenburgs Selbständigkeit anzuerkennen.

Graf Joachim von Ortenburg (1559–1600) hatte im Kreis der bayerischen Adligen neben dem Grafen Wolf Dietrich von Maxlrain in der gegen den Herzog gerichteten Fronde, deren religiöse Seite in der «Kelchbewegung» ihren Ausdruck fand (s. HB II 376, 710f.), eine führende Stellung eingenommen. Als die von ihm erhoffte Freistellung der Konfession in Bayern nach dem Landtag von 1563 nicht mehr zu erwarten war, führte er in seiner Herrschaft das *Luthertum* ein.[10] Da er wegen der hohen Kosten, die ihm durch die Prozesse vor dem Reichskammergericht erwachsen waren, und wegen der starken Einnahmeminderungen, die die Eingriffe der Herzöge in die Verwaltung seiner bayerischen Güter verursacht hatten, in finanzielle Schwierigkeiten geraten war, trat er in kurpfälzische Dienste und wirkte als Statthalter des Pfalzgrafen Johann Casimir in der Oberpfalz, später auch in diplomatischen Missionen Kurfürst Friedrichs

[6] W. Volkert, Die Bilder in d. Wappen d. Wittelsbacher (Wittelsbach I/1) 17, 23ff.; K. Stadler, Wappen in Bayern (Ausstellung d. Bayer. Hauptstaatsarchivs. Katalog 8) 1974, 122f., 130f. – Der Panther steht seit 1950 im bayer. Staatswappen als Symbol für Niederbayern.

[7] H. Lieberich, Die bayer. Landstände 1313/40–1807 (Materialien z. bayer. LG 7) 1990, 11, 31, 108.

[8] Zeumer nr. 181.

[9] Ortenburg-Tambach (Anm. 1) II 241 u. Anhang IV 23–40; Riezler IV 536f.; Text des Urteils: Lünig 23, 1854.

[10] Simon, HAB 120f., 511; Simon, KO XIII 521–536; L. Theobald, Joachim v. Ortenburg u. d. Durchführung d. Reformation in seiner Grafschaft (Einzelarbeiten 6) 1927; F. W. Kantzenbach, D. Prädikant Th. Rohrer (ZBKG 25) 1956, 152–165; Schottenloher nrr. 31966–31970; vgl. auch HB II 382, 711.

IV.;[11] seine persönliche enge Verbindung mit dem pfälzischen Calvinismus wirkte jedoch nicht durchgreifend auf die im lutherischen Sinne reformierte Herrschaft.[12]

Die konfessionelle Sonderstellung Ortenburgs und die Reichsunmittelbarkeit wurden fortan nicht mehr ernstlich in Frage gestellt; dabei blieb es bis zum Ende des Alten Reiches. Als Mitglieder der wetterauischen Grafenkurie nahmen die Ortenburger am Fürstenrat des Reichstags teil, auf dem bayerischen Kreistag hatten sie auf der weltlichen Bank ihren Sitz. Erst im Jahr 1805 ging Bayern daran, diese Enklave zu beseitigen, nachdem schon zwei Jahre vorher der benachbarte westliche Teil des Hochstifts Passau zum Kurfürstentum gekommen war. Durch einen Tauschvertrag übergaben die Grafen ihren Stammbesitz an Bayern und erhielten dafür das aus dem Besitz des säkularisierten Klosters Langheim stammende Amt Tambach in Oberfranken, welches noch kurze Zeit als Grafschaft Ortenburg-Tambach galt, ehe diese 1806 durch das Großherzogtum Würzburg mediatisiert wurde. 1814 kam schließlich auch dieses Gebiet zum Königreich Bayern.[13]

b) *Hohenwaldeck.* Auf der Grundlage einer Immunitätsherrschaft der Bischofskirche von Freising, deren Kern wohl die bischöfliche Lehensherrschaft über das Kloster Schliersee war, entstand im südlichen Oberbayern, im Land zwischen Leitzach und Schlierach und um den Schliersee, ein kleines, vom Herzogtum unabhängiges Territorium, die Herrschaft Hohenwaldeck.[14] Bis zum Ende des fünfzehnten Jahrhunderts waren die *Herren von Waldeck* ihre Inhaber,[15] die zur gehobenen freisingischen Ministerialität gehörten, das Erbkämmereramt innehatten und sich als Vogteiherren über den bischöflichen Besitz von Inhabern eines Amtslehens durch allmähliche Allodifizierung zu Herren einer Eigenherrschaft aufschwingen konnten; zum Teil wurden die Freisinger lehenherrlichen Rechte in der ersten Hälfte des sechzehnten Jahrhunderts sogar formell allodifiziert. Die Herren von Waldeck, die sich auch nach ihren Burgen in Parsberg, Miesbach und Holnstein nannten, drängten durch die energische Ausübung der Vogteirechte[16] die Befugnisse der bevogteten Kirche völlig zurück und wehrten auch die Absichten des bayerischen Herzogtums, das Gebiet der Landeshoheit zu unterwerfen, erfolgreich ab. Besonders seit dem späten vierzehnten Jahrhundert nahmen die Herzöge von Bayern-München eine Art Oberherrschaft über die

[11] Ortenburg-Tambach (Anm. 1) II 237.

[12] Th. Kolde, Ein kryptocalvinistischer Katechismus f. d. Grafschaft Ortenburg aus d. Jahr 1598 (Beitr. BK 11) 1905, 241–268.

[13] HAB Franken II 2, nrr. 13, 19, 38; K. Weber, Neue Gesetz- u. Verordnungensammlung, Anhang, 1894, 98.

[14] S. Riezler, Zur Gesch. d. Herrschaft Waldeck (Hohenwaldeck) in den bayer. Alpen (SB München 1890 I) 1890, 473–500; HAB Aibling-Hohenwaldeck (F. Andrelang) 246–289.

[15] E. H. v. Hundt, Das Edelgeschlecht d. Waldecker auf Parsberg, Holnstein, Miesbach u. Hohenwaldeck bis z. Beginn d. 13. Jhs. (OA 31) 1871, 99–142; Lieberich, Landstände (Anm. 7) 41, 128.

[16] Vgl. die älteste Beschreibung des Vogteibezirkes Pienzenau v. 1078/80; Bitterauf (QE NF 5) nr. 1472.

Waldecker in Anspruch, worauf diese sich unter den Schutz des Reiches stellten; der früheste urkundlich gesicherte Nachweis der Lehensabhängigkeit der Herrschaft vom Reich stammt von 1453.[17] Wegen ihrer verschiedenen, in Bayern gelegenen Güter rechneten die Waldecker zur bayerischen Landschaft, sie stellten sich als Beamte und Räte den Herzögen zur Verfügung.[18] Die Frage, wie sich dies mit dem Anspruch auf Reichsunmittelbarkeit vereinen ließe, wurde nicht mehr endgültig entschieden; denn 1483 starb die Familie im Mannesstamm aus. Die Münchner Herzöge erhoben sofort Ansprüche auf die Landeshoheit über die Herrschaft. In die Auseinandersetzung mit den Erben der Waldecker schaltete sich auch König Maximilian I. ein, der 1500 Bayern die Steuereinhebung verbot, weil dieses Recht dem Reich zustehe. Erst in den Wirren des Landshuter Erbfolgekrieges sah sich Herzog Albrecht IV. von München veranlaßt, auf die Ansprüche über Hohenwaldeck zu verzichten, so daß 1516 die *Maxlrain* (sie waren mit den Waldeckern verschwägert) deren Erbe aufkaufen konnten, wobei ihnen wenig später der Reichslehenscharakter bestätigt (1521) und von Bayern der Besitz des Blutbanns anerkannt wurde (1522).[19] Nachdem die Familie 1548 von Karl V. in den *Reichsfreiherrenstand* erhoben worden war, kam endlich 1559 der Ausgleich mit Bayern zustande, durch den alle wesentlichen Rechte der Landeshoheit (Hoch- und Niedergerichtsbarkeit, Steuerhoheit) in Händen der Maxlrain gesichert waren; letztere erklärten sich bereit, die Bestimmungen der bayerischen Polizeiordnung einzuhalten;[20] ferner räumten sie den bayerischen Herzögen das Erbrecht für den Fall ein, daß Namensträger nicht mehr vorhanden seien. Wolf Dietrich von Maxlrain, ein enger Freund des Grafen Joachim von Ortenburg, hing gleich diesem der «Kelchbewegung» an; er öffnete seine Herrschaft lutherischen Predigern.[21] Unter Berufung auf den Vertrag von 1559 erzwang Bayern jedoch zwischen 1581 und 1584 die Rückführung der Herrschaft zum Katholizismus. Die Familie der Maxlrain, die 1637 den Grafentitel erlangte, starb 1734 aus; die Reichsgrafschaft kam nun an das Kurfürstentum Bayern, das schon im sechzehnten Jahrhundert (1559) die Anwartschaft darauf erworben hatte.

Mittelpunkt des Gebietes, dessen Umfang seit dem fünfzehnten Jahrhundert durch Grenzbeschreibungen im einzelnen bekannt ist,[22] war der Markt *Miesbach*, der im dreizehnten Jahrhundert im Schutz einer Burg der Waldecker an der

[17] H. Vogel, Schliersee, seine Grundherrschaft u. seine Vogtei im MA, Diss. München 1939, 72; HAB Aibling-Hohenwaldeck (F. Andrelang) 260.

[18] H. Lieberich, Landherren u. Landleute. Zur polit. Führungsschicht Bayerns im SpätMA (Schriftenreihe 63) 1964, 117.

[19] Th. Wiedemann, Die Maxlrainer (OA 16) 1856/57, 3–112, 227–272; Lieberich, Landstände (Anm. 7) 102.

[20] Riezler IV 538ff.; vgl. dazu H. Lieberich, Die Anfänge d. Polizeigesetzgebung d. Herzogtums Baiern (Spindler, FS) 1969, 307–378.

[21] Simon, HAB 109, 292, 440, 515; H. Rössler, Gesch. u. Strukturen d. ev. Bewegung im Bistum Freising 1520–1571 (Einzelarbeiten 42) 1966, 157ff.; W. Knappe, Wolf Dietrich v. Maxlrain u. d. Reformation in d. Herrschaft Hohenwaldeck (Quellen u. Forsch. z. bayer. KG 4) 1920; Riezler IV 634ff.

[22] Riezler (Anm. 14) 482ff.; Lieberich (MAO) 772f.; HAB Aibling-Hohenwaldeck (F. Andrelang) 272f., 277–284.

Salzstraße Rosenheim – Tölz entstanden war.[23] Als Salz- und Weinmarkt, dann auch als Umschlagplatz für landwirtschaftliche Produkte, stellte der Ort auch in wirtschaftlicher Beziehung das Zentrum der Herrschaft dar; er blieb auch unter der bayerischen Herrschaft Mittelpunkt der Verwaltungs- und Gerichtsorganisation.[24] Das *Vogteigericht über Schliersee,* das man als Hofmarksgericht des Kollegiatstiftes bezeichnen kann, ermöglichte dem bayerischen Herzog Eingriffe in die inneren Verhältnisse der Herrschaft, weil es ihm gelungen war, durch die Verlegung des Konvents an das Münchner Frauenstift die Grundherrschaft über die Stiftsgüter zu erwerben; geklärt wurden diese Verhältnisse erst durch den Vertrag von 1559, wonach die Inhaber von Waldeck auch die vormaligen Stiftsgüter erhielten.[25]

c) *Haag.* Wie die Herrschaft Hohenwaldeck war auch die sog. *Grafschaft Haag* (Lkr. Mühldorf am Inn) in die Verfassung des bayerischen Reichskreises eingegliedert; sie war ein *reichsunmittelbares Territorium.*[26] Die Grundlage für diese Entwicklung zur Unabhängigkeit vom bayerischen Herzogtum, die endgültig im sechzehnten Jahrhundert abgeschlossen war, ist darin zu sehen, daß durch die Ausübung der Vogteirechte über Güter der Regensburger Bischofskirche um die Burg Haag und im benachbarten Hohenburg am Inn die Inhaber der Vogtei sich von der Herzogsgewalt emanzipieren konnten, auch wenn sie, wie die seit 1246 dort nachweisbaren *Herren von Fraunberg* zur herzoglichen Ministerialität gehörten.[27] In diesem Jahr ermächtigte Kaiser Friedrich II. Siegfried Fraunberger zur Ausübung der hohen Gerichtsbarkeit in Straf- und Zivilsachen.[28] Wahrscheinlich ist die Privilegierung darauf zurückzuführen, daß die unfreie Herkunft der Ministerialen die Ausübung der Hochgerichtsbarkeit («judicium cometiae») eigentlich ausschloß, welchen Mangel der Kaiser hier ausdrücklich beseitigen wollte. Die Fraunberger gehörten zur bayerischen Landschaft und hatten wichtige Positionen im wittelsbachischen Landesstaat inne,[29] sie waren jedoch auch im Reichsdienst tätig. Sie ließen sich ihre Herrschaft als Reichslehen bestätigen (1434), räumten aber dann noch im fünfzehnten Jahrhundert den bayerischen Herzögen das Öffnungsrecht ihrer Burg Haag ein, erkannten damit die *Landeshoheit des Herzogs* an. Ein besonders enges Verhältnis hatte Sigmund von Fraunberg zu Georg von Landshut, als dessen Hofmarschall er fungierte, weshalb er auch als sehr rühriger

[23] M. Gasteiger, Markt u. Stadt Miesbach in Gesch. u. Gegenwart, 1957.

[24] HAB Aibling-Hohenwaldeck (F. Andrelang) 284–289.

[25] Ebd. 290–305; Lieberich (MAO) 57f.

[26] Schlereth-Weber, Die ehem. Grafschaft Haag (Inn-Isen-Gau 4) 1926, 34–44, 60–68, 77–100; L. Frhr. v. Borch, Die Rechtsverhältnisse d. Besitzer d. Grafschaft Haag, 1884; Lieberich (MAO) 79, 833f.; St. Janker, Die Grafschaft Haag, Diss. Masch. München 1987 (demnächst HAB Grafschaft Haag).

[27] F. Tyroller, Das Landgericht Erding in d. Grafenzeit (OA 78) 1953, 120–124; H. Lieberich, Zur Feudalisierung d. Gerichtsbarkeit in Baiern (ZRG 71) 1954, 272, 283, 297, 311f.; HAB Wasserburg-Kling (T. Burkard) 50, 115.

[28] RI V 1 nr. 3556 (zu 1246); MB 30, 1, 294 (zu 1245).

[29] Lieberich, Landstände (Anm. 7) 82; Schlereth-Weber (Anm. 26) 61; Riezler II 472.

Anhänger von Pfalzgraf Ruprecht im Landshuter Erbfolgekrieg galt, worunter die Grafschaft während der Kämpfe sehr zu leiden hatte.[30] 1503 *schüttelte* Fraunberg die *Unterordnung* unter das Herzogtum Bayern *ab* und wurde darin auch von König Maximilian I. bestätigt. In den folgenden Jahrzehnten erkannte dies Bayern stillschweigend an. Wesentliche Bedeutung erlangte die Grafschaft während der *Reformation*.[31] Nahe bei Haag lag das Augustinereremiten-Kloster Ramsau, dessen Prior Martin Glaser persönliche Beziehungen zu Luther hatte, darum auch schon 1524 das Kloster verließ und sich im Gebiet der Reichsstadt Nürnberg der Reformation anschloß. Es ist sehr wahrscheinlich, daß schon um diese Zeit die neuen Lehren im Gebiet der Grafschaft um sich griffen. Als 1541 Graf Ladislaus die evangelische Maria Salome von Baden heiratete, kam mit dieser ein lutherischer Schloßprediger nach Haag, der auch den Grafen für die neue Kultform gewann. Obwohl es um 1557 zu starken Auseinandersetzungen zwischen dem Fraunberg und Herzog Albrecht V. über Religionsfragen kam, nahm der Graf 1559 als Anhänger der Confessio Augustana die Vorrechte des Religionsfriedens von Augsburg (1555) als Reichsunmittelbarer für sich in Anspruch und bemühte sich um eine neue Kirchenorganisation in seiner Herrschaft. Zunächst suchte er Anlehnung an die reformatorischen Kreise der Reichsstadt Regensburg, wollte dann die sächsische Kirchenordnung in Haag einführen und bemühte sich schließlich um die Durchsetzung der *Nürnberger Ordnung*.[32] Die größte Schwierigkeit machte die Anstellung geeigneter Prediger. 1566 starb Graf Ladislaus als letzter Fraunberger. Bayern hatte bereits 1555 vom Kaiser die Lehensanwartschaft auf das Gebiet erhalten; Herzog Albrecht ließ darum sogleich die Grafschaft besetzen und alle Spuren des reformatorischen Kirchenwesens in kurzer Zeit beseitigen.[33] Der Markt Haag, der unter der Burg entstanden war, erhielt 1324 von König Ludwig IV. Privilegien in Anlehnung an das Wasserburger Stadtrecht.[34] Der Ort hatte nicht unerhebliche Bedeutung als Poststation auf dem Südbayern durchziehenden Ost-West-Straßenzug.[35]

[30] Riezler III 601.

[31] Simon, HAB 105, 326; W. Geyer, Graf Ladislaus v. Fraunberg u. d. Einführung d. Reformation in seiner Grafschaft Haag (Beitrr. BK 1) 1895, 194–215; Rössler (Anm. 21) 116–128.

[32] Riezler IV 469ff.; Simon, KO XIII, 6f., 11.

[33] Rössler (Anm. 21) 128–132; HB II 710f.

[34] Böhmer (s. HB II, XXI) 44 nr. 760; HAB Wasserburg-Kling (T. Burkard) 167.

[35] W. Münzberg, Thurn u. Taxis-Poststationskatalog (Thurn u. Taxis-Stud. 5) 1967, 107; D. Willkofer, 300 Jahre Post in Haag (Arch. f. Postgesch. in Bayern 48) 1964, 23–35.

## VERZEICHNIS DER BISCHÖFE

*Von Christoph Bauer*

## STAMMTAFELN

*Von Wilhelm Volkert*

## HILFSMITTEL, QUELLEN, DARSTELLUNGEN

*Von Wilhelm Volkert*

# DIE BISCHÖFE VON FREISING, PASSAU, REGENSBURG, SALZBURG, CHIEMSEE

## *Freising*

Korbinian ca. 723–25 und 729–730
Erembert 739–747 oder 748
Joseph 748 (?)–764
Arbeo 764–783
Atto 783–811
Hitto 811–835
Erchanbert 835 oder 836–854
Anno 854–875
Arnold 875–883
Waldo 884–906
Uto 906–907
Dracholf 907–926
Wolfram 926–937
Lantbert 937–957
Abraham 957–993 oder 994
Gottschalk 994 (?)–1005
Egilbert 1005–1039
Nitker 1039–1052
Ellenhard 1052–1078
Meginward 1078–1098
(Herimann um 1090)
Heinrich I. von Tengling 1098–1137
Otto I., aus dem Geschlecht der Babenberger, OCist. 1138–1158
Albert I. von Harthausen 1158–1184
Otto II. von Berg 1184–1220
Gerold von Waldeck (?) 1220–1230 abgesetzt
Konrad I. von Tölz 1230–1258
Konrad II., Wildgraf 1258–1279
Friedrich von Montalban 1279–1282
Emicho, Wildgraf 1283–1311
Gottfried von Hexenagger 1311–1314
Konrad III. Sendlinger 1314–1322
(Albert von Enn 1323, Wahl kassiert)
Johann I. Wulfing 1323–1324[1]
Konrad IV. von Klingenberg 1324–1340[2]
(Ludwig von Kamerstein 1340–1342 nicht bestätigt)
Johann II. Hake 1341–1349[3] (providiert)
(Leutold von Schaumberg 1342 bis ca. 1347 nicht bestätigt)
Albert II. von Hohenberg 1349–1359[4] (providiert)
Paul von Jägerndorf 1359–1377[5]
(Johann von Moosburg 1378–?[6] nicht bestätigt)
Leopold von Sturmberg 1378–1381 (providiert)
Berthold von Wehingen 1381–1410[7] (1404–1406 Adm.)
(Degenhard von Weichs 1410 nicht bestätigt)
Konrad V. von Hebenstreit 1411–1412[8] (providiert)
Hermann von Cilli 1412–1421[9]
(Johann Grünwalder 1421–1423 nicht bestätigt)
Nicodemus della Scala 1422–1443 (providiert)
Heinrich II. Schlick 1443 (providiert) bis 1448 resigniert
Johann III. Grünwalder (1443 gewählt)/1448–1452, Kard. 1440–1449
Johann IV. Tulbeck 1453–1473 resigniert
Sixtus von Tannberg 1473–1495[10]
Ruprecht von der Pfalz 1495–1498 resigniert
Philipp von der Pfalz 1498–1541[11]

[1] Brixen 1306–1322, Bamberg 1322–1323.
[2] (Konstanz 1318), Brixen 1322–1324.
[3] Verden 1331–1342 (1341–1342 Adm.).
[4] Konstanz 1334–1335, Würzburg 1345–1349.
[5] Gurk 1351–1359.
[6] Regensburg 1384–1409.
[7] Salzburg 1404–1406.
[8] Gurk 1402–1411.
[9] (Trient 1420).
[10] Gurk 1470–1473.
[11] Naumburg-Zeitz 1517–1541.

Heinrich III. von der Pfalz 1541[12] (Koad. seit 1540)–1551
Leo Lösch von Hilkertshausen 1552–1559
Moritz von Sandizell 1559–1566 resigniert
Ernst von Bayern 1566–1612[13]
Stephan von Seiboldsdorf 1612–1618
Veit Adam von Gepeckh 1618–1651
Albrecht Sigmund von Bayern 1651 (Koad. seit 1640)–1685[14]
Joseph Clemens von Bayern 1685 (Koad. seit 1684/85)–1694[15] resigniert
Johann Franz Eckher von Kapfing und Liechteneck 1695–1727
Johann Theodor von Bayern 1727 (Koad. seit 1723)–1736,[16] Kard. 1743/46
Clemens Wenzeslaus von Sachsen 1763–1768[17] resigniert
Ludwig Joseph von Welden 1769–1788
Maximilian Prokop von Törring 1788–1789[18]
Joseph Konrad von Schroffenberg 1790–1803[19]

## *Passau*

Vivilo (nach 731/36) 739–?
Beatus ? bis vor 754
Sidonius vor 754–?
Anthelm ?–?
Wisurich ca. 770–774 (?)
Waltrih 774 (?)–804 oder 805
Urolf 804 oder 805–806
Hatto 806–817
Reginar 818–838
Hartwig 840–866
Ermanrich, OSB 866–874
Engelmar 875–899
(Wiching 899)
Richar 899–902
Burkard 903–915
Gumpold 915–931
Gerhard 932–946
Adalbert 946–970/71
Piligrim 971–991
Christian 911–1013
Berengar 1013–1045
Egilbert 1045/46–1065
Altmann 1065–(1085)/1091
(Hermann von Eppenstein 1085–1087, kaiserlich)
(Thiemo, OSB 1087–1099, kaiserlich)
Udalrich I. 1092–1121
Reginmar 1121–1138
Reginbert 1138–1147 oder 1148
Konrad von Babenberg 1148/49–1164[1]
Rupert I. 1164–1165
Albo 1165–1169 abgesetzt
Heinrich I. von Berg 1169–1172[2] resigniert
Diepold von Berg 1172–1190
Wolfger von Erla 1191–1204[3]
Poppo 1204–1206
Mangold von Berg, OSB 1206–1215
Ulrich II. von Andechs 1215–1221
Gebhard von Plain 1222–1232 resigniert
Rudiger von Bergheim-Radeck 1233–1250[4] abgesetzt
(Konrad von Schlesien 1248)
Berthold von Pietengau (Peiting) 1250–1254
Otto von Lonsdorf 1254–1265
(Ladislaus von Schlesien 1265[5] nicht bestätigt)
Peter 1265–1280

[12] Worms 1523–1552, Utrecht 1524–1528.
[13] Hildesheim 1573–1612, Lüttich 1581–1612, Köln 1583–1612, Münster 1585–1612.
[14] Regensburg 1668–1685.
[15] Regensburg 1685–1716, Köln 1688–1723, Lüttich 1694–1723, Hildesheim 1714–1723.
[16] Regensburg 1719/21–1763, Lüttich 1744–1763.
[17] Regensburg 1763–1768, Trier 1768–1801, Augsburg 1768–1812.
[18] Regensburg 1787–1789.
[19] Regensburg 1790–1803.

[1] Salzburg 1164–1168.
[2] Würzburg 1191–1197.
[3] Aquileja 1204–1218.
[4] Chiemsee 1216–1233.
[5] Bamberg 1257, Salzburg 1265–1270, Breslau 1268–1270 Adm.

Wichard von Pohlheim 1280–1282
Gottfried I. 1283–1285
Bernhard von Prambach 1285–1313
(Doppelwahl 1313: Albrecht von Österreich – Gebhard von Waldsee)
Heinrich II. von Vienne 1317–1319[6]
Albert I. von Sachsen 1320–1342
Gottfried II. von Weißeneck 1342–1362
Albert II. von Winkel 1363–1380
Johann von Scharffenberg 1381–1387
(Hermann Digni 1387 nicht bestätigt)
Rupert II. von Jülich-Berg 1387 (providiert) bis 1389/(90)[7] transferiert
Georg I. von Hohenlohe (1388 gewählt)/ 1389–1423
Doppelwahl:
(Heinrich Fleckel 1423)
Leonhard von Laiming 1423/24–1451
Ulrich III. von Nußdorf 1451–1479
Georg II. Hessler 1480 (providiert) bis 1482, Kard. 1477
Friedrich I. Mauerkirchner (1479 gewählt)/ 1482–1485
Friedrich II. von Oettingen 1485–1490
Christoph Schachner 1490–1500
Wiguleus Fröschl 1500–1517
Ernst von Bayern 1517 (Koad. seit 1514)–1540[8]
Wolfgang I. von Salm 1540–1555
Wolfgang II. von Closen 1555–1561
Urban von Trenbach 1561–1598
Leopold von Österreich 1598 (Koad. seit 1595/97)–1625[9] resigniert
Leopold Wilhelm von Österreich 1626–1662[10]
Karl Joseph von Österreich 1662 (Koad. seit 1662)–1664[11]
Wenzeslaus von Thun 1664–1673[12]
Sebastian von Pötting-Persing 1673–1689[13]
Johann Philipp von Lamberg 1689–1712, Kard. 1700
Raymund Ferdinand von Rabatta 1713–1722
Joseph Dominikus von Lamberg 1723–1761,[14] Kard. 1737
Joseph Maria von Thun-Hohenstein 1761–1763[15]
Leopold Ernst von Firmian 1763–1783,[16] Kard. 1772
Joseph Franz Anton von Auersperg 1783–1795,[17] Kard. 1789
Thomas Johann Kaspar von Thun-Hohenstein 1795–1796
Leopold Leonhard von Thun 1796–1826

## *Regensburg*

Emmeram 2. Hälfte des 7. Jh.
Erhard 1. Hälfte des 8. Jh.
Rathar ?
Gaubald 739–761 (?)
Sigerich ?–?
Sintpert ?–791
Adalwin 791 oder 792–816 oder 817
Baturich 817–847 oder 848
Erchanfrid 847 oder 848–864 resigniert
Ambricho 864–891
Aspert 891–894
Tuto 894–930
Isangrim 930–942
Gunthar, OSB 942
Michael 942–972
Wolfgang 972–994
Gebhard I. 994 oder 995–1023
Gebhard II. 1023–1036
Gebhard III. 1036–1060
Otto von Riedenburg 1061–1089
Gebhard IV. von Gotzesheim (?) 1089–1105
(Ulrich 1105, ernannt von Heinrich IV., vertrieben)

6 Metz 1319–1325.
7 Paderborn 1389–1394.
8 Salzburg 1540–1554.
9 Straßburg 1608–1625.
10 Straßburg 1626–1662, Halberstadt 1627–1662, Bremen u. Magdeburg 1635–1645 Adm., Olmütz 1637–1662, Breslau 1656–1662.
11 Breslau 1663–1664, Olmütz 1663–1664.
12 Gurk 1665–1673.
13 Lavant 1665–1673.
14 Seckau 1712–1723.
15 Gurk 1741–1762, Lavant 1753/54 Adm.
16 Seckau 1739–1763.
17 Lavant 1763–1773, Gurk 1772–1784.

Hartwich I. von Sponheim 1105–1126 (ernannt von Heinrich V.)
Konrad I. von Raitenbuch, OSB 1126–1132
Heinrich I. von Wolfratshausen 1132–1155
Hartwich II. von Kärnten 1155–1164
Eberhard 1165–1167
Konrad II. von Raitenbuch 1167–1185
Gottfried von Spitzenberg-Helfenstein 1185–1186[1] resigniert
Konrad III. Hofer zu Laichling 1186–1204
Konrad IV. von Teisbach und Frontenhausen 1204–1226
(Gottfried 1226–1227 Wahl kassiert)
Sigfrid 1227–1246
Berthold von Eberstein 1246 nicht bestätigt
Albert I. von Pietengau (Peiting) 1247–1259 resigniert
Albert II. der Große, O.P. 1260–1262 resigniert
Leo Thundorfer 1262–1277
Heinrich II. von Rotteneck 1277–1296
Konrad V. von Lupburg 1296–1313
Nikolaus von Ybbs 1313–1340
Strittige Wahl:
Friedrich I. von Zollern 1340–1365
(Heinrich von Stein 1340–1346)
(Hilpolt von Haimburg 1340 lehnt ab)
Konrad VI. von Haimburg 1368 (seit 1366 Adm.)–1381
Dietrich von Abensberg 1381–1383
Johann I. von Moosburg 1384–1409[2]
Albert III. von Stauffenberg 1409–1421
Johann II. von Streitberg 1421–1428
Konrad VII. von Soest 1428–1437
Friedrich II. von Parsberg 1437–1449
Friedrich III. von Plankenfels 1450–1457
Rupert I. von Pfalz-Mosbach 1457–1465
Heinrich IV. von Absberg 1465–1492
Rupert II. von Pfalz-Simmern 1492 (Koad. seit 1487)–1507
Johann III. von der Pfalz 1507 (Koad. seit 1506)–1538
Pankraz von Sinzenhofen 1538–1548
Georg von Pappenheim 1548–1563
Veit von Fraunberg 1563–1567
David Kölderer von Burgstall 1567–1579
Philipp Wilhelm von Bayern 1579–1598, Kard. 1596
Sigmund Friedrich von Fugger 1598–1600
Wolfgang II. von Hausen 1600–1613
Albert IV. von Törring 1613–1649
Franz Wilhelm von Wartenberg 1649 (Koad. seit 1641/42)–1661,[3] Kard. 1660
Johann Georg von Herbertstein 1662–1663
Adam Lorenz von Törring 1663–1666
Guidobald von Thun 1666–1668,[4] Kard. 1667
Albrecht Sigmund von Bayern 1668–1685[5]
Joseph Clemens von Bayern 1685 (Koad. seit 1683)–1716[6] resigniert
Klemens August von Bayern 1716–1719[7]
Johann Theodor von Bayern 1719/21–1763,[8] Kard. 1743/46
Klemens Wenzeslaus von Sachsen 1763–1768[9] resigniert
Anton Ignaz von Fugger 1769–1787
Maximilian Prokop von Törring 1787–1789[10]
Joseph Konrad von Schroffenberg 1790–1803[11]
Karl Theodor von Dalberg 1803/05–1817[12]

[1] Würzburg 1186–1190.
[2] (Freising 1378).
[3] Osnabrück 1625–1661, Minden 1629–1648, Verden 1630–1648, Hildesheim 1633 Adm., Bremen 1645–1661 Apost. Vikar.
[4] Salzburg 1654–1668.
[5] Freising 1651–1685.
[6] Freising 1685–1694, Köln 1688–1723, Lüttich 1694–1723, Hildesheim 1714–1723.
[7] Münster u. Paderborn 1719–1761, Köln 1723–1761, Hildesheim 1724–1761, Osnabrück 1728–1761.
[8] Freising 1727–1763, Lüttich 1744–1763.
[9] Freising 1763–1768, Trier 1768–1801, Augsburg 1768–1812.
[10] Freising 1788–1789.
[11] Freising 1790–1803.
[12] Konstanz 1800–1817, Worms 1802–1817, Mainz 1802–1803.

## Salzburg

Rupert/Hrodbertus, Bischof und Abt 696 (?)–716/18[1]
Vitalis, Bischof und Abt
Anzogolus (?), Abt
Savolus (?), Abt
Izzio/Ezius (?), Abt
Flobrigis (?), Bischof und Abt
Johannes I. 739–746 oder 747
Virgil, Abt. 746 oder 747 (Bischofsweihe 749?)–784
(Beretricus, Abt und interimistischer Leiter 784–785)
Arn(o) 785–821 (Erzbischof 798)
(Ammilon, Abt und Interimistischer Leiter 821)
Adalram 821–836
Liupramm 836–859
Adalwin 859–873
(Adalbert ?)
Theotmar/Dietmar I. 873–907
Pilgrim I. 907–923
Odalbert/Adalbert I., aus der Sippe der Aribonen 923–935
Egilolf, aus der Sippe der Aribonen 935–939
Herold, aus dem Haus der Luitpoldinger 939/40–958 abgesetzt
Friedrich I., aus der Sippe der Sighardinger 958–991
Hartwig, Sohn des Pfalzgrafen Hartwig I. von Bayern 991–1023
Gunther, Sohn des Markgrafen Ekkehard I. von Meißen 1023–1025
Thietmar/Dietmar II. 1025–1041
Balduin 1041–1060
Gebhard 1060–(1085)/1088
(Berthold von Moosburg 1085–1106, kaiserlich, zieht sich zurück)
Thiemo, OSB 1090–1098 resigniert
Konrad I. von Abensberg 1106–1147
Eberhard I. von Biburg, OSB 1147–1164
Konrad II. von Babenberg 1164–1168[2]
Adalbert II. von Böhmen 1168–(1174)/1177 resigniert
(Heinrich 1174–1177,[3] kaiserlich, verzichtet)
Konrad III. von Wittelsbach 1177–1183[4] transferiert, Kard. 1165
Adalbert II. von Böhmen 1183–1200
Eberhard II. von Regensberg 1200–1246[5]
Burkhard I. von Ziegenhain 1247
Philipp von Spanheim 1246/47–1257/(67)[6] abgesetzt
Ulrich 1256/57–1265[7] resigniert
Wlodizlaus/Ladislaus von Schlesien 1265–1270[8]
Friedrich II. von Walchen 1270–1284
Rudolf I. von Hohenegg 1284–1290
(Stephan, Sohn Herzog Heinrichs I. von Niederbayern 1290–1291 nicht bestätigt)
Konrad IV. von Fohnsdorf 1291–1312[9]
Weichart von Polheim 1312–1315
Friedrich III. von Leibnitz 1315–1338
Heinrich von Pirnbrunn 1338–1343
Ortolf von Weißeneck 1343–1365
Pilgrim II. von Puchheim 1365/66–1396
Gregor Schenk von Osterwitz 1396–1403
Berthold von Wehingen 1404–1406[10] transferiert
Eberhard III. von Neuhaus (1403)/1406–1427
Eberhard IV. von Starhemberg 1427–1429
Johann II. von Reisberg 1429–1441
Friedrich IV. Truchseß von Emmerberg 1441–1452
Sigmund I. von Volkersdorf 1452–1461
Burkhard II. von Weißpriach 1461–1466, Kard. 1460/62
Bernhard von Rohr 1466–1481/87[11] resigniert
Johann III. Beckenschlager 1481–1489[12] (1481–1487 als Adm.)

[1] Worms –696?.
[2] Passau 1148/49–1164.
[3] Brixen 1178–1196.
[4] Mainz 1161–1165/77, 1183–1200.
[5] Brixen 1196–1200.
[6] Aquileja 1269–1272.
[7] Seckau 1244–1257, 1265–1268.
[8] Bamberg 1257, Passau 1265, Breslau 1268–1270 Adm.
[9] Lavant 1285–1291.
[10] Freising 1381–1410.
[11] Hildesheim 1452 Adm., Wien 1482/84–1487 Adm.
[12] Großwardein 1465–1470, Erlau 1467/68–1472/74, Gran 1472–1487.

(Christoph Ebran von Wildenberg 1487–1491)
Friedrich V. von Schaunberg 1489–1494
Sigmund II. von Hollenegg 1494–1495
Leonhard von Keutschach 1495–1519
Matthäus Lang von Wellenburg 1519 (Koad. seit 1514)–1540,[13] Kard. 1512
Ernst von Bayern 1540–1554[14] resigniert
Miachael von Kuenburg 1554–1560
Johann Jakob von Kuen-Belasy 1560–1586
Georg von Kuenburg 1586 (Koad. seit 1580)–1587
Wolf Dietrich von Raitenau 1587–1612 resigniert
Markus Sittikus von Hohenems 1612–1619
Paris von Lodron 1619–1653
Guidobald von Thun 1654–1668,[15] Kard. 1667
Max Gandolf von Kuenburg 1668–1687,[16] Kard. 1686
Johann Ernst von Thun 1687–1709[17]
Franz Anton von Harrach 1709 (Koad. seit 1705)–1727[18]
Leopold Anton Eleutherius von Firmian 1727–1744[19]
Jakob Ernst von Liechtenstein 1745–1747[20]
Andreas Jakob von Dietrichstein 1747–1753
Siegmund Christoph von Schrattenbach 1753–1771
Hieronymus Joseph Franz de Paula von Colloredo 1772–1812[21]

## Chiemsee

Rudiger von Bergheim-Radeck 1216–1233[1]
Albert I. 1234–1244 resigniert
(Albert Suerbeer, O. P. 1246–1247,[2] Adm.)
(Heinrich von Bilversheim 1247–1252,[3] Adm.)
Heinrich I., O. P. 1252–1262
Heinrich II., OFM 1263–1274[4]
Johann I. vom Ennstal 1274–1279[5]
Konrad I. von Hintberg 1279–1292
Friedrich I. von Fronau 1292–1293
Albert II. von Fohnsdorf 1293–1322
Ulrich I. von Montpreis 1322–1330
Konrad II. von Liechtenstein 1330–1354
Gerhoh von Waldeck 1354–1359
Hugo von Schärffenberg 1359
Ludwig I. Radelkofen 1360–1361
Friedrich II. 1361–1387
Georg I. von Neuberg 1387–1393
Eckart von Pernegg 1393–1399
Engelmar Chrel 1399–1422
Friedrich III. Deys 1423/24–1429[6]
Johann II. Ebser 1429–1438
Sylvester Pflieger 1438–1453
Ulrich II. von Plankenfels 1453–1467
Bernhard von Kraiburg 1467–1477
Georg II. Altdorfer 1477–1495
Ludwig II. Ebmer 1495–1502 resigniert
Christoph I. Mendel von Steinfels 1502–1508
Berthold Pürstinger 1508–1526 resigniert
Ägidius Rehm 1526–1536
Hieronymus Meittinger 1536–1557
Christoph II. Schlattl 1557–1589
Sebastian Cattaneo, O. P. 1589–1609

[13] Gurk 1505–1521/22, Cartagena-Murcia 1519–1540.
[14] Passau 1517–1540.
[15] Regensburg 1666–1668.
[16] Lavant 1654–1664, Seckau 1664/65–1668.
[17] Seckau 1679–1687.
[18] Wien 1702–1706.
[19] Lavant 1718–1724, Seckau 1724–1727, (Laibach 1727).
[20] Seckau 1728–1738, Olmütz 1738–1745.
[21] Gurk 1761–1772.

[1] Passau 1233–1250.
[2] EB v. Preußen, Livland und Estland ab 1246.
[3] Bamberg 1242–1257.
[4] Semgallen 1247–1251, Kurland 1251–1263.
[5] Gurk 1279–1281.
[6] Lavant 1422–1423/24.

(Wolf Wilhelm von Schrattenbach 1609–1610 verzichtet)
Ernfried von Kuenburg 1610–1619
Nikolaus von Wolkenstein 1619–1624
Christoph Johann von Liechtenstein 1624–1643
Franz Vigil von Spaur und Valör 1644–1670
Johann Franz von Preysing-Hohenaschau 1670–1687
Sigmund Ignaz von Wolkenstein-Trostburg 1687–1696
Sigmund Carl von Castel-Barco 1697–1708
Johann Sigmund von Kuenburg 1708–1711[7]
Franz Anton Adolph von Wagensperg 1712–1723[8]
Karl Joseph von Kuenburg 1723–1729[9]
Joseph Franz Valerian von Arco 1729–1746
Franz Karl Eusebius von Waldburg-Friedberg-Trauchburg 1746–1772
Ferdinand Christoph von Waldburg-Zeil-Trauchburg 1772–1786
Franz de Paula Xaver von Breuner 1786–1797[10]
Sigmund Christoph von Waldburg-Zeil-Trauchburg 1797–1809, †1814

[7] Lavant 1704–1708.
[8] Seckau 1702–1712.
[9] Seckau 1723.
[10] Lavant 1773–1777.

# STAMMTAFELN

## DIE PFÄLZISCHEN LINIEN DES HAUSES WITTELSBACH

TAFEL I: Die pfälzischen Kurfürsten von 1253 bis 1559

TAFEL II: Pfalz-Simmern und Pfalz-Zweibrücken vom 15. bis zum 17. Jahrhundert

TAFEL III: Pfalz-Neuburg und Pfalz-Sulzbach vom 16. bis zum 18. Jahrhundert

TAFEL IV: Pfalz-Zweibrücken im 17. und 18. Jahrhundert

TAFEL V: Pfalz-Birkenfeld im 17. und 18. Jahrhundert

Vgl. die in HB II 1285 angeführten genealogischen Werke sowie M. Huberty – A. Giraud – F. et B. Magdelaine, L'Allemagne Dynastique, tom. IV: Wittelsbach, Le Perreux 1985. – Abkürzungen: B. = Bischof; Eb. = Erzbischof; Hg. = Herzog; Kf. = Kurfürst; Kg. = König; Ks. = Kaiser; Pfgr. = Pfalzgraf; ∞ = verheiratet mit. – Ziffern in runden Klammern geben Lebensdaten an.

Die Tafeln bringen die Nachfahren des Kurfürsten Rudolf I. (1274–1319) in der älteren Kurlinie von Heidelberg (Tafel I), in den Linien Simmern, Zweibrücken und Veldenz (Tafel II), in den Linien Neuburg und Sulzbach (Tafel III) und schließlich in den Linien Zweibrücken, Landsberg, Kleeburg (Tafel IV), Birkenfeld und Bischweiler (Tafel V). Die genannten Linien sind durch die Ortsbezeichnungen kenntlich gemacht; auf diesen Hinweis ist bei den kleineren pfalzgräflichen Linien ohne größere Bedeutung verzichtet.

Aufgenommen wurden die männlichen Nachkommen, die zur Regierung gelangten oder sonst Bedeutung hatten, sowie die verheirateten weiblichen Nachkommen und die zu höheren geistlichen Würden aufgestiegenen Pfalzgräfinnen. Die Abkömmlinge von verheirateten weiblichen Nachkommen konnten nicht berücksichtigt werden.

Die Namen der Kurfürsten sind durch Druck in **GROSSBUCHSTABEN,** die der Pfalzgrafen durch **Fettdruck** hervorgehoben.

# HILFSMITTEL, QUELLEN, DARSTELLUNGEN

## A. HILFSMITTEL

### *1. Bibliographien*

*a) Kurpfalz und linksrheinische Pfalz:* F. LAUTENSCHLAGER, Bibliographie d. badischen Gesch., 9 Bde., 1929/84, 3–9 v. W. SCHULZ (verzeichnet d. landes- u. ortsgeschichtl. Literatur bis einschl. 1972, bestes bibliographisches Hilfsmittel für d. kurpfälzische Gesch., Register in Bd. 9); Landesbibliographie v. Baden-Württemberg, Bd. 1: Berichtsjahr 1973/74, 1978–7: Berichtsjahr 1986, 1990–; Nordrhein-Westfälische Bibliographie, Bd. 1: Berichtsjahr 1983, 1984–7: Berichtsjahr 1989, 1991– (f. d. Herzogtümer Jülich u. Berg); D. HÄBERLE, Pfälz. Bibliographie, 6 Bde., 1908/28 (bis einschl. 1927; berichtet über d. Lit. z. Gesch. des bis 1945/46 bayer. Regierungsbezirks Pfalz). Für d. folgenden Jahre bis Berichtsjahr 1958 vgl. W. KRAG, ZBLG 1, 1928 – 24, 1961; J. A. BREIN, Saarpfälz. Bibliographie 1936, 1939. An HÄBERLE schließt an: R. BOHLENDER, Bibliographie d. Pfalz u. des Saarlandes, II: Ortsgeschichtl. Literatur 1927–1950, 1977; Pfälz. Bibliographie, Berichtsjahre 1951–1979–, 1952–1987–; H. M. MEYER, Pfälz. Bibliographie. Bericht über den heutigen Stand (Pfälzer Heimat 2) 1951, 78–89; laufende Berichte über Neuerscheinungen s. ebd. 3–43–, 1952–1992–. H. SCHWARZMAIER – B. MÜLLER, Neuerscheinungen z. Gesch. Badens 1973–1981 (BlldLG 119) 1983, 366–407; K.-H. SPIESS, Rheinhessen-Pfalz 1974–1979 (Literaturbesprechung) (BlldLG 118) 1982, 591–659.
*b) Oberpfalz und Pfalz-Neuburg:* Jahresbibliographie z. bayer. Gesch. seit 1927: s. HB I 674f.; zuletzt Bayer. Bibliographie 1984, 1993; Bibliographie d. Kunst in Bayern (s. HB I 674) I nrr. 10851–11074, 12331–12338, II u. III; Bibliographie v. Arbeiten an d. Univ. Regensburg über ostbayer. Themen u. Probleme, hg. v. Verein d. Freunde d. Univ. Regensburg, 1, 1982; 2, 1985; 3, 1989 (verzeichnet auch ungedruckte Arbeiten); H. ROTH – H. W. SCHLAICH, Bayer. Heimatkunde, 1974, 262–288 (Auswahl wichtiger Forschungshilfsmittel); Neuerscheinungen z. Gesch. Regensburgs u. d. Opf. seit 1925 jeweils in den VHOR v. Bd. 76, 1926, an, zuletzt: G. THALLER (Bearb.), Neuerscheinungen z. Gesch. u. Lkde. d. Opf. (VHOR 133) 1993, 247–382; f. d. Jahre 1976–1984 vgl. Oberpfalzbibliographie 1976–1983 u. 1984; Neuerscheinungen z. Gesch. u. Lkde. d. Opf. 1976–1983 u. 1984, bearb. v. W. LUBER, 1987. – E. HIEROLD, Bibliographie vom Lkr. Amberg-Sulzbach. Stand: 1975, o. J., Privatdruck. – E. KEYSER, Bibliographie z. Städtegeschichte Deutschlands, 1969. – F. WIESEMANN, Bibliographie z. Gesch. d. Juden in Bayern (Bibliographien z. deutsch-jüdischen Gesch. 1) 1989.

### *2. Historisch-geographische Lexika*

J. G. WIDDER, Versuch einer vollst. geograph.-hist. Beschreibung d. kurfürstl. Pfalz am Rhein, 4 Bde., Frankfurt, Leipzig 1786/88; über WIDDER vgl. FUCHS, Palat. Ill. (§ 17 Anm. 51) 365 ff. und W. DOTZAUER, Beitrr. z. Statistik d. kurpfälz. Oberämter am Ausgang des Ancien Régime u. d. territorialen Nachfolgeinstanzen während d. franz. Herrschaft (Geschichtliche Lkde. 22) 1982, 7–13; J. K. BUNDSCHUH, Geographisch-stat.-topograph. Lexicon vom kur- u. oberrhein. Kreis, 1805; Geographisch-statist. Handbuch v. Rheinbayern, 1828; M. FREY, Versuch einer geographisch-hist.-statist. Beschreibung des kgl. bayer. Rheinkreises, 4 Bde., 1836/37; A. KRIEGER, Topograph. Wörterbuch d. Großherzogtums Baden, 2 Bde., 1904/05²; Die Stadt- u.

Landkreise in Baden-Württemberg. Amtl. Kreisbeschreibung. Die Stadt- u. Landkreise Heidelberg-Mannheim, I 1966, II 1968, III 1970, Tabellenanhang 1966; Deutsches Städtebuch. HB städt. Gesch., hg. v. E. KEYSER, IV 2a, Badisches Städtebuch, 1959; IV 2b, Württemb. Städtebuch, 1961; IV 3, Städtebuch Rheinland-Pfalz u. Saarland, 1964; V 1, 2 Bayern, 1971, 1974; HB d. Hist. Stätten Deutschlands, III. Nordrhein-Westfalen, 1970²; IV. Hessen, 1976³; V. Rheinland-Pfalz u. Saarland, 1965²; VI. Baden-Württemberg, 1980²; VII. Bayern, 1974²; Das Reichsland Elsaß-Lothringen, 3 Bde., 1898/1903.

J. A. ZIMMERMANN, Chur-Bayrisch-Geistl. Calender, 5. Das Herzogthum d. Obern Pfalz, o. O. 1752; I. BIECHL, Vollst. Beschreibung aller im Herzogtum d. oberen Pfalz, d. Landgrafschaft Leuchtenberg u. anderen oberpfälz. Reichsherrschaften befindl. Land-, Pfleg- u. Herrschaftsgerichte, München 1783; J. v. DESTOUCHES, Statist. Beschreibung d. Opf. vor u. nach d. neuesten Organisation nebst einem chronolog. Überblick d. oberpfälz. Gesch. u. d. statist. Beschreibung d. Stadt Amberg, 3 Teile, 1809; G. KAPFHAMMER, Die Landschaften Bayerns. Teil I: Die Landschaften d. Opf. (Bll. f. oberdeutsche Namenforsch. 23) 1986, 2–94; (ebd. 25) 1988, 47–52; Bavaria. Landes- u. Volkskunde d. Königreichs Bayern, II 1 Opf. u. Regensburg, 1863; II 2 Schwaben u. Neuburg, 1863; J. N. A. v. REISACH, Hist.-topogr. Beschreibung d. Herzogthums Neuburg, Regensburg 1780; Neuburger Taschenbuch f. 1807, 1808, 1810; HONB Land- u. Stadtkreis Dillingen a. d. Donau (R. H. SEITZ), 1966; HONB Stadt- u. Lkr. Amberg (H. FRANK), 1975; Matrikel d. Diözese Regensburg, 1916; BUCHNER, Eichstätt; STEICHELE-SCHRÖDER II-IV.

### 3. *Kartenwerke*

Geschichtlicher Atlas d. Rheinprovinz (Publikationen d. Ges. f. rhein. Geschichtskde. 12): 2. W. FABRICIUS, Karte d. polit. u. administrativen Einteilung d. heutigen Rheinprovinz im J. 1789, 1894/98 (Erläuterungen 1898), dazu in Ergänzung: F. IRSIGLER (Hg.), Herrschaftsgebiete im J. 1789 (Publikationen d. Ges. f. Rhein. Geschichtskde. XII. Abt. 1b NF Geschichtl. Atlas d. Rheinlande Beih. V/1) 1982; 5. W. FABRICIUS, Kirchl. Organisation u. Verteilung d. Konfessionen im Bereich d. heutigen Rheinprovinz um 1450 u. um d. J. 1610, 1909/13 (Erläuterungen 1913); 6. Ders., Die Herrschaften d. unteren Nahegebietes, 1914. – W. WINKLER, Pfälz. Geschichtsatlas, 1935; Pfalzatlas, hg. v. W. ALTER, Texthefte 1–53–, 1964–1992–, Karten 1–162–, 1963–1991–; H. PROBST, Die Pfalz als hist. Begriff. Mit hist. Karten, 1984; E. HÖLZLE, Der deutsche Südwesten am Ende d. alten Reiches (Karte u. Beiwort), 1938; Hist. Atlas v. Baden-Württemberg. Hg. v. d. Komm. f. geschichtl. Lkde. in Baden-Württemberg, Liefg. 1–11–, 1972–1988–; W. WAGNER, Das Rhein-Main-Gebiet vor 150 Jahren (1787), Karte: 1938, Text: Arch. f. hess. Gesch. u. Altertumskde. NF 20, 1938, 1–220; J. NIESSEN, Geschichtl. Handatlas d. deutschen Länder am Rhein, Mittel- u. Niederrhein, 1950. – Bayer. Geschichtsatlas; HAB, Teil Altbayern, Reihe I, H. 5, Das Landgericht Kötzting (M. PIENDL) 1953; H. 8, Das Landgericht Cham (M. PIENDL) 1955; H. 10, Herzogtum Sulzbach: Landrichteramt Sulzbach (M. PIENDL) 1957; H. 16, Neumarkt (B. HEINLOTH) 1967; H. 21, Tirschenreuth (H. STURM) 1970; H. 24, Amberg I: Landrichteramt Amberg (G. LEINGÄRTNER) 1971; H. 39, Vohenstrauß: Pflegamt Tännesberg-Treswitz, Amt Vohenstrauß, Pflegamt Pleystein, Landgrafschaft Leuchtenberg, Herrschaft Waldthurn (D. BERND) 1977; H. 40, Kemnath: Landrichteramt Waldeck-Kemnath mit Unteramt Pressath (H. STURM) 1975; H. 41, Regensburg I: Das Landgericht Stadtamhof, d. Reichsherrschaften Donaustauf u. Wörth (D. SCHMID) 1976; H. 44, Roding: Die Pflegämter Wetterfeld u. Bruck (I. SCHMITZ-PESCH) 1986; H. 47, Neustadt a. d. Waldnaab-Weiden. Gemeinschaftsamt Parkstein, Grafschaft Störnstein, Pflegamt Floß (Flossenbürg) (H. STURM) 1978; H. 50, Nabburg (E. MÜLLER-LUCKNER) 1981; H. 51, Parsberg: Pflegämter Hemau, Laaber, Beratzhausen (Ehrnfels), Lupburg, Velburg, Mannritterlehengut Lutzmannstein, Ämter Hohenfels, Helfenberg, Reichsherrschaften Breitenegg, Parsberg, Amt Hohenburg (M. JEHLE) 1981; H. 52, Neunburg vorm Wald (W. NUTZINGER) 1982; H. 56, Waldmünchen: Die

Pflegämter Waldmünchen u. Rötz (E. MAGES) 1991 (vgl. auch W. VOLKERT, Die Opf. im HAB, Schriftenreihe 78, 1984, 35–54); Reihe II, H. 2, Districtus Egranus. Eine ursprünglich bayer. Region (H. STURM) 1981; H. 3, Landsassen u. Landsassengüter des Fürstentums d. Oberen Pfalz im 16. Jh. Im Überblick dargestellt nach den Landsassenregistern v. 1518 bis 1599 (K.-O. AMBRONN) 1982. Teil Franken, R. I, H. 6, Eichstätt (G. HIRSCHMANN) 1959; H. 14, Lauf-Hersbruck (W. SCHWEMMER-G. VOIT) 1967; H. 24, Hilpoltstein (W. WIESSNER) 1978. SIMON, HAB. – HA v. Bayer.-Schwaben. – Karten: s. KDB, BA Roding, 1905, 18ff.; BA Parsberg 1906, 16f.; Die Opf. in alten Ansichten. Eine Ausstellung handgezeichneter Karten des Staatsarch. Amberg (Ausstellungskat. d. Staatl. Archive Bayerns 23) 1988; Landkarten v. Pfalz u. Rhein aus fünf Jh., 1966; E. KRAUSEN, Die handgezeichneten Karten im Bayer. Hauptstaatsarch. sowie in d. Staatsarchiven Amberg u. Neuburg a. d. Donau (Bayer. Archivinventare 37) 1973; Ders., Die kirchengeschichtl. Kartographie im Bereich d. Diözese Regensburg (VHOR 106) 1966, 255–260; A. SCHERL, Die pfalzneuburgische Landesaufnahme unter Philipp Ludwig (AZ 56) 1960, 84–105 (Nachdruck: NK 120, 1967, 30–56); J. HEIDER, Das Fürstentum Pfalz-Neuburg u. seine Bedeutung f. d. deutsche Kartographie (ebd.) 27–29; G. SCHWERTL, Eine Karte d. Herzogtums Neuburg v. 1791 (ebd. 128) 1975, 63f.

*4. Archive*

M. J. NEUDEGGER, Gesch. d. pfalz-bayer. Archive, IV. Heidelberg u. Mannheim (AZ NF 1) 1890, 203–240; (ebd. 2) 1891, 289–373; (ebd. 4) 1893, 1–108 (auch separat 1890–1894 erschienen); V. Zweibrücken (1385–1816) 1896; J. MAYRHOFER, Inhalt u. Zustand d. Zweibrückenschen Arch. 1567 (ZGO 50, NF 11) 1896, 230–253; E. ZIRNGIBL, Die sog. Neuburger Kopialbücher (AZ NF 1) 1890, 241–261; F. X. GLASSCHRÖDER, Über d. Schicksale rheinpfälz. Archive (AZ 38) 1929, 1–22; R. SCHREIBER, Struktur u. Schicksale d. Archivwesens in d. heutigen Pfalz (Mitt. Pfalz 51) 1953, 97–128; L. SCHANDEIN, Gesch. d. Kreisarch. in Speyer (AZ 2) 1877, 110–145; (ebd. 3) 1878, 204–214; A. MÜLLER, Das neue Kreisarch. d. Pfalz in Speyer (AZ NF 12) 1905, 107–132; K. H. DEBUS (Hg.), Das Landesarch. Speyer (Veröffentl. d. Landesarchivverwaltung Rheinland-Pfalz 40) 1987; J. VOGT, Documents alsaciens au Staatsarch. de Spire (Revue d'Alsace 101) 1962/64, 79–99; Inventar d. Quellen z. Gesch. d. Auswanderung 1500–1914 in den staatl. Archiven v. Rheinland-Pfalz u. dem Saarland (Veröffentl. d. Landesarchivverwaltung Rheinland-Pfalz 27) bearb. v. P. BROMMER u. a., 1976. – Inventare des Großherzogl. Badischen General-Landesarchivs, 4 Bde., 1901/11; M. KREBS, Gesamtübersicht d. Bestände des Generallandesarchivs Karlsruhe (Veröffentl. d. staatl. Archivverwaltung Baden-Württemberg 1 u. 2) 1954/57; Ders., Das badische Generallandesarch. (ZGO 97, NF 58) 1949, 248–331; H. ZIER, Pfälzer Geschichtsquellen im Badischen Generallandesarch. (Protokoll 25. Südwestdeutscher Archivtag) 1965, 32f. – H. KRABUSCH, Das Arch. d. Univ. Heidelberg (Heidelberger Jbb. 3) 1959, 15–47; Die Handschriften d. Staatsarchive in Baden-Württemberg, hg. v. d. Landesarchivdirektion Baden-Württemberg, Bd. 2: Die Handschriften 65/1–1200 im Generallandesarch. Karlsruhe, beschr. v. M. KLEIN, 1987; H. WEISERT, Das Universitätsarch. Heidelberg u. seine Bestände (Der Archivar 23) 1970, 355–362. – G. BIUNDO, Die pfälz. Kirchenschaffneiarchive (AZ 38) 1929, 23–33; S. FRANZ, Gesch. d. Kirchenschaffnei Zweibrücken u. ihres Archivs (Bll. f. pfälz. KG 32) 1965, 187–207. – I. STRIEDINGER, Das neue Kreisarch. in Amberg (AZ NF 18) 1911, 233–258; W. JAROSCHKA, Das Staatsarch. Amberg als Landesarch. d. Opf. (Festschr. f. G. Lang) 1989, 96–108; K.-O. AMBRONN, Zum opf. Regierungsarchiv im 15. u. 16. Jh. (Mitt. f. d. Archivpflege in Bayern, Sonderh. 9) 1992, 3–14; M. WEINBERG, Die auf Juden bezügl. Akten d. k. b. Kreisarch. d. Opf. in Amberg, 1912; H. STURM, Archivalien über Beziehungen zw. Bayern u. Böhmen im Staatsarch. Amberg (Bohemia. Jb. des Collegium Carolinum 2) 1961, 125–152, vgl. dazu auch Archivbestände z. Gesch. d. böhm. Länder, 1966, 78ff.; H. STURM, Die Sicherung d. Oberpfälzer Landesarch. im Dreißigjähr. Krieg (AZ 66) 1970, 21–32. – O. RIEDER, Das Kreisarch. Neuburg a. d. Donau u. seine Vorläufer seit 1785

(AZ 11) 1886, 199–225; (ebd. 12) 1887, 149–194; (ebd. 13) 1888, 57–94; J. Breitenbach, Zur Gesch. d. Kreisarch. Neuburg (AZ NF 12) 1905, 133–155. – Bayer. Archivinventare, 1: H. Sturm, Staatsarch. Neuburg a. d. Donau, 1952; 7: J. Heider, Seminararch. Neuburg a. d. Donau, 1957; 14: R. H. Seitz, Stadtarch. Lauingen, 1960; 24: A. Kraus, Stadtarch. Weiden, 1964; 25: H. Frank, Stadtarch. Cham, I. Urkunden, 1964; J. F. Knöpfler, Das Stadtarch. Amberg u. seine Bestände (AZ 38) 1929, 34–58; J. Laschinger, Gesch. d. Archivs d. Stadt Amberg (VHOR 133) 1993, 157–186; F. Heidler, Das Stiftland u. Amberg. Der Lkr. Tirschenreuth in d. Urkunden u. Bürgerbüchern d. Amberger Stadtarch. (Der Egerländer 13) 1962, 169–171; H. Sturm, Archive in Regensburg (AZ 58) 1962, 95–118; Histor. Verein f. Oberpfalz u. Regensburg, Archivrepertorien, I/1: Manuskripte Oberpfalz, unter Mitwirkung v. G. Köglmeier bearb. v. W. Volkert, 1992; F. X. Buchner, Archivinventare d. kath. Pfarreien in d. Diözese Eichstätt, 1918. – F. W. Oediger, Das Staatsarch. Düsseldorf u. seine Bestände: 1. Landes- u. Gerichtsarchive v. Jülich-Berg, Kleve-Mark, Moers u. Geldern, 1957. – Der Tagungsbericht „Grenzüberschreitende Quellen in Oberpfälz. u. Böhmischen Archiven", hg. v. M. Dallmeier (VHOR 131) 1991, 239–336 referiert über einschlägige Bestände der Archive in Amberg, München u. Regensburg, Klattau, Pilsen, Prag u. Schüttenitz.

### 5. *Genealogie und Personen*

*a) Genealogie:* F. Tyroller, Genealogie d. altbayer. Hochadels im Hochmittelalter in 51 genealog. Tafeln (W. Wegener, Genealog. Tafeln z. mitteleurop. Gesch.) 1962/69; K. A. Böhaimb, Beitrr. z. Genealogie oberpfälz. Adelsgeschlechter (VHOR 23) 1865, 210–375; J. Plass, Der oberpfälz. Adel (Festgabe z. Wittelsbacher Jubiläum 1) 1880, 38–230; A. J. Schmid, Beitrr. z. Genealogie oberpfälz. Adelsgeschlechter (VHOR 47) 1895, 157–177; A. Sperl, Der oberpfälz. Adel u. d. Gegenreformation (Vjschr. f. Wappen-, Siegel- u. Familienkde. «Herold» 28) 1900, 339–487; Beitrr. z. oberpfälz. Adelsgeschichte (Landsassenregister v. 1541) (Frankfurter Bll. f. Familiengesch. 2) 1909, 129ff., 145–148; K. O. Ambronn, Landsassen (HAB Altbayern, Reihe II, H. 3; s. o. Ziffer 3); M. Obergassner, Die Landsassen u. Landsassengüter im Fürstentum d. obern Pfalz v. 1628–1700, Diss. München 1922; K. A. Böhaimb, Die Besitzer v. 51 ehem. pfalz-neuburg. Hofmarken (VHOR 18) 1858, 205–351.

*b) Personen:* K. Baumann (Hg.), Pfälzer Lebensbilder, Bde. 1–3, 1964–1977; H. Harthausen (Hg.), Pfälzer Lebensbilder, Bd. 4, 1987; S. Färber (Hg.), Bedeutende Oberpfälzer, 1981; H. Ihme (Hg.), Südwestdeutsche Persönlichkeiten. Ein Wegweiser z. Bibliographien u. biograph. Sammelwerken, 2 Tle., 1988.

### 6. *Heraldik – Numismatik*

*a) Heraldik:* K. Primbs, Entwicklung d. Wappens d. pfälz. Wittelsbacher (AZ 13) 1888, 199–209; (AZ NF 1) 1890, 65–105; W. Volkert, Die Bilder in d. Wappen d. Wittelsbacher (Wittelsbach I/1) 13–28; A. Sperl, Pfalz-neuburg. Wappenbriefe 1572–1614 (Vjschr. f. Wappen-, Siegel- u. Familienkde. «Herold» 23) 1895, 243–298 (vgl. dazu NK 93, 1928, 35–49); K. Stadler, Deutsche Wappen. Bundesrepublik Deutschland: 1. Die Landkreiswappen, 1964; 2. Die Gemeindewappen v. Rheinland-Pfalz, Saarland, Bremen, Hamburg, Westberlin, 1966; 4. Die Gemeindewappen d. Freistaates Bayern I, 1965; 6. Die Gemeindewappen d. Freistaates Bayern II, 1968; 8. Die Gemeindewappen d. Bundeslandes Baden-Württemberg, 1971; O. Hupp, Ortswappen u. Gemeindesiegel d. Rheinpfalz, 1928; H. Sturm, Die Landkreiswappen im Reg.-Bez. Opf., o. J. [1969]; A. M. Seitz, Die Gemeindewappen d. Lkr. Dillingen a. d. Donau (Lkr. u. Stadt Dillingen ehedem und heute) 1967, 390–417; F. J. Heyen-Th. Zimmer, Wappenbuch d. Lkr. Birkenfeld (Veröffentl. d. Landesarchivverwaltung Rheinland-Pfalz 6) 1966; Oberpfälzer Wappenbuch. Öffentl. Wappen d. Opf., 1991.

*b) Numismatik:* J. V. KULL, Stud. z. Gesch. d. oberpfälz. Münzen d. Hauses Wittelsbach (VHOR 44, 1) 1890, 109–186; (ebd. 44, 2) 1891, 3–94; A. NOSS, Münzen d. Pfalz, I: Die Kurlinie (Versteigerungskatalog 255 d. Firma Peuss, Frankfurt) 1956; II: Die Nebenlinien (ebd. 256) 1957; Ders., Die Münzen d. Pfalz, IV: Pfalz-Veldenz, Pfalz-Neuburg, Pfalz-Sulzbach, 1938; H. EMMERIG, Die Regensburger Münzerhausgenossenschaft im 13. u. 14. Jh. (VHOR 130) 1990, 7–170; Ders., Der Regensburger Pfennig. Die Münzprägung in Regensburg v. 12. Jh. bis 1409 (Berliner numismatische Forsch. NF 3) 1993. – Weitere Lit. s. § 18 Anm. 24.

## B. QUELLEN

### 1. *Bibliographische Nachweise*

Bad. Bibliogr. nrr. 449f., 4973ff., 19118, 38175ff., 38189, 38191f.; W. VOLKERT, Bayer. Quellenveröffentl. seit 1945 (ZBLG 30) 1967, 907–958; Veröffentl. v. Geschichtsquellen aus d. Bereich des Reg.-Bez. Schwaben seit 1945 (MfA 10) 1964, 61–66; desgl. Opf., v. R. H. SEITZ (ebd. 13) 1967, 52–58.

### 2. *Allgemeine Sammlungen*

E. HERRMANN, Slawisch-german. Beziehungen im südostdeutschen Raum v. d. Spätantike bis z. Ungarnsturm. Ein Quellenbuch mit Erläuterungen (Veröffentl. d. Collegium Carolinum 17) 1965; K. KOLLNIG, Die Weistümer d. Zehnt Schriesheim (Badische Weistümer u. Dorfordnungen 2, zgl. Veröffentl. d. Komm. f. geschichtl. Lkde. in Baden-Württ., A 16), 1968; Ders., Die Weistümer d. Zehnt Kirchheim (Badische Weistümer u. Dorfordnungen 3, zgl. Veröffentl. d. Komm. f. geschichtl. Lkde. in Baden-Württ., A 29), 1979; Ders., Über d. Edition v. Weistümern. Mit bes. Berücksichtigung d. Beitrags aus Heidelberg (Heidelberger Jbb. 28) 1984, 97–111. – LÜNIG 5, 1713; 8 u. 9, 1712 (Pfalz); 14, 1714 (Reichsstadt Regensburg); 17, 1716; 19, 1720; 21, 1721 (Hochstift Regensburg); 24, 1722 (Reg.); Monumenta Wittelsbacensia. Urkundenbuch z. Gesch. d. Hauses Wittelsbach, hg. v. F. M. WITTMANN, 1. Bd. (1204–1292) 1857 (= QE 5), 2. Bd. (1293–1397) 1861 (= QE 6); Staufisches Erbe im Bayer. Herzogtum. Ausstellung d. Bayer. Hauptstaatsarch. München z. 700. Todestag Konradins v. Hohenstaufen, 1968 [Katalog]; J. G. LORI, Sammlung d. baier. Bergrechts, m. einer Einleitung in d. baier. Bergrechtsgesch., München 1764; Ders., Sammlung d. baier. Kreisrechts, o. O. 1764.

Oberrhein. Stadtrechte, Abt. 1, bes. Bde. 4–6, 9, 1898/1922; Pfälz. Weistümer, Liefg. 1–7 (Veröffentl. d. Pfälz. Ges. z. Förderung d. Wiss. 35, 59), 1957–1973–; F. X. GLASSCHRÖDER, Urkunden z. Pfälz. Kirchengesch. im MA, 1903; Ders., Neue Urkunden z. Pfälz. Kirchengesch. im MA (Veröffentl. d. Pfälz. Ges. z. Förderung d. Wiss. 14) 1930; KOLLNIG-WUNDERBORST, Quellen z. Gesch. v. Baden-Württ. (Geschichtl. Quellenhefte 16) [1966], berücksichtigt auch d. Kurpfalz. – J. H. De FALCKENSTEIN, Codex diplomaticus Antiquitatum Nordgaviensium, Frankfurt, Leipzig 1733; Ders., Antiquitates et Memorabilia Nordgaviae veteris oder Nordgauische Alterthümer u. Merkwürdigkeiten, 4 Bde., Schwabach-Leipzig 1733/88 (Bd. IV: Antiquitatum Nordgaviensium Codex diplomaticus oder Probationum); Ders., Analecta Nordgaviensia, 12 Teile, Schwabach 1734ff.

*3. Einzelne Institutionen und Personen*

*a) Bayerisch-Pfälzische:* Reg. Pfalzgr. m. Nachträgen v. M. KREBS; Das älteste bayer. Herzogsurbar. Analyse u. Edition, hg. v. I. HEEG-ENGELHART (QE NF 37) 1990; weitere herzogliche Urbare v. ca. 1285 bis 1326 s. in MB 36/I u. 36/II; W. ERBEN, Ein oberpfälz. Register aus d. Zeit Kaiser Ludwigs d. Bayern, 1908; H. RALL (Hg.), Wittelsbacher Hausverträge d. späten MA. Die haus- u. staatsrechtl. Urkunden d. Wittelsbacher v. 1310, 1329, 1392/93, 1410 u. 1472 (Schriftenreihe 71) 1987; E. E. STENGEL, Nova Alamanniae, 1921/29; J. E. OLESEN, Christoffer af Bayerns breve 1440–1448 vedrø rende hans bayerske stamhertugdømme. Die Briefe [Urkunden] Christoffers v. Bayern 1440–1448 über sein bayr. Stammherzogtum. Mit deutscher Einleitung u. Übersicht, København 1986; K. H. SPIESS, Das älteste Lehenbuch d. Pfalzgrafen bei Rhein v. Jahr 1401 (Veröffentl. d. Komm. f. geschichtl. Lkde. in Baden-Württ. A 30) 1981; Quellen z. Gesch. Friedrichs d. Siegreichen (hg. v. d. HK): I. Des Matthias v. Kemnat Chronik Friedrichs I. Eikhart Artzts Chronik v. Weißenburg, hg. v. C. HOFMANN; Regesten z. Gesch. Friedrichs I., v. K. MENZEL (QE 2) 1862, II. Michel Beheims Reimchronik. Eikhart Artzt vom Weißenburger Krieg, hg. v. C. HOFMANN (QE 3) 1862; St. EHSES, Quellen u. Lit. z. Gesch. d. bayer.-pfälz. oder Landshuter Erbfolgekrieges 1504/1509, Diss. Würzburg 1880; Th. LEODIUS, Annalium de vita et rebus gestis ill. principis Friderici II., electoris Palatini, Libri XIV, 1624 (deutsche Übers. v. E. v. BÜLOW, 2 Bde., 1849); A. KLUCKHOHN, Briefe Friedrichs d. Frommen, Kurfürsten v. d. Pfalz, 2 Bde., 1868/72; Tagebuch d. Pfalzgrafen Johann Casimir, hg. v. L. HÄUSSER (QE 8) 1860, 363–414; F. v. BEZOLD, Briefe d. Pfalzgrafen Johann Casimir m. verwandten Schriftstücken, 3 Bde., 1882/1903; F. v. WEECH, Das Tage- u. Ausgabenbuch Friedrichs IV. v. d. Pfalz (ZGO 33) 1880, 201–295; P. FRIED (Hg.), Die ländl. Rechtsquellen aus d. pfalz-neuburg. Ämtern Höchstädt, Neuburg, Monheim u. Reichertshofen v. J. 1585 (Veröffentl. d. Schwäb. FG, R. 5b, 1) 1983; F. ZOEPFL, Ein Tagebuch d. Pfalzgrafen Wolfgang Wilhelm v. Pfalz-Neuburg aus d. Jahren 1593–1601 (JHVD 37–39/40) 1924–1926/27; J. BREITENBACH, Aktenstücke z. Gesch. d. Pfalzgrafen Wolfgang Wilhelm v. Neuburg, 1896; G. LINDERMEYER, Akten z. Gesch. d. Pfalzgrafen Wolfgang Wilhelm v. Neuburg u. seiner Brüder August v. Sulzbach u. Johann Friedrich v. Hilpoltstein (NK 69) 1905, 1–29; H. KÜHN-STEINHAUSEN, Die Korrespondenz Wolfgang Wilhelms v. Pfalz-Neuburg m. d. röm. Kurie (Publikationen d. Ges. f. rhein. Geschichtskde. 48) 1937. – W. WINKELMANN, UB d. Universität Heidelberg, I-II, 1886; G. TOEPKE-P. HINZELMANN, Die Matrikel d. Universität Heidelberg, 7 Bde., 1884/1916.

*b) Sonstige weltliche:* Urkunden d. Reichsstadt Regensburg s. MB 53 u. 54; F. BASTIAN, Das Runtingerbuch 1383–1407, 3 Bde. (Deutsche Handelsakten d. MA u. d. Neuzeit 68) 1935/44; Denkmäler des Amberger Stadtrechts 1034–1450, bearb. v. J. LASCHINGER (Bayer. Rechtsquellen 3) 1994; J. F. KNÖPFLER, Beitrr. z. Kultur-, Rechts- u. Kunstgesch. aus d. Ratsbüchern d. Stadt Amberg (VHOR 74) 1924, 37–63; R. GEIGER-G. VOIT, Hersbrucker Urbare (Schriftenreihe d. Altnürnberger Landschaft 15) 1965; H. WAGNER, Reg. z. Gesch. d. Stadt Weiden (Der obere Naabgau 3) 1936; J. B. FRÖHLICH, Quellen z. Vohenstraußer Gesch. (Oberpfälzer Heimat 10) 1966, 78–87; H. GRADL, Monumenta Egrana, 1886. – Sammlungen v. Quellen z. städtischen Gesch. s. HB II 578f. – M. DOEBERL, Reg. u. Urk. z. Gesch. d. Dipoldinger Markgrafen auf d. Nordgau, Progr. München, 1892/93; F. HAUSMANN, Arch. d. Grafen z. Ortenburg. Urkunden I: 1142–1400 (Bayer. Archivinventare 42) 1984; G. VÖLKL, Quellen z. Oberpfälzer Siedlungsgeschichte, 2: Das älteste Leuchtenberger Lehenbuch (VHOR 96) 1955, 277–404; C. PÖHLMANN-A. DOLL, Reg. d. Grafen v. Zweibrücken (Veröffentl. d. Pfälz. Ges. z. Förderung d. Wiss. 42) 1962; A. SCHÄFER (Hg.), Urkunden, Rechtsquellen u. Chroniken z. Gesch. d. Stadt Bretten (Brettener stadtgeschichtl. Veröffentl. 1) 1967; K. KRIMM – H. SCHADEK (Hgg.), Urkundenbuch d. Stadt Mosbach. Von d. Anfängen bis 1499, 1986.

*c) Geistliche:* Th. RIED, Codex chronologico-diplomaticus episcopatus Ratisbonensis, 2 Bde., 1816; J. WIDEMANN, Die Traditionen d. Hochstifts Regensburg u. d. Klosters St. Emmeram

(QE NF 8) 1943; M. Popp, Das Handbuch d. Kanzlei d. Bischofs Nikolaus v. Regensburg, 1313–1340 (QE NF 25) 1972; T. Nyberg, Dokumente u. Untersuchungen z. inneren Gesch. d. drei Birgittenklöster Bayerns 1420–1570 (QE NF 26/I u. II) 1972/74; M. Thiel, Die Urkunden d. Kollegiatstiftes St. Johann in Regensburg bis z. Jahre 1400 (QE NF 28/I) 1975; J. Geier, Die Traditionen, Urkunden u. Urbare d. Klosters St. Paul in Regensburg (QE NF 34) 1986; C. Baumann, Die Traditionen d. Klosters Reichenbach a. Regen (QE NF 38/I) 1991; J. Schmid, Die Urkundenregesten d. Kollegiatstifts Unserer Lieben Frau z. Alten Kapelle in Regensburg, 2 Bde., 1911/12; Urkunden d. Klöster Prüfening, Reichenbach, Karthaus-Prüll, Ensdorf, Kastl, Gnadenberg, Michelfeld u. Schönthal s. MB 13–15, 24–27; A. Schwarz, Die Traditionen d. Klosters Prüfening (QE NF 39/I) 1991; J. Heider, Das Benediktinerinnenkloster Bergen u. seine Urkunden (NK 117) 1964; E. Freise – D. Geuenich – J. Wollasch, Das Martyrolog-Necrolog v. St. Emmeram z. Regensburg (MGH Libri memoriales et Necrologia N. S. 3) 1986; K. Puchner, Quellen z. Oberpfälzer Siedlungsgesch. 1: Das älteste Urbar d. Klosters Kastl (VHOR 87) 1937, 185–216. – Heidingsfelder; Urkunden des Hochstifts Eichstätt s. MB 49 u. 50; O. Puchner, Seelenbeschreibungen im Hochstift Eichstätt aus d. Jahren 1741 u. 1742 als bevölkerungsstatist. Quelle. Oberamt Hirschberg-Beilngries, Landvogtei u. Stadtrichteramt Eichstätt (Archive u. Geschichtsforsch. Festschr. f. F. Solleder) 1966, 222–251. – Guttenberg, Reg. – Simon, KO XIII; Goeters, KO XIV. – Repertorium d. Kirchenvisitationsakten aus dem 16. u. 17. Jh., II: Baden-Württemberg, Teil 2, hg. v. H. Schnabel-Schüle, 1987 (127–140 über kurpfälz. Pfarreien v. 1556 bis 1699). – Bayer. Pfarrbücherverzeichnisse bzw. Pfarrbücherverzeichnisse f. d. rechtsrhein. Bayern, 2: Augsburg, 4: Regensburg, 5: Bamberg, 6: Eichstätt, 8: Ev. Luth. u. Ev. Reformierte Kirche d. rechtsrhein. Bayern, 1937/51; Pfarrbücherverzeichnis für d. Bistum Regensburg, bearb. vom Bischöfl. Zentralarch. Regensburg, 1985; A. Müller, Die Kirchenbücher d. bayer. Pfalz (AZ Beih. 1) 1925; W. Eger, Die prot. Kirchenbücher d. Pfalz (Veröffentl. d. Ver. f. Pfälz. KG 8) 1960 (verbesserte Neuausgabe 1975). – M. Krebs, Die Protokolle d. Speyerer Domkapitels, I. 1500–1517 (Veröffentl. d. Komm. f. geschichtl. Lkde. in Baden-Württ. A 17) 1968 u. II. 1518–1531 (ebd. A 21) 1969.

## C. DARSTELLUNGEN

### *1. Überregionale*

G. Köbler, Hist. Lexikon d. deutschen Länder. Die deutschen Territorien v. MA bis z. Gegenwart, 1990²; Baden-Württemberg. Staat, Wirtschaft, Kultur, hg. v. Th. Pfizer, 1963; G. W. Sante, Gesch. d. deutschen Länder (Territorien-Ploetz) I: Die Territorien bis z. Ende d. alten Reiches, 1964; Das Land Baden-Württemberg. Amtl. Beschreibung nach Kreisen u. Gemeinden, Bd. I, Allg. Teil, 1974; R. Rinker – W. Setzler (Hgg.), Die Gesch. Baden-Württembergs, 1986; B. Sütterlin, Gesch. Badens, I. Frühzeit u. MA, 1965; W. Tuckermann, Das altpfälz. Oberrheingebiet v. d. Vergangenheit z. Gegenwart, hg. v. E. Plewe, 1953²; F. Petri – G. Droege, Rheinische Gesch., 1/III: Hohes MA, 1983; 2: Neuzeit, 1976; K. Hoppstädter – H.-W. Herrmann, Geschichtl. Lkde. d. Saarlandes, 2: Von d. fränk. Landnahme bis z. Ausbruch d. franz. Revolution (Mitt. d. hist. Ver. f. d. Saargegend, NF 4) 1977; F. Steinbach, Geschichtl. Räume u. Raumbeziehungen d. deutschen Nieder- u. Mittelrheinlande im MA (Annalen d. Hist. Ver. f. d. Niederrhein 155/156) 1954, 9–34; Th. Mayer, Die hist.-polit. Kräfte im Oberrheingebiet im MA (ZGO 91, NF 52) 1939, 1–24; L. Petry, Das polit. Kräftespiel im pfälz. Raum v. Interregnum bis z. franz. Revolution (Rhein. Vjbll. 20) 1955, 80–111; Petry-Just, Geschichtl. Kräfte im Raum Rheinland-Pfalz (Rheinland-Pfalz. Kultur u. Wirtschaft) 1953, 23–45; F.-J. Heyen (Hg.), Gesch. d. Landes Rheinland-Pfalz, 1981; W. Dotzauer, Der histor. Raum des Bundeslandes Rheinland-Pfalz. Der Weg zu einem Kernraum deutscher

Reichsgeschichte (bis 1500) (Europ. Hochschulschrr. III, 491) 1992; Ders., Der histor. Raum des Bundeslandes Rheinland-Pfalz v. 1500 bis 1815 (Europ. Hochschulschrr. III, 538) 1993; H. Angermeier, Königtum u. Landfriede im deutschen SpätMA, 1966; A. Gerlich, Rhein. Kurfürsten u. deutsches Königtum im Interregnum (Geschichtl. Lkde. 3) 1967; Ders., Königtum, rhein. Kurfürsten u. Grafen in d. Zeit Albrechts I. v. Habsburg (ebd. 5/II) 1969; Ders., Habsburg-Luxemburg-Wittelsbach im Kampf um d. deutsche Königskrone, 1960; V. Press, Die territoriale Welt Südwestdeutschlands 1450–1650 (Die Renaissance im deutschen Südwesten I) 1986, 17–61. – R. Benz, Heidelberg. Schicksal u. Geist, 1961; F. Trutz, Aus d. pfälz. Vergangenheit Heidelbergs (Heidelberg u. d. Rhein-Neckar-Lande. Festschr. z. 34. deutschen Geographentag) 1963, 54–73. – v. Guttenberg, Die polit. Kräfte d. MA, 8.–14. Jh. (Scherzer) 214–275; E. Klebel, Gesch. d. Opf. (Bayern: Ein Land verändert sein Gesicht) 1956, 169–179; G. Benker, Heimat Opf., 1965; K. Bosl, Nordgau u. Opf. als Reichsländer u. Territorialstaaten (Die Oberpfalz 64) 1976, 161–171; Ders., Die Markengründungen Kaiser Heinrichs III. auf bayer.-österr. Boden (ZBLG 14) 1944, 177–247 (Nachdruck: Zur Gesch. d. Bayern, 1965, 364–442); A. Weissthanner, Der Kampf um d. böhmisch-bayer. Grenze v. Furth bis Eisenstein (VHOR 89) 1939, 187–358; K. Wild, Baiern u. Böhmen (ebd. 88) 1938, 3–166; F. X. Lommer, Die böhm. Lehen in d. Opf. I, II (Progr. Amberg) 1907/09; BHB I, II; H. Freilinger, Bayern u. d. Opf. (Festschr. f. G. Lang) 1989, 317–337; R. Endres, Franken u. d. Opf. (AO) 1991, 119–130.

### 2. *Einzelne Territorien, Orte und Personen*

*a) Kurpfalz:* Häusser (immer noch lesenswerte Gesamtdarstellung der kurpfälzischen Gesch.; Nachdruck v. 1970 mit Register); über den Verfasser vgl. A. Kaltenbach, Ludwig Haeusser, Historien et patriote, 1818–1867 (Travaux et mémoires des Instituts français en Allemagne 9) Paris 1965; R. Haas – H. Probst, Die Pfalz a. Rhein. 2000 Jahre Landes-, Kultur- u. Wirtschaftsgesch. 1984⁴; K. Moersch, Gesch. d. Pfalz v. d. Anfängen bis ins 19. Jh., 1990³ (behandelt die Gesch. des linksrheinischen Regierungsbezirks Pfalz); M. Schaab, Gesch. d. Kurpfalz, Bd. I: MA, 1988; II: Neuzeit, 1992; P. Moraw, Die kurfürstl. Politik d. Pfalzgrafschaft im SpätMA, vornehmlich im späten 14. u. frühen 15. Jh. (Jb. f. westdt. Landesgesch. 9) 1983, 75–97; Pfalz (HRG 3) 1984, 1659–1667; F. Schnabel, Die Stellung d. rhein. Pfalz in d. deutschen Gesch. (Kurpfalz 1) 1950; R. Gerstner, Die Gesch. d. lothring. u. rhein. Pfalzgrafschaft v. ihren Anfängen bis z. Ausbildung d. Kurterritoriums Pfalz (Rhein. Arch. 40) 1941; C. Schütze, Die Territorialpolitik d. Pfalzgrafen im 14. Jh., Diss. Masch. Heidelberg 1955; M. Schaab, Die Festigung d. pfälz. Territorialmacht im 14. Jh. (VF 14) 1971, 171–197; M. Steinmetz, Die Politik d. Kurpfalz unter Ludwig V. (1508–1544). I. Die Grundlagen. Die Zeit vor d. Reformation, Diss. Masch. Freiburg i. Br. 1942; C. P. Clasen, The Palatinate in European History 1559–1660, Oxford 1963; Ders., The Palatinate in European History 1555–1618, Oxford 1966; P. Krüger, Die Beziehungen d. Rhein. Pfalz zu Westeuropa 1576–1582. Die europ. Beziehungen d. Pfalzgrafen Johann Casimir 1576–1582, Diss. München 1964; V. Press, Zwischen Versailles u. Wien. Die Pfälzer Kurfürsten in d. deutschen Gesch. d. Barockzeit (ZGO 130, NF 91) 1982, 207–262; Chr. Hess, Absolutismus u. Aufklärung in d. Kurpfalz (ZGO 136, NF 97) 1988, 213–245.

*b) Oberpfalz:* G. Fessmaier, Versuch einer pragmat. Gesch. d. obern Pfalz, seit sie Oberpfalz heißt, 2 Bde., München 1799, 1803; K. Bosl, Das kurpfälz. Territorium «Obere Pfalz» (ZBLG 26) 1963, 3–28; Ders., Kulturströme u. Kulturleistung d. bayer. Opf. (125 Jahre Reg.-Bez. Opf.) 1963, 29–50; Ders., Opf. u. Oberpfälzer. Gesch. einer Region. Gesammelte Aufsätze, hg. v. K. Ackermann – E. Lassleben, 1978; H. Sturm, Opf. u. Egerland (Ausgew. Vorträge) 1968; K. Ackermann, Die Opf. Grundzüge ihrer geschichtl. Entwicklung, 1987; W. Hartinger, Zur Bevölkerungs- u. Sozialstruktur v. Opf. u. Niederbayern in vorindustrieller Zeit (ZBLG 39) 1976, 785–822; E. Emmerig, Kulturlandschaft Opf. Aufsätze u. Vorträge, 1989.

*c) Pfalz-Neuburg und Pfalz-Sulzbach:* J. M. BEITELROCK, Gesch. d. Herzogtums Neuburg oder d. jungen Pfalz (Programm Lyc. Aschaffenburg) 1858/59, 1862/63, 1864/65, 1866/67; C. GREMMEL – A. FINWEG, Gesch. d. Herzogtums Neuburg, 1871; H. RALL, Pfalz-Neuburg u. seine Fürsten (NK 109) 1955, 5–52; Neuburg, d. Junge Pfalz u. ihre Fürsten (Festschr. hg. v. J. HEIDER) 1955; 475 Jahre Fürstentum Pfalz-Neuburg (Ausstellung im Schloß Grünau. Katalog) 1980; V. PRESS, Fürstentum u. Fürstenhaus Pfalz-Neuburg (Festschr. f. G. Lang) 1989, 255–278; K. MAYR, Pfalz-Neuburg u. d. Königreich Neapel im 17. u. 18. Jh. (Schriftenreihe 34) 1939; G. v. RODEN, Die Länder Jülich u. Berg unter pfalzneuburg. u. pfalz-bayer. Herrschaft (Festschr. Neuburg 1955) 43–82; G. Chr. GACK, Gesch. d. Herzogtums Sulzbach, 1847; H. STURM, Das wittelsbach. Herzogtum Sulzbach (Weidner heimatkundl. Arbeiten 17) 1980.

*d) Pfälzische Nebenlinien:* J. G. LEHMANN, Vollständige Gesch. d. Herzogtums Zweibrücken, 1867; H.-W. HERRMANN, Das Herzogtum Pfalz-Zweibrücken (Geschichtl. Lkde. d. Saarlandes 2) 1977, 344–375; L. K. KINZINGER, Schweden u. Pfalz-Zweibrücken. Probleme einer gegenseitigen Integration. Das Fürstentum Pfalz-Zweibrücken unter schwed. Fremdherrschaft (1681–1719), Diss. Saarbrücken 1988; H. AMMERICH, Landesherr u. Landesverwaltung. Beitrr. z. Regierung v. Pfalz-Zweibrücken am Ende d. alten Reiches (Veröffentl. d. Komm. f. Saarländ. LG u. Volksforsch. 11) 1981; F. L. ARNOLD, Die Zweibrücken-Landsberger Linie (Pfälzer Heimat 17) 1966, 50ff.; K. E. WILD, Die Pfalz-Birkenfelder Linie d. Hauses Wittelsbach (Heimatkalender d. Lkr. Birkenfeld) 1966, 51–61; Ders., Veldenz, d. alte Grafschaft u. d. wittelsbach. Fürstentum (Mitt. Heimatkde. Birkenfeld, Sonderh. 43) 1982, 9–22; W. LUDT, Von d. Herzögen d. jüngeren Simmerschen Linie (Jb. z. Gesch. v. Stadt u. Lkr. Kaiserslautern) 1961/62, 88–104; J. G. LEHMANN, Die Grafschaft Sponheim, 1869; E. WEYDMANN, Gesch. d. ehem. gräfl. sponheim. Gebiete, Diss. Heidelberg 1899; W. FABRICIUS, Die Grafschaft Veldenz (Mitt. Pfalz 33) 1913, 1–91; (ebd. 36) 1916, 1–48; Th. GÜMBEL, Gesch. d. Fürstentums Pfalz-Veldenz, 1900.

*e) Einzelne Regenten:* C. HÖFLER, Ruprecht v. d. Pfalz, 1861; F. ERNST, Kurfürst Friedrich I. d. Siegreiche v. d. Pfalz 1425–1476 (Saarpfälz. Lebensbilder 1) 1938, 45–59; A. v. REITZENSTEIN, Ottheinrich v. d. Pfalz, 1939; B. KURZE, Pfalzgraf Ottheinrich (Lebensbilder Schw. 3) 1954, 244–268; A. KLUCKHOHN, Kurfürst Friedrich d. Fromme 1559–1576, 1879; J. J. LIPOWSKY, Friedrich V., 1824; M. BRAUBACH, Johann Wilhelm, Kurfürst v. d. Pfalz, Herzog v. Jülich-Berg, 1658–1716 (Rhein. Lebensbilder 1) 1961, 83–101; H. SCHMIDT, Kurfürst Karl Philipp v. d. Pfalz als Reichsfürst (Forsch. z. Gesch. Mannheims u. d. Pfalz, NF 2) 1963; z. Karl Theodor s. HB II 1212ff.

*f) Sonstige Territorien und Herrschaften in der Oberpfalz:* W. SCHWEMMER, Die ehem. Herrschaft Breitenstein-Königstein, 1937; R. DOLLINGER, Die Stauffer zu Ernfels (ZBLG 35) 1972, 436–522; Ders., Beratzhausen (s. unter g); G. LEINGÄRTNER, Gesch. d. Herrschaft Freudenberg, 1980; DACHS, Hohenburg (s. unter g); L. REINDL, Gesch. d. Klosters Kaisheim, 1926[2]; K. HUBER, Die Zisterzienserabtei Kaisheim im Kampf um Immunität, Reichsunmittelbarkeit u. Souveränität, Diss. Erlangen 1928; M. J. NEUDEGGER, Zur Gesch. d. Reichsherrschaft Laber 1118–1802 (VHOR 54) 1902, 1–155; I. WAGNER, Gesch. d. Landgrafen v. Leuchtenberg, 6 Bde., 1940/56; A. KRAUS, Die Landgrafschaft Leuchtenberg (Die Oberpfalz 64) 1976, 129–138; W. VOLKERT, Neustadt a. d. Waldnaab u. d. Fürsten Lobkowitz (VHOR 100) 1959, 175–194; H. ASCHERL, Gesch. d. Stadt u. Herrschaft Neustadt a. d. Waldnaab, 1982; A. SPITZNER, Parsberger Chronik, 1950; M. SCHÜTZ, Die Ganerbschaft vom Rothenberg, Diss. Erlangen 1924; J. BÖHM, Die ehem. Wolfsteinische Reichsgrafschaft Sulzbürg-Pyrbaum (Bayerland 8) 1897, 280ff., 292ff., 304ff., 315–318, 328–332, 340ff.; K. WAPPLER, Das Sulzbürger Landl, 1957; W. SCHWEMMER, Burg u. Amt Veldenstein-Neuhaus (Schriftenreihe d. Altnürnberger Landschaft 8) 1961; Ders., Das ehem. Königsgut Velden (MVGN 42) 1951, 14–29; J. KOPF, Die Vogtei u. d. bamberg. Amt Vilseck (VHOR 81) 1931, 51–117; E. HIEROLD, Das Bambergische Amt

Vilseck (Oberpfälzer Heimat 10) 1966, 101–115; M. Doeberl, Reichsunmittelbarkeit u. Schutzverhältnisse d. ehem. Cisterzienserabtei Waldsassen, 1886; F. J. Knöpfler, Das Stiftland (Abtei) Waldsassen (OA 57) 1913, 392–411; H. Sturm, Das Stiftland Waldsassen im bayer. Nordgau (Bücherei d. Egerländer 41) 1964, 71–86; Ders., Grundzüge d. Gesch. d. Lkr. Tirschenreuth (Der Lkr. Tirschenreuth) 1963.

*g) Städte und Märkte in der Oberpfalz:* K. Ackermann, Zur Entwicklung d. oberpfälz. Städte vom SpätMA z. frühen Neuzeit (ZBLG 50) 1987, 441–462; K. Bosl, Alt(en)stadt u. Neustadt als Typen in Bayern (Festschr. f. H. Stoob) 1984, 158–180; W. Störmer, Zur Bedeutung altbayer. Städte im MA (VHN 109) 1983, 113–133. – H. Thoma, Das älteste *Amberger* Stadtrechtsbuch, Diss. Masch. Erlangen 1920; K. Fuchs, Die Entwicklung d. Amberger Stadtrechts, Diss. Masch. Erlangen 1926; H. Sturm, Zur ältesten Gesch. Ambergs (Oberpfälzer Heimat 4) 1959, 30–42; Ders., Die Handelsprivilegien Ambergs im MA (ebd. 5) 1960, 31–42; Ders., Zur geschichtl. Individualität d. Stadt Amberg (ebd. 12) 1968, 71–99; Ders., Amberg, d. Nordgaustadt u. Patenstadt v. Eger (Bücherei d. Egerländer 41) 1964, 179–196; H. Klinger, Die Bevölkerungsbewegung d. Stadt Amberg bis z. ausgehenden 19. Jh., Diss. Regensburg 1969, Teildruck: VHOR 109, 1969, 145–168; H. Stahl, Die Wirtschaftsordnung d. Stadt Amberg im späten MA u. in d. frühen Neuzeit, Diss. Erlangen-Nürnberg 1969; W. Volkert, Amberg u. Ludwig d. Bayer (ZBLG 43) 1980, 29–44; H. Frank, Amberg in hist. Ansichten, 1983; O. Schmidt, Die Vorgängerkirche v. St. Sebastian in Amberg (VHOR 123) 1983, 35–48; H. Bungert – F. Prechtl (Hgg.), Ein Jahrtausend Amberg (Schriftenreihe d. Univ. Regensburg 11) 1985; Amberg 1034–1984. Aus tausend Jahren Stadtgeschichte (Ausstellungskat. d. staatl. Archive Bayerns 18) 1984; V. Press, Amberg – Hist. Portrait einer Hauptstadt (VHOR 127) 1987, 7–34; J. Laschinger, Amberg u. Karl IV. (Forsch. z. bayer. Gesch., hg. v. D. Albrecht – D. Götschmann) 1993, 39–56; St. Helml, 1000 Jahre *Ammerthal*, 1986; E. Rühl, Zur Stadtentwicklung u. Stadtbefestigung v. *Auerbach* (Altnürnberger Landschaft 13) 1964, 1–15; F. Schnelbögl, Auerbach in d. Opf., 1976; R. Weber, Auerbach in d. Opf. (Die Oberpfalz 78) 1990, 1–8 u. 36–44; M. Schattenhofer, *Beilngries*, 1953; R. Dollinger, Elfhundert Jahre *Beratzhausen* in d. ehem. reichsfreien Herrschaft Ernfels, 1966; W. Blab, *Bodenwöhr*, 1960; J. Brunner, Gesch. d. Stadt *Cham*, 1919; Ders., Handelsgesch. d. Stadt Cham (Deutsche Gaue, Sonderh. 7) 1908; Gesch. d. Stadt Cham, hg. v. O. Wolf, 1958; H. Muggenthaler, Das alte Cham (Oberpfälzer Heimat 5) 1960, 44–56; Muggenthaler-Gsellhofer, Cham, 1967; K. Bosl, Cham (Bayer. Städtebilder. Altbayern) 1989; Höser-Gollwitzer, Gesch. d. Stadt *Erbendorf*, 1967; Festschr. z. 600jähr. Stadtjubiläum d. Stadt *Eschenbach* in d. Opf., 1958; K.-O. Ambronn, Vom Dorf z. Stadt. Die frühe Gesch. Eschenbachs bis z. Stadterhebung durch Kaiser Karl IV. im Jahre 1358 (Heimat Eschenbach 4) 1983, 6–18; Eschenbach u. Speinshart. Eine Chronik in alten Bildern, 1984; H. Schlemmer, Gesch. d. Marktes *Eslarn* in d. Opf., 1960; J. Hanauer, Heimatbuch d. Marktgemeinde Eslarn – Ost-Oberpfälzerwald, hg. v. d. Marktgemeinde Eslarn, 1990[2]; J. B. Mayr, Gesch. u. Topographie d. Marktes *Falkenstein* in d. Opf. (VHOR 26) 1869, 131–281; A. W. Schuster, Tausend Jahre *Floß*, 1976; Ders., Gesch. d. Gemeinde *Flossenbürg*, 2 Bde., 1990; *Freihung* 1569 bis 1969, 1969; G. Glockner, Das Vierlingische Bergwerk z. Freihung (Oberpfälzer Heimat 26) 1982, 122–127; J. Pongratz, Die Grenzstadt *Furth im Walde*, 1959; R. Macho – S. Wild (Red.), Furth i. Wald 1332–1982, 1982; W. Perlinger, Wann wurde Furth i. W. Stadt? (Oberpfälzer Heimat 33) 1989, 76–80; H. Batzl, Gesch. d. Gemeinde *Gebenbach*, 1983; R. H. Seitz, Zur Entstehung v. Markt u. Stadt *Grafenwöhr* (Oberpfälzer Heimat 14) 1970, 62–74; H. Batzl, Marktgemeinde *Hahnbach*, 1992; H. Dachs, Die Entstehung d. Stadt *Hemau* «auf dem Tangrintel» (VHOR 90) 1940, 125–162; G. Nebinger, Das Bürgerbuch d. Stadt Hemau 1558–1700 (BLF 29) 1966, 115–136; H. Batzl, Gesch. d. Stadt *Hirschau*, 1968; H. Dachs, Das Marktrecht v. *Hohenburg* auf dem Nordgau (VHOR 84) 1934, 3–86; A. Knauer, Ortsgesch. v. *Kallmünz*, 1961; Tausend Jahre Kallmünz. 983–1983, hg. vom Markt Kallmünz, 1983; H. Batzl, Gesch. d. Marktgemeinde *Kastl*, 1984; R. H. Seitz, Zur Entwicklung d. Stadt *Kemnath* (Oberpfälzer Heimat 15) 1971, 97–112; P.

Fröhlich, *Kirchenthumbach*, 1951; G. Glockner, *Kohlberg* u. d. Gründörfer (Oberpfälzer Heimat 14) 1979, 142–155; H. Batzl, *Kümmersbruck*, 1982; *Lappersdorf* 1185–1985, hg. v. d. Gemeinde Lappersdorf, 1985; F. Schnelbögl, *Lauf-Schnaittach* (Schriftenreihe des Stadtarch. Lauf a. d. Pegnitz 2) 1941; Ders., Die «Pfalz» Lauf (JffL 19) 1959, 389–393; F. X. Simson, Markt *Lauterhofen*, 1894; K. Rothenberger, Markt *Luhe*, 1989; J. B. Mayr, Gesch. d. Marktes *Mitterteich* (VHOR 35) 1880, 153–284; L. Hecht, Mitterteich in seiner Entwicklung, 1935; S. Poblotzki, Gesch. d. Marktes *Moosbach*, 1982; A. Scherl, Verfassung u. Verwaltung d. Stadt *Nabburg* bis z. Ausgang d. 16. Jhs. (VHOR 96) 1955, 93–276; J. B. Mayr, Das Schloß u. d. Markt *Neuhaus* in d. Opf. (VHOR 39) 1885, 1–24; K. Ried, *Neumarkt* in d. Opf., 1960; K. Romstöck, Die Neumarkter Residenz u. ihre Regenten, 1980; K. Romstöck – H. Braun, Neumarkt in d. Opf., 1989; W. Brenner-Schäffer, Gesch. u. Topographie d. Stadt *Neustadt a. d. Waldnaab* (VHOR 24) 1866, 1–161; W. Volkert, Neustadt a. d. Waldnaab (s. unter f); H. Ascherl, Neustadt a. d. Waldnaab (s. unter f); K.-O. Ambronn, Neustadt a. d. Waldnaab (Oberpfälzer Heimat 28) 1984, 162–181; J. Klose, Das *Nittenauer* Marktrecht (Der Regenkreis 1967) 29–36, 63–67, 113–126; A. Spitzner, *Parsberger* Chronik, 1950; K. Stieler, Gesch. d. Stadt *Pfreimd*, bearb. v. L. Lehner, 1980; W. Volkert, *Pleystein* (Oberpfälzer Heimat 4) 1959, 61–65; S. Poblotzki, Gesch. d. Herrschaft, d. Stadt u. d. Pfarrei Pleystein, 1980; H. Batzl, Chronik d. Gemeinde *Postbauer-Heng*, 1977; K. Schwarzfischer, Gesch. d. Stadt *Roding* u. ihres Pfarrgebietes, 1967²; J. Brunner, Gesch. d. oberpfälz. Stadt *Rötz*, 1929; D. Görgner – A. Hofmann, Rötz, 1981; H. Fehn, *Schönsee* (Oberpfälzer Heimat 13) 1969, 78–90; Th. Guggenmoos, Stadt Schönsee, 1981; J. Pesserl, Chronik u. Topographie v. *Schwandorf* (VHOR 24) 1866, 163–586; H. Weiss, Die Rechtsgesch. d. Stadt Schwandorf, Diss. Masch. Erlangen 1944; J. Rappel, Mauern, Türme u. Tore d. Stadt Schwandorf (Oberpfälzer Heimat 12) 1968, 123–138; H. Schneider, Wann wurde Schwandorf Stadt? (Oberpfälzer Heimat 2) 1957, 38–42; O. Wilhelm, Chronik *Schwarzenfeld*. 1015–1990, 1990; H. Batzl, Markt *Schwarzhofen*, 1980; K. Ackermann, Das Prämonstratenserkloster *Speinshart* (Festschr. f. G. Lang) 1989, 222–231; D. Schmid, *Stadtamhof* (VHOR 121) 1981, 405–424; K. Bauer – H. Hopfner (Red.), Stadtamhof, 1981; A. W. Schuster, 850 Jahre *Störnstein*, 1991; D. Mayerhofer, Die Verfassung u. Verwaltung d. Stadt *Sulzbach* bis z. Ausgang d. 16. Jhs., Diss. Masch. Erlangen 1957; H. Batzl, Sulzbach-Rosenberg, 1968; H. Sturm, Sulzbach im Wandel d. Jh. (Oberpfälzer Heimat 14) 1970, 41–61; D. Götschmann, Der Sulzbacher Bergbau im MA u. in d. frühen Neuzeit (ZBLG 49) 1986, 41–123; St. Helml, Die Maxhütte. Bergbau in Sulzbach-Rosenberg u. Auerbach, 1989; J. Brunner, Gesch. d. Stadt *Tirschenreuth*, 1933; H. Sturm, Streifzug durch d. Gesch. d. Stadt Tirschenreuth (Tirschenreuth. 600 Jahre Stadt) 1964, 11–74; Chronik d. Stadt *Vilseck*, hg. v. d. Stadt Vilseck, 1981; H. Frischholz – Würschinger, *Vohenstrauß* im Wandel d. Zeiten, 1979; S. Poblotzki, Marktgemeinde *Waidhaus*, 1979; F. X. Lommer, Gesch. d. oberpfälz. Grenzstadt *Waldmünchen*, 2 T., 1894/1915; J. Brunner, Gesch. d. Grenzstadt Waldmünchen, 1934; J. Kraus, Waldmünchen, 1968; M. Gruber, Waldmünchen, 1983; R. Langhammer, *Waldsassen*, Kloster u. Stadt, 1936; W. Brenner-Schäffer, Gesch. d. Stadt *Weiden* (VHOR 15) 1853, 1–151; E. Gagel, Weiden (Oberpfälzer Heimat 4) 1959, 43–60; Ders., Weiden, 1966²; G. Rückert, Weidens Stadtmauer (Oberpfälzer Heimat 13) 1969, 123–132; A. Schuster, Verfassungsgesch. d. Stadt Weiden i. d. Opf. im MA u. in d. ersten Jahrhunderten d. Neuzeit (VHOR 92) 1951, 49–160; Ders., Rechtsbeziehungen zw. Weiden u. Nürnberg (Weidner heimatkundl. Arbeiten 13) 1969; H. Stoob (Hg.), Weiden. Deutscher Städteatlas. Lfg. 2, Nr. 15 (Acta Collegii historiae urbanae Societatis historicorum internationalis. Series C) 1979; R. Ebneth (Red.), *Wenzenbach*, 1982; A. Busl – M. Steinberger, Chronik des Marktes *Wiesau*, 1984; W. Gegenfurtner (Hg.), Chronik d. Gemeinde *Wiesent*, 1980; H. Batzl, Gesch. d. Marktes *Winklarn*, 1968; R. Freytag, Die Freiheiten d. Fürstbischöfl. Regensburgischen Haupt- u. Bannmarktes *Wörth* 1650 (VHOR 85) 1935, 284–288; J. Fendl (Red.), Wörth, 1979.

*3. Recht und Verfassung*

M. Münchmeyer, Compendium d. Ober-Pfälzischen Land-Rechts, Sulzbach 1689; J. J. Moser, Einleitung in d. Churfürstl.-Pfälzische Staats-Recht, Frankfurt, Leipzig 1762; Ph. J. Serini, Andeutungen über Gesetzgebung u. Rechtspflege in d. deutschen Rheinprovinzen, II. Die älteren Statutarrechte u. früheren Territorialverhältnisse d. k. b. Pfalz, 1861; M. J. Neudegger, Kanzlei-, Raths- u. Gerichtsordnung d. Kurfürsten Friedrich II. d. Weisen v. d. Pfalz als Regierender z. Amberg v. J. 1525, 1887; Ders., Amtsordnungen d. Kurfürsten Friedrich III. v. d. Pfalz aus d. Jahren 1561 u. 1566 (VHOR 42) 1888, 1–86. – S. Hofmann, Urkundenwesen, Kanzlei u. Regierungssystem d. Herzöge v. Bayern u. Pfalzgrafen bei Rhein v. 1180 bzw. 1214 bis 1255 bzw. 1294 (MHStud., Abt. Geschichtl. Hilfswiss. 3) 1967; A. Sprinkart, Kanzlei, Rat u. Urkundenwesen d. Pfalzgrafen bei Rhein u. Herzöge v. Bayern 1294 bis 1314 (1317) (Forsch. z. Kaiser- u. Papstgesch. d. MA. Beihefte z. J. F. Böhmer, Regesta Imperii 4) 1986; P. Moraw, Beamtentum u. Rat König Ruprechts (ZGO 116, NF 77) 1968, 59–126; Ders., Kanzlei u. Kanzleipersonal König Ruprechts (Arch. f. Diplomatik 15) 1969, 428–531; Chr. Frhr. v. Brandenstein, Urkundenwesen u. Kanzlei, Rat u. Regierungssystem d. Pfälzer Kurfürsten Ludwig III. (1410–1436) (Veröffentl. d. Max-Planck-Inst. f. Gesch. 71) 1983; A. Heidelberger, Zur Gesch. d. kurpfälz. Kanzleisprache in Heidelberg am Ende des MA (ZGO 124, NF 85) 1976, 177–252; Henry J. Cohn, The Government of the Rhine Palatinate in the fifteenth Century, Oxford 1965; G. Vogelsang, Kanzlei u. Ratswesen d. pfälz. Kurfürsten um d. Wende v. 15. zum 16. Jh., Diss. Masch. Freiburg i. Br. 1942; V. Press, Die wittelsbach. Territorien. Die pfälz. Lande u. Bayern (Deutsche Verwaltungsgesch. I) 1983, 552–599 (Gesch. der Zentral- u. Lokalbehörden seit dem 15. Jh.); Ders., Calvinismus u. Territorialstaat (Kieler hist. Stud. 7) 1970. – A. Erler (Hg.), Der Oberhof zu Neustadt a. d. Weinstraße, 2 Bde. (Frankfurter Beitrr., rechts- u. wirtschaftswissenschaftl. Reihe 23, 24) 1968/71; Ders. (Hg.), Die älteren Urteile d. Ingelheimer Oberhofes, 4 Bde., 1952/63; H. Loersch, Der Ingelheimer Oberhof, 1885; K. O. Müller, Das «kaiserl. Landgericht d. vormaligen Grafschaft Hirschberg» (Deutschrechtl. Beitrr. VII 3) 1911. – W. Dotzauer, Der kurpfälz. Wildfangstreit u. seine Auswirkungen im rheinhessisch-pfälz. Raum (Geschichtl. Lkde. 25) 1984, 81–105; E. Gothein, Die Landstände d. Kurpfalz (ZGO 42, NF 3) 1888, 1–76; K. O. Ambronn, Landsassen (s. o. A 3); V. Press, Fürst u. Landstände in d. frühneuzeitl. Opf. (1488–1628, 1707–1715) (Festschr. f. K. Bosl I) 1988, 439–457; F. Mühlbauer, Die oberpfälz. Landstände u. ihr Einfluß auf d. Steuerwesen, bes. d. Ungeld (AZ NF 12) 1905, 1–78; K. Köhle, Landesherr u. Landstände in d. Opf. v. 1400–1583. Sozialstruktur u. polit. Repräsentanz eines frühneuzeitl. Territoriums (MBM 16) 1969; J. Laschinger, Amberg u. d. Landtag v. 1707 (ZBLG 52) 1989, 255–289; F. J. Lipowsky, Gesch. d. Landstände in Pfalz-Neuburg, 1827; Der Landmarschall des Herzogtums Neuburg (NK 93–100) 1928/35; O. Rieder, Die pfalz-neuburgische Landschaft (ebd. 64) 1900, 9–283, (ebd. 65) 1901, 1–136, (ebd. 66/67) 1902/03, 3–223; M. Cramer-Fürtig, Landesherrl. u. landständische Herrschaftsausübung im Fürstentum Pfalz-Neuburg in d. ersten Hälfte d. 16. Jhs. (Schriftenreihe 105) 1994. – E. Klafki, Die kurpfälz. Erbhofämter. Mit einem Überblick über d. bayer. Erbhofämter unter d. wittelsbach. Herzögen bis z. Trennung d. Pfalz v. Bayern 1329 (Veröffentl. d. Komm. f. geschichtl. Lkde. in Baden-Württ. B 35) 1966; M. Krebs, Die kurpfälz. Dienerbücher 1476–1685 (Mitt. d. oberrhein. hist. Komm. 1) 1942, m 7–m 168; L. Eid, Der Hof- u. Staatsdienst im ehem. Herzogtum Pfalz-Zweibrücken v. 1444–1604 (Mitt. Pfalz 21) 1897; W. Koch, Zweibrücker Gerichtsordnungen in ihrer hist. Entwicklung (ebd. 66) 1968, 306–325; F. Konersmann, Faktoren, Formen u. Phasen d. inneren Staatsbildung im Herzogtum Pfalz-Zweibrücken (Mitt. Pfalz 87) 1989, 161–198; K. Puchner, Eine kuroberpfälz. Beamten- u. Dienerliste um 1600 (Arch. f. Sippenforsch. 15) 1938, 161 ff., 197–200, 232 ff.; H. Batzl, Oberpfälz. Beamte u. Diener im 17. Jh. (Die Oberpfalz 45) 1957, 276–281, 308–312, (ebd. 46) 1958, 10 ff., 51 ff.; R. H. Seitz, Die pfalz-hilpoltstein. Hofdiener 1615–1644 (Bll. f. fränk. Familienkde. 9) 1970, 394–418; V. Liedke, Hilpoltsteiner Amtsdienerbuch 1615–1644 (BLF 23) 1960, 293–300; M. Henker, Zur Prosopographie d. Pfalz-Neuburgischen Zentralbehörden im 17. Jh., Diss. München 1984 (Biographien der Beamten der Neuburger Zentralbehörden unter den Pfalzgrafen Wolfgang Wilhelm u. Philipp Wilhelm v. 1614–1690).

*4. Kirche*

Stempel-Schaller, Pfälz. Kirchenlexikon, 2 Liefg., 1962/64 (mehr nicht ersch.); G. Fouquet, Das Speyerer Domkapitel im späten MA (ca. 1350–1540) (Quellen u. Abh. z. mittelrhein. KG 57) 1987; G. Biundo, Pfälz. Pfarrer- u. Schulmeisterbuch (Gesch. d. Protestant. Kirche d. Pfalz I = Palatina sacra I) 1930; Ders., Die ev. Geistlichen d. Pfalz seit d. Reformation (Pfälz. Pfarrerbuch, Bibliothek familiengeschichtl. Quellen 20) 1968 (mit Ergänzungen in Bll. f. pfälz. KG 41–55, 1974–1988; vgl. auch ebd. 56, 1989, 171 f.); Weigel-Wopper-Ammon, Ambergisches Pfarrerbuch, 1967; Dies., Neuburgisches Pfarrerbuch, 1967. – Stamer; Th. Gümbel, Die Gesch. d. Protestant. Kirche d. Pfalz, 1885; E. W. Zeeden, Kleine Reformationsgesch. v. Baden-Durlach u. Kurpfalz, 1956; R. Lossen, Staat u. Kirche in d. Pfalz im Ausgang d. MA (Vorreformationsgeschichtl. Forsch. 3) 1907; Ders., Die Glaubensspaltung in d. Kurpfalz (Freiburger Diözesanarch. NF 18) 1917, 208–310 ($1930^2$); G. Bossert, Beitrr. z. badisch-pfälz. Reformationsgesch. (ZGO 56–59, NF 17–20) 1902–1905; F. Hauss – H. G. Zier, Die Kirchenordnungen v. 1556 in d. Kurpfalz u. in d. Markgrafschaft Baden-Durlach (Veröffentl. d. Ver. f. KG in d. evang. Landeskirche Badens 16) 1956; A. Lang, Der Heidelberger Katechismus (Schrr. des Ver. f. Reformationsgesch. 113) 1913; L. Coenen (Hg.), HB zum Heidelberger Katechismus, 1963; W. Hollweg, Neue Untersuchungen z. Gesch. u. Lehre d. Heidelberger Katechismus (Beitrr. z. Gesch. u. Lehre d. reformierten Kirche 13) 1961; R. Dollinger, Das Evangelium in d. Opf., 1952; Götz (s. § 15); A. Weber-J. Heider, Die Reformation im Fürstentum Pfalz-Neuburg unter Pfalzgraf u. Kurfürst Ottheinrich 1542–1559 (NK 110) 1959, 5–95, 112–116. – Th. Lauter, Die Entstehung d. kirchl. Simultaneen, 1894, 69–78; [J. St. Tretzel], Aktenmäßige Gesch. d. Cölnischen Vergleichs u. d. darauf eingeführten Simultaneums im Herzogtum Sulzbach, Leipzig 1797; Th. Lauter, Vorgesch. u. Einführung d. Kölnischen Vergleichs v. 1652 (VHOR 46) 1894, 21–182; G. Neckermann, Gesch. d. Simultaneum Religionis Exercitium im vorm. Herzogtum Sulzbach, 1897; H. Kühn-Steinhausen, Pfalz-Neuburg u. d. Kurie, Diss. München 1936; R. Reinhardt, Zur Reichskirchenpolitik d. Pfalz-Neuburger Dynastie (HJb. 84) 1964, 118–128; J. Kriesinger, Religionspolitik d. Kurfürsten Johann Wilhelm v. d. Pfalz (Düsseldorfer Jb. 47) 1955, 42–125. – Janner; W. Fink, Gesch. d. Diözese Regensburg (11. Jber. d. Ver. z. Erforsch. d. Regensburger Diözesangesch.) 1936, 5–63, (ebd. 12) 1938, 5–56; M. Buchberger, Gesch. d. Diözese Regensburg (Festschr. 1200 Jahre Bistum Regensburg) 1939, 11–84; J. Staber, Kirchengesch. d. Bistums Regensburg, 1966; K. Hausberger, Gesch. des Bistums Regensburg, I: MA u. frühe Neuzeit, II: Vom Barock bis z. Gegenwart, 1989; P. Mai, Die Pfarreienverzeichnisse d. Bistums Regensburg aus dem 14. Jh. (VHOR 110) 1977, 7–33; M. Heim (Hg.), Matrikel d. Bistums Regensburg v. 1665 (BGBR, Beibd. 3) 1990; G. Schwaiger – P. Mai, Klöster u. Orden im Bistum Regensburg (BGBR 12) 1978; W. Fink, Gesch. d. Orden u. relig. Genossenschaften in d. Diözese Regensburg (13. Jber. d. Ver. z. Erforsch. d. Regensburger Diözesangesch.) 1939, 26–78; Hemmerle, Benediktinerklöster; Ders., Augustinerklöster; Krausen, Zisterzienserorden; Backmund, Chorherrenorden; Ders., Kleinere Orden. – Buchner, Eichstätt. – Steichele-Schröder II-IV; Zoepfl I, II. – G. Schwertl, Die Beziehungen d. Herzöge v. Bayern u. Pfalzgrafen bei Rhein z. Kirche (1180–1294) (MBM 9) 1968. – *Juden* s. § 20.

*5. Kunst und geistiges Leben*

KDB, II. Reg.-Bez. Opf., 24 Bde., 1905/33; V. Reg.-Bez. Mfr., BA Hilpoltstein, 1929, Lkr. Lauf a. d. Pegnitz, 1966; VII. Reg.-Bez. Schwaben, Lkr. Donauwörth, 1951, Stadt u. Lkr. Neuburg a. d. Donau, 1958, Stadt Dillingen, 1964, Lkr. Dillingen, 1972; B. H. Röttger, Die oberpfälz. Stadt, 1926; Die Kunstdenkmäler d. Großherzogtums Baden, bes. Bd. 4 (Kreis Mosbach) 1896/1906, Bd. 8 (Kreis Heidelberg) 1909/13, Bd. 9, I (Amtsbezirk Bretten) 1913, Bd. 10, II (Kreis Mannheim) 1933; Zusammenstellung der einschlägigen Kunstdenkmäler-Bände für kurpfälzische Gebiete im heutigen Bundesland Rheinland-Pfalz s. HB d. Hist. Stätten Deutschlands, V. Rheinland-Pfalz u. Saarland, 1965², 435f. – H. Rott, Ottheinrich u. d. Kunst (Mitt. z. Gesch. d. Heidelberger Schlosses 5) 1905, 13–32; Ders., Zu den Kunstbestrebungen des Pfalzgrafen Ottheinrich (ebd. 6) 1912, 192–240; Th. Levin, Beitrr. z. Gesch. d. Kunstbestrebungen in dem Hause Pfalz-Neuburg, I-III (Beitrr. z. Gesch. d. Niederrheins 19, 20, 23) 1904/05, 1911; E. Alberts, Die ehem. Düsseldorfer Gemäldegalerie, 1961. – H. Wiedemann, Das Sulzbacher Geistesleben unter Herzog Christian August (Sulzbach in d. deutschen Gesch.) 1965, 17–35; F. Schnabel, Die kulturelle Bedeutung d. Carl-Theodor-Zeit (Mannheimer Gesch.bll. 25) 1924, 236–252 (Nachdruck: Abh. u. Vortr. 1914–1965, 1970, 63–80); s. auch § 17 Anm. 51. – K. Schottenloher, Pfalzgraf Ottheinrich u. d. Buch (Reformationsgeschichtl. Stud. u. Texte 50/51) 1927; K. Preisendanz, Alte Versuche z. Wiedergewinnung d. Bibliotheca Palatina (Neue Heidelberger Jbb. NF 1954) 90–115; L. Hammermayer, Zur Gesch. d. «Bibliotheca Palatina» in d. Vatikan. Bibliothek (RQ 55) 1960, 1–42; Ders., Neue Beitrr. z. Gesch. d. «Bibliotheca Palatina» in Rom (ebd. 57) 1962, 146–174; vgl. auch § 13 Anm. 23 u. § 14 Anm. 51; A. Kreiner, Sulzbach als weltberühmter Druckort im 17., 18. u. 19. Jh. (Sulzbacher Heimatbll. 9) 1934, Nr. 1 (s. auch Die Oberpfalz 42, 1954, 33–36); s. auch § 17 Anm. 44. – G. Ritter, Die Heidelberger Universität, I: Das MA (1386–1508), 1936; vgl. § 8 Anm. 17.

### 6. *Wirtschaft u. Verkehr*

*a) Wirtschaft:* s. vor § 21; vgl. auch § 18 Anm. 15 u. 16.

*b) Verkehrswesen:* M. Schaab, Straßen u. Geleitswesen zw. Rhein, Neckar u. Schwarzwald im MA u. in d. frühen Neuzeit (Jbb. f. Statistik u. Lkde. v. Baden-Württ. 4) 1959, 54–75; Ders., Geleit u. Territorium in Südwestdeutschland (ZWLG 40) 1982, 398–417; O. Berninger, Die Entwicklung d. Verkehrs (Scherzer) 156–174; A. Dollacker, Altstraßen d. mittleren Opf. (VHOR 88) 1938, 167–186; E. Neweklowsky, Die Schiffahrt u. Flößerei im Raum d. oberen Donau, 3 Bde., 1952/64; O. Schmidt, Die Amberger Schiffahrt, 1980; D. Götschmann, Die Vilsschiffahrt (Donau-Schiffahrt 4) 1987, 15–34; vgl. auch § 18 Anm. 22. – G. Hahn, Der Nachrichtendienst v. Pfalz-Neuburg v. d. Anfängen bis z. Verfall d. geschriebenen Zeitungen (1544–1637), Diss. München 1933.

### 7. *Militär- u. Kriegswesen*

Würdinger (s. HB I 697); K. Winkler, Die Schlacht bei Hiltersried 1433, 1939; weitere Lit. z. den Hussitenkriegen s. § 16 Anm. 15. – J. Dollacker, Das Aufgebot d. oberpfälz. Ausschusses 1619–1621 (VHOR 85) 1935, 250–271; K. Frhr. v. Reitzenstein, Der Feldzug d. Jahres 1621 m. d. Besitzergreifung d. Opf. (Supplementheft zum Jb. d. militär. Ges. München) 1885/87; J. Staber, Die Eroberung d. Opf. im Jahre 1621. Nach d. Tagebuch d. Johann Christoph v. Preysing (VHOR 104) 1964, 165–221.

### 8. *Sammelbände*

Vom Alten Reich z. neuer Staatlichkeit. Alzeyer Kolloquium 1979 (Geschichtl. Lkde. 22) 1982; Der bayer. Nordgau, 1954; 125 Jahre Reg.-Bez. Opf., 1963; H. Sturm, Ausgew. Vorträge (Bücherei d. Egerländer 41) 1964; Ders., Nordgau-Egerland-Oberpfalz. Stud. z. einer hist. Landschaft (Veröffentl. d. Collegium Carolinum 43) 1984; Gedenkgabe f. H. Dachs (VHOR 106) 1966; K. Bosl, Opf. u. Oberpfälzer. Gesch. einer Region. Gesammelte Aufsätze, hg. v. K.

ACKERMANN – E. LASSLEBEN, 1978; E. EMMERIG, Kulturlandschaft Opf. Aufsätze u. Vorträge, 1989; H. SCHREIBMÜLLER, Von Gesch. u. Volkstum d. Pfalz, 1959; K. BAUMANN, Von Gesch. u. Menschen d. Pfalz. Ausgew. Aufsätze, hg. v. K. ANDERMANN (Veröffentl. d. Pfälz. Ges. z. Förderung d. Wissenschaften in Speyer 73) 1984; Neuburg, d. Junge Pfalz u. ihre Fürsten, 1955; Ottheinrich-Gedenkschrift (Sonderbd. d. Ruperto-Carola) 1956; Festschr. 1200 Jahre Bistum Regensburg, 1939; Leben für d. Heimat. Festschr. f. G. Lang, hg. v. K. ACKERMANN – G. GIRISCH, 1989; Regensburg u. Ostbayern. Gedächtnisschr. f. M. Piendl, hg. v. F. KARG, 1991.

### *9. Zeitschriften und Reihen*

Vgl. Bad. Bibliogr. nrr. 629ff., 19156ff., 38257ff. – ZGO 1–141–, NF 101–, 1850–1993– (Register: 1879f. d. Bde. 1–30; 1885f. d. Bde. 31–39; 1908f. d. Bde. 1–39; 1895f. d. Bde. NF 1–10; 1905f. d. Bde. NF 1–20; 1928f. d. Bde. NF 21–40; 1952f. d. Bde. 1–100; 1973 f. d. Bde. 101–120; 1993 f. d. Bde. 121–140); Heidelberger Jbb. 1–37–, 1957–1993–; Neues Arch. f. d. Gesch. d. Stadt Heidelberg u. d. rhein. Pfalz 1–15, 1890–1930; Mitt. z. Gesch. des Heidelberger Schlosses 1–7/1.2, 1886–1921/36; Mitt. Pfalz 1–91–, 1870–1993–; Pfälzer Heimat 1–45–, 1950–1994–; Bll. f. pfälz. Kirchengesch., ab Bd. 17, 1950, Bll. f. pfälz. Kirchengesch. u. religiöse Volkskde. 1–60–, 1925–1993–.

VHOR 1–133–, 1831/32–1993– (begonnen als Verhandlungen d. Hist. Ver. f. d. Regenkreis); Register: 1892f. d. Bde. 1–40; 1928f. d. Bde. 41–75; Bd. 80 enthält Verz. d. Aufsätze, Verfasser u. Schlagwortregister; Bd. 108, 1970f. d. Bde. 91–100, bearb. v. E. PROBST; 1975f. d. Bde. 76–90, bearb. v. H. DACHS – M. POPP; 1985f. d. Bde. 101–110, bearb. v. W. CHROBAK; 1986f. d. Bde. 111–120, bearb. v. S. MÜLLER-REHLE; Die Oberpfalz 1–82–, 1907–1994– (1950 enthält Orts- u. Personennamenverz.); Bll. z. Gesch. u. Lkde. d. Opf. 1–15, 1966–1978, seit 1979 fortgesetzt als Beitrr. z. Gesch. u. Lkde. d. Opf. 16–28–, 1979–1992–; Beitrr. z. Gesch. im Lkr. Cham 1–11–, 1984–1994–; Jahresband z. Kultur u. Gesch. im Lkr. Schwandorf 1–4–, 1990–1993–; Der obere Naabgau 1–4, 1928/39; Oberpfälzer Heimat 1–38–, 1956–1994–, Register 1986f. Bde. 1–29 u. 1990f. Bde. 1–33; Weidner heimatkundl. Arbeiten 1–19, 1958–1982; Jahresber. d. Ver. z. Erforschung d. Regensburger Diözesangeschichte 1–16, 1926–1957; BGBR 1–27–, 1967–1993–, Beibände 1–7–, 1981–1993–; Jahresber. d. Hist. Ver. Neumarkt i. d. Opf. u. Umgebung 1–20–, 1906–1993–; NK 1–141–, 1835–1993– (Register 1887 u. 1935); JHVD 1–95–, 1896–1993–; Schriftenreihe des Bergbau- u. Industriemuseums Ostbayern in Theuern 1–30–, 1978–1994–; Donau-Schiffahrt. Schriftenreihe d. Arbeitskreises Schiffahrts-Museum Regensburg 1–6–, 1983–1992–.

# REGISTER

B. = Bischof; Bggf. = Burggraf; Eb. = Erzbischof; Erzh. = Erzherzog; Frhr. = Freiherr; Gem. = Gemahl(in); Gf. = Graf; Hg. = Herzog; K. = Kaiser; Kf. = Kurfürst; Kg. = König; Lgf. = Landgraf; Lkr. = Landkreis; Mgf. = Markgraf; P. = Pater; Pfgf. = Pfalzgraf

Handbuch der bayerischen Geschichte

In vier Bänden

Herausgegeben von Max Spindler und Andreas Kraus

*Band 1*

*Das alte Bayern. Das Stammesherzogtum bis zum Ausgang des 12. Jahrhunderts*

2., überarbeitete Auflage. 1981

XXXVIII, 766 Seiten. Leinen

*Band 2*

*Das alte Bayern. Der Territorialstaat vom Ausgang des 12. Jahrhunderts bis zum Ausgang des 18. Jahrhunderts*

Begründet von Max Spindler. Herausgegeben von Andreas Kraus

2., von Andreas Kraus überarbeitete Auflage. 1988

XLII, 1398 Seiten. Leinen

*Band 3*

*Franken, Schwaben, Oberpfalz bis zum Ausgang des 18. Jahrhunderts. In zwei Teilbänden*

2., verbesserte Auflage. 1979

2 Bände zusammen XXXIV, 1622 Seiten. Leinen

*Band 4*

*Das neue Bayern 1800–1970*

Vom Anfang des 19. Jahrhunderts bis zur Gegenwart.

In zwei Teilbänden. Verbesserter Nachdruck 1979

2 Bände zusammen XLVI, 1398 Seiten. Leinen

Verlag C. H. Beck München